Daniele Ganser

Europa im Erdölrausch

Für Julia und Noah und die kommenden Generationen, weil sie Lebensfreude und Hoffnung versprühen und den notwendigen Wandel einleiten können.

»Sei du selbst die Veränderung, die du dir wünschst für diese Welt«

Mahatma Ghandi (1869–1948)

Daniele Ganser

Europa im Erdölrausch

Die Folgen einer gefährlichen Abhängigkeit

WESTEND

Die Deutsche Nationalbibliothek verzeichnet diese Publikation in der Deutschen Nationalbibliografie; detaillierte bibliografische Daten sind im Internet über http://dnb.d-nb.de abrufbar.

MIX
Papier | Fördert gute Waldnutzung
FSC® C014889
FSC www.fsc.org

ISBN: 978-3-86489-425-1

Umschlaggestaltung und Motiv: Hauptmann & Kompanie Werbeagentur, Zürich
Druck und Bindung: Pustet, Regensburg
Printed in Germany

Inhaltsverzeichnis

Vorwort

Dr. Colin J. Campbell

Dies ist ein wichtiges Buch, denn es beschreibt den fundamentalen Umbruch in der Energiegeschichte der Menschheit, in welchem wir uns derzeit befinden. Es wurde von einem Historiker geschrieben, was wertvoll ist, denn der Umbruch wird erst in seinem historischen Kontext deutlich erkennbar. Die Menschen der Steinzeit benutzten den harten Feuerstein mit seinen scharfen Kanten für ihre Werkzeuge und Waffen, später verwendeten sie Bronze, Eisen und Stahl. Als Energiequelle diente den Menschen Holz und Holzkohle, später oberflächlich abgebaute Kohle, die zu tiefen Kohleminen ausgebaut wurden. Als die Kohleminen auf Grundwasser stießen und das Wasser den weiteren Abbau verhinderte, setzte während der industriellen Revolution ein bemerkenswerter technischer Fortschritt ein. Die Handpumpe wurde durch die Dampfmaschine ersetzt, die durch den deutschen Erfinder Nikolaus Otto 1861 zum Verbrennungsmotor weiterentwickelt wurde. Dieser wurde zuerst mit Benzol aus Steinkohle angetrieben, danach mit Petroleum, das man aus Rohöl gewann. In den 1880er-Jahren fuhren in Deutschland und der Schweiz erstmals Autos auf den Straßen, 1907 zog der erste mit Erdöl angetriebene Traktor seine Ackerfurchen.

Der neue und viel effizientere Verbrennungsmotor hat die moderne Welt verändert und eine vorher nie gesehene Ausdehnung von Industrie, Handel und Transport ermöglicht. Er revolutionierte auch die Landwirtschaft, was eine Versechsfachung der Weltbevölkerung ermöglichte. Parallel dazu stieg die Erdölnachfrage an. Erdöl war schon in der Antike bekannt, aber die ersten gezielten Erdölbohrungen wurden erst in der Mitte des 19. Jahrhunderts in den USA in Pennsylvania und in Europa in Rumänien an den Küsten des Schwarzen Meeres niedergebracht. Bald verstanden Erdölgeologen, wie und wo man Erdölfelder finden kann. Die größten Regionen und Felder, schwer zu übersehen, wurden zuerst gefunden. Das meiste Erdöl entstand aus Algen, die sich während nur zwei Epochen globaler Erwärmung vor 90 und 150 Millionen Jahren stark ausgebreitet hatten. Zu Beginn reisten Erdölgeologen wie ich auf Pferden durch abgelegene Gegenden, studierten das Gestein und nahmen Proben. Heute erlaubt die technische Entwicklung die Abbildung des Untergrunds am Computerbildschirm. Als die Förderung am Land zurückging, ermöglichte die Entwicklung der Bohrtechnik der Erdölindustrie, Bohrinseln auf dem Meer zu bauen.

Aber Erdöl und Erdgas sind natürliche Ressourcen, die nur in beschränkten Mengen vorhanden sind und sich daher erschöpfen. Mit jedem Liter, der verbrannt wird, nimmt der globale Vorrat um einen Liter ab. Die Förderung auf einem Erdölfeld steigt zuerst an, wenn neue Bohrungen niedergebracht werden, erreicht dann aber das Fördermaximum Peak Oil, wonach die Förderrate wieder zurückgeht. Dasselbe Muster zeigt sich auch bei einer Erdölregion, wo die Förderung etwa zur Halbzeit das Maximum erreicht, nachdem rund die Hälfte der vorhandenen Ressourcen abgeschöpft wurden. Da die weltweiten Erdölentdeckungen in den 1960er-Jahren das Maximum erreicht haben und seither zurückgehen, ist es klar, dass auch die globale konventionelle Erdölförderung den Peak Oil erreichen musste. Mehr als 50 Länder fördern heute weniger Erdöl als früher, in manchen Ländern ist der Rückgang schon seit vielen Jahren zu beobachten.

Europa liefert hierzu ein eindrückliches Beispiel. Shell präsentierte 1936 an einer Industriemesse in Delft in den Niederlanden eine Bohrplattform. Zur Überraschung aller fand diese einige Anzeichen von Erdöl, was zu einer Ausweitung der Erdölsuche in der Nordsee und einigen kleinen Funden führte. 1957 führte Shell eine Probebohrung bei Groningen in den Niederlanden durch, welche unerwartet auf ein sehr großes Gasfeld stieß. Danach nahm das Interesse an der Nordsee stark zu; auch im britischen Gewässer wurden einige größere Gasfelder entdeckt. Als in den 1960er- und 1970er-Jahren in der Grenzregion zwischen Norwegen und Großbritannien größere Erdölfelder gefunden wurden, stiegen diese beiden Länder zu den wichtigsten Erdölproduzenten Europas auf; ich selbst nahm an der Erdölsuche im norwegischen Gebiet der Nordsee teil. Doch Großbritannien erreichte das Fördermaximum 1999, Norwegen zwei Jahre später, seither fällt die Erdölproduktion von Europa. Trotz dem Einsatz bester Technik und viel Geld ist die Förderung in der Nordsee nach einem steilen Anstieg ebenso stark eingebrochen und geht nun pro Jahr um rund 5 Prozent zurück.

Dieses Buch legt dar, wie und warum Europa und die Welt in eine starke Abhängigkeit vom Erdöl gelangt sind, und dass das Angebot von konventionellem Erdöl nicht nur in der Nordsee, sondern auch in vielen anderen Ländern heute zurückgeht. Es ist nicht einfach, den Rückgang der Erdölproduktion genau zu berechnen, weil die Zahlen zu den Reserven und zur Produktion in vielen Ländern unzuverlässig sind. Die Erdölkonzerne hatten zu Beginn eine Tendenz, ihre Reserven zu tief auszuweisen, um später über stetiges Reservewachstum berichten zu können, was für die Aktienmärkte attraktiv war. Einige OPEC-Länder haben umgekehrt in den 1980er-Jahren den Umfang ihrer Erdölreserven übertrieben, weil die Produktionsquote für jedes Land von den angegebenen Reserven abhing. Zudem gibt es verschiedene Arten von Erdöl und Erdgas, die grob in die Kategorien »konventionell« und »unkonventionell« eingeteilt werden. Zur Unterscheidung beider Kategorien gibt es jedoch keine Standarddefinition. Es braucht daher den Fleiß und den Scharfsinn eines Detektivs, um ein realistisches Bild des Rückgangs der Welterdölproduktion zu zeichnen. Derzeit ist ein heftiger Streit um das genaue Datum des Peak Oils zu beobachten – der in unmittelbarer Nähe ist oder schon hinter uns liegt –, doch weit wichtiger ist die Auseinandersetzung mit der Frage, wie der Abstieg vom Erdölgipfel zu meistern ist und wie sich die Energiewende auf unser Leben auswirken wird.

Der Autor dieses Buches leitet das Swiss Institute for Peace and Energy Research (SIPER) in Basel. Das SIPER verfolgt die Vision einer Welt, die durch 100 Prozent erneuerbare Energien versorgt wird, in der Konflikte im Dialog mit Respekt gelöst werden, ohne Gewalt, Terror und Krieg. Der Autor ist sich bewusst, dass das Fördermaximum beim Erdöl einen fundamentalen Umbruch in der Energiegeschichte der Menschheit einleiten wird. Wie dieses Buch darlegt, gibt es ökonomische und politische Gründe, welche es für offizielle Institutionen wie die Internationale Energieagentur (IEA) in Paris schwierig machen, über den Peak Oil offen zu informieren, obschon nun auch die IEA die Realität von Peak Oil einräumt. Auch der Internationale Währungsfonds (IMF) bestätigt in einer neueren Studie, dass die verschiedenen Schätzungen zum Peak Oil sich derzeit immer mehr annähern und konsolidieren.

Es ist offensichtlich, dass im Jahre 2050 das Erdölangebot nur noch ausreichen wird, um maximal die Hälfte der heutigen Weltbevölkerung zu erhalten, wenn der gegenwärtige Lebensstil beibehalten wird. Die Herausforderung ist groß, sich den neuen Realitäten und veränderten Umständen anzupassen, und die Übergangszeit droht von großen Spannungen begleitet zu werden, wie dieses Buch überzeugend darlegt. Politische Unruhen in Moskau, London und an der Wall Street sowie Revolutionen in Nordafrika und im Nahen Osten sind schon heute zu beobachten. Auch die finanziellen Folgen sind tief greifend, denn die Banken haben stets mehr Geld ausgeliehen, als sie zur Verfügung hatten, in der Überzeugung, dass das Wirtschaftswachstum in der Zukunft die Schulden der Gegenwart abdecken werde. Aber das Wirtschaftswachstum beruht auf einem steigenden Energieangebot, welches nicht mehr vorhanden sein wird, wenn das Erdöl das Fördermaximum Peak Oil erreicht hat und global zurückgeht.

Der Autor hat ein ausgezeichnetes und äußerst spannendes Buch geschrieben, das diese Puzzleteile verbindet und die tieferen sozialen, politischen und ökonomischen Folgen der Energiewende aus einer historischen Perspektive aufzeigt.

Dr. Colin J. Campbell, geboren 1931, ist ein britischer Erdölgeologe mit mehr als 40 Jahren Erfahrung in der Erdölindustrie. Campbell arbeitete für Texaco, BP, Amoco, Norsk Hydro und Fina. Er suchte und fand Erdöl in vielen Teilen der Welt und war auch an der Erkundung der Nordsee beteiligt, von 1980 bis 1984 als Exploration Manager für Amoco, von 1985 bis 1989 als Executive Vice President für Fina Norwegen. Zusammen mit Jean Laherrère publizierte er 1998 die einflussreiche Studie »The Coming Oil Crisis« und gründete im Jahr 2000 das internationale Netzwerk Association for the Study of Peak Oil and Gas (ASPO). Campbell erhielt seinen Doktortitel von der Universität Oxford und lebt heute als unabhängiger Energieberater in Irland.

Dank

Die Idee für dieses Buch entstand im Jahr 2003 während eines Gesprächs, das ich im Schweizer Außenministerium in Bern im Büro von Botschafter Peter Maurer führte. Peter Maurer, heute Präsident des Internationalen Komitees vom Roten Kreuz in Genf, hat als Botschafter die Schweiz bei den Vereinten Nationen in New York vertreten und war danach im Außenministerium zuständig für Menschenrechte und zivile Friedensförderung. Ich selber hatte 2001 an der Universität Basel meine Doktorarbeit in Internationaler Zeitgeschichte abgeschlossen und war danach beim Think Tank Avenir Suisse in Zürich angestellt, zuständig für wirtschaftspolitische Analysen. Peter Maurer riet mir, den Einfluss der globalisierten Wirtschaft auf Krieg und Frieden genauer zu untersuchen.

Die Fragestellung war sehr breit und offen, aber sie faszinierte mich. Im selben Jahr wechselte ich von Avenir Suisse an die Forschungsstelle für Sicherheitspolitik an der ETH Zürich und begann mit meinen Recherchen zur Globalisierung. Bald schon fokussierte ich auf das Erdöl. Botschafter Maurer gebührt mein Dank, dass er mich auf dieses wichtige Themenfeld geführt hat und die ersten Jahre des Forschungsprojektes finanziell unterstützte. Danken möchte ich auch Dr. Jakob Kellenberger, dem damaligen Präsidenten des Internationalen Komitees vom Roten Kreuz, der mich als Beirat von Avenir Suisse in Genf mehrmals zum Gespräch empfing und mich durch seine Integrität und globale Perspektive beeindruckte.

Meine Forschung zum Erdölrausch und seinen Folgen zog sich über zehn Jahre hin, obschon ich zu Beginn geplant hatte, das Buchprojekt schneller abzuschließen. Doch Erdöl ist ein äußerst faszinierendes Thema und das Studium der Ressourcenkriege politisch sensibel, weshalb ich da und dort auf Widerstände gestoßen bin und immer sorgsam meine Unabhängigkeit wahren musste. Dankbar bin ich, dass ich über die Jahre in verschiedenen Ländern Menschen getroffen habe, von denen ich viel lernen konnte. Bei der Weltbank in Washington waren die Gespräche mit Ian

Bannon zur Entwicklung der Erdöl fördernden Länder sehr wertvoll. Von Ivo Kaufmann vom Staatssekretariat für Wirtschaft (SECO) in Bern habe ich einiges über illegalen Erdölhandel und Tarnfirmen gelernt. In Norwegen waren die Gespräche mit Ola Tunander vom Peace Research Institute Oslo (PRIO) über verdeckte Kriegsführung sehr anregend.

Um zu erfahren, wie Schweizer Parlamentarierinnen und Parlamentarier über das Erdöl denken und wie gut sie über die internationale Erdölpolitik informiert sind, habe ich nicht nur die parlamentarischen Protokolle studiert, sondern auch Gespräche in der Wandelhalle des Bundeshauses geführt. Ich bin auf engagierte, aber auch vielfältig beschäftigte Politiker gestoßen, deren Meinung zur Energiepolitik im Allgemeinen und zur Schweizer Erdölabhängigkeit im Speziellen diese Forschung bereichert haben. Ich bin nicht Mitglied einer politischen Partei, habe aber mit Freude festgestellt, dass Volksvertreter aus allen Parteien bereit waren, offen und direkt mit mir über das Thema Erdöl zu sprechen. Besonders erwähnen möchte ich hier die Gespräche mit Nationalrat Ruedi Aeschbacher (EVP), Ständerat Hannes Germann (SVP), Nationalrat Beat Jans (SP), Ständerätin Helen Leumann (FDP), Nationalrat Peter Malama (FDP), Nationalrätin Christa Markwalder (FDP), Nationalrat Ruedi Rechsteiner (SP), Nationalrat Eric Nussbaumer (SP) sowie die Treffen mit den Nationalräten Reto Wehrli (CVP) und Geri Müller (Grüne), die im Schweizer Parlament eine Serie von Vorträgen zum Thema Peak Oil organisierten, an denen ich mitwirkte.

Es ist wenig bekannt, dass die Schweiz ausgezeichnete Erdölgeologen ausgebildet hat, die auf der ganzen Welt Erdöl gesucht und gefunden haben. Die Gespräche mit Schweizer Erdölgeologen waren für diese Arbeit von unschätzbarem Wert. Danken möchte ich vor allem Dr. Walter Ziegler, von dem ich über die Jahre viel über Erdöl lernen durfte. Walter Ziegler hat für Esso in Kanada Ölsande untersucht und als Chef-Erdölgeologe die Exploration in der Nordsee geleitet. In Irland traf ich den britischen Erdölgeologen Dr. Colin Campbell, den weltweit führenden Peak-Oil-Experten, der für BP und Amoco auf der ganzen Welt nach Erdöl suchte. Er hat für dieses Buch das Vorwort verfasst. In Deutschland lernte ich den Energieexperten Dr. Werner Zittel kennen, der die globale Energiedebatte mit seinen Publikationen mitprägt und mir ein sehr spannender Gesprächspartner war. Mit Dr. Rolf Hartl, dem langjährigen Geschäftsführer und amtierenden Präsidenten der Schweizer Erdöl-Vereinigung, habe ich am Fernsehen und an Fachkonferenzen mehrmals über Peak Oil diskutiert, und obschon wir uns in der Sache nicht einig waren, danke ich ihm für die spannenden Diskussionen.

Ein großer Teil der Arbeit wurde in Basel geschrieben. Im Schweizerischen Wirtschaftsarchiv (SWA) in Basel, das für diese Forschungsarbeit äußerst wichtig war, hat mir Archivar Oliver Plüss immer wieder bei der Quellensuche geholfen, wofür ich ihm sehr dankbar bin. Neben der Arbeit im Archiv war der rege Austausch, den ich über die Jahre mit anderen Energieexperten pflegte, sehr wertvoll. Während den Treffen im Rahmen der Schweizerischen Akademie der Technischen Wissenschaften (SATW) wie auch im Energie Trialog bin ich auf viele sehr gut informierte Menschen gestoßen, die mein Wissen zur laufenden Energiewende forderten und förderten. Erwähnen möchte ich vor allem Prof. Alexander Wokaun vom Paul Scherrer Institut, Prof. Andreas Zuberbühler und Ernst Reinhardt von der SATW, Prof. Christian Pfister von der Universität Bern, Dr. Marco Berg von der Stiftung Klimarappen, Prof. Hansjürg Leibundgut von der ETH Zürich, Michael Kaufmann vom Bundesamt für Energie (BFE), Solarpionier Josef Jenni von der Jenni Energietechnik, Reto Rigassi von Suisse Eole, David Stickelberger von Swissolar, Franz Beyeler von Minergie, Martin Vosseler und Andreas Nidecker von der SUN 21, Jürg Burri und Bernhard Piller von der Schweizerischen Energie-Stiftung (SES), Nick Beglinger vom Wirtschaftsverband Swisscleantech und Bertrand Piccard von Solar Impulse.

Während der Arbeit an diesem Buch unterrichtete ich am Historischen Seminar der Universität Basel, dem Historischen Seminar der Universität Zürich, dem Historischen Seminar der Universität Luzern und an der Universität St. Gallen (HSG) zur Erdöl- und Energiegeschichte. Danken möchte ich den Professoren Heiko Haumann, Rainer Hoffmann, Ueli Mäder, Rolf Sieferle, Rainer Hoffmann und Rolf Wüstenhagen für den fundierten, kritischen und anregenden interdisziplinären Gedankenaustausch. Die wertvolle Arbeit mit den Studentinnen und Studenten hat mich davon überzeugt, dass die Zusammenhänge von Energie, Krieg und Frieden in Zukunft systematisch untersucht werden müssen, weshalb ich 2011 in Basel das Swiss Institute for Peace and Energy Research (SIPER) gegründet habe, dem ich seither als Institutsleiter vorstehe. Das SIPER hätte nicht ohne die Unterstützung und das Vertrauen von David Thiel, Martin Gafner, Michael Hobmeier, Roger Altenburger, René Steiner, Rolf Wägli, Daniel Trüssel und Kurt Schär aufgebaut werden können, wofür ich sehr dankbar bin. Bei der Recherche zu diesem Buch hat mir SIPER-Mitarbeiter Alexandre de Robaulx de Beaurieux geholfen. Danken möchte ich auch Dr. Ulrich Grete und der Stiftung Ecoscientia sowie Dr. Ulrich Gut, Maja Nagel und Herbert Bühl von der Paul Schiller Stiftung, die es ermöglichten, dass diese langjährige Forschung in völliger finanzieller Unabhängigkeit durchgeführt werden konnte.

Die Fotografen Andreas Zimmermann und Tobias Sutter haben mich im Walzwerk in Münchenstein bei der Titelgestaltung gut beraten, für die professionelle Zusammenarbeit danke ich Madlaina Bundi, Programmleiterin Sachbuch beim Orell Füssli Verlag in Zürich, und Regula Walser, die das Buch lektoriert hat. Auch meinen langjährigen Freunden Sherpa Hänggi, Philipp Schweighauser, Laurenz Bolliger, Dani Morf, Orlando Budelacci, Marcel Schwendener, Tobi Portmann, Däne Aebischer, René Ab Egg und Yves Pierre Weidmann möchte ich danken für spannende Gespräche über internationale Politik und über unser persönliches Streben nach Glück und Erfüllung im Leben.

Besonderer Dank gilt meiner Mutter, meinem Vater und meiner Schwester, die mich immer liebevoll darin bestärkten, meine Interessen zu verfolgen, auch dann, wenn ich auf große Widerstände stieß. Danken möchte ich auch Hans und Käthy Schwarz für ihre wichtige Unterstützung. In den Jahren, in denen ich an diesem Buch arbeitete, sind meine beiden Kinder Julia und Noah auf die Welt gekommen – ihnen widme ich dieses Buch. Die große Freude über die eigenen Kinder hat mich darin bestärkt, auch die langfristige Verfügbarkeit von Erdöl und die Chancen und Herausforderungen der Energiewende genau zu untersuchen, da diese Fragen für Kinder und die kommenden Generationen nicht eine theoretische Reflexion, sondern überlebenswichtig sein werden. Natürlich habe ich viel Zeit hinter meinem Computer, im Ausland und im Archiv verbracht. Mein größter Dank geht daher an meine Frau Bea, weil sie mich in guten wie in schwierigen Zeiten mit ihrer Liebe auf meinem Weg unterstützte und darin bestärkte, nach Klarheit, Wahrheit und Weisheit zu streben.

Daniele Ganser
Swiss Institute for Peace and Energy Research (SIPER)
Basel, 29. August 2012

Abkürzungen

AEE	Agentur für Erneuerbare Energien
AGIP	Agenzia Generale Italiana Petroli
AIOC	Anglo-Iranian Oil Company
APOC	Anglo-Persian Oil Company
ARAMCO	Arabian American Oil Company
ASPO	Association for the Study of Peak Oil and Gas
BAR	Bundesarchiv
BEAG	Berner Erdöl AG
BFE	Bundesamt für Energie
BFS	Bundesamt für Statistik
BIGA	Bundesamt für Industrie, Gewerbe und Arbeit
BLS	Bern-Lötschberg-Simplon-Bahn
BP	British Petroleum (BP)
CENTCOM	US Central Command
CIA	Central Intelligence Agency
CTL	Coal to Liquids
EEG	Erneuerbare-Energien-Gesetz
EMPA	Eidgenössische Materialprüfungs- und Forschungsanstalt
ENI	Ente Nazionale Idrocarburi
EROI	Energy Return on Investment
ETH	Eidgenössische Technische Hochschule
EU	European Union
EV	Erdöl-Vereinigung Schweiz
EVD	Eidgenössisches Volkswirtschaftsdepartement
EWZ	Elektrizitätswerk der Stadt Zürich
FED	Federal Reserve System

GEK	Gesamtenergiekonzeption
GTL	Gas to Liquids
IEA	International Energy Agency
INOC	Iraq National Oil Company
IPC	Iraq Petroleum Company
IPCC	Intergovernmental Panel on Climate Change
IPE	International Petroleum Exchange London
IWB	Industrielle Werke Basel
KEV	Kostendeckende Einspeisevergütung
KOC	Kuwait Oil Company
LEAG	Aktiengesellschaft für luzernisches Erdöl
LNG	Liquified Natural Gas
MWV	Mineralölwirtschaftsverband Deutschland
NATO	North Atlantic Treaty Organization
NEPDG	National Energy Policy Development Group
NGL	Natural Gas Liquids
NIOC	National Iranian Oil Company
NOC	National Oil Corporation Libyen
NYMEX	New York Mercantile Exchange
NZZ	Neue Zürcher Zeitung
OECD	Organisation für wirtschaftliche Zusammenarbeit und Entwicklung
OMV	Österreichische Mineralölverwaltung
OPEC	Organization of Petroleum Exporting Countries
PDVSA	Petroleos de Venezuela SA
PEK	Petroleum Expertenkommission
PEMEX	Petroleos Mexicanos
PNAC	Project for the New American Century
REN21	Renewable Energy Policy Network for the 21st Century
RRR	Reserve Replacement Ratio
SASOL	South African Synthetic Oil Limited
SATW	Schweizerische Akademie der Technischen Wissenschaften
SBB	Schweizerische Bundesbahnen (SBB)
SEAG	Aktiengesellschaft für schweizerisches Erdöl
SEC	Securities and Exchange Commission
SES	Schweizerische Energie-Stiftung (SES)
SIA	Schweizerischer Ingenieur- und Architektenverein (SIA)

SIPER	Swiss Institute for Peace and Energy Research Basel (SIPER)
SIPRI	Stockholm International Peace Research Institute
SOCAL	Standard Oil of California, später Chevron
SOCAR	State Oil Company of Azerbaijan Republic
SOCONY	Standard Oil of New York, später Mobil
SSS	Société suisse de surveillance économique
SWA	Schweizerisches Wirtschaftsarchiv
UNO	Vereinte Nationen
USGS	US Geological Survey
UVEK	Eidg. Departement für Umwelt, Verkehr, Energie und Kommunikation
VCS	Verkehrs-Club der Schweiz
VSE	Verband Schweizerischer Elektrizitätswerke
VSG	Verband der Schweizerischen Gasindustrie
WEO	World Energy Outlook
WTI	West Texas Intermediate
WWF	World Wildlife Fund

Einführung

Die Erdölgeschichte, welche 1859 mit der industriellen Förderung ihren Anfang genommen hatte, feierte im Jahre 2009 den 150. Jahrestag. In dieser relativ kurzen Zeit hat Erdöl nicht nur in Europa, sondern in allen Industrieländern zu einem fundamentalen Strukturwandel beigetragen und ist weltweit zum wichtigsten Energieträger aufgestiegen. Als Treibstoff für Millionen von Maschinen sorgt Erdöl heute für Mobilität, Wärme und Strom und dient als Rohmaterial für viele Produkte, darunter Plastik, Düngemittel und Farben.

Durch den konstanten Zufluss billiger Energie ist der Erdölkonsum der globalisierten Industriegesellschaft stark angestiegen und hat viel zu unserem heutigen Reichtum in Europa beigetragen. Am Ende des Zweiten Weltkrieges lag der globale Erdölverbrauch noch bei 6 Millionen Fass (à 159 Liter) pro Tag. Doch dann folgte in Europa und anderen Ländern der Welt ein Erdölrausch, wie man ihn in der Geschichte noch nie gesehen hatte, und der globale Tagesverbrauch kletterte bis ins Jahr 2012 auf 88 Millionen Fass, was 44 Supertankern entspricht.

Energie ist das Rückgrat jeglicher Existenz. Ohne Energie kann der Mensch nicht leben. Ohne Energie ist materielle Produktion unmöglich und ein Wirtschaftskreislauf undenkbar. Wir haben uns daran gewöhnt, dass billiges Erdöl in stets größeren Mengen zur Verfügung steht. Europa ist mit einem Tageskonsum von 15 Millionen Fass stark erdölsüchtig. Europa braucht mehr Erdöl als China, das täglich 9 Millionen Fass benötigt, aber eine mehr als doppelt so große Bevölkerung wie Europa zählt. Nur die USA übertreffen mit einem Tageskonsum von 20 Millionen Fass den Erdöldurst Europas, obschon die USA weniger Einwohner zählen als Europa.

Doch nun geht uns das Erdöl aus. In Europa sind Großbritannien und Norwegen die wichtigsten Erdölfördernationen, aber in beiden Ländern wurde um das Jahr 2000 das Fördermaximum Peak Oil erreicht. Die Produktion bricht ein. Auch in den USA, dem einst größten Erdölförderland der Welt, wurde 1970 das Fördermaximum erreicht. China konnte sich noch bis 1994 aus eigenen Erdölquellen selber versorgen, doch diese Zeiten sind längst vorbei. Viele Erdölfelder in China haben ihre besten Zeiten hinter sich; China tritt auf dem Weltmarkt als großer Nachfrager auf und steht dabei in direkter Konkurrenz zu Europa und den USA.

Die Zeit ist gekommen, dass wir in Europa fundamental über die Folgen unserer großen Erdölsucht nachdenken müssen. Denn nicht nur in Norwegen und Großbritannien geht die Erdölförderung zurück, auch Indonesien und Mexiko haben das Fördermaximum überschritten. Deutschland und Österreich waren einst bescheidene Erdölproduzenten, doch wie überall auf der Welt stieg die Förderung zuerst an, erreichte dann ein Fördermaximum und sank wieder ab. Darüber hat man sich wenig Gedanken gemacht, Europa hat die fehlenden Mengen stets aus dem Ausland kompensiert. Das tun auch China und die USA. Doch jetzt zeigen sich die globalen Knappheiten, das konventionelle Erdöl hat 2006 das Fördermaximum Peak Oil erreicht. Einen zweiten Planeten, aus dem wir die fehlenden Mengen importieren könnten, haben wir nicht. Der Kampf um die Ressourcen spitzt sich zu.

In den 1950er- und 1960-Jahren, als Erdöl im Überfluss vorhanden war, kostete das Fass Erdöl 2 Dollar. Energiepreise waren kein Thema, billige Energie schien vielen ein Geburtsrecht. Noch im Januar 1999 war das Fass Erdöl der Sorte Brent für 10 Dollar zu kaufen. Doch seither haben wir eine bisher völlig unbekannte Preisvolatilität kennengelernt. Der Erdölpreis stieg in nur einer Dekade um mehr als das Zehnfache und erreichte im Sommer 2008 ein Maximum bei 148 Dollar, brach dann in der Finanzkrise auf 40 Dollar ein, um bis im März 2012 wieder auf 120 Dollar anzusteigen. Nie zuvor hat die Welt derart hohe Erdölpreise erlebt.

»Wir sind ganz klar im dritten Ölpreis-Schock«, erklärte Nobuo Tanaka, der Direktor der Internationalen Energieagentur (IEA) im Juli 2008.[1] Die IEA hat die Aufgabe, die Industrieländer vor kommenden Erdölkrisen zu warnen. Anders als beim ersten und zweiten Ölpreis-Schock sei eine schnelle Besserung diesmal wenig wahrscheinlich, so die IEA. »1973 hat die OPEC die Erdölproduktion aus politischen Gründen gedrosselt«, so Tanaka, »und daraufhin sind die Preise stark angestiegen. Jetzt aber hat die starke globale Nachfrage die Krise ausgelöst, während die Produktion in vielen Erdölfeldern zurückgeht«, erklärte Tanaka besorgt. »Es handelt sich hier um ein strukturelles Problem, das sich nur noch zuspitzen wird«, eine schnelle Lösung sei nicht in Sicht. »Wir sind auf diese Situation nicht gut vorbereitet.«[2]

Die meisten Menschen wissen zwar, dass der hohe Erdölpreis die Wirtschaft belastet, sie möchten sich aber nicht genauer mit den Folgen der realen Knappheiten beim Erdöl auseinandersetzen. Man redet sich ein, der Angriff auf den Irak 2003, der die drittgrößten Erdölreserven der Welt besitzt, sei aus humanitären Gründen erfolgt, genauso wie der Angriff auf Libyen 2011, das die größten Erdölreserven Afrikas kontrolliert. Dies kann nicht überzeugen. Ehrlicher scheint es mir, wenn wir uns eingestehen, dass die USA zusammen mit europäischen Ländern Kriege führen, um Erdöl zu erbeuten. Für Erdöl wird getötet, obschon wir das gerne verdrängen.

Wir befinden uns in einer einzigartigen Konstellation und können diese nutzen, um grundlegende Fragen aufzuwerfen: Wann wurde das Erdöl entdeckt, und wie sind die großen europäischen Erdölkonzerne Shell und BP entstanden? Wie haben sich geostrategische Krisen wie der Erste Weltkrieg, der Zweite Weltkrieg, die Suezkrise 1956, der Jom-Kippur-Krieg von 1973, die Iranische Revolution von 1979, der Irakkrieg von 1991 und der Irakkrieg von 2003 auf den Erdölimport und die Preise ausgewirkt? Was waren die Hintergründe dieser Kriege, wer hat profitiert? Warum gehen die Erdölfunde seit 40 Jahren zurück? Und können die erneuerbaren Energien, Sonne, Wasser, Wind, Biomasse, Biogas und Erdwärme, das Erdöl ersetzen?

Das »schwarze Gold« hat die Geschichte auf ganz erstaunliche Weise beeinflusst. Den einen hat es Wohlstand und Reichtum, den anderen Verderben und Tod gebracht. Ohne Anspruch auf Vollständigkeit schildert dieses Sachbuch den Erdölrausch Europas und seine Folgen im internationalen Kontext. Als Schweizer Historiker und Friedensforscher hat mich der Bezug zur Schweiz und die Frage nach Krieg, Macht und Frieden interessiert. Ich habe mehrere Jahre in verschiedenen Ländern für dieses Buch recherchiert. Jetzt bin ich 40 Jahre alt, und mir ist während der Recherche klar geworden, wie stark auch mein Leben durch den Erdölrausch geprägt wurde. Heute bin ich davon überzeugt, dass wir das Erdöl verlassen sollten, bevor es uns verlässt. Dafür braucht es einen Bewusstseinswandel. Ich hoffe, dass in Zukunft immer mehr Menschen die erneuerbaren Energien, Sonne, Wind, Wasser, Erdwärme und Biomasse, ausbauen, deren Effizienz fördern und Konflikte ohne Gewalt lösen werden.

1

Europa vor der Entdeckung des Erdöls

Die Abhängigkeit Europas von Energieimporten begann erst mit dem Anbruch des fossilen Zeitalters. Zuvor war Europa kaum auf den Import von Energie angewiesen, da alle verbrauchte Energie in Form von Holz und Getreide auch in Europa nachwuchs. Während vieler Jahrtausende wurde hier, genau gleich wie in allen anderen Regionen der Welt, nur sehr wenig und ausschließlich erneuerbare Energie verbraucht. Darunter die über die Nahrung aufgebaute menschliche und tierische Muskelkraft, das nachwachsende Holz und andere Formen von Biomasse wie Torf. Sowohl Jäger und Sammler als auch Agrargesellschaften waren gezwungen, mit dieser Energie besonders sparsam umzugehen, denn sie war vergleichsweise teuer und stets ein knappes Gut.

Europa und seine Grenzen

Der Begriff »Europa« bezeichnet keineswegs ein eindeutig umrissenes geografisches Gebiet. Europa ist geografisch gesehen ein Subkontinent, der zusammen mit Asien den riesigen Kontinent Eurasien bildet. Eurasien erstreckt sich von Portugal im Westen bis nach Japan im Osten, von Russland im Norden bis nach Indien im Süden. In Eurasien liegen heute so verschiedene Länder wie China, Nordkorea, Dänemark, Deutschland und Frankreich. Aber auch die Staaten Saudi-Arabien, Irak und Iran, welche über die größten konventionellen Erdölreserven der Welt verfügen, gehören dazu.

Aus historischer und kultureller Sicht ist Europa klar von Asien getrennt und daher ein eigenständiger Kontinent. Europa erstreckt sich über das westliche Fünftel der eurasischen Landmasse. Doch während die Kontinente Afrika, Australien, Nordamerika, Südamerika und Antarktika durch Wasser als natürliche Grenze klar voneinander abgegrenzt sind, fehlt eine solch eindeutige Grenze zwischen Europa und Asien. Es bleibt daher offen, wo genau Europa endet und wo Asien beginnt.

Jede Grenzziehung zwischen Europa und Asien ist letztlich eine Frage der Konvention. Ein Spezialfall ist vor allem Russland, das zusammen mit Saudi-Arabien zu den wichtigsten Erdölförderern der Welt zählt und über große Gasreserven verfügt. Das größte Land der Welt liegt aus geografischer Sicht bis zum Uralgebirge in Europa, der Rest von Russland liegt in Asien. Bei den antiken Griechen bildeten der Bosporus und die Dardanellen die Grenze Europas; der größte Teil der Landmasse der heutigen Türkei befindet sich gemäß dieser Definition also nicht in Europa, sondern in Asien.

Für die vorliegende Untersuchung der Erdölabhängigkeit definiere ich »Europa« als das geografische Gebiet der derzeit 27 Mitgliedstaaten der Europäischen Union (EU27). Auch Norwegen und die Schweiz, welche beide nicht Mitglied der EU sind, gehören natürlich zu Europa, ebenso wie die sogenannten »Zwergstaaten« Andorra, Liechtenstein, Monaco, San Marino und der Vatikan. Auch das geografische Gebiet des ehemaligen Jugoslawiens ebenso wie Weißrussland, die Ukraine und Moldawien, die alle weder Mitglied der EU noch der NATO sind, zähle ich zu Europa. Entgegen der antiken Definition ist für mich auch die Türkei ein Teil Europas, da das Land EU-Beitrittskandidat ist und seit Jahren zur NATO gehört. Das Gleiche gilt für EU-Beitrittskandidat Island. Russland zähle ich indes nicht zu Europa, da das Land größtenteils in Asien liegt und weder Mitglied der EU noch der NATO ist und dies vermutlich auch nie werden wird.

Das Wachstum der europäischen Bevölkerung

Europa war lange vor der Herausbildung von Staaten auf Energie angewiesen. In der Zeit der Antike, also während rund 1000 Jahren, von 500 v. Chr. bis 500 n. Chr., stammte die verfügbare Energie jedoch ausschließlich aus erneuerbaren Quellen. Weder die Griechen noch die Römer nutzten Erdöl, Erdgas, Kohle oder Atomenergie. Auch während des Mittelalters, von 500 bis 1500, basierte die Energie ausschließlich auf knappen erneuerbaren Energiequellen.

Nach Entwicklung der entsprechenden Technik wurden im Kleinen die erneuerbare Windkraft für den Antrieb von Schiffen auf den Meeren, Flüssen und Seen und die erneuerbare Wasserkraft für den Betrieb von Mühlen eingesetzt. Durch diese wenigen Energiequellen konnten genügend Nahrung, Mobilität und Wärme erzeugt werden, um der damaligen Bevölkerung Europas das Überleben zu sichern, wenn auch oft in ärmlichen Verhältnissen. Im Vergleich zum Energieverbrauch von heute war der Energiekonsum minimal.

Der Energieverbrauch ist direkt von der Größe der Bevölkerung abhängig. Heute leben in Europa rund 650 Millionen Menschen, davon 500 Millionen in der EU27. Europa gehört derzeit zu den dichter besiedelten Teilen der Erde. Dies war nicht immer so. Zur Zeit von Christi Geburt lebten in Europa nur 25 Millionen Menschen, bei einer Weltbevölkerung von rund 300 Millionen. Noch bis ins Jahr 700 lag die Bevölkerungszahl Europas unter 30 Millionen. Wälder und Sumpfgebiete bedeckten große Teile des Kontinents.[1]

Ab dem Jahr 700 wuchs die Bevölkerung Europas sehr langsam auf rund 70 Millionen im Jahre 1300. Die landwirtschaftlich verfügbare Fläche nahm aufgrund intensiver Rodungen zu, so dass mehr Energie in Form von Nahrung geerntet werden konnte. Trotzdem war die mittlere Lebenserwartung mit 35 Jahren im Vergleich zu heute auf einem sehr tiefen Niveau. Zudem grassierten Krankheiten. Im 14. Jahrhundert tötete die Pest rund ein Drittel der gesamteuropäischen Bevölkerung und ließ die Einwohnerzahl von 70 auf 45 Millionen Menschen absinken.[2] Erst gegen 1500 waren diese Verluste wieder ausgeglichen, und die europäische Bevölkerung zählte rund 80 Millionen Menschen. In der frühen Neuzeit wuchs die europäische Bevölkerung weiter an, aber nur langsam: Im Jahre 1600 waren es 105 Millionen Menschen, im Jahr 1700 rund 115 Millionen.[3]

Um 1800 zählte die europäische Bevölkerung etwa 140 Millionen. Der größte Teil wohnte auf dem Land oder in kleinen Städten. 70 Prozent der Europäer lebten von der Landwirtschaft, eine Quote, die wir heute abschätzig als »unterentwickelt« bezeichnen. Der europäische Energiekreislauf fokussierte auf den Anbau von Getreide und auf die Tierhaltung für die Erzeugung von Milchprodukten und Fleisch. Großstädte mit über 100 000 Einwohnern gab es in ganz Europa im Jahre 1800 nur gerade 40. Mehr als 500 000 Einwohner zählten nur die Städte London und Paris. Weil es kein Erdöl und keinen elektrischen Strom gab, sah die Oberfläche von Europa ohne Autobahnen, Flughäfen und Strommasten völlig anders aus.[4]

Erst im 19. Jahrhundert kam es in Europa im Kontext der industriellen Revolution zu einer regelrechten Bevölkerungsexplosion, wie man sie zuvor auf dem Kontinent noch nie gesehen hatte. In England stieg die Bevölkerung von 11 auf 37 Millionen, in Deutschland von 24 auf 56 Millionen, in der Habsburger Monarchie von 23 auf 47 Millionen und in Gesamteuropa von 140 auf 400 Millionen. In verschiedenen Ländern wurden die Nahrungsmittel knapp. Es kam zu Energiekrisen, und zwar in ihrer radikalsten Form: als Hungersnöte, ausgelöst durch schlechte Ernten. In Irland starben nach den Kartoffelmissernten in den 1840er- und 1850er-Jahren rund eine Million Menschen an Hunger und Seuchen, eine weitere Million verließ aufgrund der großen Not das Land. Europa, das heute Ziel von Flüchtlingen aus aller Welt ist, war damals ein Kontinent, der von seinen Bewohnern verlassen wurde. Insgesamt wanderten im 19. Jahrhundert rund 20 Millionen Europäer aus wirtschaftlicher Not aus, viele versuchten ihr Glück in den USA.[5]

Auch die Schweiz wurde damals von Energiekrisen geplagt. Das Land war lange außerordentlich spärlich besiedelt. Erst um 1800 konnte die Schweizer Bevölkerung infolge der verbesserten Nahrungsgrundlage auf 1,6 Millionen Menschen anwachsen, aber das Land blieb arm. Harte körperliche Arbeit in der Landwirtschaft und eine kleine Mobilität im Umkreis von einigen Dörfern prägten diese Zeit.[6] Energiekrisen forderten auch in der Schweiz Todesopfer.

Die Originalquellen zeigen, dass die Energiekrisen stets durch schlechte Ernten ausgelöst wurden: »Selten noch traf ein so durchaus nasses Jahr ein«, so die Beschreibung der »Schweizerischen Monatschronik« des Jahres 1816. »Man hat während der sechs Monathe vom April bis zum September in der Schweiz 130 Regentage gezählt. Das Schmelzen der ungeheuren Schneemassen, die während des Winters in den höheren Gegenden sich aufgehäuft hatten, vermehrte die Wassermenge. Unsäglich war der Schaden, den einzelne Gemeinden, wo förmliche Überschwemmungen eintraten, dadurch erlitten, überall wurde durch die schlimme Witterung ein bedeutender Theil der Heuernte zerstört, die Getreide- und Kartoffelernte verspätet, so dass sie nur in den milderen Gegenden mit Erfolg eingesammelt werden konnte; die Weinlese missrieth völlig.«[7]

Die schlechte Ernte führte 1817 zu einer Hungersnot, von der die Zeitdokumente ein bedrückendes Bild zeichnen: »Man verminderte anfänglich den Genuss gesunder, kräftiger Nahrung, bald aber musste man froh seyn, noch die geringste, schlechteste Nahrung genießen zu können«, berichtete ein Zeitgenosse aus dem Kanton Appenzell Innerrhoden. »Jeder, der des Bettels nicht schon gewohnt war, suchte sich desselben noch möglichst zu erwehren; aber, früh schon gänzlich abgemattet, mit Hungergeschwulsten und Heißhunger behaftet, wurde das Betteln bald eine Wohltat … Schindlinge, zermahlne Knochen, Pferdefleisch, Zumehl, Leim, Blut, Häute von Thieren, hielten die Hungrigen für gute Nahrungsmittel; Hunde und Katzen waren für sie Leckerbissen; und braunes Heu abgesotten, dann den Absud gesalzen, fanden unsere Armen als schmackhafte Suppe.«[8]

Wer zu wenig Nahrung finden konnte, starb in der Schweiz in der Energiekrise von 1817: »Da ich in eine dieser Hütten, oder eins dieser Löcher eintrat, befiel mich in der Thath beynahe eckelndes Entsetzen«, beschrieb ein Zeitzeuge aus dem Raum Altdorf die damalige Not. »In einem kleinen Stübchen waren etwa acht Menschen in schwarzen Lumpen, die als zerissne, zerfranzte Fetzen kaum an ihnen hängen bleiben konnten, beyeinander.« Ein neugeborenes Kind, so der Berichterstatter, »lag in den Fetzen der Wiege, blass, ohne eigne Kraft, ohne bemerkbare Sorge der Eltern. Seine Nahrung waren Erdäpfel, die, als Früchte dieses Jahres, elend genug syn mochten. Die natürlichste Quelle, aus der es seine Nahrung hätte zeihen sollen, war versiegt. Wie aus Gräbern hervorgescharrt, sahen alle Anwesende aus; am elendsten der ausgemagerte Vater des Kindes, dessen hohle Augen und eingefallenen Backen und Auszehrungshusten die Nähe des Todes verkündigten«.[9] Einige versuchten, der Hungersnot durch Auswanderung zu entkommen. Andere harrten aus und hofften, dass die nächste Ernte gut ausfallen würde, um das Land und seine Menschen erneut mit der notwendigen Energie zu versorgen.

Zu Beginn des 21. Jahrhunderts fällt es einem schwer, sich gedanklich ins 19. Jahrhundert zurückzuversetzen. Im Kontext von Klimawandel, Ressourcenkriegen und Unfällen in Atomkraftwerken ist es heute offensichtlich, dass die fossilen Energieträger wie auch die Atomenergie mit großen Gefahren und Risiken behaftet sind. Man könnte daher glauben, dass Europa ohne Erdöl, ohne Kohle, ohne Erdgas und ohne Uran ein viel besserer Lebensraum war, weil das ganze System gänzlich auf erneuerbaren Energien aufgebaut war. Tatsächlich waren vor der industriellen Revolution die Luft und das Wasser reiner und die Lärmbelastung geringer. Aber wer die historischen Quellen prüft, kann erkennen, dass auch jenes Zeitalter der erneuerbaren Energien keineswegs ein goldenes Zeitalter war, da Energiekrisen in Form von Hungersnöten auftraten und diese unter den ärmsten Schichten zu viel Leid und auch zum Tod führten.

Mit der Kohle beginnt das fossile Zeitalter 1712

Die Abhängigkeit von der fossilen Energie verlief in verschiedenen Schritten, deren Folgen den Zeitgenossen kaum bewusst waren. Es war bekanntlich die Kohle, die das fossile Zeitalter einläutete und die Industrialisierung ermöglichte. Ohne Kohle wären die europäischen Gesellschaften des 18. Jahrhunderts Agrargesellschaften geblieben. Der Wandel von der Agrar- zur Industriegesellschaft veränderte Europa fundamental. Mit dem Bau der ersten Dampfmaschine im Jahre 1712 war es dem Engländer Thomas Newcomen gelungen, mit Kohle Wasser zu erhitzen und die erzeugte Dampfkraft in mechanische Kraft umzuwandeln.

Diese Erfindung war für England entscheidend, weil sich das Land in einer Energiekrise befand: Der größte Teil seines Waldbestandes war abgeholzt, die oberflächlich zugängliche Kohle war aufgebraucht, während eindringendes Grundwasser den Bergleuten den Zugang zu tieferen Kohleschichten verwehrte. Newcomen gelang es, diesen Trend umzukehren, indem er seine Dampfmaschine in Staffordshire in einem der größten Kohlewerke Englands aufbaute und dort das Grundwasser abpumpte. Ab 1712 konnte England den Kohleabbau deutlich intensivieren: Das fossile Zeitalter begann. Ein Kohlebergwerk nach dem anderen wurde wiedereröffnet, und die Kohleproduktion von England stieg von rund 3 Millionen Tonnen im Jahr 1712 auf 6 Millionen im Jahre 1750. »Am Ende des Jahrhunderts«, so Paul Roberts, »produzierte England 10 Millionen Tonnen Kohle, was die Insel zum unangefochtenen König der Kohle und zur ersten modernen Energiewirtschaft machte.«[10]

James Watt, dem oft fälschlicherweise die Erfindung der Dampfmaschine zugeschrieben wird, verbesserte den Wirkungsrad der Newcomen'schen Dampfmaschine 1769 erheblich. In der Folge stieg der Energieverbrauch weiter an. Denn Dampfmaschine und Kohlebergbau bedingten einander insofern, als ohne Kohleförderung die Dampfmaschinen nicht betrieben werden konnten und umgekehrt die Erschließung reicher Kohlevorkommen in größerer Tiefe mit den traditionellen Methoden nicht möglich war, sondern vom Einsatz von Dampfmaschinen abhing.

Die Dampfmaschine erlaubte es aber nicht nur, das Grundwasser abzupumpen und dadurch die Kohleförderung gewaltig zu steigern, sondern auch die durch Kohle erzeugte Wärmeenergie in mechanische Energie für den Betrieb von Zügen umzuwandeln. Der erste Passagiertransport mittels einer Dampflokomotive fand 1825 in England statt, und schon bald entstand auf der Insel zwischen den Kohlewerken und den Verbrauchszentren ein großes Schienennetzwerk, auf dem Dampflokomotiven mit Kohle gefüllte Wagons transportierten. Von England kommend, breitete sich das fossile Zeitalter in ganz Europa aus und veränderte den Kontinent grundlegend. Jeder Einzelne war von dieser Veränderung betroffen. So diente Kohle unter anderem auch zur Herstellung von Stadtgas (nicht zu verwechseln mit Erdgas), das für die Straßenbeleuchtung und das Kochen und Heizen verwendet wurde.

Im Unterschied zu England verfügten bis zum Beginn des 19. Jahrhunderts die meisten deutschen Regionen noch über so viel billiges Holz, dass kein großer Bedarf entstand, die eigenen Stein- und Braunkohlelager verstärkt auszubeuten. Erst als die Eisenproduktion um 1830 anstieg und die Angebotsmenge an Holz an natürliche Grenzen stieß, erwies sich die verstärkte Ausnutzung von Kohlevorkommen als ökonomisch sinnvoll. 1835 wurde die erste deutsche Eisenbahnlinie zwischen Nürnberg und Fürth eröffnet. In den folgenden Jahrzehnten war die Kohlenachfrage der Eisenindustrie und der Eisenbahnen derart groß, dass auch in Deutschland mehr und mehr Stein- und Braunkohle abgebaut wurde, die beide in großen Mengen vorhanden waren.

Der Wandel von der agrarischen zu einer urban-industriellen Wirtschaft im 19. Jahrhundert vollzog sich jedoch nicht abrupt, sondern in vielen Einzelschritten. Neben der Kohle dominierten weiterhin Holz, Wind und Kleinwasserkraft den europäischen Energiemix. Windmühlen, heute vor allem noch bekannt in Holland, waren über ganz Europa verbreitet und wurden zum Mahlen von Getreide zu Schrot und Mehl eingesetzt. Im Deutschen Kaiserreich waren noch im Jahre 1895 rund 18 000 Windmühlen und 54 000 Wassermühlen in Betrieb.[11]

Holz blieb auch im 19. Jahrhundert ein geschätzter Werkstoff und eine wichtige Energiequelle für Europa. Es konnte, wenn es nicht übernutzt wurde, stets nachwachsen. »Das Holz lieferte Energie, Baustoff für Häuser, Brücken, Fahrzeuge, Werkstoff für Werkzeuge und Geräte, aus ihm gewann man Holzkohle zum Schmelzen und Schmieden, Pottasche zur Glasherstellung, Teer und Pech zum Abdichten von Schiffen und Fässern«, so der Historiker Karl Metz. »Mehr als neun Zehntel des geschlagenen Holzes dürfte als Brennmaterial verbraucht worden sein, zur direkten Befeuerung beim Wärmen und Kochen wie zur Herstellung von Holzkohle.«[12] Trotzdem war Europa damals vergleichsweise »arm an Energie«; Freizeit und Mobilität waren knapp bemessen, die körperliche Arbeit hart und die Winter dunkel und kalt. Pro Kopf stand »zehn- bis fünfzehnmal weniger Bruttoenergie zur Verfügung als den Angehörigen der heutigen Konsumgesellschaften«, berechnete der Historiker Christian Pfister.[13]

In der Schweiz begann das fossile Zeitalter mit dem Bau der ersten Eisenbahn und dem Import von hochwertiger deutscher Kohle. Die Schweiz hatte zu diesem Zeitpunkt ihre eigenen spärlichen Kohlevorkommen bereits ausgebeutet; neben Holz wurde auch Torf als Brennstoff verwendet. Das neu geschaffene Eisenbahnnetz erlaubte es, das Schweizer Mittelland über Basel mit den deutschen und französischen Kohlerevieren zu verbinden und große Mengen an energetisch höherwertiger Steinkohle zu importieren.[14]

Heute, wo die Debatte um den Klimawandel dominiert und gegen Kohlekraftwerke demonstriert wird, ist es schwierig, sich zu erinnern, mit welch großer Freude die Zeitgenossen den Ausbau der mit Kohle befeuerten Eisenbahn erlebten. Die Eröffnung der ersten Eisenbahnstrecke der Schweiz zwischen Baden und Zürich im Jahre 1847 war ein großes Volksfest. Die Menschen feierten die neue, mit Kohle betriebene »Spanischbrötlibahn« mit Stolz und Freude. Es sei ein »licht- und glanzvoller« Tag, freute sich die »Neue Zürcher Zeitung« auf der Titelseite, »da er einer Feier galt, die vor uns so viele Nationen mit dem Bewusstsein begangen haben, dass nun eine der schönsten Eroberungen des menschlichen Erfindungsgeistes ihr Eigenthum geworden sei. Mit der Eröffnung unserer Eisenbahn beginnt ein ganz neues Stadium in unsern Verkehrsverhältnissen.«[15]

Schon 1860 wurde das Schweizer Bahnnetz mit dem deutschen Bahnnetz verbunden. Die stetig anwachsende Zahl von mit Kohle gefüllten Bahnwagen aus Deutschland symbolisierte den Aufbruch in eine neue Zeit und den Abschied von der Agrargesellschaft. Die Industriegesellschaft entstand mit ihrer Metall- und Maschinenindustrie, dem Fahrzeugbau, der Chemischen Industrie und der Nahrungsmittelindustrie. Dank der Kohle konnten Eisen und später Stahl in fast unbegrenzten Mengen verarbeitet werden und lösten Holz als Universalwerkstoff ab. Die Zeitgenossen beobachteten erstmals ein stetes Wirtschaftswachstum, das für viele mit einer Zunahme an Mobilität und Wohlstand einherging. »Der Aufschwung der kohlebefeuerten Wirtschaft gipfelte in der langen Phase der Hochkonjunktur vor dem Ersten Weltkrieg«, berichtet Christian Pfister.[16] Das Modell von England, das auf der Basis der Kohle als erstes Land der Welt industrialisiert worden war, wurde zum Vorbild aller aufstrebenden Volkswirtschaften.

Die fossile Landwirtschaft und das Wachstum der Weltbevölkerung

Im Zentrum der Energiegeschichte stand damals wie heute die Sonne, die sowohl die Nahrung für Mensch und Tier als auch das Wachsen des Holzes, das Fließen des Wassers und das Entstehen der Winde ermöglicht. Auch die fossilen Energieträger Kohle, Erdöl und Erdgas, die unter günstigen Bedingungen im Laufe der Erdgeschichte aus organischen Materialien entstanden, sind nichts anderes als »gespeichertes Sonnenlicht«. Doch erst mit dem Beginn der industriellen Revolution gelang es ab dem 18. Jahrhundert, dieses »gespeicherte Sonnenlicht« – zuerst in Form von Kohle, dann als Erdöl und Erdgas – zu nutzen. Damit ereignete sich ein radikaler Bruch in der Geschichte der Energie, weil plötzlich Energie in großen Mengen vorhanden war, was es zuvor in der Menschheitsgeschichte noch nie gegeben hatte. Mit der Nutzung der fossilen Energien »katapultierten sich die entstehenden Industrieländer in das Zeitalter des Überflusses, d.h. sie lösten sich aus einer Weltgeschichte der Knappheit, deren knappstes Gut die Energie war«, so Karl Metz. Auch heute, zu Beginn des 21. Jahrhunderts, befinden wir uns noch in dieser Phase des Energieüberflusses. Wir leben in einem fossilen Energierausch, und die meisten von uns können sich nicht mehr erinnern, dass Energie einmal sehr knapp und teuer war.[17]

Es kann kaum genügend betont werden, wie fundamental der Zufluss fossiler Energien die Geschichte Europas in den letzten 200 Jahren verändert hat. Man begann zum ersten Mal, Energieträger zu verbrauchen, die nicht permanent in ungefähr gleichem Umfang erneuert werden konnten. Damit demonstrierte Europa der ganzen Welt die Überlegenheit der fossilen Energien. Die Schattenseite wurde ausgeblendet. Wenige dachten daran, dass man von einem Schatz lebte, der in einem noch unbekannten Jahr aufgebraucht sein und danach zukünftigen Generationen nicht mehr zur Verfügung stehen würde.

Obschon das genaue Datum des Endes des fossilen Zeitalters heute noch ungewiss ist, sind sich alle Beobachter darin einig, dass Kohle, Erdöl und Erdgas nur in beschränkten Mengen im Erdboden lagern und sich nicht in historischen Zeiträumen reproduzieren. Dasselbe gilt auch für Uran. Das fossile Zeitalter dürfte daher ein relativ kurzer, wenn auch sehr intensiver Abschnitt der Menschheitsgeschichte sein (vgl. Infografik »Erdölzeitalter auf langer Zeitachse« auf Seite 368). Der Historiker Rolf Peter Sieferle verglich den Verbrauch fossiler Energie in historischen Zeiträumen grafisch eingängig mit dem »Bild einer Nadel auf der Zeitachse«. Der schwedische Biochemiker Gösta Ehrensvärd sprach zugespitzt vom kurzen »fossilen Intermezzo«.[18]

Dass die fossilen Energieträger aufgrund ihrer hohen Energiedichte die erneuerbaren Energieträger wie Holz, Wasserkraft oder Windkraft in nur zwei Jahrhunderten verdrängten, erstaunt nicht. Denn sie waren schlicht besser, und zwar in dem Sinne, dass aus ihnen mehr Wärme erzeugt werden konnte als aus den erneuerbaren Energien. Bedenkenlos wurde die Abhängigkeit von den fossilen Energien in sehr kurzer Zeit dramatisch ausgebaut, was heute vermehrt kritisch reflektiert wird. »Das gegenwärtige Energiesystem basiert zu 80 Prozent auf der Nutzung nicht-regenerativer fossiler Energieträger«, kritisierte der Energieexperte Frank Umbach zu Beginn des 21. Jahrhunderts.[19] Da China, Indien und Brasilien dem Beispiel von Europa folgten und im Kontext ihrer Industrialisierung vermehrt fossile Energien konsumieren, ist es zu einem dramatischen Anstieg des Energieverbrauchs gekommen, ohne absehbaren Rückgang der stetig wachsenden Nachfrage.

In den industrialisierten Ländern Europas ermöglichten die fossilen Energiequellen einem immer größeren Teil der Bevölkerung bessere Lebensbedingungen, wie sie im Mittelalter nur den von Sklaven- und Fronarbeit lebenden Feudal- und Adelsschichten vergönnt waren. Armut und Hunger wurden durch den scheinbar unendlichen Vorrat an fossilen Energiequellen und die Leistungssteigerung in der Agrarwirtschaft Schritt für Schritt zurückgedrängt. Billigflieger machen es heute möglich, dass auch Studenten mit bescheidenem Einkommen ohne Probleme in wenigen Stunden von Berlin nach Barcelona fliegen können, was einem Mobilitätsangebot entspricht, das im Mittelalter nicht einmal Königen möglich war.

Das Erschließen fossiler Energiequellen und der steigende Wohlstand trugen mit dazu bei, dass sich die Bevölkerung nicht nur in Europa, sondern auf der ganzen Welt sprunghaft vergrößerte. Zur Zeit von Christi Geburt zählte die Weltbevölkerung nur 300 Millionen Menschen. Dann dauerte es mehr als 1600 Jahre, bis sich die Weltbevölkerung auf 600 Millionen Menschen verdoppelte. Im Jahre 1800 lebten erstmals 1 Milliarde Menschen auf der Erde. Danach dann wuchs die Weltbevölkerung so stark wie nie zuvor. 1927 war die Marke 2 Milliarden erreicht, 1959 dann die Marke 3 Milliarden. Schon 1974 lebten 4 Milliarden Menschen auf dem Planeten Erde, bei stetig größerem Verbrauch an fossilen Energieträgern. 1987 waren es 5 Milliarden, 1999 schließlich 6 Milliarden. Im Jahr 2011 stieg die Weltbevölkerung auf aktuell 7 Milliarden. Auffällig an dieser Entwicklung ist, dass es nur zwölf Jahre dauerte, bis die Weltbevölkerung von 6 auf 7 Milliarden angewachsen war. Wir beobachten derzeit einen demografischen Zuwachs, wie ihn die Menschheitsgeschichte noch nie zuvor registriert hat (vgl. Infografik »Wachstum der Weltbevölkerung« auf Seite 369).

Zumindest in Teilen wurde das Bevölkerungswachstum durch den fundamentalen Einfluss der fossilen Energieträger auf die Landwirtschaft ermöglicht, auch wenn dieser Aspekt der fossilen Revolution in der Energiedebatte oft unberücksichtigt bleibt. Die Landwirtschaft war während Jahrhunderten eine Wirtschaftsform zur Umwandlung von Sonnenenergie in Nahrungsmittel. Dies änderte sich im fossilen Zeitalter fundamental, da sich die Landwirtschaft vom Energielieferanten zum Energieverbraucher wandelte. Durch »die massenweise Verwendung fossiler Stoffe zum Antrieb von Agrarmaschinen wie für Düngung und zur Bekämpfung von Schädlingen wird mehr Energie verbraucht, als durch Photosynthese in den geernteten Pflanzen enthalten ist«, betont der Technikhistoriker Karl Metz richtig. Diese Zusammenhänge sind durch die Forschung klar belegt, aber kaum im öffentlichen Bewusstsein verankert. Zugespitzt könnte man auch sagen: Wir essen Erdöl. Der Zufluss von Erdöl und Erdgas hat die Landwirtschaft revolutioniert und die Erträge vervielfacht. Getreide wird an Tiere zur Fleischproduktion verfüttert. Der Erdölrausch bedeutet – zumindest für die reichen Länder – Nahrung im Überfluss. »Ohne diese Energierevolution in der Landwirtschaft hätte es … keinen Überfluss der Nahrung und kein explosives Wachstum der Weltbevölkerung … geben können«, ist Metz überzeugt.[20]

Der Charakter der Landwirtschaft änderte sich mit der fossilen Revolution fundamental. »Man brachte es so weit, dass man vielfach mehr fossile Energie zur Feldbestellung, Düngung und Schädlingsbekämpfung aufwenden muss, als schließlich in der Pflanze photosynthetisch gebunden ist«, erkennt auch der Historiker Rolf Peter Sieferle.[21] Damit wandelte sich die Landwirtschaft von einem System der Energiegewinnung durch die Zugabe von fossiler Energie in ein System der Stoffumwandlung, bei dem per saldo Energie verloren geht.

Die Landwirtschaft und die Nahrungsmittelproduktion befinden sich heute in einer starken Abhängigkeit von fossilen Energien. Erdöl ist bei der Landrodung, für den Antrieb von Maschinen wie Traktoren oder Mähdrescher, für die Nahrungsmittelverarbeitung und den Nahrungstransport zum Endkunden zentral. Auch Erdgas ist für die Nahrungsmittelproduktion wichtig. Seit Chemiker entdeckt haben, dass Pflanzen für ihr Wachstum vor allem Stickstoff, Phosphor und Kalium brauchen, wird Kunstdünger chemisch produziert. In einem Hochdruckverfahren wird der Stickstoff, der in der Luft reichlich vorhanden ist, mithilfe von Erdgas oder anderen Energiequellen stofflich mit Wasserstoff verbunden, wodurch Ammoniak entsteht, der als Düngemittel eingesetzt wird. Ohne Erdöl und Erdgas wäre die »Grüne Revolution«, die den landwirtschaftlichen Ertrag weltweit stark ansteigen ließ, unmöglich gewesen.

2

Der Beginn des Erdölzeitalters

In den ersten hundert Jahren der Erdölgeschichte, also zwischen 1850 und 1950, verbrauchte Europa vergleichsweise wenig Erdöl. Die Kohle dominierte in dieser Zeit die Energieversorgung. Trotzdem waren diese hundert Jahre für die spätere europäische Wirtschaftsgeschichte prägend, denn in den USA und in Europa entstand eine mächtige Erdölindustrie, die das »schwarze Gold« förderte und weltweit verkaufte.

Die Entstehung von Erdöl und Erdgas

»Produziert« wurde das Erdöl durch die Erdölindustrie nie, auch wenn dieser Ausdruck zuweilen anstelle von »gefördert« verwendet wird und suggeriert, die Erdölindustrie würde selber etwas herstellen. Dies ist natürlich nicht der Fall; die Erdölindustrie veredelt lediglich Rohöl zu Erdölprodukten wie Diesel oder Heizöl. Das Rohöl selber kann niemand »produzieren« – es entstand, gleich wie die Kohle und das Erdgas, lange bevor die ersten Menschen den Planeten bevölkerten. Es ist ein Rückstand aus organischen Überresten, hauptsächlich aus Algen und tierischem Plankton, aber auch aus Landpflanzen, die sich als »gespeichertes Sonnenlicht« am Meeresboden von Ozeanen, Seen und küstennahen Gewässern ansammelten. Während sich der größte Teil der toten organischen Substanz am Meeresboden zersetzte und verrottete, wurde ein kleiner Teil von Sedimentgestein zugedeckt, über Millionen von Jahren konserviert und durch Untergrundhitze und Druck in Erdöl und Erdgas verwandelt.[1]

Die winzigen und leichten Tröpfchen von Erdöl und kleinen Blasen von Erdgas wanderten im Laufe der Erdgeschichte durch feine Poren des schweren Gesteins nach oben, traten auf natürliche Weise an der Erdoberfläche aus und gingen dadurch wieder verloren. Nur an wenigen Stellen trafen die aufsteigenden Tröpfchen und Blasen auf eine undurchdringbare Decke, eine sogenannte Kappe, die sie am weiteren Aufsteigen hinderte, was dazu führte, dass sich unter dem Erdboden und unter dem

Meer kleine und große Speicherfelder aus porösem Gestein, getränkt mit Erdgas und Erdöl, bilden konnten. Im porösen Speichergestein konzentrierte sich das leichtere Gas jeweils in den oberen Lagen.

Nach dem Abbau von Kohleschichten oder Salzlagen entstehen im Erdboden Löcher, ja ganze Gang- und Höhlensysteme, in denen ein erwachsener Mensch gehen oder gar ein Lastwagen fahren könnte. Solche Öffnungen werden zum Teil wieder geschlossen, durch Entfernen der Verstrebungen und durch geplantes Absenken der darüberliegenden Schichten. Analog ist in der Öffentlichkeit der Eindruck entstanden, dass durch die Förderung von Erdöl und Erdgas solche Leerräume im Untergrund entstehen – zumindest sind entsprechende Fragen des Öfteren an mich herangetragen worden, sowohl von meinen Studenten wie auch bei öffentlichen Vorträgen zum Thema Erdöl in der Privatwirtschaft. Diese Vorstellung ist indes falsch. Sie beruht zum Teil auf semantischen Missverständnissen. Ein »Oil Pool« ist nicht ein »Erdölteich«, sondern eine Ansammlung von Rohöl in porösem Reservoirgestein. Nach dem Abbau von Erdöl und Erdgas bleiben keine Hohlräume zurück, denn das Erdöl, gleich wie das Erdgas, befindet sich in einem Speichergestein in winzigen Poren, also zum Beispiel zwischen den Sandkörnern eines ölführenden Sandsteins, und das Speichergestein bleibt im Boden. Das mengenmäßig entzogene Erdöl wird in aller Regel durch aufsteigendes Wasser ersetzt.

Erdöl kann, anders als landläufig angenommen, auch niemals in vollem Umfang gefördert werden – mehr als die Hälfte bleibt als Restöl im Gestein haften. Der Entölungsgrad, der den prozentualen Anteil des geförderten Erdöls am Gesamtvorkommen angibt, ist je nach Lagerstätte und Beschaffenheit des Erdöls sehr unterschiedlich und liegt durchschnittlich bei 20 bis 40 Prozent. Durch das Einpressen von Wasser oder durch Injektion von Chemikalien oder Gasen (sekundäre und tertiäre Förderung) kann der Entölungsgrad eines Feldes auf bis zu 45 Prozent erhöht werden. Die sekundäre und tertiäre Förderung ist teuer und aufwendig. Wann ein Erdölfeld wirklich leer ist, hängt daher auch vom Erdölpreis auf dem Weltmarkt ab. Erst wenn dieser über 70 Dollar liegt, ist die sekundäre und tertiäre Förderung wirtschaftlich.

Erdöl und Erdgas, die durch Ritzen und Poren auf natürliche Weise an der Erdoberfläche auftreten, waren schon in früheren Jahrhunderten bekannt. 3000 v. Chr. wurde in Mesopotamien an verschiedenen Orten eine schwarze, halbfeste, schlammige Substanz beobachtet, die aus Bodenritzen und Gesteinsspalten austrat und als »Erdpech« oder »Bitumen« bezeichnet wurde. Die berühmteste Erdölquelle lag in Hit am Euphrat im heutigen Irak, unweit von Bagdad, damals als die sagenhafte Stadt Babylon verehrt. »Es gibt viele unglaubliche Wunder im Lande Babylon, aber keines ist so groß wie die gewaltige Menge an Erdpech, die es dort gibt«, berichtete der griechische Historiker Diodor voller Bewunderung.[2] Sowohl Erdgas als auch Erdöl wurden an einigen Austrittsstellen abgebrannt und als heilige Kraftquelle in Feuerkulten verehrt.

In der Antike war Erdpech eine Handelsware, die in bescheidenen Mengen zum damaligen Wirtschaftskreislauf gehörte. Im Schiffbau dichtete Erdpech die Fugen ab, beim Hausbau diente es als Baumörtel, um die Ziegel zu verbinden. Als »unermüdliches Feuer« fand Erdölpech auch in der Kriegsführung Verwendung. Der Perserkönig Cyrus setzte in seiner Kriegsführung bei der Einnahme von Babylon auf Brandwaffen und sicherte so seiner Armee den Sieg: »Wir haben genügend Pech und Werg, so dass das Feuer sich schnell überall ausbreiten wird«, so Cyrus, »und die Menschen auf den Hausdächern entweder rasch ihren Posten verlassen oder verbrennen müssen.«[3]

Auch in Europa waren vereinzelte, auf natürliche Weise aussickernde kleine Erdölvorkommen seit Jahrhunderten bekannt. Johann Jakob Scheuchzer schrieb in seiner 1746 publizierten »Naturgeschichte des Schweizerlandes«, dass »an dem Fuße des Wallenbergs, welcher an der mittägigen Seite des Wallenstätter Sees aufsteiget, ein Wasser entspringt, welches einen Schwefelgeruch hat, und viel zähe Bergwächsische Theile enthaltet, welche gleich einem Fröschleich sich in ziemlich große Stücke oder Fetzen sammeln und theils oben auf schwimmen, theils an der Seite ankleben«. In einem anderen Bericht notiert Scheuchzer: »An dieses Bergs – Tödtiberg – Nordseite ist eine Cristal-Mine und nicht weit davon ein gewisser Ort, genannt Oelbanken, weil da zur Sommerzeit ein starker Geruch eines in der Erde verborgenen liegenden Petrolei oder Steinöls verspürt wird.«[4] In beiden Fällen handelte es sich um das natürliche Auftreten geringer Mengen von Erdöl. Das Erdöl wurde als medizinisches Mittel eingesetzt, insbesondere gegen Krankheiten des Viehs, als Wagenschmiere und in sehr geringer Menge auch als Leuchtmaterial.

Bevor die Erdölindustrie entstand, spielte Erdöl im Leben der Menschen während Jahrtausenden nur eine untergeordnete Rolle. Von einem »Erdölrausch« konnte keineswegs die Rede sein; die gefundenen und verbrauchten Mengen waren sehr gering. »Das Erdöl ist eine nutzlose Absonderung der Erde«, glaubte eine Kommission der russischen Kaiserlichen Akademie, welche 1806 in Baku einen Bericht für den Zaren Alexander I. in St. Petersburg verfasste. »Es ist der Natur nach eine klebrige Flüssigkeit, die stinkt. Das Erdöl kann in keiner Weise verwendet werden. Man könnte damit höchstens die entsetzlich quietschenden Räder der Karren der Eingeborenen schmieren.«[5]

ExxonMobil und der Beginn der Erdölindustrie in den USA 1859

Die Geburt der modernen Erdölindustrie vollzog sich am 27. August 1859 bei Titusville im US-Bundesstaat Pennsylvania, als der Amerikaner Edwin Drake mit seiner erfolgreichen Bohrung in nur 22 Meter Tiefe auf Erdöl stieß und das moderne Erdölzeitalter einläutete. Drake hatte erstmals die Technik des Bohrens eingesetzt, die zuvor nur zur Gewinnung von Salz verwendet worden war. »Ich war überzeugt«, so Drake später, »dass Öl in großen Mengen durch die Bohrungen gefördert werden könnte, wie man sie zur Gewinnung von Salzsole einsetzt. Und ich war entschlossen, dass kein anderer als ich selbst das tun sollte.«[6]

Nach Drakes Entdeckung brach in den USA das Erdölfieber aus, und Glücksritter und Abenteurer bohrten an allen möglichen und unmöglichen Orten nach dem schwarzen Gold. Dank der Bohrtechnik steigerte sich die Erdölproduktion von Pennsylvania rasant, von rund 450 000 Fass im Jahr 1860 auf 3 Millionen Fass im Jahr 1862. Bald kamen mit Ohio, Indiana und Texas weitere US-Bundesstaaten dazu, in denen Erdöl gefunden und gefördert wurde. Der Erdölrausch veränderte schnell Land und Leute, wie ein Journalist aus Pennsylvania im Jahre 1865 erkannte: »Es hat Menschen aller Klassen, Altersstufen und Wesensart erfasst. Sie reden, schauen und handeln nicht mehr, wie sie es vor sechs Monaten noch taten. Land, Pacht, Verträge, Vorkaufsrechte, Übertragungsurkunden, Abmachungen, Zinsen und so weiter ist alles, wovon sie reden, was sie verstehen können. An jeder Ecke fremde Gesichter«, so der Journalist, der die Entwicklung mit Skepsis verfolgte. »All unsere Gewohnheiten, Anschauungen und Freundschaften, die seit einem halben Jahrhundert bestanden, werden in der wilden Jagd nach Reichtümern auf den Kopf gestellt. Ein paar Arme werden reich; ein paar Reiche noch reicher; ein paar Arme und ein paar Reiche verlieren alles, was sie investieren. So sieht es hier aus.«[7]

Am reichsten wurde John D. Rockefeller, der das Erdölgeschäft in den USA dominierte, indem er zusammen mit seinen Partnern Erdölraffinerien, Holzfässer, Tankwagen, Depots und Schiffe aufkaufte und dadurch eine Monopolstellung beim Erdölvertrieb errang. Im Jahre 1870 gründete Rockefeller eine der erfolgreichsten Firmen der Geschichte des Kapitalismus, die Standard Oil Company, die heutige ExxonMobil, welche Petroleum zu Leuchtzwecken verkaufte.

Um den Markt für Erdölprodukte zu kontrollieren, kaufte Rockefeller möglichst viele Raffinerien auf. Wenn sich ein Eigentümer weigerte zu verkaufen, senkte Rockefeller die Preise für Erdölprodukte auf dem Markt, auf dem die Raffinerie arbeitete, und zwang dadurch die Konkurrenten, mit Verlust zu arbeiten, bis sie aufgaben.

Die Leute von Standard Oil agierten, wenn immer möglich, im Verborgenen über Firmen, die nicht den Namen Standard Oil trugen und daher nach außen unabhängig schienen, in Wirklichkeit jedoch von Rockefeller kontrolliert wurden. Die Taktik war von Erfolg gekrönt: 1879 kontrollierte Rockefeller 90 Prozent von Amerikas Raffineriekapazität.

Auch die Eisenbahnunternehmen standen unter Rockefellers Einfluss. Er brachte sie dazu, ihm nicht nur Preisnachlässe auf den Transport von Standard Oil zu geben, sondern auch »Rückvergütungen« (Kick-Backs) zu bezahlen, wenn sie das Erdöl seiner Konkurrenten transportierten. Konkret versprachen die Eisenbahnen, 25 Cent direkt zurück an Standard Oil fließen zu lassen, wenn sie das Erdöl eines Konkurrenten für einen Dollar nach New York transportierten. Diese Kick-Back-Abmachung blieb geheim und wurde nicht öffentlich gemacht. Sie war eine Verschwörung zwischen Rockefeller und der Eisenbahn – die anderen Erdölunternehmer wussten nichts davon. Die Konkurrenz subventionierte dadurch, ohne es zu wissen, mit jedem Eisenbahntransport die Standard Oil.

Nachdem Rockefeller auch noch in die Erdölförderung einstieg, wurde Standard Oil zum dominanten integrierten Erdölkonzern, der vom Bohrloch über die Raffinerie und den Transport bis zur Petrollampe den ganzen Produktions-, Verarbeitungs- und Verkaufsprozess kontrollierte. Die Monopolstellung garantierte für die damalige Zeit riesige Gewinne. Zwischen 1893 und 1901 schüttete die Standard-Oil-Aktiengesellschaft mehr als 250 Millionen Dollar an Dividenden aus, wovon der größte Teil weniger als zehn Männern im Hauptquartier der Standard Oil in New York zugutekam – den Direktoren der Firma. Ein Viertel der Gesamtsumme ging an den mächtigsten Mann der Standard Oil und den reichsten Mann Amerikas: John D. Rockefeller.

Die Rockefellers, deren Vorfahren aus Deutschland in die USA ausgewandert waren, stiegen dank dem Erdöl zu den einflussreichsten Familien der USA auf, zu denen auch die Carnegies und Morgans zählten. John D. Rockefeller hatte fünf Kinder. Sein Enkel Nelson Rockefeller wurde 1974 Vizepräsident der USA in der Administration von Präsident Gerald Ford. Ein anderer Enkel, David Rockefeller, leitete von 1960 bis 1981 die Chase Manhattan Bank und stand ab 1975 als Präsident dem einflussreichen Council on Foreign Relations (CFR) vor, der als wichtiges Verbindungsglied zwischen großen US-Unternehmen und der US-Regierung gilt.[8]

Dass die Rockefellers dank dem Erdölgeschäft zu den einflussreichsten Familien der USA aufstiegen, blieb auch den Zeitgenossen im 19. Jahrhundert nicht verborgen, und nicht alle freuten sich über den Siegeszug des Erdöls und die Macht von Standard Oil. Gerade innerhalb der amerikanischen Gesellschaft war das mitunter rücksichtslose Vorgehen der Standard Oil nicht beliebt. »Wir haben einen Erfolg errungen, der beispiellos dasteht in der Geschichte des Unternehmertums, unser Name ist auf der ganzen Welt bekannt, aber unser Bild in der Öffentlichkeit ist alles andere als beneidenswert«, schrieb ein Standard-Manager im Jahre 1887 an John D. Rockefeller. »Wir werden (ungerechterweise, finde ich) als Symbol für alles herangezogen, was böse, hartherzig, unterdrückerisch und grausam ist … Es ist mir nicht angenehm, dies zu schreiben, denn ich habe immer nach einer geachteten Position im Geschäftsleben gestrebt.«[9]

In der eigenen Firmengeschichte betont die Standard Oil, dass man »einen wesentlichen Teil zur Vermehrung des Volksvermögens und zur Erhöhung des Lebensstandards der amerikanischen und anderer Nationen beigetragen« habe, die Firma werde daher »allgemein als das hervorragendste Öl-Unternehmen der Welt anerkannt«.[10] Das amerikanische »Progressive Movement«, das um die Jahrhundertwende soziale Gerechtigkeit, Konsumentenschutz, bessere Arbeitsbedingungen und politische Reformen anstrebte, teilte diese Auffassung indessen nicht und betrachtete die mächtige Standard Oil und ihre Millionengewinne als eine Gefahr für die amerikanische Kultur und Ethik.

Die Speerspitze des Progressive Movement waren die Zeitschrift »McClure's« und ihre Chefredakteurin Ida Tarbell, die Standard Oil scharf kritisierte. Eine der wichtigsten Quellen für ihre Recherchen über Standard Oil war ein Insider: Henry Rogers, der dienstälteste Spitzenmanager der Standard Oil, zu dem Tarbell durch regelmäßige Treffen am Firmensitz in New York ein Vertrauensverhältnis aufbauen konnte. Rogers, entweder aus Rivalität zu Rockefeller oder im Bestreben, die Firma richtig darzustellen, lieferte Tarbell Zahlen und Fakten über Standard Oil, die der Öffentlichkeit nicht zugänglich waren. Tarbell fragte ihre Vertrauensquelle auch, ob Standard Oil Einfluss auf die Politiker nehme. »Oh, natürlich kümmern wir uns darum!«, antwortete Rogers. »Sie kommen hierher und bitten um Spenden für ihre Wahlkampfkasse. Und die geben wir – das heißt, als Einzelpersonen … Wir greifen in die Tasche und geben ihnen hübsche Summen für den Wahlkampf, und wenn dann mal ein Gesetz eingebracht wird, das gegen unsere Interessen geht, gehen wir hin und sagen: ›Da steht dieses oder jenes Gesetz an. Uns gefällt das nicht, und wir wollen, dass Sie sich um unsere Interessen kümmern.‹ So machen es alle.«[11]

Ab November 1902 erschienen Tarbells Enthüllungen in der Zeitschrift »McClure's«, später auch als Buch, und erregten großes Aufsehen.[12] »Mr. Rockefeller hat systematisch mit gezinkten Karten gespielt, und es ist zu bezweifeln, ob er seit 1872 auch nur ein einziges Mal einem Konkurrenten ein Rennen geliefert hat, das vom Start weg fair war«, kritisierte Tarbell.[13] Rockefeller war nicht amüsiert und bezeichnete die Journalistin unter Freunden mit dem Spitznamen »Miss Tar Barrel« (Frau Teerfass). Gegenüber einem Freund erklärte er: »Ich sage dir, die Dinge haben sich geändert, seit du und ich kleine Jungs waren. Die Welt ist voll von Sozialisten und Anarchisten. Wenn ein Mann in irgendeiner Branche auffällig viel Erfolg hat, fallen sie über ihn her und brüllen ihn nieder.«[14]

Die politische Führung der USA reagierte sensibel auf Tarbells Enthüllungen und die öffentliche Empörung. Theodore Roosevelt, der 1901 nach der Ermordung von William McKinley Präsident der USA geworden war, erklärte, es könne nur eine korrigierende Kraft gegen die Verfehlungen der Standard Oil geben: den Staat. 1906 brachte die Administration Roosevelt daher vor dem Bundesgericht von St. Louis eine Klage gegen die Standard Oil ein wegen verbotener Absprachen zur Einschränkung des freien Handels. »Gegen jede einzelne Maßnahme für mehr Ehrlichkeit in der Wirtschaft, die in den letzten sechs Jahren beschlossen wurde, haben diese Männer opponiert«, schimpfte der Präsident und solidarisierte sich mit dem Volk gegen die Standard Oil. Gegenüber seinem Justizminister erklärte Roosevelt, die Direktoren der Standard seien »die größten Kriminellen des Landes«.[15]

1911 befand der Supreme Court, das höchste Gericht der USA, die Firma Standard Oil für schuldig, den freien Handel eingeschränkt und damit gegen das öffentliche Interesse verstoßen zu haben. Das Gericht ließ die Firma zerschlagen bzw. entflechten, um ihre Monopolstellung zu brechen. Für Rockefeller war das Urteil ein Schock. Aus der Aufteilung der Standard entstanden die Standard Oil of New Jersey (die spätere Exxon), die Standard Oil of New York (die spätere Mobil, die 1999 mit Exxon wieder zu ExxonMobil fusionierte), die Standard Oil of California (die spätere Chevron), die Standard Oil of Ohio sowie die Standard Oil of Indiana. Schon ein Jahr später waren die Aktienkurse der Nachfolgefirmen so stark angestiegen, zum Teil auf den doppelten oder gar dreifachen Wert, dass niemand an der Zerschlagung mehr verdiente als Rockefeller, dem ein Viertel aller Anteile gehörte und dessen Vermögen auf die damals sagenhafte Summe von 900 Millionen Dollar anstieg. Bald schon war Rockefeller der erste Dollarmilliardär der USA.

Die erste Erdölbohrung in Deutschland in Wietze 1859

Zeitgleich mit der Entwicklung in den USA begann man auch in Europa Erdöl zu fördern. Die europäische Erdölindustrie nahm ihren Anfang in Galizien (heutiges Südpolen und Westukraine), dann in Rumänien und in Baku (heutiges Aserbaidschan) am Kaspischen Meer. Die Förderung geschah ohne Erdölbohrungen mit den einfachsten Mitteln: Man grub Schächte und bis zu 50 Meter tiefe Brunnen und schöpfte, was sich in ihnen ansammelte, einfach ab.

Die erste Erdölbohrung in Europa wurde in Deutschland in Wietze in Niedersachsen 1859 realisiert, erstaunlicherweise also im selben Jahr, in dem Drake in den USA in Pennsylvania mit seiner Bohrung auf Erdöl gestoßen war. In Wietze war schon seit Jahrhunderten Teer an der Erdoberfläche aufgetreten. Die lokale Bevölkerung sprach von »Satansspeck» und nutzte das zähflüssige schwarze Gemisch als Wagenschmiere, Dichtungsmaterial im Schiffbau und als «schwarze Salbe» zur Versorgung von Wunden von Tieren und Menschen. Erst ab Beginn des 19. Jahrhunderts wurde in Preußen und im Königreich Hannover im Rahmen staatlicher Bohrprogramme nach Kohle, Erzen und Salz gesucht, nicht aber nach Erdöl. Der Deutsche Georg Christian Konrad Hunäus, Professor an der Polytechnischen Schule in Hannover, führte im Auftrag des königlichen Innenministeriums im Raum Wietze Bohrungen durch. Am 1. Juli 1859 stieß Hunäus in Wietze mit seiner Bohrung in 35 Metern Tiefe auf Erdöl.[16]

Drake war in den USA am 27. August 1859 auf Erdöl gestoßen. Hunäus fand also noch vor Drake Erdöl. Trotzdem wäre es falsch zu behaupten, dass der globale Erdölrausch in Europa seinen Anfang nahm. Denn im Jahre 1859 war die Rohölgewinnung in Europa bescheiden. Sie wird auf 36 000 Fass geschätzt, womit sie deutlich tiefer lag als die viel intensivere Förderung in den USA im selben Jahr.[17] In Titusville in den USA entstanden innerhalb weniger Jahre nach der Bohrung von Drake Hunderte von weiteren Bohrungen, und die Erdölförderung nahm stark zu, während in Wietze die Bohrung von Hunäus in den ersten Jahren folgenlos blieb. Mit amerikanischen Maßstäben waren die viel kleineren deutschen Rohölvorkommen nicht vergleichbar. Große Ölvorkommen gab und gibt es in Deutschland nicht. Zwar wurde die Förderung in Wietze in späteren Jahren erhöht, und im 20. Jahrhundert entstand auch ein Bergwerk, in dem Bergleute (von der lokalen Bevölkerung »Ölmuckel« genannt) Ölsand aus einer Tiefe von bis zu 300 Metern förderten. Doch aus globaler Perspektive betrachtet war die Erdölförderung in Wietze, wie auch in Pechelbronn im Elsass, klein. 1963 wurde der Abbau in Wietze aus wirtschaftlichen Gründen eingestellt. Wenige Jahre später wurde im Ort das Deutsche Erdölmuseum eröffnet, auch als Symbol dafür, dass Erdöl nur in endlichen Mengen vorkommt.

Im 19. Jahrhundert waren sowohl in Europa wie auch in den USA die wichtigsten Erdölprodukte weder Benzin noch Heizöl, sondern das aus Rohöl destillierte Petroleum, das in Petroleumlampen zu Leuchtzwecken verbrannt wurde. Die Petroleumlampe wurde praktisch von allen Beobachtern als zivilisatorischer Fortschritt gefeiert. »Die Schnelligkeit, mit der sich das amerikanische Petroleum als Leuchtstoff in der ganzen civilisierten Welt eingebürgert hat, steht in der Kulturgeschichte einzig da«, schwärmte der Ökonom Julius Swoboda, der an der Universität Basel 1895 in seiner Dissertation in Wirtschaftswissenschaften die Entstehung der globalen Erdölindustrie untersuchte. »Es sind kaum einige Jahrzehnte nach der Entdeckung der ersten Petroleumquellen vergangen und schon brennt in jedem Dorf, auch in dem kleinsten, die ›Petroleumlampe‹.«[18]

Das Erdöl in der Petroleumlampe veränderte das Leben der Bevölkerung auf beiden Seiten des Atlantiks, indem es das nur beschränkt verfügbare Walfischöl verdrängte, das vorher für Leuchtzwecke verwendet worden war. »Das Petroleum hat in gewisser Weise die Lebensdauer der Landbevölkerung verlängert«, befand ein New Yorker Chemiker in den 1860er-Jahren. »Wer es gewohnt war, bald nach Sonnenuntergang zu Bett zu gehen und fast sein halbes Leben mit Schlafen zubrachte, weil das Walfischöl zu kostspielig oder minderwertig war, der verwendet nun einen Teil der Nacht zum Lesen oder für andere Vergnügungen.«[19]

Die Nachricht, dass in den USA erfolgreich nach Erdöl gebohrt wurde und man mit Petroleum viel Geld verdienen konnte, verbreitete sich auch in Europa sehr schnell. Bald drängten europäische Unternehmer auf die Felder von Baku, um die amerikanische Technik zu imitieren und gezielt nach Erdöl zu bohren. Bereits 1873 schossen in Baku die ersten Erdölfontänen in die Luft, nachdem Bohrungen auf große Erdölreservoirs gestoßen waren. Es waren die Gebrüder Robert und Ludwig Nobel aus Schweden, die ins Erdölgeschäft in Baku einstiegen. Ihr Bruder Alfred baute gleichzeitig ein weltumspannendes Dynamitimperium auf und wurde später als Stifter des Nobelpreises weltberühmt.

1874 eröffneten Robert und Ludwig Nobel in Baku ihre erste Raffinerie und ließen in den folgenden Jahren Rohrleitungen, Zisternenwagen, Lagerreservoirs und Tankerschiffe bauen. Zudem erstellten sie dank einem Kredit des Bankhauses Rothschild eine Eisenbahnstrecke von Baku über den Kaukasus nach Batumi am Schwarzen Meer und belieferten von dort aus Westeuropa. Baku stieg zur unangefochtenen Zentrale der noch jungen europäischen Erdölindustrie auf.

Plötzlich war Erdöl im Überfluss vorhanden. In den USA überstieg die Produktion die Nachfrage bei Weitem, weshalb die USA damit begannen, ihren Petroleum-Überschuss in die großen Städte Europas zu exportieren. Dort traf das amerikanische Erdöl auf das europäische Petroleum aus Baku, und bald schon kämpften Amerikaner und Europäer um Marktanteile. »In einer Zeit, in der das Erdölangebot wirklich grenzenlos schien, war es wichtiger, Märkte mit großer Nachfrage als ergiebige Erdölfelder zu sichern«, so die amerikanische Historikerin Alison Frank. »Vor allem der europäische Markt war sehr umkämpft.«[20]

Das erste Schiff, das amerikanisches Petroleum in Fässern über den Atlantik transportierte, brachte im Jahre 1861 seine Lieferung von Philadelphia nach London. Zu Beginn fürchteten sich die Matrosen vor dem noch unbekannten neuen Stoff. Denn an Land hatten sich beim Transport und Gebrauch von Petroleum immer wieder tödliche Explosionen ereignet, was inmitten des Atlantiks katastrophal gewesen wäre. Allein in den USA ereigneten sich in den 1870er-Jahren 5000 bis 6000 Todesfälle pro Jahr und viele Verbrennungen an Gesicht und Händen, weil Lampen mit unreinem Petroleum explodierten.[21]

Die Gründung von Royal Dutch Shell 1907

Holland verfügte auf dem eigenen europäischen Boden nicht über Erdöl. Doch die holländische Kolonie Niederländisch-Ostindien – das heutige Indonesien – war reich an Rohstoffen. Die Holländer wussten, dass Deutschland und die USA bereits 1859 damit begonnen hatten, nach Erdöl zu bohren, und dass sich im Raum Baku am Kaspischen Meer eine wachsende Erdölindustrie entwickelt hatte.

Der Holländer Aeilko Jans Zijlker hatte Europa verlassen, um in Indonesien als Tabakproduzent sein Glück zu versuchen. Im Jahre 1880 wurde er auf seiner Tabakplantage von einem Sturm überrascht und übernachtete bei der lokalen Bevölkerung. Dem Holländer fiel auf, dass die Einheimischen eine spezielle Fackel verwendeten, um in der Nacht das Haus zu erleuchten. Auf sein Nachfragen hin erklärten ihm seine Gastgeber, dass man die Fackel mit einer schwarzen, klebrigen Flüssigkeit herstelle, die in der Nachbarschaft auf natürliche Weise aus der Erde austrete und schon seit Generationen direkt aus kleinen Tümpeln abgeschöpft werde. Der Holländer ließ sich schon am nächsten Morgen einen dieser Tümpel zeigen und war überzeugt, auf Erdöl gestoßen zu sein. Er nahm eine Probe und schickte diese nach Jakarta (Batavia), wo holländische Chemiker ihm bestätigten, dass die Probe Erdöl enthielt.[22]

Zijlker setzte mit viel Pioniergeist alles auf eine Karte und erwarb eine Konzession für Erdölbohrungen auf Sumatra. Im Jahre 1885 realisierte er hier die erste erfolgreiche Erdölbohrung. Es gelang ihm, den holländischen König Wilhelm III. von der strategischen Bedeutung der noch jungen Erdölindustrie zu überzeugen, worauf der König der 1890 gegründeten ersten holländischen Erdölfirma erlaubte, sich »Royal Dutch Company« zu nennen.

Zijlker verstarb noch im Jahr der Firmengründung, doch seine Vision, ein eigenständiges holländisches Erdölunternehmen aufzubauen, wurde von seinem Nachfolger Jean Baptiste August Kessler mit viel Energie weiterverfolgt. Der 1853 geborene Kessler, auch er ein holländischer Kolonialhändler, verstand es, die Royal Dutch Company auf der Insel Sumatra zu stärken, indem er unter schwierigen Bedingungen und trotz verschiedener Rückschläge weitere Erdölfelder anbohrte und Pipelines verlegte, welche das Erdöl in eigene Tanklager am Meer transportierten. Von da brachte es die Royal Dutch mit eigenen Tankschiffen auf den asiatischen Markt, wo es als Petroleum für Leuchtzwecke verkauft wurde.

Doch die Royal Dutch Company war nicht die Einzige, welche versuchte mit noch geringen Mengen Petroleum den asiatischen Markt zu erobern – andere Europäer verfolgten dasselbe Ziel. Das einflussreiche Bankhaus Rothschild, das in Baku am Kaspischen Meer Erdöl förderte, gab im Jahre 1891 dem Briten Marcus Samuel das Recht, Erdöl aus Baku auch in Asien zu verkaufen. Der Händler Marcus Samuel war schon seit einiger Zeit im Orienthandel tätig und betrieb in London ein Lagerhaus mit japanischen Vasen, importierten Möbeln, Seide, Federn und verschiedenen Kuriositäten, darunter auch Muscheln. Daher wählte Samuel die Muschel – auf Englisch »Shell« – zum Markenzeichen seines Unternehmens und benannte es »The Shell Transport and Trading Company«.

Das ehrgeizige Ziel von Marcus Samuel bestand darin, mit seiner Firma Shell den globalen Transport von Erdöl zu revolutionieren. »Die bloße Förderung von Öl ist das am wenigsten wertvolle und das am wenigsten interessante Stadium«, so glaubte Samuel. »Es müssen Märkte gefunden werden.«[23] Hierzu musste der Erdöltransport auf dem Meer weiterentwickelt werden. Die damals im Einsatz stehenden Tankschiffe genügten den Ansprüchen von Shell nicht. Denn sie transportierten Erdölfässer, die mühsam einzeln abgefüllt und verladen werden mussten. Samuel kam auf die Idee, die Schiffe selber mit Erdöl zu füllen, so dass sie wie ein riesiges schwimmendes Fass Erdöl transportieren konnten. Sein erster Tanker, die Murex, welche er in England bauen ließ, war 1892 fertiggestellt. Noch im gleichen Jahr schickte er die Murex von England nach Batum, wo der Erdöltanker das wertvolle russische Erdöl der Rothschild aufnahm, um es danach im neuen Markt Asien zu verkaufen.

Samuel ließ nicht nur den ersten Erdöltanker bauen, sondern er verkürzte auch die Fahrzeit nach Asien. Mit Vehemenz kämpfte er um die Erlaubnis, mit seinen Erdöltankern durch den Suezkanal fahren zu dürfen, da dies den Weg nach Asien erheblich verkürzte. Auf dem 1869 eröffneten Kanal war es aber zu dieser Zeit aus Sicherheitsgründen strikte verboten, Erdöl zu transportieren. Der Plan schien Samuels Zeitgenossen sehr ambitioniert. Die Standard Oil Company, welche die Konkurrenz von Shell fürchtete, setzte alles daran, dass es niemandem erlaubt würde, mit Erdöl durch den Suezkanal zu fahren. Marcus Samuel profitierte jedoch von den mächtigen Verbündeten des Bankhauses Rothschild in England. Dieses hatte im Jahr 1875 dem Premierminister von England, Benjamin Disraelis, den Kauf der Suezkanalaktien finanziert. Im Januar 1892 erteilte darauf die Suezkanalgesellschaft, trotz heftigster Proteste von Anwälten der Standard Oil, Marcus Samuel die Genehmigung, mit seinen Tankschiffen durch den Suezkanal zu fahren. Und schon im August desselben Jahres fuhr der Tanker Murex als erstes mit Erdöl beladenes Schiff von Batum kommend durch den Suezkanal und erreichte bald danach Bangkok.

The Shell Transport and Trading Company nutzte jede Fahrt über die Weltmeere, um begehrte Rohstoffe zu transportieren. In Indien und Südostasien wurden die Schiffe der Shell nach der Entladung des Erdöls gründlich gereinigt und mit Reis, Landzucker und Häuten beladen, welche nach England gebracht wurden. In England wiederum wurden die Schiffe mit Steinkohle für die Häfen des Mittelmeeres beladen, um schließlich wieder nach Batum zurückzukehren, um dort eine neue Ladung russisches Petroleum aufzunehmen und diese durch den Suezkanal nach Asien zu schiffen.

Die Royal Dutch fürchtete die Konkurrenz der Firma Shell von Marcus Samuel, welche sich mit ihrer Tankerflotte erfolgreich in Asien ausbreitete. Holland sperrte daher alle Häfen der Kolonie Niederländisch-Ostindien für die Shell-Tanker. Noch mehr fürchtete sich die Royal Dutch indes vor der amerikanischen Standard Oil, welche im erdölreichen Niederländisch-Ostindien bohren wollte und sich um eine Konzession bemühte. Die holländische Regierung weigerte sich strikte, eine solche Konzession an die Amerikaner zu vergeben. »Niederländische Hindernisse gehören für einen Amerikaner zu den Dingen, die sich am schwersten aus dem Weg räumen lassen«, klagte ein leitender Angestellter von Standard Oil nach dem Scheitern der Verhandlungen kurz vor der Jahrhundertwende.[24]

Um im harten Konkurrenzkampf auf dem asiatischen Markt gegenüber der großen amerikanischen Standard Oil bestehen zu können, suchten die beiden Europäer, die britische Shell und die holländische Royal Dutch, nach Möglichkeiten der Kooperation. »Wir sind überzeugt, dass wir auf lange Sicht zu einer Vereinbarung kommen müssen, wenn wir einen für beide Seiten mörderischen Konkurrenzkampf vermeiden wollen«, schrieb Samuel im April 1897 an Kessler.[25] Doch der Holländer war der Fusion abgeneigt. Erst sein Nachfolger, Henri Deterding, erkannte die Vorteile einer europäischen Kooperation im Erdölgeschäft. Deterding stimmte 1907 der Fusion der beiden Firmen zu, worauf mit der »Royal Dutch Shell Group« die mächtigste europäische Erdölgesellschaft entstand.

Royal Dutch und Shell wurden beide Holdinggesellschaften, wobei die Royal Dutch 60 und die Shell 40 Prozent der Anteile an den Tochtergesellschaften erhielten. Samuel und Deterding hatten zuvor heftig darüber gestritten, wer den neuen holländisch-britischen Erdölkonzern leiten dürfe. Es gelang dem dynamischen Holländer Deterding, sich durchzusetzen. Die Reihenfolge »Royal Dutch Shell Group« markierte den holländischen Führungsanspruch auch im Namen der neuen Firma. Die Jahresgewinne wurden gemäß den Anteilen im Verhältnis von 60 zu 40 aufgeteilt, 60 an die Royal Dutch, 40 an die Shell, ein Verteilschlüssel, der das ganze 20. Jahrhundert über beibehalten wurde.

Deterding erkannte die Vorteile, aus dem Herzen des Britischen Empires heraus zu arbeiten, und richtete sein Büro in London ein, wo das finanzielle und strategische Zentrum der Royal Dutch Shell entstand. Die technische Seite des Unternehmens, welche für die Förderung, Verarbeitung und den Transport des Rohstoffes Erdöl zuständig war, hatte ihren Sitz im holländischen Den Haag. Das Erdöl förderte die Royal Dutch Shell in Indonesien, Baku und Rumänien. Auch Marcus Samuel, dem die Funktion des Vorsitzenden der neuen Erdölfirma zufiel, äußerte sich zufrieden über die britisch-holländische Fusion: »Man kann allen Betroffenen nur aufrichtig gratulieren«, so Samuel, »dass der Krieg, in den wir mit unseren holländischen Freunden verstrickt waren, nunmehr ein Ende gefunden hat.«[26]

Die gelbe Muschel, das Markenzeichen der Shell, ist heute weltweit bekannt. Das Unternehmen verkaufte seine Produkte auch in der Schweiz. 1906 wurde in Genf die Aktiengesellschaft Lumina SA gegründet, die mit Leuchtpetrol, Benzin und anderen Mineralölprodukten handelte. Im Jahre 1920 übernahm die Lumina die Generalvertretung für den Vertrieb der Shell-Produkte in der Schweiz und verlegte wenige Jahre später den Hauptsitz von Genf nach Zürich. 1949 wurde die Lumina in Shell Switzerland umbenannt. Shell, seit jeher spezialisiert auf den effizienten Transport mit Schiffen, wollte mit Erdöltankern bis nach Basel fahren, um den Schweizer Markt noch kostengünstiger zu erschließen. Doch die Schweizer ließen sich Zeit und bauten die Hafeneinrichtungen in Basel nur langsam aus. Erst am 26. Juli 1923 konnte die Muldia von Shell als erstes Rheintankschiff Erdölprodukte von Rotterdam direkt bis nach Basel transportieren.[27]

Shell verkaufte nicht nur Erdölprodukte in der Schweiz, sondern warb auch Mitarbeiter an. Die Firma war damals bei Schweizer Erdölgeologen als Arbeitgeberin sehr geschätzt. Ein guter Teil des Erdöls, das Shell weltweit verkaufte, hatten Schweizer Geologen entdeckt. Unter den Schweizer Erdölgeologen im Dienste von Shell war auch Augusto Gansser. In der Zwischenkriegszeit hatte er in Kolumbien nach Erdöl gesucht, danach für die Shell in Trinidad gearbeitet, bis er Ende der 1950er-Jahre in die Schweiz zurückkehrte und als Professor am Geologischen Institut der ETH Zürich selber Erdölgeologen ausbildete.[28] Kein anderes Land schickte im Verhältnis zur Bevölkerungszahl so viele Geologen auf Erdölsuche wie die Schweiz, bestätigte auch der Schweizer Geologe Peter Lehner, der für Shell in Holländisch-Neuguinea Erdöl gesucht hatte und später als Präsident der Vereinigung Schweizerischer Petroleumgeologen amtierte. »Man mochte die Schweizer«, erinnert sich Lehner. Die jungen Erdölgeologen verdienten gut bei Shell. In Erdölkreisen sprach man gemäß Lehner von der »Swiss Gang«. Schweizer saßen aber lange Zeit nie ganz zuoberst in den Manageretagen, sondern suchten vor Ort das Erdöl im Boden, so Lehner.[29]

Royal Dutch Shell ist heute mit 90 000 Mitarbeitern und einem Umsatz von 360 Milliarden Dollar der größte Energiekonzern Europas. Shell ist äußerst profitabel und realisierte 2011 einen Gewinn von 28 Milliarden Dollar.[30] Der Hauptsitz liegt noch immer in Den Haag, das Unternehmen ist in 90 Ländern aktiv. Seit 2009 steht der Schweizer Peter Voser an der Spitze des Konzerns.

Die Importe in die Schweiz und die Förderung in Österreich

Um auf dem europäischen Markt stärker präsent zu sein, gründete John D. Rockefellers Standard Oil an der Wende zum 20. Jahrhundert in verschiedenen europäischen Ländern Tochterfirmen, die direkt der Standard-Oil-Zentrale in New York unterstanden. Die deutschen Händler Wilhelm Riedmann und Franz Schütte aus Hamburg waren die größten Einzelabnehmer amerikanischen Petroleums in Europa. Sie verfügten über ein großes Absatznetzwerk, eigene Anlagen zum Bau von Eichenfässern, Tankdampfern und Tankanlagen. Franz Schütte reiste nach New York, um persönlich mit Standard Oil zu verhandeln. Die hanseatischen Kaufleute wurden mit Standard Oil einig, und 1890 wurde die Deutsch-Amerikanische Petroleum-Gesellschaft (DAPG) als Aktiengesellschaft mit Sitz in Bremen gegründet, zuständig für den Verkauf von amerikanischem Petroleum in Deutschland. Die Amerikaner stellten alle Mitglieder des DAPG-Aufsichtsrates »und übten so von Anfang an eine entscheidende Kontrolle aus«, wie Rainer Karlsch und Raymond Stokes berichten, obschon Standard Oil nach außen hin sehr daran interessiert war, die DAPG als ein deutsches Unternehmen erscheinen zu lassen.[31]

Ein Jahr darauf folgte in Italien die Gründung der Società Italo-Americana del Petrolio (SIAP) mit Sitz in Venedig, um die Standard-Oil-Produkte in Italien zu verkaufen. Rockefeller überließ nichts dem Zufall und wies die Deutschen und Italiener an, auch den Schweizer Petroleummarkt zu erobern. Auf Anweisung der Standard-Zentrale in New York trafen sich die Vertreter der deutschen DAPG und der italienischen SIAP am 11. September 1893 in Paris und beschlossen, dass auch in der Schweiz eine Standard-Tochtergesellschaft gegründet werden müsse, um den Import und den Vertrieb von amerikanischem Petroleum in der Schweiz zu koordinieren. Am selben Tag wurde in Paris die Aktiengesellschaft Petroleum Import Cie. (PICO) gegründet. Basel, das über den Rhein am einfachsten zu erreichen war, wurde von Rockefellers Standard Oil als Basis für die Importe in die Schweiz gewählt. Die PICO kaufte ein seit Jahren in Basel tätiges Petroleum-Fassgeschäft auf, schaltete die Schweizer Zwischenhändler aus und stieg 1894 direkt in den Schweizer Erdölmarkt ein. Carl Stumm wurde zum ersten Direktor der PICO ernannt. Die Aktiengesellschaft spezialisierte sich auf den Handel mit Leuchtpetrol. Mit der PICO, der späteren Esso Switzerland, begann die direkte Präsenz der Amerikaner auf dem Schweizer Erdölmarkt. Selbständige kleine Petroleumhändler, wie sie bis zu diesem Zeitpunkt in Europa existiert hatten, wurden in den folgenden Jahren durch die Standard Oil aufgekauft oder verdrängt.[32] Im Gründungsjahr 1894 importierte die PICO nur gerade 220 000 Fass Erdöl in die Schweiz. Diese Menge konsumierte die Schweiz im Jahre 2004 an einem einzigen Tag.[33]

In ganz Europa errichteten die Erdölhändler ein dichtes Vertriebsnetz. In Rotterdam, Mannheim, Hüningen, Savona und Venedig baute Standard Oil Umschlagzentren mit großen Tanklagern, die alle direkt an Wasserstraßen lagen und von Erdöltankern der Standard Oil aus den USA beliefert wurden. Von den Tanklagern rollte das Erdöl in Bahnkesselwagen in alle großen Städte Europas. Ab den Bahnhöfen wurden die Zwischenhändler, die über Zisternen verfügten, mit Zisternenwagen mit Pferdebespannung beliefert. Danach wurde das Petroleum in Holzfässern und Vier-Liter-Kannen auf Wagen mit Pferdebespannung zum Endkunden transportiert.

Etwas später als die Esso stieg auch die Anglo-Persian Oil Company (APOC), die spätere BP, in den Schweizer Erdölmarkt ein. Am 26. Juli 1927 übernahm sie die in Zürich ansässige Österreichisch-Ungarische Petroleum-Aktien-Gesellschaft, die schon seit 1909 im Schweizer Erdölhandel tätig gewesen war und ihre Erdölprodukte unter dem Markennamen »OLEX« vertrieben hatte. Zusammen mit der Shell Switzerland und der Esso Switzerland stieg die BP Switzerland zur dominanten Macht auf dem Schweizer Markt für Erdölprodukte auf.[34]

Für BP und Standard Oil war es wichtig, dass die Endkunden sich keine Sorgen darüber machten, woher das Erdöl eigentlich kam, da viele Länder in Europa ja nicht über eigene Quellen verfügten. »Die wichtigsten Erdölquellen finden sich in Amerika und Asien«, so die Standard Oil in einer Werbebroschüre. »Aber die Länder, die selber keine Quellen besitzen, brauchen unter diesem Mangel nicht zu leiden. Weder ihre Industrien noch ihre Landwirtschaft sind deswegen zur Untätigkeit gezwungen; denn ein reger, weit verzweigter Handel mit diesem kostbaren Rohstoff hat sich zwischen den Kontinenten entwickelt.« Erdölprodukte waren plötzlich für jedermann erschwinglich.[35] Die Erfindung der Petrollampe mit Reservoir, Docht, Regulator und Glaszylinder ermöglichte es breiten Schichten der Bevölkerung, auch den Armen, ihre Wohnungen mit hellem und konstantem Licht zu erleuchten. Dies entspreche einem »uralten Wunsch der Menschheit«, warb die Erdölindustrie, »denn kein Gefühl wurzelt tiefer in der Menschenseele als die Sehnsucht nach dem Licht und das Grauen vor der Finsternis«.[36]

Glaubt man den Erdölfirmen und ihren Werbeprospekten, dann war der Beginn des Erdölzeitalters in Europa eine wunderbar harmonische Zeit. Das Petroleum wurde in Vier-Liter-Kannen »in schmucken, eigens dafür konstruierten Wagen von Haus zu Haus geführt«, so die Esso-Switzerland-Firmengeschichte. »Munter klingelten die Pferdegespanne durch Dörfer und Städte, und der Pfiff des Petrolfuhrmanns erinnerte die Hausfrauen, dass es an der Zeit war, das Kännchen auszuwechseln, wenn das Licht nicht vorzeitig auslöschen sollte.«[37] Der Leuchtstoff war relativ billig. »Wichtig für Hausfrauen!«, stand auf PICO-Werbeplakaten. »Beste Amerikanische Petroleumsorten. Kein Russen! Helles Licht! Kein Geruch!«[38]

Die Schweiz musste alles Erdöl importieren. Auch in Österreich glaubte man zu Beginn des 20. Jahrhunderts nicht daran, dass Erdöl im eigenen Boden gefunden werden könne. Als dann aber eine Wasserbohrung im Jahre 1928 unverhofft auf geringe Erdölspuren stieß, wurden Bohrungen angesetzt, und am 22. August 1930 wurde eine Erdölbohrung bei Zistersdorf im Osten von Österreich fündig.[39] Von der Bohrstelle wurde eine zweieinhalb Kilometer lange Erdölpipeline bis zur Eisenbahnstation Zistersdorf gebaut, von wo, begleitet durch einen fröhlichen Festakt, am 16. Februar 1933 die beiden ersten Eisenbahnwagons mit Erdöl feierlich verabschiedet wurden und zur Shell-Raffinerie in Wien-Floridsdorf fuhren. Im Jahr 1938 lieferte das österreichische Ölfeld Zistersdorf aus neun Bohrungen 1300 Fass Erdöl pro Tag und konnte damit 10 Prozent des nationalen Erdölbedarfs decken. Zistersdorf wurde bekannt, »fast täglich kamen Delegationen und Reisegruppen, Vereinigungen und wissenschaftliche Exkursionen, um dieses Phänomen Erdöl zu bewundern«, berichtet der österreichische Historiker Streihammer. »Die Stadt galt nun als reich und war in aller Munde.«[40]

Das Erdöl brachte dem Städtchen indes nicht nur Glück und Wohlstand. Mit dem Verlust der staatlichen Selbständigkeit und dem Anschluss an »Großdeutschland« im Jahre 1938 wurde die Erdölförderung von Österreich der deutschen Kriegsplanung von Adolf Hitler unterstellt. Während des Zweiten Weltkriegs zogen die österreichischen Erdölfelder wie ein Magnet alliierte Bombenangriffe an, die Eisenbahnstrecke von Zistersdorf nach Wien wurde zerstört. Nach dem Ende des Krieges und der Niederlage Österreichs fielen die meisten österreichischen Erdölfelder unter die Sowjetische Mineralölverwaltung (SMV). Die Sowjetunion baute die Erdölförderung weiter aus und konfiszierte einen großen Teil des österreichischen Öls als Wiedergutmachung für die erlittenen Kriegsschäden.

Im internationalen Kontext spielt die sehr bescheidene Erdölförderung von Österreich keinerlei Rolle. Sie unterstreicht aber beispielhaft, wie in jedem Land Erdöl zuerst entdeckt und dann gefördert wird – danach aber wieder versiegt. Das Fördermaximum Peak Oil wurde in Österreich 1955 bei 70 000 Fass pro Tag erreicht, seither geht die Förderung zurück.[41] Noch heute fördert Österreich wenig Rohöl, das in der OMV-Raffinerie Schwechat verarbeitet wird und etwa 10 Prozent des österreichischen Ölbedarfs abdeckt. Die Österreichische Mineralölverwaltung (ÖMV, heute OMV) zählt zu den wichtigen Erdöl- und Erdgasunternehmen Europas. Mit einem Umsatz von 23 Milliarden Euro und mehr als 5000 Mitarbeitern war die OMV 2010 das größte börsennotierte Unternehmen von Österreich. Aber die Erdölförderung in Österreich spielt für die OMV keine Rolle mehr; die Investitionen konzentrieren sich auf Erdgas- und Erdölfelder im Kaspischen Meer, in Nordafrika und im Nahen Osten. »Denn in der angrenzenden Kaspischen Region und im Mittleren Osten liegen die größten Erdgas- und Erdölreserven der Welt», wie OMV-Chef Gerhard Roiss weiß. Weil Erdöl dereinst knapp werde, setze man zudem auf Erdgas.[42]

3

Der Kampf ums Erdöl im Ersten Weltkrieg

Es war der Kolonialbesitz, der es drei europäischen Ländern – England, Holland und Frankreich – ermöglichte, eine große Erdölindustrie aufzubauen. Die Kolonialreiche waren eine wichtige Rohstoffquelle für Europa. Oder anders formuliert: Der Krieg zwischen den europäischen Staaten im Ersten Weltkrieg erstreckte sich nicht nur auf die Kontrolle von europäischem Boden, sondern darüber hinaus auch auf die damit verbundenen Kolonialreiche mit ihren Bodenschätzen. Erdöl war nicht der Auslöser des Ersten Weltkrieges, aber der Kampf um das schwarze Gold beeinflusste den Krieg auf dem europäischen Kontinent. Meiner Ansicht nach wird der Einfluss des Erdöls auf den Ersten Weltkrieg unterschätzt.[1]

Die Briten entdecken als Erste Erdöl im Nahen Osten 1908

Wenige Jahre vor dem Ausbruch des Ersten Weltkrieges entdeckten die Briten im Nahen Osten Erdöl. Dies war ein äußerst weitreichendes Ereignis, denn obschon es die Entdecker damals nicht wussten, stellte sich später heraus, dass im Nahen Osten die größten Erdölreserven der Welt lagern. Als vorherrschende wirtschaftliche, politische und militärische Macht der Welt um die Jahrhundertwende versuchte Großbritannien den Fund zur Absicherung des britischen Empire zu nutzen. Die Briten gründeten eine eigene Erdölfirma, die Anglo-Persian Oil Company (APOC), die spätere BP. Die britische Marine wurde nach dem Erdölfund von Kohle auf Erdöl umgerüstet, wodurch für die Briten eine gefährliche Abhängigkeit von Erdölimporten entstand, die auch im Königreich kritisch reflektiert wurde.

Es war der Engländer William Knox D'Arcy gewesen, der die erste Erdölförderkonzession im Nahen Osten erworben hatte, in der Hoffnung, dass dort Erdöl zu finden sei. D'Arcy, der es durch den Betrieb einer Goldmine in Australien zu großem Reichtum gebracht hatte, wusste sehr genau, dass mit Rohstoffen profitable Geschäfte gemacht werden konnten. Am 28. Mai 1901 erwarb er vom Schah von Persien, Muzaffar al-Din, eine Konzession zur Erdölsuche in Persien, dem späteren Iran. Der Schah erhielt von D'Arcy 20 000 Pfund in bar, weitere 20 000 in Aktien sowie 16 Prozent des jährlichen Nettogewinns. Im Gegenzug bekam D'Arcy eine Erdölkonzession auf 60 Jahre, die drei Viertel des Landes einschloss, womit D'Arcy ein ausgezeichneter Handel gelungen war.[2]

Der Investor D'Arcy, der weiterhin in London lebte, gab dem Geologen George Reynolds, der schon in Sumatra Erdöl gefunden hatte, den Auftrag, im Norden von Persien nach Erdöl zu suchen. Das Unternehmen erwies sich als schwierig und aufwendig. Die gesamte Ausrüstung musste mit dem Schiff nach Basra am Persischen Golf gebracht, von dort auf dem Tigris flussaufwärts nach Bagdad verschifft und danach mit Maultierkarawanen an die gewählte Bohrstelle transportiert werden. Die Hitze und regionale Fürsten, die weder den Schah in Teheran noch seine Erdölkonzessionen respektierten, machten dem Team sehr zu schaffen. Die Bohrungen verliefen erfolglos, und als die Kosten auf 160 000 Pfund angestiegen waren, ging D'Arcy in London das Geld aus. Das ganze Unternehmen drohte zu scheitern.

Doch die britische Regierung wusste um die geostrategische Bedeutung des Erdöls. London fürchtete, die Russen könnten nach D'Arcys Scheitern die Erdölkonzession in Persien erwerben und am Persischen Golf einen Militärhafen errichten, ein Gedanke, der bei der britischen Regierung wie auch im britischen Parlament größte Besorgnis, ja Entsetzen auslöste. Die britische Regierung brachte D'Arcy daher in Kontakt mit der kleinen schottischen Firma Burmah Oil mit Hauptsitz in Glasgow, die in Burma bescheidene Mengen Erdöl gefördert hatte und in Rangun eine Raffinerie betrieb. Burmah Oil ließ sich davon überzeugen, D'Arcys verrücktes Vorhaben in Persien mit Geld zu unterstützen und es somit vor dem sicheren Ende zu bewahren. Die Rettung in letzter Minute machte sich bezahlt. Reynolds stieß am 26. Mai 1908 mit seiner Bohrung in Masdschid-i-Suleiman endlich auf Erdöl. Eine Fontäne von fast zehn Metern schoss über die Spitze des Bohrturms hinaus, und die Bohrleute wurden mit schwarzem Erdöl übergossen.

Nach dem Erdölfund in Persien brach in Großbritannien das Erdölfieber aus. Die Burmah Oil gründete die Tochterfirma »Anglo-Persian Oil Company« (APOC) und verkaufte die neuen APOC-Aktien im April 1909 in der Glasgower Filiale der Bank of Scotland. Die Kurse der Anglo-Persian-Aktien stiegen steil an, und die Firma wuchs schnell zu einem mächtigen Unternehmen heran. 1910, nur zwei Jahre nach dem Erdölfund, beschäftigte sie bereits 2500 Leute. Die Bohrungen in Persien wurden fortgesetzt und neue große Erdölfelder gefunden. Der Iran erwies sich als unglaublich reich an Erdöl.

Die höchsten Offiziere der britischen Marine beobachteten die Erfolge der Anglo-Persian mit größtem Interesse, denn sie wussten, dass mit Erdöl angetriebene Schiffe viel schneller und weiter fahren konnten als solche, die mit Kohle angetrieben wurden. »Öltreibstoff«, so glaubte Admiral John Fisher, Erster Sea Lord und damit ranghöchster Offizier der Royal Navy, »wird die Marinestrategie absolut revolutionieren.«[3] Großbritannien hoffte, durch die Umrüstung seiner Marine von Kohle auf Erdöl vor allem gegenüber Deutschland strategische Vorteile zu erlangen. Denn auch Deutschland setzte unter Kaiser Wilhelm II. und dem späteren Reichskanzler Bernhard von Bülow auf die Aufrüstung der Flotte, um seine kolonialen Ansprüche durchzusetzen und wie andere europäische Kolonialmächte Rohstoffe und einen »Platz an der Sonne« zu erobern. Lange bevor der Erste Weltkrieg ausbrach, kam es zu einem Wettrüsten zwischen der britischen und der deutschen Marine, wobei dem Erdöl die entscheidende Rolle zukam.

Es darf nicht vergessen werden, wie wichtig die Marine damals für die Weltmacht Großbritannien war. Der amerikanische Historiker Caroll Quigley betont, dass es die Flotte war, die es Großbritannien erlaubte, »das größte aller Weltreiche« zu erwerben. »Als Insel vor der Küste Europas war Großbritannien sicher, solange es über die Kontrolle der es umgebenden Meere verfügte«, so Quigley. »Es hatte diese Kontrolle seit der Niederlage der spanischen Armada 1588 bis zur Erfindung neuer Waffen, die durch die Luft gingen, in der Zeit nach 1935.«[4]

Die Briten fürchteten, dass Deutschland die britische Dominanz zur See und damit das britische Imperium herausfordern könnte. Als das deutsche Kanonenboot Panther im Juli 1911 im marokkanischen Hafen Agadir anlegte, sahen sie dies als eine Bestätigung ihrer Befürchtungen. Im September 1911 wurde Winston Churchill, einer der größten Strategen der britischen Geschichte, von Premierminister Herbert Asquith zum Ersten Sea Lord und damit ranghöchsten Offizier der britischen Marine berufen. Sofort forcierte Churchill die Umstellung der Flotte auf Erdöl, um damit einen Rüstungsvorsprung gegenüber Deutschland zu erlangen. Bei seinem Amtsantritt verfügte die Royal Navy bereits über 56 Zerstörer mit Ölantrieb und 74 Unterseebote, die nur mit Öl betrieben werden konnten. Doch die mächtigen Schlachtschiffe, der wichtigste Teil der Flotte und das Rückgrat der Royal Navy, fuhren alle noch mit Kohle.

Churchill wusste, dass Großbritannien durch weitere Umstellungen auf Erdöl in eine immer gefährlichere Abhängigkeit von Erdölimporten geriet. »Eine große zusätzliche Zahl von ölgetriebenen Schiffen zu bauen, bedeutete, unsere Vorherrschaft zur See auf Öl zu gründen«, so Churchill vor dem House of Commons, dem Unterhaus des britischen Parlaments, am 17. Juli 1913. »Doch Öl war auf unseren Inseln nicht in nennenswerten Mengen vorhanden. Bei Bedarf mussten wir es in Friedens- oder Kriegszeiten auf dem Seeweg aus fernen Ländern heranschaffen.« Der Erste Sea Lord erkannte die Problematik der Importabhängigkeit genau, wie auch die damit verbundenen geostrategischen Herausforderungen. »Andererseits verfügen wir über erstklassige Vorräte der besten Heizkohle der Welt, sicher in unseren Bergwerken im eigenen Land. Die Navy unwiderruflich auf Öl festzulegen, hieß tatsächlich ›sich rüsten gegen ein Meer von Mühen‹.« Doch die erhöhte Schnelligkeit und Kampfkraft einer erdölbetriebenen Marine seien es wert, diese Mühen auf sich zu nehmen, glaubte Churchill, denn »der Preis des Wagnisses war die Überlegenheit schlechthin«.[5]

Doch welche Erdölfirma sollte das Erdöl liefern, von dem sich die Briten »die Überlegenheit schlechthin« erhofften? Die amerikanische Standard Oil kam als Lieferant für die Royal Navy nicht infrage. Denn dadurch, so warnte Churchill, hätte sich die größte Seemacht der Welt in eine unverzeihliche Abhängigkeit von John Rockefeller und den USA begeben. Als Lieferanten für Erdöl blieben daher nur die 1890 gegründete mächtige Royal Dutch Shell übrig, ein zumindest zur Hälfte britisches Unternehmen, sowie die noch kleine und mit finanziellen Schwierigkeiten kämpfende Anglo-Persian Oil Company, geführt von Charles Greenway.

Greenway – später Sir Charles und dann Lord Greenway – verfolgte verbissen das Ziel, die Anglo-Persian zu einer weltweit führenden Erdölfirma auszubauen. Er war sich bewusst, dass er hierzu die politische Unterstützung und das Geld der Admiralität benötigte. Daher griff Greenway wiederholt die von Marcus Samuel und Henri Deterding geführte Royal Dutch Shell an, indem er vor der Admiralität auf Samuels »Judentum« und Deterdings »Holländertum« hinwies. Greenway argumentierte, die Royal Dutch dominiere die Royal Dutch Shell und Holland sei dem Druck von Deutschland nicht gewachsen, weshalb es äußerst unklug wäre, sich auf diese »holländische Firma« zu verlassen. Der überzeugte Christ Admiral Fisher, der als enger Berater Churchills großen Einfluss genoss, war von dieser Argumentation überzeugt. »Wir müssen verdammt alles tun, um die Kontrolle über die Anglo-Persian zu erlangen, und sie für alle Zeiten als absolut ›rein britische‹ Gesellschaft zu erhalten«, so Fisher.[6]

Die Admiralität beschloss, Großaktionär der Anglo-Persian zu werden, und es oblag Winston Churchill, das Parlament von der Klugheit dieser Entscheidung zu überzeugen. Die Parlamentsrede des brillanten Rhetorikers Churchill ist daher spannend, weil sie erstens eines der seltenen Plädoyers für den Aufbau einer gefährlichen Erdölabhängigkeit darstellt, und zweitens, weil sie ihre Zuhörer überzeugte. »Wenn wir kein Öl bekommen können«, so Churchill am 17. Juli 1913 vor dem Parlament in London, »können wir kein Getreide bekommen, keine Baumwolle und nicht tausendundein Güter, die für die wirtschaftlichen Energien Großbritanniens notwendig sind.« Diese Behauptung war falsch, denn die Briten hätten diese Güter durchaus mit Schiffen importieren können, die durch Kohle angetrieben wurden. Glaubwürdiger war das Argument, dass nur durch Erdöl die Macht des Imperiums abgesichert werden könne. Um die Vorherrschaft zur See zu behalten, müsse die Admiralität ihre Schiffe auf Erdöl umrüsten und »Eigentümer oder jedenfalls Kontrolleur an der Quelle« werden, so Churchill. Dieser Eingriff des Staates in den angeblich freien Markt des Kapitalismus sei in diesem strategischen Fall nicht nur klug, sondern dringend, denn »der offene Markt wird langsam ein offener Hohn«, so Churchill.[7]

Das Parlament schickte eine Kommission nach Persien, um zu prüfen, ob die wenig bekannte Firma Anglo-Persian überhaupt in der Lage sei, das notwendige Erdöl verlässlich und langfristig zu liefern. Admiral Edmond Slade, früher Direktor des Marinegeheimdienstes, leitete die Kommission und kam in seinem Bericht im Januar 1914 zum Schluss, die Anglo-Persian sei der großen Aufgabe durchaus gewachsen: »Sie würde uns, was die Ölversorgung für Marinezwecke anbelangt, in eine völlig sichere Position bringen, wenn wir die Kontrolle über die Gesellschaft hätten, und das zu vertretbaren Kosten.«[8]

Nach Vorliegen dieses positiven Berichts sprach Churchill erneut vor dem House of Commons und schürte bewusst die Angst vor der amerikanischen Standard Oil und der zu Teilen holländischen Royal Dutch Shell. »Sehen Sie hinaus in die Weite der Ölregionen der Welt. Zwei gigantische Konzerne – einer in jeder Hemisphäre – stechen als beherrschend hervor. In der Neuen Welt ist es die Standard Oil«, so Churchill, »in der Alten Welt hat das gewaltige Bündnis von Shell und Royal Dutch mit all seinen Tochterfirmen und Subunternehmen praktisch das gesamte Terrain für sich erobert und hat überdies auch in die Neue Welt expandiert.«[9]

Der Bruder von Marcus Samuel, Samuel Samuel, saß selber im House of Commons und war bestürzt über die demagogische Argumentation von Churchill, welcher der Royal Dutch Shell jede Treue zu Großbritannien absprach. »Namens einer der größten britischen Industriefirmen protestiere ich auf das Schärfste. Die Angriffe entbehren jeder Grundlage«, protestierte Samuel Samuel.[10] Doch er fand kein Gehör. Die britischen Parlamentarier trauten weder Standard Oil noch der Royal Dutch

Shell und bewilligten mit 254 Stimmen gegen 18 die stolze Summe von 2,2 Millionen Pfund, mit welcher die britische Regierung 51 Prozent der Anglo-Persian und damit die Mehrheit der Erdölfirma erwarb. Die Anglo-Persian wurde zur staatlich kontrollierten britischen Erdölfirma. Die Regierung entsandte zwei Direktoren mit Vetorecht in allen wichtigen politischen Angelegenheiten in den Vorstand. In einem geheim gehaltenen Zusatz, der den wichtigsten Teil des neuen Gesetzes umfasste, erhielt die Admiralität einen Zwanzig-Jahres-Liefervertrag für Öltreibstoffe. Im Kern ging es um die Absicherung der britischen Vorherrschaft zur See durch Erdöl.

Deutschlands Ölpolitik und der Bau der Bagdadbahn

Zwischen Deutschland und Großbritannien besteht ein grundlegender Unterschied: Großbritannien ist eine Insel, Deutschland Teil des europäischen Festlandes. Als Insel und dominante Seemacht war Großbritannien in seinen strategischen Handlungen frei. »Das heißt, es konnte wählen, ob es in den verschiedenartigen Konflikten, die auf dem europäischen Kontinent oder sonstwo auf der Welt aufkamen, intervenieren oder sich heraushalten sollte«, so die kluge Beobachtung des amerikanischen Historikers Caroll Quigley. Dies erlaubte dem Empire auch, Konflikte zwischen verschiedenen Gruppen in Kontinentaleuropa gezielt zu schüren und so seine Macht abzusichern, glaubt Quigley. »Indem es auf diese Art eine Balance-of-Power-Politik betrieb, konnte Großbritannien eine entscheidende Rolle auf dem Kontinent spielen und konnte den Kontinent spalten und in interne Streitigkeiten verwickeln.«[11]

Deutschland wusste, dass es als Kontinentalmacht die Briten zur See nicht herausfordern konnte. Daher suchten die Deutschen den Landweg zu den Erdölquellen und planten den Bau einer Eisenbahn von Berlin bis nach Bagdad im Irak, ein Vorhaben, das später als das »aufwendigste Infrastrukturprojekt des deutschen Imperialismus« bezeichnet wurde. »Dieses Projekt war von größter wirtschaftlicher, strategischer und politischer Bedeutung«, unterstrich der amerikanische Historiker Quigley zu Recht, da es Deutschland den Zugang zum Erdöl ermöglichen sollte.[12]

Deutsche Industrielle um Georg von Siemens und Bankiers unter der Leitung der Deutschen Bank hatten Ende des 19. Jahrhunderts eine Eisenbahnstrecke von Berlin bis Konstantinopel, dem heutigen Istanbul, und von dort bis ins 1000 Kilometer entfernte Konya im Zentrum der Türkei erstellt. Kaiser Wilhelm II. persönlich besuchte 1897 den Sultan in Konstantinopel, um das Gelingen des ersten Teils des Projekts zu würdigen, und der Sultan pries die große planerische und technische deutsche Meisterleistung. Doch es fehlte noch das 2400 Kilometer lange Schlussstück von Konya bis nach Bagdad am östlichen Rande des Osmanischen Reiches. Die Arbeit an diesem letzten Teilstück begann 1903, und zeitweise arbeiteten über 35 000 Menschen an der sich sehr langsam gegen Bagdad vorschiebenden Großbaustelle. Die Arbeiter sprengten Tunnels in den Fels und errichteten Brücken und Viadukte. Die Briten hatten keine Freude an der Bagdadbahn und beobachteten das Projekt mit Sorge. Karl Helfferich, vonseiten der Deutschen Bank für das Projekt verantwortlich, erklärte später, dass es vor dem Ausbruch des Ersten Weltkrieges – mit Ausnahme der heftig debattierten Marinefrage – keinen anderen Punkt gegeben habe, der die Beziehungen zwischen London und Berlin stärker belastete.[13]

Die »Ansätze und Anfänge einer deutschen ›Welterdölpolitik‹ auf der Basis der mesopotamischen Ölvorkommen« finden in der Forschung »wenig Beachtung«, so der marxistische deutsche Historiker Dietrich Eichholtz.[14] Die verfügbaren Quellen zeigen aber deutlich, dass der Bau der Bagdadbahn aufs Engste mit dem Erdöl verknüpft war. Um die stetig anwachsenden Kosten der Bagdadbahn zu decken, erteilte der türkische Sultan 1912 der Deutschen Bank die Konzession auf alle Öl- und Mineralvorkommen entlang eines 20 Kilometer breiten Streifens zu beiden Seiten der geplanten Eisenbahnlinie, und zwar bis Mosul im heutigen Irak. Dies sei für England nicht hinnehmbar gewesen, glaubt der amerikanische Wirtschaftsjournalist William Engdahl. Denn deutsche Geologen hatten im Vorfeld in der Region von Mosul und Bagdad bereits Öl entdeckt. »Der geplante Verlauf des letzten Teilstücks der Bagdadbahn«, so Engdahl, »sollte mitten durch ein Gebiet führen, in dem riesige Ölvorkommen vermutet wurden.«[15]

Die Briten machten sich größte Sorgen, weil sie glaubten, dass Deutschland es darauf abgesehen hatte, das Potenzial von Eurasien zu erschließen, indem es die Industrie von Europa über die Bagdadbahn mit den Rohstoffen von Asien verbinden wollte. Robert Laffan, damals britischer Militärberater in Serbien, glaubte, die Bagdadbahn gefährde das britische Imperium. »Würde ›Berlin-Bagdad‹ fertiggestellt«, so Laffan, »wäre ein riesiges Gebiet, in dem jeder erdenkliche wirtschaftliche Reichtum hergestellt werden könnte, das aber für eine Seemacht unangreifbar wäre, unter deutsche Kontrolle geraten.« Das Projekt müsse daher unbedingt verhindert werden. »Ein Blick auf die Weltkarte zeigt, aus welchen Gliedern sich die Kette der Staaten zusammensetzt, die zwischen Berlin und Bagdad liegen: das Deutsche Reich, Österreich-Ungarn, Bulgarien und die Türkei. Nur ein kleiner Gebietsstreifen verhindert, dass die beiden Enden der Kette miteinander verbunden werden können. Dieser kleine Streifen ist Serbien«, so Laffan.[16]

Der Ausbruch des Ersten Weltkrieges 1914

Die Bagdadbahn, so wissen wir heute, wurde nicht vollendet, und auch das Osmanische Reich wurde zerschlagen. Nur elf Tage nachdem das britische Parlament Churchills Antrag gutgeheißen hatte und die Anglo-Persian unter mehrheitlich staatliche Kontrolle geriet, wurde am 28. Juni 1914 in Sarajevo in Bosnien der österreichische Thronfolger Erzherzog Franz Ferdinand erschossen. Dieser Mord führte zur Konfrontation von Österreich-Ungarn mit Serbien. Bald danach standen aufgrund der europäischen Bündnissysteme die Mittelmächte Deutschland und Österreich gegen die Entente-Mächte Serbien, Großbritannien, Russland und Frankreich im Krieg. Der Erste Weltkrieg hatte begonnen.

William Engdahl glaubt, dass die Briten diese Entwicklung gezielt herbeigeführt haben. »Selten werden in der Literatur die geopolitischen Ziele erörtert, die England lange vor 1914 anstrebte und jetzt mit diesem Krieg verfolgte«, so Engdahl, der davon überzeugt ist, dass Erdöl ein gewichtiger Faktor des Kriegsausbruchs war, der zu lange unberücksichtigt blieb. »Da ging es ja nicht nur darum, den aufsteigenden großen industriellen Rivalen Deutschland ein für allemal aus dem Feld zu schlagen«, erläutert Engdahl. »Man wollte sich durch Eroberungen und territoriale Neuordnung nach dem Krieg vor allem die uneingeschränkte Kontrolle über die wichtigsten Lagerstätten des strategischen Rohstoffs der Zukunft sichern: Erdöl.«[17]

Nach Kriegsausbruch besetzte Deutschland umgehend Belgien und Luxemburg, ungeachtet ihrer deklarierten Neutralität. Kanzler Bethmann Hollweg strebte eine wirtschaftliche Einheit Mitteleuropas unter deutscher Führung an, ebenso die Schwächung von Frankreich und Holland sowie die Vergrößerung des deutschen Kolonialbesitzes in Afrika. Der Angriff auf Frankreich führte zu einem zähen Stellungskrieg mit starren Fronten und sehr hohen Verlusten. Am 11. November 1918 mussten Deutschland und die Mittelmächte kapitulieren. Der Waffenstillstand wurde in einem Eisenbahnwagon im Wald von Compiègne nördlich von Paris unterzeichnet.

Der Erste Weltkrieg ist, abgesehen vom Zweiten Weltkrieg, der blutigste und zerstörerischste Krieg der Menschheitsgeschichte. Er forderte, je nach Schätzung, zwischen 13 und 20 Millionen Tote, davon rund 7 Millionen Zivilisten. Erdöl trug mit dazu bei, dass die Verluste so hoch waren, denn es revolutionierte die Kriegsführung. Zu Beginn des Ersten Weltkrieges waren Pferde, durch Kohle betriebene Schiffe und Eisenbahnzüge noch die Grundlage aller Planung. Doch im Verlauf des Krieges veränderten das Öl und der Verbrennungsmotor die Kriegsführung in jeder Hinsicht.

Erstmals in der Geschichte der Menschheit kam es im Ersten Weltkrieg zum Einsatz von Panzern. Um das Patt der Grabenkriege zu durchbrechen, hatten die Engländer ein mit Erdöl angetriebenes, gepanzertes und mit Gewehren ausgerüstetes Fahrzeug entwickelt. Der Panzer wurde in den letzten zwei Kriegsjahren eingesetzt, am erfolgreichsten während der Schlacht von Amiens, als am 8. August 1918 eine Formation von 456 Panzern unter britischem Kommando die deutschen Linien durchbrach. Die Deutschen hatten dem nichts entgegenzusetzen.[18]

Dank der Erfindung des Verbrennungsmotors war es Deutschland gelungen, dieselbetriebene Unterseeboote zu bauen, die im Ersten Weltkrieg zum ersten Mal zum Einsatz kamen. Die deutschen U-Boote versuchten, die Versorgung von Großbritannien empfindlich zu gefährden, indem sie Erdöltanker und andere Transportschiffe versenkten, bevor diese die britischen Häfen erreichen konnten. Die Briten benutzten Passagierschiffe, um heimlich Waffen und Munition von den USA nach Europa zu bringen, darunter das britische Passagierschiff Lusitania, das mit US-Amerikanern an Bord am 7. Mai 1915 von einem deutschen U-Boot vor der Südküste Irlands zum Sinken gebracht wurde, ein Ereignis, das als Auslöser für den Eintritt der USA in den Krieg an der Seite der Alliierten gilt.[19]

Neu war auch der durch das Erdöl ermöglichte Einsatz von Militärflugzeugen. Nachdem 1903 die Brüder Wright in den USA den ersten Flug realisiert hatten, wurde das Flugzeug im Ersten Weltkrieg auch vom Militär eingesetzt. »Der Luftkampf lief anfangs darauf hinaus, dass die Piloten einander mit Gewehren und Handfeuerwaffen beschossen«, berichtet der Amerikaner Daniel Yergin.[20] Später wurden die Flugzeuge zum Abwurf von Bomben eingesetzt. Die Briten verfügten zu Beginn des Krieges über lediglich 250 Flugzeuge, bauten jedoch in dessen Verlauf weitere 55 000 Maschinen. Die Deutschen stellten rund 48 000 Kriegsflugzeuge her und setzten auch Zeppeline für Bombenangriffe gegen England ein. Die USA verfügten im Ersten Weltkrieg nur über 15 000 Flugzeuge und stiegen erst nach dem Krieg zur weltweit führenden Luftmacht auf.[21]

Großbritannien nahm die deutsche Invasion in Belgien als offiziellen Grund für seinen Kriegseintritt. Nachdem das Osmanische Reich auf der Seite von Deutschland im Herbst 1914 ebenfalls in den Krieg eingetreten war, erklärte Großbritannien folgerichtig im November 1914 diesem sofort den Krieg und kämpfte danach um die Erdölfelder im Nahen Osten. Großbritannien verfolgte im Ersten Weltkrieg das Ziel, die kontinentalen europäischen Mächte zu schwächen und das britische Imperium zu sichern. Indem es Frankreich mit Truppen unterstützte, brachte es den deutschen Vormarsch im Westen zum Stoppen; im folgenden langen Vernichtungskampf schwächten sich Deutschland und Frankreich gegenseitig, während die Briten im Nahen Osten das vergleichsweise schwache Osmanische Reich besiegten.

Schon am 23. September 1914 gelang den Briten die Einnahme von Basra, von wo aus sie die Zugangswege zu den persischen Ölfeldern kontrollieren konnten. Schritt für Schritt fielen jene Teile des Osmanischen Reiches in britische Hände, in denen Erdöl zu finden war. 1917 eroberten die Briten Bagdad.

Vor dem Ersten Weltkrieg hatten fünf europäische Großmächte ihre zum Teil gegensätzlichen Interessen im Nahen Osten verfolgt. Nach dem Krieg waren Russland, Deutschland und Österreich-Ungarn dazu nicht mehr in der Lage. Der gesamte Nahe Osten war nun für mehrere Jahrzehnte uneingeschränkt britisch-französisches Einflussgebiet. Gemäß dem Sykes-Picot-Abkommen, einer geheimen Übereinkunft zwischen den Briten und Franzosen vom 16. Mai 1916, wurde das Osmanische Reich aufgelöst und unter den Siegern aufgeteilt in die Nachfolgestaaten Türkei, Syrien, Libanon und Irak. Syrien und der Libanon fielen an Frankreich, die Türkei wurde unabhängig, Palästina und der Irak mit seinem Erdölreichtum fielen an Großbritannien.

Die Schweiz verliert ihre wirtschaftliche Souveränität 1915

Die britische Seeblockade trug ganz entscheidend zur Niederlage Deutschlands bei; sie traf auch die Schweiz schwer. Sie wurde von Großbritannien sofort nach Ausbruch des Krieges verhängt und schnitt Deutschland vom militärischen und zivilen Nachschub übers Wasser ab. Großbritannien kümmerte sich nicht darum, dass die Blockade verschiedene internationale Rechte verletzte, die vor dem Krieg vereinbart worden waren, und setzte auch in großem Stil Seeminen ein, um die deutschen Schiffe in die Häfen zu zwingen und vom Meer fernzuhalten. Sämtliche deutsche Versuche, die alliierte Seeblockade zu durchbrechen, schlugen fehl. Die deutsche Hochseeflotte, die hauptsächlich mit Kohle fuhr, konnte nichts gegen die Seeblockade und die Übermacht der britischen Erdölflotte ausrichten. Viele deutsche Schiffe wurden versenkt.

Auch die neutrale Schweiz, die nicht am Ersten Weltkrieg teilnahm, wurde durch die Seeblockade der Alliierten getroffen. Die Bundesversammlung wählte am 3. August 1914 Ulrich Wille zum General der Schweizer Armee mit dem Auftrag, Sicherheit, Integrität und Neutralität zu verteidigen. Eng mit der Wirtschaft aller umliegenden Länder verwoben, wäre es für die Schweiz von größtem Interesse gewesen, weiterhin mit allen Handel zu treiben und vor allem Weizen aus den USA und Kohle aus Deutschland zu importieren. Doch dieser freie Handel lag nicht im Interesse von Großbritannien, das Deutschland durch die Seeblockade und einen totalen Wirtschaftskrieg in die Knie zwingen wollte. Auf keinen Fall, so das geostrategische Kalkül der Alliierten, durften in die neutrale Schweiz importierte Rohstoffe nach Deutschland oder Österreich weiterexportiert werden, da sonst die Schweiz zur Schwachstelle des alliierten Wirtschaftskrieges geworden wäre. London, Paris und später auch Washington waren sich einig, dass die Schweiz ungeachtet ihrer deklarierten Neutralität wie ein Stein in die Mauer der alliierten Wirtschaftsblockade gegenüber den Mittelmächten eingefügt werden musste.

Der Schweizer Bundesrat versuchte sich zu Beginn des Krieges gegen den großen Druck der Briten und der anderen Alliierten zu wehren und die Schweizer Souveränität und Neutralität aufrechtzuerhalten. »Wir haben uns in das Verhalten Englands und Frankreichs gegen deren Feinde nicht einzumischen«, erklärte Bundesrat Edmund Schulthess, Vorsteher des Volkswirtschaftsdepartementes am Silvesterabend 1914. Als souveräner Staat müsse es die Schweiz aber ganz klar »zurückweisen, als Werkzeug des wirtschaftlichen Blocks verwendet zu werden«.[22] Die Schweiz wehrte sich, doch die Briten waren stärker. Der Schweizer Historiker Heinz Ochsenbein betont, dass die Schweiz »bereits vor dem Ersten Weltkrieg auf allen Gebieten ihres hochentwickelten ökonomischen Lebens aufs engste mit der Weltwirtschaft verknüpft« war, aber auf wirtschaftlichem Gebiet war man »nur ganz ungenügend« auf einen Krieg vorbereitet. Dies auch daher, weil der Bundesrat fälschlicherweise glaubte, »der Krieg würde nur kurze Zeit andauern.«[23]

Da der Krieg jedoch viel länger dauerte als angenommen und die Alliierten dank der mit Erdöl angetriebenen überlegenen britischen Flotte eine vollständige Blockade der Zentralmächte durchsetzten, um sie von allen Importen abzuschneiden und auszuhungern, wurde die Lage für die Schweiz schwierig. Aufgrund ihrer geografischen Situation war sie, wie Ochsenbein richtig schreibt, »in einer außerordentlich schlechten Lage. Sie verfügte weder über eigene Häfen und Schiffe noch über gesicherte Zufahrtslinien«. Wenn die Schweiz einer Forderung der Alliierten nicht nachkam, brauchten diese nur die Zufahrtslinien zu unterbrechen. So sperrten die Alliierten im Laufe des Jahres 1915 die Zufuhr von Petroleum, Kautschuk und Reis. »Damit war klar«, so Ochsenbein, »dass die Alliierten dieses Druckmittel nicht nur als Drohung anzuwenden bereit waren.«[24]

Anfang Dezember 1914 fehlte es in der Schweiz erstmals an Petroleum, und in vielen Stuben wurde es dunkel. »Da erst relativ wenige Wohnungen über elektrische Beleuchtung verfügten, war dies für die Bevölkerung besonders lästig«, so Ochsenbein. Frankreich hatte die Ausfuhr von Petroleum an die Schweiz verboten und verschiedene Dampfer mit Petrol für die Schweiz von der französischen Marine kapern lassen. Die Franzosen wollten unbedingt verhindern, dass das Petrol über die Schweiz nach Deutschland gelangte. Zwischen August und Dezember 1914 brach der Import auf nur noch 57 000 Tonnen Leuchtpetrol ein, rund 170 000 Tonnen weniger als in der gleichen Zeitspanne der Vorjahre.[25]

Bundesrat Schulthess garantierte Paris und London, man werde die Ware auf keinen Fall nach Deutschland weiterleiten. Doch umsonst, Paris blieb hart. Schulthess ließ daraufhin am 13. Dezember 1914 mitteilen, die Schweiz sei bereit, ein Syndikat zu schaffen, bestehend aus den wichtigsten Schweizer Großhändlern, dem die Einfuhr und die Verteilung von Petroleum übertragen würden. Doch auch dies lehnte Paris ab. Schließlich einigten sich die Schweiz und Frankreich am 26. Januar 1915 auf kontingentierte Lieferungen, und zwar monatlich 5000 Tonnen Petrol, 2000 Tonnen Benzin und 800 Tonnen Mineralöl.[26]

Die Franzosen achteten darauf, dass diese Beschränkungen eingehalten wurden. Als die PICO Erdölprodukte über Italien importierte, stoppte die britische Marine Anfang März 1915 in Gibraltar den Tanker Bayonne mit einer für die Schweiz bestimmten Ladung. Diese wurde von Paris und London erst wieder freigegeben, nachdem der Bundesrat versichert hatte, dass man auch diesen Import über Italien zum fixierten Kontingent hinzurechnen werde.[27]

Der Schweiz wurde ihre gefährliche Abhängigkeit von Importen aller Art fast täglich vor Augen geführt. Bundesrat Arthur Hoffmann, Vorsteher des Departements für auswärtige Angelegenheiten, kapitulierte in seiner Rede vom 11. Mai 1915 vor den realen Verhältnissen der Geostrategie und erklärte dem Gesamtbundesrat: »England und Frankreich haben die Macht, sie beherrschen die Meere, sie verfügen über die mit einer einzigen Ausnahme einzig noch in Betracht kommenden Häfen und Transitlinien und haben es daher völlig in der Hand, die für die Schweiz bestimmten Waren in unser Land gelangen zu lassen oder nicht.« Daher, so erklärte der Bundesrat, würde nun neu der Import in die Schweiz durch Franzosen überwacht, da die Alliierten sicherstellen wollten, dass die Schweiz nicht im Geheimen ausgewählte Produkte an die Achsenmächte weiterliefere.[28] Damit hatte die Schweiz ihre wirtschaftliche Souveränität verloren.

Am 26. August 1915 begann die neu gegründete und aus 15 Schweizern zusammengesetzte Organisation Société suisse de surveillance économique (SSS) mit ihrer

Arbeit und überwachte im Auftrag der Franzosen und Briten den ganzen Import und Export. Die britische Marine hatte auch die Schweiz in die Schranken gewiesen. Im Volksmund hieß die SSS treffend »Souveraineté suisse suspendue«.[29] Denn mit ihren Außenstellen in Paris, London, Rom und Washington war sie ganz klar ein Instrument des alliierten Wirtschaftskrieges.

Bundesrat Hoffmann hatte im Sommer 1915 erkannt, dass sich der Schweiz im Zangengriff der Alliierten nur drei Möglichkeiten boten, die Ochsenbein als »verhungern – kämpfen oder die Kontrollen akzeptieren« umschreibt. »Der Bundesrat wählte das kleinste der drei Übel«, nämlich die Überwachung durch die SSS und die Aufgabe der wirtschaftlichen Souveränität.[30] Natürlich fügte sich der Bundesrat nur widerwillig dem Druck der Alliierten. »Es unterliegt ja nicht dem geringsten Zweifel«, so Bundesrat Hoffmann mit Verweis auf Frankreich und Großbritannien gegenüber dem Gesamtbundesrat, »dass mit den Zumutungen, wie sie von den beiden Ländern ... erhoben werden ..., unsere wirtschaftliche Unabhängigkeit und unser Selbstbestimmungsrecht angetastet und beschränkt werden. Würde es sich um normale Zeitläufe handeln, so wäre wohl kein Mitglied des Bundesrates zu finden, das den Antrag auf Gutheißung solcher Abkommen einbringen würde.«[31]

Mit Beginn der Arbeit der Société suisse de surveillance économique wurde ein Einfuhrmonopol für sämtliche Getreide erlassen. Reis, Zucker, Teigwaren und Erdölprodukte mussten dem SSS-Monopolhandel unterstellt werden. Als ab 1916 über die französischen und italienischen Mittelmeerhäfen überhaupt kein Leuchtpetrol mehr an die Schweiz geliefert wurde und die Rheinroute geschlossen war, suchte der Bundesrat nach Alternativen. Es gelang, mit Zisternenwagen über Ungarn und Österreich die Schweiz innerhalb des bescheidenen erlaubten Kontingents mit Petrol aus Rumänien zu versorgen. Der Mangel an Erdölprodukten war derart groß, dass der Bundesrat auch ein Verbot des Autoverkehrs ins Auge fasste. Doch dazu kam es nicht. Da die Autoflotte im Ersten Weltkrieg noch sehr klein war, reichte sogar das wenige Benzin, um ein Minimum an Mobilität aufrechtzuerhalten.[32]

Unter dem Druck der Verhältnisse ließ die Maschinenindustrie, die auf Schmieröle angewiesen war, erstmals nach Erdöl in der Schweiz suchen. Die Stahlwerke Georg Fischer in Schaffhausen und die Firma Sulzer in Winterthur erteilten den Schweizer Geologen Arnold Heim und Adolf Hartmann während des Krieges den Auftrag, die erste systematische erdölgeologische Untersuchung der Schweiz durchzuführen, um abzuklären, wo möglicherweise Erdöl gefunden werden könnte. Heim und Hartmann begannen ihre Studien im Kriegsjahr 1916 und setzten sie bis 1919 fort. »Bei den seit dem Kriege außerordentlich hohen Preisen des Erdöls ... und unserer Abhängigkeit vom Ausland ist die Frage brennender als je geworden, ob in der Schweiz eine Möglichkeit zur Gewinnung von Erdöl bestehe«, notierte Heim während des Krieges. Heim und Hartmann führten in verschiedenen Kantonen kleinere Sondierbohrungen in geringen Tiefen durch, fanden aber kein Erdöl.[33]

Die Erdölimporte aus den USA sichern den Sieg 1918

Die USA versorgten die Alliierten mit Erdöl. Der Transport über den Atlantik war nicht ungefährlich. Deutschland, das verzweifelt versuchte, die alliierte Blockade zu durchbrechen, eröffnete einen uneingeschränkten U-Boot-Krieg gegen die alliierte Schiffsflotte und versenkte von Mai bis September 1917 sechs Tanker der Standard Oil of New Jersey. Auch die Shell und die Anglo-Persian verloren einige Erdöltanker, was in Großbritannien zur Sorge führte, der Royal Navy könnte das Erdöl ausgehen. »Die Deutschen haben Erfolg«, telegrafierte der amerikanische Botschafter in London im Juli 1917 sorgenvoll nach Washington. »Sie haben in letzter Zeit so viele Ölschiffe versenkt, dass dieses Land sehr bald schon in eine gefährliche Lage kommen könnte – selbst die Grand Fleet könnte nicht genug Treibstoff haben … Die Gefahr ist ernst.«[34]

Nicht nur Großbritannien, auch Frankreich drohte durch die deutschen U-Boote vom Erdöl abgeschnitten zu werden. Senator Bérenger warnte im Dezember 1917 Premierminister Georges Clemenceau, dass Frankreich schon im März 1918 kein Erdöl mehr haben werde. Clemenceau appellierte dringend an den amerikanischen Präsidenten Wilson, er möge mehr Erdöl über den Atlantik senden, da dieses »in den kommenden Schlachten genauso wichtig wie Blut« sein werde, da »ein Versagen der Benzinversorgung die sofortige Lähmung unserer Armeen verursachen würde«. Erdölmangel könnte, so Clemenceau »zu einem für die Alliierten unvorteilhaften Frieden zwingen«.[35]

Auf dringendes Anraten von Präsident Wilson hin lieferte die US-Erdölindustrie unter dem Vorsitz von Albert Bedford, Präsident der Standard Oil of New Jersey, das schwarze Gold nach Europa und trug dadurch wesentlich zum Sieg der Alliierten bei. Die USA waren zur Zeit des Ersten Weltkrieges das wichtigste und größte Erdölförderland weltweit. Als sogenannter »swing producer« konnten sie ihre Exporte kurzfristig stark erhöhen, eine Rolle, die heute Saudi-Arabien zukommt. Zu Beginn des Krieges 1914 produzierten die USA 266 Millionen Fass Erdöl, was 65 Prozent der Weltförderung entsprach, und steigerten im Laufe des Krieges diese Produktion auf 335 Millionen Fass pro Jahr. Ein Viertel der Produktion ging in den Export, fast alles nach Europa. Insgesamt deckten die USA 80 Prozent des Erdölbedarfs der Alliierten während des Ersten Weltkriegs ab und waren daher die unentbehrliche Tankstelle der Sieger.[36]

Nach seinem Sieg lud Großbritannien die Vertreter der USA und die anderen Alliierten zu einem Festdinner nach London. Anlässlich der Siegesfeier erklärte der französische Senator Bérenger, Direktor des Comité Général du Pétrole, das Öl, »das Blut der Erde«, sei »das Blut des Sieges« gewesen. Deutschland habe vor allem das Erdöl gefehlt: »Deutschland war sich seiner Überlegenheit bei Eisen und Kohle allzu sicher, ohne jedoch unsere Überlegenheit bei Öl in Rechnung zu stellen.«[37]

Während des Dinners erhob sich auch der britische Lord Curzon, ein glühender Verfechter des Imperialismus und der britischen Vorherrschaft, und erklärte, dass »eines der erstaunlichsten Dinge«, die er im Verlauf des Krieges in Frankreich und Flandern gesehen habe, »die ungeheure Armee von Lastwagen gewesen« sei. Sein Fazit war klar und ist seither in der Forschung oft zitiert worden: »Die alliierte Sache ist auf einer Woge von Öl zum Sieg geschwommen … Seit Beginn des Krieges eroberten sich das Öl und seine Produkte die Führungsposition unter den Kampfstoffen, mit denen die Alliierten den Krieg führen und gewinnen konnten.«[38]

4

Der Kampf ums Erdöl im Zweiten Weltkrieg

Der Zweite Weltkrieg war durch hohe Mobilität zu Lande, zu Wasser und in der Luft charakterisiert. Diese Mobilität, das wussten alle Kriegsparteien, konnte nur durch den Zufluss von Energie, in erster Linie Erdöl, garantiert werden. Ohne Erdöl standen Schiffe, Flugzeuge, Panzer, Jeeps und Lastwagen still. Verflüssigte Kohle trug nur in sehr bescheidenem Umfang zur Mobilität bei. Es war wie schon im Ersten Weltkrieg erneut die Erdölversorgung, die über Sieg oder Niederlage entschied. »Was ich damals lernte«, so der amerikanische Admiral Thomas Moorer nach dem Zweiten Weltkrieg, »war, dass man nie einen Krieg verlieren sollte, und dass man einen Krieg dann verliert, wenn man kein Erdöl mehr hat.«[1]

Am Schluss des Zweiten Weltkrieges waren rund 60 Millionen Tote zu beklagen, die Mehrheit davon Zivilisten, sowie eine unbekannte Anzahl von Schwerverletzten und Traumatisierten. Nie zuvor, und niemals danach hat ein Krieg so viele Opfer gefordert, weshalb der Zweite Weltkrieg zu Recht als die größte durch Menschen verursachte Katastrophe in die Geschichte eingegangen ist.

Deutschland stellt Leunabenzin aus Kohle her

Adolf Hitler und Benito Mussolini erkannten schon in den 1930er-Jahren, dass sowohl Deutschland als auch Italien vergleichsweise arm an eigenem Erdöl waren, was in einem zukünftigen Krieg eine fatale Schwachstelle hätte sein können. Italien verfolgte unter Mussolini eine aggressive Außenpolitik und griff am 3. Oktober 1935 Äthiopien an. Italienische Truppen besetzten das Land, und der italienische König Viktor Emanuel III. nahm den Titel eines Kaisers von Äthiopien an. Erstaunlicherweise wurde Italien der Erdölhahn nicht zugedreht. Der Völkerbund verurteilte das Land zwar als Aggressor und verhängte Sanktionen, doch der vom englischen Außenminister Anthony Eden geforderte Erdöllieferstopp wurde explizit von den Sanktionen ausgenommen. »Wenn der Völkerbund dem Ratschlag von Eden im Äthiopienstreit gefolgt wäre und die Wirtschaftssanktionen auch auf das Erdöl ausgedehnt hätte«, so Benito Mussolini später gegenüber Hitler, «hätte ich innerhalb einer Woche aus Äthiopien abziehen müssen. Das wäre ein unglaubliches Desaster für mich gewesen.«[2]

Auch Hitler wusste, dass die kleinen Quellen auf deutschem Boden nur sehr wenig Erdöl lieferten und dass Deutschland daher sehr stark auf Erdölimporte angewiesen war. Zwar konnten deutsche Ingenieure Kohle, die reichlich im eigenen Boden vorhanden war, in Erdöl umwandeln, jedoch nur in bescheidenen Mengen. Es war der deutsche Chemiker Friedrich Bergius, der die Methode zur Umwandlung von Kohle in Erdöl entwickelt hatte, wofür er im Jahre 1931 den Nobelpreis für Chemie erhielt. Bergius teilte sich den Nobelpreis mit Carl Bosch, dem Direktor der Interessengesellschaft Farbenindustrie (IG Farben), in der sich die wichtigsten deutschen Chemiewerke, darunter BASF, Bayer, Hoechst und Agfa, zusammengeschlossen hatten. Die IG Farben war der führende Hersteller von Ersatzerdöl aus Kohle und produzierte unter anderem auch im Ort Leuna, weshalb der Treibstoff aus Kohle auch als »Ersatz« oder »Leunabenzin« bekannt war. Beim Umwandlungsprozess ging jedoch viel Energie verloren: Rund 5 Tonnen Steinkohle waren nötig, um 1 Tonne Benzin zu gewinnen.[3]

Schon im Juni 1932, also noch vor seiner Machtergreifung, verhandelte Hitler mit Vertretern der IG Farben und betonte, man müsse unbedingt mehr Ersatzbenzin aus Kohle herstellen. »Die Frage, wie hoch die Produktionskosten für diese Rohstoffe sind, spielt keine Rolle«, so der Führer.[4] »Heute ist eine Wirtschaft ohne Erdöl undenkbar in einem Deutschland, das politisch unabhängig sein will«, betonte er. »Daher muss deutscher Treibstoff eine Realität werden, auch wenn dafür Opfer notwendig sind. Daher ist es von größter Notwendigkeit, dass die Herstellung von Erdöl fortgeführt wird.«[5] Nach Hitlers Machtergreifung nahm das deutsche Militär unter Luftwaffenchef Hermann Göring das Ersatzöl zu einem fixen Preis ab, der deutlich über dem Weltmarktpreis von Erdöl lag. Doch trotz dieser Subvention blieb die Produktion von Ersatzbenzin bescheiden, da der Umwandlungsprozess aufwendig und langsam war.

Neben der Umwandlung von Kohle in Erdöl suchte Deutschland vor Ausbruch des Krieges auch intensiv nach Erdöl im eigenen Boden, aber mit mäßigem Erfolg. Die Bohrung in Wietze hatte im 19. Jahrhundert bewiesen, dass in Deutschland Erdöl gefunden werden kann. Adolf Hitler und seine NSDAP setzten alles daran, weiteres Erdöl im eigenen Boden zu finden. Sowohl die Suche als auch die Förderung wurden vom Staat finanziell unterstützt, als Teil der Vorbereitung für einen künftigen Krieg. Nach der Machtergreifung lud Hitler schon am 10. Januar 1934 die wichtigsten deutschen Erdölunternehmen ins Reichswirtschaftsministerium ein und erklärte, dass die Regierung ab sofort Bohrungen nach Erdöl mit Darlehen unterstütze. Gemäß dem »Reichsbohrprogramm« übernahm die deutsche Regierung die Hälfte der reinen Bohrkosten. »Sofern eine Bohrung erfolgreich war«, so Rainer Karlsch und Raymond Stokes in ihrer Untersuchung zur deutschen Erdölgeschichte, »sollte dann das verantwortliche Unternehmen aus den Gewinnen das Reichsdarlehen zurückzahlen.«[6]

Die deutschen Erdölgeologen wie auch die militärische Führung in Deutschland waren sich bewusst, dass eine »Ölautarkie« aufgrund der geologischen Gegebenheiten durch Bohrungen in Deutschland nicht zu erreichen war. Schon 1933 hatte Professor Alfred Bentz von der Geologischen Landesanstalt in Berlin erklärt: »Es herrscht vollkommene Klarheit darüber, dass Erdölfunde von so riesigem Ausmaß, wie sie in Nordamerika, Mexiko, Rumänien gemacht werden, in Deutschland seinem ganzen geologischen Bau nach nicht infrage kommen.«[7] Trotzdem erzielte das Reichsbohrprogramm »bemerkenswerte Ergebnisse«, wie Karlsch und Stokes finden. Zwischen 1934 und 1945 wurden im deutschen Boden insgesamt 643 Tiefenbohrungen über die summierte Tiefe von 635 700 Metern durchgeführt. In 504 Fällen konnte Erdöl nachgewiesen werden. 19 neue Erdölfelder wurden erschlossen. Der Aufwand belief sich auf rund 44 Millionen Reichsmark.[8]

Trotz Leunabenzin und Reichsbohrprogramm war Deutschland am Vorabend des Krieges weit davon entfernt, seinen Erdölbedarf durch im Inland geförderte Kohle oder im Inland gefördertes Erdöl decken zu können. Von den 100 000 Fass Erdöl, die Deutschland 1938 pro Tag brauchte, wurden nur gerade 2100 künstlich aus Kohle erzeugt. Zusammen mit weiteren 10 000 Fässern Erdöl aus den bescheidenen deutschen Erdölquellen konnte Hitler daher nur etwa 12 Prozent seines Energiebedarfs aus dem Inland decken, während er 90 000 Fass pro Tag importieren musste.[9]

Die Abhängigkeit von Erdölimporten war die Achillesferse von Hitlers Militärmaschinerie. Von wo also stammten die deutschen Erdölimporte in den Jahren vor dem Krieg? Gemäß der Forschung der Amerikaner Robert Goralski und Russell Freeburg waren die USA, der damals größte Erdölproduzent, mit 25 000 Fass pro Tag der wichtigste Erdöllieferant von Hitler. Je 10 000 Fass bezog Deutschland aus Rumänien und Mexiko sowie kleinere Mengen aus Venezuela, Russland, Iran und Peru.[10]

Dass die USA das Dritte Reich mit Erdölimporten unterstützten, ist im Rückblick erstaunlich. Hitler konnte aber nicht mit Sicherheit davon ausgehen, dass die USA und andere Erdölförderländer Deutschland auch nach einer militärischen

Aggression weiter beliefern würden. Eine erste Belastungsprobe für die deutschen Erdölimporte kam, als Hitler am 7. März 1936 das entmilitarisierte Rheinland besetzte und mit dieser Aggression den Locarno-Pakt brach. Russland stoppte prompt die Lieferung von Erdöl an Deutschland. Da jedoch die USA, Venezuela und Rumänien weiter lieferten, blieb die Versorgung von Deutschland gesichert. Es bleibt Spekulation, ob ein totaler Boykott von Erdölimporten nach Deutschland durch alle Lieferanten ab dem März 1936 die Kriegspläne von Hitler zerschlagen hätte.

Schon im Sommer 1936 folgte die nächste Belastungsprobe, als Hitler und Mussolini den Militärputsch des faschistischen Generals Francisco Franco in Spanien unterstützten. Die spanischen Putschisten um Franco hatten im Februar 1936 die demokratisch gewählte republikanische Regierung Spaniens gestürzt, verfügten aber nur über rudimentäre Luftkriegskapazitäten. Sie baten daher Deutschland und Italien um Hilfe, worauf diese ab Juli 1936 Transportflugzeuge nach Spanien schickten. Als die spanischen Republikaner, unterstützt durch die Sowjetunion und freiwillige sozialistische Kämpfer aus verschiedenen europäischen Ländern, immer erfolgreicher waren und Franco und die Putschisten in die Enge trieben, beschloss Hitler am 30. Oktober 1936, Franco mit der Legion Condor zu unterstützen.

Die Legion Condor operierte unter strengster Geheimhaltung als Einheit der deutschen Wehrmacht im Spanischen Bürgerkrieg. Die mit Erdöl angetriebenen deutschen Kampfflugzeuge und Bomber griffen direkt in den Spanischen Bürgerkrieg ein. Berüchtigt wurde die Bombardierung des baskischen Städtchens Gernika am 26. April 1937, bei der rund 300 Zivilisten getötet wurden. Das Verbrechen wurde später durch den spanischen Maler Pablo Picasso in seinem Gemälde »Guernica« festgehalten. Das Bild wurde zu einem weltweiten Symbol für die Gräuel des Krieges. Die deutschen Piloten reisten als Urlauber in Spanien ein und operierten in Uniformen ohne jeden Hinweis auf ihre Herkunft aus der Wehrmacht. In Deutschland wurde die Existenz der Legion Condor bis zum Ausbruch des Zweiten Weltkrieges geleugnet. Der Einsatz der deutschen Luftwaffe war wichtig für den Sieg von Franco im Spanischen Bürgerkrieg. Trotzdem drehten die USA und andere Lieferanten Deutschland nicht den Erdölhahn zu.[11]

Der Zweite Weltkrieg begann in Europa mit dem Angriff des nationalsozialistischen Deutschlands auf Polen am 1. September 1939. Polen wurde in nur drei Wochen eingenommen. Deutsche Spezialeinheiten versuchten nach dem Einmarsch sofort, die polnischen Erdölfelder von Galizien zu erobern und das erbeutete Erdöl für die Fortführung des Blitzkrieges zu sichern. Doch die Beute war gering. Denn erstens lag die Erdölproduktion in Polen vor dem Krieg bei bescheidenen 10 000 Fass pro Tag, vergleichbar mit der Eigenproduktion von Rohöl in Deutschland. Und zweitens fiel nicht die ganze Erdölbeute in deutsche Hände. Auch die Russen waren am 17. September in Polen eingefallen und konnten, dank des kürzeren Weges, mehr als die Hälfte der polnischen Erdölfelder in Galizien unter ihre Kontrolle bringen.[12]

Nach der Einnahme Polens landeten die Deutschen, die weiterhin mit Erdöl aus den USA versorgt wurden, im April 1940 in Norwegen und hatten nach kurzer Zeit das ganze Land in ihrer Hand. Das Gleiche galt für Dänemark, das ohne Widerstand besetzt wurde. Im Frühling und Sommer 1940 fielen Belgien, Holland, Luxemburg und dann Frankreich, wo Hitler die bescheidenen Erdölquellen von Pechelbronn im Elsass erbeuten konnte. Nur das hartnäckige Großbritannien konnte von Deutschland im Luftkrieg im Herbst 1940 nicht bezwungen werden, worauf die geplante Invasion der Insel aufgegeben wurde. Die Diktatoren in Spanien und Portugal kooperierten mit Deutschland. 1941 fielen auch Jugoslawien und Griechenland. Hitler hatte in erstaunlich kurzer Zeit fast ganz Europa mit Blitzkriegen besetzt. Die Basis für die Blitzkriege bildete das Erdöl. Nur die Schweiz, Schweden und Irland konnten dank ihrer Neutralität ihre Souveränität behaupten und wurden nicht besetzt, wohl auch, weil sie über keine Erdölfelder verfügten.

Die Schweizer Kriegswirtschaft erlässt ein Fahrverbot 1941

Der Schweizer Bundesrat beobachtete in den 1930er-Jahren die internationale Entwicklung mit großer Sorge und fürchtete eine Invasion oder auch das völlige Abschneiden von Rohstoffimporten. Hermann Obrecht, seit 1935 Vorsteher des Eidgenössischen Volkswirtschaftsdepartements, wusste, dass die Schweiz stark auf importierte Rohstoffe angewiesen war, weshalb er die Vorbereitungen auf einen möglichen Krieg sehr ernst nahm. Am 1. April 1937 ernannte er einen Beauftragten für Kriegswirtschaft, der die erforderlichen Rechtsgrundlagen ausarbeiten und die kriegswirtschaftlichen Vorbereitungen koordinieren sollte, darunter die Anlegung von Vorräten an lebenswichtigen Rohstoffen und Nahrungsmitteln. Obrecht, der als Nationalrat den Ersten Weltkrieg miterlebt hatte, ging es nicht primär um die Sicherstellung der Versorgung mit Kohle oder Erdöl, sondern um das Überleben der Bevölkerung während einer möglichen Hungerkrise. »Mein Grundsatz wird sein: Es soll niemand in unserem Schweizerlande aus Not verderben«, so Obrecht.[13]

Die Energieversorgung der Schweiz war vor und während des Zweiten Weltkriegs durch importierte Kohle, heimische Wasserkraft und Holz dominiert; importierte Erdölprodukte spielten mit einem Anteil von weniger als 20 Prozent eine untergeordnete Rolle, der Motorfahrzeugbestand war bescheiden. Im Jahr 1938 verbrauchte die Schweiz nur 430 000 Tonnen Erdöl, 30 Mal weniger als während der Erdölkrise 1973.[14] Trotzdem musste die Mobilität während des Krieges drastisch reduziert werden, und obschon die Schweiz glücklicherweise nicht in die Kriegshandlungen verwickelt wurde, durchlebte die Bevölkerung eine lange Energiekrise.

Schon am 9. November 1937 legte der Bundesrat dem Parlament seine Botschaft über die Sicherstellung der Landesversorgung vor, um die für einen Kriegsfall notwendigen Rechtsgrundlagen zu schaffen. Obrecht betonte, dass die Schweiz schlecht vorbereitet in den Ersten Weltkrieg geraten sei. Damals seien ausschließlich militärische Instanzen für die Kriegswirtschaft zuständig gewesen, was sich nicht bewährt habe. Die Entscheidungsbefugnisse über die Kriegswirtschaft müssten im Volkswirtschaftsdepartement angesiedelt werden. Die Sicherstellung der Landesversorgung müsse durch eine vorsorgliche Vorratshaltung lebenswichtiger Güter angestrebt werden. Die Botschaft passierte vor dem Hintergrund der sehr angespannten internationalen Lage beide Räte ohne nennenswerte Änderung und trat am 1. April 1938 als Gesetz in Kraft.[15]

Am 11. März 1938 besetzten deutsche Truppen Österreich. Nach dem »Anschluss« von Österreich an das Dritte Reich und dem Fall von Frankreich 1940 war die Schweiz vollständig von faschistischen Ländern umzingelt. Dies bedeutete auch, dass alle Importwege über faschistisches Territorium führten. Vor allem aber bestand »die Gefahr, dass die Schweiz im Falle eines Sieges der Faschisten zwischen Deutschland, Italien und Frankreich aufgeteilt würde«, so der Schweizer Historiker Jean Rudolf von Salis, der wöchentlich in der Radiosendung »Weltchronik« über den Kriegsverlauf berichtete. Gemäß von Salis war dieser Gedanke für den überwiegenden Teil der Schweizer Bevölkerung die größte Sorge. Bundesrat, Parlament, Volk und Armee waren fest entschlossen, die Unabhängigkeit und Souveränität der Schweiz zu verteidigen.[16]

Der Bundesrat setzte alles daran, das Überleben des Landes und der Bevölkerung unter extremen Bedingungen zu sichern. Nur drei Tage nach der Besetzung Polens und der Mobilmachung der Schweizer Armee aktivierte das Volkswirtschaftsdepartement am 4. September 1939 die kriegswirtschaftliche Verwaltung des Landes. Die umzingelte Schweizer Wirtschaft befand sich danach bis Kriegsende in einem Ausnahmezustand. Die Lage sei »katastrophal« gewesen, so der Bundesrat im Bericht zur Schweizer Kriegswirtschaft. »Unsere Lage war mit jener in einer Mäusefalle vergleichbar geworden. Es bedurfte unablässiger handelspolitischer und diplomatischer Anstrengungen, um unser Volk vor dem langsamen Hungertode zu bewahren.«[17]

Als Erstes entschied die Landesregierung, die Inflation im Keim zu ersticken, indem sie mittels einer Verfügung verbot, die Preise zu verändern. Der freie Markt wurde damit aufgehoben. Großhandels- und Detailpreise jeder Art von Waren, die Miet- und Pachtzinsen, die Tarife der Hotels, Pensionen, Lehr-, Heil- und Kuranstalten sowie die Preise für Kohle, Gas und Strom konnten nur mit behördlicher Genehmigung erhöht werden.

Bundesrat Obrecht hatte nicht die Kraft, die Kriegswirtschaft während des ganzen Zweiten Weltkriegs zu führen: Er musste wegen Erschöpfung zurücktreten und erlag am 20. August 1940 einem Herzleiden. Sein Nachfolger Bundesrat Walther Stampfli baute die Kriegswirtschaft weiter aus. Im Jahre 1943 arbeiteten über 3600 Mitarbeiter in der kriegswirtschaftlichen Verwaltung. Diese gliederte sich in acht Kriegswirtschaftsämter, darunter das Kriegsernährungsamt, das die Versorgung der Bevölkerung mit Getreide, Milch, Fleisch, Kartoffeln und Obst koordinierte, und das Kriegsindustrie- und Arbeitsamt, zuständig für die Beschäftigung, für Metalle und Textilien, Schuhe, Papier und Baustoffe, Holz, Elektrizität, Kraft, Wärme und fossile Brennstoffe.[18]

Das Kriegsindustrie- und Arbeitsamt gliederte sich in 19 Sektionen, darunter die Sektion für Arbeitskraft, jene für Baustoffe, für Metalle, für Papier und Zellulose, für Textilien, für Schuhe, Leder und Kautschuk, für Eisen und Maschinen, für Holz, das Büro für Bergbau, dasjenige für Altstoffwirtschaft, für Bauwirtschaft, die Sektion für Chemie und Pharmazeutika, jene für Elektrizität und diejenige für Kraft und Wärme. Es oblag der Sektion Kraft und Wärme, die Schweiz mit Kraftstoffen für Maschinen und Autos und mit Wärme für Häuser und Fabriken zu versorgen, wobei den fossilen Brennstoffen Kohle und Erdöl eine zentrale Rolle zukam.

Als Direktor der 200 Mitarbeiter umfassenden Sektion Kraft und Wärme berief der Bundesrat im August 1939 den Zürcher Oberländer Robert Grimm, einen sehr profilierten und kämpferischen Mann, der Hitler und dem Nationalsozialismus aufs Deutlichste abgeneigt war, sich politisch auf dem äußeren linken Flügel der Sozialdemokratie positionierte und verschiedene Schriften zum revolutionären Klassenkampf verfasst hatte, weshalb man ihn zu Recht als einen »Roten« bezeichnete. Mit der Berufung des früheren Armeegegners Grimm war auch die Sozialdemokratie in die kriegswirtschaftliche Verantwortung eingebunden. Grimm musste den Schweizern manch bittere Pille verabreichen und wiederholt erklären, dass Kriegswirtschaft nicht Friedenswirtschaft sei, da die Ausgangslage im allgemeinen Mangel an fast allem bestehe. »Dieser grundlegende Unterschied wurde besonders am Anfang der kriegswirtschaftlichen Tätigkeit von sehr weiten Kreisen nicht oder nicht genügend beachtet«, erinnerte sich Grimm nach dem Krieg. »Sie stellten Ansprüche, wie wenn sich an den normalen Verhältnissen nichts geändert hätte.«[19]

Grimm erkannte schnell, dass die Schweiz vor dem Krieg nicht genügend Erdöltanklager gebaut hatte und dass die vorhandenen nicht genügend voll waren, weshalb die Vorratshaltung bei Ausbruch des Krieges »außerordentlich prekär« war. Die Lager teilten sich in die Wirtschaftsbestände – also die Lager der Importeure, die Lager der Grossisten und die Lager der Händler – sowie in die Bestände der Armee. Schon 1932 hatten gemäß Anforderung des Bundes die verschiedenen privatwirtschaftlichen Importeure flüssiger Treib- und Brennstoffe den privatrechtlichen Verein »Carbura« gegründet, um Pflichtlager zu bauen, zu füllen und zu unterhalten. Die Wirtschaftsbestände an Benzin, Diesel und Heizöl waren gut gefüllt und umfassten zu Beginn des Krieges rund 100 000 Tonnen, was in Friedenszeiten ohne Einschränkungen für gut drei Monate gereicht hätte.[20]

Erstaunlicherweise waren aber die Treibstoffbestände der Schweizer Armee schon bei Kriegsausbruch schlecht organisiert. »Die Armee war bei Kriegsbeginn völlig ungenügend mit flüssigem Treibstoff versehen«, kritisierte Grimm. Weshalb die Schweizer Armee bezüglich ihrer Versorgung mit Erdölprodukten so schlecht auf den Zweiten Weltkrieg vorbereitet war, bleibt unklar. Fest steht aber, dass hier der Armeeführung ein grober Fehler unterlaufen war. Im September 1939 verfügte die Armee über lediglich 2200 Tonnen Armeebenzin, 3000 Tonnen Fliegerbenzin und 80 Tonnen Dieselöl, also insgesamt nur 5300 Tonnen Treibstoffe! Damit war die Mobilität der Schweizer Armee sofort nach Ausbruch des Krieges gefährdet. Um überhaupt mobil zu bleiben, musste sie die Wirtschaftsvorräte beschlagnahmen.[21]

Auch nach Ausbruch des Krieges wurden Erdölprodukte in die Schweiz importiert, aber nur noch in sehr kleinen Mengen, da in ganz Europa Erdöl Mangelware war. Durch Beschluss des Bundesrates vom 22. September 1939 wurde der Verein Carbura in die neu geschaffene »Petrola« umgewandelt, welche die äußerst schwierige Aufgabe erhielt, Erdölprodukte zu importieren. Unter der Leitung von Dr. Ernst Imfeld importierte die Petrola zu Beginn des Krieges raffinierte Erdölprodukte sowohl aus Übersee über den Wasserweg und den Rheinhafen in Basel als auch mit Kesselwagen auf der Schiene aus Italien, Frankreich, Rumänien und Jugoslawien. Nach dem Fall Frankreichs im Sommer 1940 erschwerten sich die Importbedingungen, und Rumänien wurde zum wichtigsten Benzinlieferanten für die Schweiz. Die Petrola nutzte die Donau, die nördlich von Schaffhausen in Deutschland entspringt und auf einem Drittel ihrer Gesamtlänge durch Rumänien fließt, um mit Tankschiffen Erdölprodukte aus Rumänien in die Schweiz zu bringen. In einigen Fällen fuhr die Petrola auch mit Kesselwagen zu ausländischen Erdölumschlagplätzen, um Erdölprodukte aufzukaufen.[22]

Trotz allen Bemühungen blieben die importierten Mengen sehr bescheiden. »Es konnte nicht mehr, wie in der Vorkriegszeit, gemäß dem Verbrauch Treibstoff eingeführt werden, sondern die Verhältnisse lagen umgekehrt: Der Verbrauch musste sich nach den Importen richten«, schildert Hans Hochuli die Lage treffend.[23] Neben Rumänien, aus dem die Schweiz in der Zeit von 1939 bis 1945 rund 228020 Tonnen Benzin oder 49 Prozent der Importe bezog, waren die USA mit 69230 Tonnen oder 15 Prozent der Kriegsimporte der zweitwichtigste Lieferant. Das wenig bekannte Land Guayana im Norden von Südamerika lieferte als drittwichtigste Quelle 68 760 Tonnen Benzin.

Der normale Konsum der Schweiz zu Friedenszeiten von rund 430000 Tonnen Erdölprodukten pro Jahr konnte im schwierigen Umfeld des Zweiten Weltkrieges nicht aufrechterhalten werden. 1940 gelang es noch, insgesamt 290000 Tonnen an Benzin, Diesel und Heizöl auf den Weltmärkten zu kaufen und in die Schweiz zu importieren. Danach wurde Erdöl in Europa immer knapper. 1941 konnte die Schweiz nur noch Erdölprodukte im Umfang von 99000 Tonnen einführen, weniger als ein Viertel des normalen Jahresbedarfs. Auch in den folgenden Jahren war es nicht möglich, den stetigen Rückgang der Importe zu verhindern, da man sich am Schluss einer langen und vielfach gefährdeten Lieferkette befand. Im Jahre 1942 sank das Volumen auf 87000 Tonnen, 1943 auf 59000 Tonnen, und 1944 auf den absoluten Tiefpunkt von 25000 Tonnen, was nur noch 6 Prozent des normalen Konsums der Schweiz in der Vorkriegszeit entsprach. Nach Kriegsende konnten die Importe wieder erhöht werden, so dass für das ganze Jahr 1945 eine Importmenge von 65000 Tonnen resultierte.[24]

Weil zu wenig Erdölprodukte vorhanden waren, reduzierte die planwirtschaftliche Schweizer Kriegswirtschaft den Konsum. »Rationierungsscheine« wurden gedruckt, ohne die keine Waren bezogen werden konnten. Sie wurden gemäß den Prinzipien der kriegswirtschaftlichen Dringlichkeit vergeben. Der Verkehr wurde schrittweise reduziert. Dies war vergleichsweise einfach, da damals in der Schweiz nicht 5 Millionen Fahrzeuge wie heute, sondern nur 130000 Motorfahrzeuge unterwegs waren, davon 80000 Personenwagen, 26000 Motorräder, 15000 Lastwagen und rund 10000 Traktoren.

»Man war sich zwar der unvermeidlichen Notwendigkeit einer massiven Einschränkung dieses zivilen Verkehrs bei einer längeren Dauer des Krieges in weiten Kreisen bewusst«, erinnerte sich Robert Grimm, der für die Rationierung zuständig war. »Die Erkenntnis aber, dass der Motorfahrzeugverkehr unter keinen Umständen unter ein gewisses Minimum sinken durfte, wenn lebenswichtige Landesinteressen nicht auf das Schwerste geschädigt werden sollten, war keineswegs Allgemeingut.«[25] Um festzulegen, welche Fahrten im Interesse der Landesverteidigung und der Volksgesundheit wichtig waren, wurden die Motorfahrzeuge in verschiedene Dringlichkeitskategorien eingeteilt. Danach wurde die Abgabe von flüssigen Kraft- und Brennstoffen an den Markt gedrosselt, um die Vorräte zu strecken. Während vor dem Krieg pro Monat rund 17 000 Tonnen Benzin für das ganze Land zur Verfügung gestanden hatten, waren es 1940 pro Monat nur noch 10 000 Tonnen, also 40 Prozent weniger, und 1941 nur noch 2600 Tonnen, was einer schmerzlichen Reduktion von 85 Prozent entsprach.[26]

Die Reduktion des Konsums wurde durch die Kriegswirtschaft stufenweise erzwungen. Ab Mai 1940 galt ein generelles Sonntagsfahrverbot. Danach, ab Dezember 1940, wurde der Bezug von Treibstoffen eingeschränkt und für Traktoren gänzlich verboten. Als sich die Versorgungslage weiter zuspitzte, wurde ab dem 22. April 1941 die massenweise Stilllegung von Motorfahrzeugen erzwungen. Nur wer über eine Spezialbewilligung verfügte, durfte danach noch fahren. Dies war ein dramatischer Einschnitt. Von total 80 000 Personenwagen durften 60 000 nicht mehr fahren, und von total 26 000 Motorrädern hatten nur gerade noch 3000 eine Fahrerlaubnis. Die Maßnahme, dies wusste auch Grimm, »war rigoros, fand aber ihre Zwangsbegründung in den sinkenden Importen«.[27] Die Mobilität war eingeschränkt, aber nicht gänzlich aufgehoben. Da die Eisenbahn von Kohle auf Elektrizität umgestellt worden war und daher weiterhin fuhr, war die Personenbeförderung auch über längere Strecken, die nicht zu Fuß oder mit dem Fahrrad zurückgelegt werden konnten, gewährleistet.

Die wenigen Autobesitzer, die Fahrzeuge fuhren, »die für die Aufrechterhaltung des Geschäftsbetriebes und der persönlichen Existenz unentbehrlich sind«, erhielten im Juli 1940 noch 75 Liter Benzin, für den August 40 Liter, im September und Oktober noch 35 Liter, im November noch 30 und in den folgenden Wintermonaten nur noch 10 Liter pro Monat. Im März und April 1941 stieg die monatliche Benzinration für diese privilegierten Fahrzeughalter wieder leicht an auf 20 Liter pro Monat, um danach im Mai 1941 auf ein neues Minimum von 10 Litern pro Monat abzusinken, wo sie bis Kriegsende verblieb.

Weil die fossilen Energieträger nur noch sehr beschränkt verfügbar waren, begann ein Teil der Schweizer Bevölkerung, vermehrt mit Strom zu heizen. Dies führte zu einem Mehrbedarf an Elektrizität, weshalb die Regierung im November 1942 jede

Art der elektrischen Raumheizung unter Verbot stellte. Um die Arbeitsplätze in Industrie und Gewerbe zu erhalten, musste der Konsum der Haushalte reduziert werden. Die elektrische Warmwassererzeugung in Boilern mit über 50 Litern Inhalt war von Montag bis Freitag verboten, Warmwasser dürfe »für andere als Küchenzwecke (z.B. für das Bad) nur am Samstag und Sonntag« dem Boiler entnommen werden.[28]

Der akute Mangel an Energieträgern machte erfinderisch, vor allem bei den Treibstoffen. Autotüftler testeten Holzgas, Holzkohle und Karbid. Die Sektion Kraft und Wärme musste mit Verboten eingreifen, um »Verkehrsgefahren zu vermindern, und zweitens, um eine Verschleuderung oder unzweckmäßige Verwendung von Konstruktionsmaterial zu verhindern.« Das Tüfteln und Umbauen wurde nicht generell verboten, aber ab Oktober 1940 waren die Herstellung und der Einbau von Ersatztreibstoffanlagen der Bewilligungspflicht unterstellt. Zudem mussten alle umgebauten Fahrzeuge den Dringlichkeitskategorien angehören. Im September 1945 fuhren rund 17000 Fahrzeuge ohne Erdöl, davon 7000 mit Holzgas, 5500 mit Holzkohle und 2000 mit Karbid.[29]

Um das Holz als Treibstoff zu nutzen, wurde es zuerst zu Schnitzel und Sägemehl zerkleinert, in Silos erhitzt und durch den Zusatz von Schwefelsäure verzuckert. Der Zucker wurde durch Zusatz von Hefe zu Alkohol vergoren, mit dem einige wenige Motorfahrzeuge betrieben werden konnten. In Ems im Kanton Graubünden wurde eine Fabrik aufgebaut, welche im Herbst 1942 fertig war und »Emser Wasser« mit Subventionen der Sektion Kraft und Wärme produzierte. Das Bauerndorf Ems und die Holzverzuckerungs AG, kurz HOVAG, stiegen zur Industriemetropole des Kantons Graubünden auf. Die Alkoholproduktion von Ems betrug 1000 Liter pro Stunde, zu einem Literpreis von 88 Rappen. Das Emser Wasser war teurer als die importierten Erdölprodukte und konnte auf dem Markt nur bestehen, weil der Import von Erdölprodukten in der Krise steckte und der Bund die Produktion von Biotreibstoff subventionierte.[30]

Auch die Chemische Industrie entwickelte in Zeiten der Not Verfahren, um die Erdölabhängigkeit der Schweiz zu reduzieren. Die Lonza in Basel stellte während des Zweiten Weltkriegs auf der Grundlage von Kohle ein Produkt her, mit dem das Benzin gestreckt werden konnte. Dieses Paraldehyd lieferte die Lonza gemäß fixen Verträgen mit der Sektion Kraft und Wärme von 1942 bis 1945 im Umfang von 36000 Tonnen an die Kriegswirtschaft, die Armee und die Flugwaffe.[31] 1945, im schwierigsten Jahr, wurden bis zu 50 Prozent einheimische Ersatztreibstoffe von der Lonza und der HOVAG den importierten Treibstoffen beigemischt. »Ohne diese Ersatzproduktion«, so das Fazit von Robert Grimm, »hätten die Treibstoffversorgung und der motorisierte Fahrzeugverkehr nicht im oben geschilderten Umfang aufrechterhalten werden können.«[32]

Nicht nur bei den Treibstoffen, auch bei den auf Erdöl basierenden Schmierstoffen und Isolierölen herrschte akuter Mangel. Auch hier machte die Not erfinderisch. Im Rahmen des Wahlen-Plans, einem Programm zur Förderung der Schweizer Lebensmittelproduktion, ordnete die Kriegswirtschaft den Anbau von Raps zur Herstellung von industriellem Rapsöl an. Es erwies sich in verdicktem Zustand als außerordentlich hochwertig und konnte unter Beimischung anderer Öle gut zu Schmierungszwecken verwendet werden.[33] Es bestanden auch Pläne, im Schweizer Boden erneut nach Erdöl zu suchen, doch da kaum Geld und Material für die Bohrungen zur Verfügung stand, wurden diese Absichten nicht umgesetzt, auch aus Angst, das Erdöl könnte die Gefahr einer Invasion erhöhen.

Im Bereich Wärme dominierte während des Zweiten Weltkriegs in der Schweiz nicht das Erdöl, sondern die Kohle, die ebenfalls knapp war. Einige Haushalte konnten überhaupt nicht mehr heizen. Insgesamt wurde den Haushalten im Rahmen der Kriegswirtschaft deutlich weniger Kohle zugewiesen als dem Gewerbe: »Besser eine kalte Wohnung und einen warmen Arbeitsplatz als umgekehrt, war unsere Parole«, so die Sektion für Kraft und Wärme. Um zu verhindern, dass kleine Kinder, alte Menschen oder andere schwächere Mitglieder der Gemeinschaft erfrieren, wurden öffentliche Wärmestuben errichtet. Solange die Beschränkungen als notwendig und gerecht empfunden wurden, hielt sich der Widerstand der Bevölkerung in Grenzen. »Der Verbraucher fügte sich oft nur deshalb den weitgehenden Einschränkungen, weil er das sichere Gefühl hatte, gerechte und gleichmäßige Zuteilungen zu erhalten, und er wachte mit Argusaugen darüber, dass der liebe Nachbar nicht etwa mehr bekam und sich nichts auf Schleichwegen ergattern konnte«, so die Beobachtung der verantwortlichen Schweizer Behörden.[34]

Die Kohle, die mehr als die Hälfte der Energieversorgung abdeckte und während des Krieges weit wichtiger war als Erdöl, brachte die Schweiz in eine delikate Importsituation, denn sie wurde – abgesehen von einer sehr kleinen Eigenproduktion in der Grube von Grone – fast vollständig aus Deutschland bezogen. Deutschland blieb auch während des Krieges der wichtigste Kohlelieferant der Schweiz. 1938 kamen von den knapp 4 Millionen Tonnen Kohle, welche die Schweiz importierte, fast die Hälfte aus Deutschland. In den Kriegsjahren brachen die Kohleimporte natürlich dramatisch ein, auf 0,2 Millionen Tonnen 1945. »In den Jahren 1941 bis 1944 war Deutschland nahezu unser ausschließlicher Kohlelieferant«, notiert der Bericht zur Kriegswirtschaft.[35]

Die Schweiz überstand den Zweiten Weltkrieg, sie wurde nicht in die Kampfhandlungen verstrickt und auch nicht besetzt. Die Schweizer Armee stand bereit, blieb aber neutral und nahm nicht an den fürchterlichen Schlachten teil. Die Not war damals groß, doch in anderen Ländern Europas war sie viel größer. Im Großen und Ganzen hatte die Schweizer Kriegswirtschaft gut funktioniert. »Gelegentliche Irrtümer oder Fehlgriffe brauchen dabei umso weniger beschönigt oder verschwiegen zu werden, als die Tatsache, dass unser Volk ohne Arbeitslosigkeit und Hunger während fast fünf Jahren eine Katastrophe überstand, die die ganze Welt in ihren Grundfesten erschütterte, der Kriegswirtschaft kein schlechtes Zeugnis ausstellt«, befand der Bundesrat nach dem Krieg.[36] Für Robert Grimm war die Kriegswirtschaft der zentrale Faktor für das Überleben der Schweiz, »vielleicht noch wichtiger als der Aktivdienst und die militärischen Handlungen selbst«.[37]

Pearl Harbor und der Eintritt der USA in den Zweiten Weltkrieg 1941

Deutschland und Japan, die als Angreifer ihre Armeen zu Lande, zu Wasser und in der Luft schnell über große Distanzen bewegten, verbrauchten im Zweiten Weltkrieg Unmengen an Erdöl. Japan geriet wie Deutschland sehr bald in eine selbstverschuldete Mangellage, da das Land über keine Eigenproduktion von Erdöl verfügte, sondern für seine Importe zu 80 Prozent auf die USA angewiesen war, das damals wichtigste Exportland. Die verbleibenden 20 Prozent importierte Japan aus der holländischen Kolonie Niederländisch-Ostindien, dem heutigen Indonesien. Aus dem eigenen Boden förderten die Japaner gar kein Erdöl.

Um seine gefährliche Erdölabhängigkeit zu reduzieren, befolgte Japan ein rigoroses Sparprogramm. Unter anderem wurde die Fischereiflotte auf Segelschiffe umgerüstet. Doch alles Sparen half nichts – die japanische Armee steuerte trotzdem auf eine Erdölknappheit zu, da die Kriegsmaschinerie derart viel Erdöl verbrauchte. Kriegsminister Hideki Tojo plante daher die Eroberung von Niederländisch-Ostindien, um direkten Zugriff auf die dortigen Erdölquellen zu erlangen. Dies jedoch wollten die USA verhindern.

1940 besprachen Präsident Franklin Delano Roosevelt und Innenminister Harold Ickes die Möglichkeit, den Japanern den Ölhahn zuzudrehen, was diese zwangsläufig in größte Schwierigkeiten bringen würde. Der Plan wurde umgesetzt. Ickes, der auch die strategisch wichtige Funktion des »Petroleum Coordinators« innehatte, begann im Mai 1941 die amerikanischen Ölexporte nach Japan schrittweise zu reduzieren, indem er jegliche Öllieferung von der Ostküste der USA aus an Japan untersagte, während von der Westküste und vom Golf aus noch geliefert werden durfte. »Es wird nie mehr ein so günstiger Zeitpunkt eintreten wie im Moment, um die Öllieferungen an Japan einzustellen«, glaubte Ickes.[38]

Im August 1941 drehten die Amerikaner den Japanern den Erdölhahn vollständig zu. Zwei japanische Erdöltanker lagen zu diesem Zeitpunkt leer im Hafen von Los Angeles und warteten auf Öl, das zwar vertraglich zugesagt war, aber nie geliefert wurde. Erst im November lichteten die beiden japanischen Tanker ihre Anker und fuhren mit starker symbolischer Wirkung ohne Ladung zurück nach Japan. Für Japan war das amerikanische Erdölembargo eine absolute Katastrophe. »Wenn es keine Ölversorgung gibt, sind Schlachtschiffe und andere Kriegsschiffe nichts weiter als Vogelscheuchen«, protestierte ein japanischer Admiral.[39]

Der japanische Premierminister Fürst Konoe ersuchte Präsident Roosevelt umgehend um ein Gipfeltreffen, um den Konflikt friedlich zu lösen. Doch der amerikanische Präsident lehnte ab. Konoe bot sogar an, den am 27. September 1940 mit Hitler und Mussolini geschlossenen Dreimächtepakt aufzukündigen, um erneut Erdöl von den Amerikanern zu erhalten. Doch Roosevelt blieb hart. Die japanische Armeespitze war verzweifelt. »Zur Zeit ist Öl der Schwachpunkt unserer nationalen Stärke und Kampfkraft«, erklärten die ranghöchsten Militärs dem japanischen Kaiser am 6. September 1941. »Immer mehr Zeit verstreicht, und unsere Fähigkeit, Krieg zu führen, schwindet dahin, das Kaiserreich wird militärisch machtlos werden.« Außenminister Teijiro Tojoda glaubte, Japan werde mit einer immer enger werdenden Kette eingekreist, »die unter Führung und Beteiligung Englands und der Vereinigten Staaten geschmiedet wurde. Diese beiden Länder verhalten sich wie ein listiger Drache, der zu schlafen vorgibt«.[40]

Japan war zu einer dramatischen Entscheidung gezwungen. Diese kam am 7. Dezember 1941 mit dem japanischen Angriff auf die amerikanische Pazifikflotte in Pearl Harbor auf Hawaii, bei dem die Japaner 2476 Amerikaner töteten und 18 amerikanische Schiffe versenkten. Die wertvollen amerikanischen Flugzeugträger waren zum Zeitpunkt des Angriffes nicht im Hafen, sondern auf offener See, und blieben daher verschont. Präsident Roosevelt erklärte nach dem japanischen Angriff den Eintritt der Erdölsupermacht USA in den Zweiten Weltkrieg an der Seite der Alliierten. Im Pazifik kam es daraufhin zu verlustreichen Schlachten zwischen den USA und Japan. Nach dem Tode Roosevelts ließ US-Präsident Harry Truman im August 1945 auf die japanischen Städte Hiroshima und Nagasaki Atombomben abwerfen; die Niederlage der Japaner war damit besiegelt, und auf der besetzten Insel Japan ließ Truman amerikanische Militärbasen erstellen, die bis heute bestehen.

Über Pearl Harbor ist in der historischen Forschung viel diskutiert worden. Eine erste Gruppe von Beobachtern geht davon aus, dass Roosevelt vom Angriff der Japaner völlig überrascht gewesen sei. »Im Grunde hatte niemand, weder in Washington noch in Hawaii, ernsthaft in Erwägung gezogen oder begriffen, dass Japan einen Überraschungsangriff gegen die amerikanische Flotte in ihrem Heimatstützpunkt unternehmen könnte oder würde«, glaubt der amerikanische Erdölexperte Daniel Yergin.[41]

Andere Beobachter, darunter die Amerikaner George Morgenstern und Robert Stinnett, sehen dies ganz anders und glauben, dass Roosevelt den Angriff mit dem Erdölembargo bewusst provozierte, um danach die USA als Opfer einer Aggression in den Krieg führen zu können.[42] Gemäß dieser Interpretation gab es in Washington eine Verschwörung führender Politiker, die entschieden, 2476 eigene Soldaten absichtlich sterben zu lassen, um das aufgebrachte amerikanische Volk danach in einen langen Krieg gegen Japan und Deutschland zu führen. Roosevelt »war gezwungen, zu um- und abwegigen, auch zu ›unsauberen‹ Mitteln zu greifen, um ein isolationistisch gesonnenes Amerika zur Beteiligung an einem Kampf für die Freiheit zu überreden«, so Stinnet, der von 1942 bis 1946 selbst in der US-Marine diente und die fundierteste und umfassendste Untersuchung über Pearl Harbor publiziert hat.[43]

Deutschland verliert den Kampf um die Erdölfelder von Baku

Im Laufe der Kriegsjahre ging sowohl Deutschland wie auch Japan das Erdöl aus. »Um zu kämpfen«, so betonte Hitler, »brauchen wir Erdöl für unsere Maschinen.«[44] Und wo dieses Erdöl lag, war für ihn klar: in Russland, in Baku am Kaspischen Meer. Nach der Besetzung von fast ganz Westeuropa griff die Wehrmacht daher im Juni 1941 mit 3 Millionen Soldaten Russland an und erreichte im Spätherbst den Stadtrand von Moskau. Doch der Versuch, das kommunistische Russland zu zerschlagen, scheiterte. Die Sowjetunion zahlte einen unglaublich hohen Blutzoll, mehr als irgendein anderes Land: 15 Millionen sowjetische Zivilisten und 8 Millionen sowjetische Soldaten wurden im Zweiten Weltkrieg getötet. Zum Vergleich: Deutschland beklagte 3 Millionen tote Soldaten und eine halbe Million tote Zivilisten, die USA 300 000 tote Soldaten, deutlich weniger als die Sowjetunion.[45]

Hitler wusste, dass er nicht auf das russische Erdöl verzichten konnte. Das Thema Erdöl faszinierte ihn. »Er las darüber, er redete darüber, er kannte die Geschichte der Ölfelder in aller Welt«, so Yergin.[46] Nach dem Scheitern des ersten Russlandfeldzuges startete Hitler 1942 eine zweite Großoffensive. Die Wehrmacht erreichte im August

Maikop, das westlichste der kaukasischen Ölzentren mit einer Erdölproduktion von etwa 10 Prozent der Förderung von Baku. Der Nachschub für die Deutschen war zu dieser Zeit schon so knapp, dass die Panzerdivisionen im Kaukasus oft mehrere Tage lang eine Zwangspause einlegen mussten, weil ihnen das Benzin fehlte, während Baku jenseits der Pässe in scheinbar greifbarer Nähe lag.

Der Kampf zwischen den Russen und den Deutschen spitzte sich vor allem in Stalingrad, im Nordwesten des Kaukasus, zu. Ende November 1942 bat Feldmarschall Erich von Manstein den Führer am Telefon, er möge doch die Truppen der Heeresgruppe A, die vor Baku standen, den von den Russen eingekesselten Deutschen in Stalingrad zu Hilfe schicken: »Mein Führer, bitte sagen Sie mir, was die Heeresgruppe A im Kaukasus überhaupt soll«, so Manstein. Worauf Hitler die Verstärkung für Stalingrad strikt ablehnte und nach Auskunft des Adjutanten Alexander Stahlberg antwortete: »Es geht um den Besitz von Baku, Herr Feldmarschall. Wenn wir das Öl bei Baku nicht kriegen, ist der Krieg verloren.«[47] Im Februar 1943 mussten die deutschen Soldaten in Stalingrad kapitulieren, auch Baku wurde nicht erobert. Es war, wie Hitler richtig vorausgesagt hatte, der Anfang vom Ende.

Die Niederlage in Stalingrad wog umso schwerer, als auch der deutsche Vormarsch in Nordafrika unter Generalfeldmarschall Erwin Rommel an der Grenze zwischen Libyen und Ägypten durch die Briten unter Generalleutnant Bernard Montgomery gestoppt worden war, so dass es für Rommel unmöglich wurde, wie geplant über Ägypten, Palästina, Irak und Iran nach Baku zu gelangen. Rommel hätte Erdöl erbeuten sollen, doch das Gegenteil trat ein: Rommels Panzer standen still, nachdem die Briten die deutschen Erdölschiffe im Mittelmeer versenkt hatten. »Mit der Benzinzufuhr«, so Rommel, »trafen die Briten einen Teil unseres Mechanismus, von dessen Funktionieren alles Weitere abhing.« Ohne Erdöl sei Deutschland geschlagen. »Der tapferste Mann nützt nichts ohne Kanone, die beste Kanone nützt nichts ohne viel Munition, und die Kanone und Munition nützen im Bewegungskrieg nicht viel, wenn sie nicht durch Fahrzeuge mit genügend Benzin bewegt werden können.« An seine Frau schrieb Rommel: »Benzinknappheit! Es ist zum Weinen.«[48]

Die Achsenmächte verloren den Zweiten Weltkrieg. Mussolini wurde am 28. April 1945 von italienischen Partisanen erschossen, Hitler beging zwei Tage später im Führerbunker in Berlin Selbstmord. Deutschland kapitulierte am 8. Mai 1945 bedingungslos und wurde wie Österreich von den alliierten Siegermächten USA, Großbritannien, Frankreich und der Sowjetunion besetzt.

Historische Publikationen zum Zweiten Weltkrieg füllen heute ganze Bibliotheken. In vielen Werken kommt das Erdöl indes gar nicht vor, in anderen nur am

Rande, meiner Meinung nach zu Unrecht. Denn Erdöl spielte nicht nur im Ersten, sondern auch im Zweiten Weltkrieg eine entscheidende Rolle. Herausragend ist vor allem die Rolle der USA, dem mit Abstand wichtigsten Erdölproduzenten im Zweiten Weltkrieg.

Zu Beginn des Krieges 1939 produzierten die USA 3,5 Millionen Fass Erdöl pro Tag, was 60 Prozent der Weltförderung entsprach. Bis 1945 konnten sie die Eigenproduktion auf 4,7 Millionen Fass pro Tag steigern, wodurch die Amerikaner 66 Prozent der Weltproduktion kontrollierten.[49] Wer an der Seite der USA kämpfte, hatte genügend Erdöl und gewann, wer gegen die USA kämpfte, hatte zu wenig und verlor – wie das Schicksal von Japan und Deutschland zeigt.

Dank Baku verfügten auch die Russen über beachtliche Erdölquellen. »Dies ist ein Krieg der Motoren und der Oktanzahl«, äußerte sich Stalin während des Krieges bei einem Essen gegenüber Churchill. »Ich erhebe mein Glas auf die amerikanische Autoindustrie und die amerikanische Ölindustrie.«[50] Auch dank ihres Erdölreichtums gelang es Russland und den USA, die Achsenmächte Japan, Deutschland und Italien zu besiegen, die alle im eigenen Boden gar kein oder nur wenig Erdöl fördern konnten.

5

Der Wiederaufbau von Europa

Nach dem Zweiten Weltkrieg lag Europa in Trümmern. Millionen Menschen waren obdachlos und litten unter Kälte und Hunger. Europa befand sich in der schwersten Form einer Energiekrise: Es gab zu wenig Kilokalorien für die Nahrungsaufnahme und auch zu wenig Brennstoffe, um Wärme zu erzeugen. Hunderte verstarben in Deutschland im kalten Winter 1947/48. Die Zerstörung erstreckte sich nicht nur auf die Infrastruktur, sondern auch auf Leib und Seele der Menschen. Für den Wiederaufbau brauchte es daher den Glauben an einen Neuanfang und den Willen zur Überwindung der Zerstörung. Darüber hinaus brauchte es Energie, um Nahrungsmittel, Wärme, Strom und Mobilität zu produzieren.

Im Vergleich zu Europa befanden sich die USA nach dem Krieg in einer privilegierten Situation. Ihr Land war nicht zerstört und verfügte über Energie im Überfluss. Die USA brauchten Europa als Absatzmarkt für ihre Überproduktion, da sie während des Krieges das schnellste Wirtschaftswachstum ihrer Geschichte erlebt hatten. Zudem wollten sie in ihrem Einflussbereich Westeuropa die kriegszerstörten Länder stärken, um den Einfluss des Kommunismus zurückzudrängen. Im Rahmen des European Recovery Programs (ERP), besser bekannt als »Marshallplan«, leisteten die USA von 1948 bis 1952 mit Milliardenkrediten, Rohstoffen, Lebensmitteln und Waren Wirtschaftshilfe. Die Kredite, von denen ein Teil zurückbezahlt werden musste, setzten die Europäer mehrheitlich für den Kauf amerikanischer Waren ein. Die kriegszerstörte Sowjetunion lehnte den ERP als Einmischung in die Souveränität der europäischen Staaten ab.[1]

US-Außenminister George Marshall bezog nicht nur das amerikanische, sondern auch das Erdöl aus dem Nahen Osten als wichtige Energiequelle explizit in den Wiederaufbau von Westeuropa ein. Die USA bauten eine lange Pipeline von Saudi-Arabien bis zum Mittelmeer, die Trans-Arabian Pipeline (TAPLINE). Der US-Senat fürchtete, die TAPLINE werde den Erdölmarkt durch ein Überangebot belasten, doch US-Verteidigungsminister James Forrestal beschwichtigte im Januar 1948 den US-Senat, dass die TAPLINE ihr Erdöl »vor allem nach Europa und den Fernen Osten« transportieren werde. »Indem wir das Erdöl des Nahen Ostens nach Europa leiten, wird die Last für uns kleiner«, so Forrestal.[2]

Die TAPLINE, die 1950 eröffnet wurde, war damals die größte und mit 1200 Kilometern längste Pipeline der Welt. Sie transportierte das schwarze Gold von Qaisuimah in Saudi-Arabien am Persischen Golf durch Jordanien und Syrien bis zum libanesischen Erdölhafen Sidon am Mittelmeer, wo es für die Reise nach Europa von Tankern aufgenommen wurde, die es in die Erdölraffinerien von Frankreich und Italien brachte. Die TAPLINE beförderte pro Tag 320 000 Fass Erdöl nach Europa. Indem die Förderung in Saudi-Arabien ausgebaut wurde, konnte die amerikanische Erdölproduktion entlastet werden.

Der Aufstieg von Saudi-Arabien und Saudi Aramco

Dass Saudi-Arabien über riesige Erdölvorkommen verfügt, war weder Hitler noch Mussolini bekannt gewesen. Das Land stieg erst in den letzten Kriegsjahren in die Liga der großen Erdölländer auf. Der amerikanische Präsident Franklin D. Roosevelt schickte 1943 den amerikanischen Erdölgeologen und Unternehmer Everette Lee DeGolyer in geheimer Mission in den Nahen Osten, um die dortigen Ölvorkommen einzuschätzen. DeGolyer bereiste Saudi-Arabien, Kuwait, Irak, Iran und Bahrain und war begeistert. »In der bisherigen Geschichte der Ölindustrie wurde noch keine derartig ausgedehnte Galaxis von Ölfeldern der allerersten Größenordnung erschlossen«, so DeGolyer. Kein anderes Gebiet der Welt könne es mit dieser Region aufnehmen, auch nicht die USA. »Ich möchte die Prophezeiung wagen,« so DeGolyer, »dass die Region, von der hier die Rede war, in den nächsten 20 Jahren zum wichtigsten Ölfördergebiet der Welt werden wird.«[3]

Die USA waren während über hundert Jahren – seit den ersten Bohrungen von Edwin Drake in Pennsylvania im Jahre 1859 bis nach dem Zweiten Weltkrieg – die führende Erdölmacht der Welt. Kein anderes Land förderte mehr Erdöl. Doch DeGolyer erkannte richtig, dass Saudi-Arabien und seine Nachbarländer über noch größere Erdölfelder als die USA verfügten. Und so verschob sich das Zentrum der globalen Erdölförderung in der Nachkriegszeit vom Gebiet der USA und des Golfs von Mexiko an den Persischen Golf nach Saudi-Arabien, Irak, Iran und Kuwait.

Der Nahe Osten, der von den Amerikanern und Briten als »Middle East« bezeichnet wird, ist bis heute das strategisch wichtigste Erdölfördergebiet der Welt. Er umfasst 15 Staaten, nämlich Ägypten, Israel, die Palästinensischen Autonomiegebiete, Libanon, Syrien, Jordanien, Irak, Iran, Kuwait, Saudi-Arabien, die Vereinigten Arabischen Emirate, Katar, Bahrain, Jemen und Oman.

Am Ende des Zweiten Weltkrieges war das wichtigste und bekannteste Erdölland im Nahen Osten der Iran, wo die Briten mit ihrer Anglo-Persian Oil Company, wie oben dargelegt, bereits seit 1908 Erdöl förderten. Auch die Erdölförderung im Irak, wo man 1927 das große Kirkuk-Erdölfeld gefunden hatte, wurde von den Europäern dominiert. »Mit den Feldern im Irak wurde ein gänzlich neues Territorium erschlossen«, schwärmte die BP-Firmengeschichte.[4] Als Kolonialmächte erachteten es die Europäer als ihr Recht, die Rohstoffe in fernen Ländern auszubeuten. Die Iraq Petroleum Company (IPC) befand sich unter der Kontrolle der europäischen Erdölfirmen Shell (24%), Anglo-Persian (24%) und Total (24%), während sich die amerikanischen Firmen Exxon (12%) und Mobil (12%) zusammen mit dem unabhängigen armenischen Erdölunternehmer Calouste Gulbenkian mit Minderheitspositionen begnügen mussten.

Die Amerikaner beneideten den großen Einfluss der Europäer im Nahen Osten und trachteten danach, besseren Zugang zu den Erdölquellen zu erhalten. Nur im britischen Protektorat Kuwait war es der amerikanischen Erdölfirma Gulf Oil gelungen, Fuß zu fassen und 1934 mit einer Beteiligung von 50 Prozent zusammen mit der britischen Anglo-Persian die Kuwait Oil Company (KOC) zu gründen, die im Februar 1938 mit Burgan eines der größten Erdölfelder der Welt entdeckte. In Bahrain hatte die amerikanische Erdölfirma Chevron Texaco 1932 bei Awali ein großes Erdölfeld entdeckt, und 1938 begann auch Bahrain mit der Erdölproduktion.

Die Briten waren seit dem Ersten Weltkrieg die führende Erdölmacht im Nahen Osten; die USA mussten also zwangsläufig Großbritannien verärgern, wenn sie ihren Zugriff auf den Nahen Osten ausbauen wollten. Saudi-Arabien spielte hier eine Schlüsselrolle. Das Land wurde nicht von den Briten kontrolliert, verfügte aber gemäß den Schätzungen von DeGolyer über ein riesiges Potenzial. 1935 hatte man die ersten Bohrungen durchgeführt, und 1938 war man in Dammam, zwei Jahre später in Abqaiq auf die ersten saudischen Erdölquellen gestoßen. Die saudische Produktion blieb aber vorerst sehr bescheiden – das Land, das heute zum größten Erdölproduzenten der Welt aufgestiegen ist, war damals noch praktisch unerschlossen. Ghawar, das größte Erdölfeld der Welt, wurde erst 1948 in Saudi-Arabien entdeckt.

Als DeGolyer im Frühjahr 1944 nach Washington zurückkehrte, betonte er, dass der »Middle East« unglaublich reich an Erdöl sei. Ein Mitarbeiter von DeGolyer formulierte es gegenüber Präsident Roosevelt so: »Das Öl in dieser Region ist der größte einzelne Preis in der Geschichte der Menschheit.«[5] Und DeGolyer prophezeite richtig, dass der Persische Golf schon bald die USA als größten Erdölproduzenten ablösen werde. »Der Schwerpunkt der Ölproduktion ist im Begriff, sich vom Gebiet des Golfs von Mexiko in den Nahen Osten zu verschieben – in das Gebiet des Persischen Golfs«, so DeGolyer zum Präsidenten, »und er wird sich voraussichtlich weiter verschieben, bis er in diesem Gebiet fest verankert ist.«[6]

Roosevelt erkannte, dass die Briten durch den Zweiten Weltkrieg geschwächt waren, daher war für die Amerikaner der Moment günstig, ihre Macht am Persischen Golf auszubauen. Damit leitete Roosevelt eine fundamentale Veränderung der amerikanischen Außenpolitik ein, der er selber nur Jahre zuvor noch sehr skeptisch gegenübergestanden war. »Saudi-Arabien liegt für uns ein bisschen sehr weit weg«, hatte er noch 1942 erklärt.[7] Es war Innenminister Harold Ickes, der betonte, die USA dürften die vermuteten großen Erdölfelder in Saudi-Arabien auf keinen Fall den Briten überlassen. Die Briten sollten nicht erfahren, dass hier sehr viel Erdöl zu finden sei, sonst würden sie versuchen, sich auf Kosten der Amerikaner »hineinzudrängen«, wie Ickes überzeugt war, hätten sie doch in ihrer Geschichte »nie eine Gelegenheit ausgelassen, sich irgendwo hinzusetzen, wo es Öl gab«.[8]

Nachdem Roosevelt entschieden hatte, die amerikanische Position am Persischen Golf auszubauen, rief er am 18. Februar 1944 den englischen Botschafter Lord Halifax ins Weiße Haus, um Großbritannien, den engsten Alliierten der USA in Europa, über den Entscheid zu informieren. Roosevelt machte den Briten klar, dass er nicht im Sinn habe, ihnen das Erdöl im Iran streitig zu machen. Im Irak und in Kuwait, wo britische Firmen dominierten, verlangte Roosevelt aber größere Anteile für die amerikanischen Erdölkonzerne. Im Gegenzug, erklärte Roosevelt, sollten die Engländer sich nicht in Saudi-Arabien einmischen. »Das persische Öl«, so Roosevelt zu Halifax, »gehört Ihnen. Das Öl im Irak und in Kuwait teilen wir uns. Und was das saudische Öl betrifft, das gehört uns.«[9]

Halifax war besorgt und unterrichtete sofort Premierminister Winston Churchill von den Plänen der Amerikaner. Der Nahe Osten, der lange durch die Europäer kontrolliert worden war, drohe stückweise an die USA zu fallen, meldete er. Churchill war gar nicht erfreut. Schon am 20. Februar 1944 schrieb er an Roosevelt, er habe die Telegramme von Halifax zum Nahen Osten »mit wachsendem Unbehagen« gelesen. »Es gibt hier mancherorts Bedenken, dass die Vereinigten Staaten den Wunsch haben, uns um unsere Ölbestände im Nahen Osten zu bringen, von denen unter anderem die Versorgung unserer Flotte abhängt«, kritisierte Churchill. Einige in London hätten gar das Gefühl, »dass man uns übers Ohr haut«.[10]

Roosevelt und Churchill trafen sich zusammen mit Josef Stalin im Februar 1945 in Jalta auf der sowjetischen Insel Krim, um ihre Einflusssphären für die Zeit nach dem erwarteten Ende des Zweiten Weltkrieges abzustecken. Die USA wussten um die Schwäche des britischen Empires und dachten nicht daran, in der Erdölfrage klein beizugeben. Sofort nach der Konferenz flog Roosevelt mit seinen Beratern in die Suezkanalzone. Dort empfing der Präsident an Bord des amerikanischen Kriegsschiffes Quincy in ägyptischem Gewässer am 14. Februar 1945 den saudischen König Abdul Aziz Ibn Saud. Gegenüber den Briten hielten die Amerikaner ihr Treffen mit den Saudis geheim.

Saudi-Arabien war zu diesem Zeitpunkt ein armes Land ohne jede industrielle Entwicklung, geprägt durch die traditionelle Landwirtschaft der Nomaden mit ihren Schafen, Ziegen und Kamelen. Das Treffen des amerikanischen Präsidenten mit dem saudischen König auf der Quincy gehört heute zu den Meilensteinen der Erdölgeschichte, denn es markierte den Aufstieg Saudi-Arabiens vom armen Agrarland zur Erdölsupermacht.

Infolge von Kriegsverletzungen an den Beinen hatte der König Ibn Saud, der Mitte sechzig war, Mühe beim Gehen und saß auf der Quincy in einem Rollstuhl. Auch Roosevelt war durch seine Kinderlähmung selber an den Rollstuhl gefesselt. Zum Zeichen seiner Verbundenheit schenkte Roosevelt dem saudischen Monarchen einen neuen Rollstuhl. Es war eine bemerkenswerte Konstellation der Weltgeschichte, wie der amerikanische Journalist Jim Bishop später bemerkte. Die größten Erdölreserven der Welt wurden in einem eigenartigen Gipfeltreffen von »zwei kranken Männern, die sich in ihren Rollstühlen gegenüber saßen«, vergeben.[11]

Die USA wollten von Saudi-Arabien eine Erdölkonzession. Doch das junge und arme Saudi-Arabien war instabil. Die Amerikaner sorgten sich, dass Saudi-Arabien auseinanderbrechen könnte, wodurch auch jede Erdölkonzession wertlos würde. Die USA präsentierten sich daher als Schutzmacht. An Bord der Quincy zeigten die Amerikaner Ibn Saud verschiedene Filme, die für Nachrichtensendungen gedreht worden waren und »in denen die militärischen Operationen der Amerikaner verherrlicht wurden«, so der Amerikaner Robert Baer, der von 1976 bis 1997 für die CIA im Nahen Osten gearbeitet hatte. »Die Botschaft war klar«, so Baer: »Wenn ihr Schutz vor euren Feinden braucht – wen könntet ihr dann besser zum Verbündeten haben als die führende Militärmacht der Welt?« Ibn Saud war überzeugt. Er vergab seine Erdölkonzession an die amerikanischen Erdölfirmen, die in Saudi-Arabien unter dem Namen »Arabian American Oil Company«, kurz »Aramco«, arbeiteten. Im Gegenzug garantieren die USA bis heute für die Sicherheit des Königshauses.[12]

Winston Churchill war sehr verärgert, als er erfuhr, dass der amerikanische Präsident Roosevelt mit dem Monarchen von Saudi-Arabien zusammengetroffen war. Drei Tage später eilte daher auch er in den Nahen Osten, um sich mit Ibn Saud in einer Oase zu treffen. Aber die Dinge waren schon entschieden. Die USA hatten sich den Einfluss auf Saudi-Arabien gesichert. König Ibn Saud bestand sogar darauf, dass die Firmen, die in Saudi-Arabien nach Erdöl suchten und dieses förderten, zu 100 Prozent in amerikanischer Hand bleiben mussten. Der saudische König, so die Einschätzung von Daniel Yergin, wollte die Präsenz der USA »als Gegengewicht zu dem, was ihm seine ganze Regierungszeit hindurch als chronische Bedrohung erschienen war – dem britischen Einfluss in der Region«.[13]

Der stetig ansteigende Fluss des schwarzen Goldes weckte bald auch die Begehrlichkeiten der Regierung von Saudi-Arabien, so dass sie von den amerikanischen Ölkonzernen eine höhere Gewinnbeteiligung forderte. Diese fürchteten sich vor solchen Verhandlungen, seit Präsident Lazaro Cardenas 1938 in Mexiko die Erdölindustrie verstaatlicht und die Petroleos Mexicanos (PEMEX) geschaffen hatte, wodurch die Royal Dutch Shell und die Standard Oil of New Jersey ihre Felder in Mexiko verloren hatten. In Saudi-Arabien wollte König Ibn Saud nicht so weit gehen. Doch sein Finanzminister Abdullah Suleiman drohte, die gesamte Ölförderung zu schließen, wenn Aramco den Saudis nicht einen gerechten Anteil am Gewinn zugestehe.

Die saudischen Zahlen für das Jahr 1949 sprachen eine deutliche Sprache: Aramco bezahlte der Regierung in Riad für die Konzessionen die damals stattliche Summe von 39 Millionen Dollar. Doch die Gewinne von Aramco waren fast dreimal so hoch, nämlich 120 Millionen Dollar. Saudi-Arabien ärgerte sich auch darüber, dass die Steuern, die Aramco der Regierung in Washington überwies, sich auf 43 Millionen Dollar beliefen, wodurch unter dem Strich im Jahre 1949 nicht nur die amerikanischen Erdölkonzerne am meisten verdienten, sondern zudem die amerikanische Regierung noch 4 Millionen mehr bekam als die Regierung von Saudi-Arabien. Das fanden die Saudis ungerecht, denn es war schließlich ihr Öl. Schließlich einigte man sich auf eine neue Einnahmenteilung von 50:50 zwischen den amerikanischen Erdölkonzernen und der saudischen Regierung.[14]

Erst viele Jahre später sicherten sich die Saudis die vollständige Kontrolle über ihr Erdöl und kauften die Aktien der Aramco von den amerikanischen Erdölfirmen zurück. 1973 erwarben sie 25 Prozent der Aramco-Aktien, vergrößerten diesen Anteil ein Jahr später auf 60 Prozent und übernahmen 1980 die 100-prozentige Kontrolle über den Konzern. Um zu unterstreichen, dass die Erdölförderung ganz in saudischen Händen lag, änderte das Königshaus Saud 1988 den Namen der Firma von »Aramco«

in »Saudi Aramco«. Gemessen an den Reserven und der Tagesproduktion ist Saudi Aramco heute der größte Erdölkonzern der Welt. Im Jahre 2010 betrugen die Einnahmen von Saudi Aramco aus dem Verkauf von Erdöl und Erdgas sagenhafte 235 Milliarden Dollar. Damit war Saudi Aramco zur profitabelsten Firma der Welt aufgestiegen.[15]

Der Sturz der iranischen Regierung durch die USA 1953

Es waren die Briten, welche 1908 in Persien, dem heutigen Iran, die erste erfolgreiche Erdölbohrung im Nahen Osten realisierten und damit begannen, die riesigen Vorräte an Erdöl und Erdgas der Region zu erschließen. Nach dem ersten Erdölfund kontrollierte die Anglo-Persian Oil Company (APOC) – die ab 1935 Anglo-Iranian Oil Company (AIOC) und nach 1954 BP hieß – die Erdölförderung des Landes. Die AIOC, die mehrheitlich dem britischen Staat gehörte, stellte in Broschüren ihren Einfluss auf den Iran sehr positiv dar. Die Abgaben der AIOC an den Iran seien »sehr groß«, im Jahre 1950 habe der iranische Staat Royalties (Förderabgaben und Steuern) im Umfang von 16 Millionen Pfund erhalten. Zudem habe man zum Fortschritt im Iran beigetragen. Bevor die Briten kamen, so die AIOC, lebten viele Iraner »in Lehmhütten, welche oft sowohl für Tiere wie auch für Menschen als Unterkunft dienten«. Auf der Halbinsel Abadan am Persischen Golf, wo die Anglo-Iranian Oil Company eine große Raffinerie erstellte, seien die Lebensbedingungen »primitiv und armselig« gewesen, »es gab keine Straßen, keine systematische Wasserversorgung, keine Kanalisation«. Erst die AIOC habe in Abadan Straßen und Häuser gebaut, elektrisches Licht eingeführt. Sie bekämpfte zudem Krankheiten und förderte die Ausbildung der Bewohner. »Auf diese und viele andere Arten hat die AIOC im Iran zum Wohlstand in der Region beigetragen.«[15]

Die Iraner sahen die Zusammenarbeit mit den Europäern indes nicht als reine Fortschrittsgeschichte. Denn die Profite der Erdölförderung flossen mehrheitlich nicht nach Teheran, sondern nach London. »Die AIOC bezahlte viel mehr Geld in Form von Einkommenssteuern an die britische Regierung als in Royalties an die iranische Regierung«, berechnete die amerikanische Historikerin Nikki Keddie. Großbritannien sicherte sich den größten Teil der Erdölprofite, nämlich 85 Prozent, während für den Iran nur wenig übrig blieb, nämlich 15 Prozent.[17]

Der iranische Schah Mohammed Reza Pahlavi, der als junger Mann im Schweizer Internat Le Rosey erzogen worden war, kooperierte eng mit Großbritannien, das im Gegenzug seine Regierung stützte. Der Schah wurde von Teilen der Bevölkerung daher als Vertreter der britischen und nicht der iranischen Interessen kritisiert. Der Anführer der Kritiker im iranischen Parlament war Mohammed Mossadegh, ein prominenter Vertreter der Antikolonialismusbewegung. Seine Partei bekämpfte die ungerechte Verteilung der Erdölprofite. Das Ziel von Mossadegh war klar: Nicht die Briten, sondern die Iraner sollten in erster Linie vom Erdölschatz profitieren, denn schließlich gehörte das iranische Erdöl den Iranern.

Nachdem Verhandlungen mit der AIOC über höhere Abgaben gescheitert waren, verabschiedete das iranische Parlament am 15. März 1951 ein Gesetz, welches das iranische Erdöl nationalisierte und damit der Kontrolle der AIOC entzog. Die Briten verloren ihre Erdölkonzession im Iran, was für London ein großer Schock war. Um zu unterstreichen, wie ernst es der Iran meinte, wählte das Parlament am 28. April 1951 Mossadegh zum neuen Premierminister. »Nachdem Dr. Mossadegh an die Macht gelangt war«, so die BP-Firmengeschichte, habe die AIOC »keine andere Alternativen mehr gehabt als die Tätigkeit im Iran einzustellen und das eigene Personal zu evakuieren.«[18]

Mossadegh war der Held des Befreiungskampfes in der Dritten Welt, ein Mann, der es mit den mächtigen Erdölkonzernen aufnahm. Doch die AIOC und der britische Premier Winston Churchill wollten die Niederlage nicht hinnehmen und organisierten zusammen mit Allen Dulles, dem Chef des amerikanischen Geheimdienstes CIA, einen Regierungssturz. Dulles bewilligte 1 Million Dollar, die »für alle Aktionen eingesetzt werden sollen, die den Fall von Mossadegh herbeiführen«.[19] Im August 1953 wurde Premierminister Mossadegh im Rahmen der »Operation Ajax« vom britischen Auslandsgeheimdienst MI6 und der CIA gemeinsam gestürzt. In der CIA war Kermit Roosevelt für die Ausarbeitung der Pläne zuständig, und da er – bevor er in die Erdölindustrie zu Golf Oil wechselte – ein Buch über den Staatsstreich schrieb, ist die historische Forschung heute sehr gut über diese damals streng geheime Operation unterrichtet.[20]

Das Land wurde durch Terror und Unruhen destabilisiert. Die neuste Forschung zum iranischen Staatsstreich zeigt, dass die CIA nicht davor zurückschreckte, Terroranschläge gegen Muslime zu inszenieren, um sie Premierminister Mossadegh und den iranischen Kommunisten anzulasten und diese so zu diskreditieren.[21] Die Stimmung war angespannt. Von der CIA bezahlte Schläger versammelten sich am 19. August vor Mossadeghs Haus, der über das Dach fliehen konnte, sich jedoch tags darauf ergab. Er wurde verhaftet, kam ins Gefängnis und wurde für den Rest seines Lebens unter Hausarrest gestellt. Schah Reza Pahlavi, der während den Unruhen nach Rom geflüchtet war, kehrte zurück und übernahm die Macht in Teheran. Im CIA-Hauptquartier in

Langley freute man sich über den illegalen Staatsstreich. »Es war ein Tag, der nie hätte enden sollen«, befand die CIA. »Denn er war so mit Aufregung, Erfüllung und Jubel verbunden, dass es zweifelhaft ist, ob dies je wieder möglich sein wird.«[22]

Sofort nach dem Sturz von Premierminister Mossadegh wurde die Verstaatlichung des iranischen Erdöls rückgängig gemacht. Die Amerikaner forderten für ihre Hilfe beim Staatsstreich einen Teil des iranischen Erdöls, das die Briten zuvor zu 100 Prozent dominiert hatten. 1954 entstand daher ein neues Erdölkonsortium, an dem zum Ärger der Briten neu auch amerikanische Firmen wie Esso und Gulf Oil zu insgesamt 40 Prozent beteiligt waren. Der Anteil der Briten wurde auf 40 Prozent reduziert, der Rest ging an andere Erdölkonzerne. Die Briten erhielten vom Schah eine großzügige Kompensation für ihren früheren Besitz. Sie änderten den Namen ihres Erdölkonzerns von AIOC zu «British Petroleum» (BP). Der Erdölkonzern BP ist hinter Shell die zweitgrößte Erdölfirma Europas und realisierte 2011 einen Jahresgewinn von 23 Milliarden Dollar. Gemessen am Jahresumsatz gehört BP zu den größten Unternehmen der Welt.

Der gestürzte Premier Mossadegh äußerte in seinen Memoiren verständlicherweise scharfe Kritik an der Politik der Briten und Amerikaner. »Es ist offensichtlich, dass die amerikanische Regierung kein Interesse daran hatte, die Freiheit und Unabhängigkeit des Iran zu verteidigen, sondern unter dem Vorwand der Kommunismusbekämpfung von unserem Erdöl profitieren wollte«, so Mossadegh. »Genau das haben sie [die USA] gemacht, indem sie die Freiheit eines Landes gegen eine Beteiligung von 40 Prozent an einem Erdölkonsortium eintauschten.« Dies sei »eine unakzeptable Haltung«.[23] Das Weiße Haus sah dies anders und freute sich über den Staatsstreich, da es den Amerikanern durch den Sturz von Mossadegh gelungen war, »zur dominanten Macht im Iran« aufzusteigen, wie die Historikerin Nikki Keddie richtig bilanziert.[24]

Die Macht der USA im Iran endete erst, als der Schah durch den Fundamentalisten Ayatolla Khomeini 1979 gestürzt wurde. Noch länger dauerte es, bis die USA ihr verbrecherisches Vorgehen im Iran öffentlich reflektierten. »Die Regierung Eisenhower glaubte, ihre Handlungen seien aus strategischen Gründen berechtigt gewesen«, versuchte US-Außenministerin Madeleine Albright im Jahre 2000 den illegalen Staatsstreich zu erklären. »Aber der Putsch war klar ein Rückschlag für Irans politische Entwicklung. Und es ist einfach zu sehen, weshalb uns weiterhin viele Iraner diese Einmischung Amerikas in ihre inneren Angelegenheiten übel nehmen.«[25] Schweizer Zeitungskommentatoren wählten kritischere Worte. Der Coup sei »ein kolossaler Fehler« gewesen, gar »Amerikas Ursünde« im Nahen Osten, weil er »mithalf, die unselige Herrschaft der Gottesmänner zu gebären«.[26]

Es liegt eine Tragik in der Tatsache, dass die USA und Großbritannien verschiedene offene und geheime militärische Interventionen im Nahen Osten bis heute mit dem Argument der »Demokratieförderung« begründen, dass aber gleichzeitig 1953 die demokratisch gewählte iranische Regierung durch die Amerikaner und Briten gestürzt wurde, um das Erdöl zu kontrollieren. Für die Iraner war das Unrecht offensichtlich: »Die Eliten der Ölstaaten ließen sich die Knebelverträge zur uneingeschränkten Ölausbeutung durch Ölkonzerne abtrotzen, weil sie sich ausschließlich von ihren eigenen Partialinteressen leiten ließen – und weder zum Wohl ihrer Völker noch zu dem künftiger Generationen handelten«, kritisiert der Iraner Mohssen Massarrat, der 1942 in Teheran geboren wurde und später als Professor für Politikwissenschaft an der Universität Osnabrück in Deutschland lehrte. »Demokratisch legitimierte Eliten hätten derartigen Verträgen aller Wahrscheinlichkeit nach nicht zustimmen können«, ist Massarrat überzeugt. »Tatsächlich wurde 1951 die Nationalisierung der Ölindustrie zum Hauptziel der ersten – und bis dato einzigen – demokratisch gewählten Regierung im Iran und im gesamten Nahen Osten«; da diese demokratische Regierung gestürzt wurde, sei klar, dass es den USA und Großbritannien nicht um Demokratie, sondern ums Erdöl gehe.[27]

Die vorsichtige Vergabe der Erdölkonzessionen in der Schweiz

Kleine Länder wie die Schweiz, die über keine Erdölförderung verfügten, aber hofften, im eigenen Boden Erdöl zu finden, beobachteten den Regierungssturz im Iran mit großem Misstrauen. Im Parlament erklärte der Zürcher sozialdemokratische Ständerat Emil Klöti, dass das globale Ringen der Großmächte um die Erdölquellen für die betroffenen Erdölländer »nicht immer von Vorteil ist«. Man müsse sich in Acht nehmen und die Erdölsuche in Schweizer Händen konzentrieren, »wissen wir doch alle, wie sehr zurzeit die Mächtegruppen danach streben, möglichst große Teile der Erdölproduktion der Welt in ihren Einflussbereich zu ziehen«.[28]

Auch der freisinnige Berner Nationalrat Paul Kunz betonte im März 1953, dass die Schweiz den internationalen Machtkampf um Erdöl genau beobachten müsse. Persien kämpfe zurzeit »um nichts weniger als um seine staatliche Existenz«, so Kunz, und dieser Machtkampf »vor unseren Augen« erlaube einen »Anschauungsunterricht« über die weltpolitische Bedeutung des Erdöls, »wie er eindrücklicher nicht sein könnte«. Man müsse wachsam sein. »Sollte die Schweiz ein Ölproduzentenland werden, so heißt das nichts anderes, als dass sie von den europäischen und außereuropäischen Großmächten in ganz anderer Perspektive betrachtet wird«, wusste Kunz.

»Dann ergeben sich plötzlich Gefahren für unsere Unabhängigkeit und Neutralität, die wir bis heute in dieser Art nicht kannten.«[29]

Bevor ein Unternehmen in der Hoffnung auf den großen Erdölfund teure Bohrungen durchführt, muss es von den zuständigen Stellen eine Erdölkonzession erwerben. Diese erlaubt dem Unternehmen für einen festgesetzten Preis, auf einer genau bestimmten Fläche während einer genau beschriebenen Zeit nach Erdöl zu suchen. Verläuft die Suche ohne Erfolg, ist das für die Erdölkonzession ausgegebene Geld verloren. Für den Fall der Fündigkeit regelt die Erdölkonzession, in welcher Form das Erdöl ausgebeutet und verkauft werden darf und wie die Gewinne verteilt werden.

Wer die Erdölkonzession erteilt, ist von Land zu Land verschieden. Als der Engländer William Knox D'Arcy zu Beginn des 20. Jahrhunderts in Persien Erdöl suchte, wandte er sich an den dortigen König. In der föderalen Schweiz war die Ausgangslage natürlich eine andere. Ein an der Erdölsuche interessiertes Unternehmen konnte nicht an den Bundesrat herantreten und sich um eine Erdölkonzession für die ganze Schweiz bewerben. Denn gemäß dem sogenannten Bergregal waren und sind es die Kantonsregierungen, die in der Schweiz die Bodenschätze kontrollieren. Diese gehören weder dem Bund noch den Grundstückeigentümern, sondern den Kantonen. An der Erdölsuche interessierte Unternehmen mussten daher nicht mit dem Bauern vor Ort, sondern mit den einzelnen Kantonsregierungen im Kantonshauptort verhandeln (bei der heute aktuellen Vergabe der Lizenzen für die tiefe erneuerbare Geothermie ist die Situation dieselbe: Auch die Geothermiekonzessionen werden von den Kantonsregierungen vergeben).

Der Schweizer Alpenraum war für die international tätigen Erdölkonzerne nicht interessant. Shell wie auch Esso und BP interessierten sich nur für Erdölkonzessionen für das Schweizer Mittelland, also das von den Alpen im Süden und vom Jura im Norden begrenzte Molassegebiet, das sich von Genf bis zum Bodensee quer von Westen nach Osten durch die ganze Schweiz erstreckt. Die Interessenten hofften, eine Konzession für das ganze Molassegebiet, oder aber zumindest große Teile davon, zu erwerben, da hier die theoretischen Voraussetzungen für die Entstehung von Erdöl und Erdgas aus pflanzlichen und tierischen Überresten am ehesten gegeben waren. Doch das Schweizer Molassegebiet wird durch 17 verschiedene Kantone abgedeckt. Ein Bewerber, der eine Konzession für die ganze Molasse erwerben wollte, musste daher mit allen 17 Kantonsregierungen verhandeln und auch deren Parlamente überzeugen. Dies gelang niemandem. Der Föderalismus verunmöglichte eine großflächige Erdölsuche in der Schweiz.

Shell, der größte Energiekonzern Europas, reichte am 2. Mai 1951 ein Konzessionsgesuch gleichzeitig bei allen an das schweizerische Molassebecken angrenzenden Kantonen ein. Shell hoffte, eine Konzession für das ganze Molassebecken zu erhalten. Die Signalwirkung der Bewerbung von Shell war enorm. Denn es war das erste Mal in der Geschichte der Schweiz, dass sich ein international erfolgreicher Erdölkonzern für das möglicherweise vorhandene Erdöl der Schweiz interessierte. Die Shell löste ein »eigentliches ›Ölfieber‹« aus, erinnerte sich Prof. Werner Niederer, Verwaltungsratspräsident der Schweizerischen Erdöl AG, da »in Wirtschaftskreisen« sofort bekannt wurde, »dass eine der mächtigsten ausländischen Firmen sich in Bern um die Erlaubnis zur Erdölsuche in der Schweiz bewarb«.[30]

Auch für andere große ausländische Erdölgesellschaften, so der Schweizer Industrielle Max Schmidheiny, sei die Bewerbung der Shell »das Signal zum Aufbruch nach der Schweiz« gewesen.[31] Bald folgten weitere Konzessionsgesuche von englischen, amerikanischen und deutschen Erdölgesellschaften. »In den Jahren 1950–1952 wurden die kantonalen Regierungen geradezu überschwemmt von Konzessionsgesuchen ausländischer Gesellschaften, die gegen eine zehn bis fünfzehn prozentige Abgabe, sogenannte Royalties bei Fündigkeit, nach Erdgas und Erdöl forschen wollten«, erinnerte sich der Erdölexperte Simon Frick. Die Kantone fühlten sich umworben und träumten vom großen Geld.[32]

Natürlich wussten die internationalen Erdölkonzerne, dass die Schweiz, wenn überhaupt, nur über ganz wenig Erdöl verfügt. Aber das Investitionsrisiko für die Erdölkonzerne wurde dadurch reduziert, dass die Schweiz für ihre absolute Vertragstreue bekannt war, zu den politisch stabilsten Regionen der Welt gehörte und Revolutionen, Kriege und Verstaatlichungen fast gänzlich ausgeschlossen werden konnten. Erfahrene Schweizer Erdölexperten wie Dr. F. Rutsch glaubten daher, dass große Firmen wie Shell oder Esso nur Erdölkonzessionen erwerben wollten, um ihre Erdölleute in die Schweiz zu schicken, wenn sie anderswo keine wichtigere Arbeit hätten. Für Shell, Esso oder BP seien die »einzusetzenden Millionenbeträge praktisch bereits abgeschrieben und dürfen daher größte Risiken laufen«, so Rutsch. »Unter Umständen kann es sich auch noch darum handeln, einen vorhandenen Stab von Geologen, Geophysikern, Ingenieuren und Technikern mit dem ganzen Park kostspieliger Instrumente und Maschinen lieber unter ungünstigen Voraussetzungen zu beschäftigen, als einfach brachliegen zu lassen.«[33]

Zwischen international tätigen Erdölexperten und verschiedenen Schweizer Kantonen entwickelte sich ein reger Austausch über Erdölfragen. »Wenn die Schweiz in den Vereinigten Staaten läge und der amerikanischen Gesetzgebung über Ölausbeutung unterstellt wäre, würde sie vielleicht heute schon zu den größten Ölgebieten der Welt gehören«, behauptete der amerikanische Erdölgeologe Everette Lee DeGolyer 1952 in einem Brief an den Zürcher Regierungsrat.[34] Solche Aussagen waren natürlich stark übertrieben, weckten aber das Interesse der Schweizer am eigenen Erdöl. DeGolyer, der während des Zweiten Weltkriegs das Potenzial von Saudi-Arabien untersucht hatte, erklärte, dass man für Tiefenbohrungen in der Schweiz rund 12 Millionen Franken aufwenden müsste, »was natürlich für amerikanische Verhältnisse so viel wie ein Pappenstiel ist«.[35]

Gemäß den Daten von Shell Switzerland wurden in den 1950er-Jahren weltweit jährlich etwa 60 000 Bohrungen abgeteuft. Bei ihrer Suche scheuten die Erdölfirmen keinen Aufwand. Die Bohrtürme »stehen heute selbst in den Gletschern Alaskas, in den Wüsten Vorderasiens und Afrikas, im tropischen Dschungel oder im Meer«, so Shell.[36] Die 1950er- und 1960er-Jahre waren die goldene Zeit der Erdölsuche, in der weltweit pro Jahr am meisten Erdöl gefunden wurde. Riesige Felder wurden entdeckt. Erst nach 1964 begannen die pro Jahr entdeckten Mengen an Erdöl zurückzugehen. Dieser Trend hält bis heute an. 2011 wurde trotz besserer Technik rund fünfmal weniger Erdöl entdeckt als in den 1950er-Jahren. Die entdeckte Menge war auch deutlich kleiner als der Weltverbrauch im selben Jahr, während in der Nachkriegszeit die Entdeckungen den Verbrauch weit überstiegen (vgl. Infografik »Entdeckungen von konventionellem Erdöl« auf Seite 367).

Nach Eingang des Konzessionsgesuchs von Shell nahmen die Kantonsregierungen im Molasseraum mit verschiedenen Erdölkonzernen das Gespräch auf. Der Kanton Fribourg verhandelte mit der Firma d'Arcy, was in anderen Kantonen auf scharfe Kritik stieß. Denn d'Arcy wurde von BP kontrolliert, und die BP-Aktien wiederum lagen zu 65 Prozent in der Hand der britischen Marine und damit des Staates Großbritannien. Der Bundesrat wollte auf keinen Fall, dass ein fremder Staat das möglicherweise zu findende Schweizer Erdöl kontrollieren konnte. Daher erklärte er gegenüber den Kantonen, dass er in einem solchen Fall aufgrund von Artikel 102 Ziffer 9 der Bundesverfassung einschreiten werde, und zwar ungeachtet des kantonalen Bergregals. Gemäß diesem Artikel wacht der Bundesrat über »die äußere Sicherheit, für die Behauptung der Unabhängigkeit und Neutralität der Schweiz«.

Um seine Entschlossenheit zu unterstreichen, lud der Bundesrat am 6. November 1952 die Regierungspräsidenten aller damals 25 Kantone und Halbkantone zu einer Erdölkonferenz nach Bern. Bundespräsident Karl Kobelt erklärte den Spitzen der kantonalen Regierungen, dass die Vergabe von Konzessionen an ausländische Gesellschaften die Unabhängigkeit und die Sicherheit der Schweiz beeinträchtigen könne.

Daher sei die Erteilung einer solchen Konzession »ein für allemal auszuschließen«, wie der Bundesrat auch am 28. November 1952 in seinem Kreisschreiben an die Kantone festhielt.[37]

Doch der Kanton Fribourg hielt sich nicht an die Vorgaben der Landesregierung und verhandelte weiter mit der d'Arcy. 1954 wollte Freiburg der d'Arcy eine Konzession erteilen, worauf der Bundesrat einschritt. »Der Bundesrat sah sich veranlasst, dem Kanton zu erklären, dass diese Gesellschaft in Bezug auf die Verteilung der Mittel unter dem Einfluss des englischen Staates stehe«, so Bundesrat Thomas Holenstein vom Volkswirtschaftsdepartement, was »unerwünscht« sei. Fribourg beugte sich dem Druck aus Bern und erteilte die Konzession vorerst nicht.[38]

Im Sommer 1958 gründete Fribourg dann aber eine Schweizer Aktiengesellschaft, die Société d'Intérêts Miniers S.A. (SIM), und übergab dieser die Erdölkonzession für das ganze Kantonsgebiet. Die SIM war tatsächlich eine ausschließlich schweizerische Gesellschaft. Doch »gleichzeitig wurde ein Werkvertrag zwischen dieser Gesellschaft [SIM] und der erwähnten d'Arcy« geschlossen, kritisierte Bundesrat Holenstein, »durch den die Verpflichtungen der Konzessionärin [SIM], insbesondere auch jene finanzieller Natur, von der d'Arcy übernommen werden«. Konkret sollte die d'Arcy während neun Jahren die Kosten von 22,5 Millionen Franken für die Erdölexploration bezahlen. Damit hatte der Kanton Fribourg die Weisungen des Bundesrates ganz klar missachtet. Die SIM war ein Täuschungsmanöver, das aber vom Bundesrat durchschaut wurde, da die d'Arcy und damit British Petroleum (BP) die Geldgeber im Hintergrund waren. Der Ansatz von Fribourg könne »nicht befriedigen«, kritisierte Holenstein verärgert im Parlament, »weil eine ausländische Gesellschaft mit indirekter staatlicher Mehrheitsbeteiligung durch den Werkvertrag in maßgeblicher Weise an der Erdölforschung und -ausbeutung beteiligt ist«.[39]

Fribourg hatte größte Mühe, sein Verhalten zu erklären. Im September 1959 betonte der Fribourger Nationalrat Pierre Glasson im Parlament, dass die Suche nach Erdöl teuer und riskant sei, da das ganze Kapital verloren gehen könne. »Daher sage ich es offen, dass wir in Fribourg weder die Erfahrung noch das Kapital haben, solche Risiken einzugehen.« Aus diesem Grunde habe Fribourg eine Konzession an die SIM vergeben. »Ich muss entschuldigen, aber man muss das nochmals ganz deutlich sagen: Das Recht zur Erdölsuche liegt exklusiv bei den Kantonen«, so Glasson.[40] Das Vorgehen von Fribourg blieb ohne Folgen, weil kein Erdöl gefunden wurde.

In den anderen Kantonen verlief die Vergabe der Erdölkonzession weitgehend problemlos. Unter der Führung des St. Galler Industriellen Max Schmidheiny, einem erfolgreichen Unternehmer aus der energieintensiven Zementindustrie, kam es 1953 zur Bildung des »Schweizerischen Konsortiums für Erdölforschung«. Als Präsident des Konsortiums wurde der Zürcher Rechtsanwalt Prof. Dr. Werner Niederer gewählt, der als amtierender Präsident der AVIA-Benzin-Importeure das internationale Erdölgeschäft gut kannte. Die Erdölfrage, wurde Schmidheiny nicht müde zu betonen, verdiene die »volle Aufmerksamkeit« der Schweiz, da man sich in einer »nachgerade beunruhigenden Abhängigkeit« von ausländischen Bezugsquellen befinde. Internationalen Erdölkonzernen sei nicht zu trauen. Man müsse verhindern, dass das einzige Rohmaterial, welches sich potenziell im eigenen Boden befinde, in die Hände übermächtiger ausländischer Monopolgesellschaften falle, so Schmidheiny. »Die Politik dieser wirtschaftlichen Machtgruppen ist weltweit und zur Genüge bekannt. Nicht immer wirkt sie sich zugunsten der Konzessionsgeber aus.«[41]

Die führenden Unternehmen der Schweiz finanzierten das Konsortium für Erdölforschung. Darunter solche, die wie die Zement-, Stahl-, Chemie- oder Aluminiumbranche viel Energie konsumierten, oder aber solche wie die Gas- und Elektrizitätswerke, die selbst Energie auf dem Markt verkauften. Zum Konsortium gehörten die AVIA-Benzin-Importeure, die Aare Tessin Aktiengesellschaft für Elektrizität (Atel), die Aluminiumindustrie Neuhausen, die vier führenden Firmen der Basler Chemischen Industrie (CIBA Aktiengesellschaft, J. R. Geigy AG, F. Hoffmann-La Roche & Co. AG und Sandoz AG), die Stahlwerke der Gebrüder Sulzer AG und der Georg Fischer Aktiengesellschaft, die Elektro-Watt Elektrische und Industrielle Unternehmungen AG, die Escher Wyss Aktiengesellschaft, die Gesellschaft der Ludwig von Roll'schen Eisenwerke AG, die Bauunternehmung Losinger & Co. AG sowie die großen Schweizer Banken (Bankgesellschaft, Bankverein, Kreditanstalt), das Bankhaus Julius Bär sowie die Nordwestschweizerische Kraftwerke AG, die Gruppe Schmidheiny der Schweizerischen Zementindustrie und der Verband Schweizerischer Gaswerke.

Man sei vor der Alternative gestanden, so Schmidheiny, entweder mit eigenem Risikokapital »eine eigene Erdölforschung aufzubauen und die Führung zu übernehmen, oder aber sich damit abzufinden, dass die Erforschung und die Ausbeutung unseres Erdöls dem internationalen Erdölkapital in den Schoß fällt«.[42] Dass in anderen Ländern integrierte Erdölkonzerne ohne Probleme Erdölkonzessionen erwerben konnten, dürfe für die Schweiz kein Vorbild sein. »Wenn ein armes, wirtschaftlich rückständiges Land seine Erdölrechte dem Meistbietenden zuschlägt und sich mit den Erdöleinkünften aus zweiter Hand über die verlorene Selbständigkeit hinwegtröstet, so ist das seine Sache«, so das Konsortium. »In der Schweiz liegen jedoch völlig andere Verhältnisse vor. Wir gelten auf der ganzen Welt als wohlhabendes Land mit hoher Lebenshaltung und hoch entwickelter Industrie.« Daher müsse man zumindest versuchen, mit eigenem Geld im eigenen Boden Erdöl zu finden.[43]

Die sechs Kantone Zürich, Bern, Solothurn, St. Gallen, Aargau und Thurgau schlossen sich zum »Nordostschweizerischen Erdöl-Konkordat« zusammen und verkauften die Schürfrechte auf dem ganzen Konkordatsgebiet am 24. September 1955 dem Konsortium für Erdölforschung. Die Erdölkonzession war damit in Besitz der Schweizer. Im Juni 1959 wurde unter dem Namen »Swisspetrol Holding AG« eine Dachgesellschaft gegründet, deren Aktienmehrheit in Schweizer Hand lag, um die Erdölforschung im Land zu kontrollieren. Alle Unternehmen, die in der Schweiz eine Erdölkonzession kaufen wollten, mussten Tochterfirmen der Swisspetrol werden. Durch diesen Plan wurden die großen internationalen Erdölkonzerne davon abgehalten, in der Schweiz Erdöl zu suchen. Die Kantonsregierungen verkauften ihre Erdölkonzessionen nur an die Swisspetrol. [44]

Auch die Bevölkerung wurde eingeladen, für 100 Franken einen Genussschein der Swisspetrol zu zeichnen, der zwar kein Stimmrecht, dafür aber einen Gewinn bei Fündigkeit versprach. »Die Ausgabe von Genussscheinen der Swisspetrol Holding AG ermöglicht es einem breiten Publikum, an einer nationalen Aufgabe mitzuwirken, welche gesunde Risikobereitschaft und einen entschlossenen Willen zum Durchhalten erfordert«, warb Max Schmidheiny. »Die Swisspetrol ist also keineswegs eine Sache der Großindustrie. Sie steht allen offen.«[45] Wenn gar nichts gefunden werde, seien die 100 Franken verloren, die riskante Investition sei aber aus patriotischen Gründen richtig, befand die Presse: »Das Schweizeröl dem Schweizervolk!«[46]

Die Schweizer Regierung, das Parlament und die Privatwirtschaft, so zeigen die Quellen, nahmen es nach dem Sturz der Regierung im Iran sehr genau bei der Vergabe der Erdölkonzessionen und scheuten keinen Aufwand, um eine ausländische Dominanz zu vermeiden. Im Rückblick mag erstaunen, wie heftig um die Erdölkonzessionen gestritten wurde, da ja die Erdölsuche in der Schweiz erfolglos und die Erdölkonzessionen wertlos blieben. Doch über diese Gewissheit verfügten die Zeitgenossen nicht, weshalb sie gut beraten waren, der Erdölfrage größte Aufmerksamkeit zu schenken.

6

Die Suezkrise und die Angst vor Lieferunterbrüchen

Erdöltransportrouten sind anfällig für Unterbrechungen. Pipelines können gesprengt und Bahnkesselwagons gestoppt werden, wie es im Zweiten Weltkrieg geschah. Tankschiffe können durch Blockaden von Seepassagen aufgehalten werden, was bei Politikern und Konsumenten zu Nervosität und einer Angst vor Erdölknappheit führen kann. Solche Zwischenfälle sind immer wieder möglich. Eine der bekanntesten Blockaden einer Erdöltransportroute war die Suezkrise 1956.

Der französische und britische Angriff auf Ägypten 1956

Der 1869 eröffnete und 160 Kilometer lange Suezkanal spielt für die Erdölversorgung von Europa eine zentrale Rolle. Der Kanal verbindet das Mittelmeer mit dem Roten Meer und erspart den Schiffen vom Persischen Golf nach Europa den Weg um Afrika. Zu Beginn war der Transport von Erdölprodukten durch den Suezkanal verboten. Doch 1892, wie oben dargelegt, erhielt der Erdöltanker Murex von der Shell als Erster die Erlaubnis, den Suezkanal zu passieren. Heute wird der Kanal täglich von Erdöltankern passiert.

Für Gamal Abdel Nasser, der Ägypten von 1954 bis 1970 als Präsident regierte, war der Suezkanal indes kein Segen, sondern ein verhasstes Symbol des europäischen Kolonialismus. Denn die lange und schmale Wasserstraße durch die ägyptische Wüste war von den Franzosen erbaut worden und befand sich danach als private Suezkanal-Gesellschaft im gemeinsamen Besitz von Frankreich und der ägyptischen Kolonialmacht Großbritannien.

Nasser verfolgte im Kalten Krieg eine nationalistische Neutralitätspolitik und pflegte die Zusammenarbeit mit Indien und Jugoslawien, deren Blockfreiheit er bewunderte. Um zu verhindern, dass Ägypten in den Einflussbereich der kommunistischen Sowjetunion geriet, versprachen die Amerikaner und die Briten Ende 1955 zusammen mit der Weltbank Ägypten einen Kredit für den Bau des großen Nilstaudammes bei Assuan. Der Staudamm sollte es Nasser erlauben, die Wassermassen des Nils beim jährlichen Hochwasser für die Landwirtschaft zu regulieren und aus Wasserkraft erneuerbaren Strom für die Industrialisierung Ägyptens zu produzieren.

Doch im Juli 1956 änderte der amerikanische Präsident Dwight Eisenhower seine Meinung und erklärte nach Rücksprache mit London und der Weltbank, Ägypten sei nicht kreditwürdig, weil Nasser China anerkannt und zudem öffentlich erklärt habe, er wolle Israel vernichten. Nasser war erbost und entschied, dass die Gebühren für den Erdöltransport durch den Suezkanal nun den Bau des geplanten Assuan-Staudamms finanzieren sollten. Am 26. Juli 1956 verstaatlichte er daher die Suezkanal-Gesellschaft, zum Entsetzen von Frankreich und Großbritannien.

Der britische Premierminister Anthony Eden fürchtete, die Sowjets würden ihren Einflussbereich ausdehnen. Eden hatte im April 1956, kurz vor der Verstaatlichung der Suezkanal-Gesellschaft, den sowjetischen Regierungschef Nikita Chruschtschow mit deutlichen Worten gewarnt: »Was das Öl betrifft, so muss ich Ihnen ganz unverblümt meine Meinung sagen – wir würden dafür kämpfen … Wir könnten ohne Öl nicht leben und … wir haben nicht die Absicht, uns strangulieren zu lassen.«[1] Nach der Verstaatlichung insistierte auch US-Außenminister John Foster Dulles gegenüber dem britischen und französischen Außenminister, dass »eine Möglichkeit gefunden werden« müsse, »Nasser zu veranlassen, den Kanal wieder auszuspucken«.[2]

Großbritannien entschied, mit militärischen Mitteln um den Kanal und den Zugang zum Erdöl im Nahen Osten zu kämpfen. »Wir sind wahrhaftig in ein schreckliches Dilemma geraten«, notierte der britische Schatzkanzler Harold Macmillan in sein Tagebuch. »Wenn wir energisch gegen Ägypten vorgehen und deshalb der Kanal geschlossen wird, die Pipelines in der Levante unterbrochen werden, der Persische Golf revolutioniert und die Ölförderung eingestellt wird – dann sind das Vereinigte Königreich und Westeuropa ›erledigt‹.« Doch »wenn wir eine diplomatische Niederlage erleiden, wenn Nasser ›ungeschoren davonkommt‹ – und die Länder im Nahen Osten sich einigen, das Öl zu verstaatlichen … sind wir ebenso ›erledigt‹. Was sollen wir also tun? Mir scheint klar zu sein, dass unsere einzige Chance darin liegt, energisch vorzugehen und zu hoffen, dass unsere Freunde im Nahen Osten zu uns halten, unsere Feinde besiegt werden und wir das Öl retten können – aber es ist eine ungeheure Entscheidung.«[3]

Im Rahmen einer Verschwörung – definiert als eine geheime Absprache zwischen zwei oder mehr Personen, um gemeinsam ein Ziel zu erreichen – trafen sich ranghohe

Vertreter Großbritanniens, Frankreichs und Israels vom 22. bis zum 24. Oktober 1956 in einer Villa in Sevères bei Paris, um die streng geheime »Operation Musketeer« zu planen. Die britische Delegation wurde von Außenminister Selwyn Lloyd, die französische von Premierminister Guy Mollet und die israelische von Ministerpräsident Ben Gurion geleitet. Die Verschwörer beschlossen, Israel solle Ägypten angreifen und durch die wenig besiedelte Sinaihalbinsel militärisch zum Suezkanal vorstoßen. Frankreich und Großbritannien würden danach Nasser ein unannehmbares Ultimatum stellen, wodurch ein Vorwand geschaffen würde, um den Suezkanal militärisch zu besetzen. Ziel der Aktion war es, die Kontrolle über den Suezkanal zu erlangen und, so hoffte Israel, Nasser zu stürzen.

Am 29. Oktober 1956 griff die israelische Armee planmäßig Ägypten an und besetzte die Sinaihalbinsel. Bei der Operation handelte es sich um einen illegalen Angriffskrieg, der die UNO-Charta verletzte. Die USA brachten noch am selben Tag im UNO-Sicherheitsrat eine Resolution ein, welche den Rückzug der Israeli aus Ägypten forderte. Frankreich und Großbritannien brachten die Resolution jedoch durch ihr Veto zu Fall, stellten wie geplant Nasser ihr Ultimatum und begannen am 31. Oktober ihrerseits mit der Bombardierung ägyptischer Flugplätze. Auch dabei handelte es sich um einen illegalen Angriffskrieg, der die UNO-Charta verletzte. Die Bewohner von Kairo waren durch die Verschwörung völlig überrascht und empfanden sowohl den israelischen Angriff wie auch das Bombardement durch Großbritannien und Frankreich wie »Blitze aus heiterem Himmel«, wie der Schweizer Nahostkorrespondent Arnold Hottinger berichtet.[4]

Präsident Nasser, überrascht und erzürnt über die Angriffe, wusste um die gefährliche Abhängigkeit der Industrieländer vom Erdöl. Er selber hatte das Erdöl einst als den »Lebensnerv der Zivilisation« bezeichnet, »ohne das keines ihrer Mittel bestehen kann, weder große Werke für die Produktion noch Verbindungsmittel zu Land, See und Luft, oder Kriegswaffen – ob Schlachtflieger über den Wolken oder U-Boote unter den Wasserwogen. Ohne Petroleum wären diese alle nichts als rostige, unbewegliche, leblose Eisenstücke«. Präsident Nasser war sich zudem völlig im Klaren darüber, »dass die halbe Welt-Petroleum-Reserve noch unter dem Boden der arabischen Länder liegt« und dass noch für viele Jahre der größte Teil des Erdöls auf dem Weg nach Europa und die USA durch den Suezkanal transportiert würde. Ägypten, das wusste Nasser, verfügte zwar nicht über eine relevante Erdölförderung, war aber ein sehr wichtiges Transitland.[5]

Zwei Drittel der europäischen Ölversorgung wurden durch den Suezkanal transportiert. Nasser entschied, den Zufluss von Erdöl nach Europa zu unterbrechen.

Noch am selben Tag, als die britischen und französischen Bomben auf Ägypten fielen, versenkten ägyptische Kommandoeinheiten Dutzende mit Steinen und Zement gefüllte Schiffe im etwa 300 Meter breiten Suezkanal. Der Kanal war danach für die Schifffahrt blockiert. Zudem sabotierten syrische Ingenieure auf Anweisung Nassers die Pumpstationen an den Pipelines der Iraq Petroleum Company, die das Erdöl zum Mittelmeer führten.

Durch das Sperren der Pipelines und die Blockade des Kanals kam der Ölfluss aus dem Nahen Osten durch den Suezkanal im November 1956 zum Stillstand, was Westeuropa in größte Sorgen versetzte. Die von Europa in Richtung Suezkanal ausgelaufenen leeren Erdöltanker kreuzten abwartend im Mittelmeer, während die beladenen Tanker im Roten Meer regungslos im Wasser lagen und warteten. Sofort meldeten sich Stimmen, welche die Erdölsucht Europas kritisierten. Die große Auslandabhängigkeit werde »unter normalen Verhältnissen ohne besondere Überlegungen hingenommen«, notierte der Schweizerische Bankverein, sie »gewinnt aber stets schlagartig dann neues Interesse, wenn infolge einer kritischen Entwicklung der internationalen Lage, wie wir sie kürzlich wieder erlebt haben, diese Zufuhr in höchstem Maße als gefährdet erscheint«.[6]

Niemand wusste, wann Nasser die Blockade des Kanals wieder aufheben würde. Die USA waren verärgert über das koloniale Abenteuer der Briten, Franzosen und Israeli, weil diese ihre Verschwörung nicht mit Washington abgesprochen hatten. Die USA weigerten sich, Europa mit Erdöllieferungen über den Atlantik zu helfen, obschon sie das gekonnt hätten. »Ich neige zu der Auffassung«, so Eisenhower zu seinem Kabinett, »dass diejenigen, die diese Operation begonnen haben, selbst mit ihren Ölproblemen fertig werden müssen – lasst sie in ihrem eigenen Öl kochen, sozusagen.«[7]

Für die Briten und die Franzosen wurde die Lage immer aussichtsloser. Um die Schmach einer Niederlage zu vermeiden, begannen sie am 5. November mit der Landung eigener Truppen in Ägypten, um direkten Zugriff auf die Kanalzone zu erlangen. Doch nicht nur Washington unter Eisenhower, sondern auch Moskau unter Nikita Chruschtschow befahl nun den Franzosen und Briten ultimativ, ihren Angriffskrieg einzustellen. Damit war die Niederlage der Europäer besiegelt. Am 6. November stellten Frankreich und Großbritannien das Feuer ein. Die Europäer waren gedemütigt und verloren ihre ehemals dominierende Stellung in der Region.

Nasser triumphierte, weil es ihm gelungen war, seine militärische Niederlage in einen politischen Sieg über zwei Großmächte umzumünzen und damit zum Führer der arabischen Welt aufzusteigen. Vor Weihnachten 1956 waren alle britischen und französischen Soldaten wieder zu Hause. Die von Nasser versenkten Schiffe blockierten den Suezkanal noch bis im Frühling 1957, danach waren alle Schäden behoben und der Kanal wieder normal befahrbar. Die israelischen Truppen zogen sich aus der Sinaihalbinsel zurück. Den Assuan-Staudamm baute Nasser in den folgenden Jahren mit der Hilfe von Tausenden sowjetischer Ingenieure und Architekten; das Prestigeprojekt wurde 1971 eingeweiht.

Die stark erdölabhängigen Europäer waren froh, dass die Suezkrise nicht länger gedauert hatte; die Kampfhandlungen beschränkten sich auf nur neun Tage. Am Tag, als die englischen und französischen Soldaten aufgeben mussten, liefen in den europäischen Häfen noch immer mit Rohöl vollbeladene Tanker ein, da diese vor der Sperrung des Suezkanals ins Mittelmeer eingefahren waren oder in den Tagen zuvor in den syrischen und libanesischen Häfen von den Pipelines noch alimentiert worden waren, bevor auch diese Pipelines kein Erdöl mehr hergaben. »Solange diese Seezufuhren eintreffen, sind auch die europäischen Raffinerien, deren Tankraum voll ausgenützt ist, an einer raschen Weiterleitung ihrer Erdölprodukte interessiert«, erklärte die Presse während der Krise richtig.[8] Deswegen ergaben sich bei den Zufuhren von flüssigen Brenn- und Treibstoffen nach Europa während der Suezkrise keine Störungen. Der Markt war überversorgt, das Erdöl mit weniger als 2 Dollar pro Fass äußerst billig. Um eine echte Erdölkrise und einen Bewusstseinswandel in Europa auszulösen, hätte die Suezkrise länger dauern müssen.

Fahrverbot in Europa während der Suezkrise

Zum ersten Mal seit dem Zweiten Weltkrieg kam es in Europa während der Suezkrise wieder zu Fahrverboten, um den Erdölverbrauch zu senken. Obschon der Erdölzufluss nach Europa nicht unterbrochen war, führten die Niederlande während der Suezkrise 1956 autofreie Sonntage durch, um den holländischen Erdölkonsum zu reduzieren.

Die Suezkrise spielte sich in Westeuropa hauptsächlich im psychologischen Bereich ab, reale Knappheiten lagen nicht vor. Auch die Regierung von Österreich dachte über die Möglichkeit autofreier Sonntage nach, entschied sich dann aber dagegen. Dies vor allem daher, weil sich Österreich in den 1950er-Jahren auch auf seine eigene Erdölproduktion stützen konnte, die damals das Fördermaximum erreichte.

In Westdeutschland trat im November 1956 das Kabinett von Bundeskanzler Konrad Adenauer zu einer Krisensitzung zusammen, um zu beraten, ob ein Notstandsgesetz, Rationierungen oder ein sonntägliches Fahrverbot erlassen werden sollten. Die deutschen Politiker erkannten indes richtig, dass es nicht an Erdöl mangelte. Staatssekretär Ludger Westrick erklärte an der Sondersitzung des Kabinetts vom 7. November, dass die Reserven in der Bundesrepublik für sechs bis acht Wochen ausreichen würden. Eine Rationierung sollte daher »so lange wie möglich unterbleiben, weil man sonst ungute Erscheinungen begünstige, die sich schon in Angstkäufen von Lebensmitteln bemerkbar gemacht hätten«.[9] Die Bundesrepublik verhängte während der Suezkrise kein Fahrverbot, sondern beschränkte sich darauf, die Bevölkerung zu einem freiwilligen Fahrverzicht aufzurufen, was nur eine geringe Wirkung zeigte.

In der Schweiz waren sowohl die Politiker als auch die Journalisten besorgt. Durch die Suezkrise werde man daran erinnert, dass »die Schweiz genauso abhängig ist von den mittelöstlichen Erdöleinfuhren wie das westliche Kontinentaleuropa im Durchschnitt, dass also rund drei Viertel unserer bisherigen Bezüge vom Nahen Orient kommen dürften«, so die »Neue Zürcher Zeitung«. Wenn es in den anderen Ländern Westeuropas zu einem Erdölmangel kommen würde, müsste auch das Binnenland Schweiz mit weniger Erdöl auskommen: »Der Schweiz wird deshalb in Bezug auf ihre Erdölzufuhr das gleiche Schicksal beschieden sein, das im Falle eines längeren Unterbruchs der Mittelostzufuhr für Westeuropa im Allgemeinen erwartet werden muss«, erklärte die Presse ihren Lesern richtig.[10]

Obschon es weder in Westeuropa noch in der Schweiz zu einem Einbruch beim Import von Erdölprodukten kam, entschied die vorsichtige Schweizer Landesregierung auf Antrag des Volkswirtschaftsdepartementes auf der Basis von Notrecht, für vier Sonntage, vom 18. November bis zum 10. Dezember 1956, ein Motorfahrzeugverbot zu erlassen, um den Erdölkonsum zu reduzieren. »Der Verkehr mit Motorfahrzeugen, die mit flüssigen Treibstoffen betrieben werden, ist bis auf Weiteres an Sonntagen und allgemeinen Feiertagen verboten«, lautete der Bundesratsbeschluss. Nur unaufschiebbare berufliche Fahrten von Ärzten, Polizei und Feuerwehr waren vom Verbot ausgenommen.[11] »Das Sonntagsfahrverbot hat das Bild auf den schweizerischen Straßen gänzlich verändert«, staunte die Presse. »Der allgemeine Eindruck war der, dass überhaupt keine Autos verkehrten, dass die Straßen leer waren.«[12]

Es mag erstaunen, dass die Schweiz das Sonntagsfahrverbot erst einführte, als die Suezkrise eigentlich schon wieder vorbei war, und man könnte gar schließen, die Schweizer Regierung sei besonders langsam in ihrer Reaktion gewesen. Die Dokumente im Bundesarchiv ergeben indes ein anderes Bild. Die Landesregierung verfolgte die Krise frühzeitig und schon vor dem Angriff der Briten, Franzosen und Israeli auf Ägypten sehr genau. »Die gegenwärtige Auseinandersetzung um den Suezkanal könnte je nach der Entwicklung der Verhältnisse zu einem Unterbruch des

Kanalverkehrs führen«, warnte das Volkswirtschaftsdepartement den Gesamtbundesrat in einem vertraulichen Bericht am 17. September 1956. »Die in die Schweiz eingeführten flüssigen Treib- und Brennstoffe stammen zu ca. 90 Prozent aus den Gebieten des mittleren und fernen Ostens. Etwa die Hälfte wird durch den Suezkanal transportiert.« Man müsse auch mit Krieg und Importausfällen rechnen, die »je nach den Umständen großes Ausmaß annehmen« könnten.[13]

Weil in der Schweiz der Erdölkonsum in den Nachkriegsjahren stark angestiegen war, in derselben Zeit aber nicht genügend Vorratslager im Inland gebaut worden waren, fürchtete die Schweizer Regierung im Falle eines langen Krieges eine Mangellage. »Wir besitzen bei Weitem nicht genügend Vorräte, um Armee und Wirtschaft mit den nötigen flüssigen Treib- und Brennstoffen während zwölf Monaten Neutralitätsperiode und fünf Monaten Krieg zu versorgen«, warnte das Volkswirtschaftsdepartement. »Besonders besorgniserregend« sei die Versorgung der Armee mit Benzin: Der gemeldete Bedarf sei größer als die Vorräte, für »die Wirtschaft würde demnach nichts mehr übrig bleiben«, wenn man den Armeebedarf voll decken wollte. »Völlig ungenügend« sei auch die Versorgung mit Diesel. Auch unter Einrechnung von Sparbemühungen »wären wir mit flüssigen Treib- und Brennstoffen nur für wenige Monate versorgt«, berechnete das Volkswirtschaftsdepartement, »und bei einer längeren Neutralitätsperiode müsste entweder sukzessive wohl oder übel auch die Kriegsreserve aufgebraucht oder die Wirtschaft völlig lahmgelegt werden«. Um die knappen Vorräte zu schonen, wäre eine Verbrauchsreduktion durch ein Sonntagsfahrverbot »aller Voraussicht nach recht wirksam«, obschon diese Maßnahme bei vielen Fahrzeughaltern wohl auf »scharfen Widerstand« stoßen würde.[14]

Als der Suezkanal blockiert wurde, kam der Bundesrat zum Schluss, dass damit die Rechtsgrundlage für ein Sonntagsverbot gegeben sei, da die Blockade eine ernstliche Störung der Zufuhr im Sinne des Gesetzes über die wirtschaftliche Kriegsvorsorge darstelle. Im Rückblick fällt auf, dass diese Interpretation etwas großzügig war. Denn obschon die Blockade des Kanals ohne Zweifel den internationalen Erdölhandel erschwerte, schlugen die Probleme nie bis auf die Schweizer Importe durch, eine »ernstliche Störung der Zufuhr« gab es daher in der Schweiz nicht. Gemäß dem Delegierten für wirtschaftliche Kriegsversorgung, Fritz Hummler, reichten zur Zeit der Suezkrise die in der Schweiz gelagerten Vorräte an Erdölprodukten im Umfang von 600 000 Tonnen (4,4 Millionen Fass), um einen Bedarf von etwa drei Monaten zu decken.

Aufgrund seiner Erfahrung im Zweiten Weltkrieg, handelte der Bundesrat nicht auf der Basis eines realen Mangels, sondern nach dem Prinzip der klugen Vorsorge.

»Unsere Abhängigkeit vom Ausland in der Brennstoffversorgung wir immer größer«, konstatierte Hummler, die Gefahr von Lieferunterbrüchen sei stets gegeben, daher müsse »jeder Verbraucher für Notzeiten selbst vorsorgen«.[15] Die Presse unterstützte diese Haltung. Erdöl komme »fast ausschließlich aus Übersee« und treffe beim Transport mitunter auf politische Konflikte. »Die Versorgung unseres Landes in Notzeiten ist also schwieriger und fragwürdiger geworden.« Dies sei gefährlich. Denn der »Schweizer weiß, dass sein Land arm ist an Rohstoffen und Nahrungsmitteln und dass er beizeiten vorsorgen muss, um in der Not leben zu können«.[16]

Weil die Schweiz zur Zeit der Suezkrise noch über keine Erdölraffinerien verfügte, mussten alle Erdölprodukte wie Heizöl oder Benzin aus europäischen Raffinerien importiert werden. Die damals für die Schweiz wichtigsten Raffinerien standen in Italien, Holland und Belgien. Doch auch diese Länder waren von der Suezkrise betroffen, was zu einer Belastung der innereuropäischen Beziehungen führte. Nachdem die belgische Regierung entschieden hatte, den Erdölkonsum im Land während und nach der Suezkrise einzuschränken, um sich so auf mögliche Engpässe vorzubereiten, fragte Anfang Dezember 1956 ein belgischer Senator die belgische Regierung, warum denn die Schweiz weiterhin mit Erdöl aus der Raffinerie in Antwerpen beliefert werde, während Belgien selber sich Konsumbeschränkungen auferlegen müsse – das sei den Belgiern kaum zu erklären. Die Belgier fanden es »erstaunlich, dass die Lieferungen dieser Raffinerien an die Schweiz normal weitergehen, während Belgien verpflichtet ist, weitgehendste Einschränkungen zu unternehmen«.[17]

Die belgische Regierung erklärte, die Antwerpener Petroleumraffinerien hätten in Konkurrenz zu Italien die Schweizer Kundschaft in einem Markt, in dem Erdöl im Überfluss vorhanden sei, erst nach langwierigen Bemühungen gewinnen können. Da am Suezkanal mit einer baldigen Entspannung zu rechnen sei, gelte es, die Schweiz als Kunde nicht zu verärgern. Bei einer weiteren Zuspitzung der internationalen Lage könne man die Sache erneut beurteilen. Verkehrsminister Paul Segers erklärte vor dem Senat, wo deutliche Vorwürfe wegen der Ausfuhr von Brennstoffen nach dem Ausland erhoben wurden: »Falls heute noch große Mengen Benzin von Belgien nach der Schweiz befördert werden, so handelt es sich dabei nicht um eine Ausfuhr belgischen Eigentums, sondern nur um die Weiterbeförderung von Erdölprodukten, die der Schweiz gehören. Würde Belgien dieses Benzin widerrechtlicherweise für seinen eigenen Verbrauch zurückhalten, so würden die Antwerpener Raffinerien einen ihrer besten Kunden verlieren».[18]

Ob dieser »Geist der europäischen Zusammenarbeit« auch dann dominiert hätte, wenn die Suezkrise statt einer Woche drei Monate gedauert hätte, muss bezweifelt werden. Die Belastung für Europa wäre vor allem dann groß geworden, wenn Erdöl knapp gewesen wäre. Doch dies war in den 1950er-Jahren nicht der Fall. Jedes Jahr wurden große Erdölfunde weltweit gemacht; es bestand ein Überangebot, Erdöl war billig und im Überfluss vorhanden.

Die erfolglose Erdölsuche der Swisspetrol in der Schweiz

In der Schweiz stand man Erdölbohrungen skeptisch gegenüber. Viele glaubten, es sei unklug, im eigenen Boden Erdöl zu suchen oder gar zu fördern. »Der Besitz des Erdöls verleiht zwar ungeheure Macht, doch ist schon vielen Ländern ihr Ölreichtum zum Verhängnis geworden«, mahnte die Presse. »Sei es, dass sie ihre Unabhängigkeit verloren, sei es, dass ihre Landschaft durch die Gewinnung verwüstet wurde. Wo das Öl fließt, haben Natur und Mensch ihr Recht verloren. Solange die technischen Kräfte missbraucht werden können, bleibt das Erdöl ein sehr gefährlicher Saft.«[19]

Nur wenige Schweizer Unternehmen, die sich in der Firma Swisspetrol zusammengeschlossen hatten, hofften, im eigenen Boden Erdöl zu finden. Verschiedene Motive trieben das mehrere Millionen Franken teure und damit sehr aufwendige Vorhaben an, darunter auch die Hoffnung auf ein gutes Geschäft. Das zentrale Anliegen bestand indes nicht in der Suche nach Profit, denn es war bekannt, dass die Schweiz nie zu einem »Alpen-Kuwait« werden würde. Viel wichtiger war der Swisspetrol, durch Eigenproduktion eine sichere Energieversorgung zu garantieren. Die realen Knappheiten im Zweiten Weltkrieg und die befürchteten Knappheiten während der Suezkrise waren den Zeitgenossen in lebhafter Erinnerung. »Suez gab der Idee, vermehrt nach allfälligen Energiequellen im eigenen Boden Ausschau zu halten, neuen Impuls«, so die Swisspetrol-Firmengeschichte. »Die Swisspetrol war damals Symbol des Willens, sich im Energiesektor aus der Abhängigkeit vom Ausland zu lösen.«[20]

Die Swisspetrol wollte nicht, dass die Schweiz in eine als gefährlich wahrgenommene Abhängigkeit von internationalen Erdölkonzernen gerate, weshalb, wie oben dargelegt, die Kantone ihre Erdölkonzessionen nur an Schweizer Firmen vergaben. »Unsere Wirtschaft ist ohne Weiteres in der Lage, die Erdölforschung anhand zu nehmen und damit zu verhindern, dass das einzige Rohmaterial, welches sich potenziell in unserem Boden befindet, in die Hände übermächtiger ausländischer Monopolgesellschaften fällt«, erklärte Max Schmidheiny, Verwaltungsratspräsident der Swisspetrol.[21] »Wenn wir die ganze Erdölforschung einfach den ausländischen Gesellschaften überlassen«, warnte auch der an der Erdölsuche beteiligte Professor Werner

Niederer, »hätte dies für die Schweiz als Staat sowie für die schweizerische Volkswirtschaft meines Erachtens sehr unliebsame Konsequenzen.« Denn Erdöl sei gefährlich. »Erdöl spielt in der internationalen Politik eine derart wichtige Rolle, dass jede direkte oder indirekte ausländische Einmischung in die inländischen Erdölinteressen vermieden werden sollte«, forderte Niederer, der glaubte, man dürfe »ohne Übertreibung« sagen, »dass seit dem Zweiten Weltkrieg auch das Erdöl im Hintergrund fast aller internationalen Konflikte stand.«[22]

Im Sommer 1957, ein halbes Jahr nach der Suezkrise, begann die Schweizerische Erdöl AG (SEAG), eine Tochterfirma der Swisspetrol, mit reflexionsseismischen Untersuchungen des Bodens. Dazu wurden Bohrlöcher von 10 bis 15 Metern Tiefe gegraben, in die eine Sprengladung gelegt wurde. Von einem Messwagen aus wurden die Ladungen gleichzeitig zur Entzündung gebracht. Die kugelförmig ausstrahlenden Explosionswellen breiteten sich auch in die Tiefe aus und wurden, wenn sie auf Gestein trafen, reflektiert. Mithilfe empfindlicher Messinstrumente konnte registriert werden, wie lange es dauerte, bis die reflektierten Wellen wieder an der Erdoberfläche eintrafen. Daraus berechneten die Erdölgeologen die Beschaffung des Untergrunds, um herauszufinden, wo sich Erdöl befinden könnte.

Die Mehrheit der Schweizer Bevölkerung konnte sich für die Erdölsuche nicht begeistern. Viele interessierten sich nicht für das Thema und waren überzeugt, man werde sowieso nichts finden. »Die nationale Erdöl- und Erdgassuche ist in der breiten Öffentlichkeit nie so ganz ernst genommen und mehr als sympathisches Kuriosum betrachtet worden«, wusste auch die Swisspetrol.[23] Manche waren aus Gründen des Umweltschutzes dezidiert gegen Erdölbohrungen. »Fachleute aus England und Amerika, die im Irak, in Persien und auf Neu-Guinea Wüsten und Steppen aufgewühlt haben, grübelten auch in der fruchtbaren Landschaft zwischen Luganersee und Chiasso herum«, kritisierte ein nicht namentlich genannter Verfasser eines Leserbriefes die Erdölsuche im Tessin. »Nun stelle man sich vor, dass Bohrtürme das Grün verdrängen, dass brennende Öllager die Luft verpesten, dass stinkende Fabriken die berauschend duftenden Akazien, Linden und Holder ersticken! Wer hat den Nutzen davon? Ein paar Herren in England und Amerika und ein paar Schweizer, die in deren Verwaltungsräten sitzen«, so die scharfe Kritik des Lesers, der stillschweigend davon ausging, dass die Erdölsuche auch in der Schweiz von amerikanischen und britischen Erdölfirmen kontrolliert werde, was indes so nicht stimmte. »Es ist uns unerklärlich, wieso das Volk nichts zu sagen hat zu Versuchen, die im Endergebnis nichts anderes als die Verpestung der Luft und die Verkümmerung des Lebens zur Folge haben … Jene Industrien, die in den öden Gebieten

Arabiens und Amerikas am Platze sind, gehören nicht in die blühende, doch platzarme Schweiz!«[24]

Die Swisspetrol betonte stets, dass die Landschaft auf keinen Fall verschandelt werde: »Der Albtraum von einem schweizerischen Texas, in dem sich Bohrtürme an Bohrtürme reihen, oberirdische Pipelines gleich riesigen Stahlwürmern durch die Gegend ziehen, zahllose Raffinerieschlote die Luft verpesten – er entbehrt glücklicherweise jeder Grundlage.« Denn die »Förderung von Erdöl oder Erdgas in der Schweiz werde weniger auffallen als jede Wasser- oder Stromversorgungsanlage«.[25] Die Bohrtürme würden nur für die Durchführung von Tiefenbohrungen für einige Monate aufgestellt. »Haben sich die Hoffnungen der ›Erdölsucher‹ zerschlagen, so wird der Werkplatz wieder genau so hergerichtet, wie er vorher war«, versprach die Swisspetrol. Und auch für den Fall, dass tatsächlich Erdöl gefunden werde, würden die Bohrtürme wieder abgebaut und durch eine »Installation für die Öl- oder Gasproduktion ersetzt, die auf wenigen Quadratmetern Platz finden und – ähnlich den kleinen Grundwasserpumpanlagen – sich kaum vom Boden abheben«. Das Landschaftsbild werde nicht gestört: »Der ganze Platz wird außerdem durch Gebüsch oder kleine Baumgruppen sorgfältig verdeckt … Die Kühe weiden wieder auf den Wiesen ringsum, und der Wanderer merkt es kaum mehr, dass er sich auf einem modernen Erdölfeld befindet.«[26]

Schon vor der Suezkrise, im Juli 1952, hatte bei Altishofen, zwischen Zofingen und Sursee im Kanton Luzern, der private Unternehmer E. Gutzwiler die erste Schweizer Tiefenbohrung der Nachkriegszeit realisiert. Die Bohrung war nach den Tiefenbohrungen in Tuggen, Cuarny und Servions, die alle erfolglos in der Zwischenkriegszeit durchgeführt worden waren, erst die vierte Schweizer Tiefenbohrung überhaupt. Die Bohrung erreichte eine Tiefe von 2166 Metern, es wurde aber kein Erdöl gefunden.[27] Im Juni 1958 wurde bei Chapelle-sur-Moudon im Kanton Waadt eine weitere Tiefenbohrung realisiert; sie stieß bis auf 1530 Meter vor, man fand aber kein Erdöl. Danach wurde in Savigny auf 2486 Meter gebohrt, doch wiederum ohne Erfolg. Zwei weitere Tiefenbohrungen im Kanton Fribourg – in Courtion auf 3083 Meter und in Sorens auf 3165 Meter Tiefe – blieben im selben Jahr erfolglos.

Einige Schweizer freuten sich, dass die Bohrungen erfolglos waren, da sie nicht ohne Grund glaubten, dass das Erdöl Kriege anziehe. Man »dürfe nicht an der Tatsache vorbeisehen«, dass es »in weiten Kreisen« gegenüber dem Erdöl »schwere Bedenken« gebe, so die »Bündner Zeitung«. »Wir wissen nur allzu gut, dass unser an Bodenschätzen armes Land nicht zuletzt gerade aus diesem Grunde relativ gut an den beiden letzten Weltkriegen vorbeigekommen ist. Sollten neue Streite entstehen, so wird die Weltmacht Öl eine noch bedeutendere Rolle spielen, als dies in der Vergangenheit der Fall war. Ist unser Land dannzumal ein Erdöl-Produzent, so ist es zweifellos ein begehrteres Objekt und somit größeren Gefahren ausgesetzt.«[28]

Internationale Erdölkonzerne wie Shell beobachteten die Erdölsuche in der Schweiz genau, wollten von einer bloß minderheitlichen Beteiligung an der Schweizerischen Erdöl AG aber nichts wissen.[29] Bei ihrer Erdölsuche kooperierte die SEAG daher mit der deutschen Elwerath aus Hannover, der größten unabhängigen deutschen Erdölgesellschaft. Die Elwerath hatte seit Jahren im süddeutschen Molassegebiet gebohrt und kannte den vergleichbaren Schweizer Boden gut. Die erste Bohrung brachten die SEAG und die Elwerath im Frühsommer 1960 für 1,2 Millionen Franken in der Nähe von Limbus auf dem Küsnachterberg im Kanton Zürich nieder. Sie wurde bis auf 2692 Meter abgeteuft, man fand aber kein Erdöl. Durch die Gesellschaft Middleland Oil wurde 1961 im Mont Risoux im Waadtländer Jura eine weitere Tiefenbohrung auf 1958 Meter realisiert, doch auch diese fand kein Erdöl. 1962 bohrte die SEAG im Kanton Thurgau bei Kreuzlingen bis auf 2550 Meter, ebenfalls ohne Erfolg.

Die Swisspetrol ließ sich durch die vielen Misserfolge nicht entmutigen und suchte das ganze Mittelland systematisch nach Erdöl ab. Zwischen 1960 und 1972 wurden insgesamt 17 Tiefenbohrungen in der Schweiz realisiert. Nicht alle Bohrungen waren erfolglos. Die Swisspetrol stieß in Essertines im Kanton Waadt mit einer Tiefenbohrung bei 2936 Meter Tiefe am 28. April 1963 auf geringe Mengen von Erdgas, das als orangerote Flamme abgefackelt wurde. In Essertines wurden 1963 auch 733 Fass Erdöl gefördert, das »von einer mit besten libyschen Qualitäten vergleichbaren Hochwertigkeit« war. Doch die Mengen waren zu klein, so dass die Bohrung von Essertines keine wirtschaftliche Ausbeutung erlaubte und wieder verschlossen werden musste.[30]

Zwischen 1963 und 1965 führte die Swisspetrol durch eine weitere Tochterfirma, die Luzernische Erdöl AG (LEAG) in Pfaffnau, fünf Tiefenbohrungen durch. Der Bohrplatz mit dem gigantischen Bohrturm, unweit des alten, ehrwürdigen Klosters von St. Urban inmitten einer bewaldeten Hügelzone gelegen, wurde fast Tag und Nacht von einer Schar Schaulustiger besucht. Im November 1964 stieß man auf rund 300 000 Kubikmeter Erdgas, das man abfackeln musste, weil keine Möglichkeit bestand, das Erdgas wirtschaftlich zu verwerten. Die Feuerfontäne spritzte gemäß Zeitungsberichten »explosionsartig 20 Meter hoch in den spätherbstlichen Nachthimmel hinein und ließ alle Leute im Umkreis von mehreren Kilometern unwillkürlich aufblicken … Auf der Hauptstraße … blieben Dutzende von Autos stehen. Ihre Insaßen stiegen aus, um das seltsame Schauspiel am nächtlichen Himmel zu betrachten«. Da und dort kam es zu Staus, überall hielten die Schaulustigen an. Bauer Alois Wespi, der den Erdölsuchern seinen Boden überlassen hatte, nahm es gelassen: »Mir ist es recht, wenn die Sache in einem Monat vorbei ist; für uns geht das Leben einfach weiter. Ölscheich werde ich bestimmt nicht.«[31]

Es folgten weitere Erdölbohrungen in der Schweiz, doch gelang es nicht, wirtschaftlich förderbares Erdöl zu finden.[32] Nur ein weiteres kleines Erdgasfeld entdeckte man 1980 in Finsterwald im luzernischen Entlebuch. Die Bohrungen der Luzernischen Erdöl AG (LEAG) begannen im September 1979. Der 55 Meter hohe Bohrturm zog erneut viele Besucher an, die, ausgerüstet mit Feldstechern und Fotoapparaten, die Bohrungen beobachteten. Deutsche Bohrleute der Firma Elwerath, die auf Nordsee-Bohrplattformen gearbeitet hatten, trieben ein Loch von 70 Zentimetern Durchmesser in den Boden, das sie auf mehrere tausend Meter abteuften. Werner Bühlmann, Präsident der LEAG, glaubte, Finsterwald sei ein »Markstein für die schweizerische Erdölforschung«. Die Swisspetrol zog noch weitere ausländische Partner bei, darunter Elf Aquitaine, Royal Dutch Shell und Esso, welche die Bohrung zum überwiegenden Teil finanzierten. Im Falle der Fündigkeit hatte sich die Swisspetrol die mehrheitliche Kontrolle gesichert, getreu der Maxime, dass fossile Energiequellen im Inland stets mehrheitlich in Schweizer Hand sein mussten.[33]

Im Frühling 1980 erreichte die Bohrung in Finsterwald bei 5289 Metern ihre Maximaltiefe und wurde eingestellt. Erdöl fand man keines, aber bei 4370 Metern Tiefe stieß man auf Erdgas. Der Erdgasfund von Finsterwald war der größte Erfolg der Schweizer Suche nach Erdöl und Erdgas im 20. Jahrhundert. Die beteiligten Akteure entschieden, den Fund wirtschaftlich auszubeuten, da die internationale Gasleitung Transitgas Holland–Italien in nur 5 Kilometern Distanz vom Fundort verlief und es daher nicht besonders teuer sein würde, das kleine Gasfeld von Finsterwald ans Gasnetz anzuschließen. Am 1. April 1985 begann die Förderung des Erdgases. Insgesamt wurden 74 Millionen Kubikmeter Erdgas abgebaut. Zur Energieautonomie der Schweiz trug diese bescheidene Menge jedoch nicht bei, da der Erdgaskonsum der Schweiz in den 1980er-Jahren schneller anstieg, als die Förderung in Finsterwald ausgeweitet werden konnte. Im Jahre 2004 hätten die 74 Millionen Kubikmeter Erdgas, die in Finsterwald insgesamt gefördert wurden, nur gerade 2,5 Prozent des Schweizer Jahresgasverbrauchs abgedeckt.[34]

Die Pumpe in Finsterwald war über 42 000 Stunden in Betrieb. Doch wie jedes Erdöl- oder Erdgasfeld erschöpfte sich auch jenes in Finsterwald. Schon nach neun Jahren gab das Reservoir nicht mehr viel her, und die LEAG entschied sich im Juli

1994, die Förderung einzustellen und das Bohrloch mit Beton zu verschließen. Damit endete ein Stück Schweizer Industriegeschichte; auch die Swisspetrol Holding wurde 1994 aufgelöst. Am verlassenen Ort wurde 1996 ein einfaches Industriedenkmal mit einer Bohrpumpe und einer Schautafel installiert. Finsterwald war nicht rentabel. Mit 30 Millionen Franken war es die teuerste Bohrung der Swisspetrol, dazu kamen Kosten von 6 Millionen für den Förderbetrieb. Diesen Ausgaben standen nur 9 Millionen Franken Einnahmen aus den Gasverkäufen gegenüber, weshalb unter dem Strich ein Verlust von 27 Millionen resultierte.[35] »Es war ein Pfupf«, meinte Swisspetrol- Geschäftsführer Patrick Lahusen; man habe in Finsterwald viel zu wenig Erdgas gefunden, aber zumindest beweisen können, dass es auch im Schweizer Boden Erdgas gebe.[36]

7

Der Erdölrausch erfasst Europa von 1950 bis 2000

Der sehr starke Anstieg des Erdölkonsums in der westlichen Welt in den fünf Jahrzehnten nach dem Zweiten Weltkrieg hat das Leben in Europa und in anderen Industrienationen grundlegend verändert. Der Verbrauch von Erdölprodukten wie Benzin, Diesel, Heizöl oder Kerosin und der Verkauf von Plastik nahmen zwischen 1950 und 2000 so stark zu, dass ich für dieses einzigartige historische Phänomen den Begriff »Erdölrausch« verwenden möchte. Keine andere Phase der uns bekannten Menschheitsgeschichte hat je einen so großen Zufluss an billiger und reichlich vorhandener Energie erlebt wie diese 50 Jahre. Ermöglicht wurde der Erdölrausch erstens durch die Erdölförderung der USA, dem nach dem Weltkrieg wichtigsten Produzenten, und zweitens durch die Entdeckung und Förderung großer Erdölvorkommen im Nahen Osten in den 1950er-Jahren, der heute wichtigsten Erdölregion der Welt.

Was ist ein Erdölrausch?

Das Wort »Rausch« wird in der Umgangssprache nicht im Zusammenhang mit Erdöl, sondern eher in Verbindung mit dem Wort »Alkohol« verwendet. Das Wort »Alkoholrausch« umschreibt einen angenehmen bewusstseinsverändernden Zustand von erhöhter Fröhlichkeit, Sinnlichkeit, Ausgelassenheit, Geselligkeit und Kommunikationsfähigkeit, der nach der Einnahme von Wein, Sekt, Bier oder anderen alkoholischen Getränken eine gewisse Zeit andauert. Alle Kulturen kennen den Rausch, und es ist sicher wahr, dass sich die allermeisten Menschen gerne berauschen. Beim Alkohol ist aber auch die Kehrseite des Rausches wohl bekannt. Zu viel Alkohol kann zu Erbrechen, Gewalttätigkeit, Kater oder gar krankhafter Abhängigkeit führen.

Jeder Rauschzustand hat einen Auslöser, es muss aber nicht zwingend der Alkohol sein. Die Kulturgeschichte des Rausches kennt eine Vielzahl von Substanzen, die einen Rausch auslösen können. Neben dem Alkohol auch Tabak, Cannabis, Psilocybin, LSD, Kokain, Heroin, Ecstasy und andere. Die Herstellung eines anderen Bewusstseinszustandes durch Zuführen berauschender Substanzen ist seit Bestehen der Menschheit kulturübergreifend ein wesentliches Merkmal menschlicher Zivilisation. Ob die Substanzen, die den Rausch auslösen, moralisch als »schlecht« oder »gut« bewertet werden, hängt von der vorherrschenden Kultur, der Altersgruppe, der konsumierten Menge, der Substanz und dem Kontext der Einnahme ab. Heroin-Junkies leben an den oft kriminellen Rändern der Gesellschaft und stehen als Sinnbild für die Zerstörung, die ein Rausch auslösen kann. Rotwein hingegen wird nicht geächtet und an praktisch allen Anlässen serviert, bei denen ich Fachreferate zum Thema Energie halte. Wenn die Rauschsubstanz immer wieder eingenommen wird, entwickelt sich eine Sucht, also eine Abhängigkeit vom Rauschmittel. Ganze Berufsgruppen sind heute damit beschäftigt, suchtkranke Menschen zu heilen und wieder in die Gesellschaft zu integrieren.[1]

Der Begriff »Erdölrausch«, der meiner Meinung nach die Zeit von 1950 bis 2000 historisch sehr treffend umschreibt, deutet auf die wichtige Tatsache hin, dass der Rausch süchtig macht und von einer endlichen Substanz ausgelöst wird, in diesem Fall dem Erdöl. Ob man das Erdöl eher mit dem Heroin oder mit dem Rotwein vergleichen möchte, ist, kulturell bedingt, von Beobachter zu Beobachter verschieden. Sicher ist aber, dass nach dem Rausch der Entzug oder Kater folgen wird. Zu beobachten ist auch, wie die Sucht durch stetiges Erhöhen der Dosis entstanden ist.

Die verfügbaren Zahlen zur Erdölgeschichte zeigen klar auf, dass Erdöl erst nach 1859, wie oben dargelegt, industriell gefördert wurde. Während der ersten hundert Jahre wurde vergleichsweise wenig Erdöl verbraucht, der globale Konsum stieg nur sanft an. Am Vorabend des Ersten Weltkriegs betrug der globale Erdölkonsum erstmals 1 Million Fass pro Tag, am Ende des Zweiten Weltkrieges waren es täglich 6 Millionen Fass, von einem »Erdölrausch« konnte daher noch nicht die Rede sein.

Erst ab 1950 setzte der Erdölrausch ein. Die Kohle wurde verdrängt, und Erdöl stieg zum unangefochten wichtigsten Energieträger der Welt auf. Von Jahr zu Jahr strömte immer mehr billiges Erdöl nach Europa und in andere Industrieländer. Der Konsum nahm auf der Basis des Erdölrausches ganz neue und zuvor unbekannte Dimensionen an. Schon 1962, im Jahr der Kubakrise, war der globale Erdölkonsum auf 22 Millionen Fass pro Tag angestiegen. Damit war jedoch keineswegs eine

Höchstmarke erreicht. Die stetig wachsende Nachfrage trieb den Tageskonsum von Erdöl Jahr für Jahr um 1 bis 2 Millionen Fass über die Marke des Vorjahres. In den 1970er-Jahren wurden weltweit täglich 50 Millionen Fass konsumiert, fast zehnmal mehr als am Ende des Zweiten Weltkrieges. Im Jahr des Reaktorunglücks von Tschernobyl, 1986, hatte der globale Erdölkonsum pro Tag schon die schwindelerregende Höhe von 61 Millionen Fass erreicht. Und am Ende des 20. Jahrhunderts lag der tägliche Verbrauch global bei 78 Millionen Fass Erdöl, was einem Jahresverbrauch von sage und schreibe 28 Milliarden Fass entsprach.

Wer versucht, sich ein Bild dieses Erdölrauschs zu machen, hat größte Mühe, die Millionen und Milliarden von Fässern im Kopf geistig abzubilden. Der Erdölrausch sprengt sprichwörtlich unser Vorstellungsvermögen. Ein Fass Erdöl hat ein Fassungsvermögen von 159 Litern; dies kann man sich noch vorstellen, da fast jeder schon Erdölfässer oder Bilder von Erdölfässern gesehen hat. Doch wie soll man sich die 78 Millionen Fass Erdöl vorstellen, die im Jahre 2000 jeden Tag verbraucht wurden? Es ist nicht möglich. Eine Annäherung gelingt, wenn man zur Kenntnis nimmt, dass ein Erdölsupertanker rund 2 Millionen Fass Erdöl laden kann. Die 78 Millionen Fass entsprechen also 39 Erdölsupertankern. Und das war im Jahr 2000 der globale Verbrauch pro Tag, nicht pro Jahr! Noch 1950 reichten vier Supertanker aus. Im Jahr 2012, in dem dieses Buch publiziert wurde, lag der Tagesverbrauch bei 88 Millionen Fass oder 44 Supertankern pro Tag.

Es kann nicht genügend betont werden, wie einzigartig der Erdölrausch in der Geschichte der Menschheit ist. Nie zuvor war so vielen Menschen so viel billige und reichlich vorhandene Energie zur Verfügung gestanden. Trotzdem wäre es keinem der Zeitgenossen, weder in der Schweiz noch in Deutschland oder in Österreich, in den Sinn gekommen, seine Zeit als ein »Leben im Erdölrausch« zu bezeichnen. Der Erdölrausch blieb für viele unsichtbar, und zwar in dem Sinne, dass es kein einschneidendes Ereignis gab, womit er begann. Vielmehr vollzog sich diese Veränderung in graduellen und leisen Schritten, so dass sie kaum direkt wahrgenommen wurde. Vor allem aber war der Rausch angenehm, er führte zu Komfort und Reichtum und wurde daher nicht hinterfragt. »Die Selbstverständlichkeit, mit der sich die Verbraucher der verschiedenen Energieträger bedienen«, beobachtete der Schweizer Ständerat Peter Müller aus Luzern im Jahre 1962, »lässt da und dort das Interesse an den schwerwiegenden Fragen, die damit zusammenhängen, erlahmen.«[2] Dies traf indes nicht nur für die Schweiz, sondern für alle industrialisierten Länder zu, darunter auch die USA. »Wenn die Verbraucher sich überhaupt Gedanken machten, so betrachteten sie billiges Öl sozusagen als ihr Geburtsrecht«, schreibt der Amerikaner Daniel Yergin.[3]

Aus historischer Distanz betrachtet ist klar, dass der Erdölrausch nicht endlos anhalten kann, da Erdöl nur in beschränkten Mengen vorhanden ist. Der Historiker Rolf Peter Sieferle betont denn auch zu Recht, dass die Industriegesellschaft, die auf den fossilen Energien beruht, »in eminentem Sinne eine Übergangsgesellschaft« ist.[4] Der Rausch kam und wird auch wieder vorbeigehen. Vor allem ab 1950 ist sehr viel billiges Erdöl nach Europa geflossen. Für Historiker bleibt es daher eine wichtige Aufklärungsaufgabe, den »Boom der Nachkriegszeit als eine Epoche grundsätzlicher Weichenstellungen wiederzuentdecken, die heute unsere Gesellschaft prägen«, betont Hartmut Kaelble vom Institut für Geschichtswissenschaften der Humboldt Universität Berlin zu Recht.[5]

Der Erdölrausch steigerte den materiellen Wohlstand enorm, was von den Zeitgenossen natürlich geschätzt wurde. Negative Auswirkungen wie der Klimawandel, Ressourcenkriege und die Zunahme der Importabhängigkeit wurden gerne verdrängt. Pro Kopf nahm in Europa zwischen 1950 und 2000 der beheizte Wohnraum deutlich zu; erstmals wurden auch Zweitwohnungen gebaut. Nicht mehr wie früher nur die Küche oder ein Zimmer, sondern alle Räume der größeren Wohnungen wurden beheizt, wobei automatische, mit Heizöl betriebene Zentralheizungen Einzelöfen verdrängten. Die Isolation der Häuser, die in den 1950er- und 1960er-Jahren gebaut wurden, war dünn, denn das Erdöl war billig und scheinbar grenzenlos vorhanden.

Die Zahlen sind eindrücklich und sprechen eine klare Sprache. In der Schweiz nahm der Wohnungsbestand von 1950 bis 1990 um 150 Prozent zu bei einem gleichzeitigen Bevölkerungswachstum von 50 Prozent! Die Anzahl Personenwagen stieg um das Zwanzigfache. Zwischen 1950 und 1973 stieg der schweizerische Erdölverbrauch um das Elffache an, fanden Michael Bürgi und Baptist Gehr, was »das Konsum-, Wohn- und Mobilitätsverhalten tief greifend veränderte«.[6] Ohne billiges Erdöl wäre diese Entwicklung undenkbar gewesen.

Moderne technische Hilfsgeräte wie Waschmaschinen, Kühlschränke, Fernseher, Tiefkühltruhen, Geschirrspüler, Wäschetrockner und Mikrowellenherde kamen auf den Markt. Billige Massengüter wurden im Rahmen der Globalisierung weltweit verschoben und dem Konsumenten zugeführt. Der Flugtourismus eröffnete sprichwörtlich neue Paradiese, und das persönliche Auto ermöglichte eine bis dahin nie gekannte Mobilität in der Freizeit. Unternehmer freuten sich über das dynamische Wachstum der Wirtschaft und Regierungen über die Einnahmen aus der Mineralölsteuer. Die Läden füllten sich mit vielfältigen bunten Konsumgütern aus Plastik und anderen Materialien, die aus Erdöl hergestellt oder mit Erdöl transportiert wurden.

Der materielle Wohlstand stieg in Europa von 1950 bis 2000 stark an, was praktisch alle Beteiligten als positiv beurteilten. Der Kulturwissenschaftler Walter Leimgruber glaubt, dass die fünf Jahrzehnte nach dem Zweiten Weltkrieg gar als »Goldene Jahre« bezeichnet werden sollten. »Als glückliche Epoche erscheint die Zeit [nach 1945] retrospektiv vielen Menschen, weil sie ihnen fast ein halbes Jahrhundert lang einen einzigartigen, praktisch ungebrochenen Aufschwung, Fortschritt und Wohlstand gebracht hat.« Ohne diese Zeit mythisieren zu wollen, müsse man doch zugeben, dass es, zumindest in den USA und in Europa, »auf materiellem Gebiet zu einer förmlichen Explosion kam«, so Leimgruber. »Alles, was man sich 10, 15 Jahre früher auch in den kühnsten Träumen kaum erhofft hatte, wurde für weite Teile der Gesellschaft nun erschwinglich.«[7]

Auch der Historiker Christian Pfister sieht in den Jahren 1950 bis 2000 einen Strukturwandel. Pfister spricht aber nicht von »Erdölrausch«, sondern vom »1950er-Syndrom«, mit dem er ganz allgemein den Boom der Nachkriegszeit meint. »Von den 1950er-Jahren an«, so Pfister, »erfuhren der Energieverbrauch, das Bruttoinlandprodukt, der Flächenbedarf von Siedlungen, das Abfallvolumen und die Schadstoffbelastung von Luft, Wasser und Boden den für die heutige Situation entscheidenden Wachstumsschub.«[8]

Die Veränderungen waren fundamental. »Die Welt war unvergleichlich viel reicher als jemals zuvor – durch das mittlerweile herrschende Ausmaß an Waren- und Dienstleistungsproduktion –, aber auch reicher in ihrer grenzenlosen Vielfalt«, so der britische Historiker Eric Hobsbawm. »Anders wäre es ihr auch nicht gelungen, eine Weltbevölkerung zu erhalten, die um ein Mehrfaches größer war als jemals zuvor in der Weltgeschichte.« Hobsbawm streicht zu Recht heraus, dass bis zur Französischen Revolution weniger als 1 Milliarde Menschen auf der Erde gewohnt hatten. Mit dem Anbruch des fossilen Zeitalters änderte sich diese demografische Balance grundlegend, auch weil die Landwirtschaft mithilfe von Erdöl und Erdgas die Produktion von Nahrungsmitteln stark erhöhen konnte. Im Kontext des Erdölrauschs stieg die Weltbevölkerung auf heute 7 Milliarden an. Der Erdölrausch und seine Folgen wurden als etwas sehr Positives wahrgenommen. »Bis in die 1980er-Jahre lebten die meisten Menschen besser als ihre Eltern und in den fortgeschrittenen Wirtschaftssystemen auch besser, als sie es selbst jemals erwartet oder für möglich gehalten hatten«, bilanziert der 1917 geborene Hobsbawm, der diese rasante Entwicklung selber miterlebt hatte.[9]

Billiges Erdöl bildet die Grundlage für den Erdölrausch

Nach dem Zweiten Weltkrieg war Erdöl in großen Mengen vorhanden, und es war billig, weshalb die Abhängigkeit stark zunahm. Bis ins Jahr 1973 kostete das Fass weniger als 2 Dollar, da die Märkte überversorgt waren. Die Marke Arabian Light, die Referenzmarke der Zeit, kostete im Juni 1957 nur gerade 2 Dollar pro Fass, im September 1960 fiel ihr Preis gar auf 1,80 Dollar, wo er bis Ende 1970 verharrte.[10] Mehr als alles andere war es dieser tiefe Preis, der den Erdölrausch auslöste. Auch nach den Erdölkrisen der 1970er-Jahre blieb Erdöl vergleichsweise billig, da es immer noch im Überfluss vorhanden war. Bis zum Jahr 2000 kostete das Fass weniger als 20 Dollar.

Der Schweizer Historiker Jakob Tanner hat in seinen Untersuchungen bestätigt, dass nach 1950 in Europa die Zahl von Kühlschränken, Nähmaschinen, Automobilen und Fernsehkonzessionen fast exponentiell anstieg. Auch in der Schweiz freute man sich über »bisher nie erreichte Wachstumsraten«, so Tanner. Zwischen 1930 und 1939 war das schweizerische Sozialprodukt real nur um 0,6 Prozent gewachsen. Doch in der folgenden Hochkonjunktur zwischen 1950 und 1960 schnellte dieses Wachstum auf durchschnittlich 4,4 Prozent, und blieb bis zur Erdölkrise 1973 über der 4-Prozent-Marke. »In dieser ›Wirtschaftswunder‹-Zeit bildeten sich die Grundlagen der modernen Massenkonsumgesellschaft heraus«, ist Tanner überzeugt.[11]

Entscheidend für diesen Wachstumsschub war, meiner Meinung nach, das billige Erdöl. Während andere Lebenshaltungskosten in der Schweiz anstiegen, wurden Erdölprodukte im Vergleich zum Brotpreis und zur Kaufkraft der Konsumenten sogar billiger, bestätigt Christian Pfister. Um 1950 kostete 1 Liter Benzin mehr als 1 Kilo Brot, nämlich 62 Rappen, während für 1 Kilo Schwarzbrot 51 Rappen verlangt wurden. Zu derselben Zeit reichte der Stundenlohn eines Facharbeiters für gut 4 Liter Benzin. 1990 waren Erdölprodukte noch attraktiver: Brot kostete dreimal so viel wie Benzin, und ein Facharbeiter konnte sich mit seinem Stundenlohn ganze 20 Liter Benzin kaufen. Gemessen an den Löhnen ist das Benzin daher zwischen 1950 und 1990 in der Schweiz fünfmal billiger geworden. Wenn es sich im gleichen Ausmaß wie das Brot verteuert hätte, wäre 1 Liter Superbenzin zum Ende des letzten Jahrhunderts auf über 5 Franken geklettert.[12]

Die positiven und negativen Auswirkungen des Erdölrausches werden heute in der Forschung kontrovers diskutiert. Der Iraner Mohssen Massarrat, Professor für Politikwissenschaft an der Universität Osnabrück, kritisiert, dass Erdöl in der Nachkriegszeit zu billig war. Von 1915 bis 1974, so die Berechnungen von Massarrat, sank

»der reale Weltmarktpreis für Öl nahezu durchgehend, obwohl die weltweite Nachfrage nach Öl, insbesondere nach dem Zweiten Weltkrieg, überproportional angestiegen ist«. Der tiefe Preis, erklärt Massarrat richtig, wurde erstens durch die Erschließung der Erdölquellen im Nahen Osten mit besonders hoher natürlicher Produktivität bedingt. Und zweitens, so glaubt Massarat, durch die Politik der »Ölfirmen des Nordens«, die in den Erdölländern nur während einer vertraglich beschränkten Zeit Erdöl fördern durften und daher »dem eigenen kurzfristigen Nutzenmaximierungsprinzip« folgten, um »innerhalb der vertraglich geregelten Nutzungsdauer so rasch wie möglich die Ölquellen des Südens leer zu pumpen« und danach das Erdöl im Norden zu einem »Dumpingpreis« zu verkaufen.[13]

Durch einen erhöhten Erdölpreis wäre der Erdölrausch in der zweiten Hälfte des 20. Jahrhunderts vermutlich gedämpft worden. »Es kann kein Zweifel daran bestehen«, so Christian Pfister, »dass die Entwicklung seit den 1950er-Jahren anders verlaufen wäre, wenn die Preise für Benzin, Heizöl und andere Erdölprodukte mit jenen der meisten anderen Güter Schritt gehalten hätten. Überlegen wir uns, welches die mutmaßlichen Auswirkungen einer graduellen Anhebung des Benzinpreises in den letzten 40 Jahren auf heute 5 Franken pro Liter (und einer entsprechenden Verteuerung des Heizöls) gewesen wären«, so Pfister im Jahre 1995. »Wer wollte bestreiten, dass – unabhängig vom Umweltbewusstsein – unter diesen Voraussetzungen […] alternative Energieträger kostenmäßig mit dem Erdöl konkurrenzfähig geworden wären, verbrauchsarme Autos unsere Straßen befahren würden, wir unsere Häuser längst wirkungsvoll isoliert hätten [… und] eine Flugmobilität im heutigen Umfange nicht aufgekommen wäre.«[14]

Billiges Erdöl, hat die Länder Europas davon abgehalten, schonend und effizient mit den vorhandenen endlichen Ressourcen umzugehen. Der Erdölrausch führte wie jeder Rausch zu Verschwendung. »Der historische Rückblick hat ergeben«, so Pfister, »dass der langfristige relative Preiszerfall für fossile Energieträger seit den späten 1950er-Jahren als die gewichtigste Ursache für den verschwenderischen Umgang mit Rohstoffen und Energie und die daraus erwachsenden übermäßigen Belastungen der Umwelt betrachtet werden muss.«[15]

In den 1950er-Jahren war die Erfahrung des Erdölrausches jedoch eine andere. Der »Erdölkater« war in weiter Ferne. Für die Menschen in Europa bedeutete das billige Erdöl in erster Linie ein positives Erlebnis. Seine negativen Effekte in Form von Importabhängigkeit, Ressourcenkriegen, Umweltverschmutzung und Treibhausgasen spielten in den Medien und im öffentlichen Bewusstsein praktisch keine Rolle. Die erfreulichen Erfahrungen eines gewissen Reichtums standen im Vordergrund.

Die Erdölindustrie selber betonte in ihrer Kommunikation natürlich die positiven Seiten des Erdölrausches und behauptete, ein hoher Lebensstandard sei nur mit einem hohen Energieverbrauch möglich. »Auch in der Schweiz hat der Verbraucher seine Gunst immer mehr dem Erdöl und seinen Produkten zugewendet, die heute zur weitaus wichtigsten Energiequelle geworden sind«, freute sich A. Raaflaub, Verwaltungsratspräsident der Shell Switzerland. Dies sei »umso erfreulicher, als heute allgemein der Lebensstandard eines Landes am Umfang seines Energieverbrauchs gemessen wird«. Ohne Erdöl »würde der Pulsschlag des modernen Verkehrs stocken«, ohne Erdöl seien Prosperität in der Wirtschaft und Perfektion in der Technik »undenkbar«.[16] Die ganze Bevölkerung verbrauche Erdölprodukte in Form von Benzin, Heizöl, Chemikalien und Kunststoffen, die auf der Basis von Erdölderivaten hergestellt seien. »So gibt es heute in der Schweiz vom Säugling bis zum Greis niemanden mehr, der nicht direkt oder indirekt, bewusst oder unbewusst mit zu den Verbrauchern unserer Produkte gehört«, zeigte sich Shell Switzerland zufrieden.[17]

Wer Zeitungsberichte aus den 1950er- und 1960er-Jahren zum Thema Erdöl untersucht, erkennt leicht, dass in der öffentlichen Wahrnehmung oder aber zumindest in der Wahrnehmung der schreibenden Journalisten ein großer Fortschrittsglaube und eine Betonung der positiven Eigenschaften von Erdöl dominierten, während negative Kriterien wie Krieg, Klimawandel oder Importabhängigkeit in den Hintergrund traten. Die Erdölindustrie förderte diese Einstellung und lud Journalisten zum Beispiel zur Besichtigung von Erdölraffinerien ein. Die Shell-Raffinerie St. Gobain bei Marseille beeindruckte die Besucher sehr. »In diesem Betrieb trifft man keine Arbeiter«, berichtete der Schweizer Journalist mit Begeisterung. »Alles scheint von selber zu funktionieren. Sämtliche Vorgänge werden elektronisch ferngesteuert. Überall herrscht peinliche Sauberkeit. Weder Geräusche noch Gerüche machen sich störend bemerkbar.« Erdölraffinerien seien ein Wunderwerk der Technik, ein Ausdruck von Fortschritt und daher auch für die Menschheit ein Gewinn: »Hier begegnen wir dem tiefsten Sinn und Wesen der Technik. Man beginnt die Unermesslichkeit des technologisch und wirtschaftlich Möglichen zu ahnen in der grandiosen Harmonie horizontaler Rohrleitungsgeflechte und vertikaler Reaktionskolonnen.«[18]

Auch andere Zeitungen berichteten voller Enthusiasmus über das schwarze Gold: »Erdöl liefert nicht allein den Treibstoff für die weit mehr als eine Million Motorfahrzeuge, die den schweizerischen Fahrzeugbestand ausmachen … für die ununterbrochene Reihe von Verkehrsflugzeugen, die stündlich unsere Flugplätze anfliegen, und die Traktoren, ohne die unsere Landwirtschaft weder die Felder bestellen noch die Frucht einbringen könnte; es ist auch der unentbehrliche Brennstoff für eine große

Zahl industrieller Betriebe und die ungezählten Ölfeuerungen, mit denen unsere Häuser, Schulen und Kirchen geheizt werden.« Mit solchen und ähnlichen Texten wurden die unbestreitbar positiven Resultate des Erdölimports betont; die gleichzeitig entstehende Abhängigkeit wurde nicht kritisch reflektiert. Denn ohne Erdöl, so argumentierte die Zeitung überzeugend, würde die Schweizer Wirtschaft weit weniger erfolgreich sein: »Vom Erdöl kommen aber auch die Schmierstoffe, ohne die sich keine Maschine in Betrieb halten ließe, und das Bitumen, das unsere Straßen staubfrei macht. Und als Krönung dieser nie unterbrochenen Entwicklung bietet uns das Erdöl Rohstoffe zu chemischen Synthesen, die in der sogenannten Petrochemie fast unbegrenzte Möglichkeiten eröffnen.«[19]

Natürlich sind diese Zeitungsartikel inhaltlich korrekt. Doch im Rückblick erstaunt, wie systematisch in den 1950er- und 1960er-Jahren die negativen Auswirkungen des Erdölrausches ausgeblendet wurden. Dies änderte sich fundamental in den 1970er-Jahren, als der Club of Rome die Endlichkeit der Erdölressourcen betonte und die Annahme eines endlosen Wachstums der Wirtschaft fundamental hinterfragte. Dennis Meadows kam damals zum Schluss, dass »bei anhaltendem Bevölkerungswachstum und wirtschaftlichem Zuwachs das Gesamtsystem gegen seine Grenze getrieben« werde und dass diese Grenze in der »Erschöpfung der nicht regenerierbaren Rohstoffvorräte« und der Belastung der Umwelt bestehe. »Es ist unbekannt«, so Meadows, »wie viel Kohlendioxid oder Abwärme man freisetzen kann, ohne dass sich das Klima der Erde unwiderruflich verändert, oder wie viel Radioaktivität, Blei und Quecksilberverbindungen und Schädlingsbekämpfungsmittel Pflanzen, Fische und Menschen aufnehmen dürfen, ohne dass die Lebensprozesse schwer gestört werden.« Sicher sei aber, dass die Belastung der Umwelt Grenzen habe.[20]

Die Studie von Meadows fand in Europa und in den USA große Beachtung. Es war ein »Wachrütteln«, so der Soziologe Volker Bornschier, eine »Fundamentalkritik am auf der Ausplünderung des Planeten gründenden Wirtschaftswachstum«.[21] Die Abhängigkeit von fossilen Importen wie auch die Umweltbelastung wurden dezidiert als problematisch eingestuft. Am Verhalten änderte sich aber nichts, da Erdöl weiterhin sehr billig war.

»Wirtschaftswachstum an sich ist nicht notwendigerweise umweltbelastend«, betonte Christian Pfister richtig, »ausschlaggebend sind vielmehr die Mengen an (fossiler) Bruttoenergie und Rohstoffen, die dabei zusätzlich durch das Wirtschaftssystem geschleust werden.«[22] Auch die Erdöl-Vereinigung (EV), welche in der Schweiz die Interessen der Erdölbranche vertritt, sprach in den 1990er-Jahren erstmals offen über die negativen Seiten des Erdölrausches. Der stark steigende Verbrauch fossiler

Energie sei »zur wichtigsten Quelle der vom Menschen verursachten Luftbelastung geworden«, daher seien »Gegenmaßnahmen« dringend notwendig, »um den Menschen und seine Umwelt vor Schädigungen zu schützen«.[23]

Der durch den Erdölrausch eingeleitete Wandel zeigte sich exemplarisch auch in der neuen petrochemischen Industrie, die Erdöl und Erdgas in Kunststoffe und eine Vielzahl von Chemikalien verwandelte. Fast in jeder Art von Gerät begann Kunststoff, umgangssprachlich als »Plastik« bezeichnet, herkömmliche Materialien wie Holz oder Metall zu ersetzen. Denn mit Plastik konnten Formteile neu auf unschlagbar billige Weise hergestellt werden. Kunststoff wurde in den 1950er- und 1960er-Jahren von einem Ersatzstoff mit besonderer Bedeutung zu einem Werkstoff für die industrielle Massenfertigung. Die Basis für diese Revolution bildete der Erdölrausch.

Die Verbreitung von Plastik wird von den meisten Chronisten der Erdölgeschichte als Teilaspekt des Erdölrausches klar erkannt. Der Politologe Daniel Yergin formuliert es so: »Öl triumphierte, es war der unangefochtene König, Monarch in bunter Plastikkleidung. Seinen Untertanen erwies er sich als freigiebiger Herrscher, der seinen Reichtum mit ihnen teilte, oftmals bis zur Verschwendung.« Yergin selber verwendet nicht den Begriff »Erdölrausch«, sondern bezeichnet die Periode nach 1945 als »das Zeitalter des Kohlenwasserstoffmenschen«, dominiert vom »König Erdöl«. »Seine Herrschaft war eine Zeit des Selbstvertrauens, des Wachstums, der Expansion, der ökonomischen Leistung. Seine Großzügigkeit verwandelte sein Königreich, schuf eine neue Plastik-Zivilisation.«[24]

Die Kehrseite der Plastikrevolution dringt erst langsam in unser Bewusstsein, da wir sie kaum sehen. Einkaufstüten, Feuerzeuge, PET-Flaschen und Badeschlappen werden nur zum Teil fachgerecht entsorgt; viel Plastik gelangt durch den Wind und die Flüsse ins Meer. Dort aber kann Plastik durch Mikroorganismen nicht abgebaut werden, sondern wird irgendwann von kreisförmigen Meeresströmungen erfasst und zu einem Teppich zusammengeschoben. Im Nordpazifik zum Beispiel rotieren Plastikteile in einem Müllstrudel, der fast viermal so groß ist wie Deutschland (Great Pacific Garbage Patch). Um auf den Plastikmüll aufmerksam zu machen, segelte der Öko-Aktivist David de Rothschild aus der einflussreichen Bankier-Dynastie 2010 auf einem Schiff aus PET-Flaschen über den Pazifik. Auch Forscher untersuchen derzeit die Müllteppiche im Meer, um herauszufinden, ob kleinste Plastikteile von den Fischen gefressen werden und über die Nahrungskette wieder auf unserem Teller landen.

Der Siegeszug des Automobils

Mehr noch als farbiger Plastik oder das zum Erwärmen der Häuser verwendete Heizöl oder das Kerosin für die Flugzeuge sind die Erdölprodukte Benzin und Diesel und der Siegeszug des Automobils symbolhaft für den Erdölrausch. »Das Automobil ist das paradigmatische Produkt des fossilen Zeitalters«, glaubt der Politologe Elmar Altvater. »Ohne Öl kein Auto, und ohne Auto nicht die Art von Mobilität, die das 20. Jahrhundert und wenige Jahrzehnte des 21. Jahrhunderts prägt – solange die Versorgung mit Öl reicht.«[25]

Heute ist kaum mehr in Erinnerung, dass das erste Erdölprodukt das Leuchtpetrol für den Betrieb von Lampen war. Erdöl wurde als Lichtquelle genutzt, doch dann durch die Erfindung der Glühbirne um 1880 und die Ausbreitung der Strombeleuchtung völlig verdrängt. Die Standard Oil Company von John D. Rockefeller, welche, wie oben ausgeführt, mit Leuchtpetrol handelte, wäre Konkurs gegangen, wenn es dem deutschen Ingenieur Gottlieb Daimler nicht gleichzeitig gelungen wäre, einen mit Benzin betriebenen Motor zu konstruieren.

Im Jahre 1886 baute Daimler diesen Motor in eine Kutsche mit vier Rädern ein – das erste Auto war Realität geworden. Zeitgleich hatte auch der deutsche Ingenieur Carl Benz, der mit Daimler in Konkurrenz stand, einen mit Erdöl angetriebenen Motorwagen mit drei Rädern gebaut. Das Gefährt von Benz, das mit einem Verbrennungsmotor angetrieben wurde und eine Höchstgeschwindigkeit von 18 km/h erreichte, wurde von den Zeitgenossen noch als »Wagen ohne Pferd« belächelt. Benz selbst glaubte, »dass eine Geschwindigkeit von 50 Stundenkilometern das höchst Zumutbare für Mensch und Maschine sei«.[26]

Die Deutschen dominierten die Pionierzeit der Automobilität. Ende des 19. Jahrhunderts wurden auch verschiedene Elektrofahrzeuge hergestellt. Eine kurze Zeit war es zumindest denkbar, dass, ähnlich wie die Glühbirne beim Licht, das Elektroauto das Erdöl im Bereich Mobilität konkurrenzieren oder gar verdrängen könnte. Der in der Elektrobranche tätige österreichisch-deutsche Autokonstrukteur Ferdinand Porsche präsentierte 1900 an der Weltausstellung in Paris einen Elektrowagen, den Lohner-Porsche, der sowohl über einen Elektro- wie auch einen Verbrennungsmotor verfügte. Der deutsche Mechaniker Andreas Flocken hatte 1888 seinerseits bereits ein rein elektrisch betriebenes Auto mit vier Rädern präsentiert, den Flocken-Elektrowagen. Doch die Elektrofahrzeuge konnten sich gegenüber dem billigen Erdöl nicht durchsetzen, vor allem auch dann nicht mehr, als ab 1911 Cadillac und ab 1919 Citroën für das Starten von Benzinern nicht mehr das wenig beliebte Ankurbeln, sondern das bequeme Betätigen mit elektrischem Anlasser einsetzten.

Benzin, früher ein Abfallprodukt der Erdölraffinerien, wurde neu zum Hauptprodukt der Erdölindustrie und kompensierte den Einbruch im Petroleummarkt bei Weitem. 1911 war der weltweite Absatz von Benzin erstmals größer als der von Leuchtpetroleum. Mit der Verbreitung des Automobils und dem Einbau von Verbrennungsmotoren in Schiffen, Flugzeugen und Stromgeneratoren entstand für Erdölprodukte ein riesiger Absatzmarkt, der bis heute besteht.

In der Schweiz wurde das Automobil erstmals an der Landesausstellung von 1896 in Genf offiziell der Öffentlichkeit vorgestellt. In Genf fuhren damals die meisten Autos. Von den 176 Personenautos, die um 1900 in den 14 größeren Städten der Schweiz gezählt wurden, fuhren die meisten, nämlich 102, auf den Straßen von Genf. 1905 fand daher in Genf die erste »Nationale Automobil- und Fahrradausstellung« statt, und bis heute präsentieren am Genfer Auto-Salon die Hersteller jedes Jahr ihre neusten Fahrzeuge.[27]

Autos fanden vor allem in den Städten ihre Käufer. Im Alpenraum, sowohl in Österreich wie auch der Schweiz, waren Autos zu Beginn des 20. Jahrhunderts hingegen sehr selten; fast alle wurden von ausländischen Gästen gefahren. Die einheimische, von der Landwirtschaft lebende Bevölkerung »empfand das Automobil als eine Zumutung«, so Wolfgang König, Historiker an der Technischen Universität Berlin. Das Auto raubte der Bergbevölkerung »den Platz auf den ohnehin engen Straßen und in den verwinkelten Dörfern, es verursachte Lärm, Gestank und Staub, es störte das Vieh und ließ die Pferde scheuen, es führte im schlimmsten Fall zu schweren Unfällen«.[28]

Im Schweizer Alpenkanton Graubünden galt bis 1925 ein prinzipielles Fahrverbot für alle Automobile. Viele andere Kantone kannten zur selben Zeit Sonntags- und Nachtfahrverbote. Dort, wo die Autos am Tage fahren durften, mussten sie die Straßen mit Fußgängern, Fuhrwerken und spielenden Kindern sowie Radfahrern teilen.[29] Die mit Erdöl angetriebene Mobilität blieb aber bescheiden. Noch 1935 beschränkte sich der Motorfahrzeugbestand in der Schweiz auf 124000 Fahrzeuge.[30] Der Erdölrausch hatte noch nicht eingesetzt.

Der Siegeszug des Automobils, das in seinem Motor auf wenig effiziente Weise Erdölprodukte verbrennt und dabei viel Wärme produziert, begann erst nach dem Zweiten Weltkrieg. Vier Jahre nach Kriegsende umfasste der globale Fahrzeugpark erst 64 Millionen Autos, davon fuhren 45 Millionen in den USA.[31] Für viele andere Industriestaaten galten die USA als Vorbild. Die amerikanischen Autos, chrombehängt und mit extravaganten Heckflossen, waren für viele europäische Zeitgenossen das Statussymbol schlechthin. Im Kontext des Erdölrausches wuchs die globale Autoflotte sehr schnell an, vervierfachte sich in nur zwei Dekaden und erreichte bereits 1972 einen Weltbestand von 280 Millionen Fahrzeugen, wovon wiederum 120 Millionen in den USA betrieben wurden.[32]

In Europa wurden ebenfalls viele unterschiedliche Fahrzeugmodelle in verschiedenen Farben hergestellt und zum Verkauf angeboten. Als Beispiel soll hier die Geschichte eines Autotyps kurz geschildert werden, dem VW Käfer. Denn wie kaum ein anderes Auto war es in Europa der VW Käfer der deutschen Firma Volkswagen AG, welcher die gefeierte neue Mobilität der Mittelklasse in den 1950er-und 1960er-Jahren, und damit auch den Erdölrausch der Nachkriegszeit, zum Ausdruck brachte.

Schon vor Ausbruch des Zweiten Weltkrieges hatte Adolf Hitler vor dem Hintergrund seines mit viel Eifer vorangetriebenen Autobahnbaus gefordert, dass jedem Bürger der Zugang zum eigenen Automobil ermöglicht werden solle. Hitler förderte konsequent die Motorisierung des deutschen Volkes und legte am 26. Mai 1938 unter Teilnahme von rund 70 000 Zuschauern den Grundstein für das erste Volkswagen-Werk in Wolfsburg. Ein Jahr später rollte der erste Käfer aus dem Werk. Im Volksmund als »KdF-Wagen« bekannt – kurz für »Kraft durch Freude Wagen« – , war das Modell sehr gefragt. Doch bis zum Beginn des Zweiten Weltkrieges konnten nur 700 Käfer fertiggestellt werden, da die Autoproduktion mit Ausbruch des Krieges abgebrochen wurde und das VW-Werk danach ausschließlich für den Kriegsbedarf produzierte.

Die Grundlage der Erfolgsgeschichte des VW Käfers wurde in der Nachkriegszeit gelegt. Die massiven Kriegsschäden am VW-Werk wurden nach dem Krieg behoben, und die Serienproduktion kam ab 1948 ins Rollen. Schon 1955, als der Erdölrausch auch Deutschland erfasst hatte, wurde der millionste Käfer ausgeliefert. Die mit Erdöl betriebenen kleinen Fahrzeuge wurden in die Schweiz, nach Österreich, in die USA und viele andere Länder exportiert und symbolisierten wie kaum ein zweites Produkt das Wirtschaftswunder der Nachkriegsjahre in der Bundesrepublik. Als 1972 die Marke von 15 Millionen Käfern erreicht wurde, war auch der frühere Rekord des amerikanischen Autoherstellers Ford geschlagen.

Henry Ford hatte 1903 den gleichnamigen großen amerikanischen Automobilkonzern gegründet und zwischen 1908 und 1927, lange vor Beginn des Erdölrausches, rund 15 Millionen Stück des legendären »Model T«, auch »Tin Lizzy« genannt, gebaut. Das Model T wurde damals als erstes Auto der Welt auf dem Fließband gefertigt, wodurch Ford die Produktion revolutionierte. Volkswagen übernahm diese

Produktionstechnik und schrieb selber Automobilgeschichte, als am Ende des 20. Jahrhunderts der Käfer mit über 21 Millionen Exemplaren als das meistverkaufte Automobil der Welt in die Geschichte einging. Bewegt wurden die Autos und ihre begeisterten Fahrer beidseits des Atlantiks natürlich durch Erdöl.

Auch die Schweizer Motorfahrzeugflotte, bestehend aus Personenwagen, Motorrädern, Lastwagen und Landwirtschaftsfahrzeugen, wurde vor dem Hintergrund des Erdölrauschs zügig ausgebaut: 1950 waren 250 000 Motorfahrzeuge in der Schweiz in Betrieb, 1960 waren es schon 850 000 Fahrzeuge, 1970 dann 1,6 Millionen, im Jahr 1980 2,7 Millionen, 1990 schließlich 3,7 Millionen und am Ende des Jahrhunderts 4,5 Millionen. Damit hatte sich der Motorfahrzeugbestand der Schweiz in nur 50 Jahren nicht verdoppelt oder verdreifacht, sondern verachtzehnfacht![33]

Die neue Mobilität blieb nicht auf die Straßen beschränkt, sondern eroberte auch den Luftraum. Im Beisein geladener Gäste aus Politik und Wirtschaft wurde im November 1948 in Kloten bei Zürich der neue Flughafen eröffnet. Billige Erdölprodukte ermöglichten breiten Bevölkerungsschichten faszinierende Reisen in ferne Länder.

Der Bau der Autobahnen

Das Auto avancierte in der Zeit des Erdölrauschs zum Inbegriff des Wohlstandes schlechthin, für das ein Jahreslohn ausgegeben wurde. »Freie Fahrt« wurde weitherum gewünscht. Dazu mussten neue große Autobahnen gebaut werden. Um den teuren Straßenbau zu finanzieren, wurde eine Steuer auf die Treibstoffe erhoben. Je mehr Geld für Treibstoffe ausgegeben wurde, desto mehr Geld stand auch für den Straßenbau zur Verfügung. Damit beschleunigte das billige Erdöl im Kontext des Erdölrausches nicht nur das Anwachsen der Autoflotte, sondern trieb auch den Ausbau der Autobahnen voran.

Als Autobahn bezeichnet man eine kreuzungsfreie Schnellstraße ohne Gegenverkehr, Fußgänger und Fahrradfahrer. Die erste Autobahn in diesem Sinne wurde in Deutschland im Jahre 1932 vom damaligen Kölner Oberbürgermeister Konrad Adenauer eröffnet. Die Strecke war 20 Kilometer lang und verband die Städte Köln und Bonn. Danach förderte der Nationalsozialismus den Ausbau der Reichsautobahnen, die den Grundstein für das Netz der Bundesautobahnen bilden. Hitler persönlich setzte im September 1933 in Frankfurt am Main den Spatenstich für die erste Reichsautobahn, die von Frankfurt über Darmstadt und Mannheim nach Heidelberg führen sollte. Noch 1935 betrug die Länge der Reichsautobahnen nur 100 Kilometer.

Doch zu Beginn des Weltkrieges waren in Deutschland 3300 Kilometer Autobahn vollendet. In den ersten Kriegsjahren wurden Kriegsgefangene und Zwangsarbeiter für den Autobahnbau eingesetzt, bis dieser gegen Ende des Krieges völlig eingestellt wurde.[34]

In den USA werden Autobahnen als »Interstate Highways« bezeichnet. Regionale Autobahnnetze entstanden an der Ostküste in den Bundesstaaten New York und Pennsylvania schon in den 1920er-Jahren; ein landesweites Autobahnnetz gab es vor dem Zweiten Weltkrieg jedoch keines. 1951 wurde im Bundesstaat New Jersey die Autobahn New Jersey Turnpike eröffnet; sie war sehr beliebt und wurde zur meist befahrenen Straße der USA. Die »Highway-Lobby«, bestehend aus Erdölkonzernen, Automobilherstellern, Reifenherstellern und Baufirmen, drängten Präsident Dwight Eisenhower, das Autobahnnetz nach deutschem Vorbild weiter auszubauen, worauf dieser im Juni 1956 das Interstate-Highway-Gesetz unterzeichnete.

Gemäß dem Interstate-Highway-Gesetz wurde ein riesiges Autobahnnetz von rund 60 000 Kilometern Länge realisiert, das sich über alle Staaten der USA erstreckt. Die Bundesregierung trug 90 Prozent der Kosten, deckte diese aber mit der Kraftstoffsteuer, während die Staaten die restlichen 10 Prozent der Kosten übernahmen. »Die Masse an Beton, die für dieses Straßensystem aufgeschüttet wird«, so der begeisterte Eisenhower, »würde den Bau von 60 Hoover-Dämmen erlauben oder sechs Gehsteige zum Mond … Mehr als alles andere, was die Regierung seit Kriegsende getan hat, wird dieses Programm das Antlitz Amerikas verändern.«[35]

Die deutschen und amerikanischen Autobahnen wurden in der Schweiz bewundert, und die Entwicklung wurde nachgeahmt. Im Jahre 1955 wurde im Kanton Luzern zwischen den Städten Luzern und Horw die erste Schweizer Autobahn eröffnet. »Die Zukunft hat begonnen!«, lobte die Esso Switzerland in einem Werbeprospekt.[36] Die Vorteile der neuen Straße waren offensichtlich: Ohne Kreuzungen und Ampeln konnten alle viel schneller fahren, Staus gab es damals keine, da nur sehr wenige Fahrzeuge auf den Straßen waren. Diese offensichtlichen Vorteile überzeugten auch das Schweizer Parlament, das am 21. Juni 1960 das Gesetz über das Nationalstraßennetz verabschiedete und damit dem Bund erstmals Kompetenzen im Straßenbau übertrug.

Als zwischen Lausanne und Genf die erste interkantonale Schweizer Autobahn gebaut wurde, entstand im Kanton Waadt die bis dahin flächenmäßig größte Baustelle der Schweiz. Die Strecke wurde zum Beginn der Landesausstellung in Lausanne 1964 eröffnet, die Besucher freuten sich über die neue Mobilität, Gedanken über das Entstehen einer gefährlichen Importabhängigkeit blieben im Hintergrund. 1967 folgte zwischen Bern und Lenzburg die mit 85 Kilometern damals längste zusammenhängende Autobahnstrecke der Schweiz. Dieser Abschnitt wurde mit der Strecke Genf–Lausanne verbunden, und nach weiteren Ausbauschritten konnte man auf der legendären Autobahn »A 1« die ganze Schweiz in Ost-West-Richtung durchqueren, von Genf über Lausanne, Bern, Zürich bis nach St. Gallen. Es folgte der Bau der Autobahn »A 2«, in die das Teilstück Luzern–Horw integriert wurde und die von Basel über Luzern und den Gotthard bis nach Lugano die Durchquerung der Schweiz von Nord nach Süd erlaubte.

Sowohl in den USA wie auch in Deutschland und der Schweiz prägen die Autobahnen heute das Landschaftsbild und das Mobilitätsverhalten der Bürger. Der Ausbau der Autobahnen erfolgte in vergleichsweise kurzer Zeit. Das Tempo der Veränderung war enorm. Die Bevölkerung, so zeigen die Quellen, wollte diesen Wandel. In der Schweiz wurde die Volksabstimmung zur Verfassungsänderung zum Nationalstraßenbau aus dem Jahre 1958 mit 515 000 Ja-Stimmen gegen 90 000 Nein-Stimmen und einer deutlichen Mehrheit der Kantone klar angenommen: Erhöhte Mobilität wurde von fast allen gewünscht.[37] Der Politologe Wolf Linder konstatiert im Bezug auf den Autobahnbau ein «für schweizerische Verhältnisse ungeheuer hohes Tempo des Entscheidungsprozesses beim Bund, der für einmal alle politischen Widerstände oder föderalistischen Bedenken spielend« überwinden konnte.[38]

Die Autobahnen eröffneten dem Individualverkehr und dem Warentransport in Europa ganz neue Möglichkeiten. Doch diesen Vorteilen stand auch eine negative Seite gegenüber, die in dem Maße deutlich wurde, in dem der Ausbau des Autobahnnetzes voranschritt. Die neuen Straßen verunstalteten das Landschaftsbild und führten zu erhöhten Lärm- und Luftbelastungen. Zudem wurden immer mehr Autos gekauft und gefahren, weshalb es auch auf den Autobahnen zu Staus kam. Nachteile wie Lärm oder Luftbelastung wurden von jenem Teil der Bevölkerung als gravierend eingestuft, deren Hof oder Haus sich in unmittelbarer Nähe einer Autobahn befand, während andere diese Nachteile als vertretbar einschätzten, gerade auch dann, wenn sie wenig betroffen waren.

Weil die Regierungen auf den Import und Verkauf von Treibstoffen eine Steuer erhoben, profitierten auch sie vom Erdölrausch. In der Schweiz wurde eine sogenannte »Benzinsteuer« eingeführt; diese erbrachte zwischen 1932 und 1938 Jahr für Jahr rund 50 Millionen Franken, was damals etwa 10 Prozent aller Bundeseinnahmen entsprach. Als der Zweite Weltkrieg den Erdölnachschub unterbrach und sich die Straßen leerten, brach die Steuer ein. Doch nach dem Weltkrieg, als der Erdölrausch einsetzte, stiegen die Einnahmen aus der Treibstoffsteuer stark an. Von 1945 bis 1961 blieb zwar die erhobene Abgabe gleich, doch durch den stark steigenden Verbrauch erhöhten sich die jährlichen Bundeseinnahmen auf 378 Millionen Franken.[39]

Die Benzinsteuer war aber nicht die einzige Abgabe, die auf die Treibstoffe erhoben wurde. Um den Bau der Autobahnen zu finanzieren, führte die Schweizer Regierung ab 1962 unter dem Namen »Zollzuschläge« eine neue Steuer ein, die zusätzlich zu der schon bestehenden Benzinsteuer erhoben wurde. Die Steuern auf den Mineralölprodukten spülten dem Bund Geld in die Staatskasse, 1963 waren es bereits 580 Millionen Franken. Da immer mehr Erdöl konsumiert wurde, floss auch immer mehr Geld in die Bundeskasse. 1968 waren es 860 Millionen Franken, rund ein Sechstel der gesamten Fiskaleinnahmen des Bundes im selben Jahr. [40] Das Geld wurde für den Straßenbau eingesetzt, was zu noch mehr Verkehr und noch mehr Erdölverbrauch führte, wodurch auch die Einnahmen aus der Erdölsteuer anstiegen. »Der Fiskus hat die ungebremste Motorisierung des Straßenverkehrs in unserem [20.] Jahrhundert stets wohlwollend eingeschätzt«, so der Schweizer Historiker Christoph Maria Merki, »erhöhte sich doch so automatisch sein Ertrag aus dem Treibstoffzoll.«[41] 1970 generierten die Erdölsteuern schon 1,34 Milliarden Franken oder 18 Prozent der gesamten Fiskaleinnahmen des Bundes.[42] Der Trend setzte sich auch nach der Erdölkrise ungebrochen fort. 1976 erbrachte das Erdöl schon Fiskaleinnahmen im Umfang von 2,16 Milliarden Franken.[43] »Die ›Energiekuh‹ wird – nicht nur in der Schweiz – kräftig gemolken, ohne dass man befürchten müsste, sie gehe ein«, kommentierte die Zeitung »Finanz und Wirtschaft«.[44] Eine Trendwende folgte auch in den späteren Jahren nicht: 1993 generierten die Erdölsteuern dem Bund Einnahmen von knapp 4 Milliarden Franken. Und 2010 summierten sich die Erträge der Mineralölsteuer auf Benzin, Diesel und Flugpetrol in der Schweiz auf beachtliche 6,2 Milliarden Franken.[45]

Der Staat verdient über die durch ihn erhobenen Steuern an jedem verkauften Liter Benzin oder Diesel mit. Zugespitzt könnte man sagen, dass jede Tankstelle auch ein Steuerlokal ist. Im Jahre 2010 wurde der Liter Benzin in der Schweiz mit 87 Rappen, der Liter Diesel mit 91 Rappen und der Liter Heizöl mit 16 Rappen steuerlich belastet.[46] Der Treibstoffzoll zählt zu den »ergiebigsten Finanzquellen überhaupt«, befand Christoph Maria Merki richtig.[47] Der Treibstoffzoll trieb den Autobahnbau vehement voran. »Der Verkehr schuf noch mehr Verkehr, und das wachsende Verkehrsaufkommen wirkte als ›Sachzwang‹ auf den Ausbau der Straße zurück, für den die Einnahmen aus dem Treibstoffzoll nicht nur bereitstanden, sondern auch ausgegeben werden mussten.«[48]

8

Wie das Erdöl zum Endkunden kommt

Es ist eine Konstante der Erdölgeschichte, dass das schwarze Gold oft nicht dort gefördert wird, wo es die Konsumenten in Form von Diesel, Benzin, Flugpetrol, Heizöl oder auch Plastik verbrauchen. Zwischen Bohrloch und Konsument liegen in der Regel Tausende von Kilometern. Um die Distanz zum Endkunden zu überwinden, wird das Erdöl als Rohöl oder als raffiniertes Fertigprodukt weltweit über große Distanzen mit Tankschiffen, Bahnkesselwagons, Tanklastwagen und Pipelines bewegt. Der Transport mittels im Boden vergrabener Pipelines ist am billigsten, weshalb sich diese Transportform zuerst in den USA, dann auch in Europa verbreitet hat.

Der Bau von Pipelines in den USA und Europa

Zu Beginn der Erdölgeschichte wurden das Rohöl und das damals dominante Erdölprodukt Leuchtpetrol in Holzfässern transportiert, weshalb sich die Maßeinheit »Fass« (englisch »Barrel« zu 159 Litern) durchsetzen konnte und sich bis heute gehalten hat. Die Fässer wurden mit Pferde- oder Lastwagen transportiert, später auch auf Schiffen und mit der Eisenbahn. Dies machte den Transport aufwendig, da nicht nur die Herstellung der Fässer viel Holz verbrauchte, sondern auch das Aufladen und Abladen der schweren Fässer anstrengend war.

Im Jahre 1879 kamen findige Erdölunternehmer in den USA auf die Idee, Erdöl wie Wasser in Rohren zu transportieren, und sie bauten die ersten »Pipelines«. Diese Rohrleitungen erwiesen sich als äußerst leistungsstark und wurden in den USA intensiv genutzt. Der Vorteil war offensichtlich: Das Aufladen und Abladen der schweren Fässer entfiel. Gleichzeitig hatten Pipelines aber den Nachteil, dass sie die Transportroute fixierten; die Erdölkonzerne mussten also sicher sein, dass sich am Ende der Pipeline auch ein Umschlagsplatz, eine Raffinerie oder ein Konsument befand.

In Europa gab es bis zum Zweiten Weltkrieg praktisch keine Pipelines. Erst mit dem rasanten Anwachsen des Erdölkonsums in der Nachkriegszeit setzten sich auch hier allmählich die Pipelines für den Landtransport durch. Ähnlich wie die Blutbahnen einen menschlichen Körper durchziehen und ihn mit Sauerstoff versorgen, entstand ein dichtes Netzwerk von Leitungen, die den Energiezufluss in Europa garantierten. Da die meisten dieser Pipelines im Boden vergraben wurden, sind sie bis heute praktisch unsichtbar.

In den im Boden vergrabenen Rohren mit einem Durchmesser von 20 bis 90 Zentimeter können sowohl Erdölprodukte wie Benzin, Diesel oder Heizöl, aber auch Rohöl transportiert werden. Mithilfe von Pumpstationen wird das Erdöl relativ langsam, aber in konstantem Fluss durch die Pipelines bewegt, in der Regel mit einer Geschwindigkeit von 3 bis 5 Kilometern pro Stunde, also mit Fußgängergeschwindigkeit. Weil im Gegensatz zum Transport mit der Bahn oder mit dem Schiff Leerfahrten vermieden werden können, ist der Transport über Pipelines preiswert.

In Europa waren denn auch vor allem die Bahn- und Schiffbetreiber gegen den Bau von Erdölpipelines, weil sie ihr lukratives Transportgeschäft verteidigen wollten. Dies gelang indes nicht. Die Pipelines setzten sich in der zweiten Hälfte des 20. Jahrhunderts als wichtigstes Transportmittel für Rohöl und Erdölprodukte durch, auf Kosten von Schifffahrt und Bahn. Ganz verdrängen konnten die Pipelines die anderen Transportformen jedoch nicht. Auch heute noch werden die Bahn, Tankschiffe und Lastwagen für den Erdöltransport bis zum Endkunden eingesetzt.

Die ersten Pipelines für Erdölprodukte waren in Europa während des Zweiten Weltkriegs von der amerikanischen Armee für militärische Zwecke gebaut worden. Nach der Landung der US-Truppen am 6. Juni 1944 in der Normandie verlegten Versorgungseinheiten hinter der vorrückenden Front Pipelines, um die alliierten Panzer, Jeeps und Lastwagen im Kampf gegen das geschwächte Dritte Reich mit Treibstoff zu versorgen. Nach dem Sieg über Hitler offerierte die amerikanische Armee die vergrabenen Pipelines den europäischen Regierungen für den zivilen Gebrauch.

Die großen internationalen Erdölgesellschaften, darunter Esso, BP und Shell, drängten aus Kostengründen auf den Bau eines Pipelinenetzes in Europa. Vor dem Zweiten Weltkrieg hatten sie das Erdöl mit Schiffen bis zu den Raffinerien an den Küsten Europas gebracht. Um die Kosten zu senken, erstellten die Erdölkonzerne nach dem Krieg Raffinerien in der Nähe großer Städte, also nahe bei den Konsumenten. Das Rohöl transportierten sie in Pipelines von den Schiffshäfen bis zu den Raffinerien im Landesinnern, die in Kundennähe Endprodukte wie Benzin, Diesel und Heizöl herstellten. Das Verlegen von Pipelines in Europa revolutionierte die Energieversorgung und erhöhte gleichzeitig die Abhängigkeit des Kontinents von Erdölimporten.

Es waren die Shell Deutschland und die Deutsche BP, die 1956 zusammen mit der Ruhr Oel GmbH und der Holborn Raffinerie GmbH die Nord-West Ölleitung GmbH (NWO) gründeten, um in Deutschland die erste Erdölpipeline in Europa für den zivilen Gebrauch zu bauen. Mit den Bauarbeiten für den Tiefwasserhafen in Wilhelmshaven und die 71 Zentimeter dicke und 391 Kilometer lange NWO-Pipeline wurde Ende 1957 begonnen. Nach weniger als einem Jahr Bauzeit konnte sie 1958 eröffnet werden. Sie ist bis heute eine der wichtigsten Pipelines von Deutschland. Die NWO-Pipeline bringt das Erdöl vom Nordseehafen Wilhelmshaven, Deutschlands wichtigstem und größtem Rohölumschlagplatz, zu verschiedenen Raffinerien, darunter zur Shell Rheinland Raffinerie in Wesseling bei Köln, der Raffinerie der Deutschen BP in Lingen und der Ruhr Oel Raffinerie in Gelsenkirchen-Scholven.

Die Nord-West Ölleitung GmbH ist Deutschlands Knotenpunkt für Umschlag, Lagerung und Durchleitung von Erdöl. Kein anderer deutscher Hafen kann größere Tanker aufnehmen als Wilhelmshaven. Die Erdöltanker bringen Rohöl aus Saudi-Arabien, Venezuela, Libyen und anderen Ländern, legen hier an und drücken das Erdöl mit schiffseigenen Pumpen in die großen Erdöltanks der NWO im Hafen. Auch große Tanker sind in weniger als 24 Stunden gelöscht. Die NWO lagert in ihren 35 Tanks verschiedene Rohölsorten und pumpt diese direkt in die Pipelines, welche zu den Raffinerien im Landesinnern führen, wo das Rohöl zu Diesel, Benzin und Heizöl verarbeitet wird. Das Löschen der Tanker und das Füllen der Pipeline wird Tag und Nacht betrieben. Neben der NWO-Pipeline wird in Wilhelmshaven auch die 144 Kilometer lange und 55 Zentimeter dicke Pipeline Norddeutsche Oelleitung (NDO) mit Erdöl gefüllt. Sie bringt Rohöl zur Holborn Europa Raffinerie in Hamburg.

Schon 1960 wurde die zweite große Pipeline Europas eröffnet, die Rotterdam-Rhein Pipeline (RRP). Wie die NWO-Pipeline wird auch die RRP-Pipeline durch Tanker über die Nordsee mit Erdöl versorgt. Die 479 Kilometer lange RRP-Pipeline transportiert das Rohöl von Rotterdam über Venlo und Köln nach Kelsterbach bei Frankfurt und versorgt verschiedene Raffinerien mit Rohöl.

Der italienische Erdölkonzern ENI und der Tod von Enrico Mattei

Sowohl die NWO als auch die RRP bewiesen, dass der Transport mit der Pipeline bis zu viermal billiger zu stehen kam als jener über Schiene, Straße oder Fluss. Zu Beginn der 1960er-Jahre entschieden daher alle großen Erdölgesellschaften, Europa auch vom Mittelmeer her mit Pipelines zu erschließen.

Die Südeuropäische Pipeline (SEPL, auch Pipeline Sud-Européen PSE) war das damals längste Pipelineprojekt Europas. Die Rohrleitung nahm in Lavera bei Marseille im Süden von Frankreich Rohöl von den Erdöltankern auf und transportierte es über 782 Kilometer bis nach Straßburg und Karlsruhe. In Karlsruhe wurde die Pipeline ab November 1963 als Rhein-Donau-Leitung (RDO) über 286 Kilometer bis Ingolstadt bei München weitergeführt. Die beiden Pipelines integrierten erstmals Süddeutschland ins europäische Pipelinesystem.

Die SEPL wurde von einem Konsortium von Erdölgesellschaften, dem auch Shell, Esso und BP angehörten, gebaut und erlaubte es den Erdöltankern aus dem Nahen Osten und aus Nordafrika, ihre Fracht schon in Marseille, und nicht erst in Rotterdam oder in Wilhelmshaven, zu löschen. Damit konnte Europa das Erdöl aus dem Nahe Osten noch besser aufnehmen. Mit der Verarbeitung des Rohöls in den Raffinerien in Straßburg, Karlsruhe und in Ingolstadt bei München konnte Zeit und Geld gespart werden.

Doch nicht nur die großen Erdölfirmen versuchten, mit Pipelines Süddeutschland für ihre Produkte zu erschließen. Auch die Italiener wollten einen Teil des Marktes erobern. Im Vergleich zu den amerikanischen, britischen und holländischen Erdölfirmen war die italienische Erdölindustrie klein und schwach. Sie war 1926 als Agenzia Generale Italiana Petroli (AGIP) vom Diktator Benito Mussolini gegründet worden, hatte jedoch mit so wenig Erfolg in Italien nach Erdöl und Erdgas gesucht, dass man nach dem Zweiten Weltkrieg entschied, die Firma aufzulösen.

Der Italiener Enrico Mattei, der nach dem Krieg den Auftrag erhalten hatte, als Insolvenzverwalter die AGIP zu liquidieren, dachte indes nicht daran, diese aufzulösen. Für die Industrialisierung des Landes sei es unabdingbar, eine eigene Erdölgesellschaft zu haben, glaubte der ehrgeizige Mattei. Er schürte falsche Gerüchte, dass in der Poebene große Erdgasvorkommen vorhanden seien. Nach der Entdeckung eines Erdgasfeldes in Caviaga wurde der Liquidationsprozess der AGIP eingestellt und 1953 mit einer Mehrheitsbeteiligung des italienischen Staates die Ente Nazionale Idrocarburi (ENI) gegründet, die italienische Erdöl- und Erdgasgesellschaft. Mattei wurde der erste Vorsitzende der ENI und stieg zur bekanntesten Persönlichkeit der italienischen Erdölindustrie auf. ENI war bald das größte Unternehmen Italiens. Die Abkürzung AGIP wurde als Markenname für die ENI-Tankstellen beibehalten, als Logo wurde ein schwarzer, feuerspeiender Hund mit sechs Beinen auf gelbem Hintergrund gewählt.

Der kämpferische Mattei sah sich selber und das italienische Staatsunternehmen ENI als Herausforderer der Dominanz der amerikanischen und britischen Erdölkonzerne. »Die Erfolge von Mattei sind unverkennbar«, attestierte ihm die Schweizer Zeitung »Weltwoche«, mit seiner »angreifenden Tatkraft und seiner Härte« habe er den Kampf mit den traditionellen Ölgesellschaften der westlichen Welt überall dort aufgenommen, »wo sich Gelegenheit bietet, in den Markt einzudringen«.[1]

Enrico Mattei ging bewusst große Risiken ein. Trotz heftigster Kritik von Washington und London kaufte er jenseits des Eisernen Vorhangs günstiges Erdöl in der Sowjetunion und lieferte im Gegenzug dem Kommunisten Nikita Chruschtschow Industrieprodukte aus Italien, darunter Stahlrohre für den Bau von Pipelines. Zum Ärger von Esso, BP und Shell führte Mattei zudem eine für die produzierenden Länder vorteilhaftere Vertragsformel ein. In Algerien unterstützte Mattei die algerische Unabhängigkeitsbewegung gegen Frankreich und erhielt im Gegenzug die Erlaubnis, in der Sahara nach Erdöl und Erdgas zu suchen, zum Ärger von Paris.[2]

Auch beim Pipelinebau versuchte der kämpferische Mattei seine amerikanischen und britischen Konkurrenten zu schlagen. Er war besessen von der Idee, mit seiner ENI die Raffinerien bei München schneller zu erreichen als die amerikanische Esso, die britische BP oder die holländisch-britische Shell. Während die Esso München über ihre SEPL-Pipeline von Marseille aus erreichen wollte, plante Mattei mit einer viel kürzeren Pipeline, der Zentraleuropäischen Pipeline (CEL), vom italienischen Hafen Genua aus über die Schweizer Alpen nach Bayern vorzustoßen. Damit kam es zu Beginn der 1960er-Jahre zu einem Wettrennen zwischen der CEL-Pipeline von ENI und der SEPL-Pipeline der Briten und Amerikaner.

Mattei erlebte das Ende des Pipelinerennens nicht. Er starb am 27. Oktober 1962, als sein Privatflugzeug kurz vor der Landung in Mailand explodierte. Alle drei Männer an Bord, Mattei, sein Pilot und ein Journalist, kamen ums Leben. Die Untersuchung der Tragödie wurde vom italienischen Verteidigungsminister Giulio Andreotti geleitet und kam zum Schluss, dass es sich um einen tragischen Unfall gehandelt habe. Die italienische Presse wollte dies nicht glauben und beschuldigte – ohne Beweise – die amerikanischen Erdölfirmen des Mordes. Mattei sei der «Feind Nummer eins» von Esso, Chevron und anderen Erdölfirmen gewesen, daher »musste er zum

Verstummen gebracht werden«, glaubte auch die Schweizer Zeitung »Vorwärts«, wiederum ohne Beweise. Man dürfe die »Methoden nicht übersehen … mit denen die führenden Ölmagnaten in der ganzen Welt ihre Herrschaft, ihre Macht und ihre Superprofite verteidigen«.[3]

Der Bau der Zentraleuropäischen Pipeline CEL über die Alpen

Schon zu Beginn des Jahres 1959 hatten Mattei und seine Leute diskret die zuständigen Schweizer Behörden kontaktiert und diesen vorgeschlagen, die CEL-Pipeline von Genua durch den neuen Straßentunnel im Großen St. Bernhard bis nach Aigle im Wallis zu bauen, dort bei Collombey eine neue Raffinerie zu erstellen, um danach die Pipeline über den Col-des-Mosses, das Simmental, Thun, Zofingen und Koblenz bis nach Ingolstadt bei München zu ziehen. Doch in der Schweiz stieß das Riesenprojekt auf Misstrauen. Die Lötschbergbahnen und die Basler Schifffahrt waren dagegen. »Bahn und Schifffahrt sehen in der Pipeline eine wesentliche Konkurrenz«, erklärte der Bündner Baudirektor Renzo Lardelli. »Ihre Befürchtungen sind nicht ohne Weiteres von der Hand zu weisen, denn die Pipeline transportiert vier- bis sechsmal billiger als sie.«[4]

Mattei reiste nach Bern und traf am 8. März 1960 Bundesrat Willy Spühler, Vorsteher des Post- und Eisenbahndepartements, das 1963 in »Verkehrs- und Energiewirtschaftsdepartement« umbenannt wurde und seit 1998 »Eidgenössisches Departement für Umwelt, Verkehr, Energie und Kommunikation« (UVEK) heißt. Mattei hatte für den Widerstand der Schweizer Bahnen wenig Verständnis: »Wir repräsentieren den Fortschritt und nichts kann unsere Handlungen aufhalten«, glaubte Mattei, die Pipelines seien billiger für den Transport als die Bahn und die Schifffahrt.[5]

Im Jahre 1961 begann Enrico Mattei mit dem Bau seiner Pipeline von Genua nach Aigle. In der Schweiz wurde dieser Abschnitt der CEL-Pipeline als »Oléduc du Rhône« bezeichnet. Die Pipeline hat einen Durchmesser von 70 Zentimetern und eine Totallänge von 420 Kilometern und verläuft auf einer Strecke von 70 Kilometern auf Schweizer Boden. Die Schweizer blieben zuerst skeptisch, und in Basel meinte man, die Alpenüberquerung mit einer Pipeline sei ein »zwischen Genialität und Abenteuer schwankendes Projekt«.[6]

Doch Matteis Ingenieure setzten das Projekt ohne größere Probleme um und vergruben die Pipeline etwa einen Meter tief im Boden, wo sie noch heute liegt. Die Pipeline erreicht die Schweiz über den Großen-St.-Bernhard-Pass, der das Wallis mit dem italienischen Aostatal verbindet. Die CEL-Pipeline wurde nicht über die Passhöhe auf 2469 Metern über Meer geführt, sondern klugerweise auf 1900 Metern im gleichzeitig erbauten Großen-St.-Bernhard-Straßentunnel verlegt. Im Tunnel, der die Schweiz und Italien verbindet, liegt nur 80 Zentimeter unter dem Straßenbelag und unbemerkt von den Autofahrern die Pipeline vergraben, durch die ständig Rohöl in die Schweiz fließt. Fünf Pumpstationen heben das Öl in Italien auf die Höhe des Tunnels, von wo es unter eigenem Gefälle in der Schweiz mit einer in Bovernier Les Valettes eingeschalteten Druckreduzierstation über Martigny nach Aigle fließt. Nach Abschluss der Bauarbeiten konnte die erste Pipeline der Schweiz im Herbst 1963 erfolgreich den Betrieb aufnehmen.

Mattei wollte seine Pipeline von Aigle aus durch das Saanenland, das Simmental, das Emmental und weiter bis nach München führen. Doch die Berner, die den jährlichen Einnahmeausfall für die Bern-Lötschberg-Simplon-Bahn auf 4 Millionen Franken schätzten, blockierten das Projekt. Damit war klar, dass die schon gebaute Pipeline nicht wie geplant nach Deutschland weitergeführt werden konnte. Der Oléduc du Rhône endet daher noch heute in Aigle wie in einer Sackgasse und beliefert die dortige Raffinerie Collombey täglich mit Rohöl. Für den oberflächlichen Beobachter ist nicht ersichtlich, warum jemals ein so großer Aufwand betrieben wurde, um eine Pipeline in ein Alpental zu verlegen.

Mattei ging es natürlich nicht um Aigle, sondern um Ingolstadt. Wegen den Verzögerungen in der Schweiz lief ENI Gefahr, das Wettrennen in den Ballungsraum München zu verlieren. Denn das von Esso angeführte Konsortium hatte seinerseits den Bau der von Marseille kommenden SEPL-Pipeline zügig vorangetrieben. Innert nur 18 Monaten hatte man 760 Kilometer Rohrleitungen durch das Rhonetal von Marseille nach Straßburg und Karlsruhe verlegt. Im Oktober 1962 war im Erdölhafen Fos-sur-Mer bei Marseille der erste Erdöltanker eingetroffen und hatte seine Ladung Rohöl an die Tankanlagen der südeuropäischen Pipeline abgegeben. Das Rohöl floss bis Karlsruhe. Die Querverbindung von 286 Kilometern Länge zwischen Karlsruhe und Ingolstadt, die Rhein-Donau-Leitung (RDO), war indes noch nicht fertig, das Pipelinerennen nach Ingolstadt somit noch nicht entschieden.

Mattei und die ENI waren nach dem Nein der Berner gezwungen, die Schweizer Alpen mit einem neuen Arm der CEL-Pipeline zu bezwingen. Die ENI bezeichneten diesen CEL-Abschnitt als »Oleodotto del Reno« weil er teilweise entlang dem Rhein verläuft und von Genua durch die Ostschweiz nach Ingoldstadt führt. Im Frühling 1961 war das Teilstück im Kanton St. Gallen fertig verlegt. Doch die Eidgenössische Materialprüfungs- und Versuchsanstalt (EMPA), welche die Rohre im Auftrag des Bundesrates genau prüfte, beanstandete zahlreiche Schweißnähte. Die verlegten

Rohre mussten nochmals getrennt und erneut verschweißt werden, um das Grundwasser vor lecken Erdölpipelines zu schützen.

Auch im Kanton Tessin verlegte die ENI Pipelinerohre und wollte von Ponte Tresa dem Luganersee entlang über den Ceneri nach Bellinzona und durch den San-Bernardino-Tunnel die Alpen überqueren. Doch einige Tessiner Landbesitzer weigerten sich, und die ENI erkannte, dass die Probleme nicht innerhalb nützlicher Frist zu lösen waren, da zu viele Einsprachen das Projekt blockierten. Da die Zeit drängte, beschloss die ENI im April 1963, die schon verlegten Rohre im Tessin wieder auszugraben und die CEL-Pipeline nicht durch den San-Bernardino-Straßentunnel zu ziehen, sondern über den Splügen. Dadurch wurde der Kanton Tessin vollständig umgangen. Der Oleodotto del Reno wurde von Genua über die italienischen Orte Lecco und Chiavenna verlegt. Er überquert auf 1968 Metern über Meer den Splügenpass und die Landesgrenze und führt danach über Thusis, Reichenau, Chur und St. Margrethen bis nach Ingolstadt. Wegen der Verzögerungen konnte die Pipeline, die unter dem Namen »Rheinische Ölleitung« auf 16 Kilometern auch durch das österreichische Bundesland Vorarlberg führt, erst im Januar 1966 baulich vollendet werden. Nachdem sie durch amtliche Organe geprüft worden war, transportierte sie im Herbst 1966 erstmals Rohöl von Genua nach Ingolstadt. Die ENI verlor das Pipelinerennen: Die SEPL-Pipeline von Esso hatte Ingoldstadt schon Jahre zuvor erreicht.

Der Bau der Transalpinen Pipeline TAL durch Österreich

Der Bau von Pipelines verlief in Österreich um einiges schneller als in der Schweiz. Nach dem Tod von Mattei verhandelte der italienische Erdölkonzern ENI mit den britischen und amerikanischen Erdölkonzernen. Noch während die Bauarbeiten an der CEL-Pipeline andauerten, beschlossen die Konkurrenten im Jahre 1964 eine Zusammenarbeit: Die ENI gab Esso, Shell und BP eine Beteiligung an der CEL-Pipeline Genua–Ingolstadt. Es ist sehr unwahrscheinlich, dass es unter Mattei zu einer solchen Übereinkunft hätte kommen können.

Im Gegenzug erlaubten die britischen und amerikanischen Erdölkonzerne der ENI, sich an der neuen Transalpinen Pipeline (TAL) zu beteiligen. Mit dem Bau der 480 Kilometer langen TAL-Pipeline wurde 1965 begonnen. Die Rohre wurden vom italienischen Mittelmeerhafen Triest über die österreichischen Alpen durch den Plöckentunnel nach Süddeutschland bis nach Ingolstadt verlegt. Die Rohre der TAL waren mit 100 Zentimetern Durchmesser viel dicker als die der CEL, daher war die TAL nach ihrer Vollendung für viele Jahre die leistungsfähigste Pipeline in Europa.

Die TAL-Pipeline liegt je zu einem Drittel auf italienischem, österreichischem und deutschem Gebiet. Die Pipeline wurde in Rekordzeit vollendet und konnte schon 1967 in Betrieb genommen werden. In Österreich zweigt in Kärnten die Adria-Wien-Pipeline (AWP) von der TAL ab und transportiert etwa einen Viertel des Rohöls aus Triest zur Raffinerie Schwechat bei Wien. Der Großteil des Rohöls aus der TAL geht in die deutschen Raffinerien Ingolstadt, Vohburg, Neustadt, Burghausen und Karlsruhe.

Mit der Fertigstellung der Transalpinen Pipeline (TAL), der Zentraleuropäischen Pipeline (CEL) und der Südeuropäischen Pipeline (SEPL) wandelte sich die Erdölversorgung von Europa. Die Mittelmeererdölhäfen Marseille (SEPL), Genua (CEL) und Triest (TAL) stiegen zu wichtigen Umschlagorten auf und wurden täglich von großen Erdöltankern alimentiert.

Journalisten, die von den Erdölgesellschaften im Austausch für eine positive Berichterstattung zu einem Besuch des Erdölhafens Fos-sur-Mer bei Marseille eingeladen wurden, waren beeindruckt: »Was das Auge erblickt, fasziniert zwar kaum den nach den Pferden und Wasservögeln der Camargue Ausschau haltenden Naturfreund, wohl aber den am Ölgeschäft interessierten Betrachter«, so die Zeitung »Finanz und Wirtschaft«. »Mächtige Quais, kilometerlange Bündel von Rohrleitungen verschiedenster Durchmesser, riesige Ölsilos und – in einiger Entfernung erst schemenhaft zu erkennen – Tanker aller Größenordnungen formen die Kulisse des größten Erdölterminals des Mittelmeers: Fos-sur-Mer … Hier liegen die Giganten der Meere vertäut, bereit, sich ihres schmierigen, für das Funktionieren der industrialisierten Welt aber unentbehrlichen Inhalts zu entledigen.«[7]

Der Erdölterminal Fos-sur-Mer pumpt nicht nur Rohöl in die Pipelines, sondern beliefert auch eine 530 Kilometer lange Produktepipeline, die von einer Raffinerie in Marseille bis nach Genf führt. Bei einer Produktepipeline werden raffinierte Produkte – also Normalbenzin, Flugpetrol, Diesel und Heizöl – hintereinander durch das gleiche Rohr gepumpt. Die Produkte durchfließen die Röhre im schnellen Schritttempo, ohne sich zu durchmischen, und werden danach am Terminal wieder separiert und verteilt. Um die Pipeline zu bauen und zu betreiben, gründeten BP, Esso und Shell im Juni 1966 in Genf die Firma Société Anonyme du Pipeline à Produits pétroliers sur territorie genevois (SAPPRO). Im Sommer 1972 nahm die SAPPRO ihren Betrieb auf und beliefert seither die Schweiz mit Fertigprodukten.

Durch das Verlegen der Pipelines stieg die Importabhängigkeit von Europa stark an. Leichter als je zuvor und fast unbemerkt floss das schwarze Gold durch die Pipelines nach Europa. Auch in der Schweiz wurde die zunehmende Abhängigkeit von den Mittelmeerhäfen registriert. »1983 gelangten über 4 Millionen Tonnen Rohöl von Fos-sur-Mer über die South European Pipeline (SEPL) und die Abzweigung Pipeline du Jura in die Raffinerie Cressier«, erklärte Werner Flachs, der Delegierte für wirtschaftliche Landesversorgung, »und von Genua über die Central European Pipeline (CEL) nach Collombey.« Da zudem auch die für die Schweiz relevanten Raffinerien im nahen Ausland, also jene in Karlsruhe, Mannheim und Ingolstadt, mit Rohöl über die TAL oder die SEPL beliefert würden, sei die Abhängigkeit von den Mittelmeerhäfen Fos, Genua und Triest sehr groß. Ein Ausfall dieser Häfen müsste die Schweiz »aufs Schwerste treffen«, so Flachs. Diese Möglichkeit sei aber »in Zeiten relativen Friedens zum Glück recht unwahrscheinlich«.[8]

Die CEL-Pipeline war gegenüber den zwei leistungsfähigen Pipelines SEPL aus Marseille und TAL aus Triest, die beide auch bis Ingolstadt führten, mit der Zeit nicht mehr konkurrenzfähig. Im Januar 1997 wurde die Pipeline Genua–Ingolstadt daher stillgelegt. Das Rohöl wurde abgelassen, die Pipeline gründlich gereinigt und mit Stickstoff gefüllt, um Korrosionen zu verhindern. Während einigen Jahren wurde die Pipeline nicht genutzt. Doch als der Erdgaskonsum der Schweiz immer stärker anstieg, entschied die Gasindustrie, die Pipeline zu kaufen und den Oleodotto del Reno als Gaspipeline zu nutzen. Seit 2009 strömt im sankt-gallischen Rheintal Erdgas durch die Pipeline und unterstreicht mit starker Symbolik, dass auf das Erdölzeitalter ein Erdgaszeitalter folgen wird.

Insgesamt haben die Pipelines den Erdölrausch beflügelt, die anderen Transportmittel aber nicht völlig verdrängt. Im Jahre 2010 erfolgte der Erdölimport in die Schweiz zu 43 Prozent durch Pipelines, die Schifffahrt über den Rhein nach Basel behielt einen Marktanteil von 24 Prozent, die Bahn deckte 25 Prozent der Importe, und 8 Prozent des Erdöls gelangte in Lastwagen über die Straße in die Schweiz.[9]

9

Die Verarbeitung von Erdöl zu Fertigprodukten in den Raffinerien

In der Erdölindustrie werden die Geschäftsbereiche »Upstream« und »Downstream« unterschieden. »Upstream« bedeutet so viel wie »oben am Fluss«, während »Downstream« mit »unten am Fluss« übersetzt werden kann, wobei mit Fluss der virtuelle Erdölfluss vom Bohrloch bis zum Konsumenten gemeint ist. Konkret umfasst Upstream die Suche nach Erdölfeldern sowie die Förderung aus dem Bohrloch. Im Bereich Downstream wird das Rohöl auf Erdöltanker verladen und in Pipelines von den Erdölumschlagplätzen zu den Raffinerien transportiert. In den Raffinerien wird das Rohöl zu den Erdölprodukten Diesel, Benzin, Heizöl, Flugpetrol sowie verschiedenen Vorprodukten für die Schmierstoffindustrie und die Chemie veredelt. Auch die Öffentlichkeitsarbeit, das Marketing, der Betrieb von Tankstellen und die Lieferung von Heizöl mit Tanklastwagen zum Endkunden gehörten zum Downstreambereich.

Wie funktioniert eine Erdölraffinerie?

Das aus den Lagerstätten der Erde gewonnene Rohöl kann nicht direkt verwendet werden, sondern muss in Raffinerien zu Erdölprodukten umgewandelt werden. Weltweit standen 2010 rund 660 Raffinerien im Einsatz, um Rohöl in Fertigprodukte umzuwandeln. Abhängig vom technischen Aufbau unterscheiden sich die Raffinerien hinsichtlich ihres Ausstoßes von Erdölprodukten. Einige Raffinerien produzieren mehr Diesel, andere mehr Benzin oder Heizöl, einige Anlagen sind darauf spezialisiert, »süßes Erdöl« (Sweet Crude), also Rohöl mit sehr geringem Schwefelgehalt, zu verarbeiten, andere Raffinerien sind darauf ausgelegt, »saures Rohöl« (Sour Crude) mit hohem Schwefelgehalt zu veredeln.

Nach der Förderung aus dem Boden wird das Rohöl gereinigt und von Sedimenten, Salz und Wasser getrennt. Mit Schiffen und Pipelines wird es zu den Raffinerien transportiert und dort mittels eines thermischen Trennverfahrens in verschiedene Stoffe destilliert. Dabei wird das Rohöl in einen bis zu 50 Meter hohen Behälter geleitet, der von unten erhitzt wird. Aufgrund ihrer unterschiedlichen Siedepunkte trennen sich in diesem Behälter die verschiedenen, im Rohöl enthaltenen Komponenten voneinander.

Alle Teile des wertvollen Rohöls werden verwendet. Ganz oben im Behälter, dort wo es mit 20 bis 150 Grad am kühlsten ist, sammeln sich die leichtesten Komponenten wie Gas und Benzin an. Etwas tiefer, bei etwa 200 Grad, entsteht Kerosin, das als Treibstoff für Flugmotoren verwendet wird. Nochmals etwas tiefer im Behälter, bei rund 300 Grad, entsteht Diesel für den Antrieb von Autos, Schiffen und Lastwagen sowie leichtes Heizöl, das weitgehend mit Diesel identisch ist und für das Beheizen von Häusern verwendet wird. Das leichte Heizöl wird oft rot gefärbt, um zu verhindern, dass das steuerlich weniger belastete und daher billigere Heizöl als Kraftstoff für Dieselfahrzeuge eingesetzt wird. Weiter unten, bei Temperaturen von 370 Grad, bilden sich Schweröle, die der Industrie als Wärmequelle dienen und in thermischen Kraftwerken zur Stromerzeugung verbrannt werden.

Ganz unten, im Boden des Kessels, wo es mit rund 400 Grad am heißesten ist, sammeln sich schwere Schmieröle, die in Maschinen zur Reduzierung von Reibung, Materialverschleiß und Lärm beitragen, sowie Bitumen, das, gemischt mit Gesteinskörnern, als Asphalt für den Straßenbau verwendet wird. Die Mengenanteile der genannten Fertigprodukte variieren und sind von den eingesetzten Rohölsorten sowie von den in der Raffinerie vorhandenen Verarbeitungsanlagen abhängig. In modernen Raffinerien wird ein Fass Rohöl zu rund einem Viertel in das gefragte Benzin umgewandelt, daneben entstehen 20 Prozent Diesel und 20 Prozent leichtes Heizöl sowie wenig Schmierstoffe, Bitumen und Gas.

Der Aufbau von Raffinerien in Europa

Integrierte Erdölkonzerne wie Shell, BP, ExxonMobil, ChevronTexaco und Total decken das ganze Erdölgeschäft vom Bohrloch bis zum Kunden ab. Sie suchen und fördern nicht nur Erdöl, sondern besitzen auch Raffinerien sowie eigene Tanklastwagen und verkaufen ihre Produkte selber an ihren Tankstellen. Schon John D. Rockefeller hatte gewusst, dass diese Monopolstellung es erlaubt, große Profite zu erwirtschaften. Dabei spielen auch die Raffinerien eine wichtige Rolle. Im 19. Jahrhundert kaufte Rockefeller in den USA fast alle Raffinerien auf. Wenn ein unabhängiger Raffineriebetreiber nicht verkaufen wollte, senkte Rockefeller, wie oben dargelegt, unerbittlich den Preis für Erdölprodukte in seinen Raffinerien und zwang dadurch seine Konkurrenten, mit Verlust zu arbeiten, bis sie aufgaben.

Als in Europa die ersten Raffinerien gebaut wurden, waren die großen Erdölkonzerne Shell, BP und Esso entweder direkt beteiligt oder beobachteten ihre Konkurrenz genau. Zuerst wurde Europa mit Fertigprodukten aus amerikanischen Raffinerien beliefert, zu Beginn der Erdölgeschichte also mit Leuchtpetrol. Vor- und nach dem Ersten Weltkrieg errichteten die international tätigen Erdölkonzerne an den Küsten von Deutschland und am Rhein Raffinerien zur Weiterverarbeitung von Fertig- und Zwischenprodukten, darunter Benzin, Heizöl und Bitumen. Raffinerien, die Rohöl verarbeiten konnten, gab es zu dieser Zeit praktisch keine in Deutschland. Anfang der 1930er-Jahre waren in Deutschland 35 Raffinerien in Betrieb, die aber alle nur Zwischenprodukte weiterverarbeiteten.[1]

Heute stehen in der EU rund 100 Raffinerien. In aller Regel ist es kostengünstiger, Rohöl zu den Raffinerien zu transportieren, um es nahe bei den Kunden zu raffinieren. Wenn die Raffinerie neben dem Bohrloch im Produzentenland steht, gestaltet sich der Transport aufwendiger und teurer, da die verschiedenen Erdölprodukte – Diesel, Benzin und Heizöl – getrennt transportiert werden müssen. Bis auf Luxemburg besitzt jedes EU-Land mindestens eine Raffinerie. Mehr als die Hälfte aller Raffinerien der EU stehen in den fünf Ländern Deutschland, Italien, Großbritannien, Frankreich und Spanien. Österreich verfügt über eine Raffinerie, die OMV-Raffinerie in Schwechat bei Wien, die 1961 eröffnet wurde und über die TAL-Pipeline mit Rohöl versorgt wird.

In Deutschland waren 2011 gemäß dem Mineralölwirtschaftsverband (MWV) 20 Raffinerien im Einsatz. Die Besitzverhältnisse ändern sich von Zeit zu Zeit, die Mehrzahl der deutschen Raffinerien wird aber seit vielen Jahren durch internationale Erdölkonzerne kontrolliert. Die Elbe Mineralölwerke in Hamburg gehören der Shell. Die Esso-Raffinerie Ingolstadt gehört der Esso. Die Rheinland-Raffinerie in Köln gehört mehrheitlich der Shell wie auch die Rheinland Raffinerie in Wesseling. Die Erdöl-Raffinerie Emsland in Lingen gehört BP. Die MiRO Mineralölraffinerie Oberrhein in Karlsruhe gehört mehrheitlich der Shell, Esso hält eine Minderheitsbeteiligung. Die Total-Raffinerie Mitteldeutschland in Spergau gehört der Total. BP und die russische Rosneft sind je zur Hälfte an der Ruhr Oel Raffinerie in Gelsenkirchen beteiligt. Die österreichische OMV betreibt die Raffinerie OMV Deutschland in Burghausen, die Holborn Investment Company die Holborn Europa Raffinerie in Hamburg. Die Bayernoil Raffineriegesellschaft in Ingolstadt befindet sich mehrheitlich im Besitz von OMV; BP und ENI halten eine Minderheitsbeteiligung. Die

Raffinerie Ingolstadt gehörte dem unabhängigen europäischen Raffineriebetreiber Petroplus, der auch in Cressier in der Schweiz eine Raffinerie besaß, aber Anfang 2012 in finanzielle Schwierigkeiten geriet und die Raffinerie an den Rohstoff-Händler Gunvor verkaufte.

Der Bau der Schweizer Raffinerie Collombey

Die Schweiz verfügte bis zum Jahre 1963 über keine eigene Raffinerie und importierte bis zu diesem Zeitpunkt ausschließlich Fertigprodukte, die in Raffinerien im Ausland hergestellt worden waren. Es war Enrico Mattei, der Direktor der italienischen Erdölgesellschaft ENI, der nicht nur die erste Pipeline, sondern in Collombey im Wallis auch die erste Raffinerie der Schweiz baute. Einige Jahre später errichtete Shell in Cressier die zweite Raffiniere der Schweiz. Im Jahre 2010 importierte die Schweiz rund ein Drittel des Verbrauchs als Rohöl, das in den zwei Raffinerien verarbeitet wurde, während zwei Drittel als fertige Erdölprodukte aus Raffinerien im Ausland bezogen wurden.

Die Geschichte des Baus der Schweizer Raffinerien zeigt, wie heftig die internationalen Konzerne um das Downstreamgeschäft kämpften. Im Jahre 1960 kontrollierten die integrierten Erdölkonzerne Esso Switzerland, BP Switzerland und Shell Switzerland je rund 17 Prozent der Importe in die Schweiz, zusammen also mehr als 50 Prozent des Schweizer Marktes. Hinter den »großen Drei« folgten an vierter Stelle die in der AVIA zusammengeschlossenen Schweizer Importeure, die rund 11 Prozent Marktanteil hatten, aber nicht über eigene Erdölquellen verfügen. Die integrierte französische Erdölfirma Total lag zu Beginn der 1960er-Jahre mit 5 Prozent Marktanteil in der Schweiz auf Platz fünf, während die ausschließlich im Downstream tätige Migrol mit 2 Prozent nur einen sehr bescheidenen Anteil am Schweizer Erdölmarkt abdeckte.[2]

Mattei wollte mit seiner ENI den Schweizer Erdölmarkt aufmischen und verhandelte mit der Gemeinde Aigle auf der östlichen Seite der Rhône im Kanton Waadt und mit der Nachbargemeinde Collombey auf der westlichen Seite des Flusses im benachbarten Kanton Wallis über einen geeigneten Raffineriestandort. Die Behörden von Aigle, die sich schon lange bemühten, Industrie in ihrer Gemeinde anzusiedeln, hofften, dass Aigle als Standort für die Raffinerie gewählt würde, und stellten ein großes und billiges Baugelände zur Verfügung. Die Gemeinde wünschte sich Steuereinkünfte und der Kanton einen Impuls für das Wirtschaftswachstum. Doch auch die Walliser in Collombey interessierten sich für die Arbeitsplätze und Steuereinnahmen. Da die Pipeline Oléduc du Rhône, welche die Raffinerie mit Rohöl versorgen sollte, durch das Wallis führte, erklärten die Walliser, dass die Genehmigung für die Pipeline nur zustande komme, wenn das Wallis zumindest die Hälfte der Raffinerie erhalte. Die Walliser setzten sich durch, und die erste Raffinerie der Schweiz wurde in Collombey gebaut.

Zur Zwischenlagerung des Rohöls wurden fünf riesige, je 35 000 Kubikmeter fassende Schwimmdachtanks aufgestellt. Um keinen Streit zwischen den Gemeinden zu entfachen, wurde klugerweise auch die enttäuschte Gemeinde Aigle in das Projekt integriert. Obschon die eigentliche Raffinerie auf einem 85 Hektar großen Gelände auf dem Territorium der Gemeinde Collombey gebaut wurde, erstellte man zum Abtransport der Produkte eine Brücke über die Rhône nach Aigle, wo auf 50 Hektaren ein großer Verladebahnhof mit Anschlüssen an die Autobahn und die Simplon-Bahnlinie mit einer täglichen Verladekapazität von rund 150 Eisenbahn-Wagons und 200 Tanklastwagen entstand. Im August 1963 nahm die Raffinerie du Rhône SA ihren Betrieb auf.

Umweltschutzverbände waren wenig begeistert über den Bau der Raffinerie und sprachen von einer »Giftzufuhr fürs Wallis«. Die Raffinerie werde Schwefeldioxyd ausstoßen, das unerträgliche Reizungen der Hals- und Augenschleimhäute verursache.[3] Auch eine Kommission von Fachleuten des Bundesamtes für Gesundheit und der Kantone Waadt und Wallis kam zu einem sehr kritischen Urteil und beurteilte »die Umwelt- und meteorologischen Bedingungen in der Rhoneebene als denkbar ungünstig für die Errichtung einer Raffinerie und einer thermischen Zentrale«, weil die Schadstoffe im Talkessel schlecht entweichen können. Doch da der Kanton Wallis die Bewilligung für den Bau der Raffinerie bereits erteilt hatte, war das Projekt nicht mehr zu stoppen, und auch das Bundesamt für Energie meinte, man »müsse sich darauf beschränken, aus der Situation das Beste zu machen«.[4]

Die Raffinerie produzierte auch Schweröl, wofür es aber in der Schweiz keinen Markt gab. Die ENI entschied deshalb zusammen mit den Behörden, ein mit Schweröl beheiztes thermisches Kraftwerk zu bauen, um das »Abfallprodukt« in wertvollen Strom umzuwandeln. Aufgrund der ökologischen Bedenken durfte das Kraftwerk aber nicht in der Talsohle in Collombey neben der Raffinerie, sondern nur auf einer Anhöhe erstellt werden, damit die Abgase in die höheren, turbulenten Luftschichten abgegeben werden konnten. Das Ölkraftwerk Chavalon wurde daher an eher ungewöhnlicher Lage auf 450 Metern über dem Talboden am linken Hang des Rhonetales auf dem Boden der Gemeinde Vouvry errichtet. Im Februar 1965 erteilte der Bundesrat die Konzession für die 10 Kilometer lange Schwerölpipeline von der

Raffinerie zum Kraftwerk Chavalon, das im selben Jahr als erstes thermisches Kraftwerk der Schweiz den Betrieb aufnahm.

Das Kraftwerk Chavalon verbrannte während einiger Jahre Schweröl und erzeugte mit der Wärme Strom. Doch als der Erdölpreis während den Energiekrisen in den 1970er-Jahren stark anstieg, geriet Chavalon in Schwierigkeiten und produzierte nur noch teure Winterenergie für den Spitzenbedarf. Im Jahre 1999 wurde Chavalon stillgelegt. Das anfallende Schweröl wird seither an die energieintensive Zement- und Papierindustrie verkauft und im Ausland abgesetzt. Das Bundesamt für Energie glaubt, weder die Raffinerie Collombey noch das Kraftwerk Chavalon hätten die Umwelt belastet: »Entgegen den Befürchtungen der Kommission und als Folge der technischen Auflagen beim Bau hatte der Betrieb der Raffinerie und des thermischen Kraftwerkes keinerlei Auswirkungen auf die Lufthygiene und die Reinhaltung der Gewässer.«[5]

Die in der Raffinerie hergestellten Erdölprodukte Heizöl, Benzin und Diesel vertrieb die ENI über ihre AGIP-Tankstellen sowie über das Tankstellennetz der Migrol, mit der sie einen Kooperationsvertrag hatte. Weil die ENI das Rohöl über die eigene Pipeline günstiger importierte als die Konkurrenz, war es ihr möglich, die Preise zu senken. Die Konkurrenz reagierte umgehend. Esso Switzerland, BP Switzerland und Shell Switzerland begannen 1964 ihrerseits, die Preise unerbittlich zu senken, um »den neu etablierten Konkurrenten im Wallis zu eliminieren«, wie die Presse erkannte. Walliser Vertreter von Esso, BP und Shell erhielten die Anweisung, »die Angebote der Walliser Raffinerie konsequent um 10 bis 15 Prozent zu unterbieten, unabhängig von der momentanen Höhe der Preise«.[6] Esso, BP und Shelll nahmen Millionenverluste in Kauf, um den Konkurrenten zu eliminieren. Der Preiskampf wurde dadurch noch verschärft, dass Überschusskapazitäten aus dem Nahen Osten auf den europäischen Markt kamen. Erdöl war billig, das Fass Rohöl kostete weniger als 2 Dollar, und der Liter Normalbenzin an der Tankstelle nur 57 Rappen. Die ENI-Raffinerie in Collombey litt unter dem unerbittlichen Preiskampf und gelangte am 7. April 1964 mit einem Brief an den Schweizer Bundesrat. Man habe es mit »Destruktionspolitik« zu tun; die Konkurrenz habe es sich zum Ziel gesetzt, die Raffinerie du Rhône zu ruinieren, um die Preise danach wieder anzuheben. Kunden der Raffinerie Collombey, die »weniger das langfristige Ziel als das unmittelbare materielle Interesse im Auge haben«, würden ihnen in Scharen davonlaufen. Doch den Bundesrat ließen die Hilferufe der ENI unbeeindruckt. Denn er hatte schon 1959 vor dem Bau der Raffinerie erklärt, er werde es entschieden ablehnen, »ein solches Unternehmen im Falle wirtschaftlicher Schwierigkeiten direkt oder indirekt aus Bundesmitteln zu unterstützen«.[7]

Die Angst vor dem Russenöl

Geschwächt durch den Preiskampf wandte sich die ENI an die Sowjetunion und bat um Hilfe. Leonid Breschnew war bereit, dem staatlichen italienischen Erdölkonzern zu helfen. Im August 1965 erklärte die Sowjetunion, sie werde die Raffinerie Collombey über die ENI-Pipeline mit billigem russischem Erdöl im bescheidenen Umfang von einer Tonne pro Jahr während sieben Jahren versorgen. Der Preis, so das unschlagbare Angebot des russischen Erdölkonzerns Naphtamondial, werde rückwärts gemäß den Verkaufspreisen für Fertigprodukte auf dem Schweizer Markt berechnet. Dank garantiertem Tiefstpreis konnte Moskau den Preis der Amerikaner und Engländer jederzeit unterbieten.

In der Schweiz stieg sogleich die Angst vor dem Russenöl. »Ist es tatsächlich der Wunsch unserer Bevölkerung, mit ›rotem‹ Öl zu heizen und mit Ostbenzin zu fahren?«, fragte die »Neue Zürcher Zeitung«. »Die Tatsache, dass fremde Konzerne beziehungsweise Länder die Rohölquellen besitzen, können wir nicht ändern.« Auch die Abhängigkeit von den westlichen Erdölkonzernen sei gegeben, diese sei aber »tausendmal sicherer« als der Konsum von Russenöl, da die Sowjets nur danach trachten würden, »in einem weiteren westlichen Land den Hahnen an der lebenswichtigen Ölversorgung in die Hand zu bekommen … um im richtigen Moment unsere Lebensader zusammendrücken oder abschneiden zu können«.[8] Auch Esso, BP und Shell schürten das Misstrauen gegenüber dem »roten Öl«. Walter Kunz, Präsident des Verwaltungsrates der Esso Switzerland, warnte, dass die Russen im Krisenfall ihre Lieferungen einfach unterbrechen würden. »Wir selber leben dann einige Monate von unsern Reserven und dann vom Gnadenbrot des freien Westens«, so Kunz, »der unter anderem darauf abstellt, wer in normalen Zeiten zu seinen treuen Kunden zählte.«[9]

Doch nicht alle misstrauten der Sowjetunion. Die linke Zeitung »Vorwärts« argumentierte, auch die Abhängigkeit von amerikanischem Erdöl sei gefährlich, die Drohungen der Esso Switzerland seien unangebracht und der Feldzug gegen das Russenöl und die ENI heuchlerisch. Nur beim Russenöl betone man, wie gefährlich die Abhängigkeit von Importen sei. »Wenn aber Interessen der angloamerikanischen Riesenkonzerne, der ESSO, BP, Shell und Mobil Oil tangiert werden, so verliert das Wort vom ›Herr im eigenen Land‹ plötzlich jede Bedeutung.«[10]

Es sei zu befürchten, so Nationalrat Moritz Kämpfen aus dem Wallis, dass »hier auf unserem Boden zwei große Blöcke über den Öltest ihre Machtkämpfe austragen«, dies sei gefährlich. »Unsere Versorgungslage auf diesem Gebiet ist sehr vom ›good will‹ der Großen dieser Erde abhängig«, erklärte Kämpfen.[11] Bundesrat Spühler beurteilte die Lage gelassener. »Der Anteil von Erdölprodukten sowjetischer Provenienz an unseren gesamten Mineralölimporten hielt sich bisher in sehr bescheidenem Rahmen«, so Spühler vor dem Parlament. Zwar könne es nun zu einem Anstieg von Russenöl kommen, doch sei dagegen angesichts der völligen Liberalisierung der schweizerischen Rohstoffeinfuhr nichts einzuwenden.[12]

Doch auch das billige Russenöl konnte die ENI nicht retten, sie gab nach hartem Preiskampf auf: Am 1. Juni 1966 übernahm Esso Switzerland mit 35 Prozent die Mehrheit des Aktienkapitals der Raffinerie du Rhône. BP Switzerland sicherte sich 22 Prozent der Raffinerie, während Agip, die Tochtergesellschaft der ENI, sich mit 20 Prozent begnügen musste. Kleinere Teile des Aktienkapitals gingen an die AVIA, die französische Total sowie die amerikanischen Erdölfirmen Texaco und Marathon.

Die Amerikaner stellten den Bezug von Russenöl umgehend ein. Die Zeitung »Vorwärts« kritisierte den Machtwechsel scharf und sprach von einem »großen Verrat der maßgebenden Herren der Italo-Suisse«, welche die einzige unabhängige Raffinerie der Schweiz »zu einem Schundpreis an das internationale Mammutölkartell unter Führung der Rockefellerschen Esso verschachert« hätten.[13] Auch die Migrol, die Erdölprodukte aus Collombey bezog, hatte wenig Freude an der Übernahme der Raffinerie durch die Esso. »Wir sind auch interessiert an tiefen Preisen«, so Jean Arnet, Mitglied der Verwaltungsdelegation des Migros-Genossenschaftsbundes und Präsident der Genossenschaft Migrol. »Doch kann es nicht in unserem Interesse liegen, dass nur gerade auf dem Schweizer Markt Produkte unter den Selbstkosten verkauft werden, um Außenseiter (die Rhoneraffinerie) fertigzumachen.« Der Esso und der BP gehe es nicht um längerfristig tiefe Preise, warnte Arnet. »Sobald die Großen wieder unter sich sind, diktieren sie die Preise. Dass sie dann höher sein werden, dürfte einleuchten!«[14]

Die Migrol kannte den Preiskampf gut. Der legendäre Migros-Gründer Gottlieb Duttweiler, eine der bekanntesten Personen der Schweizer Wirtschaftsgeschichte, hatte 1925 mit fünf Verkaufswagen die Migros gegründet und selber gezielt die Preise der Konkurrenz unterboten. Mit dem Namen »Migros« signalisierte Duttweiler damals, dass er seine Produkte nicht zu den üblichen teuren »en-détail«-Preisen anbot, sondern eben fast (französisch mi- »halb») zu »en-gros«-Preisen, das heißt sehr günstig. Diesem Prinzip blieb auch die Erdöltochter Migrol treu, die unter dem Motto »Antreiben und Einheizen« in den Downstreammarkt für Erdölprodukte einstieg.

Im März 1954 hatte die Migrol ihre erste Tankstelle in der Schweiz eröffnet und zum Ärger der Konkurrenz den Liter Benzin zum Kampfpreis von nur 49 Rappen angeboten. Die etablierten Mineralölgesellschaften um die Esso reagierten prompt und senkten ebenfalls die Preise, worauf die Presse von einem »Benzin-Krieg« sprach. Die Migrol versuchte auch im Upstream Fuß zu fassen. Man müsse, so Gottlieb Duttweiler, »die ganze Kette kontrollieren, von der Quelle über die Tankers, die Raffinerie und den Rheintransport in die Schweiz«. In Emden an der Nordsee eröffnete Duttweiler am 25. August 1960 eine eigene Raffinerie. Es war die erste Erdölraffinerie der Welt, die nicht von großen Erdölkonzernen kontrolliert wurde. Sie gehörte Tausenden von Kleinsparern und Volksaktienbesitzern.[15]

Das Rohöl für seine Raffinerie bezog Duttweiler aus dem Iran. »Es ist wichtig für eine unabhängige Raffinerie, dass sie das Öl aus unabhängiger Quelle bekommt«, so Duttweiler. Die Fahrt an den Persischen Golf war heikel, denn seit der Suezkrise kreuzten starke Flottenverbände aus Ost und West in der Region. Als Duttweilers erste zwei Tanker für den Öleinkauf unterwegs waren, herrschte am Migros-Hauptsitz am Limmatplatz in Zürich große Nervosität, weil man Meldung erhalten hatte, dass die britische Flotte die Migrostanker als Konterbande, also als Schmuggelware behandeln wollte. Als man Duttweiler davon berichtete und ihm sagte, dass die Briten imstande seien, die Schiffe zu versenken, lachte Duttweiler nur und meinte, das müssten sie zuerst noch machen; zudem wäre dies die weltweit beste Reklame für die Migrol und ihren Kampf für unabhängige Erdölprodukte.[16]

Duttweilers Schiffe wurden nicht versenkt, doch die Raffinerie im norddeutschen Emden rentierte nicht. Die Migrol hatte das Ziel verfolgt, die Dominanz der amerikanischen und britischen Erdöltrusts zu brechen. Dies gelang nicht. Im August 1965, drei Jahre nach Duttweilers Tod, verkaufte die Migrol die Raffinerie wieder, die ihr nur Verluste eingebracht hatte, und beschränkte sich auf den Downstream, während sie nicht müde wurde, die Dominanz der »Mammutunternehmen in der Erdölwirtschaft unserer Erde« zu kritisieren.[17]

Esso Switzerland wurde mit der Raffinerie Collombey nie wirklich glücklich. Der abgelegene Standort, weit entfernt von den großen Verbrauchszentren, machte der Raffinerie im unteren Wallis stark zu schaffen. 1977 musste sie einen Verlust von 35 Millionen Franken hinnehmen. »Die Anlage von Collombey ist veraltet und hat einen ungünstigen Standort«, glaubte auch Eduard Kiener, Direktor des Bundesamtes für Energiewirtschaft.[18] 1979 stieg die Esso aus und verkaufte ihren Anteil am Aktienkapital der Raffinerie Collombey an die Total Suisse.[19] Doch die Probleme für die Raffinerie blieben bestehen, das Raffineriegeschäft war auch für Total nicht profitabel, weshalb sie die Raffinerie Collombey 1990 an die staatliche libysche Erdölgesellschaft National Oil Corporation (NOC) mit Hauptsitz in Tripolis verkaufte.

Die Libyer betrieben die Raffinerie unter dem Markennamen »Tamoil Suisse« und investierten über 1 Milliarde Franken, um Collombey auf den neusten Stand der Technik zu bringen. Das Tamoil-Logo – roter »TAMOIL«-Schriftzug in einem blauen Oval – wurde auch bei den Endkunden immer bekannter, denn schrittweise baute Tamoil ein Netz mit Tankstellen auf. Im Frühjahr 2011 verfügte die Tamoil Suisse bereits über 324 Tankstellen in der Schweiz und 395 Tankstellen in Deutschland.

Der Bau der Schweizer Raffinerie Cressier

Die zweite Raffinerie der Schweiz wurde von Shell Switzerland zusammen mit Gulf Oil Switzerland in der kleinen Gemeinde Cressier am Jurasüdfuß im Kanton Neuenburg errichtet. Der Neuenburger Regierungsrat, der die stark von der Uhrenbranche abhängige Industrie des Kantons diversifizieren wollte, unterstützte das Projekt, und auch die Gemeinde Cressier wollte die Raffinerie, da Shell versprach, in guten wie in schlechten Zeiten eine jährliche Steuerpauschale von 300 000 Franken zu entrichten. Shell baute nebst der Raffinerie und 83 Lagertanks einen privaten Rangierbahnhof mit 18 Gleisen, in dem täglich 300 Bahnkesselwagen beladen werden konnten und der damit der größte Privatbahnhof der Schweiz war.[20]

Am 24. Mai 1966 wurde die Raffinerie Cressier von der Geschäftsleitung von Shell Switzerland mit einem Fest eingeweiht und nahm als zweite Raffinerie der Schweiz ihren Betrieb auf. Einige Bürger fragten sich, ob es sinnvoll war, eine Raffinerie in der höchst reizvollen Fluss, Auen- und Rebenlandschaft zu errichten. Doch Hermann Maurer, der die Interessen der Erdölkonzerne vertrat, erklärte, der Energiebedarf der Schweiz steige von Jahr zu Jahr, bald müsse auch die Schweiz Atomkraftwerke bauen. »Was aber bis dann, wenn wir unsere Industrie mit all ihren Maschinen in Gang halten wollen? Wenn uns die Arbeit erhalten bleiben soll und mit dieser der Wohlstand?«, fragte Maurer, der Erdöl als ideale Lösung anpries, um »für die nächsten Zeiten« den Konsumzuwachs zu decken. Der Bau der Raffinerie Cressier sei schlicht »unerlässlich«.[21] Die »Abhängigkeit von den international tätigen Ölgesellschaften lässt sich nicht ändern«, behauptete Maurer im Interesse seiner Geldgeber.[22]

Bundesrat Willy Spühler, Vorsteher des Energiewirtschaftsdepartementes, erklärte, die Konzeption der Energiewirtschaftspolitik sei »einfach«: »möglichst billige, ausreichende und sichere Energieversorgung, und das Ganze soll der Unabhängigkeit des Landes dienen.«[23] Gleichzeitig warnte Spühler, dass eine zu große Dominanz der integrierten Konzerne nicht im Interesse der Schweiz sei. Bei einer inländischen Raffinationskapazität, die den gesamten schweizerischen Bedarf decken könnte, »bestünde die Gefahr, dass die großen internationalen Erdölgesellschaften« wie Esso, Shell und BP »am schweizerischen Markt ein geschlossenes, durch ein Parallelverhalten der einzelnen Gesellschaften gekennzeichnetes enges Oligopol bilden könnten«, so Spühler. Dies gelte es zu verhindern, indem man »auch dem Import von Fertigprodukten auf den traditionellen Wegen« mit Bahn und Schifffahrt noch Raum lasse.[24]

Um die Shell-Raffinerie mit Rohöl zu versorgen, wurde diese an die schon bestehende SEPL-Pipeline angeschlossen, die im Mittelmeerhafen Lavéra bei Marseille mit Rohöl aus dem Nahen Osten und Afrika gefüllt wird und dieses in die Raffinerien von Straßburg und Karlsruhe liefert. Da diese Pipeline auf französischem Boden sehr nahe an der Schweizer Grenze vorbeiführt, konnte abzweigend eine relativ kurze Rohrleitung von 88 Kilometern verlegt werden, davon 33 Kilometer auf Schweizer Boden. Diese als »Oléduc du Jura« bezeichnete Pipeline beginnt im französischen Gennes bei Besançon als Abzweiger der SEPL und überquert die Schweizer Landesgrenze bei Les Brenets, erklimmt den Col-des-Roches, führt dann über Le Locle und La Chaux-de-Fonds auf 1288 Metern über Meer über die Vue-des-Alpes und erreicht durch das Val-de-Ruz den Chaumont und dann Cressier. Die Rohre haben erst einen Durchmesser von 40 Zentimeter, danach noch 25 Zentimeter und sind einen Meter tief im Boden verlegt. Unter Weide- und Ackerland, so staunte die Presse, fließen »unbemerkt Tausende von Tonnen des von der Schweizer Wirtschaft so dringend benötigten Erdöls vorbei.«[25]

Nachdem die Schweiz an das internationale Pipelinenetzwerk angeschlossen und mit zwei Raffinerien ausgestattet worden war, geriet das Land in einen Erdölrausch. Noch 1959 lag der Erdölkonsum in der Schweiz bei 3 Millionen Tonnen pro Jahr, womit Erdöl als wichtigster Energieträger des Landes 47 Prozent des Energiekonsums abdeckte. Im Jahr 1962 wurden bereits 5 Millionen Tonnen Erdölprodukte konsumiert, womit Erdöl 56 Prozent der Schweizer Energieversorgung abdeckte. Der »namhafte Konsumzuwachs«, kommentierte die Erdöl-Vereinigung richtig, »ist Ausdruck, wie übrigens in ganz Westeuropa, eines konstant steigenden Wohlstandes«. Im Jahre 1967 betrug der Erdölkonsum der Schweiz über 9 Millionen Tonnen, womit sich die Erdölprodukte einen Anteil von 72 Prozent an der Schweizer Energieversorgung erobert hatten. Die Importe stiegen 1970 auf 13 Millionen Tonnen, was dem Erdöl einen sagenhaften Anteil von 78 Prozent an der Schweizer Energieversorgung sicherte.[26]

Nach diesem starken Aufstieg stagnierte der Erdölkonsum in der Schweiz und die Raffinerie Cressier kämpfte mit knappen Margen. Als die Ertragslage immer schlechter wurde, verkaufte die Shell Switzerland die Raffinerie im Mai 2000 an die Firma Petroplus. Diese war in der Schweiz unbekannt, die Geschäfte wurden zeitweise von der Insel Bermuda aus geleitet und blieben undurchsichtig. 2006 verlegte Petroplus unter der Führung des amerikanischen CEO Robert Lavinia den Firmenhauptsitz nach Zug und ging an die Schweizer Börse. Petroplus kaufte in ganz Europa Raffinerien auf und wollte zum führenden Raffinierer markenfreier Erdölprodukte werden. In Großbritannien erwarb Petroplus die Raffinerien Teesside und Coryton, in Deutschland von ExxonMobil die große Raffinerie Ingolstadt, in Belgien die BRC-Raffinerie in Antwerpen und in Frankreich von Shell die Raffinerien Petit Couronne und Reichstett.

Das Kapital für die Expansion erhielt Petroplus von verschiedenen Banken. Mitte 2007 war Petroplus fast 11 Milliarden Franken wert. Doch die Strategie ging nicht auf. Der Konzern schrieb Jahr für Jahr rote Zahlen, und die Petroplusaktie verlor im Zeitraum von fünf Jahren mehr als 90 Prozent ihres Werts. Ende 2011 sperrten die Banken Kredite im Umfang von rund 1 Milliarde Franken, Petroplus konnte kein Rohöl mehr einkaufen und fuhr seine Werke herunter. Die Raffinerie Cressier wurde von der neu gegründeten Varo Holding übernommen, an der auch der Erdölhändler Vitol mit Sitz in Genf beteiligt ist. Im Januar 2012 war Petroplus pleite, die Aktionäre mussten den Totalverlust ihres Einsatzes hinnehmen.

10

Die Macht der Kartelle

Geheime Absprachen unter Unternehmen, um den Wettbewerb zu beschränken, sind weltweit verboten. Solche »Kartelle«, die im Extremfall den wirksamen Wettbewerb vollständig beseitigen, haben volkswirtschaftlich und sozial schädliche Auswirkungen. Die an einem Kartell beteiligten Unternehmen bleiben rechtlich selbstständig, vereinbaren aber hinter geschlossenen Türen, die Preise abzusprechen, und den Wettbewerb untereinander einzuschränken oder gar aufzuheben. Kartelle sind regelrechte Verschwörungen, also Absprachen zwischen zwei oder mehr Menschen, um im Geheimen ein Ziel zu erreichen. Sie untergraben die freie Marktwirtschaft und führen für die Konsumenten zu überhöhten Preisen oder anderen Wettbewerbsverzerrungen, während die am Kartell beteiligten Unternehmen unangemessen hohe Profite erzielen.

Die Wirtschaftsgeschichte beweist, dass es in Europa und den USA trotz Verboten immer wieder zu Kartellen gekommen ist; aufgedeckt wurden unter anderem Preisabsprachen über Bier, Zement und Vitamine. Dabei zeigte sich, dass ein Kartell umso leichter entsteht, je weniger Anbieter es in einem Markt gibt und je ähnlicher die angebotenen Produkte einander sind. Diese Merkmale treffen auch auf den Markt für Erdölprodukte zu. Benzin, Diesel, Heizöl und Kerosin sind unabhängig vom Anbieter praktisch identisch. Das Benzin von der ExxonMobil-Tankstelle unterscheidet sich kaum vom Benzin der Shell- oder Tamoil-Tankstelle. Der Erdölmarkt ist daher anfällig für die Bildung von Kartellen.

Die Sieben Schwestern und das Kartell von Achnacarry

Der globale Erdölmarkt wird heute von staatlichen Erdölkonzernen dominiert, darunter Saudi Aramco aus Saudi-Arabien, Pemex aus Mexiko, Sonatrach aus Algerien, StatoilHydro aus Norwegen, Petrobras aus Brasilien und die Kuwait Petroleum Corporation. Staatliche Erdölkonzerne besitzen mehr als 80 Prozent der globalen Erdölreserven. Weil sie im Downstreambereich noch wenig mit eigenen Tankstellen auftreten, sind sie den Endkunden in Deutschland, Österreich und der Schweiz wenig bekannt; ihre Macht wird kaum wahrgenommen.

Während mehr als hundert Jahren, etwa von 1850 bis 1980, dominierten nicht staatliche, sondern private Erdölfirmen das globale Erdölgeschäft, allen voran die sogenannten »Sieben Schwestern«. Zu den »Seven Sisters« gehörten die zwei europäischen Erdölkonzerne Royal Dutch Shell und die zu ihrer Gründerzeit mehrheitlich staatliche Anglo-Persian Oil Company (heute BP) sowie die fünf privaten US-Erdölkonzerne, die aus der Zerschlagung von Rockefellers Imperium hervorgingen: die Standard Oil of New Jersey (später Exxon), die Standard Oil of New York (SOCONY, später Mobil) die Standard Oil of California (SOCAL, später Chevron), die Texaco und die Gulf Oil. Die US-Unternehmen dominierten im Kreis der Sieben Schwestern. Nur die staatliche französische Erdölgesellschaft Compagnie Française des Pétroles, heute Total, konnte im internationalen Erdölgeschäft eine den Sieben Schwestern vergleichbare Rolle spielen. Auch die italienische ENI versuchte dies, scheiterte aber.

Die Sieben Schwestern sind heute nach einer Serie von Fusionen nur noch »Vier Schwestern«, nämlich Shell, BP, ExxonMobil und ChevronTexaco. Wiederholt wurden diese verdächtigt, ein Kartell gebildet zu haben, um ihren Profit zu maximieren, zum Schaden der Konsumenten. Sowohl in Deutschland wie auch der Schweiz gab es wiederholt Untersuchungen, um zu prüfen, ob die Erdölmultis als Kartell agierten, was jedoch nie belegt werden konnte.

Nur für die Zeit nach dem Ersten Weltkrieg ist bewiesen, dass die Sieben Schwestern geheime Absprachen trafen. In der Zwischenkriegszeit verlief die globale Erdölsuche und Förderung derart erfolgreich, dass es zu viele sprudelnde Erdölquellen gab. Das Überangebot an Erdöl flutete den Markt und drückte die Preise, sehr zum Ärger der Standard Oil of New Jersey, der Royal Dutch Shell und der Anglo-Persian. Die Ölschwemme bewog die europäischen und amerikanischen Erdölkonzerne, zusammen an einen Tisch zu sitzen, um eine Lösung für ihr gemeinsames Problem zu suchen.

Die Konsumenten und auch die Regierungen durften über die geheimen Absprachen der Erdölindustrie nichts wissen. Daher wählten die Direktoren der Erdölkonzerne das abgelegene Schloss Achnacarry im schottischen Hochland für ihr Treffen. Im August 1928 mieteten die drei Firmen das Schloss für einen ganzen Monat. Bei dem geheimen Treffen versammelten sich die führenden Köpfe der Industrie, darunter Henri Deterding, Chef der Royal Dutch Shell, Walter Teagle, Chef der Standard Oil of New Jersey, Sir John Cadman, Chef der Anglo-Persian, und auch William Mellon, Chef der Gulf Oil, die alle das Problem der Überproduktion in den Griff bekommen wollten.

Es kam zu einer Verschwörung, definiert als eine geheime Absprache zwischen mehr als zwei Personen, um gemeinsam ein Ziel zu erreichen, und der Bildung eines Kartells. Die Erdöldirektoren beschlossen, die Produktion zu drosseln, um die Preise zu stützen. »In einer geheimen Vereinbarung«, so berichtet der deutsche Historiker Jens Hohensee, »welche erst 1952 für Historiker zugänglich wurde, teilten die drei Direktoren die Förderung und Exploration im Nahen Osten untereinander auf und beschlossen, nicht zu viel Erdöl zu produzieren, damit der Preis nicht durch ein Überangebot zerstört würde.«[1] Jede Gesellschaft bekam eine Quote auf den internationalen Märkten zugeteilt und konnte ihr Verkaufsvolumen gemäß dem ihr zugesprochenen prozentualen Anteil nur dann erhöhen, wenn die Gesamtnachfrage anstieg. »Bei der Achnacarry-Vereinbarung handelte es sich also um ein klassisches Mengen-Kartell«, so Georg Erdmann von der Technischen Universität Berlin.[2]

Das Kartell von Achnacarry glich exakt dem Kartell, das die OPEC-Länder dreißig Jahre später beschlossen und das die Sieben Schwestern ihrerseits empört kritisierten. Trotzdem war der Erfolg der Verschwörung von Achnacarry angeblich bescheiden, denn »es gab einfach zu viele Produzenten rund um die Welt und zu viel Förderung«, die nicht von den am Kartell beteiligten Firmen kontrolliert wurde, glaubt der amerikanische Erdölexperte Daniel Yergin.[3] Ob diese Einschätzung von Yergin zutrifft, ist umstritten. Denn später schlossen sich auch Mobil, Gulf Oil, Texaco und Chevron dem Kartell von Achnacarry an. Damit waren alle Sieben Schwestern Teil des Kartells. Zusammen kontrollierten sie die Mehrheit der globalen Erdölförderung wie auch des Verkaufs. Jan Martin Witte glaubt, »dass die Sieben Schwestern in der Ära vor der Gründung der OPEC alle wesentlichen Fäden im internationalen Ölmarkt in der Hand hielten«.[4]

Interessanterweise wurde der amerikanische Erdölmarkt explizit vom Achnacarry-Kartell ausgeschlossen, damit der amerikanische Antitrust Act nicht verletzt wurde, der das Bilden von Kartellen verbietet. Für den Rest der Welt wurden die Marktanteile auf dem aktuellen Wert eingefroren, und alle Kartellteilnehmer mussten sich verpflichten, diese Anteile einzuhalten. Das Kartell half den amerikanischen Erdölfirmen, ihren Marktanteil in den expandierenden internationalen Märkten zu schützen. Außerhalb der USA konnten die Regierungen der Verbraucherländer, die nichts über die geheime Absprache wussten, dem Kartell nichts entgegensetzen. Die meisten hatten keine Möglichkeit, hinter die Kulissen des internationalen Erdölgeschäfts und in die amerikanischen und britischen Schaltzentralen zu blicken.

Die Milliardengewinne der Erdölkonzerne

Seit der Erdölpreis im Jahre 2000 stark angestiegen ist, haben sich die Erdölprodukte verteuert. Die verbliebenen Vier Schwestern realisieren Rekordgewinne in Milliardenhöhe, wodurch auch in Europa das Misstrauen gegenüber der Erdölindustrie ansteigt. Als ExxonMobil 2005 den sagenhaften Gewinn von 36 Milliarden Dollar auswies, freute sich der amerikanische Sender CNN über »den größten Gewinn, den je eine US-Firma erwirtschaftet hat«.[5] Schon im Jahr darauf konnte der Konzern den Jahresgewinn überbieten und vermeldete 40 Milliarden Dollar Gewinn, »das höchste Resultat der amerikanischen Wirtschaftsgeschichte«, wie die »Neue Zürcher Zeitung« berichtete.[6] Im Jahr 2007 wurde mit 40,6 Milliarden Dollar ein weiterer Rekordgewinn realisiert, gemessen am Börsenwert war ExxonMobil im selben Jahr das größte Unternehmen der Welt.[7] Weil der Erdölpreis hoch blieb, realisierte ExxonMobil auch im Jahr 2008 mit 42 Milliarden Dollar einen neuen Rekordgewinn, 2011 lag der Firmengewinn mit 41 Milliarden Dollar nur wenig tiefer.[8]

Keine andere an der Börse gehandelte Firma realisierte über die letzten zehn Jahre derart riesige Gewinne wie ExxonMobil. Bei einigen Konsumenten führte dies zu Unmut. »Wir werden von raffgierigen Öl-Multis nach Strich und Faden abgezockt«, protestierte die Presse in der Schweiz gegen die steigenden Preise an der Tanksäule. Die Konsumenten würden beim Heizen und an der Tankstelle zur Kasse gebeten, während die »Öl-Bosse« von Jahr zu Jahr »Rekordgewinne« realisieren. Ihre »Geschäftszahlen sprechen eine glasklare Sprache«.[9]

Erdölfirmen müssen das Erdöl nicht herstellen, sondern nur fördern – es ist ein Geschenk der Erde. Indem sie ein Geschenk weiterverkaufen, können sie große Gewinne realisieren. Auch BP und Shell realisierten in ihrer Firmengeschichte Milliardengewinne. Im Jahre 2007 präsentierte BP einen Gewinn von 20 Milliarden Dollar und 2008 einen Gewinn von 26 Milliarden Dollar.[10] Auch 2009 war BP mit 14 Milliarden Dollar Gewinn sehr erfolgreich, musste dann aber 2010 wegen der Explosion der Bohrplattform Deepwater Horizon und der Ölpest im Golf von Mexiko einen Verlust von 5 Milliarden verbuchen.[11] Doch schon ein Jahr später konnte der Konzern mit 24 Milliarden wieder einen Rekordgewinn ausweisen.[12]

Auch Shell, der größte Erdölkonzern Europas, war sehr erfolgreich. Im Jahr 2006 betrug der Gewinn 30 Milliarden Dollar und im Jahr 2007 waren es 27 Milliarden

Dollar. 2008 erzielte Shell mit 31 Milliarden Dollar gar den höchsten Gewinn, den ein europäischer Ölkonzern je erwirtschaftet hatte, und das beste Konzernergebnis seit Gründung der Shell.[13] Die hohen Erdölpreise ließen die Kasse der Erdölkonzerne klingeln, auch die Kommentatoren gewöhnten sich an die Milliardengewinne. Als Shell 2009 einen Gewinn von »nur« 12 Milliarden Dollar auswies, sprachen die Zeitungen umgehend von einem »Krisenjahr«, freuten sich dann aber, als 2010 unter dem Strich wieder ein Gewinn von 20 Milliarden Dollar resultierte.[14] 2011 konnte Shell erneut 28 Milliarden Dollar Gewinn ausweisen.[15]

Die Jahresgewinne der Erdölkonzerne sind heute derart hoch, dass es in der Öffentlichkeit immer wieder zu Verwechslungen kommt, da auch gut informierte Personen das Verhältnis zu den großen Zahlen verloren haben. In diesem Kontext erinnere ich mich noch gut an eine Podiumsdiskussion zur Energiezukunft am Swiss Economic Forum in Interlaken, an der ich im Mai 2011 als Erdölexperte teilnahm. Auf dem Podium war auch Peter Voser, CEO der Shell. Als die Moderatorin, eine erfahrene Schweizer Journalistin, Herrn Voser vorstellte, sagte sie, Shell habe 2010 einen Jahresgewinn von 7 Milliarden Dollar realisiert. Peter Voser räusperte sich kurz, unterbrach die Journalistin und berichtigte mit einem Schmunzeln, dies sei nicht der Jahresgewinn 2010, sondern der Shell-Quartalsgewinn der ersten drei Monate 2011. Unter den versammelten Managern im Publikum wurde ob der Verwechslung geschmunzelt, aber auch gestaunt, dass Shell in nur 3 Monaten 7000 Millionen Dollar verdient hatte.

Die Kartelluntersuchungen in der Schweiz

Die drei mächtigsten Erdölkonzerne auf dem Schweizer Markt sind heute Esso Switzerland, Shell Switzerland und BP Switzerland. Sie sind Tochterfirmen der multinationalen Konzerne ExxonMobil, Shell und BP, die umgangssprachlich als »Multis« bezeichnet werden. Auch in Deutschland nehmen Shell, Esso und BP eine dominante Position ein. Weil die Erdölkonzerne seit einigen Jahren Milliardengewinne realisieren und auch in früheren Jahren Millionen verdienten, ist immer wieder der Verdacht aufgetaucht, dass sie den Markt im Sinne eines Kartells beherrschen und daher von den Kunden überhöhte Preise verlangen könnten.

Hermann Maurer, ehemaliger Geschäftsführer der Schweizer Erdöl-Vereinigung, welche die Interessen der Erdölkonzerne vertritt, behauptet, dass in Europa kein Kartell der Erdölkonzerne bestehe. Maurer räumte 1966 aber ein, es sei »nicht zu bestreiten, dass nicht nur in der Schweiz, sondern in ganz Europa und auch in anderen

Kontinenten der Ölmarkt oligopolistische Züge aufweist«, dass also vielen Kunden wenige Anbieter gegenüberstehen. Das große Misstrauen gegenüber den Erdölkonzernen sei trotzdem unbegründet, da die »Oligopolisten ihre theoretisch marktbeherrschende Stellung« nicht zu Ungunsten der Konsumenten ausnützen würden, beteuerte Maurer, was durch die tiefen Preise für Erdölprodukte bewiesen sei.[16]

Um herauszufinden, ob die Gewinne der integrierten Erdölkonzerne fair und berechtigt oder aber manipuliert und unangemessen sind, ließ der Bundesrat den Schweizer Erdölmarkt dreimal durch die Kartellkommission, die spätere Wettbewerbskommission (Weko), durchleuchten. Erstmals 1968 nach dem Streit um die Raffinerie Collombey, bei dem – wie oben dargelegt – Esso, BP und Shell die Preise für Erdölprodukte unerbittlich senkten, bis ENI aufgab und Esso die Raffinerie übernehmen konnte. Doch die Untersuchung der Kartellkommission kam zum Schluss, dass die Erdölkonzerne nicht als Kartell agiert hätten und kein Kartell bestehe.[17]

Im Jahre 1975 kam es erneut zu einer Untersuchung des Erdölmarktes durch die Kartellkommission, als im Zuge der ersten Erdölkrise die Preise stark angestiegen waren. Eine weitere Untersuchung folgte 1985, nach Firmenfusionen im Erdölsektor. Auch bei diesen Untersuchungen kam das Schweizer Misstrauen gegenüber den »Erdölmultis« sehr deutlich zum Vorschein; trotzdem konnte kein Missverhalten der Erdölfirmen festgestellt werden. Die Untersuchungen mussten aus praktischen Gründen jeweils auf den Schweizer Markt beschränkt werden, während der internationale Markt intransparent blieb.

Da die Erdölfirmen um das Misstrauen wussten, gründeten sie in Europa Branchenorganisationen für die Öffentlichkeitsarbeit. In Deutschland wurde 1946 der Mineralölwirtschaftsverband (MWV) gegründet. Dessen Ziele sind die Förderung der wirtschaftlichen Interessen seiner Mitglieder. Zu den Mitgliedern zählen Unternehmen mit Sitz in Deutschland, die Rohöl in eigenen oder konzernverbundenen Raffinerien verarbeiten sowie Mineralölprodukte in Deutschland vertreiben. Zum Mineralölwirtschaftsverband gehören unter anderem Esso Deutschland, Shell Deutschland, Total Deutschland, BP Europa, ENI Deutschland und OMV Deutschland.

In der Schweiz kam es erst 1961 unter dem Namen »Erdöl-Vereinigung« zur Gründung eines Branchenverbandes der Erdölindustrie, nachdem in den Jahrzehnten zuvor die Verbände nach Brenn- und Treibstoffen (Benzin-Union und Heizölkonventionen) getrennt organisiert worden waren. Im Gründungsjahr umfasste die Erdöl-Vereinigung 27 Firmen, darunter Esso Switzerland, BP Switzerland und Shell Switzerland, Raffinerien wie jene in Collombey, Rohrleitungsgesellschaften wie die

Oléoduc du Rhône SA sowie Importeure und Händler wie die AVIA, die Migrol und die Agrola. Die Erdöl-Vereinigung hat bis heute die Aufgabe, die Interessen ihrer Mitglieder gegenüber der Öffentlichkeit sowie gegenüber dem Parlament und der Regierung zu kommunizieren. Walter Kunz amtierte als erster Präsident der Erdöl-Vereinigung, Hermann Maurer als erster Geschäftsführer.

Die Erdöl-Vereinigung veröffentlicht jedes Jahr genaue Zahlen zu Import und Konsum von Erdöl und wird daher als Kompetenzzentrum in Erdölfragen geschätzt. Doch da die Erdöl-Vereinigung stets gegen erneuerbare Energien und Energieeffizienz Lobbyarbeit betrieb, um möglichst viel Erdöl zu verkaufen, haftet dem Verband ein negatives Image an. »Seit seiner Gründung kämpft der Verband gegen ein schlechtes Image der Energiebranche, die nach wie vor oftmals als undurchschaubar und wenig umweltorientiert angesehen wird«, erkannte die Historikerin Monika Gisler 50 Jahre nach der Gründung der Erdöl-Vereinigung in einer Jubiläumsschrift des Verbandes. Erdöl als Energieträger werde »zunehmend kritisch gesehen«.[18]

Weil Hermann Maurer, der Geschäftsführer der Erdöl-Vereinigung, Schweizer war und Schweizerdeutsch sprach, wurde oft implizit und unbewusst angenommen, er vertrete die nationalen Interessen der Schweiz. Doch das stimmte natürlich nicht. »Die sogenannten ›Switzerland-Firmen‹, die wohl Gesellschaften schweizerischen Rechts sind, deren Aktienkapital jedoch vollständig in ausländischen Händen liegt, werden ausschließlich ferngelenkt«, kritisierte Jean Arnet, Präsident der Migrol und selber Mitglied der Erdöl-Vereinigung. »Die schweizerischen Organe dieser Firmen müssen den Anweisungen aus New York und London folgen.«[19]

Maurer räumte ein, dass kleine Zwischenhändler wie AVIA und Migrol nur aus politischen Gründen am Markt teilnehmen dürften, weil ansonsten eine zu offensichtliche Dominanz der ausländischen Konzerne entstehen würde. Esso, BP und Shell könnten die Zwischenhändler problemlos ausschalten, was aber die Kartellkommission nicht zulassen würde. Die Kleinen decken »ihren Bedarf bei den Großen«, erklärte Maurer die Abhängigkeit der Importeure von den Integrierten. Die Großen »brauchen die Kleinen … zugegebenermaßen auch aus politischen Gründen«.[20]

Weit kritischer beurteilte die linke Schweizer Presse den Erdölmarkt. In der Schweiz unterliege »die gesamte Erdölversorgung dem Diktat der internationalen monopolistischen Verteilernetze«. Der Staat habe im Energiesektor seine Macht abgetreten, »das Fehlen einer staatlichen Energiepolitik« komme »einer Kapitulation vor den Ölmultis gleich«.[21] Auch die Erdölfirmen selber wussten, dass sie nicht beliebt sind. »Die öffentliche Meinung gegenüber der Erdölwirtschaft« ist in der Schweiz »mehrheitlich negativ«, beklagte Samuel Tapernoux, Delegierter des Verwaltungsrates der Total Suisse, anlässlich der Generalversammlung der Erdöl-Vereinigung schon im Jahre 1967.[22]

Weil die integrierten Erdölkonzerne ihren Gewinn durch interne Rechnungen an den Mutterkonzern im Ausland abführen, können sie in der Schweiz ihre Steuern optimieren. Esso Switzerland wies in den Jahren 1956 und 1959 überhaupt kein Reineinkommen aus und bezahlte daher auch keine Steuern. Im Jahr 1960 betrug der steuerbare Jahresgewinn nur 119 100 Franken. Im Jahr 1962, so zeigt der Steuerausweis, verfügte Esso Switzerland über ein deklariertes Kapital von 12 Millionen Franken, realisierte aber als größte Erdölfirma auf dem Schweizer Markt nur einen bescheidenen steuerbaren Jahresgewinn von 81 600 Franken. Die viel kleinere Genossenschaft Migrol wies im selben Jahr bei einem Eigenkapital von 2 Millionen Franken einen steuerbaren Gewinn von 230 100 Franken aus. Für die Presse war klar, dass im Erdölmarkt nicht alles mit rechten Dingen zuging und die integrierten Konzerne Schlupflöcher im Steuerrecht nutzten und »alle Gewinne … in die ausländischen Konzernzentralen abführten«.[23]

Die Macht der Erdölkonzerne wurde daher auch im Schweizer Parlament wiederholt kritisch diskutiert. Nationalrat Walter Biel vom Landesring der Unabhängigen (LdU) mahnte 1968, die Schweiz sei in eine gefährliche Abhängigkeit von Erdölimporten gelangt. Auch der Bundesrat müsse sich »bewusst bleiben, wie abhängig unsere Rohenergieversorgung vom Erdöl und damit vom Ausland geworden ist«. Dies sei gefährlich, weil die Untersuchungen der Kartellkommission »drastisch« zeigten, »welche Machtposition wenige internationale Großkonzerne besitzen, die nach einer globalen Strategie gelenkt werden, die wohl den Interessen der Gesellschaften, nicht aber unbedingt auch den Interessen unseres Landes dient«.[24]

Auch der Erdölexperte Alfred Peter glaubte, dass in der Schweiz zwar kein Kartell vorliege, »wohl aber ein Teiloligopol, weil die schweizerischen Niederlassungen der voll- und teilintegrierten ausländischen Erdölgesellschaften in der Versorgung des Schweizermarktes eine dominierende Stellung einnehmen«. Peter kritisierte, dass die Integrierten 80 bis 90 Prozent des Marktes kontrollierten, »wobei allein auf die drei Großen, Esso, Shell und BP, zwischen 50 und 60 Prozent entfallen«. Kleine Schweizer Importeure wie Migrol, Agrola, Coop und der AVIA-Verband seien völlig von den Überschüssen, die ausländische Shell- und Esso-Raffinerien billig abgeben würden, abhängig, und »können nicht allzu sehr aus der Reihe tanzen«, weil sie ansonsten von den Multis nicht mehr beliefert würden. »Dass das weder ihrer Unabhängigkeit noch ihrer Bewegungsfreiheit zuträglich ist, liegt auf der Hand«, so Peter. Deshalb habe sich an den Tankstellen ein einheitliches Preisniveau herausgebildet.[25]

Werner Flachs, Generaldirektor der Shell Switzerland, behauptete, die »Multis … können keinen Einfluss auf die Preisgestaltung ausüben.« Trotzdem gehöre es scheinbar in der Schweiz »zum guten Ton … gegen die multinationalen Gesellschaften zu wettern«.[26] Der Schweizerische Konsumentenbund (SKB) wollte dies nicht gelten lassen: Die Erdölkonzerne seien sehr wohl an der Preisgestaltung beteiligt. »Irgendwo wird mächtig mitverdient«, ließ der SKB verlauten und forderte, dass die integrierten Erdölkonzerne die Kostenkalkulation vom Bohrturm bis zum Öltank beziehungsweise bis zur Tankstelle offen darlegten, inklusive der Transaktionen mit dem Mutterhaus. Dies hingegen lehnten die Integrierten entschieden ab. Daraus schloss der SKB, dass »in der Tat allerhand zu verbergen sei«.[27]

Walter Biel, selbst Mitglied der Kartellkommission, kritisierte, dass es auch der Kommission nicht gelungen sei, die Mutterhäuser der Erdölkonzerne zu durchleuchten, obschon vermutlich dort Preismanipulationen, wenn es sie denn geben sollte, stattgefunden hätten. Biel erklärte, dass die schweizerische Tochterfirma einer integrierten Erdölgesellschaft eben »nur die aus dem Wasser herausragende Spitze eines Eisberges« sei.[28] Weitergehende Recherchen zur Erfassung auch des unteren Teils des »Eisberges« müssten im Ausland durchgeführt werden, was jedoch nicht im Kompetenzbereich der Kommission liege.[29] Der Fokus auf die »Schweizer Töchter« habe den »Aussagewert der Untersuchung wesentlich eingeschränkt«, kritisierte die »Neue Zürcher Zeitung«, da es ja vor allem auf das Verhalten der Mutterkonzerne ankomme. Es sei bedauerlich, dass man auf diese Daten keinen Zugriff habe.[30]

Trotz Preisanstieg während der Erdölkrise blieben Erdölprodukte auch in den 1970er-Jahren äußerst billig, wie Willi Brönnimann in seiner Dissertation aufzeigte. Er berechnete, dass im Persischen Golf, wo das Erdöl aus den Bohrlöchern gefördert und auf Tanker verladen wird, der Liter 16 bis 17 Rappen kostet, wenn man den für 1978 gültigen Preis von 15 Dollar pro Fass Rohöl und einen Wechselkurs von 1,70 Franken pro Dollar annimmt. Für den Transport vom Golf bis Rotterdam müssten 2 bis 3 Rappen pro Liter addiert werden, so Brönnimann. Für die Verarbeitung des Rohöls zu Benzin in den Raffinerien in Rotterdam und die Lagerung seien nochmals 3 bis 4 Rappen zu berechnen. Benzin ab Rotterdam kostete daher im Jahre 1978 pro Liter zwischen 21 und 24 Rappen.

Danach folge der Transport in die Schweiz auf dem Wasserweg, wofür die Rheinschifffahrt 1 bis 2 Rappen pro Liter verlange, was in Basel zu einem Preis von 22 bis 26 Rappen pro Liter Benzin führe. Als fixer Kostenpunkt komme danach der Schweizer Staat, der auf 1 Liter Benzin 58 Rappen verlange – für Zoll, Zollzuschlag, Pflichtlagergebühr und Warenumsatzsteuer. Die letzte Handelsstufe, der Transport mit dem

Tanklastwagen ab Basel, verteuere das Benzin um weitere 3 bis 4 Rappen pro Liter. Der Tankstellenhalter rechne mit einer Marge von 4 bis 7 Rappen pro Liter. 1978 kostete 1 Liter Benzin am Ende der Handelskette, an der Tankstelle, 95 Rappen. Heizöl, das deutlich weniger durch Steuern belastet wird, war für 38 Rappen pro Liter erhältlich.[31]

Die Preiskalkulation der Erdölkonzerne ist bis heute intransparent. Doch ihre Jahresgewinne waren in den 1970er-Jahren noch im Bereich der Millionen, nicht der Milliarden wie heute. Royal Dutch Shell realisierte 1973 einen Reingewinn von über 400 Millionen Pfund. Die Tochterfirma Shell Switzerland wies 1974 einen Gewinn von 35 Millionen Franken aus, Esso Switzerland 32 Millionen, BP Switzerland 17 Millionen und Gulf Oil Switzerland 3 Millionen Franken.[32] Der kluge Wirtschaftsjournalist Beat Kappeler, der die Reingewinne dem eingesetzten Eigenkapital gegenüberstellte, kam für Esso auf eine beachtliche Eigenkapitalrendite von 25 Prozent, für Shell auf 21 Prozent. Schweizer Konzerne wie Landis & Gyr hätten in guten Jahren eine Eigenkapitalrendite von 8 Prozent erreicht. »Angesicht dieser Unterschiede zu anderswo gebräuchlichen Margen«, wunderte sich Kappeler, sei »die Generalabsolution durch die Kartellkommission großzügig«.[33]

Als bekannt wurde, dass Esso Switzerland, Shell Switzerland und BP Switzerland für das Steuerjahr 1978 keinen Gewinn deklariert und daher auch keine Einkommenssteuer bezahlt hatten, kam es erneut zu Protesten. Monika Weber, Landesring-Kantonsrätin in Zürich und Präsidentin des Konsumentinnenforums, nannte es eine »unerhörte Ungerechtigkeit«, dass diese großen Erdölfirmen keine Einkommenssteuer bezahlten. »Ich gehe davon aus«, so Weber, »dass das Verhalten der drei Ölfirmen – in juristischer Hinsicht – legal ist, dass sie aber – sagen wir es einmal so – kein Fingerspitzengefühl haben«. Der Bürger, der aufgrund seines Lohnausweises mehr bezahlen müsse als die drei Ölfirmen, »muss sich dumm vorkommen«, so Weber.[34]

BP Switzerland ließ die Kritik von Monika Weber nicht gelten. »In den letzten Jahren war mit den auf dem Überschussmarkt herrschenden freien Preisen kein Gewinn zu machen«, verteidigte sich Paul Schmid, Finanzchef von BP Switzerland. Während BP Switzerland noch 1973 mehr als 16 Millionen Franken Gewinn realisieren konnte, habe man von 1975 bis 1978 Verluste eingefahren. »Diese Zahlen sind eindeutig«, so Schmid. »Verdeckte Gewinnausschüttungen gibt es nicht.« Und auch Raymond Zinggeler, Finanzdirektor der Esso Switzerland, erklärte, man habe 1978 keinen Gewinn gemacht. »Wenn wir ein Geschäftsjahr mit einem Verlust abschließen, dann können wir auch keine Einkommenssteuer bezahlen«, so Zinggeler. »Das ist auf der ganzen Welt so.«[35]

Der öffentliche Groll gegenüber den Multis war damit aber nicht beigelegt. Profite und Verluste würden zwischen dem Mutterhaus und den Tochterfirmen so hin und hergeschoben, wusste die Presse, dass die Tochterfirmen am Jahresende gar keinen Gewinn ausweisen müssten. Das Mutterhaus der Esso in den USA würde der Tochterfirma Esso Switzerland einfach hohe interne Rechnungen stellen, die das Einkommen von Esso Switzerland auf null senkten. »Gewinne werden so indirekt aus der Schweiz abgezogen – ein Trick, den auch Schweizer Konzerne mit Zweigfirmen im Ausland (vor allem in der Dritten Welt) gebrauchen, um den dortigen Fiskus zu umgehen.«[36]

In den USA hatte Exxon, das Mutterhaus von Esso Switzerland, im Jahr 1978 in der Tat einen beachtlichen Gewinn von 2760 Millionen Dollar realisiert. Auch die britische Shell hatte in demselben Jahr einen Gewinn von 2900 Pfund vor Steuern erwirtschaftet.[37] Die »Milliarden-Profite, die in den Konzernzentralen verbucht werden«, seien ein Beleg dafür, dass die Verluste der Tochterfirmen »manipulierbar« seien, so die Schweizer Presse. Dem Schweizer Steuerzahler, »der jeden Einkommensfranken auf dem Lohnausweis deklarieren muss«, stünden solche Instrumente nicht zur Verfügung. Daher komme er sich nun »geprellt vor«.[38] Es seien »alle Versuche gescheitert«, klagte die Presse, »den Preismachern im Ölgeschäft in die Karten zu sehen. Kein Medium, keine Amtsstelle hat bisher das Kunststück fertiggebracht, sich im Dickicht dieser Verhältnisse zurechtzufinden.«[39]

Die Schweizer wollen eine eigene Erdölfirma gründen

Um sich gegen die Übermacht der Sieben Schwestern zu behaupten, hatten sich unabhängige Schweizer Importeure 1931 in der AVIA Vereinigung unabhängiger Schweizer Importeure von Erdölprodukten zusammengeschlossen. Den Namen »AVIA« hatten die Unabhängigen in Anlehnung an die Aviatik gewählt, da sie auch die Flugindustrie mit ihren Produkten versorgten und weil das Wort in den drei Schweizer Landessprachen gut auszusprechen war. Zu den Gründungsmitgliedern zählten die Erdölhändler Osterwalder & Cie (St. Gallen), Küng GmbH (Bern), Ernst Hürlimann (Wädenswil), Fritz Meyer AG und Grisard AG (Basel). Später kamen weitere Firmen dazu, darunter die Schätzle AG (Luzern) und die Lang Energie AG (Kreuzlingen). Die AVIA besteht bis heute als Verband von 85 mittelständischen Unternehmen, die ungefähr 3000 Tankstellen in 14 europäischen Ländern betreiben, davon 700 in der Schweiz.[40]

Im strengen Sinne des Wortes waren die »Unabhängigen« aber nie unabhängig. Sie gehörten zwar nicht zu einem großen integrierten Konzern wie ExxonMobil oder

BP. Doch weil sie wie die Migrol kein Upstream-Geschäft tätigen, also keine eigene Erdölförderung betreiben, sondern auf den Downstream beschränkt sind, müssen sie sich stets auf dem von den Integrierten dominierten Spotmarkt in Rotterdam eindecken. »Die freien Märkte – in Europa ist der Rotterdamer Spotmarkt am bedeutendsten – sind in ihrer ursprünglichen Form Märkte für Überschüsse aus der Raffinerieproduktion«, erklärte Ernst Holzer, Präsident der Erdöl-Vereinigung und Chef von BP Switzerland. Am Rotterdamer Markt werden von den großen Erdölfirmen Erdölprodukte verkauft, »die sich über die integrierten Kanäle nicht absetzen lassen«. Die unabhängigen Schweizer Importeure, so Holzer, seien darauf angewiesen, dass sie sich in Rotterdam »mindestens so günstig eindecken können wie die schweizerischen Niederlassungen der multinationalen Gesellschaften bei ihren Müttern«.[41]

Weil auch die AVIA-, die Migrol- und die Coop-Erdölhändler von den Sieben Schwestern abhängig sind, wurde im Schweizer Parlament vorgeschlagen, dass die Schweiz ihre Abhängigkeit von den integrierten Konzernen durch die Gründung einer eigenen Schweizer Erdölgesellschaft reduzieren solle. Diese, so der Plan, solle mit Produzentenländern wie Kuwait direkt verhandeln, danach das Rohöl mit eigenen Tankern in die Schweiz importieren, es danach in eigenen Schweizer Raffinerien verarbeiten, um dann Erdölprodukte »Swiss made« an eigenen Tankstellen zu verkaufen.

Ähnlich wie die Suche nach Erdöl im Schweizer Boden war auch der Plan, eine eigene Schweizer Erdölimportfirma zu gründen, Ausdruck der als gefährlich wahrgenommenen Erdölabhängigkeit des Landes wie auch des Misstrauens gegenüber den internationalen Erdölkonzernen und möglichen Kartellen. Der Plan einer Schweizer Erdölfirma war aber aus Kostengründen von allem Anfang an unsinnig. Er wurde nie realisiert und dies zu Recht, denn mit vergleichbarem Kapitalaufwand hätte man zum Beispiel im Gebäudebereich die Abhängigkeit vom Heizöl durch Isolation und alternative Energiequellen viel einfacher reduzieren können.

Schon in der Sommersession 1972, also noch vor Beginn der ersten Erdölkrise, hatte der Solothurner CVP-Nationalrat und Preisüberwacher Leo Schürmann zusammen mit 37 Mitunterzeichnenden aus verschiedenen Fraktionen mit einer Motion kritisiert, dass die Schweiz stark von integrierten Erdölgesellschaften abhängig sei. »Dieser Zustand ist unter verschiedenen Gesichtspunkten unerfreulich«, so Schürmann. Daher verlangte seine Motion, dass der Bundesrat »den direkten Zugang zu den Bezugsquellen« suchen solle, um Direktverträge mit den Erdöl produzierenden Staaten zu schließen und dadurch die Abhängigkeit der Schweiz von den Erdölfirmen zu mildern.[42] Das Dossier lag noch beim Bundesrat zur Beantwortung, als die Erdölkrise Europa erschütterte, worauf im Februar 1974 auch der Zürcher SVP-Vertreter Otto Bretscher vom Bundesrat wissen wollte, ob er bereit sei, »im Interesse einer stabilen und von Verantwortung getragenen Preispolitik die Schaffung einer nationalen Einkaufs- und Versorgungsgesellschaft zu prüfen«.[43] Auch CVP-Nationalrat Edgar Oehler regte mit einer Motion an, eine solche Firma zu schaffen, für die er den Namen »Petro Suisse« vorschlug.[44]

Die Presse hielt den Vorschlag, eine Schweizer Erdölgesellschaft zu gründen, für klug und gut und wies darauf hin, dass in »den großen Ölgesellschaften« auch »zahlreiche Schweizer anzutreffen« seien, »die man abwerben könnte«.[45] Kenner des internationalen Erdölmarktes aber waren von Anfang an sehr skeptisch. Werner Flachs, Generaldirektor der Shell Switzerland und Präsident der Erdöl-Vereinigung, riet davon ab, in der Schweiz eine nationale Erdölgesellschaft zu gründen. Ohne Bundessubventionen müsste eine staatliche schweizerische Ölgesellschaft ihre Produkte gar »teurer verkaufen als alle bereits bestehenden Mineralölhändler in der Schweiz«.[46] Es sei als ein »Faktum hinzunehmen«, so Flachs, dass die Schweiz stark vom Erdöl abhängig sei »und sich an dieser Situation und der damit verbundenen hohen Auslandabhängigkeit allen Maßnahmen zum Trotz kurzfristig nichts grundlegend ändern wird«.[47]

Auch der Bundesrat winkte ab und erklärte, die Kosten für den Aufbau der notwendigen Infrastruktur seien schlicht zu hoch. Es sei zwar möglich, von Rohölproduzenten direkt Erdöl zu kaufen, doch die Offerten für Direkteinkäufe, so Bundesrat Brugger im März 1974 vor dem Ständerat, »kämen uns teurer zu stehen als das, was wir über die vielgeschmähten Erdölgesellschaften hereinbringen«. Der Bundesrat betrachte zwar mittel- und längerfristig gesehen die Schweizer Energieversorgung als »prekär«, weil die »Erdölvorkommen an sich beschränkt sind«, der Weltenergiebedarf stark anwachse und Erdöl auch »als politische Waffe« eingesetzt werde, so Brugger. Trotz dieser Probleme sei eine nationale Erdölgesellschaft keine Lösung. Auf keinen Fall würden die Integrierten ihre Infrastruktur dem Bund zur Verfügung stellen und so die eigene Marktmacht schmälern. Die Schweiz sei aber nicht in der Lage, mit vernünftigem finanziellem Aufwand eine vollständige Infrastruktur aufzubauen, die das Öl an der Quelle abhole, raffiniere und bis an die Zapfsäulen bringe. Eine Gesellschaft, die ihr Rohöl oder ihre Produkte aber auf dem freien Markt oder von den Integrierten beziehen müsste, würde weder die Versorgungssicherheit noch die Markttransparenz verbessern, gab Brugger zu bedenken. »Eines habe ich nun gelernt«, so seine Bilanz. »Das Ölproblem ist eines der schwierigsten und heikelsten Geschäfte, die man sich überhaupt vorstellen kann.«[48]

Bundesrat Willy Ritschard, Vorsteher des Eidgenössischen Verkehrs- und Energiewirtschaftsdepartements, wusste um das Schweizer Misstrauen gegenüber den »Scheichs« und den »Multis«. Noch kritischer sei der Schweizer aber gegenüber zu hohen Preisen, erklärte Ritschard im Nationalrat im September 1974. »Wir könnten zwar über eine nationale Erdölgesellschaft Einblick in das Erdölgeschäft bekommen und dadurch allfällige Marktmissbräuche der großen Konzerne vielleicht besser erkennen«, so gab Ritschard zu. »Aber man muss sich fragen, ob eine solche Verbesserung der Markttransparenz nicht zu teuer bezahlt würde. Es ist nämlich zu vermuten, dass eine schweizerische Erdölgesellschaft kaum in der Lage wäre, die Konsumenten zu günstigeren Preisen als die multinationalen Konzerne zu beliefern. Und nur wegen dem Schweizerkreuz auf der Tankstelle allein kauft uns der helvetische Benzinverbraucher den Most nicht ab. Er sollte dann eher billiger oder mindestens nicht teurer sein als nebenan«, argumentierte Bundesrat Ritschard überzeugend. Die hohe Abhängigkeit von Erdölimporten sei ein Problem, aber mit einer staatlichen Erdölfirma sei dieses nicht zu lösen.[49]

Die Gründung der OPEC 1960

Während vielen Jahren beobachteten die Erdölförderländer die Macht der Sieben Schwestern mit Misstrauen und teilweise auch mit Argwohn. Es war den Regierungen klar, dass nur die integrierten Erdölkonzerne über das Kapital und die Technik verfügten, Erdöl zu suchen und zu fördern. Daher überließen sie den internationalen Konzernen wie Esso, Mobil, BP und Shell ihre Felder zur Ausbeute. Im Gegenzug erhielten die damals oft armen Erdölländer in der Dritten Welt Steuern, die sie von den Erdölkonzernen erhoben. Darüber hinaus mussten die Erdölkonzerne Förderabgaben bezahlen, sogenannte »Royalties«, abhängig von der geförderten Menge, gemessen in Millionen Fass pro Tag. Der Begriff »Royalties« stammt aus dem mittelalterlichen England, als Pächter an die englische Krone, die »Royalty«, Gebühren für die Nutzung von Land in Form einer Pacht zu entrichten hatten. Analog bezahlten Erdölkonzerne wie BP an Staaten wie den Iran Royalties für die Nutzung der iranischen Erdölfelder.

Die Regierungen in den Erdölländern befanden sich gegenüber den Sieben Schwestern lange in einer schlechten Ausgangslage. Die Erdölkonzerne drängten darauf, die Royalties-Abgaben an die Regierungen der Förderländer zu senken und gleichzeitig die Erdölproduktion zu erhöhen, um unter dem Strich mehr Profit zu realisieren. Die Erdölländer reagierten, indem sie die Ölförderung schrittweise verstaatlichten. Zudem schlossen sich die staatlichen Ölgesellschaften zu einem mächtigen Kartell zusammen, der Organization of the Petroleum Exporting Countries (OPEC).

Es waren die Länder Saudi-Arabien und Venezuela, welche darauf drängten, das OPEC-Kartell als Gegengewicht zu den Sieben Schwestern zu errichten. Auf Betreiben von Perez Alfonzo aus Venezuela und Abdulla Tariki aus Saudi-Arabien gründeten die Erdölexporteure am 14. September 1960 in Bagdad die OPEC, um ihre Interessen zu wahren. Die Gründung der OPEC »war ein Ausdruck von Nationalismus«, so Ian Skeet, weshalb die neue Organisation zu Beginn auch als »Befreiung der Dritten Welt aus dem kolonialen Würgegriff« gefeiert wurde.[50]

»Die OPEC wurde nicht als Preiskartell gegründet, sondern allein, weil alle Mitgliedländer dieser Organisation ein Problem hatten: Es sind lauter arme Länder«, beteuerte der Finanzminister von Kuwait, Abdulrahman Salim Al-Ateeqy. Diese »armen Länder«, die wenig später durch den Verkauf von Erdöl und Erdgas sehr reich werden sollten, waren gemäß dem Finanzminister von Kuwait »gezwungen zusammenzustehen, um gemeinsam den großen Erdölgesellschaften die Stirn zu bieten, welche die Erdölquellen in der Hand hatten«.[51]

Nach ihrer Gründung strebten die OPEC-Mitgliedsländer eine weitgehende Verstaatlichung der Ölquellen, ein Absprechen der Fördermengen, eine Erhöhung der Royalties und eine erhöhte Besteuerung der Ölfirmen an. Gründungsmitglieder waren Irak, Iran, Kuwait, Saudi-Arabien und Venezuela, im Laufe der 1960er-Jahre traten mit Libyen, Katar, den Vereinigten Arabischen Emiraten, Algerien, Nigeria und Indonesien weitere wichtige Erdölproduzenten der OPEC bei.

ChevronTexaco, Shell, BP, ExxonMobil und andere westliche Erdölkonzerne hatten wenig Freude an der OPEC, denn sie wollten schnell viel fördern und dafür nur wenig bezahlen, so der kuwaitische Finanzminister. »Diese Multis versuchten, sogar mit der Unterstützung ihrer Regierungen, stets Minimalpreise zu bezahlen und dabei die Produktion maximal zu erhöhen, was natürlich den Interessen der Förderländer entgegenlief. Die OPEC wurde eben gegründet, um dieser Tätigkeit der Erdölgesellschaften ein Ende zu setzen.«[52]

Die OPEC zählt heute zwölf Mitgliedsländer. Indonesien, das eine fallende Erdölförderung beklagt, ist 2009 aus der OPEC ausgetreten, da das Land selber Erdölimporteur wurde und kein Interesse mehr an hohen Erdölpreisen hat. Ecuador und Angola sind der OPEC im Jahre 2007 beigetreten. In zehn der zwölf OPEC-Länder wird die Erdölförderung von staatlichen Erdölgesellschaften dominiert. Nur im Irak und in Libyen wurde das staatliche Monopol durch Kriege in den Jahren 2003 und 2011 zerschlagen und der Erdölmarkt wieder für ENI, Exxon-

Mobil, ChevronTexaco, BP, Shell, Total und andere internationale Erdölfirmen geöffnet.

Weil sich die größten Erdölreserven unter der Kontrolle staatlicher Firmen wie Saudi Aramco aus Saudi-Arabien, NIOC aus dem Iran, Sonatrach aus Algerien, Petrobras aus Brasilien, Rosneft aus Russland und PDVSA aus Venezuela befinden, ist ihre Macht stark angewachsen. »Die Regeln werden heute nicht mehr von den Multis diktiert, sondern von den staatlichen Firmen«, betont Robinson West von der Washingtoner Beratungsfirma PFC Energy richtig.[53] Die in Europa und den USA bekannten westlichen Erdölfirmen BP, Shell, Total, Chevron und ExxonMobil tauchen zwar häufiger in der Presse auf, weil ihre Aktien gehandelt werden, sie verfügen aber über weit kleinere Reserven. Auf der Liste der Erdölfirmen mit den größten Reserven muss sich ExxonMobil mit Rang 14 begnügen, BP reicht es für Rang 18 und Shell liegt auf Rang 20. Auf den Spitzenplätzen sind ausschließlich staatliche Unternehmen zu finden, angeführt von Saudi Aramco und NIOC.[54]

Die OPEC ist heute das mächtigste Kartell auf dem Erdölmarkt. Sie verfügt über die größten Erdölreserven der Welt und zählt mit Saudi-Arabien das derzeit wichtigste Förderland der Welt zu ihren Mitgliedern. Die Erdölexporteinnahmen der zwölf OPEC-Länder sind seit dem Jahr 2000 im Kontext des hohen Erdölpreises stark angestiegen und erreichten 2008 erstmals die Grenze von 1 Billion Dollar pro Jahr. Diese Zahl ist derart groß, dass man sie ausgeschrieben kaum lesen kann – 1 000 000 000 000 Dollar – , eine Eins, gefolgt von zwölf Nullen. Die Einnahmen von Saudi-Arabien allein aus dem Export von Erdöl, Erdgas und Raffinerieprodukten betrugen im Jahr 2010 rund 235 Milliarden Dollar, davon 196 Milliarden Dollar für Rohöl.[55]

Sind die OPEC-Angaben zu den Erdölreserven verlässlich?

Erdölreserven sind keine fixen, ein für allemal feststehenden Mengen – auch dann nicht, wenn sie nicht dem Problem der politischen Manipulation unterliegen. Reserven sind variable Zahlen, die sich mit dem Erdölpreis und der Entwicklung der Technik ändern. Als »Reserven« definiert werden nämlich immer nur diejenigen Erdölablagerungen, die zu einem bestimmten historischen Zeitpunkt mit der verfügbaren modernsten Technologie zu ökonomisch vernünftigen Bedingungen abgebaut werden können. Dies bedeutet, dass die Verbesserung der Technik und der Anstieg des Erdölpreises die Reserven »vergrößert«. Umgekehrt führt ein Sinken des Erdölpreises zur Abnahme der Reserven – allerdings nicht in dem Sinne, dass tatsächlich physikalisch unter dem Boden mehr Erdölablagerungen entstehen oder verschwinden, sondern so, dass einerseits mit höheren Preisen auch der aufwendige Abbau von Tiefseeöl oder Ölsand rentabel wird, andererseits mit neuen Techniken wie zum Beispiel Horizontalbohrungen und dreidimensionalen Computerprofilen Ablagerungen erschlossen werden können, die zuvor noch unzugänglich waren.

Immer wenn eine Erdölknappheit auftritt, erschallt der gleiche Ruf aus Europa und den USA: Die OPEC möge doch bitte die Förderung erhöhen, denn bekanntlich verfüge sie über riesige Reserven. Das stimmt zwar – die OPEC-Länder verfügen über die größten Erdölreserven –, aber wie groß diese Reserven wirklich sind, weiß niemand genau, denn sie können nicht durch unabhängige Stellen überprüft werden.

Saudi-Arabien, so die Zahlen aus der »BP Statistical Review of World Energy 2011«, verfügt heute mit 264 Milliarden Fass Erdöl über die mit Abstand größten konventionellen Erdölreserven der Welt, gefolgt vom Iran mit 137 Milliarden Fass, Irak mit 115 Milliarden Fass, Kuwait mit 100 Milliarden Fass und den Vereinigten Arabischen Emiraten mit rund 95 Milliarden Fass. Die Angaben zu den Erdölreserven von Venezuela haben sich merkwürdig entwickelt: 1990 lagen sie bei 60 Milliarden Fass, im Jahr 2000 bei 76 Milliarden Fass, und 2010 schließlich gab Venezuela Reserven von 211 Milliarden Fass an, wodurch Venezuela hinter Saudi-Arabien als Land mit den zweitgrößten Erdölreserven rangierte. Den Anstieg der Reserven begründete Venezuela mit dem nicht konventionellen Erdöl aus dem Orinoco-Becken, das dank des gestiegenen Erdölpreises erschließbar werde.[56]

Ob die Reservezahlen aus Venezuela, Saudi-Arabien oder anderen OPEC-Ländern stimmen, ist umstritten. »Die meisten Beobachter außerhalb der OPEC gehen davon aus, dass die offiziellen Reserven der OPEC-Länder stark übertrieben sind«, erklärt Tom Whipple, ein ehemaliger Analyst des US-Geheimdienstes CIA.[57] Bekannt ist, dass die Erdölreserven für die Machtverteilung innerhalb der OPEC eine entscheidende Rolle spielen, da die Zuteilung der Förderquoten proportional zu den angegebenen Reserven erfolgt. »Wer größere Reserven hatte, der hatte es auch leichter, einen höheren Anteil an der vereinbarten Gesamtförderung durchzusetzen«, erklärt der deutsche Erdölexperte Werner Zittel richtig.[58] Ein OPEC-Land wie Saudi-Arabien mit großen Reserven kann und darf mehr fördern als ein OPEC-Land wie Angola mit kleineren Reserven und verfügt daher auch über größere Erdöleinnahmen.

Das Quotensystem hatte die OPEC 1982 eingeführt, um die Förderung zu drosseln und den Erdölpreis zu stützen. Jedem Mitgliedstaat wurde damals eine bestimmte Förderquote zugeteilt, doch schon bald kam es zu einem Streit über die zustehenden Fördermengen. Plötzlich deklarierten verschiedene OPEC-Länder signifikant größere Reserven. Der Irak unter Saddam Hussein machte 1983 den Anfang und erklärte, die irakischen Erdölreserven seien von 31 auf 47 Milliarden Fass angewachsen, obwohl keine entsprechenden Neuentdeckungen gemacht worden waren. Der Irak brauchte zur Finanzierung seines Krieges gegen den Iran dringend mehr Geld. Kuwait, das seine Förderquote gefährdet sah, zog nach und verkündete 1985, auch seine Reserven seien von 64 auf stolze 90 Milliarden Fass angestiegen, und zwar über Nacht. »Das ist eine Größenordnung, die den gesamten Reserven der Nordsee entspricht«, kommentierten Colin Campbell und Werner Zittel kritisch. »Der Beweis für diesen Riesenfund blieb aus.«[59]

Die anderen OPEC-Mitglieder begriffen, dass nun auch ihre Förderquoten gefährdet waren, da die Gesamtförderung der OPEC stabil bleiben musste und ein Zuwachs der Förderung in einem Land zwingend eine Reduktion der Förderung in einem anderen Land verlangte. Daher erklärten auch sie, ihre Erdölreserven seien beträchtlich größer, als früher angenommen. Die Vereinigten Arabischen Emirate gaben 1988 bekannt, die nationalen Reserven seien von 31 auf 92 Milliarden Fass angewachsen. Venezuela erhöhte im selben Jahr von 25 auf 56 Milliarden Fass. Khomeinis Iran erklärte kurz darauf, auch seine Reserven seien von 49 auf 93 Milliarden Fass angestiegen. Worauf auch der Irak nochmals neue Zahlen vorlegte und behauptete, die irakischen Reserven hätten sich nun von 47 auf 100 Milliarden Fass erhöht.

Saudi-Arabien beobachtete den merkwürdigen Streit um die Erdölreserven und Förderquoten während einiger Jahre abwartend, da es ohnehin das OPEC-Land mit den größten Reserven und daher auch der größten Förderquote war. 1976 gaben die Saudis ihre Reserven mit 133 Milliarden Fass an, 1980 mit 150 Milliarden und 1982 mit 163 Milliarden. Als deutlich wurde, dass die anderen OPEC-Länder allen Ernstes auf den wenig glaubwürdigen neuen Reservezahlen beharrten und damit auch die saudische Förderquote beschnitten, erhöhten die Saudis im Jahre 1988 ihre Reserven um ganze 100 auf 263 Milliarden Fass. Diese Zahl wird bis heute als die korrekte Angabe der saudischen Reserven dargestellt.[60]

In den europäischen und amerikanischen Zeitungen werden die neuen Reservezahlen abgedruckt, ohne dass die Leser über die Hintergründe oder die fragliche Qualität des Zahlenmaterials informiert werden, oft auch deshalb, weil die Zeitungsredaktionen selbst nichts darüber wissen. Im Nahen Osten tauchen indes immer wieder Stimmen auf, die erklären, die Reservezahlen seien falsch. Ali Samsam Bakhtiari, der für die National Iranian Oil Company gearbeitet hatte, erklärte 2006 kurz vor seinem Tod, dass alle Länder im Nahen Osten mit ihren Reserven stark übertrieben hätten. Gegenüber Al Jazeera betonte auch der kanadische Erdölgeologe David Hughes: »Es ist wahrscheinlich, dass diese Reserven viel tiefer sind, als angegeben.«[61]

Auch in den USA wollen einige Erdölexperten die vermutete Manipulation der Zahlen nicht ohne Widerspruch hinnehmen. »Ich vermute stark, dass Saudi-Arabien nur 30 Prozent der ausgewiesenen Reserven im Boden hat«, erklärte der texanische Ölbanker Matthew Simmons, der die Zahlen der staatlichen saudischen Ölgesellschaft Aramco in seinem Buch »Twilight in the Desert« unter die Lupe genommen hatte. Der Anstieg um 150 Prozent der saudischen Reserven in den 1980er-Jahren sei erstaunlich. Im Weiteren fragte sich Simmons, warum denn die Reserven seit Jahren stabil seien, obschon das Land jedes Jahr Erdöl fördere und verkaufe?[62]

Simmons erklärte, die Saudis seien nicht weit weg vom Fördermaximum Peak Oil. Dies wollten die Saudis nicht ohne Widerspruch hinnehmen. »Ich möchte Ihnen hier und heute versichern, dass Saudi-Arabien große Reserven hat und dass wir jederzeit bereit sind, die Förderung in dem Maße zu erhöhen, wie es der Markt diktiert«, erklärte der saudische Erdölminister Ali al-Naimi an einer Pressekonferenz in Washington.[63] Doch Simmons blieb bei seiner These und erklärte, auch die Saudis könnten ihre Produktion nur wenig erhöhen und daher niemals den Einbruch der Produktion in allen anderen Ländern kompensieren. »Es spricht sehr wenig dafür, dass die Saudis ein Niveau von 12 Millionen Fass täglich aufrechterhalten können«, so Simmons. »Die Chance, dass sie 50 Jahre lang 15 Millionen Fass täglich schaffen, halte ich für unwahrscheinlich.« Ibrahim al-Muhanna, der Sprecher des saudischen Erdölministers Ali al-Naimi, wies diese Zahlen erbost zurück: »Matthew Simmons! Dieser Mann hat überhaupt keine Ahnung. Er ist ein Schwätzer. Man sollte ihn ignorieren. Entweder Sie glauben uns oder eben nicht.«[64]

Die Zahlen zu den Erdölreserven sind nicht transparent. Genauer ist die Messung der Tagesproduktion eines Landes, weshalb die Peak-Oil-Forschung und auch das Swiss Institute for Peace and Energy Research (SIPER), das ich leite, auf diese überprüfbaren Zahlen fokussiert. Reservezahlen werden auch in Zukunft schleierhaft bleiben. »Was eigentlich alle sagen und sehr deutlich herauskommt, ist, dass die Datenlage eigentlich unzuverlässig ist«, schlussfolgerte Martin Renggli, Leiter der Abteilung Energiewirtschaft vom Schweizer Bundesamt für Energie, während einer Expertenkonferenz im Mai 2004 in Zürich richtig. »Ich glaube, man muss hier nicht unbedingt Verschwörungstheorien folgen, aber die Daten sind tatsächlich unzuverlässig.«[65]

Die Schweizer Regierung, die selbst keine Möglichkeiten hat, die wirklichen Reserven in den OPEC-Ländern oder die Angaben der Erdölkonzerne zu prüfen, übernimmt in aller Regel ihre Zahlen direkt von der Internationalen Energieagentur (IEA) in Paris. Doch auch diese hat keine Möglichkeit, die Angaben der Förderländer zu prüfen. »Ich habe keine offiziellen Gründe, diese Zahlen nicht zu glauben, aber ein bisschen mehr Transparenz von saudischer Seite wäre zu begrüßen«, erklärte IEA-Chefanalyst Fatih Birol diplomatisch im Januar 2008.[66] IEA-Direktor Nobuo Tanaka drückte sich im August 2008 deutlicher aus: Die Reservezahlen seien ein Staatsgeheimnis, die IEA habe keine Möglichkeit, diese Daten durch unabhängige Stellen überprüfen zu lassen. »Sie [die staatlichen Erdölfirmen] erlauben es uns nicht, ihre Bücher zu prüfen, und vor allem lassen sie es nicht zu, dass wir ihre Reserven prüfen.« Diese Situation sei unbefriedigend, so Tanaka, »aber was sollten wir tun? Es geht hier um eine Entscheidung, die im Bereich der Souveränität der Produzentenländer liegt. Wir können nur intelligente Schätzungen machen.«[67]

11

Die erste Erdölkrise 1973

Im Herbst und Winter 1973 kam es während der sogenannten »ersten Erdölkrise« zu einem unerwartet heftigen Anstieg des Rohölpreises. Nachdem der nominale Erdölpreis seit dem Ende des Zweiten Weltkrieges immer unter 3 Dollar gelegen hatte – und das Erdöl aufgrund der Erdölschwemme damit sehr billig gewesen war – kletterte der Preis pro Fass während der ersten Erdölkrise innerhalb von nur drei Monaten von unter 3 Dollar auf fast 12 Dollar pro Fass. Dieser Anstieg um 400 Prozent löste in den Industrieländern eine große Angst vor Lieferunterbrüchen aus und führte zu einem neuen Energiebewusstsein, das auch in der Forschung intensiv diskutiert wurde.[1]

Obschon ein Preis von 12 Dollar pro Fass aus heutiger Sicht sehr günstig ist, erlebten die Zeitgenossen die Vervierfachung des Preises als heftigen Schock. Nie zuvor im 20. Jahrhundert war der nominale Rohölpreis so stark und so schnell angestiegen wie während der ersten Erdölkrise. In Deutschland, der Schweiz und anderen Industriestaaten galt während drei Sonntagen ein allgemeines Fahrverbot, um Treibstoff zu sparen. Das Erlebnis der autofreien Straßen war äußerst einprägsam. Die Zeitgenossen schlossen daraus, dass Erdöl physisch knapp war. Dies war indes nicht der Fall. Die historische Forschung weiß heute, dass es während der ersten Erdölkrise weder in Deutschland noch in der Schweiz noch sonst irgendwo in Europa eine Knappheit an Erdölprodukten gab. Im Gegenteil, die Lagertanks waren randvoll. Die erste Erdölkrise war keine Mengenkrise, sondern eine Preiskrise.

Die Vervierfachung des Erdölpreises belastete die Wirtschaft schwer. Die Erdölkrise erschütterte den Traum immerwährenden ökonomischen Wachstums und löste den tiefsten wirtschaftlichen Einbruch der Nachkriegszeit aus. 1974 fiel die Weltwirtschaft in eine allgemeine Rezession. Die Aktienmärkte tauchten ab, zwischen November 1973 und Oktober 1974 verloren sie fast 50 Prozent. Zu Beginn der Krise glaubten verschiedene Länder in Europa, die Wirtschaft werde sich bald wieder erholen. Doch 1975 und 1976 wurde deutlich, »dass man in die größte Krise der Nachkriegszeit geschlittert war«, so der Schweizer Historiker Ulrich Im Hof. In der Schweiz gingen etwa 300 000 oder rund 10 Prozent aller Arbeitsplätze verloren.[2]

Auch in Deutschland und in den USA schrumpfte die Wirtschaft, die Stimmung war bedrückt. »Wir haben eine Anstrengung vor uns, die vergleichbar ist mit den Anstrengungen, die unser Volk nach dem Krieg auf sich nehmen musste«, mahnte düster der deutsche Bundeskanzler Willy Brandt.[3] Das deutsche Bruttoinlandprodukt schrumpfte, die Arbeitslosenzahl verdoppelte sich bis Mitte der 1970er-Jahre auf rund 2 Millionen Menschen, und die Inflation stieg auf fast 7 Prozent.[4] In den USA erklärte Außenminister Henry Kissinger, dass diese Krise »unwiderruflich die Welt veränderte, die sich in der Nachkriegszeit entwickelt hatte«.[5]

Während in den 1950er- und 1960er-Jahren, während der Hochkonjunktur, der Erdölrausch in Europa nie hinterfragt worden war, traten nach der ersten Erdölkrise plötzlich kritische Stimmen in den Medien auf. Die Krise habe »über Nacht bewirkt, was jahrelange wohlmeinende Appelle und Ermahnungen nicht vermochten: Die Überflussgesellschaft stellt mit einem Gruselgefühl fest, dass ihr Überfluss plötzlich auf wacklig gewordenen Energiebeinen steht«, kommentierte die Schweizer Presse. Für eine kurze Zeit war nicht mehr verschwenderischer Konsum, sondern Sparen populär: »Der Wohlstand als des Bürgers liebstes Kind tritt vorübergehend zurück und macht einem ganz neuen Spar- und Maßhaltegefühl Platz … Die Parole lautet jetzt: Weniger heizen, weniger beleuchten, weniger Auto fahren.«[6]

Das Ende von Bretton Woods und der Zerfall des Dollars 1971

Der ersten Erdölkrise und dem Anstieg des Rohölpreises um 400 Prozent war eine Dollarkrise vorausgegangen, die den internationalen Erdölhandel fundamental erschütterte. Diese wenig beachtete Dollarkrise zählt meines Erachtens zu den zentralen Ursachen der Erdölkrise.

Der Erdölrausch der Nachkriegsjahre wurde mit Dollars bezahlt, Produzentenländer wie Saudi-Arabien oder der Iran erhielten von Konsumentenländern wie den USA, Deutschland oder Japan stets Dollars und nicht etwa D-Mark oder Yen für das Fass Erdöl, weshalb sich der Begriff »Petrodollars« etablierte. Petrodollars sind jene Dollars, die durch den Verkauf von Erdöl erworben werden. In den 1950er- und 1960er-Jahren funktionierte dieses System gut. Der Glaube an den Petrodollar war ungebrochen. Denn seit der Konferenz von Bretton Woods im Jahre 1944 war der Wert des Dollars gegenüber allen anderen wichtigen Währungen fixiert und zu einem festen Wechselkurs von 35 Dollar pro Unze mit Gold gedeckt. Der Dollar war sprichwörtlich Gold wert.

Die amerikanische Zentralbank Federal Reserve (FED), die bis heute das Privileg hat, Dollarscheine nach eigenem Ermessen zu drucken, wurde von einigen Europäern mit Misstrauen beobachtet. Der französische Präsident Charles de Gaulle sprach an einer Pressekonferenz im Februar 1964 kritisch von einem »maßlosen Privileg«. Und auch der französische Finanzminister Valéry Giscard d'Estaing, der spätere Präsident Frankreichs, erklärte in einer Rede im Jahre 1970 vor dem Internationalen Währungsfonds (IWF), dass die dominante Rolle des Dollars «ungesund» sei.[7]

Der Dollar schlitterte in eine Krise, weil mehr Dollars in der Welt im Umlauf waren als Gold im Keller der amerikanischen Zentralbank Fed lagerte. Unter anderem als Folge des teuren Vietnamkrieges reichten die Goldreserven der USA nicht mehr aus, um den Dollar zu decken. Immer mehr Notenbanken verloren ihr Vertrauen in den Dollar und wechselten das grüne Papier in den USA in Gold um. Doch das Gold reichte nicht. Als Frankreich 1969 seine Dollarreserven zu 35 Dollar pro Unze in Gold einlösen wollte, waren die USA nicht mehr in der Lage, diese Forderung zu erfüllen. Die Goldreserven betrugen 1971 nur noch einen Viertel der tatsächlichen Auslandschulden der USA. Während der ersten Erdölkrise war nicht das Erdöl knapp, sondern das Gold, um die Dollars zu decken, mit denen das Erdöl gekauft wurde.

Henry Kissinger, der im Januar 1969 zusammen mit Präsident Nixon ins Weiße Haus eingezogen war, kümmerte sich als nationaler Sicherheitsberater intensiv sowohl um die Dollar- wie auch die Erdölkrise. In Deutschland geboren und jüdischer Abstammung, war Kissinger 1938 zusammen mit seiner Familie vor den Nationalsozialisten in die USA geflüchtet und hatte die amerikanische Staatsbürgerschaft erhalten, aus »Heinrich« wurde »Henry«. Im September 1973, kurz vor Ausbruch des Jom-Kippur-Krieges, übernahm Kissinger auch das Amt des amerikanischen Außenministers.

Die Dollarkrise brachte die USA in größte Verlegenheit. Zusammen mit George Schultz, dem Haushaltsberater und späteren Finanz- und Außenminister der USA, und Jack Bennett, dem späteren Vorstandsvorsitzenden des Erdölkonzerns Exxon, riet Kissinger Präsident Nixon, einen weitreichenden Schritt zu unternehmen und die Golddeckung des Dollars aufzuheben. Der amerikanische Präsident folgte dem Rat von Kissinger und verkündete am 15. August 1971 am Fernsehen, dass die USA in aller Form die Konvertibilität des Dollars in Gold mit sofortiger Wirkung abschafften.

Das Aufheben der Golddeckung des Dollars ist als »Nixon-Schock« in die Wirtschaftsgeschichte eingegangen. Dass die USA das System von Bretton Woods zerstörten, verstimmte die Europäer sehr. Was in »den europäischen Metropolen einmal mehr Verärgerung auslöste, war der imperiale Stil der amerikanischen Außen-, Sicherheits- und eben auch Wirtschaftspolitik«, so Gregor Schöllgen. »Immerhin betraf die einseitige Ankündigung dieser Maßnahmen auch die Partner der USA, ohne dass diese zuvor konsultiert oder auch nur informiert worden wären.«[8]

Besonders schmerzhaft war der Abschied vom Goldstandard für die Erdölexporteure. Sie wussten, dass durch die Abschaffung der Golddeckung die grünen Dollarscheine, die sie für ihr Erdöl erhielten, weniger Wert hatten. Nixon hatte mit einem Federstrich den Wert der von den Erdölförderländern gehaltenen Dollarreserven empfindlich verringert. »Welchen Sinn hat es, mehr Öl zu produzieren und für eine unsichere Papierwährung zu verkaufen?«, klagte der kuwaitische Ölminister. »Warum das Öl fördern, das unser Brot und Butter, unsere Stärke ist, und es für eine Summe Geldes abgeben, dessen Wert bis nächstes Jahr um soundsoviel Prozent fallen wird?«[9]

Während die Abschaffung der Golddeckung die Europäer und die Erdölexporteure erzürnte, war sie für die USA ein Vorteil. Im System von Bretton Woods hatte die Golddeckung die Geldmenge beschränkt. Doch seit der Abschaffung der Golddeckung existiert diese Beschränkung nicht mehr. Die Notenbank der USA kann bis heute ohne Beschränkung grüne Scheine drucken, um diese gegen Erdöl einzutauschen. »Die US-Regierung«, so Ben Bernanke, der spätere Chairman des Federal Reserve Boards, »hat eine Technologie, genannt Druckpresse (beziehungsweise heute ihre elektronische Version), die es ihr erlaubt, so viele Dollars zu drucken, wie sie will, und das praktisch gratis.«[10]

Als der Dollar noch mit Gold gedeckt war, bestand der internationale Erdölhandel im Kern im Austausch von Gold gegen Rohöl. Doch nach 1971, so erkannten die Erdölproduzenten mit Schrecken, wandelte sich der internationale Erdölhandel zur Formel »Papier für Rohöl«. Das Rohöl wurde zwar weiterhin in Dollars bezahlt, doch diese waren nicht mehr durch Gold gedeckt. Das Fed ist seit 1971 dazu übergegangen, die Geldmenge in zuvor nie gekannter Weise aufzublähen, indem Dollars aus dem Nichts erschaffen werden. »Die US-Notenbank Fed produziert, wenn nötig, Dollarscheine wie die Firma Hakle Klopapier«, kritisierten Schweizer Finanzexperten wie Professor Walter Wittmann von der Universität Freiburg diese Entwicklung spöttisch.[11]

Gegenüber dem Gold, dessen Menge nicht in ähnlicher Weise vergrößert werden konnte, hat der Dollar in den vergangenen 40 Jahren stark an Wert verloren. Hatte man im April 1971 nur 35 Dollar für die Unze Gold bezahlen müssen, waren es im April 2009 schon 900 Dollar, die pro Unze Gold verlangt wurden, also 25 Mal mehr. Im Januar 2012 schließlich kostete die Unze bereits 1600 Dollar, was eine gesteigerte Nachfrage nach Gold in unsicheren Zeiten, aber auch den starken Wertzerfall des Dollars zum Ausdruck brachte. Gemäß der auf Vermögensverwaltung spezialisierten Genfer Privatbank Union Bancaire Privée wuchs in den 40 Jahren zwischen 1971 und 2011 die Dollarmenge um das 38-fache, während sich Gold um das 35-fache aufwertete. In Gold berechnet, stieg der Erdölpreis also kaum, in Dollars hingegen deutlich.[12]

Die amerikanische Erdölproduktion erreicht das Fördermaximum

Die Auflösung der Golddeckung des Dollars 1971 muss meiner Ansicht nach im Kontext der einbrechenden Erdölproduktion in den USA im Jahre 1970 betrachtet werden. Denn mit dem Einbruch der eigenen Förderung nahm die Abhängigkeit der USA von Erdölimporten zu. Ohne Golddeckung war es für die USA möglich, die Dollarmenge nach Belieben auszuweiten und so die steigenden Erdölimporte zu finanzieren.

Wie oben dargelegt, waren die USA das erste Land der Welt, das ab 1859 systematisch eine industrielle Erdölförderung aufbaute. Sie erschlossen immer mehr Erdölfelder, wurden ein wichtiges Exportland und deckten 1930 mehr als 60 Prozent der globalen Erdölnachfrage. Während des Ersten wie auch Zweiten Weltkriegs waren die USA mit Abstand das größte und wichtigste Erdölförderland der Welt. Die amerikanischen Erdölquellen sprudelten.

Doch nach dem Zweiten Weltkrieg nahm die Inlandnachfrage in den USA derart stark zu, dass die eigene Erdölproduktion nur noch knapp ausreichte, um die Inlandnachfrage abzudecken; für den Export blieb nur noch wenig übrig. Schließlich reichte die Eigenproduktion nicht mehr aus, um den US-Bedarf zu decken, und 1950 wurden die USA zum Erdölimporteur, was sie bis heute geblieben sind. Dies war in den 1950er-Jahren kein Problem, denn Erdöl aus dem Nahen Osten war im Überfluss vorhanden und billig. Doch die Situation verschlimmerte sich, weil klar wurde, dass einige große US-Erdölfelder ihre beste Zeit hinter sich hatten und in absehbarer Zeit einbrechen würden.

Es war der amerikanische Erdölgeologe Marion King Hubbert, der in den 1950er-Jahren die Endlichkeit des Erdöls in den USA genau untersuchte. Hubbert, der am Forschungslabor der Shell Oil Company in Houston arbeitete, fokussierte nicht auf das Ende des Erdölzeitalters, sondern auf den zeitlichen Verlauf der Erdölproduktion. Zusammen mit anderen Erdölgeologen erkannte er, dass die zeitliche Entwicklung der Erdölproduktion eines Feldes, einer Region, eines Landes und auch der Welt jeweils einer Glockenkurve ähnelt. Den Scheitelpunkt der Glockenkurve, also das Maximum der Erdölproduktion eines Feldes oder eines Landes, bezeichnete er als »Peak Oil« (engl. »Peak« bedeutet »Spitze«).

Hubbert begriff, dass die Förderungsprobleme nicht erst dann beginnen, wenn ein Feld, ein Land oder die Welt »leer« ist, sondern schon viel früher: nämlich dann, wenn der Druck in einem Feld abnimmt und die Förderung zurückgeht. Wenn bei einem einzelnen Feld die Förderung abnimmt, gibt es so lange keine Probleme, als neue Felder in anderen Regionen erschlossen werden können. Wenn aber ein ganzes Land den Peak Oil erreicht, beginnt die zweite Halbzeit der nationalen Erdölgeschichte. Es gibt zwar nach dem nationalen Peak Oil noch eine nationale Erdölproduktion, aber diese sinkt von Jahr zu Jahr, weshalb umgekehrt die Abhängigkeit von Importen stetig zunimmt.

Hubbert summierte die Produktion aller Erdölfelder der USA, studierte den Rückgang der Neufunde in den einzelnen Regionen und kam zum Schluss, dass die Erdölförderung in den USA schon kurz vor 1970 ihr Maximum erreichen würde. Vor diesem Peak Oil, der zu Ehren seines Entdeckers manchmal auch als »Hubbert's Peak« bezeichnet wird, warnte er eindringlich und propagierte als Lösung den Ausbau von Solaranlagen und Atomkraftwerken. Doch Hubbert war alleine mit seinen Berechnungen. In den 1950er- und 1960er-Jahren glaubte in den USA niemand an ein baldiges Fördermaximum oder einen Rückgang der Erdölförderung in den USA.

Auch sein Arbeitgeber Shell hatte kein Interesse daran, dass Hubbert die Industrie und auch die Kunden mit seinen Peak-Oil-Berechnungen verunsicherte. Doch Hubbert ließ sich nicht beirren und bestand darauf, seine Berechnungen zu veröffentlichen. Im Jahre 1956 präsentierte er seine Thesen zum Peak Oil am Treffen des angesehenen American Petroleum Institute in San Antonio in Texas. Es war ein ungewöhnlicher Schritt, da Shell dies explizit verboten hatte und in der Erdölindustrie die Hierarchien in aller Regel streng beachtet und respektiert werden. »Bis fünf Minuten vor seiner Rede war er mit dem Hauptquartier der Shell am Telefon, das verlangte, dass er seine Voraussage zurückziehe«, erinnert sich der Erdölgeologe Kenneth Deffeyes, der Hubbert persönlich kannte. Doch Hubbert sei eine »kämpferische Persönlichkeit« gewesen. Er ließ sich von Shell nicht aufhalten, präsentierte seine Peak-Oil-Theorie und erklärte, die USA werde 1970 das Fördermaximum erreichen, danach werde die Produktion absinken.[13]

Die meisten Zuhörer glaubten Hubbert nicht, doch er behielt recht. Im Jahre 1970 erreichte die kumulierte konventionelle Erdölproduktion aller Felder innerhalb der USA bei einer Förderrate von 9,4 Millionen Fass pro Tag den Peak. Seither geht die US-Erdölproduktion von Jahr zu Jahr zurück, die Abhängigkeit von Importen aus dem Nahen Osten steigt. Es war eine dramatische Wende in der US-Erdölgeschichte. Doch für die Konsumenten in den USA wie auch in Europa blieb der Peak unsichtbar, da die fehlende Menge aus dem Ausland importiert wurde und nur wenige Experten sich die Mühe machten, die Erdölzahlen genau zu studieren.

Aus historischer Distanz betrachtet, wird heute deutlich, wie fundamental das Erreichen des Fördermaximums in den USA 1970 war: Die Förderung sank von Jahr zu Jahr. Im Jahre 2010 betrug die konventionelle Rohölproduktion nur noch 5,5 Millionen Fass pro Tag. Weil der US-Konsum aber gleichzeitig auf sagenhafte 19 Millionen Fass pro Tag angestiegen war, mussten die USA 2010 rund 13 Millionen Fass pro Tag importieren.

Als der Erdölpreis im Jahre 2008 über 100 Dollar pro Fass erreichte, versuchten die USA, mit der Erschließung teuren, nicht konventionellen Erdöls aus großen Meerestiefen oder aus Schieferöl die Förderung auszubauen. Es gelang, im Inland die Produktion von 5,1 Millionen Fass pro Tag im Jahre 2007 auf 5,5 Millionen Fass 2010 moderat zu erhöhen. Doch vom Fördermaximum von 1970 blieb man weit entfernt.[14]

Mit dem Peak Oil wandelten sich die USA vom größten Erdölexporteur zum größten Erdölimporteur der Welt. Die USA verbrauchen heute etwa ein Fünftel der globalen Erdölproduktion, mehr als jedes andere Land der Welt. Hier wird mehr Erdöl verbrannt als in China, das mit 9 Millionen Fass pro Tag im Jahr 2010 der zweitgrößte Erdölkonsument der Welt war.[15]

Der Ausbruch der Erdölkrise 1973

In großer Sorge um den Dollarzerfall verhandelten die OPEC-Länder seit 1971 mit den amerikanischen und europäischen Erdölfirmen um einen »gerechteren Preis« für ihr wertvolles Rohöl. Die Verhandlungen führten aber zu keinem Erfolg. Im Oktober 1973 verhärteten sich die Fronten der Verhandlungsparteien am OPEC-Hauptsitz in Wien. Die westlichen Erdölfirmen erklärten, sie seien nicht bereit, den OPEC-Ländern mehr Geld für das Rohöl zu bezahlen, obschon der Dollar stetig an Wert einbüßte. Der Generalsekretär der OPEC, Abderrhaman Khene, warnte, dass die OPEC die Verluste durch die Dollarabwertung nicht einfach hinnehmen werde und dass «die Industrienationen mit offenen Augen in die Öl-Katastrophe hineinlaufen».[16]

Noch während die Verhandlungen andauerten, brach im Nahen Osten Krieg aus: Am 6. Oktober 1973 um 14.00 Uhr griffen die Armeen von Ägypten und Syrien ihren Nachbarn Israel an. Den Angreifern im sogenannten Jom-Kippur-Krieg gelang es, Israel total zu überraschen. Das Trauma und die Angst, von den Nachbarn plötzlich ausgelöscht zu werden, dauert in Israel bis heute an und trägt mit dazu bei, dass der Nahe Osten bisher zwar zeitweise zu einer angespannten Ruhe, aber nie zu einem entspannten Frieden finden konnte.

Ägypten und Syrien, gedemütigt durch ihre Niederlage im Sechstagekrieg von 1967, wollten mit ihrem Angriff die damals an Israel verlorenen Gebiete zurückgewinnen. Der syrische Präsident Hafiz al-Assad plante, mit sowjetischen Waffen den Israeli die Golanhöhen im Kampf wieder abzunehmen. Ägyptens Präsident Anwar al-Sadat, der nach Nassers Tod 1970 an die Macht gekommen war und ebenfalls über sowjetische Waffen verfügte, trachtete danach, den Sinai zurückzuerobern, um dadurch gegenüber der israelischen Ministerpräsidentin Golda Meir Stärke markieren zu können. Henry Kissinger, der vor dem Krieg mit Ägypten und Syrien Gespräche geführt hatte, meinte später, das »Vorhaben« von Sadat »war eher psychologisch und diplomatisch als militärisch«.[17]

Die erste Erdölkrise wurde durch den Jom-Kippur-Krieg beeinflusst, aber nicht durch diesen Konflikt ausgelöst. Die Wurzeln der Erdölkrise 1973 liegen meiner Ansicht nach im Erreichen des Fördermaximums Peak Oil in den USA 1970, in der Aufhebung der Golddeckung des Dollars 1971 und der darauf folgenden Dollarkrise. Die Dollarkrise war den Zeitgenossen bekannt. Im Schweizer Parlament wurde daher schon vor Ausbruch des Jom-Kippur-Krieges vor einer Erdölkrise gewarnt. »Wegen des Drucks auf den Dollar«, so glaubte der Zürcher CVP-Nationalrat Paul Eisenring am 2. Oktober 1973, seien die arabischen Staaten »geneigt, laufend weitere Preiserhöhungen durchzusetzen«. Eisenring sah dadurch die Versorgungssicherheit der Schweiz gefährdet und regte mit seiner Kleinen Anfrage an den Bundesrat an, dass die Pflichtlager an Brenn- und Treibstoffen erhöht werden sollten. »Die Versorgung des Landes mit flüssigen Brenn- und Treibstoffen wird in der nächsten Zeit aller Voraussicht nach wachsende Probleme stellen«, so Eisenring vier Tage vor Ausbruch des Krieges.[18]

Innerhalb der OPEC war Scheich Ahmad Zaki Yamani ein zentraler Akteur während der Dollar- und Erdölkrise. Yamani amtierte während der ungewöhnlich langen Zeit von 24 Jahren (1962–1986) als äußerst einflussreicher Erdölminister von Saudi-Arabien, war engster Vertrauter von König Faisal und kannte das Erdölgeschäft wie kaum ein anderer. Gemäß Jens Hohensee war Yamani »der Stratege der Ölwaffe« und »avancierte durch ihren Einsatz zu einem der bekanntesten Politiker der Welt«.[19]

Diese Einschätzung teilte auch das amerikanische Nachrichtenmagazin »Time«, das Yamani zum »Mann des Jahres 1973« wählte.

Um herauszufinden, wie Yamani die Dollarkrise beurteilte, habe ich versucht seine Einschätzung der ersten Erdölkrise zu dokumentieren. Dabei bin ich auf eine ungewöhnliche Interpretation gestoßen. Im Jahre 2000 empfahl Yamani ein Buch zur Lektüre, in dem erstmals die These einer geheimen internationalen Absprache zur Manipulation der Erdölpreise während der ersten Erdölkrise vorgetragen wurde. »Dieses Buch ist die einzig zutreffende, mir bekannte Darstellung dessen, was mit dem Ölpreis im Jahre 1973 tatsächlich geschehen ist«, so Yamani. »Meine Empfehlung: Lesen Sie dieses Buch!«[20]

Yamani verwies auf das Buch »Mit der Ölwaffe zur Weltmacht« des amerikanischen Journalisten William Engdahl. Dieser vertritt die These, dass vor Beginn der Erdölkrise, vom 11. bis 13. Mai 1973, auf der abgelegenen schwedischen Insel Saltsjöbaden ein Treffen der wenig bekannten »Bilderberger« stattgefunden habe. Die Bilderberger sind ein 1954 gegründeter privater Verein einflussreicher Personen aus Politik, Militär und Wirtschaft, vorwiegend aus NATO-Ländern, die sich jährlich treffen, das erste Mal im Hotel Bilderberg in der Nähe von Arnheim in Holland, daher der Name. Bei ihrem Treffen im Frühling 1973, so behauptet Engdahl, hätten Henry Kissinger, Lord Greenhill, der Aufsichtsratsvorsitzende von BP, David Rockefeller von der Chase Manhattan Bank, George Ball von der Investment-Bank Lehman Brothers und Zbigniew Brzezinski, später nationaler Sicherheitsberater von Präsident Carter, teilgenommen und den Zerfall des Dollars und die Erhöhung des Erdölpreises besprochen. Ein gewisser Walter Levy, so Engdahl, habe beim Treffen in Saltsjöbaden ein Szenario erörtert, das von einem Anstieg des Rohölpreises um 400 Prozent ausging.

Als der Erdölpreis während der ersten Erdölkrise tatsächlich um 400 Prozent stieg, half dies, die Dollarkrise zu entschärfen. Der in Saltsjöbaden gefasste Plan »war sehr einfach«, so Engdahl. »Ein globales Ölembargo sollte die Ölversorgung weltweit drastisch verknappen. Das würde die Weltölpreise dramatisch steigen lassen … Mit dem Ölpreis musste also auch die Nachfrage nach US-Dollars ansteigen. Die steigende Nachfrage nach Dollars würde den Druck von ihm nehmen und seinen Wert stützen.«[21] Vom Anstieg des Erdölpreises, so die These von Engdahl, hätten trotz Rezession im eigenen Land vor allem die USA profitiert. »Die Volkswut sollte sich gegen die bösen ›Ölscheichs‹ richten … die eigentlichen Drahtzieher blieben verborgen und gebärdeten sich nach außen auch noch als die hintergangenen Geschädigten.«[22]

In der historischen Forschung sind die Thesen von Yamani und Engdahl zur ersten Erdölkrise kaum diskutiert worden. Die Bilderberger machen ihre Sitzungsprotokolle der historischen Forschung nicht zugänglich, weshalb ich nicht beurteilen kann, ob bei besagtem Treffen wirklich eine Vervierfachung des Rohölpreises diskutiert wurde. Bekannt ist aber, dass sowohl Nixon wie auch Kissinger über Informationen verfügten, dass im Nahen Osten ein Krieg ausbrechen werde. Auch die Sowjets sahen den Jom-Kippur-Krieg kommen und versuchten, ihn zu verhindern, so die These des Erdölforschers Daniel Yergin. Der sowjetische Generalsekretär Leonid Breschnew hatte im Juni 1973, vier Monate vor Ausbruch des Krieges, als Gast bei Präsident Richard Nixon in San Clemente in Kalifornien geweilt. Angeblich war Breschnew äußerst beunruhigt gewesen über die explosive Lage im Nahen Osten. Nachdem sich die Staatsmänner gemäß dem diplomatischen Protokoll nach der letzten Begegnung verabschiedet hatten, habe Breschnew überraschend nochmals mitten in der Nacht ein weiteres Treffen mit Nixon verlangt, der dafür erneut geweckt werden musste. Nixon habe den besorgten Breschnew in seinem Arbeitszimmer mit Blick auf den dunklen Pazifik empfangen. Gemäß Yergin ließ Breschnew »durchblicken, dass die Sowjets etwas über Sadats und Assads Absichten wussten – schließlich lieferten sie ihnen die Waffen«. Breschnew warnte vor dem kommenden Krieg. Doch Nixon und Kissinger »gingen nicht darauf ein«.[23]

Der Jom-Kippur-Krieg, der vierte der arabisch-israelischen Kriege, dauerte weniger als drei Wochen und forderte auf arabischer Seite 20 000 Tote, die Israeli beklagten 7500 Tote. Dazu kamen Tausende von Verletzten auf beiden Seiten. Den Armeen von Ägypten und Syrien war es nach ihrem Überraschungsangriff in den ersten Tagen gelungen, den Sinai und die Golanhöhen zu kontrollieren. Doch danach waren die Israeli zur Gegenoffensive übergegangen und hatten die Angreifer zurückgedrängt. Bald waren die Golanhöhen und die Sinaihalbinsel wieder unter israelischer Kontrolle. Truppen aus Irak, Kuwait, Jordanien und Saudi-Arabien, die auf der Seite von Ägypten und Syrien in die Kämpfe eingegriffen hatten, konnten die Israeli nicht aufhalten. Schließlich waren es die Supermächte USA und UdSSR, die am 22. Oktober in der UNO die sofortige Feuereinstellung aller Parteien gefordert hatten. Zwei Tage später stimmten Israel, Syrien und Ägypten dem Waffenstillstand zu.

Auf dem Terrain führte der Jom-Kippur-Krieg zu wenig Veränderung, aber sein Einfluss auf den Erdölpreis war enorm. Noch während der Krieg andauerte, hatten die OPEC-Erdölminister, unter ihnen Yamani, am 14. Oktober in Wien erbost ihre Verhandlungen mit den Vertretern der westlichen Erdölkonzerne abgebrochen und waren abgereist, um zwei Tage später in Kuwait eine OPEC-Sonderkonferenz zu eröffnen. Diese ging in die Weltgeschichte ein. Die OPEC-Länder beschlossen am 16. Oktober, den Rohölpreis von 2,028 Dollar um 3,091 Dollar auf 5,119 Dollar pro Fass anzuheben. Der Zerfall des Dollars könne nicht ohne Widerspruch hingenommen werden. »Dies ist ein Augenblick, auf den ich lange gewartet habe«, sagte Yamani am Rande der Konferenz zu einem Delegierten aus Kuwait. »Wir sind die Herren über unsere eigene Ware.«[24]

Die amerikanischen und europäischen Erdölfirmen protestierten scharf, doch die OPEC-Länder ließen sich dadurch nicht beeindrucken. Schon am folgenden Tag, am 17. Oktober 1973, kam der nächste Schlag. Die innerhalb der OPEC als Organization of Arab Petroleum Exporting Countries (OAPEC) zusammengeschlossenen zehn Länder Ägypten, Syrien, Saudi-Arabien, Kuwait, Libyen, Algerien, Bahrain, Dubai, Katar und Irak beschlossen in Kuwait eine Förderkürzung gegenüber dem Vormonat von 5 Prozent. Weitere Kürzungen von 5 Prozent pro Monat sollten folgen, so die OAPEC, solange Israel sich nicht aus allen 1967 besetzten Gebieten zurückgezogen habe. Zusätzlich verhängte die OAPEC einen Totalboykott gegenüber den USA und gegenüber den Niederlanden sowie Lieferkürzungen gegenüber anderen Industriestaaten, um sie für ihre pro-israelische Politik zu bestrafen.

Ihre Forderung nach dem Rückzug der Israeli aus den besetzten Gebieten konnte die OAPEC nicht durchsetzen. Doch das Wort »Erdölembargo«, das sofort in der europäischen und amerikanischen Presse zirkulierte, entfaltete eine unglaubliche psychologische Wirkung. Bei vielen Europäern und Amerikanern entstand der falsche Eindruck, der Import von Erdöl sei vollkommen zum Erliegen gekommen, Erdöl sei physisch knapp. Dieser Mythos wurde auch in der Schweiz verbreitet. »In allen westlichen Industrieländern werden Benzin und Heizöl knapp«, behaupteten die »Basler Nachrichten« fälschlicherweise am 27. Oktober 1973.[25] Die Wut der europäischen und amerikanischen Konsumenten richtete sich sofort gegen die Exportländer im Nahen Osten. Man habe es mit einem »Coup arabischer Erpressungspolitik« zu tun, schimpfte die »Handels-Zeitung« und fügte als Erklärung an, die arabische Welt sei eben »nicht immer von der Logik geleitet«.[26] Auch in Deutschland heizte die Presse die Stimmung auf, indem sie folgende Schlagzeilen druckte: »Die Erpresser machen Ernst«, »Araber drehen am Ölhahn«, »Ihren Rohöl-Krieg können die Araber nicht gewinnen«.[27]

Ende Dezember 1973 traf aus dem Nahen Osten die nächste Hiobsbotschaft ein. Die OPEC-Mitglieder hatten sich auf Einladung des Iran erneut getroffen und an einer Sonderkonferenz in Teheran über den »gerechten« Erdölpreis diskutiert. Die Preisvorschläge für das Fass Erdöl reichten von »hohen« 23 Dollar, wie sie die Wirtschaftskommission der OPEC vorschlug, bis zu »gemäßigten« 8 Dollar pro Fass, wie sie der saudische Erdölminister Scheich Yamani wollte. Ein zu großer Preissprung, warnte Yamani, könnte eine Wirtschaftskrise in Europa, Japan und den USA auslösen. »Wenn sie untergeht«, so Yamani mit Bezug auf die industrialisierte Welt, »würden auch wir untergehen.«[28] Nach intensiven Debatten entschied die OPEC, die erst zwei Monate zuvor, im Oktober, den Erdölpreis von 2 auf 5 Dollar angehoben hatte, den Preis nochmals zu erhöhen, und zwar auf 11,65 Dollar. Dieser Preis sollte ab Januar 1974 gelten. Zusammen stellten die beiden Preissteigerungen von 2 auf 12 Dollar eine Versechsfachung des Erdölpreises oder einen Anstieg um 600 Prozent in nur drei Monaten dar.

Was genau in Teheran im Dezember 1973 geschah, bleibt umstritten. Eine Schlüsselrolle scheint Mohammad Reza Pahlavi gespielt zu haben. Der Schah war »bei Weitem am aggressivsten und freimütigsten« und forderte einen deutlich höheren Rohölpreis als Yamani, so die Schilderung des amerikanischen Erdölforschers Yergin.[29] Pahlavi regierte den Iran mit der Unterstützung des Westens, seit der britische und amerikanische Geheimdienst den iranischen Premierminister Mossadegh, wie oben dargelegt, 1953 gestürzt hatten. Warum ausgerechnet der »Statthalter des Westens« mit Nachdruck den für damalige Verhältnisse hohen Erdölpreis von 11,65 Dollar pro Fass forderte und sich damit durchsetzte, scheint auf den ersten Blick paradox, da er damit seine Verbündeten in Washington brüskieren musste.

Die Hintergründe des Streits zwischen dem Schah und Yamani in Teheran blieben lange im Dunkeln. Erst im Jahre 2001 äußerte sich Yamani öffentlich zum Thema. »König Faisal schickte mich zum Schah in den Iran«, erinnerte sich Yamani an die Ereignisse vom Dezember 1973. »Dieser sagte zu mir: ›Warum bist Du gegen das Erhöhen des Erdölpreises? Das ist es doch, was sie wollen? Frag Henry Kissinger – er ist derjenige, der einen höheren Preis will.‹« Wenn Yamani die Unterredung richtig zusammenfasste, dann hat Pahlavi nicht aus eigenem Antrieb, sondern auf Drängen von Henry Kissinger einen höheren Erdölpreis durchgesetzt. Ob es diese Verschwörung zwischen Kissinger und dem Iran wirklich gab, ist schwierig zu prüfen – Pahlavi ist tot, und Kissinger hat sich in der Sache nie geäußert. Für Yamani und andere Saudis gilt es aber als ausgemacht, dass die USA die Erdölkrise von 1973 und das Anheben des Erdölpreises von 2 auf 12 Dollar inszeniert haben. Der OPEC habe man die Rolle des Sündenbocks zugespielt. »Ich bin zu 100 Prozent sicher, dass die Amerikaner hinter der Erhöhung des Erdölpreises standen«, beteuert Yamani.[30]

Auch Heinz Kienzl, der Generaldirektor der österreichischen Nationalbank, äußerte sich kritisch zur Erdölkrise und nannte sie »de[n] größte[n] Bluff des

Jahrhunderts«, auf den die Regierungschefs der westlichen Industriestaaten »hereingefallen sind«. Kienzl glaubte jedoch, die Araber seien die Drahtzieher des Verwirrspiels gewesen. »Ein paar schlaue Wüstensöhne haben Schwachstellen unseres politischen und wirtschaftlichen Systems erkannt, mit Drohungen eine Heizöl- und Benzinhamsterwelle ... ausgelöst, damit den Eindruck einer gewaltigen Ölverknappung hervorgerufen« und durch Einschüchterung die Europäer und Japaner »in die Knie gezwungen«, so Kienzl in der österreichischen Zeitschrift »Zukunft«. An Erdöl habe es zu keinem Zeitpunkt gemangelt, erkannte Kienzl richtig.[31]

Die autofreien Sonntage in den Niederlanden und Deutschland

In der breiten Öffentlichkeit in Europa und in den USA wusste man natürlich nichts über die Hintergründe der Erdölkrise. Unter den besorgten Bürgern entstand der Eindruck, alles Erdöl werde von den »bösen Erdölscheichs« produziert, und diese hätten nun die Produktion völlig gestoppt. Dieser Eindruck war natürlich falsch. In Wirklichkeit konsumierte die Welt 1973 jeden Tag eine Gesamtmenge von 50 Millionen Fass Erdöl.[32] Davon produzierte die OPEC aber nur 18 Millionen Fass pro Tag, also weit weniger als die Hälfte, weil große Erdölproduzenten wie Russland, Mexiko und die USA natürlich nicht Mitglieder der OPEC waren.[33]

Es war auch ein Irrglaube, dass die »bösen Erdölscheichs« aufgrund ihrer Irrationalität den Erdölhahn vollkommen zugedreht hätten, das gesamte OPEC-Erdöl dem Markt entzogen worden sei und an den Tankstellen nur noch die letzten Tropfen verkauft würden. Auch dieser Mythos, der heute noch gelegentlich auftaucht, war völlig falsch. In Wirklichkeit hatte die OPEC wegen des schwachen Dollars beschlossen, ihre Tagesförderung von 18 Millionen Fass um 5 Prozent zu reduzieren, also um 900 000 Fass pro Tag.[34] Ein Teil dieser fehlenden Menge wurde daraufhin durch Nicht-OPEC-Produzenten ausgeglichen.

Viele glaubten auch, alle Industrieländer stünden unter Embargo. Doch auch dies war nicht der Fall. In Wirklichkeit hatte die OPEC nur gegenüber zwei Ländern, den USA und den Niederlanden, ein Embargo verhängt. Da beide Länder sich indes auch über Nicht-OPEC-Produzenten versorgten, kam es nicht einmal in den USA und in den Niederlanden zu einem totalen Erliegen der Importe. Schon Ende Dezember 1973 begannen zudem die arabischen Förderländer, ihr Embargo schrittweise zu lockern. Am 17. März 1974 wurde das Erdölembargo gegenüber den USA vollständig aufgehoben; das Embargo gegen die Niederlande fiel am 10. Juli 1974.

Trotzdem fürchteten sich die Europäer vor einer Erdölknappheit. Der scheinbar unwiderlegbare »Beweis« für die Knappheit von Erdölprodukten kam am 4. November 1973, als die Niederlande als erstes Land in Europa einen fahrzeugfreien Sonntag durchführten. Viele Beobachter glaubten, die Niederländer hätten aufgrund des OPEC-Embargos schlicht nicht mehr genügend Treibstoffe. Doch dies war nicht der Fall, wie die neuere historische Forschung zeigt. Der Holländer Cees Wiebes kommt in seiner aufschlussreichen Untersuchung zur Ölkrise zum Schluss, dass in den Niederlanden die »Erdöllager nicht zurückgingen«, ja, dass »Öltanker draußen im Meer warteten, weil die Erdöllager übervoll waren«. Der autofreie Sonntag in den Niederlanden und andere Konsumbeschränkungen waren daher »eine überflüssige Aktion, die eingeführt wurde, als es in der Tat so aussah, als ob die Erdölzufuhr zurückgehen könnte«, was sie dann aber nicht tat. Das Fazit von Wiebes ist klar und eindeutig: »Die Regierung hier in den Niederlanden hat sich in ihrer Analyse geirrt.«[35]

Der Irrtum der Niederländer hatte weitreichende Folgen. Die westdeutsche Regierung unter Bundeskanzler Willy Brandt glaubte, im autofreien Sonntag der Holländer eine Erdölknappheit zu erkennen, und drängte das Parlament zum Handeln. Der deutsche Bundestag verabschiedete am 9. November in Windeseile das »Gesetz zur Sicherung der Energieversorgung bei Gefährdung oder Störung der Einfuhren von Mineralöl oder Erdgas«, das der Regierung erlaubte, im Falle einer Störung der Energieversorgung sofort Verbrauchsbeschränkungen durchzusetzen. Die Regierung Brandt hielt fälschlicherweise eine Störung der Energieversorgung für gegeben und beschloss schon in der Kabinettssitzung vom 22. November auf der Basis des neuen Gesetzes, energiesparende Maßnahmen umzusetzen. Der erste autofreie Sonntag in Westdeutschland wurde am 25. November verordnet, und auch für die Sonntage vom 2., 9. und 16. Dezember galt ein Fahrverbot in der Bundesrepublik. Im Weiteren wurde für alle Tage eine Geschwindigkeitsbegrenzung von 100 Stundenkilometern auf Autobahnen festgelegt. Auch die deutschen Konsumenten waren danach fest davon überzeugt, dass Erdöl physisch knapp sei.[36]

Die historische Forschung hat indes ergeben, dass es in Deutschland keineswegs an Erdöl mangelte. »Öl war reichlich vorhanden, die Öltanks liefen über«, so das Fazit des deutschen Historikers Jens Hohensee, der von einer »Ölpsychose« und »Panikmache« spricht.[37] Die Menschen glaubten, es werde demnächst kein Erdöl mehr geben, und kauften daher panikartig ein, was den Preis nach oben trieb. Physisch knapp war Erdöl aber nie. »Auf dem Höhepunkt der Hortungskäufe auf dem Heizöl- und Benzinmarkt, also unmittelbar nach Beginn der Krise, gab es keine Verknappung von Erdöl«, so Hohensee. »Die Versorgung war genauso wie während der nächsten Wochen vollkommen gesichert. Das Eintreten einer Mangelsituation wurde von der Bundesregierung, den Mineralölkonzernen und der Bevölkerung falsch antizipiert, denn sie trat niemals ein … Die Krise spielte sich mithin nicht in den Heizöl- oder Benzintanks ab, sondern in den Köpfen.«[38]

Die deutschen Politiker trugen mit dramatischen Reden einiges dazu bei, dass der Eindruck der Knappheit entstand: »Zum ersten Mal seit dem Ende des Krieges wird sich morgen und an den folgenden Sonntagen vor Weihnachten unser Land in eine Fußgängerzone verwandeln«, erklärte Bundeskanzler Willy Brandt am deutschen Fernsehen. »Die Krise, an deren Anfang wir erst stehen, ist nicht zu verharmlosen. Allen, die schon von sich aus den Verbrauch eingeschränkt und die es abgelehnt haben, die Lage auszunutzen, möchte ich danken. Die junge Generation erlebt zum ersten Mal, was ein gewisser Mangel bedeuten kann.«[39] Auch Helmut Schmidt, der seit 1972 unter Brandt das Finanzministerium führte und 1974 als Brandts Nachfolger selber Bundeskanzler wurde, warnte: »Jeder von uns muss wissen, dass die Ölzufuhr für die ganze westliche Welt gefährdet ist, dass dieses eine Gefährdung der Produktion und der Beschäftigung bedeutet: Wir müssen uns alle am Riemen reißen.«[40]

Die Schweiz, die über 80 Prozent der importierten Erdölprodukte aus den Raffinerien in Italien, Deutschland und Frankreich bezog, hoffte auf den Fortbestand der guten nachbarschaftlichen Beziehungen. Das Bundeswirtschaftsministerium in Bonn erklärte, man werde die vertraglichen Verpflichtungen einhalten und der Schweiz weiterhin Erdölprodukte aus deutschen Raffinerien liefern, zumindest solange der Import nach Deutschland nicht gestört sei. »Sollten in der Bundesrepublik Liefereinschränkungen vorgenommen werden, sollen diese Kürzungen auch an die Abnehmer in der Schweiz und in Österreich weitergegeben werden«, lautete die klare Mitteilung aus Bonn.[41] Diese Regelung war vernünftig, sorgte aber für Missmut in der Schweiz. »Die Erfahrungen von 1973 und 1974 haben erneut gezeigt, dass im heiklen Energiesektor jedes Land für sich allein steht«, kritisierte die Swisspetrol. »Vor der ›Erdölwaffe‹ zerbröckelt offenbar jede internationale Solidarität.«[42]

Die Verwirrung in der Bundesrepublik war groß. Einige Bürger begannen sogar, ihre mit Erdöl betriebene Heizung auszuschalten und die Wohnung über Elektroöfen oder den Elektroherd der Küche zu wärmen. Dadurch wurde natürlich keine Energie gespart, da der Strom, der den Elektroherd zum Glühen brachte, zu einem guten Teil durch das Verbrennen fossiler Kohle erzeugt worden war und die Stromnetze nicht für eine derart starke Zunahme des Verbrauchs eingerichtet waren. Um solchen Unsinn zu stoppen, schaltete die Vereinigung Deutscher Elektrizitätswerke (VDEW) Anzeigen in allen bundesdeutschen Tages- und Wochenzeitungen, um die

Bürger aufzuklären: »Heizen Sie nicht elektrisch, um Öl zu sparen. Für das Einschalten zusätzlicher Direktheizgeräte (Strahler, Heizlüfter, Konvektoren, Elektro-Radiatoren) sind die Leitungsnetze nicht eingerichtet.«[43]

Der von den Niederlanden eingeführte autofreie Sonntag entfaltete in anderen Ländern eine unglaublich starke Signalwirkung. Neben Deutschland setzten auch Belgien, Dänemark, Griechenland, Italien und Luxemburg Sonntagsfahrverbote durch. Ein schlimmer Fehler war es natürlich nicht, solch autofreie Sonntage zu verordnen, obschon es genügend Erdöl gab. Die Mehrheit der holländischen Bevölkerung zum Beispiel freute sich darüber. »Drei von vier Niederländern über 15 Jahren sind dafür, einmal im Monat einen autofreien Sonntag beizubehalten, auch wenn der Ölboykott aufgehoben wird«, berichtete die Presse. Die Mehrheit der Niederländer war gar der Meinung, die Vorteile seien größer als die Nachteile.[44]

In den USA führte die Erdölkrise zu ernsthaften Spannungen unter den Konsumenten. Nachdem die Benzinpreise um 40 Prozent angestiegen waren, kam es in den USA zu einer Versorgungspanik, worauf sich vor den Tankstellen sehr lange Warteschlangen bildeten, was den psychologischen Eindruck der Krise nochmals verstärkte. Einige amerikanische Tankstellenbesitzer rüsteten sich sogar mit Schusswaffen aus, um gegenüber erbosten Autofahrern Stärke zu markieren. Nixon und Kissinger beobachteten die Entwicklung aus der Distanz. Anfang Dezember 1973 erklärte Daniel Yankelovich, ein Berater von Nixon, dass die Menschen in den USA »in großer Sorge« seien und glaubten, »dass das Land seine Energievorräte aufgebraucht« habe. Dies war natürlich gänzlich falsch. Die USA förderten noch immer Erdöl aus dem eigenen Boden und importierten Erdöl aus jenen Ländern, die ihnen gegenüber kein Embargo verhängt hatten. »Eine Verkettung von Umständen hat eine labile öffentliche Stimmung geformt, die aus Fehlinformationen, Misstrauen, Verwirrung und Angst zusammengesetzt ist«, erkannte Yankelovich richtig.[45]

Die autofreien Sonntage in der Schweiz

Auch die Schweiz wurde während der ersten Erdölkrise von der allgemeinen Verwirrung um die angebliche Erdölknappheit erfasst. Der Bundesrat hatte Mühe, die zum Teil widersprüchlichen internationalen Daten schlüssig zu interpretieren. Zuerst wartete die Schweizer Regierung ab und beobachtete die Lage. Erst am 8. November 1973 äußerte sich der Bundesrat zur Ölkrise und sprach, wie die anderen Regierungen in Europa, von »möglichen Verknappungen« die auch die Schweiz treffen könnten: »Während die Ölversorgung bis vor Kurzem als gesichert bezeichnet werden konnte, beginnen sich im Zusammenhang mit den Ereignissen im Nahen Osten vermehrt Verknappungserscheinungen geltend zu machen«, so der Bundesrat. »Die weitere Entwicklung muss als unübersichtlich bezeichnet werden.«[46]

Wie in Deutschland rief auch die Schweizer Regierung die Bevölkerung zum Energiesparen auf. Jeder Einzelne solle mit Energie sparsam umgehen, den Warmwasserverbrauch auf das Nötige beschränken, die Ölbrenner sachgemäß einstellen lassen und die Raumtemperatur auf 20 Grad reduzieren. Dadurch könne man auf »sorgfältig vorbereitete« Beschränkungen »vorläufig« verzichten. »Der Bundesrat appelliert ferner an alle Automobilisten, auf unnötige Fahrten zu verzichten und – wo dies möglich ist – das öffentliche Verkehrsmittel zu benützen.« Das Land müsse nun zusammenhalten: »Der Bundesrat zählt auf das Verständnis der Wirtschaft, des Gewerbes, der Verwaltung wie auch der gesamten Bevölkerung, so dass in gemeinsamer Anstrengung aller ein maßgeblicher Beitrag zur Behebung allfälliger Engpässe in unserer Energieversorgung erwartet werden darf.«[47]

Der über die Presse verbreitete Aufruf des Bundesrates wurde von den Zeitungskommentatoren nicht kritisiert, sondern wohlwollend aufgenommen und, mit weiteren Energiespartipps ergänzt, an die Bevölkerung weitergegeben. »Auf bundesrätlichen Wunsch hin soll künftig die schweizerische ›Einheitstemperatur‹ 20 Grad betragen«, erklärte der »Tages-Anzeiger« seinen Lesern. »Den Wohlstandsbürgern, die sich an die heute üblichen 22 bis 24 Grad gewöhnt haben, mag das auf den ersten Blick als ›Iglu‹-Temperatur erscheinen. Tatsache aber ist, dass nach den Statistiken der Experten vor 20 Jahren noch Zimmertemperaturen von 18 Grad als normal galten«, so der Kommentator. »2 bis 3 Grad weniger dürften daher nicht zu einer Gefahr für die Volksgesundheit werden.« Viel Erdöl ging natürlich durch die schlechte Isolation der Gebäude verloren. Die Zeitungen rieten der Bevölkerung daher, man möge doch auch »Fensterritzen und Türspalten gut gegen Zugluft abdichten, eventuell mit Schaumstoff-Klebstreifen.«[48]

Der November 1973 wurde in Europa zum Energiesparmonat schlechthin. Immer mehr Ratschläge, wie man Energie sparen könnte, tauchten auf. Der Schweizerische Brennstoffhändlerverband empfahl, »nur noch alle zwei Tage zu baden«, um den Warmwasserverbrauch zu senken. Die Empfehlung erfolgte ungeachtet der Tatsache, dass gemäß Statistik die Mehrheit der Schweizer ohnehin nur einmal pro Woche badete. Die Zeitungen verwiesen sodann auch amüsiert auf Kanada, wo Wissenschaftler dazu geraten hatten, »in Zukunft statt allein zu zweit zu baden, und sich zu mehreren ein Schlafzimmer zu teilen, um die Energiekrise dieses Winters überwinden zu helfen«. Automobilisten, so rieten die Zeitungen, sollten so wenig wie möglich fahren. Wer unbedingt fahren müsse, möge dies »mit sanfter Sohle« tun. Vor allem solle man auf den sogenannten »Kavalierstart« verzichten, »das heißt: nicht mit Vollgas und quietschenden Reifen losfahren«, und grundsätzlich hohe Drehzahlen und Spitzengeschwindigkeiten vermeiden, da all dies viel Treibstoff benötige.[49]

Dies waren ganz neue Ratschläge, die zuvor in dieser Art in den Zeitungen nie zu finden gewesen waren und mit dazu beitrugen, dass man sich der Abhängigkeit von Erdölimporten erinnerte. »Ob dieser Appell etwas genützt hat, ist nicht messbar«, erklärte Bundesrat Brugger vor dem Parlament. »Aber ich weiß, dass viele ihn befolgt haben, freiwillig Disziplin geübt haben, und diesen Leuten möchte ich danken.«[50]

Der Bundesrat beobachtete den Import von Erdölprodukten in die Schweiz genau, konnte aber keine Importprobleme feststellen. Am 13. November wandte sich Bundesrat Ernst Brugger, Vorsteher des Volkswirtschaftsdepartementes, an die Bevölkerung und erklärte am Fernsehen, dass die Lage zwar ernst, aber keinesfalls hoffnungslos sei, denn es fehle bisher der eindeutige Tatbestand der nicht mehr gesicherten Versorgung. Die Erdöllager würden auf jeden Fall reichen, es sei genügend Heizöl für den Winter vorhanden.[51] Auch die Erdölwirtschaft bestätigte, dass es keine Probleme beim Import gebe, die Versorgung funktioniere »im gegenwärtigen Zeitpunkt noch befriedigend«, so Albin Heinmann, Präsident der Migrol-Genossenschaft.[52]

Für die Konsumenten waren die Signale verwirrend. Georg Stucky, Geschäftsführer der Erdöl-Vereinigung, der zuvor Generaldirektor der Texaco Switzerland gewesen war, erklärte, es sei »unvermeidlich, dass der Konsument in der Schweiz die Rohölverteuerung zu spüren bekommt«.[53] Viele schlossen daraus, Erdöl sei knapp, denn warum sonst sollte es sonst zu einer Verteuerung kommen? Doch gleichzeitig beschwichtigte der Delegierte des Bundesrates für wirtschaftliche Kriegsvorsorge, Otto Niederhauser, dass kein physischer Mangel an Erdöl messbar sei. »Im Moment ist die Ölzufuhr noch völlig normal; von einer Verknappung kann gegenwärtig nicht gesprochen werden«, so Niederhauser. Es bestehe kein Grund zur Sorge, denn die Versorgung der Schweiz sei dank den Pflichtlagern bei gleich bleibendem Verbrauch auf sechs Monate hinaus garantiert.[54]

An der Tanksäule mussten die Autofahrer nur einen geringen Preisaufschlag hinnehmen, weil der Solothurner CVP-Nationalrat Leo Schürmann in seiner Funktion als Preisüberwacher die Erdölkonzerne dazu zwang, einen vereinbarten Höchstpreis nicht zu überschreiten. 1970 hatte der Liter Superbenzin 60 Rappen gekostet. Im Dezember 1973 wurde derselbe Liter Superbenzin an Schweizer Tankstellen für 85 Rappen verkauft, die von Schürmann definierte Obergrenze. Der Preis wäre ohne Zweifel noch stärker angestiegen, hätte Schürmann die Preise freigegeben. Als die

Erdölkonzerne weiter Druck ausübten und die französische Erdölgesellschaft Total damit drohte, ihre Tankstellen in der Schweiz gar nicht mehr mit Erdölprodukten zu versorgen, erlaubte Schürmann im April 1974 einen Preisaufschlag um 12 Rappen, worauf Superbenzin für 97 Rappen an den Tankstellen zu kaufen war.

Beim Heizöl schwankte der Preis viel stärker, weil er nicht durch Preisüberwacher Schürmann kontrolliert wurde. 1970 kostete der Liter Heizöl in der Schweiz nur 16 Rappen. Im Laufe der Energiekrise und der damit einhergehenden Hamsterkäufe verdreifachte sich der Preis auf 50 Rappen pro Liter. Diese Preiserhöhungen schlugen sich im Konsumentenpreisindex nieder und trieben die Inflation nach oben. Alle Produkte, deren Herstellung direkt vom Erdölpreis abhing, wurden teurer, darunter Kunststofffolien, Düngemittel, Lippenstifte, Plastikmöbel, Farbstoffe, Strumpfhosen und Zement. Nach der Panik von November und Dezember 1973 gingen die Preise aber wieder zurück, im Januar 1974 lag der Heizölpreis bei 25 Rappen pro Liter.

Trotz der guten Versorgungslage wurde im Bundesrat debattiert, wie der Verbrauch jenseits freiwilliger Appelle reduziert werden könnte. Als Erstes setzte der Bundesrat am 14. November 1973 die Höchstgeschwindigkeit auf Autobahnen auf 100 km/h herab. Dies wurde von den Automobilisten als einschneidend empfunden, weil es in den Jahren zuvor auf den Schweizer Autobahnen keinerlei Geschwindigkeitsbeschränkung gegeben hatte. Das Tempolimit auf Autobahnen in der Schweiz wurde auch nach der Erdölkrise beibehalten und liegt heute bei 120 km/h. Ohne Energiekrise wäre es wohl schwieriger gewesen, diese Geschwindigkeitsbegrenzung einzuführen.

Da viele europäische Länder dem Vorbild der Niederlande gefolgt waren und dadurch ihren Sparwillen unterstrichen hatten, stieg der psychologische Druck auf die Schweiz, ebenfalls autofreie Sonntage durchzuführen. Obschon kein Mangel vorlag, erklärte Bundesrat Ernst Brugger am Mittwoch, dem 21. November 1973 an einer Pressekonferenz in Bern, dass, gestützt auf das Bundesgesetz über die wirtschaftliche Kriegsvorsorge, am kommenden Sonntag, dem 25. November, sowie an den zwei Sonntagen danach in der ganzen Schweiz ein Sonntagsfahrverbot gelte. »Es tut nicht weh, schafft aber Ordnung«, so Brugger.[55]

Die autofreien Sonntage sind bis heute das einprägsamste Ereignis der ersten Erdölkrise geblieben, da sie einen augenfälligen Kontrast zum Erdölrausch der Nachkriegszeit darstellten. Als Bundesrat Brugger den Entscheid verkündete, betonte er gleichzeitig, dass die Mobilität dank des gut ausgebauten öffentlichen Verkehrs gesichert sei. Die SBB werde an den drei Sonntagen zusätzliche Eisenbahnwagen einsetzen. Vom Fahrverbot ausgenommen seien auch dringliche Fahrten mit Ausweisen für

Ärzte, Krankenschwestern, Hebammen, Seelsorger, Leichentransporte und unaufschiebbare Dienstfahrten von Polizei und Feuerwehr. Ansonsten aber gelte ein strenges Verbot. Wer das Sonntagsfahrverbot widerrechtlich missachte, habe mit Bußen bis zu 40 000 Franken oder Gefängnisstrafen zu rechnen.[56]

Im Weiteren entschied der Bundesrat, die Abgabe von flüssigen Treib- und Brennstoffen zu kontingentieren, also einzuschränken, und zwar um 20 Prozent beim Benzin und um 25 Prozent beim Heizöl. Die Kontingentierungsmaßnahmen »sind weniger spektakulär wie Sonntagsfahrverbote und die Herabsetzung der Geschwindigkeit«, erklärte Brugger vor dem Parlament, »aber das ist natürlich das Rückgrat unserer Maßnahmen.« Die Kontingentierung sei zwar »eine ziemlich grobschlächtige Maßnahme«, aber sie sei wirksam und erreiche Einsparungen von bis zu 20 Prozent. Für noch größere Einsparungen müsse das Instrument der Rationierung eingesetzt werden; diese verlange aber »harte Sachentscheide«, weil »wir eine beschränkte knappe Menge zu verteilen haben«, und daher werde der Bundesrat so lange wie möglich versuchen, die Rationierung aufzuschieben.[57]

Die drei autofreien Sonntage wurden planmäßig durchgeführt, der letzte am 9. Dezember 1973. Danach wurde das Sonntagsfahrverbot auch mit Blick auf die Weihnachtsfeiertage und die darauf folgenden Winterferien wieder aufgehoben. Die vom Automobilverkehr abhängigen Gastwirte und Hoteliers waren froh, dass das Fahrverbot nur während drei Sonntagen gegolten hatte, da ihre Umsätze an den besagten Tagen eingebrochen waren. Andere Bürger, die vor allem die Ruhe genossen hatten, hielten die autofreien Sonntage hingegen für eine wertvolle Erfahrung. »Von vielen Menschen wurde die Befreiung vom allgegenwärtig gewordenen Lärmstress als Wohltat empfunden, gegenüber dem der Verzicht auf das eigene Motorfahrzeug ein geringes Opfer bedeutete«, so ein Leserbrief in der »Neuen Zürcher Zeitung«. »Es waren erstmals seit Langem wieder eigentliche wirkliche Sonntage.« Diese Idylle würde man nun in der Schweiz vermissen. »Ist es wirklich nötig, dass einige mittelöstliche Potentaten die Erdölförderung drosseln, damit wir in den Genuss eines Zustandes kommen, welchen viele von uns als Verbesserung der Lebensqualität empfinden?«[58]

Aus heutiger Sicht erstaunt, dass der Bundesrat die Sonntagsfahrverbote und die Kontingentierung mit Verweis auf die »Schonung der Vorräte und zur Anpassung des Verbrauchs an die verminderten Importe« begründet hatte.[59] Denn die Behauptung des Bundesrates, die Schweiz leide an »verminderten Importen«, war falsch, wie die historische Forschung heute beweisen kann. Die Zahlen der Oberzolldirektion belegen, dass es weder im Oktober noch im November zu einem Rückgang der Importe gekommen war, dass im November 1973 sogar deutlich mehr Benzin, Diesel und Heizöl in die Schweiz importiert worden war als im Vergleichsmonat 1972 und 1971.[60] Auch bei der Rohölzufuhr für die Raffinerien Collombey und Cressier kam es während der Erdölkrise zu keinerlei Einfuhrproblemen.[61] Der Jahresbericht der Erdöl-Vereinigung belegt, dass 1973 rund 14,6 Millionen Tonnen Rohöl und Erdölprodukte in der Schweiz verbraucht worden waren, mehr als irgendwann zuvor in der Schweizer Geschichte, und 8 Prozent mehr als im Vorjahr. Es gab keine Knappheiten.[62]

Das Bundesgesetz (Artikel 18) über die wirtschaftliche Kriegsvorsorge aus dem Jahre 1955, auf das der Bundesrat die Sonntagsfahrverbote abstützte, sah ausdrücklich vor, dass die darin erwähnten Kompetenzen nur in Zeiten gestörter Versorgung in Kraft gesetzt werden dürfen. Als Bundesrat Brugger am 21. November das Sonntagsfahrverbot verkündete, war die Versorgung indes nicht gestört. Wie bei der Suezkrise, als ebenfalls ein Sonntagsfahrverbot erlassen worden war, erwartete die Regierung eine Störung der Importe, die dann aber nicht eintraf. Dies führte in der Presse zu einiger Kritik. Es sei erstaunlich, kritisierte das »St. Galler Tagblatt«, dass man beim Erdöl »offensichtlich bei unserer Regierung, wenn es wirklich darauf ankommt, über zuverlässige Entscheidungsgrundlagen nicht verfügt, um mit kühlem Kopf und in voller Kenntnis der Sachlage Entschlüsse fassen zu können. Das ist eine fürwahr schlimme Feststellung, die man gerade in der nüchternen und gründlichen Schweiz eigentlich nicht erwarten würde!«[63]

Die »Schweiz schwimmt in Benzin und Öl!«, verkündete auch die Boulevardzeitung »Blick« am 4. Dezember 1973, kurz vor dem letzten der drei autofreien Sonntage, und erklärte, dass die Erdölkrise nur ein gewaltiger Bluff sei. »Willig reduzierte das ganze Land die Heiztemperatur und griff zum Pullover. Wenn Bern die Zufuhr als gestört erklärt, wird es wohl so sein«, kommentierte auch die »Weltwoche« bissig am 5. Dezember. Doch wer die Entwicklung des schweizerischen Außenhandels genau betrachte, stelle »mit Verwunderung« fest, dass im Oktober und im November die Erdölimporte in die Schweiz gar nicht zurückgegangen seien: »Erdöl floss wie noch nie über die Landesgrenzen.« Da die Konsumenten zudem gemäß den behördlichen Ratschlägen sparten, seien die Tanklager in der Schweiz nun »zum Bersten voll«.[64]

Die in der AVIA zusammengeschlossenen Erdölimporteure bestätigten, es sei im September und Oktober gelungen, »ziemlich viel Heizöl und Benzin ins Land zu bringen«, und im November habe man die Importe gar nochmals deutlich steigern können. Physisch liege also kein Mangel an Erdölprodukten vor. Auch die Einfuhr von Rohöl für die zwei Raffinerien sei völlig normal, so Georg Stucki, Geschäftsführer der Erdöl-Vereinigung. Die Carbura erklärte, dass man mit Blick auf die ungewisse Versorgungslage im Januar und Februar 1974 darauf abgezielt habe, die Vorratshaltung zu stärken, weshalb im November besonders viel Benzin und Heizöl importiert worden sei. Damit war klar: Die Schweiz war reichlich versorgt.[65]

Für Bundesrat Brugger und Otto Niederhauser, den Delegierten für wirtschaftliche Landesversorgung, waren diese Meldungen peinlich. Die Behauptung von den »verminderten Importen« war schlicht nicht mehr haltbar. Brugger ging klug in die Offensive und bestätigte am 7. Dezember an der Jahresversammlung des Verbandes der schweizerischen Importeure, dass die Erdölimporte im Monat November nicht zurückgegangen seien. Damit hatte der Bundesrat nach der Durchführung der Sonntagsfahrverbote seine Position revidiert, die er zuvor als Begründung für eben diese Verbote angeführt hatte. Er selber sei erstaunt und könne die Entwicklung am globalen Erdölmarkt nicht gut verstehen, so Brugger.[66]

Der internationale Erdölhandel, da hatte Brugger recht, ist in der Tat undurchsichtig. Wie viel Erdöl während der »Krise« wo auf welche Tanker gepumpt wurde und ob das Embargo gegen die USA und die Niederlande wirklich eingehalten wurde, wussten nur die Erdölgesellschaften. Einige Beobachter erkannten noch während der Krise, dass das Embargo immer wieder gebrochen wurde. »Auch eindeutig amerikanische Erdöltankschiffe werden in Saudi-Arabien mit Erdöl beladen«, berichtete die britische Zeitung »Economist« im November über klare Verletzungen des deklarierten Embargos. »Niemand hat ein klares Bild der Lage.«[67] Auch Holland, dies wusste der »Economist«, leide nicht unter dem Embargo. »Das Erdöl kommt immer noch in Rotterdam an, als sei gar nichts passiert.«[68] Berichte aus 60 Häfen der Welt, darunter auch aus solchen im Nahen Osten, bestätigen, so der »Economist«, dass »alles wie üblich ablaufe und dass keine Hinweise vorhanden sind, dass entweder bei den Tankfüllungen oder den Liefermengen Kürzungen vorgenommen wurden«.[69]

Nicht nur der »Economist«, auch die Schweizer Presse begann, den Sieben Schwestern zu misstrauen. Die »Weltwoche« kritisierte, die Konzernzentralen von Exxon, Gulf Oil, Mobil, BP, Shell und Standard Oil of California würden die »Zahlen über die tatsächliche Ölförderung und Ölverschiffung unter strengstem Siegel der Verschwiegenheit« bewahren. Ohne diese Zahlen könne aber die Erdölkrise kaum verstanden werden. »Kein Nationalstaat außer den USA« könne das Siegel aufbrechen. Doch die USA seien eben »wie die Ölkonzerne an einer massiven Ölpreiserhöhung interessiert«, erklärte die Zeitung und fragte weiter, weshalb dem Publikum »ein Loch in unseren Zufuhren« vorgegaukelt werde. »Wusste der Bundesrat die Wahrheit, oder ist er den Ölgesellschaften auf den Leim gekrochen? … Ein Blick in die Buchhaltungen der Ölbranche könnte nichts schaden.« Denn diese hätten dank der Hysterie und den hohen Preisen Milliarden verdient.[70] Auch die »Schweizerische Finanz-Zeitung« argwöhnte, das Verhalten von Esso, BP und Shell sei zumindest undurchsichtig: »Die Ölwirtschaft konnte bisher trotz aller gebotenen Zahlen den Eindruck nicht entkräften, dass die Verknappung künstlich geschürt wird.«[71]

Die Zeitung »Finanz und Wirtschaft« konfrontierte Werner Flachs, den Generaldirektor der Shell Switzerland und Präsident der Erdöl-Vereinigung, mit dem weitverbreiteten Misstrauen gegenüber den Erdölkonzernen: »Was halten Sie von Charles Levinson's Ansicht, die Ölkrise sei eine global manipulierte Strategie der Konzerne gewesen?« Flachs wusste um die These des einflussreichen amerikanischen Gewerkschaftsführers Levinson, hielt sie aber für Unsinn: »Ich halte von dieser Aussage so viel, wie wenn man behaupten würde, die Ölgesellschaften könnten das Wetter beeinflussen«, so die Antwort des Präsidenten der Erdöl-Vereinigung – Jahrzehnte vor der Debatte um den Klimawandel.[72]

Auch im Parlament in Bern wurde scharfe Kritik am Verhalten der international tätigen Erdölkonzerne geäußert. Der Genfer Nationalrat Jean Vincent von der Partei der Arbeit ging so weit zu behaupten, es gebe überhaupt keine »Erdölkrise«, sondern nur »kriminelle Praktiken der Erdölmonopole«.[73] Auch der St. Galler CVP-Nationalrat Edgar Oehler misstraute den Erdölkonzernen. »Mir scheint«, so Oehler, »dass wir in der jetzigen Zeit einer doppelten Erpressung unterliegen«, und zwar durch »die arabischen Scheichtümer« wie auch durch die »integrierten Erdölgesellschaften«, deren Praktiken der »arabischen Erpressung mindestens gleichzusetzen« seien.[74] Oehler wurde vom Zürcher SP-Nationalrat Otto Nauer unterstützt, der die Meinung vertrat, das »Preisdiktat der Ölkonzerne« schlage sich nicht nur in hohen Gewinnen nieder, sondern sei auch »ein Schulbeispiel dafür, wie rasch die bei jeder Gelegenheit so hoch gerühmte freie Marktwirtschaft den Konsumenten zur Ohnmacht verurteilt, ja sogar die Unabhängigkeit, die Souveränität eines Landes in jeder Hinsicht zu einer Farce werden lässt«.[75]

Am 12. Dezember 1973 korrigierte Bundesrat Brugger seine frühere Fehleinschätzung zu den Importen auch vor dem Nationalrat und sprach von einer »erfreulich guten Versorgungslage«. Der Artikel 18 des Bundesgesetzes über wirtschaftliche Kriegsvorsorge erlaube es dem Bundesrat, Sparmaßnahmen zu erlassen. »Nun macht man uns bereits den Vorwurf, nicht gesetzmäßig gehandelt zu haben, weil dieser Artikel 18 tatsächlich sagt, dass wir ihn nur zur Anwendung bringen können ›im Falle gestörter Zufuhren‹ … Wir haben das etwas vorsorglich und weitsichtig interpretiert«, räumte die Regierung ein. Zwar habe es, wie er nun auch erkenne, keine gestörte Zufuhr gegeben, aber er glaube, »aufgrund der gestörten Weltlage konnte man weiß Gott von gestörten Zufuhren reden, und man musste nicht warten, bis die Konsequenzen dieser internationalen Situation sich an unseren Grenzen bemerkbar machten«.[76]

Das Parlament ließ sich nicht zu einer Debatte über diese Rechtsfrage hinreißen, weil auch die Parlamentarier kaum besser informiert waren als die Landesregierung. »Dieser internationale Ölmarkt ist wenig transparent, das ist tatsächlich eine Wissenschaft für sich«, staunte Brugger. Man versuche zwar, die Preisbildung und die Wettbewerbsverhältnisse zu durchleuchten, doch »ich muss Ihnen ganz offen sagen«, räumte Brugger ein, »da und dort komme auch ich nicht draus.« Die Nationalräte, das entnehme er der Debatte ganz deutlich, »möchten hinter die Kulissen des Ölmarktes sehen. Ich möchte das auch«, aber es sei kaum möglich. »Viel mächtigere Regierungen als wir kommen auch nicht draus, nicht einmal die Amerikaner«, behauptete Brugger.[77]

Klar erkennbar war nur der Anstieg des Erdölpreises und die damit verbundene Verteuerung der Erdölimporte. »1970 reichten 3 Millionen Franken pro Tag, um den schweizerischen Erdölbedarf zu decken«, rechnete die Swisspetrol vor. 1975 waren es bereits 12 Millionen Franken. »Eine solche Mehrbelastung ist nicht ohne Weiteres zu verkraften: Die Verteuerung der wichtigsten Energie des Landes hat zweifellos zur Aushöhlung der Konjunktur und damit zu gewissen Rezessionserscheinungen beigetragen«, glaubte die Swisspetrol.[78] Im Rückblick betrachtet, waren aber die moderat erhöhten Erdölpreise der 1970er-Jahre noch sehr günstig. Zum Vergleich: 2008 bezahlten die Schweizer Endverbraucher 20 Milliarden Franken für Erdölprodukte inklusive Steuern, rund 55 Millionen Franken pro Tag.[79]

12

Die Grenzen des Wachstums

Die Erdölkrise von 1973, die autofreien Sonntage und das Ansteigen des Erdölpreises führten in Westeuropa und in den USA in Teilen der Bevölkerung zu einem neuen Bewusstsein. Plötzlich wurde in Radio, Zeitung und Fernsehen darüber debattiert, dass Erdöl nur in endlichen Mengen vorhanden sei und dass die Menschheit auf einem begrenzten Planeten sorgsam mit den vorhandenen Ressourcen umgehen sollte. Obschon man die Hintergründe der Erdölkrise damals noch nicht verstand, waren diese grundsätzlichen Überlegungen richtig.

Auch in der Schweiz führte die Erdölkrise von 1973 zu einer kritischen Reflexion des Erdölrausches. »Das Energieproblem soll zwar nicht dramatisiert werden. Die vorhandenen und nicht erschlossenen Rohstoffreserven sind enorm«, erklärten die vom Bundesrat 1974 eingesetzten Energieexperten im Rahmen ihrer Gesamtenergiekonzeption (GEK). »Aber wir dürfen auch nicht bagatellisieren. Das Energieproblem ist da. Spätestens seit 1973 ist sich die Welt bewusst geworden, dass wir die Ressourcen unwiederbringlich verzehren. Der Countdown hat bereits begonnen – nur verhalten wir uns nicht danach.«[1] Auf ein konkretes Datum, wann das Ende des Erdölzeitalters erreicht sei, legten sich die Energieexperten klugerweise nicht fest. Aus »geologischen Gründen« sei »sehr wahrscheinlich keine Verknappung bis zum Jahr 2000 zu erwarten«. Trotzdem sei es dringend, nun sparsamer mit knappen Ressourcen wie Erdöl umzugehen, denn die Schweizer Erdölversorgung sei »sowohl mittel- als auch langfristig auf internationaler Ebene vielfältig gefährdet«.[2]

Die Frage, mit welch großem materiellem Verbrauch die Wirtschaft wachsen kann und soll, bewegte weite Kreise und trug mit dazu bei, dass eine starke Umweltschutzbewegung entstand. US-Präsident Jimmy Carter ließ im Juni 1979 zum Staunen der Journalisten auf dem Weißen Haus Sonnenkollektoren zur Produktion von Warmwasser installieren und forderte das Land auf, die Erdölabhängigkeit zu reduzieren und erneuerbare Energien zu fördern. »Was für eine größere Unterstützung [für die Solarenergie] konnte es geben«, freute sich der Energieexperte Donald Beattie, »als die Demonstration, dass die First Lady und der Präsident in warmem Wasser badeten, das durch Solarthermie erhitzt worden war?«[3]

Heute wissen wir, dass es in den 1970er-Jahren nicht an Erdöl mangelte; das schwarze Gold war vergleichsweise billig und im Überfluss vorhanden. Daher sprach in den 1980er- und 1990er-Jahren auch niemand mehr über Erdölknappheit, Energiesparen oder erneuerbare Energien. Carters Nachfolger Ronald Reagan ließ die Sonnenkollektoren zur Freude der Erdölindustrie 1986 wieder vom Dach des Weißen Hauses entfernen.[4]

Der Club of Rome warnt vor knappen Rohstoffen

Die energiepolitische Diskussion der 1970er-Jahre wurde stark durch das Buch »Die Grenzen des Wachstums. Bericht des Club of Rome zur Lage der Menschheit« geprägt. Das Buch, verfasst vom amerikanischen Ökonomen Dennis Meadows, erschien 1972 auf Englisch und Deutsch, also noch vor der ersten Erdölkrise. »Stärker als je zuvor tendiert die Menschheit gegenwärtig zu beschleunigtem Wachstum der Bevölkerung, rascherer Nutzung von Boden, Steigerung von Produktion, Verbrauch und Erzeugung von Schadstoffen«, hatte der 1968 gegründete gemeinnützige Verein »Club of Rome« erkannt und Meadows den Auftrag gegeben, diese »missliche Lage der Menschheit« zu untersuchen.[5]

Am Massachusetts Institute of Technology (MIT) analysierten Dennis Meadows und seine Frau Donella mithilfe von Computersimulationen die Bereiche Bevölkerungswachstum, Nahrungsmittelproduktion, Industrialisierung, Umweltverschmutzung und Rohstoffverbrauch. Der Einsatz von Computern war damals neu und erregte Bewunderung. Meadows und sein Team kamen zum Schluss, dass in den untersuchten fünf Bereichen ein exponentielles Wachstum beobachtet werden könne. Dies sei gefährlich, denn ein begrenztes System wie die Erde könne nicht die Basis für grenzenloses Wachstum bieten. Man werde in Form von Energiekrisen, Hunger, Krieg und Umweltzerstörung Grenzen erreichen, daher bestehe dringend Handlungsbedarf. Es gelte, durch Geburtenkontrolle, Wachstumsbeschränkung, erneuerbare Energien und schonenden Rohstoffkonsum eine »Gesellschaft im weltweiten Gleichgewicht zu schaffen«, forderte Meadows. »Wenn man sich entscheidet, nichts zu tun, entscheidet man sich in Wirklichkeit, die Gefahren des Zusammenbruchs zu vergrößern.«[6]

Das Buch von Meadows lag druckfrisch in den Buchläden, als die Erdölkrise kam und in vielen Ländern Westeuropas autofreie Sonntage durchgeführt wurden. Obschon, wie oben dargelegt, die historische Forschung heute beweisen kann, dass es 1973 nicht an Erdöl mangelte, deuteten damals auch gut informierte Zeitgenossen in den Industrieländern die erste Erdölkrise irrtümlicherweise als Bestätigung von Meadows' Thesen. Die Erdölkrise machte das Buch zum Bestseller. Es wurde in 37 Sprachen übersetzt und verkaufte sich in einer Auflage von 12 Millionen Exemplaren. »Was weit blickende Ökonomen und beunruhigte Ökologen bisher in den Wind gepredigt haben, bricht nun plötzlich in den Alltag herein«, kommentierte die Presse im November 1973 auf dem Höhepunkt der Krise. »Wir sind mit der Tatsache konfrontiert, dass eine Ressource, mit der man verschwenderisch umzugehen gewohnt war, knapp und teuer wird. Es ist ein Hinweis auf das, was bei exponentiellem Wachstum und immer rascherer Ausbeutung zwangsläufig früher oder später eintreffen muss.« Die Krise erinnere die Menschen nun »auf sehr unangenehme Weise« daran, so die Presse, »wie sehr unsere Siedlungsstruktur, unsere wirtschaftliche Produktion und unsere Verbrauchergewohnheiten darauf abstellen, dass das Erdöl stets so problemlos fließt wie in den Jahren seit dem Zweiten Weltkrieg«.[7]

Meadows hatte sich jedoch weder mit dem Erdölpreis, noch mit der ersten Erdölkrise befasst und diese Phänomene auch mit keinem Wort in seinem Buch erwähnt. Ich habe seine Studie nochmals genau durchgelesen und mit Erstaunen festgestellt, dass im ganzen Buch kein einziger Satz zum Thema Erdöl steht. Meadows präsentiert lediglich eine Rohstofftabelle, auf der auch das »Petroleum« aufgeführt ist. Aber die in dieser Tabelle aufgeführten Berechnungen zur Endlichkeit der Ressourcen gingen sprichwörtlich um die Welt. Denn um eine Verbindung zwischen Meadows' Buch einerseits und der Erdölkrise andererseits herzustellen, war die Presse gezwungen, auf diese einzige Petroleum-Zeile zu fokussieren. Auf der Basis der Tabelle warnte die Presse, dass das Erdöl bald ausgehen werde. Der Bericht des Club of Rome habe dem Erdöl »noch 20 Jahre Reserven« eingeräumt, dann sei das Erdöl aufgebraucht, erklärte die Presse alarmiert unter dem Eindruck der Erdölkrise im Dezember 1973.[8]

Als indes das Erdölzeitalter 1992 nicht endete, wurden Meadows und die Thesen des Club of Rome scharf kritisiert. »Unter den wichtigsten Ergebnissen der Studie [von Meadows] war die, dass der Welt bis 1992 das Erdöl ausgehe, was eine Energiekatastrophe verursachen werde«, kritisierte der Amerikaner Charles Mann.[9] Auch die Amerikanerin Amy Myers Jaffe, Vizedirektorin des Energy Program der Rice University in Texas, bemängelte Meadows' Aussage, dass die Erdölreserven »bis 1990 aufgebraucht seien«, denn solch pessimistische Voraussagen über das Erdöl seien »seit mehr als einer Generation systematisch falsch«.[10]

Es wäre ungerecht, das Buch von Meadows auf das Erdöl zu beschränken, denn Erdöl war nicht das Kernthema der Studie. Meadows behandelt diesen Rohstoff nur am Rande in der besagten Tabelle, zusammen mit Chrom, Nickel, Kohle, Zink und anderen Rohstoffen. Dass diese endlichen Rohstoffe bei einem starken Wachstum der Bevölkerung und der Wirtschaft knapp werden, stimmt nach wie vor. Der Club of Rome hat sich bezüglich der großen Linie nicht geirrt.

Im Detail trafen die Angaben über das Ende des Erdölzeitalters aber nicht zu. Meadows übernahm seine Zahlen vom US Geological Survey (USGS), einer geachteten Institution, die für die bewiesenen Erdölreserven (proven reserves) die Zahl von 457 Gigabarell, also 457 Milliarden Fass angab (im Buch verwendet Meadows die ungewöhnliche Maßeinheit 72,5 Kubikkilometer, was derselben Menge entspricht). Diese Zahl ist, wie wir heute wissen, zu klein; wer das kritisieren möchte, und man kann es natürlich kritisieren, muss seine Kritik an den USGS richten. Auch Meadows traut in seiner Tabelle den USGS-Zahlen nicht und offeriert daher drei mögliche Fristen, wie lange das Erdöl noch reiche: 20 Jahre (also bis 1992) bei exponentiellem Verbrauch, 31 Jahre (also bis 2003) bei konstantem Verbrauch oder 50 Jahre »bei angenommener fünffacher Menge der Reserven«, also bis ins Jahr 2022.[11]

Heute wissen wir, dass das Erdöl 1992 und auch 2003 nicht ausgegangen ist und dass es auch noch im Jahre 2022 Erdöl geben wird. Meadows hat daher in der Tat das Ende des Erdölzeitalters deutlich zu früh angesetzt. Wer aber mit Verweis auf die Erdöltabelle die »Grenzen des Wachstums« pauschal als Irrtum abtut, wird der differenzierten Studie nicht gerecht. Meadows betont nachdrücklich, dass Voraussagen sehr schwierig seien, denn »tatsächlich werden die wirklich verfügbaren Rohstoffe in den nächsten Jahrzehnten von Faktoren bestimmt, die viel zu kompliziert sind, als dass sie sich durch einige Indexzahlen ausdrücken ließen«.[12]

Meadows zielt in seiner Schlussfolgerung denn auch weder auf das Jahr 1992 noch auf 2022, sondern auf den viel größeren Zeitraum von 100 Jahren, also auf das Jahr 2072: »Wenn die gegenwärtige Zunahme der Weltbevölkerung, der Industrialisierung, der Umweltverschmutzung, der Nahrungsmittelproduktion und der Ausbeutung von natürlichen Rohstoffen unverändert anhält, werden die absoluten Wachstumsgrenzen auf der Erde im Laufe der nächsten hundert Jahre erreicht… Mit großer Wahrscheinlichkeit führt dies zu einem ziemlich raschen und nicht aufhaltbaren Absinken der Bevölkerungszahl und der industriellen Kapazität.«[13] Ob Meadows mit diesen Voraussagen falsch liegt, ist zurzeit noch völlig offen und kann durch Historiker erst im Jahre 2073 beurteilt werden.

Die Prognosen des Club of Rome führten in Deutschland, in der Schweiz und in Österreich zu einer Vielzahl weiterer Studien. Die Umweltschutzbewegung forderte einen Bewusstseinswandel und formulierte eigene Strategien zur Bewältigung der erwarteten Krise. Zu den interessanten Publikationen zählte der 1976 in drei Bänden publizierte »Alternativkatalog«. Die Herausgeber Marc Klurfeld und Uwe Zahn forderten darin ein »neues« oder »alternatives« Bewusstsein, das sich in den Bereichen erneuerbare Energien, Umweltschutz, gewaltfreie Konfliktlösung und alternative Medizin manifestieren sollte. Mit Nachdruck, so die Autoren, müsse der Ausbau von Sonnenenergie, Windenergie, Wasserkraft, Holz, Biogas und Wärmepumpen vorangetrieben werden, da nur dadurch der Bau von Atomkraftwerken verhindert und die Abhängigkeit von gefährlichen Erdölimporten reduziert werden könne. Im Weiteren plädierten sie für den Ausbau des biologischen Landbaus, der sanften Medizin und der Akupunktur und rieten ihren Lesern, den Konsum einzuschränken, Energiesparsamkeit und das Einhalten lokaler Kreisläufe zu fördern und sich an Prinzipien wie Gerechtigkeit, Selbstverwaltung, Übersichtlichkeit und Transparenz zu orientieren. Die im Alternativkatalog geforderte kluge Neuausrichtung setzte sich indes in der breiten Masse der Bevölkerung nicht durch; es kam zu keinem Bewusstseinswandel. Der Konsum und der Energieverbrauch nahmen in den 1980er- und 1990er-Jahren nicht ab, sondern im Gegenteil weiter zu, weil Erdöl billig und im Überfluss vorhanden war.[14]

Ich habe Meadows am Rande einer Ressourcenkonferenz getroffen und ihn gefragt, ob seine Thesen weiterhin korrekt seien. Er betonte, das große Bild sei korrekt, etwas fundamental Neues sei durch neuere Berechnungen nicht herausgekommen. Diese Haltung vertrat Meadows mit 62 Jahren auch 2004 in der überarbeiteten Fassung seines Buches unter dem Titel »Limits to Growth. The 30-Year Update«. Im Kapitel zu den Energieressourcen erklärt er vorsichtig: »Mehr als 80 Prozent des kommerziellen Energieverbrauchs basierten im Jahre 2000 auf den nicht erneuerbaren fossilen Energieträgern Erdöl, Erdgas und Kohle. Die im Erdboden verfügbare Menge dieser Ressourcen geht Schritt für Schritt unbarmherzig zurück.«[15] Genaue Zahlen zum Ende des Erdölzeitalters sind im Update nicht mehr zu finden, und auch die fehlerhaften früheren Zahlen werden leider nicht kommentiert. Trotzdem hat Meadows recht, wenn er zum Schluss kommt: »Wenn wir in den 1970er-Jahren begonnen hätten, Alternativen zum materiellen Wachstum zu entwickeln, könnten wir heute gelassener in die Zukunft blicken.«[16]

Der Bau von Atomkraftwerken in Deutschland und der Schweiz

Im Jahr der ersten Erdölkrise 1973 importierte die Schweiz 14,6 Millionen Tonnen Erdöl und deckte damit 80 Prozent ihres Gesamtenergieverbrauchs.[17] Nie zuvor und nie danach war die Schweiz derart stark abhängig von Erdöl. Nach der Erdölkrise sank der Erdölkonsum in der Schweiz leicht und stabilisierte sich auf hohem Niveau bei rund 12 Millionen Tonnen oder 88 Millionen Fass pro Jahr. Weil der Gesamtenergieverbrauch in den 30 Jahren nach der Erdölkrise stark zunahm und der Mehrverbrauch vor allem durch Erdgas abgedeckt wurde, sank der Anteil von Erdöl am Gesamtenergieverbrauch prozentual auf heute 57 Prozent.[18]

Die mit 80 Prozent erdrückende Dominanz des Erdöls im Schweizer Energiemix machte der Regierung Sorgen. In ihrem Bericht zur Sicherheitspolitik, der im Juni 1973 kurz vor der ersten Erdölkrise veröffentlicht wurde, notierte die Landesregierung, dass die Energieversorgung zu stark von Rohstoffimporten abhängig sei; seit dem Zweiten Weltkrieg habe sich die Situation »eher verschlechtert«, denn die Kohle sei »fast ganz durch das aus außereuropäischen Quellen stammende Erdöl ersetzt worden«, auch das Erdgas müsse importiert werden. Die Gefahr von Importunterbrüchen habe sich erhöht. Der Bundesrat strebe daher danach, die Zufuhrwege für die Energieträger »möglichst breit zu fächern, um dadurch Ausweichmöglichkeiten zu schaffen«. Ferner werde angestrebt, »die Lagerhaltung von Erdöl und Erdgas in unterirdischen Speichern zu steigern«. Im Verteidigungs- oder Krisenfall müsse sich die Schweiz auf diese Vorräte stützen können.[19]

Auch die in der Swisspetrol zusammengeschlossenen Vertreter der Schweizer Wirtschaft beklagten die große Abhängigkeit Europas. Die Erdölkrise habe bewiesen, dass man »von einer permanenten Versorgungskrise sprechen« müsse. »Die moderne Wirtschaft und Technologie des Westens, die sich allzu sehr in die Abhängigkeit des bis dahin verhältnismäßig billigen und problemlos verfügbaren Energieträgers Erdöl begeben hat, hat sich grundsätzlich umzustellen«, forderte die Swisspetrol. »Verbraucherländer, die in hohem Maß auf Erdölimporte angewiesen sind, schweben dauernd in der Gefahr, von den Lieferanten ›in den Schwitzkasten‹, in einen wirtschaftlichen und politischen Würgegriff zu geraten. Das trifft auch für Staaten zu, die sich – wie die Schweiz – grundsätzlich von Konflikten mit Dritten fernhalten.«[20]

Als sich nach der Erdölkrise eine scharfe Rezession bei gleichzeitiger Inflation und steigender Arbeitslosigkeit ausbreitete, endete eine lange Phase der Hochkonjunktur, die auf der Basis von billigem Erdöl die 1950er- und 1960er-Jahre geprägt hatte. Die erste Erdölkrise habe »die westliche Wachstumseuphorie der 1960er-Jahre vergessen lassen und die Perspektiven gründlich verschoben«, bilanzierte die Presse düster zum Jahresende 1974. Gleichzeitig mahnte sie, man müsse jede Krise auch als Chance verstehen: »Der abendländische Geist ist ein Geist aus der Krise, der immer dann seine größten Schöpfungen erbracht hat, wenn er der ärgsten Bedrohung ausgesetzt war.«[21]

Die Erdölkrise hatte das Thema Energie ganz oben auf die Prioritätenliste gesetzt. »Was wir brauchen, ist an sich einfach und bald gesagt«, verkündete Bundesrat Willy Ritschard, Vorsteher des Eidgenössischen Verkehrs- und Energiewirtschaftsdepartements 1974. »Wir brauchen eine sichere, ausreichend umweltfreundliche und billige Energieversorgung, die mit Bezug auf die Energieträger und auch bei den Bezugsländern ausgeglichen diversifiziert ist.«[22] Auf jeden Fall müsse »die einseitige Abhängigkeit von ausländischem Erdöl so rasch als möglich und so weit als möglich abgebaut werden«.[23]

Als zentrale Antwort auf die Erdölkrise propagierte die Schweizer Regierung den Ausbau der Atomkraftwerke. Nur diese, so eine weitverbreitete Ansicht, könnten die Energieversorgung auf lange Zeit hinaus sichern, da Uran viel einfacher zu importieren sei als Erdöl und Erdgas. Nach vier Jahren Bauzeit wurde im Kanton Aargau im Jahre 1969 mit Beznau 1 das erste Atomkraftwerk der Schweiz ans Netz angeschlossen. Die Anlage ist bis heute in Betrieb und mit 43 Jahren derzeit das älteste Atomkraftwerk der Welt.[24] Kurz vor der Erdölkrise gingen 1972 der baugleiche Block Beznau 2 und im Kanton Bern das Atomkraftwerk Mühleberg ans Netz. Während die Erdölkrise die Schweiz erschütterte, waren somit drei ganz neue Atomkraftwerke in Betrieb, und ein viertes befand sich in Gösgen im Kanton Solothurn gerade im Bau.

In der Bevölkerung in der Schweiz, Deutschland und Österreich war Atomenergie damals wie heute sehr umstritten. Befürworter argumentierten, Atomenergie könne sauberen und günstigen Strom für eine wachsende Wirtschaft bereitstellen und die Abhängigkeit Europas von Erdöl- und Erdgasimporten reduzieren. Gegner hielten dem entgegen, Atomenergie sei keineswegs sauber und auch nicht günstig. Der Atommüll stelle während Generationen eine Gefährdung für die Umwelt dar, die Kosten eines Unfalls seien im Strompreis nicht eingerechnet. Im Falle eines Terroranschlags oder GAUs (größter anzunehmender Unfall) könne die Umgebung großflächig radioaktiv verseucht werden.

In Österreich wurde noch vor der Erdölkrise im April 1972 mit dem Bau des Atomkraftwerks Zwentendorf an der Donau begonnen. Der Verband der österreichischen Elektrizitätswerke argumentierte, dass Österreich das Atomkraftwerk unbedingt brauche, um den Stromverbrauch des Landes zu decken. Kernkraft sei sicher, so glaubten die Befürworter. »Seit 25 Jahren arbeiten auf der ganzen Welt Kernkraftwerke. Heute sind es 208. Das ergibt insgesamt 1500 Jahre Betriebserfahrung«, so die österreichischen Elektrizitätswerke. »Noch nie hat es dabei einen tödlichen Strahlenunfall gegeben.« Daher müsse man Zwentendorf bauen. Die Gegner sahen dies ganz anders und argumentierten, Atomenergie sei ein zu großes Risiko für Mensch und Natur. In der Volksabstimmung vom 5. November 1978 entschieden sich die Österreicher mit einer hauchdünnen Mehrheit von 50,47 Prozent gegen die Atomenergie. Das fertig gebaute Atomkraftwerk Zwentendorf wurde nie in Betrieb genommen.[25]

Auch in Deutschland verlief die Debatte um die Atomenergie kontrovers, als in den 1960er-Jahren mit dem Bau von Atomkraftwerken begonnen wurde. Als erstes kommerzielles Atomkraftwerk der Bundesrepublik Deutschland speiste das kleine Versuchswerk Kahl in Bayern 1961 erstmals Strom in das öffentliche Netz ein (heute stillgelegt). 1966 begann in Rheinsberg das erste Atomkraftwerk der DDR mit der Stromproduktion (heute stillgelegt). Im Atomkraftwerk Gundremmingen in Bayern, dem ersten Großkernkraftwerk der BRD, begann die Stromproduktion 1966 (heute ein Reaktor stillgelegt). In Lingen in Niedersachsen ging 1968 ein weiteres Atomkraftwerk ans Netz (heute stillgelegt). Es folgte das Atomkraftwerk Obrigheim in Baden-Württemberg, das ab 1969 Strom ins Netz einspeiste (heute stillgelegt). 1972 ging das Atomkraftwerk Stade in Niedersachsen ans Netz (heute stillgelegt). Während der ersten Erdölkrise verfügte Deutschland über sechs Atomkraftwerke. Zudem hatte in Karlsruhe, Greifswald, Biblis, Würgassen und Brunsbüttel der Bau weiterer Atomkraftwerke begonnen.

Heute haben sowohl Deutschland wie auch die Schweiz den Ausstieg aus der Atomenergie beschlossen, beeinflusst durch den Unfall im Atomkraftwerk Fukushima in Japan. Doch nach der ersten Erdölkrise herrschte eine völlig andere Stimmung. Dem forcierten Ausbau der Atomenergie schien nichts im Wege zu stehen, da das Misstrauen gegenüber dem Erdöl groß war. »In der Schweiz werden Leibstadt, Kaiseraugst, Graben, Rüthi, Inwil und Verbois wohl schon rasch zu den bestehenden Kernkraftwerken Beznau I und II sowie Mühleberg und dem im Bau befindlichen Gösgen hinzutreten«, glaubte die Presse noch im Januar 1974 und forderte gar den unsinnigen Ersatz aller Erdölheizungen durch ineffiziente Elektroheizungen.[26]

Doch dazu kam es nicht. Die Gefahren der Atomenergie wurden von Teilen der Schweizer Bevölkerung als nicht hinnehmbar eingestuft. Schon im September 1974 kam es zur ersten Großkundgebung der AKW-Gegner auf dem Gelände in Kaiseraugst. Der Widerstand dauerte über Jahre hinweg an und brachte nicht nur den Bau von Kaiseraugst, sondern auch die AKW-Projekte in Graben, Rüthi, Inwil und Verbois dramatisch zu Fall. Nur Leibstadt im Kanton Aargau wurde realisiert und nahm 1984 als fünftes und bis heute letztes Atomkraftwerk der Schweiz den Betrieb auf. Um den stetig steigenden Stromverbrauch zu decken, wurden langfristige Lieferverträge mit Atomkraftwerken im benachbarten Frankreich abgeschlossen, das die Atomkraft stark ausbaute.[27]

Die Gesamtenergiekonzeption der Schweiz

Der Verband Schweizerischer Elektrizitätswerke erklärte nach der ersten Erdölkrise, die Abhängigkeit der Schweiz von Erdöl sei »gefährlich und auf die Dauer nicht tragbar«. Das Erdöl müsse im Wärmesegment unbedingt durch Strom aus Atom- und Wasserkraft ersetzt werden. »Schon zu Beginn des nächsten Jahrhunderts werden auf den Sektoren Erdöl und Erdgas ernste Verknappungen auftreten«, warnte die Elektrizitätswirtschaft. »Je früher ein Staat seine Energiepolitik darauf einstellt, desto weniger große Störungen wird er in seiner wirtschaftlichen Entwicklung erfahren.«[28]

Auch der Bundesrat suchte nach Möglichkeiten, um die große Erdölabhängigkeit zu reduzieren, und setzte neben der Atomenergie auf den Ausbau von Erdgasimporten. Erdgas, das während der Erdölkrise weniger als 1 Prozent zur Schweizer Energieversorgung beigetragen hatte, wurde in den folgenden vier Dekaden in immer größeren Mengen importiert und ist heute hinter Erdöl und Wasserkraft die drittwichtigste Primärenergiequelle der Schweiz, noch vor der Atomenergie.

Um die Energiezukunft der Schweiz zu planen, ernannte der Bundesrat eine Gruppe von Experten, die sich erstmals in der Geschichte der Schweiz vertieft mit der Energiezukunft des Landes auseinandersetzte. Am 23. Oktober 1974 begann die Eidgenössische Kommission für die Gesamtenergiekonzeption (GEK) im Auftrag des Eidgenössischen Verkehrs- und Energiewirtschaftsdepartementes mit ihrer Arbeit. Die Experten sichteten die verfügbaren Daten, entwarfen Szenarien möglicher Entwicklungen und publizierten im November 1978 unter dem Titel »Das schweizerische Energiekonzept« ihren Schlussbericht. Der Bundesrat nahm die Empfehlungen der Kommission mit Wohlwollen entgegen und erklärte später, diese hätten die schweizerische Energiepolitik »maßgeblich geprägt«.[29]

Bundesrat Willy Ritschard ernannte Michael Kohn von der Motor Columbus Ingenieurunternehmung AG in Baden zum Präsidenten der Kommission, einen bekannten Befürworter der Atomenergie. »Herrn Kohn kannte ich von der Atel her, wo ich den Kanton Solothurn vertreten hatte«, so Ritschard später. »Ich kannte ihn als speditiv und tüchtig. Deshalb schlug ich ihn dem Bundesrat als Präsidenten vor.«[30]

Die Elektrizitätswirtschaft war in der GEK stark vertreten. »Rund zwei Drittel der Kommissionsmitglieder, einschließlich des Kommissionspräsidenten [Michael Kohn], vertraten direkt oder indirekt die Elektrizitätswirtschaft«, so Maya Jegen in ihrer Dissertation zu den Netzwerken in der Schweizer Energiepolitik. »Erst nach Protesten der Umweltorganisationen wurde die Kommission nachträglich um je einen Vertreter der Wissenschaft und der Umweltorganisationen ergänzt.«[31]

Die Erdöl-Vereinigung hatte wenig Freude an der Kommission für die Gesamtenergiekonzeption und glaubte, konkurrierende Energieträger wie Erdgas oder Atomkraft würden zu positiv beurteilt. »Die GEK untersucht speziell die Möglichkeiten, die Abhängigkeit unseres Landes vom Erdöl zu verringern«, kritisierte Georg Stucky, Geschäftsführer der Erdöl-Vereinigung, machte aber eine gute Miene, obschon ihm die Arbeit der Kommission nicht gefiel. »Die Erdölindustrie als Betroffene hat dagegen grundsätzlich keine Einwendungen«, beteuerte Stucky. Spitzenvertreter der Erdöl-Vereinigung, so Stucky, hätten schon im Juli 1973, also noch vor der ersten Erdölkrise, Bundesrat Roger Bonvin im Verkehrs- und Energiewirtschaftsdepartement getroffen und ihm erklärt, »ein Anteil von 80 Prozent an der Landesversorgung sei ohnehin zu riskant«.[32] Trotzdem, so die Erdöl-Vereinigung, werde man sich »kategorisch« gegen eine »Ölsteuer zur Subventionierung anderer Energien« wehren.[33]

Die Kommission ließ sich von der Erdöl-Vereinigung nicht allzu stark beeindrucken und führte eine brisante Studie über die Folgen einer Erdölkrise durch. Als hypothetisches Szenario gingen die Autoren in ihrer Studie von einer globalen Erdölkrise im Jahre 1980 aus, die nur ein Jahr dauern und in der Schweiz Verbrauchseinschränkungen von 15 Prozent (1. Fall) oder 25 Prozent (2. Fall) verlangen würde. In beiden Fällen, so das Fazit der Studie, müsste es in der Schweizer Wirtschaft zu signifikanten Produktionsausfällen kommen – über 3 Prozent im ersten Fall oder gar 10 Prozent im zweiten – , da damals rund die Hälfte des in der Schweiz verbrauchten Erdöls als Produktionsenergie in Industriebetrieben Verwendung fand. Der erste Fall würde daher zu 35 000, der zweite zu 200 000 Arbeitslosen führen, so die Befürchtungen der Studie.

Auch die Konsumausgaben der Haushalte, so das Fazit der Krisenstudie, würden angesichts der unsicheren Beschäftigungs- und Einkommenssituation drastisch zurückgehen. Das reale Bruttoinlandprodukt könnte dann im Rahmen einer Rezession ohne Weiteres um 7 Prozent (1. Fall) oder 15 Prozent (2. Fall) sinken. Durch den hohen Erdölpreis würde zudem die Inflation angeheizt, und bei den außenwirtschaftlichen Beziehungen sei mit einer Verschlechterung der Handelsbilanz zu rechnen. Ohne Zweifel müsse man sich zudem auf niedrigere Raumtemperaturen und geringere Mobilität einstellen. Auf der positiven Seite sei mit weniger Luftverschmutzung, weniger Verkehrslärm und weniger Verkehrsunfällen zu rechnen. Das Fazit der Studie war klar: Die hohe Abhängigkeit der Schweiz von Erdöl sei gefährlich, die Kombination der verschiedenen Faktoren könne »zu einer ernsten Bedrohung für den sozialen und politischen Frieden im Lande werden«. Um die Probleme einer kommenden Erdölkrise zu mindern, riet die Studie, Erdöl durch andere Energiequellen zu ersetzen, die Erdölbezugsquellen zu diversifizieren, den öffentlichen Verkehr zu fördern und die Lagerhaltung von Erdölprodukten auszubauen.[34]

»Wir können das Energieproblem nicht allein lösen«, mahnte die Kommission für die Gesamtenergiekonzeption und erklärte, dass Energiefragen und Energieprobleme nur in einem internationalen Kontext verstanden und gelöst werden könnten. »Die Energiefrage stellt sich weltweit und ist direkt oder indirekt mit vielen anderen Problemen verknüpft, welche sich heute stellen, zum Beispiel Rezession, Inflation und Zahlungsbilanzschwierigkeiten; Umweltverschmutzung, Ressourcenverzehr und Bedrohung des Friedens weltweit.«[35] Diese Einsichten, wie auch das Fazit, sind noch heute aktuell: Erdöl sei nur in endlichen Mengen vorhanden, und es müsse daher daran erinnert werden, »dass Erdöl exportierende Staaten wiederholt erklärt haben, sie würden nicht in der Lage sein, den sich ständig steigenden Erdöl-Importbedarf der Industrieländer unbegrenzt zu decken«.[36]

Interessanterweise sprachen sich die Energieexperten schon Ende der 1970er-Jahre explizit für den Ausbau der erneuerbaren Energien aus. Es sei »wichtig, dass neue Energieträger gefördert werden», da Erdöl, Erdgas, Atom und Kohle endlich seien und das Ressourcenproblem daher nicht würden lösen können. »Im Vordergrund einer finanziellen Förderung stehen Sonnenenergie, Umgebungswärme, Biogas, Geothermie und Windenergie.»[37] Trotzdem war die Studie kein Plädoyer für die erneuerbaren Energien, da sie explizit den Ausbau der Atomenergie forderte: »Für die Schweiz ist Kernenergie heute die billigste Quelle zur Erzeugung von Elektrizität im Grundlastbereich.«[38] Konkret schlugen die Experten um Michael Kohn vor, dass neben den bestehenden Kernkraftwerken Beznau I und II, Mühleberg und dem sich im Bau befindenden Werk Gösgen auch die Atomkraftwerke Kaiseraugst, Graben und Leibstadt gebaut werden sollten.

Die Energieexperten empfahlen die Schaffung neuer Bundeskompetenzen im Energiebereich und forderten einen neuen Verfassungsartikel, der es der Landesregierung ermöglichen sollte, in die Energiepolitik der Kantone einzugreifen. Auf die Einführung finanzieller Fördermittel zur Unterstützung der erneuerbaren Energien verzichtete man. Michael Kohn erklärte später, man habe »auf hochpolitische Entwicklungen Rücksicht nehmen« müssen, darunter »die Ölkrise, die ›Grenzen des Wachstums‹ des Club of Rome und die Opposition gegen die Kernenergie, die Anspruchsmentalität der Menschen und die Lethargie der Politik«.[39]

Bundesrat Leon Schlumpf, der Vater der späteren Bundesrätin Eveline Widmer-Schlumpf, leitete als Energieminister von 1980 bis 1987 das Eidgenössische Verkehrs- und Energiewirtschaftsdepartement. Er ließ einen Energieartikel ausarbeiten, der, ergänzt von den eidgenössischen Räten, am 27. Februar 1983 dem Stimmvolk vorgelegt wurde. Das Gesetz sollte der Landesregierung umfangreiche Kompetenzen übertragen, um das Energiesparen und die alternativen Energien zu fördern. Zur Bestürzung des Bundesrates lehnte es das Stimmvolk jedoch knapp ab, einen Energieartikel in die Verfassung aufzunehmen, die Vorlage scheiterte am Ständemehr.[40] Der Bundesrat beklagte, dass nun »eine Verfassungsgrundlage für eine ausgewogene, koordinierte Energiepolitik« fehle, und erklärte, dass man in einigen Jahren eine neue Abstimmung anstreben werde. Denn die Energieprobleme seien »derart schwerwiegend … dass der Bund bei ihrer Bewältigung nicht abseits stehen« könne.[41]

Auch die Volksinitiative der Schweizerischen-Energie-Stiftung (SES) »für eine sichere, sparsame und umweltgerechte Energieversorgung» scheiterte. Die SES hatte Energiesparvorschriften für die Wärmedämmung von Bauten, die Ermittlung und Etikettierung des Energieverbrauchs von Mietobjekten, Fahrzeugen und Maschinen sowie die Erhebung einer zweckgebundenen Energiesteuer für die finanzielle Förderung von Energiesparmaßnahmen und für die verstärkte Nutzung einheimischer, erneuerbarer Energien gefordert. Die SES-Initiative wäre ein mutiger Schritt in Richtung Energiewende gewesen, fand aber im Volk keine Mehrheit und wurde am 23. September 1984 abgelehnt.[42]

Danach war es wieder der Bundesrat, der erneut die Aufnahme eines Energieartikels in die Verfassung anstrebte und am 23. September 1990 den überarbeiteten Energieartikel zusammen mit der Volksinitiative »Stopp dem Atomkraftwerkbau« und der Volksinitiative »Für den Ausstieg aus der Atomenergie« dem Stimmvolk vorlegte. Die Erdöl-Vereinigung lehnte alle drei Begehren ab. Das Schweizer Stimmvolk indes entschied anders. Der Ausstieg aus der Atomenergie wurde zwar abgelehnt, aber die Initiative für einen zehnjährigen Stopp des Atomkraftwerkbaus wurde angenommen. Zur großen Erleichterung der Landesregierung fand auch der Energieartikel diesmal deutliche Zustimmung und wurde umgehend in die Verfassung eingefügt, womit das wichtigste Ziel der Gesamtenergiekonzeption erreicht war.[43]

Die Verfassung wurde mit dem Energieartikel wie folgt ergänzt: »Bund und Kantone setzen sich im Rahmen ihrer Zuständigkeiten für eine ausreichende, breit gefächerte und sichere, wirtschaftliche und umweltverträgliche Energieversorgung sowie für einen sparsamen und rationellen Energieverbrauch ein.« Der Bund erließ Grundsätze für »die Nutzung einheimischer und erneuerbarer Energien« und »den sparsamen und rationellen Energieverbrauch«. Zudem erhielt die Landesregierung erstmals die Kompetenz, Vorschriften zu erlassen »über den Energieverbrauch von Anlagen, Fahrzeugen und Geräten« sowie den expliziten Auftrag, »die Entwicklung von Energietechniken, insbesondere im Bereich des Energiesparens und der erneuerbaren Energien« zu fördern.[44]

13

Die zweite Erdölkrise

Nach der Revolution im Iran 1979 und dem darauf folgenden Angriff des Irak auf den Iran kam es zur sogenannten »zweiten Erdölkrise«. Der Ölpreis stieg erneut stark an, und zwar von 13 Dollar pro Fass Ende 1978 auf vorher unvorstellbar hohe 34 Dollar pro Fass im Jahre 1979. Aus heutiger Sicht ist es schwierig nachzuvollziehen, dass 34 Dollar für ein Fass Erdöl teuer sein sollen. Aber in den Augen der Zeitgenossen stellte sich die Situation ganz anders dar. Für sie war 34 Dollar ein Schock, denn sie hatten sich an billiges Erdöl gewöhnt.

Die Iranische Revolution 1979 und die zweite Erdölkrise

Im Zentrum der zweiten Erdölkrise stand der Iran. Seit die Briten hier 1908 Erdöl entdeckt haben, ist das Land ein wichtiger Erdöllieferant. In den 1970er-Jahren war der Iran nach Saudi-Arabien weltweit der zweitgrößte Erdölexporteur. Täglich wurden mehr als 5,5 Millionen Fass Rohöl gefördert, 4,5 Millionen Fass wurden exportiert. Der britische Erdölkonzern BP dominierte weite Teile des iranischen Erdölgeschäfts. Der iranische Exporthafen Abadan am nördlichen Ende des Persischen Golfs verfügte über das damals größte Raffineriezentrum der Welt. Die stolze iranische Fördermenge entsprach rund 10 Prozent der globalen Erdölproduktion, die damals bei etwas über 50 Millionen Fass pro Tag lag.

Doch der Iran war politisch keineswegs stabil, was auch damit zusammenhing, dass verschiedene ausländische und inländische Gruppen um die Kontrolle des wertvollen iranischen Erdöls kämpften. Die Briten kontrollierten die iranische Erdölindustrie während vieler Jahrzehnte. Erst 1951 kam es zur Gründung der National Iranian Oil Company (NIOC), die das iranische Erdöl unter die volle Kontrolle der Iraner bringen sollte. Doch die NIOC hatte einen schwierigen Start. Nachdem die Briten und Amerikaner, wie oben dargelegt, den iranischen Premierminister Mohammed Mossadegh in einem illegalen Kleinkrieg 1953 gestürzt hatten, setzten die amerikanischen und europäischen Ölkonzerne einen Konsortialvertrag durch, der bestimmte, dass die Kontrolle über die iranische Fördermenge, Preise und Investitionen wieder bei den ausländischen Ölkonzernen lag. Exxon, BP, Shell und Total übernahmen die Kontrolle des iranischen Erdöls, die NIOC wurde in eine untergeordnete Position abgedrängt und war für die Instandhaltung der Straßen, die Ausbildung der Erdölmitarbeiter, den Bau der Häuser für die Arbeiter und den Verkauf von Ölprodukten im Iran zuständig.

Schah Mohammad Reza Pahlavi, der dem Iran von 1941 bis 1979 als König vorstand, wollte im Rahmen des Reformprogramms «Weiße Revolution» aus dem feudal geprägten Agrarstaat Iran einen modernen Industriestaat machen und die Gleichstellung von Mann und Frau fördern. Dies war nicht im Sinne der iranischen Geistlichen, welche unter anderem fürchteten, dass durch die geplante Landreform auch das Land geistlicher Großgrundbesitzer an kleinere Landarbeiter verteilt würde. Unter den Geistlichen war Ayatollah Ruhollah Khomeini einer der bekanntesten. Er lehnte die Weiße Revolution des Schahs kategorisch ab und erklärte, es handle sich dabei um ein gegen Gott gerichtetes Vorhaben. Der Schah ließ sich aber nicht beirren und führte zu Beginn der 1960er-Jahre eine Volksabstimmung durch, in der sich die große Mehrheit der Iraner für die Weiße Revolution aussprach. Die iranischen Frauen erhielten 1963 das allgemeine freie Wahlrecht, acht Jahre vor den Frauen in der Schweiz.

Der Schah war unglücklich über die untergeordnete Rolle, welche die NIOC gegenüber den internationalen Erdölkonzernen einnehmen musste. Doch die amerikanischen und britischen Erdölkonzerne weigerten sich, die Ölförderung zu erhöhen oder die Gewinnverteilungsquoten neu zu verhandeln. In seiner Rede zum zehnten Jahrestag der Weißen Revolution kündigte der Schah daher am 23. Januar 1973 an, dass er den Konsortialvertrag mit den Ölfirmen aus dem Jahre 1954 neu verhandeln wolle, da die Ölkonzerne ihn durch mangelnde Rücksichtnahme auf die Interessen des Iran gebrochen hätten.

Die Rede des Schahs irritierte BP, Shell, Exxon und Total. Die amerikanischen und europäischen Erdölkonzerne erklärten, sie seien bereit, den Konsortialvertrag, der 1979 auslief, neu zu verhandeln und flogen umgehend nach St. Moritz in die Schweiz, wo der Schah seine Winterferien verbrachte. Der Schah forderte, dass das iranische Erdöl durch die NIOC kontrolliert werde, und bot den amerikanischen und europäischen Erdölkonzernen an, dass die NIOC ihr Erdöl zu einem besonders günstigen Preis an BP, Shell, Exxon und Total weiterverkaufen werde. Die Ölkonzerne beugten sich dem Druck und unterzeichneten im Sommer 1973 mit dem Iran ein neues Abkommen, das zum ersten Mal in der Geschichte des Landes dem Iran die volle Kontrolle über die Ausbeutung der iranischen Öl- und Gasvorkommen zusicherte. «Der Schah war stolz, dieses Ziel erreicht zu haben», so sein Biograf Gholam Afkhami.[1]

Doch der Schah hatte viele Gegner – neben den internationalen Erdölkonzernen auch Ayatollah Ruhollah Khomeini, dessen Ziel einer islamischen Republik unter der strengen Kontrolle der Geistlichkeit sich schlecht mit den Bestrebungen des Schahs vertrug, Persien nach dem Vorbild des Westens zu modernisieren. Der Schah bekämpfte seine Gegner mit dem brutalen Geheimdienst SAVAK, der Folter einsetzte. Das steigerte das Misstrauen und die Frustration in der iranischen Opposition und half Khomeini. Dieser machte kein Geheimnis daraus, dass er den Schah stürzen wollte. 1964 ließ ihn der Schah daher verhaften und mit einer Militärmaschine in die Türkei in die Verbannung fliegen. Ein Jahr später wurde Khomeini die Übersiedlung in den Irak erlaubt. Aus dem Exil im Irak brachte er Tonbandkassetten im Iran in Umlauf, auf denen er seinen Hass auf den Schah und die USA zum Ausdruck brachte und zum Sturz der Regierung aufforderte. Die Lage spitzte sich zu. Im August 1978 steckten fundamentalistische Anhänger von Khomeini im Iran Kinos in Brand, um die Vorführung »sündhafter« westlicher Filme zu verhindern.

Auf Drängen des Schahs wurde Khomeini im Oktober 1978 aus dem Irak nach Frankreich ausgewiesen, doch auch von dort setzte er seinen Kampf fort. Der Schweizer Journalist Arnold Hottinger, langjähriger Korrespondent im Nahen Osten, besuchte Khomeini in einem kleinen Dorf in der Nähe von Paris. Khomeini sei ein »scharf blickender Mann, der über 78 Jahre alt sein soll, obgleich man es ihm nicht ansieht«, so Hottinger. Der Schah müsse »wegen seiner Verbrechen« gehen, betonte Khomeini gegenüber Hottinger, und auch auf die Amerikaner könne man sich nicht verlassen, denn sie »plündern, was wir in unserem Lande besitzen«. Er selbst, so machte Khomeini klar, könne nicht Präsident einer islamischen Republik werden, denn sein religiöser Rang und sein Alter verböten dies. Doch »mein Leben lang werde ich im Dienste der Muslime und des Islam stehen, und ich werde dem Volke zur Seite stehen, damit wir eine oder mehrere Personen wählen, die geeignet sind, die Geschäfte zu leiten«.[2]

Die Administration von US-Präsident Jimmy Carter beobachtete die Entwicklung im Iran genau. Um nach außen den Eindruck von Freundschaft zu vermitteln, flog Carter im Dezember 1977 nach Teheran und erklärte öffentlich, der Iran sei »eine Insel der Stabilität in einer der unruhigeren Gegenden der Welt«. Carter wusste natürlich, dass dies nicht stimmte. Im September 1978 verhängte der Schah das Kriegsrecht und ging mit seiner Polizei mit Gewalt gegen die muslimische Opposition vor, mehrere Hundert Menschen wurden niedergeschossen. »Es wurde immer deutlicher, dass der Schah nicht mehr als starker Führer agieren konnte«, so Carter in seiner Autobiografie. Die USA begannen, sich vom Schah abzuwenden. Im November 1978 schlug William Sullivan, der amerikanische Botschafter in Teheran vor, »dass man den Führern der Opposition eine viel stärkere Stimme im Iran geben müsse, als es der Schah gewillt war, zuzulassen«. Der US-Botschafter riet, den Schah fallen zu lassen und Khomeini zu stärken. Die USA sollten »eine Art Freundschaft oder Allianz mit Khomeini« aufbauen und auf der »sofortigen Abreise des Schahs« bestehen, so Sullivan. »Ich konnte diese Einschätzung nicht verwerfen«, erklärte später Carter. Damit wurde eine fundamentale Neuorientierung der amerikanischen Iranpolitik festgelegt und das Ende des Schahs besiegelt. Carter war zum Schluss gekommen, »dass der Schah das Land verlassen musste«.[3]

Die Iraner fühlten sich tief gedemütigt, dass das Weiße Haus ihr Land aufgrund des Erdölreichtums wie eine amerikanische Kolonie behandelte. Der Schah selber meinte im Rückblick, Carter und dessen Berater George Ball, der im Nationalen Sicherheitsrat die »Arbeitsgruppe Iran« leitete, hätten ihn verraten. »Damals wusste ich es nicht, oder wollte es vielleicht auch nicht wissen«, erklärte der Schah kurz vor seinem Tod. »Aber jetzt ist es mir klar: Es waren die Amerikaner, die mich weg haben wollten.« Im November 1978 habe Ball empfohlen, die fundamentalistische Opposition um Khomeini zu unterstützen. »Ball gehörte zu jenen jungen Amerikanern, die mich und auch mein Land loswerden wollten.«[4]

Der amerikanische Erdölexperte Daniel Yergin glaubt nicht, dass die USA Khomeini an die Macht bringen wollten; Yergin spricht von »Unentschlossenheit« in Washington, was zu »widersprüchlichen Signalen« an den Schah geführt habe.[5] Der in Deutschland geborene Politologe Mansur Khan sieht das ganz anders und meint, der Schah sei durch »ein Gemeinschaftsunternehmen des US- und britischen Geheimdienstes« gestürzt worden. Die USA hätten gezielt »eine fundamentalistische Gruppe« unterstützt, die sich »um Ajatollah Khomeini gebildet hatte«. Gemäß Khan gab es im Iran daher zwei Regierungsstürze, an denen die USA beteiligt waren: 1953 den Sturz von Mossadegh und 1979 den Sturz des Schahs.[6]

Am 25. Dezember 1978 begann die zweite Erdölkrise. Es kam zum totalen Ausfall der iranischen Erdölexporte, nachdem auf Anweisung von Khomeini, der noch immer in Frankreich weilte, Demonstranten den Iran ins Chaos gestürzt hatten. Der an Krebs schwer erkrankte Schah verließ fluchtartig das Land und verstarb wenig später im Ausland. Die von der Oil Service Company of Iran (Osco) betriebenen Erdölfelder gerieten in den politischen Machtkampf. Osco-Generaldirektor George Link, ein Mitarbeiter von Exxon, entging nur knapp einem Sprengstoffanschlag. Paul Grimm, der stellvertretende Osco-Betriebsdirektor, der früher für Texaco gearbeitet hatte, wurde mit einem Kopfschuss getötet. Die Förderanlagen wurden von Demonstranten besetzt, und die amerikanischen und britischen Erdölgesellschaften evakuierten ihre Angehörigen in größter Eile.

Am 1. Februar 1979 kehrte Khomeini mit stiller Unterstützung der USA aus Frankreich nach Teheran zurück und übernahm als religiöser Führer unter dem Jubel seiner Anhänger die Macht. In den Augen vieler Schiiten war Khomeini ein Heiliger. Der Iran wurde zur Islamischen Republik, einem Gottesstaat unter der Herrschaft der höchsten geistlichen Autorität des schiitischen Islam. Khomeini unterdrückte jegliche Opposition im Inland, ließ seine Gegner öffentlich erhängen und setzte dezidiert auf antiamerikanische Rhetorik. Obschon sein Weg zur Macht durch die USA unterstützt worden war, erklärte Khomeini öffentlich, der durch Christen und Juden geprägte Westen sei der Hauptfeind des Iran, die USA bezeichnete er als »Großen Satan«, Israel als »Kleinen Satan«; beide zusammen, so Khomeini, seien die »Antithese des Islam« und stellten die »Mächte der Arroganz« dar.[7]

Das Verhältnis von Khomeini zu den USA ist in der Forschung umstritten. Im Hintergrund, so scheint es, unterhielt Khomeini gute und direkte Kontakte mit einflussreichen Kreisen in den USA. In der Öffentlichkeit jedoch war er stets ein erbitterter Gegner der Amerikaner. Um die antiamerikanische Haltung des Iran zu unterstreichen, stürmten am 4. November 1979 einige hundert Iraner die US-Botschaft in Teheran und erklärten das Botschaftspersonal zu Gefangenen des Iran. Die Geiselnahme zog sich über Wochen und Monate hin und dauerte insgesamt 444 Tage.

Die Besetzung der US-Botschaft in Teheran war vor allem für US-Präsident Jimmy Carter, der sich 1980 gegen Ronald Reagan im Wahlkampf befand, eine Blamage, da die gefesselten Geiseln und Carters Unfähigkeit, sie zu befreien, von der amerikanischen Bevölkerung als Zeichen der Schwäche interpretiert wurden. Carter ging große Risiken ein. Am 24. April 1980 setzte er im Rahmen der geheimen Operation Eagle Claw amerikanische Spezialeinheiten ein, die mit Helikoptern vom US-Flugzeugträger Nimitz aus in den Iran flogen, um die Geiseln zu befreien. Doch die riskante Aktion scheiterte.

Ein Jahr nach Beginn der Geiselnahme verlor Carter am 4. November 1980 die US-Präsidentschaftswahl gegen Ronald Reagan. Genau am selben Tag, als Reagan ins

Weiße Haus einzog, gab Khomeini die Freilassung der Geiseln bekannt. Das Timing war bemerkenswert, Reagan triumphierte. Der amerikanische Nahostexperte Gary Sick, der im Nationalen Sicherheitsrat unter Carter und Reagan gedient hatte, erklärte später, es habe eine Verschwörung gegen Carter gegeben. William Casey, Reagans Wahlkampfleiter, und der spätere US-Präsident George Bush senior hatten laut Sick in Paris geheime Gespräche mit den Iranern geführt und die Freilassung der Geiseln gezielt verzögert, um die Wiederwahl von Carter zu verhindern.[8] Nachdem Reagan Präsident geworden war, ernannte er Casey zum Direktor der CIA und Bush zum Vizepräsidenten. Auch Abolhassan Bani-Sadr, der während der Geiselnahme das Amt des iranischen Präsidenten innehatte, erklärte in seinen Memoiren: »Ich habe Beweise, dass es seit dem Frühling 1980 Kontakte zwischen Khomeini und den Wahlhelfern von Reagan gab.«[9] Wenn diese Angaben stimmen, dann haben Khomeini und Reagan die US-Präsidentschaftswahlen von 1980 manipuliert. Als Reagan 1991 von Journalisten gefragt wurde, ob er geheime Kontakte zu den Iranern unterhalten habe, antwortete er: »Ich nicht, nein. Aber ich kann nicht in die Details gehen. Diese Dinge sind noch immer klassifiziert.«[10]

In der Schweiz steigt das Misstrauen gegenüber Erdölkonzernen

Kurz vor Ausbruch der Revolution im Iran, am 17. Dezember 1978, hatte die OPEC an ihrer Ministerkonferenz in Abu Dhabi beschlossen, den Ölpreis im Jahr 1979 in vier Stufen um 14 Prozent auf 14 Dollar pro Fass zu erhöhen. Die Wirren im Iran führten dann aber zu einem viel stärkeren Anstieg des Preises, der im Jahr 1979 den neuen Rekord von zuvor unvorstellbaren 34 Dollar pro Fass erreichte.

Die Industrieländer fürchteten sich nach dem Sturz des Schahs vor hohen Preisen und Lieferschwierigkeiten. Georg Stucki, der Geschäftsführer der Erdöl-Vereinigung, beruhigte die Konsumenten und erklärte, der Unterbruch der Lieferungen aus dem Iran werde zu keinem Versorgungsengpass führen, weil man auf andere Länder ausweichen könne. »Alles ist verhangen wie eine Lismete«, erklärte Stucki bildstark, »und wenn ein Faden reißen sollte, so ist damit noch lange nicht das Neugestrickte verloren.«[11] Die Versorgung der Schweiz mit Erdöl sei »mengenmäßig kein Problem«.[12]

Aber die Preise stiegen an. Für den Liter Heizöl musste neu 50 Rappen bezahlt werden, und das Benzin durchbrach erstmals die »Schallmauer« von 1 Franken pro Liter und kostete im Februar 1979 an der Schweizer Tankstelle 108 Rappen. Die Konsumenten waren von den erhöhten Preisen für Brenn- und Treibstoffe völlig unbeeindruckt, denn Erdölprodukte waren weiterhin vergleichsweise billig. »Als ob die Schweizer Konsumenten heikel wären!«, kommentierte die Zeitung »Touring«. »Sie haben ohne Murren die Reizschwelle von einem Franken pro Liter hingenommen, welche die [Erdöl-]Gesellschaften lange Zeit als kritische Grenze betrachteten.«[13] Der Energiekonsum nahm weiter zu. »Hand aufs Herz, haben Sie Ihre ganz persönliche Konsequenz vor dem Hintergrund ständig steigender Benzin- und Heizölpreise schon gezogen?«, fragte die Presse. »Bleibt bei Ihnen das Auto übers Wochenende in der Garage? Benutzen Sie stattdessen die öffentlichen Verkehrsmittel? Oder: Steht Ihr Raumthermostat statt auf 24 jetzt auf 20 Grad Celsius?« Die Antwort auf all diese Fragen sei ein klares »Nein« und das Fazit klar: »Energie ist anscheinend für uns immer noch zu billig.«[14]

Erdölproduzenten wie Kuwait erklärten, dass der höhere Erdölpreis gerechtfertigt sei. Die Argumente der Exportländer waren einleuchtend. Erdöl werde in Dollar gehandelt, und seit der Abschaffung der Golddeckung durch Nixon habe dieser stetig an Wert verloren, auch gegenüber dem Franken. Noch im Oktober 1973 hatte man 3 Franken für einen Dollar bezahlen müssen, im Januar 1979 kostete 1 Dollar nur noch 1.60 Franken. »Wissen Sie auch, dass die Dollars, die wir 1974 für unser Erdöl erhalten und nicht ausgegeben haben, mittlerweile 45 Prozent ihres Wertes eingebüßt haben?«, versuchte Abdulrahman Salim Al-Ateeqy, der Finanzminister von Kuwait, die Sorgen der Golfländer zu erklären. »Unter Berücksichtigung der Geldentwertung kostet heute ein Fass Erdöl weniger als vor 5 Jahren!« Diesen Dollarzerfall könne die OPEC nicht einfach hinnehmen, und daher sei es »ganz natürlich, dass wir alles unternehmen, um den Wert, d. h. die Kaufkraft, unserer Bodenschätze zu erhalten. Schließlich erhält man nirgends etwas ohne Gegenleistung; weshalb also sollten gerade wir unser Erdöl verschenken?«[15]

Dass es während der zweiten Erdölkrise nicht zu Versorgungsengpässen kam und dass der Preisanstieg zwar beachtlich, aber doch innerhalb gewisser Schranken blieb, war in erster Linie Saudi-Arabien zu verdanken. Nachdem im Dezember 1978 durch den Wegfall der iranischen Exporte 4,5 Millionen Fass auf dem Weltmarkt fehlten, erhöhten die Saudis auf Bitten der USA im selben Monat ihre Produktion von 8,5 Millionen auf 10,5 Millionen Fass. Dank den Saudis konnte damit die Hälfte des iranischen Ausfalls ausgeglichen werden. König Khalid ibn Abd al-Aziz von Saudi-Arabien nahm der zweiten Erdölkrise ihren Stachel. Neben Saudi-Arabien erhöhten auch Kuwait und andere OPEC-Länder ihre Produktion; die Weltproduktion lag im kritischen ersten Quartal 1979 pro Tag daher nur etwa 2 Millionen Fass unter dem Wert des vorangegangenen Quartals.[16]

Trotzdem führte die zweite Erdölkrise in den USA erneut zu einer Panik. Vor den Tankstellen bildeten sich hier, wie schon während der ersten Erdölkrise, lange Schlangen, Lastwagenfahrer blockierten die Autobahnen aus Protest über die hohen Treibstoffpreise, und Energieminister James Schlesinger warnte im Februar 1979 die Öffentlichkeit, die gegenwärtige Entwicklung der weltweiten Erdölversorgung könnte »schlimmere Folgen haben als die von der OPEC verursachte Ölkrise von 1973«.[17] Schlesinger mahnte: »Die Energiezukunft ist düster … und sie wird wahrscheinlich in dem Jahrzehnt, das vor uns liegt, noch düsterer werden.«[18] Auch Präsident Carter forderte, »dass Amerika seinen Erdölkonsum senken muss, vor allem den Konsum von importiertem Erdöl«.[19]

Die Krisenstimmung in den USA und die Sorgen über Energieknappheit wurden noch verstärkt, als es am 28. März 1979 im Atomkraftwerk Three Mile Island bei Harrisburg im Bundesstaat Pennsylvania kurz nach der iranischen Revolution zu einem Unfall kam. Einer der beiden Reaktoren schmolz teilweise und musste vom Netz genommen werden. Es war der erste große Unfall in der Geschichte der zivilen Nutzung der Atomenergie. Obschon die Zerstörung deutlich kleiner war als später beim Unfall von Tschernobyl 1986 oder Fukushima 2011, nahm das Vertrauen in die Atomenergie ab und die Angst vor nuklearen Unfällen zu.

In der Schweiz ließ sich der Bundesrat, anders als während der ersten Erdölkrise, durch die Preiserhöhungen nicht verwirren. Es gab keine autofreien Sonntage, und es war der Regierung stets klar, dass man nur mit einer Preiskrise, nicht aber mit einem Mangel an Erdölprodukten konfrontiert war. Falls es doch zu Problemen beim Erdölimport kommen sollte, sei man gut vorbereitet, versicherte Bundesrat Fritz Honegger, Vorsteher des Volkswirtschaftsdepartementes. Die Pflichtlager für Treib- und Brennstoffe seien voll und würden den Normalverbrauch von sechs Monaten abdecken. Auch Fahrverbote seien vorbereitet, so Honegger: »Es bestehen detaillierte Pläne für die Zuteilung von Heizöl sowie Rationierungskarten für den Bezug von Benzin«, so Honegger. »Es gibt verschiedene Kontingentierungs- und Rationierungsvarianten und Pläne für gewisse Fahrverbote, die je nach Bedarf sehr flexibel eingesetzt und miteinander kombiniert werden können.« Man habe ihn aber gebeten, »diese Dinge nicht an die große Glocke zu hängen, um die Leute nicht kopfscheu zu machen«.[20]

Trotz der guten Versorgungslage erließ der Bundesrat am 6. März 1979 Empfehlungen zum freiwilligen Energiesparen. Die Raumtemperatur dürfe 20 Grad Celsius nicht überschreiten, in ungenützten Räumen solle man die Temperatur auf ein Minimum absenken, und wo immer möglich solle man nicht Heizöl verbrennen, sondern auf Holz und Kohle ausweichen. Im Verkehrssektor gelte es, sparsam zu fahren (»Gaspedal nicht durchdrücken, Wagen auslaufen lassen, nicht forciert beschleunigen«) und die Höchstgeschwindigkeit auf Autobahnen nicht auszunützen, sondern die optimale Geschwindigkeit zu wählen, die bei 80 km/h liege.[21] Sogar die Erdölindustrie unterstützte die Sparappelle der Regierung. »Beim heutigen Preisniveau zum Beispiel wird es attraktiv, beim Heizen und Autofahren zu sparen«, erklärte Walter Räz von der Shell Switzerland. »Oder es kann sich lohnen, Investitionen zum Beispiel für Isolationen zu tätigen, um für eine in der Zukunft drohende weitere Energieverknappung noch besser gewappnet zu sein.«[22]

Auch die Autowirtschaft lancierte eine Aktion »Auto vernünftig« und erklärte, man solle die Appelle des Bundesrates ernst nehmen, jeder könne freiwillig seinen Verbrauch reduzieren. »Es genügt, das Gaspedal wie ein rohes Ei zu behandeln, auf Kavalierstarts und Vollbremsungen zu verzichten.« Zudem schlug die Autowirtschaft vor, »für Fahrten in die Stadt – warum auch nicht – Tram und Bus zu benützen«. Das freiwillige Sparen könne gar »zu einem Sport werden. Am Stammtisch wird man sich bald rühmen: 8,7 Liter auf 100 km habe ich kürzlich geschafft«.[23]

Im März 1979 begann Khomeini wieder mit dem Export von iranischem Erdöl und steigerte dessen Förderung von Monat zu Monat. Im Mai war die zweite Erdölkrise vorbei. Der Iran produzierte wieder 3,5 Millionen Fass pro Tag, eine Million Fass weniger als vor der Revolution. Weil auch Saudi-Arabien die Märkte großzügig versorgte, war Erdöl in großer Menge vorhanden, die Krise war überwunden.[24] Trotzdem verharrten für die Konsumenten die Preise auf einem erhöhten Niveau, und der Argwohn der Schweizer Bevölkerung über die hohen Preise richtete sich bald gegen die international tätigen Erdölfirmen – diesen sei noch weniger zu trauen als Khomeini. Die Rolle der multinationalen Erdölgesellschaften beim Anstieg der Preise sei »zum Teil recht fragwürdig«, kritisierte der St. Galler Nationalrat Franz Jaeger. Es seien Preissteigerungen zu beobachten, die »ein Vielfaches der Preisaufschläge der Förderländer ausmachen«, so Jaeger. »Die Gründe für die Preissprünge sind natürlich nicht Angebotsverknappung auf der Seite der Förderländer. Das Iran-Problem hat uns noch kein eigentliches Mengenproblem gebracht.« Die Preise würden durch die Erdölkonzerne kontrolliert, da diese »praktisch ein Oligopol darstellen«, so Jaeger. Es gelte daher, die Erdölabhängigkeit der Schweiz abzubauen und die erneuerbaren Energien zu fördern.[25]

Werner Flachs, Generaldirektor von Shell Switzerland und Präsident der Erdöl-Vereinigung, hatte für das Misstrauen der Parlamentarier wenig Verständnis. »Es gibt keinen Markt, der transparenter ist als der Erdölmarkt«, beteuerte er gegenüber der

Tagespresse.[26] Dies überzeugte aber den St. Galler CVP-Nationalrat Edgar Oehler nicht. Der internationale Erdölmarkt sei keineswegs ein freier Markt, die Erdölmultis seien »Gauner, und für die Gaunerei bezahlen wir«, so seine scharfe Kritik.[27] Der Genfer Nationalrat Jean Vincent von der Partei der Arbeit bezeichnete die Erdölkonzerne gar als »Gangster«; diese hätten die Krise im Iran dafür genützt, um die Preise massiv hinaufzusetzen: »Eine Handvoll Leute, wahre Gangster, profitieren.«[28]

Bundesrat Fritz Honegger wies die Anschuldigungen gegenüber den Erdölgesellschaften entschieden zurück und erklärte im Nationalrat, bei den jüngsten Preissteigerungen handle es sich um »normale Marktreaktionen«, die auf ein akutes Ungleichgewicht zwischen hoher Nachfrage und eingeschränktem Angebot zurückzuführen seien. Der Ausfall des Erdöls aus dem Iran, die Verringerung der Öllieferungen aus der Sowjetunion sowie der harte Winter seien der Grund für die hohen Preise. Nur der Ausbau der Atomkraft, glaubte Bundesrat Honegger, könne die Abhängigkeit vom Erdöl reduzieren. »Wenn wir den Mut haben, einige derartige Werke zu bauen, haben wir konkrete Alternativen.« Zudem sei er »gar nicht so unglücklich über diese Preisentwicklung – je höher der Ölpreis ist, desto mehr werden wir uns mit Alternativlösungen auseinandersetzen müssen«. Der Vorschlag von Nationalrat Jaeger, eine Abgabe zur Förderung von Alternativenergien einzuführen, sei aber verfrüht, befand Honegger, der wenig Vertrauen in die erneuerbaren Energien Sonne, Wind, Erdwärme, Wasser, Holz und Biogas hatte.[29]

Als der Erdölpreis wieder sank, gerieten die Lektionen der zweiten Erdölkrise völlig in Vergessenheit. 1979 konsumierte die Schweiz 13 Millionen Tonnen Erdöl, was 95 Millionen Fass (zu 159 Litern) entspricht. Im Jahre 1982 ging der Konsum nur leicht auf 11,2 Millionen Tonnen zurück. Mitte der 1980er-Jahre stieg der Erdölverbrauch erneut an und lag 1992 wieder bei 13 Millionen Tonnen. Der Erdölrausch dauerte an, von Energiesparen konnte keine Rede sein.[30]

14

Die Golfkriege

Während der zweiten Erdölkrise war der Erdölpreis auf 34 Dollar pro Fass gestiegen, und die Konsumenten fürchteten Lieferunterbrüche und andauernde hohe Preise. Aber die Angst dauerte nur kurz, denn Saudi-Arabien öffnete 1985 den Erdölhahn und flutete die Märkte. Der Preis stürzte auf unter 20 Dollar pro Fass ab, wo er bis Ende des 20. Jahrhunderts verharrte. Bald nach der zweiten Erdölkrise war Erdöl damit wieder billig. Erstaunlicherweise konnten weder der erste Golfkrieg zwischen Irak und Iran von 1980 bis 1988 noch der zweite Golfkrieg zwischen Irak und Kuwait von 1990 bis 1991 oder der Krieg der Sowjets in Afghanistan den nominalen Erdölpreis über 42 Dollar hochtreiben.

Der Angriff Saddam Husseins auf den Iran 1980

In den 1980er-Jahren erschütterte eine Serie von Kriegen das Gebiet zwischen dem Persischen Golf und dem Kaspischen Meer, die Region der Welt also, in der sich die größten Erdöl- und Erdgasreserven befinden. Ein Jahr nach dem Sturz des Schahs und der Revolution im Iran begann der sowjetische Krieg in Afghanistan. Am 25. Dezember 1979 marschierte die Sowjetunion auf Befehl von Leonid Breschnew in Afghanistan ein. Es war der erste Einsatz der Roten Armee außerhalb des Warschauer Paktes seit dem Zweiten Weltkrieg. Die USA fürchteten, die Sowjets könnten bis zu den erdölreichen Golfstaaten vorstoßen.

Die Sowjetunion kämpfte in Afghanistan einen brutalen Krieg gegen verschiedene muslimische Gruppierungen. In erster Linie kämpften die Sowjets gegen die Afghanen, darüber hinaus aber auch gegen Mudschaheddin, welche die Ausbreitung des Islam durch das Schwert als ihre heilige Pflicht ansahen und aus Ländern wie Saudi-Arabien und Pakistan kamen, um ihren Brüdern in Afghanistan zu helfen. Die Mudschaheddin, unter ihnen auch Osama bin Laden, wurden vom amerikanischen

Auslandsgeheimdienst CIA unterstützt. Auch Saudi-Arabien stärkte den Kampf der Muslime in Afghanistan mit Waffen und mehreren hundert Millionen Dollar pro Jahr. Das Geld stammte größtenteils aus dem Erdölhandel. Flugzeuge aus Riad brachten junge Männer nach Afghanistan, die bereit waren, im Heiligen Krieg gegen die gottlose Sowjetunion zu sterben. Die Ausbildung der Mudschaheddin wurde vom pakistanischen Geheimdienst ISI organisiert.

Die verdeckte Zusammenarbeit der USA mit Saudi-Arabien zur Unterstützung der militanten islamistischen Kämpfer in Afghanistan war für Washington gefährlich, aber verlockend, wie der ehemalige CIA-Mitarbeiter Robert Baer erklärt, weil sie »nicht nur billig war, sondern den Amerikanern auch Opfer aus den eigenen Reihen ersparte«.[1] Erst als sich die Mudschaheddin gegen den Westen wandten, wurden sie nicht mehr als »Freiheitskämpfer«, sondern als »Terroristen« eingestuft. Ab welchem Zeitpunkt die USA die militanten Muslime unterstützten, blieb lange im Dunkeln. Erst nach dem Ende des Afghanistankrieges machte der frühere CIA-Direktor Robert Gates, der unter den Präsidenten George Bush junior und Barack Obama als Verteidigungsminister diente, die brisante Tatsache publik, dass US-Geheimdienste die Mudschaheddin schon ein halbes Jahr vor dem Einmarsch der Sowjets unterstützt hätten. Die USA wollten, so Gates, dass die Sowjets in die »afghanische Falle« tappten.[2]

Zbigniew Brzezinski, Carters Sicherheitsberater, bestätigte diese weitreichende Aussage. »Gemäß der offiziellen Version der Geschichte begann die Hilfe der CIA an die Mudschaheddin im Jahre 1980, also nachdem die Sowjets am 24. Dezember 1979 in Afghanistan einmarschiert waren«, so Brzezinski. »Aber die Realität, streng gehütet bis heute, ist eine gänzlich andere. Es war am 3. Juli 1979, als Präsident Carter die erste Direktive unterschrieb, welche die geheime Hilfe an die Gegner des pro-sowjetischen Regimes in Kabul einleitete.« Gemäß Brzezinski und Gates hatten die USA damit absichtlich ganz wesentlich zum Ausbruch des Afghanistankrieges beigetragen. Präsident Carter sei über diese geheime Kriegspolitik informiert gewesen, so Brzezinski: »Am selben Tag [3. Juli 1979] schrieb ich dem Präsidenten, dass diese Unterstützung [an die Mudschaheddin] eine sowjetische Invasion auslösen würde.« Brzezinski wurde später von französischen Journalisten gefragt, ob er keine Skrupel habe, Kriege zu inszenieren, worauf dieser erklärte, dass er die »geheime Operation für eine exzellente Idee« gehalten habe. »Sie hatte den Effekt, die Russen in die afghanische Falle zu locken«, und um die Russen zu schwächen, sei jede Verschwörung gerechtfertigt gewesen.[3]

Die Sowjetunion kämpfte neun Jahre lang in Afghanistan, verlor aber schließlich gegen die muslimischen Kämpfer. Schon Mitte der 1980er-Jahre zeichnete sich ab, dass der Krieg für die Sowjets nicht zu gewinnen war. »Wir kämpfen bereits sechs Jahre in Afghanistan«, erklärte Michail Gorbatschow, Generalsekretär der Kommunistischen Partei der Sowjetunion, in der Politbürositzung vom 13. November 1986. »Werden wir endlos kämpfen und bestätigen, dass unsere Truppen mit der Situation nicht fertig werden? Wir brauchen in der nächsten Zeit die Beendigung dieses Prozesses.«[4] Die letzten sowjetischen Truppen verließen am 15. Februar 1989 das Land. Der Krieg forderte einen hohen Blutzoll. Die Afghanen beklagten zwischen 1 und 1,5 Millionen Tote, auf sowjetischer Seite fielen etwa 15 000 Soldaten. Ungezählte wurden auf beiden Seiten physisch und psychisch für ihr Leben gezeichnet.[5]

In der Öffentlichkeit gab sich Präsident Carter erstaunt und entrüstet über die sowjetische Invasion in Afghanistan und erklärte, die Kommunisten dürften auf keinen Fall ihre Hand auf das Erdöl am Golf legen. Um die Kontrolle der USA über die großen Erdölreserven am Persischen Golf abzusichern, nahm Carter den Angriff der Sowjets auf Afghanistan zum Anlass, um am 23. Januar 1980 die sogenannte Carter-Doktrin zu verkünden. »Lasst uns unsere Position ganz klar darlegen«, so Carter: »Jeder Versuch einer ausländischen Macht, die Region des Persischen Golfs in ihre Gewalt zu bringen, wird als Angriff auf die vitalen Interessen der Vereinigten Staaten von Amerika betrachtet. Ein solcher Angriff wird mit allen nötigen Mitteln zurückgeschlagen werden, militärische Gewalt eingeschlossen.«[6]

Um zu unterstreichen, wie ernst es den USA mit der Kontrolle des Erdöls am Persischen Golf war, eröffnete das Pentagon das US Central Command (CENTCOM), das die Aufgabe erhielt, das riesige Gebiet der Länder am Roten Meer und am Persischen Golf zu überwachen, darunter Saudi-Arabien, Irak, Iran, Kuwait, die Vereinigten Emirate, Bahrain, Katar, Ägypten, Sudan und Somalia. Das CENTCOM hatte damit die Aufgabe erhalten, den Nahen Osten und die größten Erdölvorräte der Welt zu kontrollieren.

Die meisten Erdölländer am Golf waren über den Ausbau der amerikanischen Präsenz nicht erfreut, da christliche Soldaten in muslimischen Ländern grundsätzlich nicht willkommen sind, unabhängig davon, ob sie aktiv in Kämpfe eingreifen oder aber nur auf Militärbasen oder Schiffen stationiert sind. Noch größer als das Misstrauen gegenüber den USA war indes der Streit unter den mächtigsten Erdölländern der Region. Saudi-Arabien, Irak und Iran waren miteinander verfeindet, und sind es bis heute. Gemäß Mansur Khan schürten die USA diese Spannungen gezielt, »denn um den US-Einfluss in der Golfregion auszubauen, mussten zwei der potenziell mächtigen Golfstaaten, der Irak und der Iran, militärisch und wirtschaftlich geschwächt werden«.[7] Khan glaubt, dass der intrigante amerikanische Sicherheitsberater Brzezinski den Diktator des Irak, Saddam Hussein, zum Angriff auf den Iran ermuntert habe. Für diese These gibt es bis heute keinen Beweis. Brzezinski erklärte später nur, er habe nichts gegen »ein irakisches Vorgehen gegen den Iran« einzuwenden gehabt.[8]

Der Angriff Saddam Husseins auf den Iran erfolgte am 22. September 1980 und löste den ersten Golfkrieg aus. Hussein, der eine Vormachtstellung am Golf anstrebte und seine Macht auf Gewalt, fanatischem Nationalismus und der Minderheit der Sunniten aufgebaut hatte, fürchtete den schiitischen Geistlichen Khomeini und seine Iranische Revolution. Husseins Angst war nicht unbegründet, da nicht nur im Iran, sondern auch im Irak die Schiiten mit 55 Prozent die Mehrheit der Bevölkerung bilden. Der frühere US-Außenminister Henry Kissinger wusste um den tiefen Hass zwischen Hussein und Khomeini. »Ich hoffe, sie bringen sich beide um«, so Kissinger zynisch. »Es ist zu schade, dass sie nicht beide verlieren können.«[9]

Der erste Golfkrieg stürzte zwei der wichtigsten und größten Erdölproduzenten der Welt ins Chaos. Der Krieg wurde mit größter Brutalität geführt. Khomeini erklärte den Kampf zum »Heiligen Krieg«. Seine Soldaten wehrten den Angriff des Irak ab und gingen zum erfolgreichen Gegenangriff über. Doch Präsident Hussein gelang es mithilfe westlicher Firmen, chemische Waffen herzustellen, darunter Senfgas, Tabun und Sarin. »Im Jahre 1981, nach dem Beginn des Iran-Irak-Krieges, baute der Irak angesichts einer möglichen Niederlage und der zahlenmäßigen Überlegenheit der Islamischen Republik Iran ein groß angelegtes Chemiewaffenprogramm auf«, fand die UNO später.[10] Um seine Niederlage abzuwenden, setzte Hussein die Chemiewaffen während des ersten Golfkriegs ein. Dokumentierte Giftgasangriffe auf die Iraner erfolgten im August 1983 sowie im Januar und Februar 1984. Der internationalen Presse wurden in Teheran die Opfer der Giftgasangriffe gezeigt. Einige der durch Giftgas verletzten Iraner wurden zur Behandlung in die Schweiz, nach Österreich, Schweden und Deutschland geflogen.[11] Kurz vor Ende des Krieges, im März 1988, setzte Saddam Hussein Giftgas auch gegen seine eigene Bevölkerung ein, als er die kurdische Minderheit im irakischen Dorf Halabdscha mit Sarin und Senfgas bombardieren ließ.

Der brutale Krieg führte zu einem starken Rückgang der iranischen und irakischen Ölexporte; dem Weltmarkt wurden zu Beginn des Krieges fast 4 Millionen Fass pro Tag entzogen. Dies ließ die Preise stark ansteigen: Die Sorte Arab Light verzeichnete kurzfristig Spitzen von 42 Dollar pro Fass.[12] Zu einem vollständigen Ausfall der Erdölexporte aus Irak und Iran kam es aber auch während des Kriegs nie, obschon die verfügbaren Mengen stark schwankten. Als der Irak damit begann, iranische Erdöltanker und Erdölverladestationen mit Raketen anzugreifen, sanken 1984 die iranischen Exporte auf nur noch 700 000 Fass pro Tag. Die Bombardierung der irakischen Erdölzentren Basra, Kirkuk und Mosul durch den Iran führten umgekehrt zu einem Einbruch der irakischen Exporte. Als Syrien der Bitte von Khomeini nachkam und ab April 1982 den Durchfluss irakischen Erdöls durch syrische Pipelines ans Mittelmeer unterbrach, sanken die irakischen Exporte auf 600 000 Fass pro Tag. Durch den Wegfall der Erdöleinnahmen drohten beide Kriegsparteien bankrott zu gehen.[13]

In den ersten Kriegsjahren beobachteten die USA den Kampf zwischen Hussein und Khomeini nur aus der Distanz. Doch als Kuwait sich beschwerte, seine Erdöltanker seien wiederholt angegriffen worden, mischten sich die USA direkt in den Konflikt ein. Ab März 1987 segelten elf kuwaitische Erdöltanker unter US-Flagge und standen damit unter dem Schutz des Pentagons und des CENTCOM, das mit der US-Kriegsmarine die kuwaitischen Erdöltanker eskortierte. Präsident Reagan warnte die Kriegsparteien, dass jeder Angriff auf die Schiffe als Angriff auf die Vereinigten Staaten gewertet werde. Über den mit der amerikanischen Flagge geschmückten kuwaitischen Schiffen kreisten US-Überwachungsflugzeuge und US-Helikopter. Es war die erste öffentliche militärische Aktion des US-Militärs im Persischen Golf.[14]

Die Präsenz der Amerikaner mitten im Kriegsgebiet war nicht ungefährlich. Am 17. Mai 1987 trafen irakische Raketen, abgefeuert von einem irakischen Mirage-Kampfflugzeug, das US-Kriegsschiff USS Stark, 37 amerikanische Seeleute wurden getötet, 21 verletzt. Saddam Hussein entschuldigte sich, es habe sich um ein Versehen gehandelt. Die USA sahen darüber hinweg. »Trotz des Angriffes auf die Stark«, so die Encyclopedia Britannica, »unterstützten die USA den Irak weiterhin, sowohl diplomatisch in der UNO als auch militärisch durch das Zuspielen von Informationen über die Bewegung von iranischen Verbänden im Golf.«[15]

Gegenüber Khomeinis Iran waren die USA weniger nachsichtig. Nachdem das US-Kriegsschiff USS Samuel Roberts auf eine iranische Seemine aufgelaufen war, griffen die USA am 18. April 1988 die Iraner in einer Seeschlacht direkt an, versenkten mehrere iranische Schiffe und zerstörten iranische Ölbohrplattformen. Drei Monate später, am 3. Juli 1988, schoss das amerikanische Kriegsschiff USS Vincennes sogar das zivile iranische Flugzeug Iran Air 655 ab. Alle 290 iranischen Zivilisten an Bord starben. Im Pentagon sprach Admiral William Crowe, Chairman der Joint Chiefs of Staff, von einem «schrecklichen Unfall». Die Iraner wollten dies nicht glauben und unterstellten den USA, dass sie das Zivilflugzeug in einem »barbarischen Akt« absichtlich abgeschossen hätten.[16]

Der nicht formelle, aber faktische Kriegseintritt der USA aufseiten des Irak führte zur Entscheidung. Die kriegsmüden Iraner bekundeten am 17. Juli 1988 der UNO ihre Bereitschaft für einen Waffenstillstand, der am 20. August 1988 auch vom Irak unterschrieben wurde. »Diese Entscheidung zu treffen, war tödlicher, als Gift zu nehmen«, so Khomeini erbittert. »Wenn Gott es will, werden wir zur rechten Zeit den Schmerz in unserem Herzen tilgen, wenn wir Rache genommen haben an … Amerika.«[17]

Mit dem ersten Golfkrieg begannen sich Terror, Krieg und Erdöl auf komplizierte und vielschichtige Art zu verquicken. Das amerikanische Magazin »Newsweek« kommentierte nach Kriegsende, vor allem der Abschuss des iranischen Passagierflugzeuges habe »dem Ruf Amerikas in der Welt geschadet« und die Iraner zutiefst verletzt, auch daher, weil die Verantwortlichen in den USA nicht bestraft, sondern befördert wurden. Möglicherweise habe Teheran »aus Rache« daraufhin am 21. Dezember 1988 zusammen mit Libyen eine Rolle beim Terroranschlag auf das amerikanische Flugzeug Pan Am 103 gespielt, bei dem 270 Menschen über Lockerbie starben.[18]

Der erste Golfkrieg, der acht Jahre gedauert hatte, endete ohne Sieger; die Grenzen blieben weitgehend unverändert. Sowohl der Irak als auch der Iran waren geschwächt, weite Gebiete waren zerstört, die Bevölkerung in den Erdölländern musste mit mindestens 400 000 Toten einen hohen Blutzoll bezahlen. Nur die Waffenindustrie profitierte. Frankreich, Deutschland, China und die Sowjetunion hatten den Irak, der den Krieg vom Zaun gebrochen hatte, mit Waffen unterstützt. Auch die USA versorgten den Irak mit Waffen. Doch erst durch den Iran-Contra-Skandal wurde 1986 publik, dass die Administration von Präsident Ronald Reagan im Geheimen auch den Iran mit Waffen beliefert und dadurch mit dazu beigetragen hatte, dass es weder Teheran noch Bagdad gelang, den Krieg zu gewinnen.[19]

Die Schweiz und der Preiszerfall während des ersten Golfkriegs

Als der Golfkrieg ausbrach, erklärte Bundesrat Fritz Honegger, Vorsteher des Volkswirtschaftsdepartementes, im September 1980 vor dem Nationalrat, dass die Schließung der Straße von Hormuz für Europa und die Schweiz gefährlich wäre, weil dann mit einer Verzögerung von drei bis vier Wochen ein Viertel des von den westlichen Ländern benötigten Erdöls fehlen würde. Dies wiederum müsse in Europa zu großen Spannungen führen. Weil der Krieg zwischen Irak und Iran »in einem Bereich von größter erdölstrategischer Bedeutung stattfinde«, beobachte man die Lage genau. Sowohl Sonntagsfahrverbote wie auch Rationierungen seien vorbereitet. »Wir hoffen, dass ein Einsatz der kriegswirtschaftlichen Instrumente nicht erforderlich wird«, so Honegger, »aber wir wären bei Bedarf bereit«.[20]

Auch Werner Flachs, der Delegierte für wirtschaftliche Landesversorgung, beklagte die hohe Abhängigkeit der Schweiz von Erdölimporten, »weil sich die quantitativ bedeutendsten Ölquellen ausgerechnet in den unstabilsten, von Krisen und Kriegen geschüttelten Regionen der Welt konzentrieren«.[21] Der Preis könne steigen, wenn die Meerenge von Hormuz blockiert werde, doch dies sei unwahrscheinlich. »Trotz ihrem unversöhnlichen Zelotismus sind die Perser nicht derart wirklichkeitsfremd geworden«, so Flachs, »dass sie nicht mehr Bedacht auf die Folgen einer solchen Verzweiflungstat nähmen.« Denn mit einer Schließung der Meerenge würden sie »vor allem die eigene Lebensader durchtrennen«. Zudem, so Flachs, »darf als praktisch sicher gelten, dass insbesondere die Amerikaner und Briten die Straße zum Golf mit allen Mitteln wieder passierbar machen würden«, darauf könne sich die Schweiz verlassen.[22]

Der Ausbruch eines Krieges in einem Erdölförderland erinnerte die Konsumenten in Europa daran, dass sie ihre Erdölabhängigkeit schon nach der ersten Erdölkrise reduzieren wollten, dies jedoch nicht getan hatten. »Die iranische Krise, die Ereignisse in Afghanistan und der iranisch-irakische Konflikt bestätigten erneut die Verwundbarkeit der Erdölversorgung der westlichen Industrienationen«, warnte der Bundesrat im März 1981 in seiner Botschaft zur Energiepolitik gegenüber dem Parlament. »Die einseitige Abhängigkeit zu reduzieren, muss das Grundanliegen der Energiepolitik der westlichen Industrieländer sein.« Denn »Krisen in der Erdölversorgung können jederzeit wieder auftreten und sich merklich verschärfen.«[23]

Die Warnungen der Politiker verhallten indes einmal mehr ohne Wirkung, die Erdölabhängigkeit Europas wurde trotz Krieg und Krise am Golf nicht abgebaut. Dafür war der Erdölpreis verantwortlich. Dieser brach trotz Kriegswirren in den Förderländern im November 1985 dramatisch ein. Die Sorte West Texas Intermediate (WTI) fiel von 32 Dollar auf nur 10 Dollar. Die wenigsten Europäer hätten einen solchen Preissturz überhaupt für möglich gehalten. Verursacht wurde er durch eine Erdölschwemme aus Saudi-Arabien.

Die Saudis hatten seit der Iranischen Revolution von Jahr zu Jahr Marktanteile verloren. Im Juli 1985 war ihre Produktion auf 2,2 Millionen Fass pro Tag gesunken. Dies war fünfmal weniger, als das Land noch 1980 produziert hatte! Einen Monat später fiel die saudische Produktion gar unter die britische Fördermenge in der Nordsee. Im November 1985 begannen die Saudis mit der Rückeroberung ihres Marktanteils, erhöhten ihre Förderung und boten Erdöl zu Billigstpreisen an. Die saudische Ölschwemme führte zum Preissturz.

Mit der Revolution im Iran, dem Golfkrieg und der saudischen Erdölschwemme geriet der internationale Erdölmarkt in Bewegung, der sogenannte »Spotmarkt« in Rotterdam gewann an Bedeutung. Von Spotmarkt spricht man, weil dort seit jeher Rohöl und Erdölprodukte unmittelbar (Englisch: »on the spot«) zu einem von Tag zu Tag variablen Preis verkauft werden. Die integrierten Erdölkonzerne scheuten in der Regel die Unberechenbarkeit des Spotmarktes und unterhielten mit den Produzentenländern lieber langfristige Lieferverträge zu fixen Preisen. Am Spotmarkt setzten die Sieben Schwestern nur ihre überzählige Ware ab oder kauften Restmengen auf. Bis zur zweiten Erdölkrise 1979 war der Spotmarkt von untergeordneter Bedeutung, auf dem nicht mehr als 8 Prozent der Weltversorgung umgeschlagen wurde.[24]

Erst als die Preise während der zweiten Erdölkrise stark anstiegen, fanden plötzlich alle Bewegungen auf dem Spotmarkt statt. Es herrschte ein wildes Durcheinander. Auch integrierte Konzerne wie BP, die nach dem Wegfall der iranischen Exporte über zu wenig Erdöl verfügten, schickten Käufer an den wenig beliebten Spotmarkt, um dort die fehlende Menge aufzukaufen. Im Februar 1979 lagen die Spotpreise bereits doppelt so hoch wie die langfristigen Lieferverträge. Davon wollten auch Exportländer profitieren. Integrierte Konzerne wie Shell erhielten Telegramme aus Exportländern, die besagten, die vertraglich garantierte Rohöllieferung sei leider doch nicht mehr verfügbar. Wenig später informierte dasselbe Exportland die Shell, dass Rohöl auf Spotbasis lieferbar sei. Das Volumen und das Herkunftsland war dasselbe, nur der Preis war doppelt so hoch. Shell brauchte das Rohöl und kaufte zähneknirschend auf dem Spotmarkt.[25]

Heute werden rund 40 Prozent des internationalen Ölhandels über den volatilen Spotmarkt abgewickelt, 60 Prozent des Handels verlaufen weiterhin direkt zwischen Verkäufer und Käufer über langfristige Lieferverträge zu fixen Preisen. Der Spotmarkt ist täglich in Bewegung und bildet die Basis für die Terminkontrakte, die an den Börsen in New York (New York Mercantile Exchange NYMEX) und London (International Petroleum Exchange, IPE, heute ICE) gehandelt werden. Der Rohölpreis, wie er in den Tageszeitungen abgedruckt ist, entspricht dem Preis für Terminkontrakte auf dem Spotmarkt. Langfristige Lieferkontrakte können deutlich günstiger sein, sind aber den großen Akteuren vorenthalten. Terminkontrakte führen nicht immer zur realen Lieferung von Rohöl, vor allem dann nicht, wenn die Händler nur daran interessiert sind, von den Schwankungen des Erdölpreises zu profitieren, eine echte Lieferung von Rohöl aber gar nicht wollen, sondern nur Spekulationsgeschäfte machen. Terminkontrakte sind eine Welt für sich; das Volumen des über Terminkontrakte gehandelten Rohöls ist hundertmal größer als die reale Erdölproduktion.[26]

Als die Saudis 1985 den Erdölhahn öffneten und den Markt überschwemmten, brachen auch die Preise auf dem Spotmarkt ein. Aus der Sicht der Konsumenten in Europa war der Preiszerfall auf den ersten Blick ein Segen, denn Brenn- und Treibstoffe wurden billiger. Auf den zweiten Blick indes wirkte das billige Erdöl wie ein Gift, das die Entwicklung alternativer Energien und Sparbemühungen zunichte machte. »Alternative Energien haben es schwerer, und der Umwelt drohen zusätzliche Belastungen«, klagte die Presse. Solarthermische Anlagen und auch Wärmepumpen, die beide das Heizöl verdrängen könnten, »werden es bei dem jetzigen Ölpreisniveau schwerer haben, sich durchzusetzen«. Der Preiszerfall war sehr deutlich: Der Liter Heizöl halbierte sich fast im Preis und kostete 1987 noch 50 Rappen.[27]

Der Preiszerfall veränderte die Debatte um die begrenzten Ressourcen fundamental. Während in den 1970er-Jahren in Europa und den USA noch eine Energiewende gefordert worden war, herrschte ab Mitte der 1980er-Jahre plötzlich ein ganz anderer Diskurs. »Das Thema Energie verschwand aus den Medien und aus der öffentlichen Debatte«, konstatierten die amerikanischen Ökologen Charles Hall und John Day mit Bedauern. Nach der ersten Erdölkrise hatten sie selber intensiv an der Abhängigkeitsdebatte teilgenommen und den Bericht des Club of Rome studiert. In den 1980er-Jahren war es indes inmitten der saudischen Erdölschwemme kaum mehr möglich, über Ressourcenknappheit zu sprechen. »Jene, die argumentierten, es gebe hinsichtlich der Verfügbarkeit der Ressourcen Beschränkungen, wurden diskreditiert und sogar gedemütigt«, erinnert sich Charles Hall. Ein neuer Konsens setzte sich durch, wonach der unregulierte Markt die Effizienz fördere und das Wirtschaftswachstum vom Energieverbrauch entkoppelt werden könne. »Abgesehen von ganz wenigen Ausnahmen verschwanden an den Universitäten die Kurse, in denen die Dozenten ihre Studenten in Energieanalyse und über die Grenzen des Wachstums unterrichteten«, so John Day.[28]

Auch in der Schweiz war es nur noch eine Minderheit, welche sich kritisch mit der Abhängigkeit von Energieimporten auseinandersetzte. Heizöl sei zu billig, als dass es durch Sonnenkollektoren verdrängt werden könne, kritisierte zum Beispiel Christian Gaegauf, Ingenieur am 1979 gegründeten Ökozentrum in Langenbruck im Kanton Baselland. Unter diesen Umständen sei es äußerst schwierig, in der Schweiz erneuerbare Energien auszubauen. Auch Benzin und Diesel seien derart günstig, dass keine nachhaltige Mobilitätsdebatte geführt werden könne. Nur dank dem ökologischen Pionierbewusstsein weniger Kunden sei es weiterhin möglich, dass ein kleiner Markt für alternative Energien bestehen bleibe. Diesen müsse man ausbauen. »Der

Betreiber umweltfreundlicher Anlagen sollte belohnt werden: Er sollte einen Ökobonus erhalten«, glaubte Pionier Gaegauf, fand damit aber kein Gehör.[29]

Der tiefe Ölpreis »ertränkte die einheimischen Energien«, klagte die Presse. »Wärmepumpen, Sonnenboiler und Holzheizungen stoßen zwar auf Interesse, werden aber nicht gekauft«, weil das Heizöl zu billig sei. »Bezahlen wollen sie sie nicht, aber über neue Energietechniken diskutieren Bauherren gerne«, klagte Energieberater Franz Stohler. Dies sei unverständlich. »Ein vernünftiger Energiekonsument würde mit dem jetzt eingesparten Geld eine bessere Isolierung oder Heizung kaufen. Ein Umdenken muss stattfinden ... Öl gibt es nur beschränkt.« Auch Energieberater Jürg Bitterli klagte, das Erdöl sei zu billig. »Wenn ich überleben will, muss ich konventionelle [Heizöl-]Anlagen installieren«, so Bitterli. »Vor vier Jahren war eine Wärmepumpe noch wirtschaftlich – heute nicht.« Auch Solarinstallateur Heini Holinger machte sich Sorgen. »Ich bin sehr nachdenklich, es gibt mir zu denken, wie der Energiekonsum einfach so weitergeht.«[30]

Auch der Verkehrs-Club der Schweiz (VCS), der den Erdölkonsum im Mobilitätsbereich senken will, blieb im Umfeld der tiefen Erdölpreise mit seinen Vorschlägen erfolglos. Motorisierte Personenwagen seien zu schlecht ausgelastet, zu schwer und hätten einen schwachen Leistungsgrad von nur 30 Prozent, kritisierte der VCS. Es gelte daher, den motorisierten Verkehr in der Schweiz zu reduzieren. Für jeden Liter Treibstoff müsse ein Ökobonus von 2 Franken entrichtet werden. Die Einnahmen von über 6 Milliarden Franken pro Jahr sollten gleichmäßig an die ganze Bevölkerung rückerstattet werden. Dadurch »bezahlen Vielfahrer eine Entschädigung an jene, welche das Auto maßvoll oder gar nicht einsetzen«.[31] Der Vorschlag des VCS hatte keine Chance. Im Nationalrat wurde der Ökobonus nur kurz besprochen, konnte aber keine Mehrheit gewinnen. Auch Bundesrat Leon Schlumpf, Vorsteher des Eidgenössischen Verkehrs- und Energiewirtschaftsdepartementes, wollte von einem Ökobonus nichts wissen. Schlumpf bedauerte aber den Preiszerfall beim Erdöl, da dieser »eine gewisse Desensibilisierung« im Bereich Energiesparen eingeleitet habe.[32]

Die Diskussion über den Ökobonus fand im Kontext der Debatte um das sogenannte »Waldsterben« statt. In Deutschland, Österreich und der Schweiz sorgte sich die Bevölkerung um eine intakte Umwelt und fürchtete, dass Abgase aus Autos und Fabriken die Luft derart verschmutzten, dass der Wald schwer geschädigt werde. »Der Begriff ›Waldsterben‹ erweckte in der Bevölkerung den Eindruck, der ganze Wald sterbe großflächig ab«, so Roman Keller. Dies war indes nicht der Fall, und als der Wald auch nach Jahren nicht verschwand, wurde der Ausdruck »Waldsterben«

gleichsam zum Symbol für »Umwelthysterie«.[33] Die Erdöl- und Automobilbranche reagierten auf die Debatte um das Waldsterben mit technischer Innovation. Um die Schadstoffemissionen zu reduzieren und die Luftqualität zu erhöhen, wurden in den Fahrzeugen Katalysatoren eingebaut. In Europa schrieb die Schweiz als erstes Land im Alleingang ab 1986 für alle Neuwagen Katalysatoren vor, Österreich und Schweden zogen bald nach. In Deutschland wurde der Katalysator ab 1989 bei Neufahrzeugen Pflicht. Ernst Holzer, Präsident der Erdöl-Vereinigung und Präsident des Verwaltungsrates der BP Switzerland, erklärte stolz, man habe 1985 das bleifreie Motorenbenzin möglich gemacht und «als erstes Land Europas dank Einführung des unverbleiten Benzins der Katalysator-Technik zum Durchbruch verholfen«.[34]

Insgesamt wurde in Europa in den 1980er-Jahren trotz Golfkrieg völlig sorglos Erdöl konsumiert. »Die Versorgung läuft wie geschmiert«, freute sich Walter Räz, Generaldirektor von Shell Switzerland. Ein Rohölpreis von 18 Dollar pro Fass, wie er 1989 galt, erlaubte es, den europäischen Markt günstig zu versorgen; davon »profitiert vor allem der Kunde von Benzin an Tankstellen und von Heizöl im Keller bzw. in seinem Portemonnaie«, so Räz. Die Dominanz des Erdöls sei unbestritten, »bis Mitte des nächsten Jahrhunderts [2050]«, so Räz, sei »kein anderer Energieträger auszumachen, der dem Erdöl die führende Rolle streitig machen könnte«.[35]

Der Angriff Saddam Husseins auf Kuwait 1990

Am Persischen Golf lagern die größten Erdölvorräte der Welt. Doch leider wurde das schwarze Gold für die Bevölkerung in der Region nicht zum Segen, sondern zu einem Fluch, weil es Kriege wie ein Magnet anzog. Nur zwei Jahre nach dem Ende des ersten Golfkriegs kam es während der Präsidentschaft von George Bush senior zum zweiten Golfkrieg. Am 2. August 1990 griff der Irak Kuwait an und eroberte das kleine Land innert kürzester Zeit. Erneut war Diktator Saddam Hussein der Aggressor. Der irakische Präsident hatte sich vor Ausbruch des Krieges wiederholt beklagt, dass Kuwait und die Vereinigten Arabischen Emirate sich nicht an die vorgegebenen OPEC-Förderquoten hielten, was dem Irak Milliardenverluste beschere. Kuwait würde zudem schräg unter der Landesgrenze irakische Erdölfelder anbohren, so der Vorwurf von Hussein.

Der zweite Golfkrieg führte erstmals in der Geschichte zu einer massiven Präsenz amerikanischer und europäischer Truppen in den muslimischen Ländern am Persischen Golf. Die Vorgeschichte zum Krieg und die Rolle, welche die USA dabei spielten, sind umstritten. Sicher ist, dass Präsident Hussein am 25. Juli 1990, kurz vor seinem Angriff auf Kuwait, die amerikanische Botschafterin in Bagdad, April Glaspie, zu sich in den Regierungspalast gerufen hatte. Gemäß dem amerikanischen Journalisten Larry Everest, der die Region während Jahren bereiste und Zugang zum Protokoll des Gespräches erhielt, habe Hussein versichert, er wisse, dass »die USA auf den ungestörten Zufluss von Erdöl« angewiesen seien. Es sei aber nicht akzeptabel, dass Kuwait den Preis für Erdöl absichtlich tief halte und »auf Kosten des Irak sein Territorium ausgeweitet« habe. Wenn dies so weitergehe, warnte Hussein, dann habe »der Irak das Recht, sich selber zu verteidigen«. Botschafterin Glaspie antwortete: »Ich habe eine direkte Anweisung des Präsidenten [Bush], die Beziehungen zum Irak zu verbessern«, um dann anzufügen: »Wir haben keine Meinung zu den innerarabischen Konflikten wie dem Grenzkonflikt mit Kuwait … Wir hoffen, dass Sie das Problem mit den Ihrer Meinung nach passenden Mitteln lösen können.«[36]

Ramsey Clark, der unter Präsident Johnson als US-Justizminister gedient hatte, glaubt, dass Botschafterin Glaspie damit Diktator Hussein in eine Falle gelockt hatte, weil sie suggerierte, dass die USA einem Angriff auf Kuwait gleichgültig gegenüberstünden oder ihn gar befürworteten. Die USA schürten den Grenzkonflikt gemäß Clark absichtlich, um ihre Kontrolle über das Erdöl der Region auszubauen. »Die US-Regierung benutzte die königliche Familie aus Kuwait, um eine irakische Invasion zu provozieren«, so Clark. Das Ziel der Intrige habe darin bestanden, »einen massiven Angriff auf den Irak und den Aufbau einer amerikanischen Dominanz am Golf« zu legitimieren.[37] Präsident Bush senior und sein Sicherheitsberater Brent Scowcroft wiesen diese These entschieden zurück: »Es ist eine absolut falsche Interpretation dieser Konversation [zwischen Hussein und Glaspie], wenn man zum Schluss kommt, dass wir Saddam grünes Licht zum Angriff auf sein Nachbarland gegeben hätten«, beteuerte Bush später.[38]

In der Öffentlichkeit verurteilte Präsident Bush den irakischen Angriff auf Kuwait scharf. Schon am 2. August verabschiedete der Sicherheitsrat der Vereinten Nationen auf Verlangen der USA und mit Unterstützung von Großbritannien und Frankreich die Resolution 660, die den Irak aufforderte, »unverzüglich und bedingungslos« aus Kuwait abzuziehen. China und Russland legten kein Veto ein. Die UNO gab dem Irak bis zum 15. Januar 1991 Zeit, aus Kuwait abzuziehen. Doch das Ultimatum verstrich, ohne dass Saddam Hussein seine Truppen aus Kuwait zurückgezogen hätte. Dies bedeutete erneut Krieg.

Ein Teil der amerikanischen Bevölkerung stand dem US-Feldzug gegen den Irak ablehnend gegenüber. Doch Kuwait schürte zusammen mit der Administration Bush die Kriegspropaganda, unterstützt durch die Kommunikationsfirma Hill & Knowlton Public Affairs Worldwide. Als Teil ihrer Öffentlichkeitsarbeit, die von Kuwait mit 10 Millionen Dollar entlöhnt wurde, entwickelte Hill & Knowlton die »Brutkastenlüge«, die Saddam Hussein als »neuen Hitler« und die Iraker als Barbaren dämonisierte. Am 10. Oktober 1990 erzählte ein 15-jähriges Mädchen, das als Nayirah vorgestellt worden war, vor dem Menschenrechtsausschuss des US-Kongresses unter Tränen, dass sie während der Invasion in einem Spital in Kuwait gearbeitet und beobachtet habe, wie irakische Soldaten Säuglinge aus den Brutkästen genommen hätten, um sie auf den Boden zu werfen, wo diese verstarben. Das war gelogen. Aber Präsident Bush griff diese brutale Geschichte auf, wiederholte sie in zahlreichen Reden und behauptete, 312 Neugeborene seien auf diese Art gestorben.[39] Erst nach dem Krieg stellte sich heraus, dass die Brutkastengeschichte eine infame Lüge war und dass Nayirah nie im Spital in Kuwait gearbeitet hatte, sondern Nijirah al-Sabah hieß und die Tochter des kuwaitischen Botschafters in den USA war. Die Bush-Administration und das Königshaus von Kuwait hatten die Öffentlichkeit geschickt getäuscht.[40]

Den USA gelang es, 22 Ländern davon zu überzeugen, Truppen in den Persischen Golf zu schicken. Aus Europa nahmen Großbritannien, Frankreich, Spanien, Italien, Belgien, die Niederlande, die Tschechoslowakei und Polen am Kampf ums Erdöl teil. Insgesamt ergab sich eine Truppenstärke von 960 000 Soldaten, von denen die USA drei Viertel stellten und auch das militärische Kommando führten. Japan und Deutschland, die keine Truppen schickten, verpflichteten sich, Milliardenbeiträge an die Kriegskosten zu entrichten. Auch die Schweizer Presse befürwortete den zweiten Golfkrieg. An »der Notwendigkeit des Eingreifens gegen den machtbesessenen Herrscher des Irak, bevor dieser zum nächsten Schritt ansetzt, lässt sich nicht zweifeln«, glaubte die »Neue Zürcher Zeitung«, »nach den Umständen kann nur Amerika die nötigen Kräfte aufbringen, begleitet von den guten Wünschen der Europäer, deren Ölversorgung noch stärker bedroht ist als jene der USA«.[41]

Die massive internationale Präsenz am Golf unterstrich die Wichtigkeit der Erdölfrage. »Der Golfkrieg von 1991 war der erste Krieg in der modernen Geschichte, der ganz gezielt wegen dem Erdöl geführt wurde«, glaubt Edward Morse. »Der Krieg erinnert daran, dass solange fossile Energieträger die Basis für wirtschaftliches Wachstum sind … Gewalt eingesetzt wird, um zu verhindern, dass eine einzelne Regierung den Erdölmarkt kontrollieren kann.«[42] Die Erdölabhängigkeit der Europäer und der Amerikaner forderte einen hohen Preis, der vor allem von der Zivilbevölkerung in den Förderländern zu entrichten war. Für Erdöl wurde und wird getötet.

Um Kuwait zu befreien, mussten die USA und ihre Alliierten erstmals Bodentruppen in Saudi-Arabien stationieren. Dies war äußerst heikel, denn die streng gläubige Bevölkerung von Saudi-Arabien wollte auf keinen Fall christliche Soldaten auf muslimischem Boden. Mit Mekka und Medina liegen in Saudi-Arabien die heiligen Städte des Islam. Daher war auch der saudische König Fahd bin Abdul Aziz gegenüber dem massiven Aufbau von US-Truppen in seinem Land anfänglich kritisch eingestellt. US-Verteidigungsminister Dick Cheney flog am 6. August 1990, vier Tage, nachdem Saddam Hussein Kuwait besetzt hatte, mit General Norman Schwarzkopf nach Riad und erklärte dem saudischen König, dass Saddam Hussein möglicherweise auch Saudi-Arabien besetzen wolle, dass aber die USA bereit seien, Truppen nach Saudi-Arabien zu verlegen, um das Königshaus zu schützen. Um die Entschlossenheit der USA zu unterstreichen, las Cheney König Fahd einen Brief von Präsident Bush vor: »Wenn Sie wollen, dass wir kommen, dann kommen wir« mit Truppen. »Wir wollen keine permanenten Militärbasen aufbauen. Und wenn sie uns sagen, wir sollen gehen, werden wir Saudi-Arabien wieder verlassen.«[43] Der König stimmte dem Angebot der USA zu, Truppen in Saudi-Arabien zu stationieren. Gleichzeitig lehnte er das Angebot von Osama Bin Laden ab, der vorgeschlagen hatte, mit seinen Mudschaheddin Saddam Hussein aus Kuwait zu vertreiben.

Am 17. Januar 1991 begannen die USA und ihre Alliierten im Rahmen der Operation Desert Storm mit massiven Luftangriffen auf Kuwait und Irak. Saddam Hussein hatte der Übermacht seiner Gegner wenig entgegenzusetzen. Ab dem 24. Februar überschritten die in Saudi-Arabien stationierten alliierten Bodentruppen die Grenzen zu Kuwait und Irak, schon vier Tage später kontrollierten sie Kuwait City. Die irakischen Soldaten verließen Kuwait und steckten auf ihrem Rückzug die kuwaitischen Erdölfelder in Brand. Bilder von brennenden Erdölfeldern mit riesigen schwarzen Rauchwolken gingen um die Welt. Der Krieg forderte mehr als 30 000 Tote. Am 3. April 1991 erklärte Präsident Bush Kuwait für befreit.

Für den Irak bedeutete die Niederlage eine Katastrophe, denn die USA verhängten gegenüber dem Land ein scharfes Wirtschaftsembargo, das den Irakern verbot, ihr Erdöl zu exportieren. Auch der Import von Medizin und Lebensmitteln in den Irak wurde durch das Embargo stark eingeschränkt. Die USA erklärten, das Embargo sei notwendig, um alle Massenvernichtungswaffen im Irak zu zerstören. Obschon der Schwarzhandel mit Erdöl blühte, forderte das Embargo Tote unter den irakischen Zivilisten. »Was als Strafe und Unschädlichmachung eines aggressiven Regimes gedacht war, entwickelte sich zur Plage für eine ganze Nation«, kritisierte Henner Fürtig.[44] Auch in den USA regten sich vereinzelt kritische Stimmen, weil das Embargo zu »offensichtlichen Verletzungen des Prinzips des freien Handels« führte, wie der amerikanische Historiker Howard Zinn festhielt.[45]

Das Embargo forderte unter der irakischen Zivilbevölkerung mehr Tote als der Krieg. Trotzdem hielt die Administration von Präsident Bill Clinton mit aller Härte daran fest. Ab Juni 1996 wurde dem Irak zwar erlaubt, eine beschränkte Menge Erdöl zu exportieren, um im Gegenzug unter strenger internationaler Kontrolle Medizin und humanitäre Hilfsmittel zu importieren (Oil-for-Food-Programm der UNO). Doch die Anzahl der Toten in der irakischen Zivilbevölkerung stieg weiter an. «Wir haben gehört, dass nun eine halbe Million Kinder gestorben sind», kritisierte die amerikanische Fernsehjournalistin Lesley Stahl das Embargo 1996 und fragte Madeleine Albright, die amtierende UNO-Botschafterin und spätere Außenministerin der Administration Clinton: »Ich meine, das sind mehr Kinder als die, welche in Hiroshima verstarben, ist es [das Embargo] diesen Preis wert?« Botschafterin Albright überlegte einen Moment lang, dann sagte sie zynisch: »Ich glaube, das ist eine sehr schwierige Entscheidung, aber der Preis – wir glauben, es ist diesen Preis wert.«[46] Albright unterstrich mit aller Deutlichkeit, dass die USA bereit seien, in den Ländern des Nahen Ostens zu töten, auch Kinder, um das Erdöl zu kontrollieren.

Nach dem Sieg über den Irak bauten die USA im erdölreichen Golfstaat Kuwait umfangreiche Militärbasen auf. Noch in der Zeit des Kalten Krieges wäre ein derart direkter und offensichtlicher Zugriff auf das Erdöl undenkbar gewesen. Doch am Ende des Kalten Krieges war die Sowjetunion zusammengebrochen, und die USA nutzten die Gunst der Stunde und stiegen zur dominanten Militärmacht am Golf auf.

Erst viel später wurde bekannt, dass das amerikanische Wirtschaftsembargo gegenüber dem Irak zu einem komplizierten großen Korruptionsskandal geführt hatte, von dem auch die USA profitierten. Das Oil-for-Food-Programm erlaubte dem Irak, eine beschränkte Menge Erdöl zu exportieren. Dieser Erdölverkauf generierte Einnahmen im Umfang von 65 Milliarden Dollar, die auf einem Spezialkonto der Bank BNP Paribas deponiert wurden. Der Irak konnte nicht auf das BNP-Paribas-Konto zugreifen. Die UNO überwachte das Konto und setzte die Erdölmilliarden für den Kauf von Medizin und Lebensmittel wie Zucker, Reis und Tee ein, die dann in den Irak importiert wurden. Dabei kam es jedoch zu überhöhten Preisen und sogenannten Kick-Back-Zahlungen im Umfang von fast 2 Milliarden Dollar. Kick-Back-Zahlungen sind vereinbarte Rückvergütungen, bei denen die beteiligten Firmen absichtlich zu hohe Preise verrechneten und danach im Geheimen Geld an Präsident Hussein zurückbezahlten. Über 2800 Firmen aus verschiedenen Ländern waren in den Korruptionsskandal involviert.[47]

Mark Pieth, Strafrechtsprofessor an der Universität Basel, fand heraus, dass auch Schweizer Firmen illegale Zahlungen an den Irak geleistet hatten, darunter der Rohwarenhändler Glencore aus Zug. Glencore kaufte zur Zeit des Embargos Erdöl von Saddam Hussein zu einem überhöhten Preis und schickte dann Geld an den Irak zurück, und zwar über Mittelsmänner, die Tausende von Dollars in bar nach Genf in die Botschaft des Irak brachten, so Pieth. Glencore bestätigte, dass im Rahmen des Oil-for-Food-Programms überhöhte Preise verrechnet wurden, aber alle Akteure am Markt hätten dies akzeptiert.[48]

Auch die USA waren in die Korruption des Oil-for-Food-Programms verstrickt, wie die französischen Journalisten Denis Poncet und Remy Burkel aufdeckten. Als die USA im März 2003 den Irak angriffen, um Saddam Hussein zu stürzen, endete das Programm. Zu diesem Zeitpunkt befanden sich aber noch 9 Milliarden Dollar auf dem Oil-for-Food-Konto, die noch nicht für Lebensmittel ausgegeben worden waren und eigentlich dem Irak gehörten. Doch Paul Bremer, der amerikanische Verwalter des besetzten Iraks, ließ dieses Erdölgeld beschlagnahmen, abpacken und als Bargeld in Form von 100-Dollar-Noten auf Holzpaletten mit Militärflugzeugen in den Irak schicken. Das Gewicht des Papiergeldes betrug 360 Tonnen. Bremer verteilte es an seine Mitarbeiter und ausgewählte Firmen, wodurch der Irak unfreiwillig seine Besetzung mitfinanzierte. Viel Geld verschwand.[49] Als der Korruptionsfall bekannt wurde, äußerten auch US-Parlamentarier scharfe Kritik. »Wer, der noch bei Sinnen ist, würde 360 Tonnen Bargeld in eine Kriegszone fliegen?«, fragte Henry Waxman, ein Demokrat aus Kalifornien. »Doch genau das hat unsere Regierung getan!« Bremer, der vor dem Kongress aussagen musste, räumte Fehler ein, bestand aber gleichzeitig darauf, dass sein Verhalten richtig gewesen sei: »Wir mussten die Iraker in bar bezahlen.«[50]

Die Intrigen und Verbrechen im Nahen Osten, an denen Amerikaner und Europäer beteiligt waren, um das Erdöl zu kontrollieren, sind der Bevölkerung in Europa und den USA mehrheitlich unbekannt und werden nur selten in den Medien dargelegt. Auch der Aufbau großer amerikanischer Militärbasen mit Tausenden von Soldaten und schwerem Kriegsgerät am Golf wurde weder in den USA noch in Europa kontrovers diskutiert. Im Kalten Krieg hatte es keine amerikanischen Militärlager am Golf gegeben. Doch vor und nach dem Kuwaitkrieg wurden US-Militärbasen nicht nur in Kuwait, sondern auch in Saudi-Arabien errichtet.

Der Saudi Osama Bin Laden verurteilte die Präsenz amerikanischer Truppen in Saudi-Arabien scharf und kritisierte die saudische Regierung heftig. Die Regierung wies ihn darauf hin an, Saudi-Arabien zu verlassen, worauf sich Bin Laden zuerst in den Sudan und dann nach Afghanistan absetzte. Im afghanischen Jalalabad erklärte Bin Laden 1996 den USA den Heiligen Krieg. Gegenüber dem britischen Journalisten Robert Fisk betonte er, dass alle amerikanischen Soldaten Saudi-Arabien verlassen sollten; die USA hätten das Land mithilfe der korrupten Königsfamilie in eine »amerikanische Kolonie« verwandelt. Dies sei nicht hinnehmbar, weil sich mit Mekka und Medina in Saudi-Arabien die zwei heiligsten Städte des Islam befinden würden. »Ich habe den Amerikanern geraten, ihre Truppen aus Saudi-Arabien abzuziehen«, so Bin Laden zu Fisk.[51]

Doch die USA dachten nicht daran, auf die Forderungen von Bin Laden einzugehen. Die US-Truppen blieben in Saudi-Arabien stationiert. Dies führte im Land zu Spannungen, da viele gläubige Muslime die Präsenz der US-Truppen ablehnten. Doch das saudische Königshaus erklärte, die Präsenz der Amerikaner sei erwünscht, und erlaubte den USA auch 2003, die Militäranlagen in Saudi-Arabien für den Angriff auf den Irak zu nutzen. Erst 2004 zogen die meisten amerikanischen Truppen aus Saudi-Arabien ab und bauten eine verstärkte Präsenz im angrenzenden Katar aus.[52]

Trotz der großen Zerstörung kam es auch während des zweiten Golfkriegs 1990 und 1991 nie zu einer Erdölknappheit in Europa, im Gegenteil, der Markt war überversorgt. Der globale Tagesbedarf lag im Jahre 1990 bei 65 Millionen Fass. Davon produzierten der Irak rund 2 Millionen und Kuwait 1 Million Fass. Weil der Produktionsausfall der beiden am Krieg beteiligten Länder von Saudi-Arabien kompensiert wurde, bewegte sich der Preis nur kurzfristig steil nach oben und sank danach wieder auf ein tiefes Niveau ab. Vor dem Angriff auf Kuwait im Juni 1990 kostete das Fass Erdöl 17 Dollar, nach der Invasion im August stieg der Preis im dritten Quartal 1990 kurzfristig auf 40 Dollar, doch schon im Dezember fiel der Preis wieder und notierte sogar tiefer als vor Ausbruch des Krieges. Im Ganzen gesehen, fielen die Erdölpreise im Jahre 1991 trotz zweitem Golfkrieg: 1990 hatte der Jahresdurchschnittspreis für die Marke Brent bei 24 Dollar gelegen, 1991 lag er noch bei 20 Dollar.[53]

15

Peak Oil und das Ende des Erdölrausches

Erdöl, Erdgas und Kohle, die im Jahre 2010 die globale Energieversorgung zu rund 80 Prozent dominierten, sind beschränkt verfügbare Ressourcen. Da diese fossilen Energien täglich in großen Mengen verbrannt werden und damit für den Menschen verloren gehen, werden sie dereinst in einem noch unbekannten Jahr in der Zukunft aufgebraucht sein. Aller Voraussicht nach wird aufgrund seiner hohen Energiedichte und der bestehenden Infrastruktur zuerst das hochwertige Erdöl, danach das schwieriger zu transportierende Erdgas und erst dann die weniger hochwertige Kohle ausgehen oder aber derart teuer werden, dass sich eine Förderung im Vergleich zum Einsatz erneuerbarer Energien nicht mehr lohnt.

Jahrzehnte, bevor das Erdöl gänzlich aufgebraucht ist, erreicht es das Fördermaximum Peak Oil. Bereits dann machen sich Probleme wie Preisexplosionen und Verteilungskämpfe bemerkbar und nicht erst, wenn alles Erdöl aufgebraucht ist. Beim konventionellen Erdöl ist heute das Fördermaximum Peak Oil erreicht. Die konventionelle Erdölförderung stagniert seit dem Jahre 2006 auf einem Plateau von 70 bis 75 Millionen Fass pro Tag und kann nicht mehr erhöht werden – dies, obschon der Erdölpreis sehr hoch liegt, was früher stets zu einer Ausweitung der Förderung geführt hatte. Diese Tatsache, obschon in der breiten Öffentlichkeit kaum bekannt, bereitet vielen Erdölgeologen größte Sorgen. Als Erdölhistoriker bin ich der Meinung, dass das Erreichen des Peak Oil beim konventionellen Erdöl im Jahre 2006 eine der wichtigsten historischen Zäsuren in der Geschichte des Erdölzeitalters war, denn damit beginnt der Anfang vom Ende des Erdölrausches. Wir sind als Gesellschaft zwar weiterhin stark abhängig vom schwarzen Gold, sogar mehr als je zuvor, doch der »Stoff« wird plötzlich immer teurer, für ärmere Schichten wird der Rausch zum Kater. Die Zeit des billigen und einfach zu fördernden Erdöls ist vorbei.

Wir stehen mitten in einem Wandel, in dem eine neue Energiestruktur entsteht, die noch völlig offen ist. Weil praktisch alle Europäer täglich mit mehr Informationen überflutet werden, als sie verarbeiten können, haben auch gut informierte Zeitungsleser zum Teil nicht registriert, was Peak Oil ist und dass er beim konventionellen Erdöl schon hinter uns liegt. In diesem Kapitel soll daher die Peak-Oil-Diskussion genauer dargestellt werden, damit deutlich wird, warum die Zeit des billigen Erdöls vorbei ist. Die Frage steht im Raum: Was kommt nach dem Erdölrausch? Eine Abfolge von Wirtschaftskrisen und Ressourcenkriegen? Oder ein Erdgasrausch? Oder ein Kohlerausch? Oder der Durchbruch der erneuerbaren Energien? Wir wissen es heute noch nicht. Im Jahre 2030 wird man erneut Bilanz ziehen müssen.

Was bedeutet Peak Oil?

Die Angst vor dem Ende des Erdölzeitalters ist so alt wie die industrielle Förderung von Erdöl. Immer wieder haben Menschen – auch wenn es nur wenige waren – darüber nachgedacht, wann alles Erdöl verbrannt sein würde und welche Folgen daraus für die Gesellschaft entstehen könnten. Experten versuchten, die noch verfügbaren globalen Erdölreserven abzuschätzen, und teilten diese durch den Jahresverbrauch, um zu berechnen, wie lange das Erdöl noch reicht. Doch weil die Zahlen zu den Reserven damals wie heute intransparent und wenig verlässlich sind und zudem der Erdölpreis und die Entwicklung der Technik die Fördermengen stark beeinflussen, kam es wiederholt zu falschen Voraussagen über das Ende des Erdölzeitalters.

Im Jahre 1885 warnte der amtliche Geologe von Pennsylvania, dass »die erstaunliche Flut von Öl« nur ein »vorübergehendes und schon wieder im Verschwinden begriffenes Phänomen« sei, »eine Erscheinung, deren natürliches Ende die jungen Männer von heute noch erleben werden«.[1] Diese Prognose vom Ende des Erdölzeitalters in den USA erwies sich als völlig falsch, wie wir heute wissen. Erdöl war in größeren Mengen vorhanden, als damals vermutet wurde.

Auch in Europa beobachtete man die Endlichkeit des Erdöls. Der Ökonom Julius Swoboda, der in seiner Dissertation an der Universität Basel im Jahre 1895 das Entstehen der Erdölindustrie untersuchte, erkannte richtig, dass Erdölfelder sich erschöpfen und dann versiegen. »Es ist zweifellos, dass die jetzigen Ölfelder Russlands und Amerikas nicht ewig ergiebig bleiben und dass dieselben einmal gewiss auch versiegen werden«, so Swoboda. Der Ökonom betonte, dass die Gesamtproduktion nur dann erhöht werden könne, wenn neue und größere Erdölfelder erschlossen werden, um die einbrechenden Felder zu ersetzen. »Es ist schon zu wiederholten Malen in verschiedenen Zeitschriften hervorgehoben worden, dass die amerikanische Erdölausbeute, wenn auch in ihrer Gesamtheit steigend, auf den einzelnen Ölgebieten in fortwährendem Abnehmen sei«, beobachtete Swoboda, und dass »der Untergang der amerikanischen Petroleumindustrie wohl schon längst erfolgt wäre, wenn man nicht immer neue Gebiete entdeckt und erschlossen hätte.«[2]

Vor dem Zweiten Weltkrieg waren in Deutschland »Warnungs- und Drohrufe« bekannt, »die dahin ausklangen, dass eines Tages eine Zeit kommen werde, in der die gesamten Erdöllager auf der ganzen Welt erschöpft seien«, so der deutsche Techniker Fritz Pachtner in seinem Buch »Weltmacht Erdöl«, das 1929 publiziert wurde. »Namhafte Fachleute auf dem Erdölgebiete sowie Geologen stellten unter Zugrundelegung verschiedenartiger Annahmen Schätzungen auf, wie groß der gesamte noch verfügbare Weltvorrat an Erdöl wohl sein möge, und wie lange er noch den von Jahr zu Jahr in starkem Maße wachsenden Bedarf an Erdölprodukten befriedigen könne.« Pachtner glaubte, »dass etwa in 50 Jahren [also 1979] die natürlichen Erdölvorräte auf der ganzen Welt erschöpft seien«. Auch diese Schätzung war völlig falsch – es gab viel mehr Erdöl, als die Experten glaubten.[3]

Die zitierten Beispiele aus den USA und Europa zeigen, dass man zwar schon immer um die Endlichkeit des Erdöls wusste, aber unfähig war, das Ende des Erdölzeitalters korrekt zu datieren. Wer aus den fehlerhaften Prognosen indes schließt, Erdöl werde überhaupt nie ausgehen, liegt auch falsch. Denn Erdöl ist im Boden nur in beschränkten Mengen vorhanden, genau gleich wie im Tank eines Autos, der ebenfalls nach einer gewissen Zeit leer ist. Wir wissen heute, dass der analytische Ansatz, die globalen Erdölreserven abzuschätzen und diese durch den Jahresverbrauch zu teilen, um daraus das Ende des Erdölzeitalters zu berechnen, sich nicht bewährt hat. Es braucht bessere Methoden, um das Ende des Erdölzeitalters zu erforschen.

Zu einem Fortschritt in der Debatte um das Ende des Erdöls kam es 1956, als der amerikanische Erdölgeologe Marion King Hubbert, der am Forschungslabor der Shell Oil Company in Houston arbeitete, erklärte, dass die zeitliche Entwicklung der Erdölproduktion eines Feldes, einer Region, eines Landes und auch der Welt jeweils einer Glockenkurve ähnelt. Den Scheitelpunkt der Glockenkurve, also das Maximum der Erdölproduktion, den Peak Oil, müsse man untersuchen, nicht das Ende vom Erdöl. Hubbert erklärte, die USA würden das Fördermaximum Peak Oil 1970 erreichen. Wie oben dargelegt, glaubte ihm niemand, doch er hatte recht. Die USA erreichten 1970 das Fördermaximum Peak Oil bei 10 Millionen Fass pro Tag, heute liegt die Erdölförderung in den USA deutlich tiefer.

Die wissenschaftliche Debatte um das Ende des Erdöls dreht sich heute um die Frage, welche Länder den Peak erreicht haben, welche unter einer fallenden Förderung leiden und wie lange das weltweite Erdölangebot noch erhöht werden kann.

Der Peak Oil kann empirisch beobachtet werden, im Gegensatz zum Ende des Erdölzeitalters, und ist daher der präzisere Forschungsansatz. Die zentrale Frage ist nicht mehr, wann alles Erdöl der Welt verbrannt sein wird. Denn die wirtschaftlichen, politischen und sozialen Probleme fangen schon nach Erreichen des Peak Oil an, da danach das Erdölangebot stagniert und schließlich zurückgeht.

Die Peak-Oil-Diskussion ist für den Laien etwas verwirrend, weil in der Fachliteratur verschiedene Peaks diskutiert werden. Einerseits werden nationale Peaks untersucht, zum Beispiel das Fördermaximum der USA. Erst aus der Summe der nationalen Peaks errechnet sich der globale Peak. Im Weiteren wird zwischen verschiedenen Erdölsorten unterschieden. Zentral ist die Unterscheidung zwischen dem Peak beim konventionellen Erdöl, das flüssig aus dem Bohrloch austritt und relativ günstig zu fördern ist, sowie dem Peak beim nichtkonventionellen Erdöl, das sehr teuer und aufwendig in der Förderung ist. Zudem wird heute untersucht, ob und wenn ja, wie lange die Förderung nach Erreichen des Peaks auf einem Plateau stabil bleibt und, falls sie einbricht, wie stark der Förderrückgang ist. Alle diese Fragen werden spezifisch an einzelnen Feldern und Ländern empirisch untersucht. Die wissenschaftliche Analyse ist heute bezüglich der Endlichkeit des Erdöls viel präziser und differenzierter geworden, als es zum Beispiel die oben diskutierte Studie des Club of Rome war. Der Peak-Oil-Ansatz ist der alten Debatte über die total verfügbaren Reserven im Boden und über das Ende der Förderung weit überlegen, denn er hebt hervor, dass viele Jahre vor dem Ende des Erdölzeitalters zuerst der globale Peak Oil auftreten und danach die Förderung stetig zurückgehen wird.

Nachdem die USA selber erlebt hatten, wie die eigene Erdölproduktion wegbricht, forderte US-Präsident Jimmy Carter am 23. Mai 1977 vor dem Kongress, dass »eine einjährige Untersuchung über die voraussichtlichen Veränderungen der Bevölkerung, der natürlichen Ressourcen und der Umwelt auf der Erde bis zum Ende dieses Jahrhunderts« durchgeführt werden müsse. Der Kongress unterstützte dieses Anliegen, und Experten aus verschiedenen Ministerien der amerikanischen Regierung führten die bemerkenswerte Studie »Global 2000« durch, die 1980 publiziert wurde, heute aber kaum mehr bekannt ist. Die Studie kam zum Schluss, dass der globale Peak Oil schon um die Jahrtausendwende erreicht werde. »Technische Überlegungen deuten darauf hin, dass die Welterdölproduktion zwischen 1990 und 2010 mit einem täglichen Ertrag von 80 bis 105 Millionen Fass ihren Höchststand erreicht«, so die Studie. »Eine weltweite Befreiung aus der Abhängigkeit vom Erdöl ist notwendig«, so die Autoren, »aber wie sich dieser Wandel vollziehen soll, ist noch sehr ungewiss.«[4]

Auch die Generalversammlung der Vereinten Nationen machte sich nach den beiden Erdölkrisen Sorgen über die Endlichkeit der Ressourcen und die Umweltzerstörung. Um eine fundierte globale Perspektive zu erlangen, rief sie im Herbst 1983 die Weltkommission für Umwelt und Entwicklung (World Commission on Environment and Development) unter dem Vorsitz der früheren norwegischen Ministerpräsidentin Gro Harlem Brundtland ins Leben. Die Kommission erhielt von der UNO den Auftrag, den Zustand der Erde und der Umwelt zu analysieren und langfristige Lösungen vorzuschlagen, denn man hatte schlicht den Überblick verloren, ob die Ressourcen nun knapp waren oder nicht. Der Auftrag zeige »deutlich, wie frustriert und unfähig wir uns in der internationalen Gemeinschaft fühlten, die lebenswichtigen weltweiten Probleme anzusprechen und mit ihnen wirksam umzugehen«, so Brundtland später. Es gelte, davon war die Norwegerin überzeugt, ein »globales Bewusstsein« zu entwickeln und eine »nachhaltige Entwicklung« (sustainable development) herbeizuführen.[5]

Der Ausdruck »nachhaltige Entwicklung« ist heute weitverbreitet, damals war er noch neu. Brundtland definierte nachhaltige Entwicklung als eine Entwicklung, die den Bedürfnissen der jetzigen Generation entspricht, ohne dass sie die Möglichkeiten künftiger Generationen gefährdet, ihre eigenen Bedürfnisse zu befriedigen. Natürlich ist der massive und gedankenlose Verbrauch von Erdöl nicht nachhaltig. Kommende Generationen werden mit weniger Erdöl und mehr Schadstoffen auskommen müssen. Der Abschlussbericht der Kommission »Unsere gemeinsame Zukunft«, auch als »Brundtland-Bericht« bezeichnet, wurde im April 1987 vorgelegt und warnte ausdrücklich vor dem kommenden Maximum der Erdölförderung. »Über noch erschließbare Ölreserven und Ressourcen wird vielfach vorausgesagt, dass die Ölproduktion zu Beginn des nächsten Jahrhunderts zum Stillstand kommen wird und dann während einer Periode des begrenzten Vorrats und höherer Preise allmählich abfallen wird«, so der Brundtland-Bericht. »Diese Schätzungen legen es nahe, dass die Welt sofort eine strikte Ölsparpolitik einschlagen sollte.«[6] Die Abhängigkeit der Industrieländer vom Erdöl sei gefährlich, der Ausstieg aus den fossilen Energien dringend.

Weil in den 1980er-Jahren Saudi-Arabien den Erdölhahn aufdrehte und, wie oben dargelegt, die Märkte mit billigem Erdöl überschwemmte, wurde die konkrete Warnung vor einem Fördermaximum, so wie es der Brundtland-Bericht und die Studie Global 2000 formulierten, nicht ernst genommen. Erdöl war viel zu billig und im Überfluss vorhanden, als dass man sich darüber Gedanken machen wollte. Selbst in Europa sprudelten die Erdölquellen, nachdem man die Felder der Nordsee erschlossen hatte. Während der Erdölrausch andauerte und die Preise tief blieben, wollte sich niemand mit dem Fördermaximum auseinandersetzen.

Die Erdölproduktion von Europa bricht ein

Europa hat auf dem Land nie nennenswerte Mengen an Erdöl produziert. Aber draußen auf dem Meer in der Nordsee wurden Erdöl und Erdgas entdeckt. Die fünf Anliegerstaaten Norwegen, Großbritannien, Dänemark, Deutschland und die Niederlande beuten dieses Erdöl und Erdgas bis zum heutigen Tage aus. Dabei machten sie genau dieselbe Erfahrung, welche die USA schon 1970 gemacht hatten: Die Erdölförderung erreichte in Europa das Fördermaximum Peak Oil bei rund 6 Millionen Fass pro Tag und geht seit dem Jahr 1999 zurück. Obschon die Nordsee weiterhin ein wichtiges Fördergebiet für Erdöl und Erdgas bleibt, zeigt das Einbrechen der europäischen Förderraten, dass der Erdölrausch vorbei ist. Europa muss immer mehr für seine Erdölimporte bezahlen; zudem kommen die Importe aus politisch unstabilen Regionen. Die Erdölabhängigkeit Europas ist gefährlich.

In der Nordsee, einem relativ flachen Meer mit einer durchschnittlichen Tiefe von nur 95 Metern, stehen derzeit rund 450 Bohrinseln, die meisten davon im britischen und norwegischen Sektor. Hier wird am meisten Erdöl gefördert. Die dänischen, deutschen respektive niederländischen Sektoren der Nordsee sind weniger ergiebig. In der niederländischen Provinz Groningen war bereits 1958 das größte Erdgasfeld Europas entdeckt worden. Das Feld enthielt weit mehr Gas, als im Inland gebraucht wurde, worauf die Niederlande zu einem Erdgasexporteur aufstiegen und ab 1963 auch an Deutschland Erdgas lieferten.

Erdölgeologen hatten aus dem spektakulären Erdgasfund in Groningen und den verfügbaren geologischen Daten geschlossen, dass sich auch in der Nordsee Erdöl- und Erdgaslagerstätten befinden könnten. Im Jahr 1966 begannen verschiedene Unternehmen mit Probebohrungen draußen im Meer. Im Dezember 1969 entdeckte die amerikanische Erdölfirma Phillips Petroleum Company (heute ConocoPhillips) im norwegischen Sektor der Nordsee 270 Kilometer vor der Festlandküste das große Ekofisk-Erdölfeld. Es war die erste erfolgreiche Erdöl-Erkundungsbohrung in der Nordsee. Ekofisk liegt in einer Tiefe von rund 3000 Metern unter einer undurchlässigen Schicht aus Tonstein an einer Stelle, an der die Nordsee rund 70 Meter tief ist. Ab 1971 förderte Phillips hochwertiges schwefelarmes Erdöl aus dem Ekofisk-Feld. Das Rohöl wurde zuerst mit Tankern abtransportiert, dann wurde das Feld 1975 über eine Rohölpipeline mit dem englischen Teesside verbunden. Eine Erdgaspipeline führt von Ekofisk ins deutsche Emden.

Die Entdeckung von Ekofisk bewies, dass in der Nordsee Erdöl gefunden und gefördert werden konnte. Doch erst nach der Erdölkrise von 1973 und dem Anstieg des nominalen Erdölpreises auf 12 Dollar pro Fass lohnte sich die aufwendige und teure europäische Förderung draußen im Meer für Shell, Exxon, BP und andere große Erdölkonzerne. In den 1970er-Jahren wurde im großen Stil in der Nordsee investiert, gebohrt und gefördert. Zu den bekannten Feldern der Nordsee gehört neben Ekofisk auch das Erdölfeld Brent, das 1971 im britischen Sektor entdeckt wurde. »Brent« bezeichnet heute Europas wichtigste Rohölsorte und taucht zusammen mit dem Erdölpreis täglich in der Presse auf. Andere Erdölfelder der Nordsee tragen Namen wie »Heidrun« und »Ninian«.

Die fünf europäischen Länder, die von den Erdöl- und Erdgasentdeckungen in der Nordsee profitierten, gingen ganz unterschiedlich mit ihrem neuen Reichtum um. In den Niederlanden führten die Gasexporte aus Groningen zur sogenannten »holländischen Krankheit«: Der Geldsegen aus dem Gasexport erlaubte es den Niederländern, viele wirtschaftliche Unzulänglichkeiten in anderen Branchen zu verdecken, was bewirkte, dass diese wirtschaftlich nicht mehr konkurrenzfähig waren, als der Transfer aus dem Gaseinkommen zurückging.

Sehr klug und vermutlich besser als irgendein anderes Land auf der Welt gestalteten die Norweger ihre Erdölgeschichte. Die Norweger wussten, dass Erdölfunde ein Land in Bedrängnis bringen können, wenn dieses sein Rohöl mächtigen internationalen Erdölkonzernen zur Ausbeute überlässt. Um die eigene Souveränität zu schützen, gründeten die Norweger 1972 die Firma Statoil, die bei der Vergabe der Erdölkonzessionen in der Nordsee bevorzugt wurde. Ausländische Konzerne wie Esso oder BP, die im norwegischen Sektor eine Konzession erwarben, mussten Statoil an ihrer Technologie teilhaben lassen, was zu einem Technologietransfer führte. Heute gehört Statoil noch immer zu 67 Prozent dem norwegischen Staat, ist das größte Unternehmen Norwegens und eine technisch führende Erdölfirma im Bereich Offshore-Technik mit Aktivitäten in 36 Ländern.

Um die »holländische Krankheit« zu vermeiden und den Kapitalzufluss ins Land zu beschränken, gründeten die vorausschauenden Norweger einen Petroleumfonds, der die Einnahmen aus dem Erdöl- und Erdgasgeschäft im Ausland investiert. Der Petroleumfonds umfasst Bargeld, Aktien, Obligationen und Immobilien und soll die norwegischen Renten und den Wohlfahrtsstaat auch nach dem Versiegen der Öl- und Gasquellen finanzieren. Nur ein kleiner Teil der Erträge aus dem Petroleumfonds werden dem norwegischen Haushalt zugeführt. Der norwegische Petroleumfonds ist durch die Förderung in der Nordsee sagenhaft reich geworden. Ende 2010 verwaltete der Fonds 360 Milliarden Euro und war damit der größte Staatsfonds Europas und der zweitgrößte Staatsfonds der Welt.[7] Noch mehr Geld verwaltete damals nur die Abu Dhabi Investment Authority (ADIA), ein Staatsfonds der Vereinigten Arabischen Emirate, der Ende 2010 rund 620 Milliarden Dollar enthielt, ebenfalls durch Erdöleinnahmen aufgebaut worden war und den Emiraten zur Verfügung stehen soll, wenn das Erdöl aufgebraucht ist.[8]

Mit der Gründung von Statoil und dem Aufbau des Petroleumfonds verfolgten die Norweger eine kluge und langfristige Erdölpolitik. Die norwegische Erdölförderung, die 1971 begann, konnte über mehrere Jahre stets erhöht werden. Doch 2001 erreichte sie bei 3,2 Millionen Fass pro Tag das Fördermaximum und sinkt seither ab. 2010 förderte das Land nur noch 2,1 Millionen Fass pro Tag (vgl. Infografik »Erdölproduktion Norwegen« auf Seite 368). Auch die Zahlen aus Norwegen zeigen, dass der Erdölrausch nicht endlos andauert und dass es jeweils nur eine Frage der Zeit ist, bis ein Land das Fördermaximum erreicht. Weil Norwegen nur knapp 5 Millionen Einwohner zählt, ist der Inlandverbrauch mit 290 000 Fass pro Tag vergleichsweise klein, weshalb Norwegen auch heute noch ein Nettoexporteur von Erdöl ist.[9]

Der deutsche Sektor der Nordsee verfügt nur über eine sehr bescheidene Erdölförderung und kann in keiner Weise mit der Förderung von Norwegen oder Großbritannien verglichen werden. Das Erdölfeld Mittelplate in der Nordsee ist das größte Erdölfeld Deutschlands; es befindet sich zwischen 2000 und 3000 Metern Tiefe und wird durch die gleichnamige Bohrinsel seit 1987 ausgebeutet. Die Bohrinsel Mittelplate liegt im Nationalpark Schleswig-Holsteinisches Wattenmeer und ist seit 2005 durch eine 10 Kilometer lange Pipeline mit dem Festland verbunden. Das Fördermaximum von Mittelplate wurde 2003 bei 2,2 Millionen Tonnen Erdöl pro Jahr oder bescheidenen 44 000 Fass pro Tag erreicht.

Im dänischen Sektor der Nordsee begann die Erdölförderung 1972 und erreichte 2004 das Fördermaximum bei 390 000 Fass pro Tag. Dänemark produziert derzeit noch mehr Erdöl und Erdgas, als das Land im Inland verbraucht, und ist daher netto ein Exporteur von Energie. Doch weil die Förderung im Land zurückgeht, ist es nur eine Frage der Zeit, bis auch Dänemark wieder auf Erdöl und Erdgasimporte angewiesen sein wird.[10]

Auch in den Niederlanden war die Erdölförderung im Vergleich zu Norwegen und Großbritannien sehr klein. Sie erreichte 1986 ein Fördermaximum bei 93 000 Fass pro Tag, was natürlich nicht reichte, um den Eigenbedarf zu decken, weshalb die Niederlande stets ein Nettoimporteur von Erdöl waren. Weiterhin wird Erdgas exportiert, doch auch dieses ist nur in beschränkten Mengen im Boden vorhanden. Auch beim Erdgas gibt es einen Peak Gas; dieser wurde in den Niederlanden 1976 erreicht, seither verharrt die holländische Erdgasförderung auf einem hohen Plateau und wird dereinst wieder absinken.[11]

Am eindrücklichsten ist der Verlauf von Aufstieg und Abstieg in Großbritannien. In den 1950er- und 1960er-Jahren förderten die Briten überhaupt kein Erdöl. Dann folgten die Nordseeentdeckungen und die Euphorie eines grenzenlosen Erdölrausches. Die britische Förderung konnte anfänglich von Jahr zu Jahr gesteigert werden. Mitte der 1980er-Jahre erreichte sie eine erste Spitze bei 2,6 Millionen Fass pro Tag. Danach brach die Förderung unerwartet ein, nachdem es auf der Bohrinsel Piper Alpha, 170 Kilometer vor der Küste, zu einem schweren Unfall mit 167 Todesopfern gekommen war. Nach dem Löschen der Feuer und den Räumungsarbeiten konnte die Förderung im britischen Sektor der Nordsee wieder hochgefahren werden. Sie erreichte im Jahr 2000 bei 2,8 Millionen Fass das Fördermaximum (vgl. Infografik »Erdölproduktion Großbritannien« auf Seite 369).

Was die USA schon 1970 erlebt hatten, bestätigte sich auch in Großbritannien als Naturgesetz: Weil der Druck in den Erdölfeldern mit der Zeit kontinuierlich abnimmt, sinkt entsprechend auch die Menge an gefördertem Erdöl. Seit dem Jahr 2000 geht die Förderung von Großbritannien unerbittlich um rund 5 Prozent pro Jahr zurück. Die Briten fördern zwar noch Erdöl, aber von Jahr zu Jahr weniger, genau gleich wie die Norweger. Im Jahr 2010 wurden nur noch 1,3 Millionen Fass pro Tag gefördert. In nur zehn Jahren hatte sich die Förderung halbiert, was für viele Beobachter ein echter Schock war. Im Jahr 2011 brach sie im Vergleich zum Vorjahr nochmals um 17 Prozent ein. »Die Decline-Rate, also die Geschwindigkeit, mit der die Fördermengen von Jahr zu Jahr sinken, ist enorm«, konstatierte die Presse.[12] Es wird erwartet, dass die britische Erdölförderung um das Jahr 2050 eingestellt wird.

Am Beispiel der Briten lässt sich auch gut zeigen, wie ein Erdölförderland zum Erdölimporteur wird. Obschon die eigene Förderung einbrach, verzeichneten die Briten, wie fast alle reichen Länder der Welt, einen konstant hohen Erdölkonsum. Der Erdöleigenbedarf lag im Jahr 2000 bei 1,7 Millionen Fass pro Tag. Die Eigenproduktion reichte damals, um den Eigenbedarf zu decken; zudem blieb noch etwas überschüssige Produktion für den Export übrig. Doch auch 2006 lag der Eigenbedarf noch immer bei 1,7 Millionen Fass, die einbrechenden Felder lieferten aber nur noch 1,6 Millionen Fass. Der Bedarf war damit größer als die eigene Förderung. Seit 2006 sind die Briten Nettoimporteur von Erdöl. Sie sind zwar weiterhin ein wichtiges Erdölförderland, aber auf dem internationalen Erdölmarkt treten sie als Nachfrager, nicht als Anbieter auf.[13]

Für die Briten ist der Erdölimport ein großes Ärgernis, denn sie hatten ihr Erdöl exportiert, als der Preis unter 20 Dollar pro Fass lag, und müssen nun bei einem Preis von um die 100 Dollar pro Fass Rohöl importieren. Ich finde es bemerkenswert, dass zwischen dem Moment, als die Briten Peak Oil erreichten (2000), und dem Jahr, als sie Nettoimporteur wurden (2006), nur sechs Jahre liegen; der Wandel vollzog sich somit schnell. Wir wissen heute, dass es nicht reicht zu fragen, ob ein Erdölförderland noch Erdöl produziert oder nicht; wichtiger für den Weltmarkt ist die Information, ob noch Erdöl für den Export zur Verfügung steht und wenn ja, wie viel. Neben den USA und Großbritannien hat sich auch Indonesien nach Erreichen des Peak Oil zu einem Nettoimporteur gewandelt, das Phänomen ist bekannt und wird sich in anderen Förderländern wiederholen. Gordon Brown, der frühere britische Premierminister, wies mit Nachdruck darauf hin, dass sich dereinst die ganze Welt mit dem Phänomen Peak Oil auseinandersetzen müsse: »Das ist nicht nur ein nationales Problem der Briten, es ist ein globales Problem von Angebot und Nachfrage, nicht nur kurzfristig, sondern vor allem mittel- und langfristig.«[14]

Vielen Menschen in Europa ist überhaupt nicht bewusst, dass die Förderung in der Nordsee einbricht und die fehlenden Mengen durch Import von außerhalb Europas kompensiert werden. Großbritannien und Norwegen haben das Fördermaximum Peak Oil erreicht. Auch die kleinen Anrainerstaaten Dänemark, Deutschland und die Niederlande haben den Peak Oil hinter sich. Insgesamt erzählen die verfügbaren Daten aus Europa die gleiche Geschichte, wie sie die USA bereits 1970 erlebten. Es ist dies die Geschichte von erfolgreichen Erdölbohrungen, von Euphorie und Erdölrausch, auf welche ein Peak Oil und danach der Niedergang der Förderung folgte.

Die Prognosen der Internationalen Energieagentur

Die Internationale Energieagentur (IEA) in Paris beobachtet die Entwicklung des Erdölangebots genau. Gegründet wurde die IEA 1974 im Anschluss an die erste Erdölkrise als Gegengewicht zur OPEC, um die OECD-Länder, darunter auch Deutschland, Österreich und die Schweiz, vor kommenden Knappheiten, hohen Erdölpreisen und neuen Erdölkrisen zu warnen.[15] Doch diese Funktion hat die IEA nur ungenügend erfüllt. Für ihre drastischen Fehlprognosen wurde sie denn auch wiederholt kritisiert. Das Potenzial der erneuerbaren Energiequellen wurde systematisch heruntergespielt, Ölpreisverteuerungen wurden unterschätzt.

Für das Jahr 2010 prognostizierte die IEA zum Beispiel einen Ölpreis von 35 US-Dollar pro Fass. In Realität erreichte der Erdölpreis schon 2008 Spitzen von über 140

Dollar und lag 2010 bei rund 80 Dollar. Solche Preise hatte die IEA nicht für möglich gehalten, weil sie das Fördermaximum beim konventionellen Erdöl lange ignorierte. »Wissen Sie, was Ihre Agentur für einen Erdölpreis für das Jahr 2010 vorausgesagt hat?«, fragte der »Spiegel-Online« den Direktor der IEA, Nobuo Tanaka. »Nein, ich war damals noch nicht in dieser Funktion tätig, aber sagen Sie es mir doch bitte«, antwortete Tanaka. »35 Dollar pro Fass Erdöl«, habe die IEA vorausgesagt, so der »Spiegel«. »Dann lagen wir also sehr falsch«, entschuldigte sich Tanaka.[16]

Als der Schweizer Bundesrat am 5. Februar 1975 dem Parlament den Antrag unterbreitete, den Beitritt der Schweiz zur IEA gutzuheißen, verwies die Landesregierung explizit auf die gefährliche Abhängigkeit Europas von Erdölimporten: »In den vergangenen 25 Jahren sind die Industrieländer für ihre Wirtschaftstätigkeit und Entwicklung immer stärker vom Erdöl und damit von einer Energiequelle abhängig geworden, über die insbesondere die europäischen Staaten kaum selber verfügen«, so der Bundesrat. Eine internationale Zusammenarbeit dränge sich auf, um die Sicherheit der Energieversorgung zu gewährleisten. Das Parlament folgte der Argumentation des Bundesrates und stimmte dem Beitritt zur IEA zu. Die Vorlage kam nicht vors Volk.[17]

Die IEA verpflichtet alle Mitgliedsländer dazu, strategische Erdölreserven für mindestens 60 Tage Normalverbrauch anzulegen. Der IEA-Krisenplan legt fest, dass alle Mitglieder im Fall einer Krise den anderen IEA-Mitgliedern Erdöl liefern müssen. Diese Idee der Solidarität ist begrüßenswert, sie hat aber einen Haken: Die IEA kann nicht selber Erdöl herstellen, wenn die Lager aufgebraucht sind und alle IEA-Mitglieder längerfristig unter Importproblemen leiden. Die IEA-Mitglieder zählen aber zu den größten Erdölverbrauchern. Ein Zusammenschluss von Erdölabhängigen, wie ihn die IEA darstellt, kann einzig und allein die Risiken der Abhängigkeit auf alle Schultern verteilen.

Die in den Mitgliedsländern verteilten Erdölreserven umfassen 1,6 Milliarden Fass und dürfen nur im Krisenfall angezapft werden.[18] Der Krisenfall, so legen die IEA-Richtlinien fest, wird dann ausgerufen, wenn die Verknappung in einem oder in mehreren IEA-Ländern 7 Prozent gegenüber der Normalversorgung beträgt. Das Ausrufen des Krisenzustandes bedarf nur der Mehrheit der Mitgliederstimmen und nicht eines einstimmigen Beschlusses aller 28 Mitglieder. Seit ihrer Gründung hat die IEA den Krisenfall erst dreimal ausgerufen und strategische Reserven freigegeben. Nach der Invasion von Kuwait durch den Irak 1990 gab die IEA die strategischen Reserven frei und füllte die Lager nach der Krise wieder auf. Auch 2005, als der Wirbelsturm »Katrina« im Golf von Mexiko die Erdölproduktion im Süden der USA beschädigte, öffnete die IEA die strategischen Reserven, und die Europäer lieferten Erdöl an die USA. Als 2011 während des Krieges gegen Libyen die IEA die strategischen Reserven erneut freigab, kritisierte die OPEC diese Aktion scharf, da dadurch der Preis gedrückt werde. Es gebe keinen Bedarf für zusätzliches Öl, protestierte OPEC-Generalsekretär Abdullah al-Badri: »Ich hoffe, diese Praxis wird gestoppt – und zwar sofort.«[19]

Die Planung der IEA sieht vor, dass ab dem Moment, da 50 Prozent der weltweiten Ölreserven erschöpft sind, ein IEA-Krisenministerrat zusammentritt, der Notstandsmaßnahmen beschließen kann. Dass dieser Moment kommen wird, ist sicher. Unklar ist aber, in welchem Jahr dies geschehen wird. Da sowohl die USA wie auch Europa das Fördermaximum erreicht haben, wollen die Konsumentenländer heute von der IEA wissen, wie lange die globale Erdölförderung noch erhöht werden kann und bei welcher Menge der globale Peak Oil erreicht wird.

In ihrem jährlich publizierten Standardwerk »World Energy Outlook« (WEO) behauptete die IEA noch 2004, dass die globale Erdölförderung bis ins Jahr 2030 problemlos auf 121 Millionen Fass pro Tag erhöht werden könne; ein Peak Oil sei also nicht in Sicht. Im WEO 2005 korrigierte die IEA diese Aussage nach unten auf 120 Millionen Fass pro Tag. Doch die Erdölindustrie widersprach diesen optimistischen Prognosen. »Werte wie 120 Millionen Fass pro Tag werden wir niemals erreichen, niemals«, erklärte Christophe de Margerie, CEO des französischen Erdölkonzerns Total.[20]

Die IEA korrigierte daraufhin ihre Voraussagen erneut und erklärte im WEO 2006, man könne die globale Erdölförderung wohl auf 116 Millionen Fass erhöhen. Im WEO 2008 wurde auch dieser tiefere Wert nochmals nach unten korrigiert, und die IEA erklärte neu, man werde im Jahr 2030 mit einer Erdölproduktion von 105 Millionen Fass pro Tag auskommen müssen. »Es tut mir leid, dies zu sagen, aber wir steuern auf sehr schwierige Zeiten zu«, erklärte Fatih Birol, der für den Bericht verantwortliche Hauptautor und Chefökonom der IEA.[21]

Als die IEA im November 2009 den WEO 2009 publizierte und erneut den Wert von 105 Millionen Fass für das Jahr 2030 prognostizierte, reagierte die internationale Presse misstrauisch. »Die Zahl 120 war immer Unsinn«, erklärte ein namentlich nicht genannter IEA-Insider der britischen Zeitung »The Guardian« am Tag vor der Publikation des Berichts. »Aber auch die heutigen Zahlen sind übertrieben, und die IEA weiß das. Viele innerhalb der IEA glauben, dass es nicht möglich sein wird, die Produktion bei 90 bis 95 Millionen Fass pro Tag zu halten. Aber wenn die Zahlen weiter gesenkt werden, befürchten einige, dass an den Finanzmärkten Panik ausbrechen könnte.«[22]

Wer die »World Energy Outlooks« der verschiedenen Jahre studiert und miteinander vergleicht, kommt aus dem Staunen nicht mehr heraus. Auf der Basis der mir zugänglichen Daten gehe ich davon aus, dass die Angaben der IEA bezüglich der zukünftigen Erdölproduktion in allen IEA-Reports der letzten zehn Jahre viel zu optimistisch waren. Das Fördermaximum Peak Oil wurde in den »World Energy Outlooks« lange nicht thematisiert und wiederholt ignoriert. Erst im WEO 2010, der im November 2010 publiziert wurde, räumte die IEA erstmals ein, dass der Peak Oil beim konventionellen Erdöl schon 2006 bei 70 Millionen Fass pro Tag erreicht wurde. Die Rohölproduktion werde stagnieren, warnte die IEA: »Die Rohölproduktion erreicht ein welliges Plateau von 68–69 Millionen Fass pro Tag im Jahr 2020, aber nie wieder den Peak Oil von 70 Millionen Fass pro Tag, der im Jahr 2006 erreicht wurde.«[23]

Die Bestätigung der IEA, dass der Peak Oil beim konventionellen Erdöl erreicht ist, markiert einen historischen Wendepunkt in der Erdölgeschichte. Obschon diese Aussage sehr weitreichend ist, war sie im WEO 2010 in einer Menge von Grafiken und Zahlen derart versteckt, dass sie von der Öffentlichkeit kaum wahrgenommen wurde und auch heute der breiten Masse unbekannt ist. Dies, obschon IEA-Chefökonom Fatih Birol betonte: »Es sind beunruhigende Nachrichten. Wir glauben, dass die Produktion von konventionellem Rohöl schon im Jahre 2006 den Peak Oil erreicht hat. Die Erdölfelder brechen ein in der Nordsee und in den USA … Uns läuft die Zeit davon.«[24]

Um die OECD-Länder davon zu überzeugen, dass es beim Energieangebot Knappheiten gibt, wählte die IEA im WEO 2008 deutliche Worte. »Das Weltenergiesystem steht an einem Scheideweg. Die derzeitigen weltweiten Trends von Energieversorgung und -verbrauch sind eindeutig nicht zukunftsfähig.« Erdöl werde zwar auch in Zukunft »die wichtigste Energiequelle der Welt« bleiben, aber es sei »äußerst ungewiss, möglicherweise ungewisser denn je«, woher das Erdöl kommen solle und wie sich der Erdölpreis entwickeln würde. Es brauche daher »nichts Geringeres als eine Energierevolution«, um die »Sicherung einer verlässlichen und erschwinglichen Energieversorgung und rasche Umstellung auf ein CO_2 armes, leistungsfähiges und umweltschonendes Energieversorgungssystem« zu meistern. »Noch ist Zeit für einen Kurswechsel«, warnte die IEA, es gehe um »das zukünftige Wohlergehen der Menschheit«.[25]

Die IEA verfügt über detaillierte Daten zur globalen Erdölproduktion und weiß, dass der Erdölrausch, basierend auf billigem konventionellem Erdöl, nicht mehr lange andauern kann. Trotzdem behauptete die IEA im WEO 2010, dass die Erdölproduktion trotz Peak beim konventionellen Erdöl bis ins Jahr 2035 auf 96 Millionen Fass pro Tag erhöht werden könne. Für diese erstaunliche Prognose machte die IEA drei Annahmen: dass erstens beim konventionellen Erdöl das Einbrechen der Felder durch Neufunde und bessere Entölung der alten Felder gestoppt werden könne und damit das Angebot konstant bleibe. Dass zweitens nichtkonventionelles Erdöl aus großen Meerestiefen oder aus Teersanden einen Zuwachs der globalen Erdölproduktion ermögliche. Und dass drittens Gaskondensate (Natural Gas Liquids) wesentlich zur globalen Erdölproduktion beitragen könnten. Doch alle drei Annahmen stehen auf wackeligen Füssen. Es ist gut möglich, dass sie in Zukunft korrigiert werden müssen, wie auch andere IEA-Voraussagen zuvor.

Die Peak-Oil-Diskussion in der Schweiz

Die Schweiz fördert kein Erdöl, aber die Kantone Genf und Zug sind bekannt für den Rohstoffhandel und für Hintergrundwissen zum globalen Rohstoffgeschäft. Im Kanton Zug haben die Firmen Glencore und Xstrata ihren Firmensitz. Glencore in Baar handelt mit Kohle aus Kolumbien, Zink aus Kasachstan und Öl aus Äquatorialguinea und war 2010 gemessen am Umsatz von 145 Milliarden Dollar das zweitgrößte Unternehmen der Schweiz.[26] Der Konzern wurde von Marc Rich gegründet, besitzt eigene Minen und wird heute vom gebürtigen Südafrikaner Ivan Glasberg geführt, der zu den 300 reichsten Schweizern zählt und über ein geschätztes persönliches Vermögen von über 4 Milliarden Franken verfügt.[27] Glasberg ist ein gewiefter Geschäftsmann und verdiente im Jahr 2011 mehr als 100 Millionen Dollar, musste das Geld aber nicht als Lohn versteuern, was einiges Aufsehen erweckte. Glasberg ließ sich den Betrag als Großaktionär von Glencore als Dividende auszahlen, wofür in der Schweiz keine Steuern zu entrichten sind. Die Gemeinde, in der Glasberg wohnt, sieht »von diesem Geld keinen Rappen. Der Bund auch nicht«, kritisierte die Presse.[28]

Entwicklungspolitische Organisationen wie die Schweizer NGO Erklärung von Bern misstrauen der Macht und dem Reichtum der Rohstoffhändler und sprechen vom »gefährlichsten Geschäft der Schweiz«. Oliver Classen von der Erklärung von Bern erklärt, die Rohstoffunternehmen seien äußerst verschwiegen und daher in der Bevölkerung viel weniger bekannt als die Großbanken UBS und Credit Suisse oder auch Nahrungsmittelkonzerne wie Nestlé. Glencore und andere Rohstoffhändler haben es gemäß Classen verstanden, günstigen Zugriff auf die Rohstoffe der Welt zu erlangen. »Die Profite werden dann ausgelagert, in Steueroasen oder an den Hauptsitz in die Schweiz, wo die Steuersätze tief sind«, so die Kritik von Classen. »Im Förderland selber versteuern sie nicht selten keine Gewinne, weil sie dort dank Investitionen nur Verluste ausweisen. Einzig die Schürfrechte müssen sie bezahlen, meist absurd wenig, und häufig fließt dieses Geld an korrupte Regierungen.«[29]

Glencore sieht dies anders. »Wir haben tolle Minen mit 40 bis 50 Jahren Förderkapazität, unser Kupfer im Kongo ist das beste der Welt«, schwärmt CEO Glasberg. »Wir besitzen fantastische Förderanlagen in Kolumbien, Gold- und Zinkabbaugebiete in Kasachstan und Kohlebergwerke in Südafrika.« Glencore wolle weiter wachsen und mit Xstrata fusionieren. »Wir sind seit 35 Jahren in diesem Geschäft und haben jedes Jahr Gewinn geschrieben«, bilanziert der CEO zufrieden.[30]

Die wenig bekannte Firma Vitol, die im Erdölhandel aktiv ist und ihren Hauptsitz in Genf hat, war im Jahre 2011 mit 295 Milliarden Dollar, gemessen am Umsatz, das größte Unternehmen der Schweiz, noch vor Glencore (186 Milliarden Dollar Umsatz) und Nestlé (83 Milliarden Dollar Umsatz).[31] Der Umsatz von Vitol war vor allem wegen des hohen Erdölpreises derart groß, die Anzahl Mitarbeitender mit 900 vergleichsweise klein. Die Firma handelt mit riesigen Volumen, die Margen sind klein. Vitol wird derzeit vom Schotten Ian Taylor geführt, der früher bei Shell arbeitete. Das Unternehmen verdient sein Geld mit dem Lagern und Transportieren von Erdöl. Täglich sind rund 200 große Tanker, gefüllt mit Erdöl, für Vitol unterwegs. Vitol besitzt eigene Tankanlagen und kauft und veräußert pro Tag etwa 5 Millionen Fass Rohöl, Benzin, Diesel oder Heizöl, was 5 Prozent des Weltbedarfs entspricht. »Wir liefern Öl überall dorthin, wo es gebraucht wird«, erklärt Vitol-Chef Ian Taylor, der Wettbewerb in der Branche sei intensiv, Vitol müsse sich »täglich auch gegen die großen Erdölkonzerne behaupten«.[32]

Weil Genf nach dem Kalten Krieg zu einem wichtigen Zentrum für den globalen Erdölhandel aufgestiegen ist, befinden sich in der Stadt an der Rhone seit Jahren auch verschiedene Energieberatungsfirmen. Zu diesen zählte auch Petroconsultants. Die Firma wurde 1955 vom Amerikaner Harry Wassall gegründet, spezialisierte sich auf Erdöldaten und verkaufte ihre Informationsdienste an Erdölkonzerne. Petroconsultants unterhielt eine riesige Datenbank über Erdölfelder auf der ganzen Welt mit Angaben zu den ersten Bohrungen, der Fördermenge und den Konditionen, zu denen die Konzessionen vergeben wurden. Wassall selber interessierte sich sehr für das Thema der einbrechenden Felder, das ihm Sorge bereitete. Als Wassall 1995 verstarb, wurde Petroconsultants an die IHS Energy Group in Denver, Colorado, verkauft.[33]

Der britische Erdölgeologe Colin Campbell, der für Texaco und Amoco weltweit Erdöl gesucht und gefunden hatte und der auch das Vorwort für dieses Buch verfasst hat, arbeitete bei Petroconsultants. Campbell versuchte, die Förderprofile aus vielen verschiedenen Erdölländern der Welt zu summieren, um herauszufinden, wann der globale Peak Oil zu erwarten sei. Im Jahre 1995 publizierte Petroconsultants unter dem Titel »The World Oil Supply 1990–2030« Campbells Forschungsergebnisse. Die Studie konnte man im Buchhandel nicht finden. Sie kostete 35 000 Dollar pro Stück und wurde in erster Linie von Vertretern der Erdölindustrie gekauft und studiert.

Campbell kam auf der Basis seiner Daten zum Schluss, dass der globale Peak Oil beim konventionellen Erdöl sehr nahe liege. Besorgt veröffentlichte er im Jahre 1997 unter dem Titel »The Coming Oil Crisis« ein Buch, das für nur 33 Dollar im Buchhandel erhältlich war, um seine wichtigen Forschungsresultate auch außerhalb der Fachwelt zugänglich zu machen. Das Konzept der Endlichkeit liege unserem heutigen Konsum- und Wachstumsdenken fern, erklärte Campbell. »Wir sind es nicht gewohnt, dass Dinge irgendwann gänzlich aufgebraucht sind, weil wir daran glauben, dass wir immer wieder in den nächsten Supermarkt fahren können, um unsere Reserven aufzustocken«, doch der globale Peak Oil werde diesen Glauben erschüttern. »Der Welt geht nicht das Erdöl aus, oder genauer, noch eine ziemlich lange Zeit nicht. Aber was ausgeht, ist das billige Erdöl, und zwar schnell«, warnte Campbell. Die kommende Zeit werde »nicht einfach« sein, weil der Peak Oil fundamentale Umwälzungen erzwingen werde, doch er hoffe, dass aus der Krise »eine bessere und nachhaltigere Welt entstehe«. Dies hänge davon ab »wie gut wir den Umbruch meistern«, so der Erdölgeologe. »Lange Zeit für die Vorbereitung haben wir nicht.«[34]

Die Erdölindustrie in der Schweiz widersprach Campbells Warnungen und erklärte, es gebe auf absehbare Zeit keine Probleme bei der Erdölproduktion. Die als »sicher nachgewiesenen Erdölreserven« würden 135 841 Millionen Tonnen betragen, also rund 900 Milliarden Fass, erklärte Bernd Öhding, Generaldirektor der Esso Switzerland im Jahre 1995. »Das entspricht beim derzeitigen Weltölverbrauch einer Reichweite von 43 Jahren.« Die effektiven Welt-Ölressourcen, also gesicherte und vermutete Reserven, seien noch weit größer. »Erdöl ist also tatsächlich noch für Generationen vorhanden«, beruhigte Öhding.[35]

Es ist auch hier sehr wichtig, dass man den grundsätzlichen Unterschied der geschilderten Analysen versteht. Der Ansatz von Esso Switzerland dreht sich um das Ende des Erdölzeitalters, den Moment, wo alles Erdöl verbrannt ist. Dieser liegt tatsächlich noch weit weg, sicher nach 2050. Der Peak-Oil-Ansatz hingegen untersucht, wann das Fördermaximum erreicht ist. Campbell beharrte darauf, dass es wichtig sei, die Peak-Oil-Frage zu klären, weil der Peak lange vor dem Ende komme und schon nach dem Peak die Versorgungsprobleme beginnen würden. Die Erdölindustrie hingegen suggerierte dem Zeitungsleser mit ihrer Aussage, dass »Erdöl noch für 40 Jahre reicht«, dass in dieser Zeit keine Probleme zu erwarten seien. Dies stimmt natürlich nicht, da nach dem Erreichen des Fördermaximums die Preise stark ansteigen und die Probleme für die Wirtschaft und die Konsumenten beginnen.

Zusammen mit Jean Laherrère, einem französischen Erdölgeologen, der ebenfalls bei Petroconsultants angestellt war und zuvor viele Jahre für Total gearbeitet hatte, publizierte Campbell 1998 einen ausgezeichneten wissenschaftlichen Artikel, in dem die beiden Autoren erneut vor dem Peak Oil warnten. Die beiden Erdölgeologen machten deutlich, dass das Erdöl nicht aufgebraucht sei. Ähnlich wie Esso Switzerland und BP Switzerland erklärten Campbell und Laherrère, die Erdölindustrie werde wohl nochmals etwa 1000 Milliarden Fass konventionelles Erdöl fördern können, also noch 1 Billion Fass (die Amerikaner bezeichnen dies als »Trillion«, weil sie den Ausdruck »Milliarden« nicht kennen). »Diese Zahl, obschon groß, ist nur wenig mehr als die 800 Milliarden Fass Erdöl, die seit Beginn des Erdölzeitalters schon gefördert wurden«, man befinde sich also in der Halbzeit des Erdölzeitalters, und dies sei ein kritischer Punkt.

Campbell und Laherrère warnten vor dem Rückgang der Erdölförderung, nachdem sie im Archiv von Petroconsultants 18 000 Erdölfelder untersucht hatten. »Etwa 80 Prozent der Weltproduktion kommt heute aus Feldern, die vor 1973 gefunden wurden, und in den meisten von diesen Feldern geht die Produktion zurück«, so die Autoren. Die weltweiten Erdölentdeckungen gehen in der Tat seit 1960 zurück; man findet zwar noch Erdöl, aber von Jahr zu Jahr weniger. Seit 1980 wird jedes Jahr mehr Erdöl verbraucht als gefunden (vgl. Infografik »Entdeckungen von konventionellem Erdöl« auf Seite 367). Einige größere Produzenten, »darunter Norwegen und Großbritannien, werden ihren Peak um die Jahrtausendwende erreichen«, prophezeiten die Autoren korrekt. Auch weltweit sei der Peak nahe. »Unsere Untersuchung der Entdeckung und Produktion von Erdölfeldern auf der ganzen Welt weist darauf hin, dass innerhalb der nächsten Dekade das Angebot von konventionellem Erdöl mit der Nachfrage nicht mehr Schritt halten kann«, so Campbell und Laherrère. Der Rückgang des konventionellen Erdöls werde »vor 2010 beginnen«.[36] Auch diese Aussage war korrekt; die IEA bestätigte 2010, wie oben dargelegt, dass der Peak Oil beim konventionellen Erdöl 2006 erreicht worden war. Ich kenne keinen anderen wissenschaftlichen Artikel, der den Peak Oil beim konventionellen Erdöl so früh und richtig vorhergesagt hat.

Erdölkonzerne wie BP wussten natürlich, dass die Erdölsuche über die Jahre immer aufwendiger geworden war. Obwohl die »technischen Hilfsmittel laufend verbessert wurden, gestaltet sich die Suche immer schwieriger … Ölfelder, die es auszubeuten lohnt, werden selten gefunden«, notierte die BP-Switzerland-Firmengeschichte schon 1985. »Die Aussichten, neue, supragroße Ölfelder zu entdecken, sind – nicht nur nach Ansicht von BP Geologen – gering. Und nur solch gigantische Ölfelder können das heutige Erdölangebot auf längere Zeit aufrechterhalten«. In vielen alten Erdölfeldern nehme der Druck ab; die »bestehenden Ölfelder erschöpfen sich, die Förderrate sinkt«, warnte BP. Die alten Felder »über einen 40-prozentigen Nutzungsgrad auszubeuten«, sei »schwierig und teuer«. Damit sei klar: »Wir waren und sind dabei, die günstigsten und billigsten Erdölreserven aufzubrauchen.« Erstaunlicherweise warb BP gar für alternative Energiequellen wie die Sonnenenergie: Für »den kleinen Benutzer genügen schon ein paar Quadratmeter große Sonnenkollektoren – und er wird zum Selbstversorger«. Auch der Wind und die Gezeiten werden »nie versiegen«, erklärte BP Switzerland richtig, »der Mensch braucht sie nur sinnvoll einzusetzen und nutzbar zu machen«.[37]

Zehn Jahre später kommunizierte BP Switzerland dem Publikum eine ganz andere Botschaft und versicherte, es gebe keinerlei Knappheiten. »Wir finden die Reserven schneller, als wir sie verbrauchen«, behauptete BP-Chefökonom Paul Appleby 1996 am Sitz von BP Switzerland in Zug vor der Presse. Die gesamten nachgewiesenen Weltölreserven seien größer als 1 Billion Fass, was beim gegenwärtigen Ölverbrauch für 43 Jahre reiche. »Das heißt nicht, dass das Öl in 43 Jahren ausgeht«, so Appleby. »Mit Sicherheit werden wir bis dahin weitere Ölreserven nachgewiesen haben.«[38] Wann das Fördermaximum Peak Oil erreicht sei, erwähnte Appleby mit keinem Wort, er unterließ es auch, den Begriff »Peak Oil« seinen Zuhörern zu erklären.

Als der Erdölpreis im Jahr 2000 stark anzusteigen begann, von 20 Dollar auf 140 Dollar im Jahre 2008, häuften sich die Meldungen zum Thema. Doch für die Zeitungsleser und Fernsehzuschauer war und bleibt es schwierig, sich ein klares Bild zu machen. Denn manche Experten warnten, Erdöl werde knapp und teuer, der Peak Oil sei nahe, während andere Experten insistierten, es gebe noch sehr viel Erdöl, ein Peak Oil sei nicht in Sicht. Die Meinungen widersprachen sich also diametral – nicht beide können wahr sein.

Auch die Schweizer Erdöl-Vereinigung beteuerte, es drohe kein Peak Oil und publizierte 2008, als der Erdölpreis Rekordhöhen erklommen hatte, eine Broschüre mit dem Titel »Die langfristige Verfügbarkeit von Erdöl«. »Die gestiegenen Erdölpreise werden von einigen als Fanal, als Beweis für das angeblich bevorstehende Versiegen der Erdölquellen gewertet«, so die Erdöl-Vereinigung. »Mit den jüngsten, rasanten Ölpreisentwicklungen überquellen die Medien mit Berichten über den bevorstehenden Höhepunkt der Erdölförderung (›Peak Oil‹) sowie das ›endgültige

Ende‹ des Ölzeitalters. Energiekrisen von epischem Ausmaß werden an die Wand gemalt, und ein Klima der Irrationalität beherrscht die Diskussion.« Das Erdöl gehe aber vorerst nicht aus, so die Erdöl-Vereinigung, die erneut mit absoluten Reservezahlen argumentierte: »Die heute gesicherten Erdölreserven alleine reichen aus, um weitere 40 Jahre des gegenwärtigen Verbrauchs zu decken.« Dank nichtkonventioneller Reserven wie Ölsand könne die Produktion weiter gesteigert werden.[39]

Als Branchenverband wollte die Erdöl-Vereinigung natürlich verhindern, dass verunsicherte Kunden energieeffiziente Autos kauften oder das Heizöl durch Wärmepumpen, Holz, Solarthermie oder Photovoltaik ersetzten. Wie jeder andere Verband verfolgte die Schweizer Erdöl-Vereinigung wirtschaftliche Interessen und nicht das Ziel der Aufklärung der Bürger. Nur wer die Broschüre genau liest, erkennt, dass nirgends eine Angabe darüber zu finden ist, wann der Peak Oil beim konventionellen Erdöl erwartet werden muss und welche Preise die Endkunden danach bezahlen müssen. Die Erdöl-Vereinigung verpasste es nicht nur, die Schweiz auf die Peak-Oil-Herausforderung vorzubereiten, sondern schürte gezielt die Verwirrung.

Im gleichen Jahr lief in den Schweizer Kinos der Film »Oilcrash« des Schweizer Filmemachers Basil Gelpke. Wie schon im Titel erkennbar, warnte der Film vor dem Peak Oil und mahnte zum Umdenken. Mit Erreichen des Peaks beim konventionellen Erdöl sei die Zeit des billigen und schnell zu fördernden Erdöls vorbei; die zweite, schwierigere Hälfte der Erdölgeschichte habe begonnen, erklärte der Film richtig. »Wir bewegen uns aus einem Zeitalter billiger Energie in ein Zeitalter knapper, schwer zu gewinnender, teurer Energie«, erklärte Terry Lynn Karl, Politologin an der Universität Stanford, im Film.[40]

Es hat mich in den letzten zehn Jahren sehr erstaunt, dass ich nach Vorträgen und Podiumsgesprächen immer wieder gefragt wurde, ob die »Peak-Oil-Theorie« denn überhaupt stimme. Leute sind an mich herangetreten und haben mir erklärt, dass sie glaubten, Erdöl sei in fast unendlichen Mengen vorhanden. Doch das ist nicht der Fall. Beim Peak Oil handelt es sich nicht um eine Theorie, sondern um ein empirisch beobachtbares Naturgesetz. Die Daten aus Europa zeigen ein klares Bild: Jedes Land erreichte ein Fördermaximum, danach ging die Förderung zurück.

Deutschland erreichte seinen ersten Peak im Jahre 1967 bei einer bescheidenen Spitze von 162 000 Fass pro Tag, danach brach die Förderung ein und lag 1997 nur noch bei 56 000 Fass. Dank einem neuen Erdölfund gelang es Deutschland jedoch, den Rückgang nicht nur aufzufangen, sondern die Förderung bis 2003 nochmals auf einen zweiten Peak bei 72 000 Fass zu steigern. Danach ging die Förderung aber deutlich zurück. Die geringe Eigenproduktion reichte natürlich in keiner Weise, um die nationale Nachfrage zu befriedigen, 97 Prozent des Erdölbedarfs mussten importiert werden, weshalb Deutschland sich wie die Schweiz in einer starken Erdölabhängigkeit befindet.[41]

In Frankreich wurde in Pechelbronn im Elsass schon im 19. Jahrhundert Erdöl gefördert. Französische Erdölgeologen wie der Elsässer Conrad Schlumberger trugen wesentlich zur Entwicklung der Erdölindustrie bei, und französische Erdölfirmen wie Total bohren und fördern heute auf der ganzen Welt Erdöl. Doch die Produktion im Heimatland blieb bescheiden. Sie erreichte 1988 bei einer Tagesproduktion von 67 000 Fass den Peak und ging danach stetig zurück. 2007 produzierten die kleinen Erdölquellen in Frankreich nur noch 21 000 Fass pro Tag, was weniger als 2 Prozent des nationalen Erdölverbrauchs entsprach. Auch Frankreich befindet sich, wie alle Länder in Europa außer Norwegen und Dänemark, in einer starken Abhängigkeit von Erdölimporten.[42]

In Italien wurde in den Nachkriegsjahren in Sizilien Erdöl gefunden, doch die Produktion blieb immer klein und erreichte 2005 den Peak bei einer Förderung von nur 115 000 Fass pro Tag. Danach ging die Erdölförderung jedes Jahr um 4 Prozent zurück. Die Eigenförderung diente nur marginal zur Deckung des nationalen Bedarfs, weshalb auch Italien mehr als 90 Prozent des Erdöls importieren muss, und dies zu stets höheren Preisen, was die Wirtschaft belastet.[43]

Auch außerhalb Europas kann der Rückgang der Förderung in einigen Ländern empirisch nachgewiesen werden. Als prominentestes Beispiel sei hier Indonesien erwähnt. Die Erdölproduktion in der damals holländischen Kolonie begann im Jahre 1893 und wurde im 20. Jahrhundert durch die Royal Dutch Shell stetig ausgeweitet. In den 1960er-Jahren verstaatlichten die Indonesier ihre Erdölindustrie und traten der OPEC bei. Doch im Jahre 1977 erreichte die Erdölproduktion des Landes mit 1,7 Millionen Fass pro Tag den Peak Oil. Die Förderung konnte einige Jahre auf diesem Niveau gehalten werden, begann dann aber in den 1990er-Jahren mit 4 Prozent pro Jahr deutlich abzusinken. Im Jahre 2006 betrug die Förderung nur noch 1 Million Fass pro Tag. Da gleichzeitig mit dem Rückgang der Förderung der Erdölkonsum im Inland stark angestiegen war, befand sich Indonesien plötzlich in der ungewohnten Rolle, dass die eigene Erdölproduktion nicht einmal mehr ausreichte, um den Eigenbedarf zu befriedigen. Das Land wurde zum Importeur und trat folgerichtig 2008 aus der OPEC aus.[44]

Obschon die Zahlen eindeutig sind, will man nicht nur in der Schweiz, sondern auch in anderen europäischen Ländern lieber nichts vom Peak Oil hören – dies, obschon immer mehr Erdölgeologen warnten, der Peak Oil sei nahe. Die globale Erdölproduktion wird »vermutlich irgendwann in dieser Dekade [2000 bis 2010] den Peak erreichen«, erklärte der amerikanische Erdölgeologe Kenneth Deffeyes in einem Buch, das er im Jahre 2001 publizierte. Deffeyes, der lange für Shell gearbeitet hatte und danach an der Universität Princeton Erdölgeologie unterrichtete, erklärte, wie viele vor ihm, dass nach dem Peak »die Weltproduktion von Erdöl für immer abnehmen und nie mehr ansteigen« werde. Deffeyes wusste, dass viele Amerikaner und Europäer ihm nicht glauben wollten. »Wir können entweder unbesorgt so tun als ob 1) ein permanenter Rückgang der globalen Erdölproduktion nicht eintreten wird, oder als ob 2) das keine Rolle spielen wird.« Doch beides seien Verdrängungsstrategien. Klüger sei es, sich auf die zweite Hälfte der Erdölgeschichte vorzubereiten. »Die Anforderung an unsere Psyche, dies zu verstehen und zu realisieren, dass es sich dabei um einen nicht umkehrbaren Wandel handelt, könnte gleich niederschlagend sein wie die Erdölknappheit selber«, so Deffeyes.[45]

Auch gegenüber Schweizer Zeitungen gab Deffeyes Interviews: »So oder so: Die Reserven gehen aus. Das ist der große Unterschied zu früheren Ölkrisen, in denen man der OPEC die Schuld an den Versorgungsengpässen geben konnte«, so Deffeyes im Jahre 2005. »Jetzt ist der Produktionsrückgang eine geologische Tatsache.« Der Peak sei erreicht, die Produktion könne nicht mehr weiter gesteigert werden. Es werde »schon sehr hart«, meinte der 74-jährige Geologe Deffeyes. »Es wird sich nun auch rächen, dass wir so lange nichts gegen die absehbare Knappheit unternommen haben.«[46]

Die IEA bestätigte einige Jahre später, dass Deffeyes recht hatte und das konventionelle Erdöl tatsächlich 2006 das Fördermaximum erreicht hatte. Die Presse fragte daher Rolf Hartl, den Geschäftsführer der Erdöl-Vereinigung, warum die Branche nicht mehr »Sparsamkeit und die Suche nach Alternativenergien« fordere, sondern behaupte, die Ressourcen würden »bis weit ins nächste Jahrhundert reichen«. Hartl räumte ein, dass man in Zukunft mit »einem sich verändernden Energiemix« und einem »Rückgang des Anteils des Erdöls an der weltweiten Energieversorgung« konfrontiert sei. Nach dem Erreichen des Fördermaximums Peak Oil müsse »es aber nicht zu einem jähen Produktionsrückgang kommen«, gab Hartl zu bedenken. »In vielen Gebieten mit abnehmender Produktion hat sich gezeigt, dass der Rückgang der Fördermenge weniger steil ausfällt als der vorherige Anstieg.« Gleichzeitig gab Hartl zu, dass die Versorgung der Schweiz dereinst gefährdet sein könnte. »Wegen unserer Lage als Binnenland sollten wir ... die Zusammenarbeit mit den Nachbarländern intensivieren.« Der Import über den Rhein, die Schiene und die Pipelines biete nur geringe Ausweichmöglichkeiten, »und wenn mehrere Störfaktoren zusammenkommen, kann das problematisch werden, man denke etwa an Lieferunterbrüche aus

Afrika und gleichzeitige Störungen der Rheinschifffahrt«. In diesem Falle wäre die Schweiz auf den IEA-Notfallplan angewiesen, wonach sich IEA-Länder untereinander mit Erdöl aushelfen. Sofern nur ein Land unter einem Unterbruch leide, sei dies kein Problem. Doch die Schweiz müsse sicherstellen, so Hartl, »dass die Versorgung auch dann klappt, wenn die Nachbarländer selber mit einer Krisensituation konfrontiert würden«.[47]

Auch das Schweizer Parlament wurde durch die globale Peak-Oil-Debatte unsanft an die gefährliche Erdölabhängigkeit der Schweiz erinnert. »Seit einigen Jahren weisen verschiedene ›elderly experts‹ der Ölindustrie … darauf hin, dass die heutigen Extraktionsmengen von konventionellem Erdöl nur noch wenige Jahre aufrechterhalten werden können«, erklärte der Basler Nationalrat Rudolf Rechsteiner im Parlament im Oktober 2001. »Spätestens ab etwa 2010 wird die Ölförderung um etwa 2 Prozent pro Jahr absinken … Entsprechende Erschöpfungsraten sind heute bereits in ›älteren‹ Ölförderländern, namentlich in den USA, Großbritannien, Ägypten, Russland usw. festzustellen.« Dies bedeute, dass die Erdölversorgung gefährdet sei, so Rechsteiner, der seine Thesen auch in einem Buch vorlegte und vom Bundesrat wissen wollte, welche Aktivitäten die Landesregierung plane, »um eine gemäß Energieartikel sichere, wirtschaftliche und umweltverträgliche Energieversorgung« zu garantieren und »einen sparsamen und rationellen Energieverbrauch« zu fördern.[48]

Der Bundesrat erklärte in seiner Antwort zuversichtlich, dass es in den nächsten Jahren keine Probleme mit den Reserven gebe, stützte sich dabei indes nur auf die Zahlen der IEA, die, wie oben dargelegt, Fehler enthielten und später korrigiert werden mussten. Der Peak Oil sei nicht vor dem Jahr 2020 zu erwarten, so der Bundesrat. »Gemäß dem im Oktober 2001 erschienenen »World Energy Outlook 2001« der IEA besteht bis 2020 und wohl auch darüber hinaus kein Ressourcenproblem«, erklärte er. »Die Ölproduktion wird gemäß IEA voraussichtlich nach 2020 ihren Höhepunkt überschreiten.«[49] Der Bundesrat hatte den »World Energy Outlook 2001« richtig gelesen, dieser prognostizierte tatsächlich für das Jahr 2020 ein Angebot von 115 Millionen Fass pro Tag.[50] Doch nur wenige Jahre später musste die IEA diese optimistischen Prognosen nach unten korrigieren.

Bernhard Piller von der Schweizerischen Energie-Stiftung (SES) in Zürich, die sich für den Ausbau der erneuerbaren Energien einsetzt, hatte weniger Vertrauen in die IEA-Zahlen als die Landesregierung. »Zwischen der öffentlichen Wahrnehmung und den tatsächlichen Fakten bezüglich der Reservesituation des Öls besteht eine erhebliche Diskrepanz«, warnte die SES. »In der Öffentlichkeit wird in den kommenden Jahrzehnten nicht mit einem Versorgungsengpass gerechnet.« Doch dies sei falsch, so Piller. Der Peak Oil komme »bald« und berge auch für die Schweiz beachtliche Herausforderungen. »Mit dem Erreichen des Fördermaximums steht uns ein großer Strukturbruch bevor, das Ende des Erdölzeitalters ist absehbar«, der globale Kampf um die Ressourcen werde daher »massiv zunehmen«.[51]

Die Stimmen, die sich für oder gegen eine Erdölknappheit aussprachen, wechselten sich immer wieder ab, ein einheitliches Bild entstand nicht. Gegenüber der Presse erklärte SVP-Nationalrat Caspar Baader, Präsident von Swissoil, dem Branchenverband für Heizöl, dass man ohne Probleme weiterhin beim Heizöl bleiben könne. Ohne den Peak Oil zu erwähnen, argumentierte Baader mit den absoluten Reserven und beschwichtigte: »Allgemein geht man heute in der Branche von einer Reichweite von rund 50 Jahren aus, was die zurzeit konventionellen Reserven anbelangt. Zieht man jedoch auch die zusätzlich nutzbaren Reserven in Form von Ölschiefer und Ölsand mit in Betracht, so dürfte Heizöl noch für mehrere Generationen verfügbar sein.«[52] Dass nach Erreichen des Peak Oil Erdöl teurer wird, erwähnte Baader nicht.

Im Jahre 2005 entschied sich die Grüne Partei, dem »Energieanalphabetismus« in der Schweiz entgegenzuwirken. Der grüne Aargauer Nationalrat Geri Müller fragte zusammen mit 40 weiteren Mitunterzeichnenden am 17. Juni 2005 den Bundesrat in einer Interpellation an, ob in der Schweiz nicht eine Informationslücke hinsichtlich der Peak-Oil-Problematik bestehe, die man mit einer Informationskampagne beheben müsse: »Kann sich der Bundesrat vorstellen, die Bevölkerung der Schweiz mit einer Informationskampagne auf den bevorstehenden Peak Oil aufmerksam zu machen? Dabei spielt es keine Rolle, ob der Peak Oil in 5 oder 15 Jahren eintritt.«[53] Dies forderte auch EVP-Nationalrat Ruedi Aeschbacher, der den Bundesrat fragte, ob er nicht ebenfalls davon ausgehe, dass »aufgrund des weltweit stark zunehmenden Ölverbrauches sowie wegen der abnehmenden Ölreserven die gegenwärtige Ölverknappung nicht eine vorübergehende, sondern eine langfristige und sich rasch verschärfende Situation darstellt?»[54]

Die Fragen waren politisch breit abgestützt, da zu den mitunterzeichnenden Personen Vertreter der meisten Schweizer Parteien gehörten, darunter CVP, SVP, SP, FDP und EVP. Doch der Bundesrat erklärte in seiner Antwort, Peak Oil sei noch kein dringliches Thema, obschon man alle Anstrengungen unterstütze, Energie zu sparen und effizient einzusetzen: »Im Hinblick auf die Erdölversorgung besteht zurzeit kein Anlass für eine Informationskampagne … Nicht nur der Zeitpunkt eines allfälligen ›Peak Oil‹, sondern auch dessen Verlauf und Auswirkungen auf Preise, Nachfrage, Technologieentwicklung usw. sind mit großen Unsicherheiten und Unwägbarkeiten befrachtet, so dass für eine solche Kampagne die objektive Grundlage fehlt.«[55]

Erneut stützte sich der Bundesrat in seiner Antwort auf die Prognosen der IEA, diesmal aus dem »World Energy Outlook 2004«, die sich später als fehlerhaft erwiesen und nach unten korrigiert werden mussten: «In den Weltenergieperspektiven 2004 rechnet die IEA bis 2030 mit einem Anstieg der Rohölförderung um 40 Prozent auf etwa 121 Millionen Fass pro Tag, was zur Deckung einer jährlich steigenden globalen Nachfrage bis 2030 von 1,6 Prozent ausreichen dürfte.» Eine Verknappung der Erdölverfügbarkeit sei daher »unwahrscheinlich».[56]

Warnende Stimmen aus Saudi-Arabien, dem wichtigsten Förderland der Welt, wurden von der Schweizer Regierung nicht wahrgenommen. Sadad al-Husseini, ehemaliger Topmanager von Saudi Aramco, hatte nach seinem Rücktritt aus der staatlichen saudischen Erdölfirma in verschiedenen Zeitungen erklärt, dass Saudi-Arabien nicht in der Lage sei, die fehlenden Mengen, die durch den Rückgang der Förderung in anderen Ländern entstehen würden, zu kompensieren. »Die Welt steuert auf eine Ölkrise zu«, warnte al-Husseini in klaren Worten. »Die Preise werden Energieeinsparungen bewirken … und der globale Verbrauch von Erdöl wird zwischen 90 und 95 Millionen Fass pro Tag in den nächsten zwei Dekaden die Höchstmarke erreichen.«[57]

Einige Schweizer Parlamentarier waren mit den Prognosen der IEA nicht zufrieden und entschieden, der Sache auf den Grund zu gehen. Geri Müller und CVP-Nationalrat Reto Wehrli aus dem Kanton Schwyz gründeten 2006 die parlamentarische Peak-Oil-Gruppe, um im Parlament das Bewusstsein über Peak Oil zu erhöhen. Im März 2006 wurde ich eingeladen, die Erdölgeschichte, den globalen Kampf ums Erdöl und eine Analyse der IEA-Zahlen den interessierten Parlamentariern darzulegen. Es war ein wertvoller Austausch zwischen wissenschaftlicher Forschung und Politik. Die in der Peak-Oil-Gruppe versammelten Politiker erklärten, man müsse die Erdölabhängigkeit des Landes reduzieren, weil mit dem Peak Oil auch der Erdölpreis ansteigen werde.[58]

Ich bin bis heute davon überzeugt, dass ein Erdölimportland wie die Schweiz gut beraten ist, möglichst wenig Erdöl zu verbrennen, und dass wir das Erdöl verlassen sollten, bevor es uns verlässt. Daher gründete ich im Juni 2006 zusammen mit dem Erdölgeologen Walter Ziegler, der als Chefgeologe für Esso die Erschließung der Nordsee geleitet hatte, und mit anderen Energieexperten die Association for the Study of Peak Oil (ASPO) Schweiz, die ich von 2006 bis 2012 ehrenamtlich als Präsident führte.[59]

Die ASPO Schweiz ist Teil eines globalen Netzwerks von Wissenschaftlern, die sich aus verschiedenen Perspektiven mit dem Peak Oil beschäftigen. Dem Verein sind in den ersten fünf Jahren nach seiner Gründung mehr als ein Dutzend Parlamentarier und über 500 Bürger beigetreten. Jedes Jahr haben wir in der Aula der Universität Basel eine Peak-Oil-Konferenz mit den neusten Erkenntnissen zum Peak-Oil-Phänomen und möglichen Lösungen durchgeführt. Auch Politiker und Vertreter von Shell Switzerland, BP Switzerland und der Erdöl-Vereinigung haben an den Konferenzen mitgewirkt.

Der Peak Oil ist etwas Abstraktes; man kann ihn weder sehen noch anfassen, nur indirekt über Zahlen und Grafiken studieren. Auswirkungen wie hohe Preise an der Tanksäule können konkret erfahrbar sein, der Peak Oil selber aber nicht. Ich bin sehr davon überzeugt, dass wir als Menschheit nach Erreichen des konventionellen Fördermaximums nicht in eine endlose Zahl von Ressourcenkriegen abgleiten, sondern die verfügbaren Mittel in friedliche und nachhaltige Lösungen investieren müssen. Zusammen mit engagierten Unternehmern und Stiftungen haben ich daher 2011 in Basel das Swiss Institute for Peace and Energy Research (SIPER) gegründet, das den globalen Kampf ums Erdöl kritisch beobachtet und mögliche Alternativen aufzeigt, darunter den Ausbau der erneuerbaren Energien aus Sonne, Wind, Wasser, Erdwärme, Holz und Biogas sowie das Fördern von Energieeffizienz.[60]

Wie die Schweiz, die mehr als 50 Prozent ihres Energiebedarfs mit Erdöl abdeckt, in Zukunft mit dem Peak-Oil-Phänomen umgehen wird, ist noch völlig offen. Einige sehen der weiteren Entwicklung mit Angst, andere mit Zuversicht entgegen. Natürlich will man wie in Deutschland und Österreich die Energieeffizienz und erneuerbare Energien stärken. Doch wie schnell hier signifikante Fortschritte realisiert werden können, ist noch unklar. Messbar ist bisher nur, dass sich die Endverbraucher-Ausgaben für Erdöl in der Schweiz bei etwa gleichbleibender Menge aufgrund des höheren Erdölpreises deutlich verteuert haben, von 9 Milliarden Franken 1990 auf 20 Milliarden Franken 2008.[61] Mit dem finanziellen Druck steigt auch die Suche nach Lösungen und Alternativen.

Die Peak-Oil-Diskussion in Deutschland und den USA

Der deutsche Politikwissenschaftler Elmar Altvater vertritt mit guten Argumenten die Ansicht, dass der Peak Oil nichts weniger als ein historisches Revolutionsdatum sei. Der Höhepunkt der weltweiten Ölförderung werde vermutlich »im Verlauf dieses Jahrzehnts überschritten«, notierte Altvater 2005 und lag damit bezüglich des konventionellen Erdöls richtig. Der Umbruch sei gar »eine tiefere und umfassendere Revolution, als es die Französische oder Russische war. Sie ist auch schwieriger als die industrielle Revolution.«[62]

Andere Beobachter in Deutschland ärgerten sich, dass der Peak Oil von der breiten Öffentlichkeit und den Massenmedien kaum zur Kenntnis genommen werde. Man spreche von der »Peak-Oil-Theorie» und ihren »Jüngern», vom »sogenannten» Fördermaximum – »als wäre das alles ein neurotisches Konstrukt grüner Weltverschwörer«, bedauerte Manfred Kriener, Chefredakteur des Umweltmagazins »zeo«. In Deutschland seien viele nicht bereit zu akzeptieren, dass der Peak Oil »ein simples Naturgesetz« ist. Die verfügbaren Zahlen zum Peak Oil sind aber eindeutig; in vielen Ländern geht die Förderung zurück. »So wie die Erde rund und keine Scheibe ist«, erklärte Kriener richtig, beschreibt die Ausbeutung einer Ölquelle eine Glockenkurve mit einem Fördermaximum. Dieses sei beim konventionellen Erdöl erreicht. »Peak Oil ist jetzt!« Europa und die Welt stehen vor einem »gewaltigen Umbruch«, und es werde »noch Jahre dauern, bis dieser Wendepunkt unserer Energieversorgung die Köpfe wirklich erreicht hat«.[63]

Es kann nicht genügend betont werden, dass wir die Erdölgeschichte heute nur als Expansionsgeschichte, nicht als Kontraktionsgeschichte kennen. Damit schauen wir aber nur auf eine Seite der Medaille: Wir kennen den Aufstieg, aber nicht den Abstieg. Der Weg zum Gipfel ist historisch gut dokumentiert. Zur Zeit des Ersten Weltkriegs lag die weltweite Fördermenge bei 1 Million Fass, am Ende des Zweiten Weltkrieges waren es 6 Millionen Fass, die täglich auf den Markt kamen. Im Kontext des Erdölrausches stieg die Förderung danach extrem an und lag im Jahre 2010 bei 88 Millionen Fass. »Wir können froh sein, wenn wir 100 Millionen Fass schaffen«, warnte Christophe de Margerie, CEO des französischen Ölkonzerns Total im Jahre 2007.[64] Auch Michel Mallet, Chef von Total Deutschland, warnte: »Die alten Ölfelder sterben. In Zukunft muss man immer mehr investieren, nur um die bestehende Produktion aufrechtzuerhalten.« Geologisch gesehen gebe es zwar genug Erdöl, die Kernfrage sei aber, »wie viel sich pro Jahr fördern lässt«.[65]

Wesentlich zur Peak-Oil-Debatte in Deutschland trugen der Physiker Werner Zittel und der Wirtschaftswissenschaftler Jörg Schindler von der Ludwig-Bölkow-Systemtechnik bei München bei. Zittel und Schindler argumentierten in ihrem 2002 publizierten Buch »Ölwechsel«, dass das Fördermaximum nicht nur Europa, sondern die ganze Welt zu fundamentalen Veränderungen zwinge. »Das Maximum (Peak) der weltweiten Ölproduktion ist ein einmaliges historisches Ereignis. Man hat ihn bisher nicht erlebt und wird ihn nach seinem Eintreten nie mehr erleben.« Eine Vorbereitung sei indes dringend nötig, so die Autoren, da aus den großen Erdölfeldern nicht mehr so viel Erdöl gefördert werden könne wie früher. »Heute verzeichnen die meisten der sehr großen Felder ein Nullwachstum in der Förderung, wenn nicht gar einen Rückgang … All dies deutet darauf hin, dass man sich auch bei der weltweiten Ölförderung dem Wendepunkt nähert.«[66]

Zu diesem Zeitpunkt wies die IEA die Vorstellung weit von sich, dass demnächst ein Fördermaximum beim konventionellen Erdöl erreicht werde, eine Position, die sie erst 2010 korrigieren sollte. Zittel erklärte indes richtig, dass die IEA keine unabhängige Organisation sei, weil in der IEA das Stimmengewicht gemäß Erdölbezug vergeben werde. Weil die USA am meisten Erdöl beziehen würden, hätten sie in der IEA auch die dominante Stimme, so Zittel. »Die Internationale Energieagentur ist eben eine Organisation, die stark von den Interessen der USA geprägt ist«, so Zittel. »Denn mit jedem Dollar, mit dem die IEA den Erdölpreis herunterreden kann, sparen die USA täglich 10 Millionen Dollar. Die IEA kann deshalb gar nichts anderes prognostizieren als ein weiteres Wachstum« des Erdölangebots, das sie indes schon mehrmals überschätzt habe. Man müsse dringend das Erdöl verlassen, so Zittel. »Je früher wir anfangen, die Abhängigkeit vom Erdöl zu vermindern, desto sanfter wird der Übergang zu erneuerbaren Energien.«[67]

Auch amerikanische Sachbücher zum Thema warnten vor einer kommenden Erdölkrise. Im April 2003 publizierte der amerikanische Journalist Richard Heinberg sein Buch »The Party is Over«, in dem er warnte, der Peak Oil sei nahe: »Der globale Peak für die Förderung aller fossilen Brennstoffe wird vermutlich nicht vor 2006 und nicht später als 2015 eintreten.«[68] Auch David Goodstein, Professor für Physik am California Institute of Technology, warnte vor dem Fördermaximum. »Von den 2 Billionen Fass Erdöl, die wir auf der Erde ursprünglich hatten, haben wir schon fast die Hälfte verbraucht«, so Goodstein in seinem Buch »Out of Gas. The End of the Age of Oil«. Die Rate der Erdölentdeckungen sei seit 1964 rückläufig und würde den globalen Peak Oil schon seit einiger Zeit ankündigen: »Die Rate der Entdeckungen geht der Rate der Förderung voraus. Auf der ganzen Welt, daran müssen wir uns erinnern, ist aber die Rate der Entdeckungen seit einigen Dekaden rückläufig. Mit anderen Worten, Hubbert's Peak für den Bereich Entdeckungen liegt schon seit einigen Jahrzehnten hinter uns. Dies erlaubt uns vorauszusagen, wann der Hubbert Peak für die Erdölförderung kommen wird: Er wird, gemäß dieser Methode, vermutlich in dieser Dekade eintreffen.«[69]

Während in den USA und in Deutschland einige Experten vor dem Fördermaximum warnten, herrschte in den Massenmedien diesbezüglich nur Verwirrung oder Desinteresse. »In Interviews mit Vertretern der Erdölindustrie – Männern und einigen wenigen Frauen, die in aller Regel ziemlich optimistisch bezüglich ihres Geschäfts waren – hörte ich immer wieder, wie es stets schwieriger werde für die Erdölfirmen, neues Erdöl zu finden«, schilderte der amerikanische Journalist Paul Roberts in seinem 2004 erschienenen Buch »The End of Oil« die Stimmung in der Erdölbranche. Die Regierung der USA verfolge »eine aggressive Politik«, um Erdöl zu sichern, doch US-Bürger seien über die Realität von Peak Oil nicht informiert. »Amerikaner, so scheint es, leiden sehr stark an etwas, das man wohl bald als Energieanalphabetismus bezeichnen wird«, klagte Roberts. »Die meisten von uns verstehen so wenig von Energieökonomie, dass wir keine Ahnung davon haben, dass sie dabei ist, zusammenzubrechen.«[70]

Auch im amerikanischen Kongress wurde über den Peak Oil und den steigenden Erdölkonsum von China und Indien diskutiert. »Jede denkende Person muss erkennen, dass die Welt auf eine Krise zusteuert«, warnte der Republikaner Roscoe Bartlett aus Maryland im November 2005.[71] Zusammen mit dem Demokraten Tom Udall aus New Mexiko gründete Bartlett einen parlamentarischen Ausschuss, der sich mit dem Peak Oil und seinen Folgen beschäftigte. Bartlett traf auch Präsident George Bush junior im Weißen Haus für eine »ausgedehnte Diskussion zum Thema ›Peak Oil‹ und Ende des billigen Öls«.[72] Doch in der breiten amerikanischen Öffentlichkeit und in den Medien spielte das Thema Fördermaximum weiterhin kaum eine Rolle; die meisten Amerikaner wissen auch heute nicht, was Peak Oil bedeutet.

Es muss davon ausgegangen werden, dass auch in Europa in der breiten Bevölkerung der Begriff »Peak Oil« noch wenig bekannt ist, wie auch die Tatsache, dass beim konventionellen Erdöl das Fördermaximum bereits erreicht wurde. Auf strategischer Ebene aber wird zum Beispiel in Deutschland zum Peak Oil geforscht. Das von Brigadegeneral Axel Binder geführte Zentrum für Transformation der Bundeswehr in Strausberg bei Berlin, ein Thinktank der Bundeswehr, publizierte im Juli 2010 eine bemerkenswerte Studie mit dem Titel »Peak Oil – Sicherheitspolitische Implikationen knapper Ressourcen«. Die Studie hielt fest, dass es nicht nur darum gehe, den präzisen Zeitpunkt des Fördermaximums zu bestimmen. Weit wichtiger sei es, die Wirkungszusammenhänge, die auf den Peak Oil folgen, abzuschätzen, da in der Vergangenheit »verschiedenste Konflikte ausgebrochen sind, deren Zustandekommen und Verlauf durch die Verfügbarkeit oder das bloße Vorhandensein von Rohstoffen beeinflusst waren«. Es bestehe »eine gewisse Wahrscheinlichkeit, dass der Peak Oil bereits um das Jahr 2010 zu verorten ist«, so die Autoren, »und sicherheitspolitische Auswirkungen je nach Entwicklung der hierbei global relevanten Faktoren mit einer Verzögerung von 15 bis 30 Jahren erwartet werden können«.

Westliche Industrieländer werden als Nettoimporteure von Erdöl aus OPEC-Ländern relativ an Macht verlieren, glaubt die Studie der Bundeswehr. »Die schwächere Position westlicher Industrienationen als Nachfrager des knappen Gutes Öl führt zu einem Bedeutungsverlust Deutschlands, aber auch seiner engsten Partner und der EU.«[73] Die Verteuerung des auf billigem Erdöl aufgebauten Gütertransports und Individualverkehrs werde »massive Auswirkungen« haben und zu ökonomischen und politischen Krisen führen.[74] Doch dies alles sei derzeit noch kaum denkbar, denn das billige Erdöl dominiere weiterhin unsere Gedankenwelt. »Anschaulich ist, an was man sich gewöhnt hat. Das Durchdenken der Konsequenzen des Peak Oil wird nicht von den alltäglichen Erfahrungen und nur partiell von historischen Parallelen geleitet«, so die Bundeswehrstudie. »Entsprechend schwierig ist es, sich vorzustellen, welche Bedeutung ein sukzessiver Entzug einer der wichtigsten Energiequellen unserer Zivilisation haben kann. Psychologische Barrieren sorgen für das Ausblenden an sich unbestreitbarer Fakten und führen zu fast instinktiver Ablehnung einer eingehenden Auseinandersetzung mit dieser schwierigen Thematik. Der Eintritt des Peak Oil ist jedoch unvermeidlich.«[75]

16

Kann das unkonventionelle Erdöl die Lücke füllen?

Jeroen van der Veer, der CEO von Shell, erklärte im Jahre 2006, dass das konventionelle Erdöl den Peak erreicht habe. »Meiner Ansicht nach hat das konventionelle Erdöl [easy oil] den Peak überschritten.« Diese Einschätzung wurde schließlich auch von der IEA im »World Energy Outlook 2010« bestätigt. Der Shell-CEO betonte jedoch: »Aber es gibt noch andere Reserven die noch weit weg von ihrem Peak sind. Beim unkonventionellen Erdöl und Erdgas – Ressourcen, die schwieriger zu erschließen sind – gibt es noch große Reserven.«[1]

Die Unterscheidung von konventionellem und unkonventionellem Erdöl ist heute sehr wichtig. Gemeinsam ist beiden, dass man aus ihnen Benzin, Diesel und Heizöl herstellen kann. Doch der Aufwand, die Kosten und die Geschwindigkeit der Verarbeitung unterscheiden sich beim konventionellen und unkonventionellen Erdöl wie Tag und Nacht. Das konventionelle Erdöl ist flüssig und steht im Reservoir unter Druck. Sobald das Feld angebohrt wird, fließt es ohne große Kosten sehr schnell aus dem Bohrloch, ähnlich wie Coca-Cola aus einer Dose spritzt, wenn man sie zuerst schüttelt und dann öffnet. Da das konventionelle Erdöl kostengünstig und schnell zu fördern ist, hat es die Erdölgeschichte dominiert und deckt auch heute noch mehr als 80 Prozent des Erdölangebotes. Immer wenn bisher in diesem Buch von »Erdöl« die Rede war, habe ich damit »konventionelles Erdöl« gemeint.

Das unkonventionelle Erdöl hingegen, das in verschiedenen Arten vorkommt, ist teuer, langsam und aufwendig in der Förderung. Eine weltweit akzeptierte Definition der Trennlinie zwischen konventionellem und unkonventionellem Erdöl gibt es nicht. Zum unkonventionellen Erdöl gehört das Öl aus großen Meerestiefen (tiefer als 500 Meter unter dem Wasserspiegel). Dieses Erdöl ist zwar flüssig, aber technisch sehr schwierig zu erschließen. Auch das Polaröl aus der Arktis zählt zum unkonventionellen Erdöl, es ist flüssiges Erdöl, die Förderung ist aber kompliziert und in der Antarktis aus Naturschutzgründen verboten. Auch der Teersand, wie er zum Beispiel in der kanadischen Provinz Alberta abgebaut wird, zählt zum unkonventionellen Erdöl. Teersand ist nicht flüssig, er muss abgebaggert werden. Auch Schweröl, wie es im Orinoco-Becken Venezuelas vorkommt, zählt zum unkonventionellen Erdöl. Ebenso Tight Oil, wie es in der Bakken-Formation in North Dakota, Montana und Mantioba abgebaut wird. Doch auch Tight Oil ist nicht flüssig.

Unkonventionelles Erdöl braucht bei der Förderung selber viel Energie, weil man zum Beispiel mit heißem Wasserdampf arbeiten muss, um es aus dem Speichergestein zu lösen. Weil bei dieser Förderung erheblich mehr Energie aufgewendet werden muss als beim konventionellen Erdöl, verschlechtert sich das Verhältnis Energieaufwand zu Energieertrag (Energy Return on Investment, EROI). Sobald mehr als das energetische Äquivalent eines Fasses Erdöl aufgewendet werden müsste, um ein Fass zu gewinnen, würde die Förderung mehr Energie vernichten als zu gewinnen wäre, und sie würde daher eingestellt. Gemäß Jeremy Boak, Professor an der Colorado School of Mines, liegt der EROI beim Easy Oil bei 1 : 100, so dass man nur ein Fass Öl aufwenden muss, um 100 Fass Öl zu gewinnen, ein sehr attraktives Verhältnis, bei dem 99 Fass übrig bleiben. Doch bereits bei alten konventionellen Feldern, bei denen man mit sekundären und tertiären Fördermethoden (enhanced oil recovery) versucht, den Entölungsgrad zu erhöhen, fällt das Verhältnis auf 1:20 oder gar 1 : 10, ein deutlich schlechteres Verhältnis. Beim unkonventionellen Ölschiefer liegt das Verhältnis sogar bei 1 : 5 oder gar 1 : 2. Dass man nun trotzdem dieses unkonventionelle Erdöl angehe, zeige, »wie nahe am Knochen wir schon sind«, glaubt Jeremy Boak.[2]

Weil wir als Menschheit im Rahmen des Erdölrausches in eine sehr starke Abhängigkeit vom Erdöl geraten sind und das konventionelle Erdöl nun den Peak Oil erreicht hat, versuchen private und staatliche Erdölkonzerne derzeit mit unkonventionellem Erdöl die Lücke zu füllen. Dies ist möglich – aber nur für eine beschränkte Zeit. Dereinst wird das konventionelle Erdöl schneller wegbrechen, als das unkonventionelle Erdöl die Lücken füllen kann. Letzteres erlaubt uns aus historischer Sicht nur, den Peak auf der Zeitachse etwas nach hinten zu verschieben – wir kaufen Zeit. Aber die Kosten für die Wirtschaft und die Natur sind hoch, denn der Abbau von unkonventionellem Erdöl belastet die Umwelt und benötigt einen hohen Erdölpreis, der die Wirtschaft schmerzt und auch Rezessionen auslösen kann.

Teersand aus Kanada

In Kanada erreichte das konventionelle Erdöl im Jahr 1973 das Fördermaximum bei 1,6 Millionen Fass pro Tag, danach ging die Förderung zurück und lag 2006 nur noch bei 800 000 Fass pro Tag.[3] Um diesen Rückgang zu kompensieren, hat Kanada seit 1980 den Abbau von unkonventionellem Erdöl stark ausgebaut und gehört heute wieder zu den wichtigsten Förderländern der Welt. Derzeit liegt die kanadische Produktion von unkonventionellem Ölsand bei rund 1,5 Millionen Fass pro Tag. Bis 2025 will Kanada die Produktion auf 3,5 Millionen Fass erhöhen.[4]

Der Ölsand, auch Teersand genannt, ist nicht flüssig. Jedes Sandkorn ist von einem dünnen Ölfilm umgeben. Um das Öl zu gewinnen, wird im Bundesstaat Alberta Ölsand mit großen Baggern und Lastwagen im Tagebau abgebaut, worauf das darin enthaltene Bitumen unter Zuführung von Hitze, Wasser und Lösungsmitteln aus dem Sand herausgelöst werden muss. Im Durchschnitt benötigen Erdölkonzerne 2 Tonnen Ölsand, um daraus ein Fass Erdöl zu gewinnen. Auch in Venezuela gibt es im Delta des Orinoco Schweröl; dieses liegt jedoch in einer Tiefe von 1000 bis 1500 Metern und kann daher nicht wie in Kanada oberflächlich mit Baggern abgegraben werden.

Der Ölsandabbau in Kanada ist teuer und braucht viel frisches Wasser und auch Energie, denn das Wasser muss in Fabriken erhitzt werden, damit sich das Öl vom Sand löst. Wolfgang Blendinger, der 14 Jahre bei Shell arbeitete und nun in Deutschland am Institut für Geologie und Paläontologie der Technischen Universität Clausthal einen Lehrstuhl für Erdölgeologie innehat, ist der Ansicht, dass der Abbau von Teersanden vor allem zeigt, dass wir schlicht keine besseren Reserven finden konnten, seit wir beim konventionellen Erdöl den Peak erreicht haben. »Die Energieeffizienz von Teersanden liegt etwa bei 50 Prozent: Man investiert einen Liter Öl, um zwei Liter rauszukriegen«, so Blendinger, dies sei eine »desaströse Bilanz«.[5]

Auch der Frischwasserverbrauch ist bei der Ölsandproduktion in Kanada groß: Für ein Fass Erdöl müssen zwei bis fünf Fässer Trinkwasser aufgewendet werden. Das meiste davon kann wegen der starken Verschmutzung nicht mehr in den Athabasca River, dem es entnommen wurde, zurückgeführt werden. Daher befinden sich neben den Ölsandfabriken heute riesige Becken mit Restwasser, das nicht nur Sand und Lehm, sondern auch giftige Substanzen, wie etwa Naphtensäuren, enthält. Zugvögel können nicht erkennen, dass die Restwasserbecken des Ölsandabbaus giftig sind. Einige Vögel, die auf dem Wasser rasten wollten, sind »elendiglich verendet«, berichtete die Schweizer Presse.[6]

Die Erdölfirmen kümmerten sich wenig um die toten Vögel, bis am 20. Oktober 2010 ein kanadischer Richter die Erdölfirma Syncrude mit einer Buße von 3 Millionen kanadischen Dollar bestrafte, weil auf einem ihrer giftigen Abwasserseen 1600 Enten verendet waren. Es war die höchste Strafe, die wegen Umweltvergehen je in Kanada verhängt wurde.[7] Heute versuchen die Erdölkonzerne die Vögel durch Lärm aus Gaskanonen und durch schwimmende Vogelscheuchen fernzuhalten; mitunter funktioniert die Abschreckung nicht, und es verenden noch immer Vögel.

Ölsand wird von Kritikern manchmal »als letzten Schuss des Erdöljunkies« bezeichnet.[8] Denn der Ölsandabbau belastet nicht nur die lokale Umwelt, sondern auch das globale Klima stark. Die Ölsandfabriken sind Kanadas größte Quelle von CO_2. Die kanadische Regierung hätte wegen den zu hohen CO_2-Emissionen, die gemäß dem Kyoto-Klimaprotokoll nicht erlaubt sind, den profitablen Ölsandabbau reduzieren oder aber eine Buße von 13 Milliarden Dollar bezahlen müssen. Doch beides wollte die Regierung nicht und entschied im Dezember 2011, aus dem Kyoto-Klimaschutz-Abkommen auszusteigen. »Kanada ist das erste Land, das das Kyoto-Protokoll ratifiziert hat und sich vorzeitig aus dem Abkommen zurückzieht«, berichtete die »Neue Zürcher Zeitung« und sprach mit Recht von einem »Schlag« für den Klimaschutz.[9]

Insgesamt zeigt der Abbau von Ölsand in Kanada, dass es möglich und bei Erdölpreisen über 70 Dollar pro Fass auch rentabel ist, unkonventionellen Ölsand zu fördern. Doch die Gesamtbilanz ist ernüchternd. Die Belastung für die Umwelt ist viel höher als beim konventionellen Erdöl, und die geförderte Menge ist mit einem Anteil von weniger als 2 Prozent am globalen Erdölangebot eher klein und kann zudem bei Knappheiten und Krisen nicht schnell ausgeweitet werden.

Die Erdölkonzerne brauchen das unkonventionelle Erdöl aus Kanada, um den Niedergang der konventionellen Reserven zu kompensieren, da den Reserven bei der Bemessung des Wertes jeder Erdölgesellschaft eine zentrale Funktion zukommt. An der Börse gehandelte Erdölfirmen wie Chevron, Shell und ExxonMobil müssen ihre Reserve Replacement Ratio (RRR) öffentlich publizieren, also die Quote, welche anzeigt, wie es ihnen gelingt, leergepumpte Felder durch Neufunde zu ersetzen. Liegt diese RRR bei 100 Prozent pro Jahr, kann die Erdölfirma jedes geförderte und verkaufte Fass durch ein neu gefundenes ersetzen. Liegt der Wert zur Freude der Investoren bei über 100 Prozent, kann die Erdölfirma ihre Reserven durch Entdeckungen oder durch Fusionen mit starken Partnern gar noch ausweiten. Liegt die RRR jedoch bei unter 100 Prozent, drückt dies den Aktienkurs nach unten, da dann die Erdölfirma mehr Fässer verkauft, als sie neue findet und, wenn ihr keine Trendwende gelingt, sich damit längerfristig selber auflöst.

Bei einem gestiegenen Erdölpreis können die Erdölkonzerne auch das unkonventionelle Erdöl erschließen und damit den Einbruch beim konventionellen Erdöl zumindest für eine gewisse Zeit verdecken. »Der steigende Erdölpreis bedeutet somit mehr gesicherte Reserven – ein Phänomen, das in der Ölwelt als ›Reservenparadox‹ bekannt ist«, erklärte Rolf Hartl, Geschäftsführer der Erdöl-Vereinigung, den Zusammenhang. »Dieses Phänomen hat wesentlich dazu beigetragen, dass die Erdölreserven im Verlauf der Jahre gestiegen sind, trotz höherem Verbrauch.«[10] Natürlich entstand nicht mehr Erdöl im Boden, aber solches, das vorher nicht wirtschaftlich erschlossen werden konnte, war nun wirtschaftlich produzierbar.

Die US-Börsenaufsicht Securities and Exchange Commission (SEC) beobachtet die Reserveangaben der Erdölfirmen genau und verpflichtet diese, ihre Reserven in drei Kategorien zu unterteilen. Nur jene können als »erwiesene Reserven« (proven reserves) bezeichnet werden, die mit den heutigen technologischen und ökonomischen Bedingungen mit einer 90-prozentigen Wahrscheinlichkeit ausbeutbar sind. Erwiesene Reserven sind also entdeckte Erdölfelder, die gefördert und mit Gewinn verkauft werden können. Nur diese dürfen in die Reserve Replacement Ratio einbezogen werden. Daneben erlaubt die SEC die beiden Kategorien »wahrscheinliche Reserven« (probable reserves), die mit 50-prozentiger Wahrscheinlichkeit gefördert werden können, wenn der Preis steigt und die Technik sich weiterentwickelt, und »mögliche Reserven« (possible reserves), die nur mit einer 10-prozentigen Wahrscheinlichkeit gefördert werden können und mit einer Chance von 90 Prozent für immer im Boden verbleiben, da es zu kompliziert und zu teuer wäre, sie zu fördern. Abgekürzt spricht man von 1P (erwiesene) Reserven, 2P (erwiesene und wahrscheinliche) Reserven, sowie 3P (erwiesene, wahrscheinliche und mögliche) Reserven.

Als das konventionelle Erdöl 2005 den Peak erreichte und der Erdölpreis im Juli 2005 erstmals die Marke von 60 Dollar pro Fass überschritt, wurden auch die unkonventionellen Ölsande in Kanada wirtschaftlich förderbar und daher neu zu den »erwiesenen Reserven« gezählt. Auf die Ranglisten, welche die Länder mit den größten Reserven anzeigen, hatte dies einen sonderbaren Effekt. Denn seit Jahren hatten auf diesen Listen jeweils unverändert Saudi-Arabien, Iran, Irak und andere Länder aus der OPEC die Spitzenplätze belegt. Dann plötzlich landete Kanada, noch vor dem Iran, aber hinter Saudi-Arabien, auf Platz zwei der Länder mit den größten Reserven. Später wurde auch Venezuela mit seinem Schweröl zu den Ländern mit den größten Reserven gezählt.

Diese Vermischung von konventionellen mit unkonventionellen Reserven ist unglücklich. Denn Teersand aus Kanada und andere unkonventionelle Erdöle sind von minderer Qualität. Der Schweizer Nationalrat Rudolf Rechsteiner kritisierte zu Recht: »Das ist eine Mogelpackung … Die Reserve-Angaben werden neuerdings mit der Einrechnung von Ölsand kosmetisch frisiert. Diese unkonventionellen Reserven sind punkto Kosten, Geschwindigkeit und Zugänglichkeit mit konventionellem Öl nicht zu vergleichen und können es nicht ebenbürtig ersetzen.«[11]

Unkonventionelles Erdöl aus großen Meerestiefen

Wenn Erdöl aus einer Meerestiefe von mehr als 500 Metern unter der Wasseroberfläche gefördert wird, spricht man von unkonventionellem Tiefseeöl. Diese Art der Förderung existiert heute dank dem Fortschritt der Technik und den großen Investitionen der Erdölkonzerne. Die Bohrungen unter dem Meeresboden finden unter sehr hohem Druck und in völliger Dunkelheit statt, die Arbeiten sind stark auf ferngesteuerte Roboter angewiesen. Das Bohrloch ist im wahrsten Sinne des Wortes weit weg von der Welt, in der sich Menschen normal und ohne technische Hilfsmittel bewegen können. Dies bedeutet, dass, wenn etwas schiefgeht, es viel länger dauert, bis das Bohrloch wieder verschlossen werden kann.

Natürlich kann es auch bei der Förderung von unkonventionellem Erdöl aus großen Meerestiefen zu Unfällen kommen. Am 20. April 2010 explodierte die von BP betriebene Ölplattform Deepwater Horizon im Golf von Mexiko vor der Küste der USA; elf Menschen starben. BP wollte aus großer Tiefe Erdöl fördern, um den Rückgang der Produktion beim konventionellen Erdöl auszugleichen. Die Wassertiefe am Unfallort betrug 1500 Meter. Die Bohrung hatte man 4000 Meter durch den Meeresboden abgetieft. Das Erdölfeld Macondo befand sich somit auf einer Gesamttiefe von 5500 Metern unter dem Wasserspiegel.

Bei der letzten Phase der Bohrung war es zu einem unerwarteten Druckanstieg und Austreten von Bohrschlamm und Erdgas gekommen. Das Erdgas, unsichtbar und unriechbar, hatte sich auf der Bohrplattform ausgebreitet; ein Funke einer Maschine entzündete das Erdgas, danach explodierte die Förderplattform und versank brennend im Meer. Der Blowout-Preventer, ein mächtiges System von Ventilen am Meeresboden, welches das Bohrloch hätte verschließen sollen, versagte. Während 105 Tagen floss Rohöl ins Meer. Erst am 15. Juli 2010 konnte das Leck geschlossen werden. Gemäß dem Center for Biological Diversity in Tucson, Arizona, starben rund 25 000 Meersäuger, 6000 Schildkröten und 82 000 Seevögel. BP musste 20 Milliarden Dollar in einen Entschädigungsfonds einzahlen, um den Schaden an Fischerei und Tourismus zu begleichen.[12]

Es war eine der größten Ölkatastrophen der USA. Für BP war der Unfall ein Desaster. Die Aktie verlor mehr als die Hälfte ihres Wertes und fiel von einem Zweijahreshoch von 658 Pence in zwei Monaten bis im Juni 2010 auf 296 Pence, erholte sich dann aber wieder. Der Konzern, der noch 2009 einen Gewinn von 14 Milliarden Dollar realisiert hatte, wies für das Geschäftsjahr 2010 einen Verlust von 5 Milliarden Dollar aus. Der britische CEO Tony Hayward musste seinen Hut nehmen und wurde durch den Amerikaner Bob Dudley ersetzt. Da für jedes ausgelaufene Fass in den USA gemäß dem Clean Water Act eine Buße zwischen 1000 und 4000 Dollar bezahlt werden muss, war BP bemüht, die Angaben zum ausgelaufenen Erdöl tief zu halten – geschätzte 4,9 Millionen Fass oder rund 800 Millionen Liter Rohöl flossen ins Meer. Insgesamt werden die Kosten des Unfalls inklusive Aufräumarbeiten und Strafen auf 40 Milliarden Dollar geschätzt.[13]

Noch während das Erdöl im Golf von Mexiko auslief, bedauerte Ramon Werner, CEO von BP Schweiz, den Unfall und beteuerte im Schweizer Fernsehen: »Wir versuchen alles, was in unserer Macht steht, um das Problem zu lösen.« Rolf Hartl, Geschäftsführer der Schweizer Erdöl-Vereinigung, erklärte, dass man sich in einem »Hochrisikobereich« befinde, die Gesellschaft aber aufgrund ihres hohen Energiekonsums solche Risiken in Kauf nehmen müsse. Ich nahm ebenfalls an der Fernsehdiskussion teil und erklärte, dass wir uns in einer »Diskussion unter Süchtigen« befinden und dass wir aufgrund des Peaks beim konventionellen Erdöl in stetig größere Risikozonen geraten. Europa müsse die Erdölabhängigkeit schrittweise abbauen.[14]

Der Unfall im Golf von Mexiko führte nicht dazu, dass BP, Shell, ExxonMobil und andere Konzerne wie die brasilianische Petrobras ihre Tiefseeprojekte einstellten – im Gegenteil. Petrobras will vor der Küste im Atlantik die Erdölfelder Tupi, Jupiter, Carioca und Libra erschließen, die alle in einer Tiefe zwischen 2000 und 7000 Metern unter der Wasseroberfläche liegen.

Tight Oil aus North Dakota

Neben Teersand zählt das sogenannte Tight Oil zum unkonventionellen Erdöl. Tight Oil (ein Begriff, für den es keine deutsche Übersetzung gibt, der aber oft fälschlicherweise mit »Schieferöl« übersetzt wird) kann aus dichtem Gestein geringer Durchlässigkeit gewonnen werden. Das Tight Oil lagert in winzigen, nicht miteinander verbundenen Poren und kann beispielsweise in den USA im Bundesstaat North Dakota in der Bakken-Formation gefunden werden. Es ist den Geologen seit Langem bekannt, galt jedoch als zu teuer und daher nicht wirtschaftlich für die Förderung. Erst als das konventionelle Erdöl den Peak erreichte und der Erdölpreis anstieg, kam es vor allem in den USA zu einer verstärkten Förderung von Tight Oil.

Tight Oil darf nicht mit Schieferöl aus Ölschiefern verwechselt werden. Nur unter enormer Energiezufuhr kann aus Ölschiefer das Schieferöl gewonnen werden, weil das im Gestein enthaltene Kerogen erst noch »gekocht« und umgewandelt werden muss, bevor daraus Schieferöl entsteht. Die historischen Erfahrungen mit Ölschiefer belegen, dass dieser nur in Zeiten größter Knappheit und mit wenig Erfolg abgebaut wurde. Deutschland hat am Ende des Zweiten Weltkrieges, ab 1944, am Fuß der Schwäbischen Alp unter dem Decknamen »Operation Wüste« Ölschieferabbau mit Tausenden von KZ-Häftlingen betrieben. 35 Tonnen Ölschiefer mussten von Hand abgegraben werden, um eine Tonne Schieferöl zu erhalten. Heute können Maschinen den Ölschiefer abgraben, doch diese sowie die Umwandlung in Schieferöl brauchen sehr viel Energie. Beim Schieferöl ist »die nicht vorhandene Energie-Effizienz noch viel deutlicher als beim Ölsand«, erklärt Wolfgang Blendinger, Professor für Erdöl-Geologie. Das Verschwelungsverfahren verbrauche mehr Energie, als im so gewonnenen Rohöl enthalten sei.[15]

Tight Oil hingegen hat eine bessere Energiebilanz als Schieferöl. Aber es tritt nicht wie das konventionelle Erdöl von selbst aus, wenn es vertikal angebohrt wird. Um es zu erschließen, müssen das horizontale Bohren und das sogenannte »Fracking« eingesetzt werden. Dabei werden mehrere Bohrungen niedergelassen. Die Bohrköpfe werden mehrere Kilometer unter der Erdoberfläche seitlich abgelenkt und horizontal durch das ölführende Gestein getrieben. Um das unkonventionelle Erdöl herauszulösen, werden Wasser, Sand und eine Reihe von Chemikalien unter hohem Druck in das Gestein gepresst. Denn Druck reißt künstliche Spalten in das Gestein und erlaubt, die zuvor isolierten winzigen Erdölblasen zu erschließen. Der Sand hält die Spalten offen, damit das Tight Oil durch die Spalten zum Bohrstrang und dann an die Oberfläche wandern kann.

Fracking und horizontales Bohren haben es erlaubt, die Produktion von unkonventionellem Tight Oil zu erhöhen. In der Bakken-Formation im US-Bundesstaat North Dakota zum Beispiel lag die Förderung im Dezember 2011 bei rund 500 000 Fass pro Tag, was gemessen am globalen Verbrauch von 88 Millionen Fass natürlich nur eine kleine Menge ist. Aber weil mit rund 40 Dollar pro Fass die Produktion von Tight Oil ähnlich teuer ist wie jene von unkonventionellem Tiefseeöl, lohnt sich der Aufwand bei Ölpreisen von über 100 Dollar. Tight Oil ist derzeit profitabel.[16] »Unsere Zukunft sieht rosig aus», freut sich Lynn Helms, der Chef der Rohstoffbehörde in North Dakota. Über tausend neue Ölquellen seien in dem Prärieland an der kanadischen Grenze erschlossen worden. North Dakota werde Alaska, wo die konventionelle Produktion rückläufig ist, als US-Ölstaat Nummer zwei hinter Texas verdrängen.[17]

Doch auch beim Fracking gibt es große Bedenken hinsichtlich der Umwelt, denn der Prozess braucht viel Wasser. Pro Bohrloch werden zwischen 5 und 20 Millionen Liter Wasser in das Gestein gepresst, da dieses in der Tiefe regelrecht aufgebrochen werden muss. Zudem gibt es Befürchtungen, dass die Chemikalien aus den tief liegenden Gesteinsschichten wieder nach oben wandern und das Grundwasser vergiften könnten. Diese Probleme treten sowohl bei der Förderung von Tight Oil wie auch beim Abbau von Schiefergas auf.

Gemäß dem deutschen Energieexperten Werner Zittel ist der Aufschwung beim Tight Oil in den USA auch darauf zurückzuführen, dass die Administration Bush den »Energy Policy Act 2005« am 8. August 2005 erließ, welcher hinsichtlich des Frackings den Clean Energy Act außer Kraft setzte und festlegte, dass die amerikanischen Umweltbehörden keinerlei Überwachungsrechte mehr über Trinkwasser gefährdende Aktivitäten der Öl- und Gasförderung haben. »Die Explorationsfirmen müssen der Umweltbehörde jetzt nicht mehr mitteilen, welche Chemikalien sie in ihre Bohrlöcher schütten, wie viel davon, was damit passiert und wie sie wieder entsorgt werden«, kritisiert Zittel. »Das war ein Freibrief für die Öl- und Gasindustrie.«[18]

Obschon natürlich das Tight Oil aus North Dakota zur globalen Erdölproduktion hinzugerechnet werden muss, ändert es nur wenig am Phänomen der Knappheit. »Es gibt noch große Reserven von Erdgas, Erdöl und Kohle, aber die Treibstoffe, die am einfachsten und billigsten zu fördern waren, sind nun zum größten Teil aufgebraucht«, fasst Richard Heinberg vom Post Carbon Institute in Kalifornien die Lage treffend zusammen, »die Produktion der verbleibenden Reserven führt zu wachsenden Kosten und Risiken für die Umwelt.«[19]

Kann der Entölungsgrad erhöht werden?

Die IEA setzt bei ihren Prognosen zum Erdölangebot in der Zukunft große Hoffnungen auf eine verbesserte Ausbeute von bereits bekannten Erdölfeldern. Das ist möglich, weil auch in verlassenen »leeren« sowie eingemotteten Erdölfeldern immer noch sehr viel Erdöl vorhanden ist. Dessen Förderung ist jedoch teuer und aufwendig.

Das in einer Lagerstätte vorhandene Erdöl kann – anders als landläufig angenommen – niemals in vollem Umfang gefördert werden; etwa 70 Prozent des ursprünglichen »oil in place« bleibt als Restöl in den Gesteinsporen und dem darin enthaltenen Wasser gefangen. Der Entölungsgrad, welcher die prozentuale Menge des geförderten Erdöls vom Gesamtvorkommen einer Lagerstätte angibt, kann mit neuartigen Fördermethoden erhöht werden. Der Grad der Entölung ist je nach Speichergestein und Viskosität des Erdöls sehr unterschiedlich und liegt durchschnittlich bei 20 bis 40 Prozent.

Felder mit einem Entölungsgrad von 30 Prozent, die früher als »leer« angesehen wurden, können heute durch die Erdölkonzerne nochmals ausgebeutet werden; man spricht dann von »sekundärer« oder »tertiärer Förderung«. Dabei wird durch das Einpressen von Wasser, Injektion von Dampf, Chemikalien, Bakterien und Gasen der Entölungsrad eines Feldes auf bis zu 45 Prozent und mehr erhöht. Der Peak Oil eines Feldes kann dadurch um einige Jahre hinausgeschoben werden.

Doch auch hier gibt es Nachteile. Bei sehr gut entölten Feldern fällt später die Produktion viel steiler ab. Der Abstieg vom »Erdölgipfel« wird dadurch für die kommenden Generationen nicht einfacher, sondern abrupter und schwieriger. In diesem Sinne ist die bessere Entölung der Felder keine enkelgerechte Technik; es wäre klüger, einen sanften Übergang zu gestalten. Denn auch die beste Entölung kann das Eintreten des Peak Oil nicht verhindern. Im schlimmsten Fall führen die sehr gut entölten Felder durch ihr schnelles Einbrechen gar zu heftigen Schocks beim Erdölangebot.

Sind Biotreibstoffe auch Erdöl?

In Zeitung und Fernsehen tauchte in den letzten Jahren die Bezeichnung »Biotreibstoffe« auf. In einigen Statistiken, so in der jährlich erscheinenden »BP Statistical Review of World Energy«, werden Biotreibstoffe zum Erdöl gerechnet. Doch dies ist irreführend. Denn Biotreibstoffe – auch Agrotreibstoffe oder Biokraftstoffe genannt – wie Ethanol zählen zu den erneuerbaren Energieträgern und werden nicht aus Rohöl, sondern aus nachwachsender Biomasse hergestellt. Als Rohstoff für Bioethanol, Biodiesel und Biogas dienen Getreide, Zuckerrüben, Zuckerrohr, Holz, Mais, Soja, Palmöl, Klärschlamm und Grünabfall. Biotreibstoffe kommen nicht aus der Erdölförderung, sondern aus der Agrarwirtschaft.

Gemäß der IEA betrug der Anteil der Biotreibstoffe 2010 weltweit 1,3 Millionen Fass pro Tag.[20] Dies entspricht weniger als 2 Prozent des globalen Erdölverbrauchs, der 2010 bei 87 Millionen Fass pro Tag lag. Weil die Produktion von einigen Biotreibstoffen den Regenwald bedroht und die Nahrungsmittelproduktion konkurrenziert, stehen Biotreibstoffe in der Kritik. »Wenn Nahrungsmittel verwendet werden, um Biotreibstoffe zu gewinnen, ist das ein Verbrechen an den Hungernden der Welt«, protestierte 2008 der Schweizer Soziologe Jean Ziegler, Sonderberichterstatter für das Recht auf Nahrung der UNO.[21] Wenn mit pflanzlichen Rohstoffen das knapper werdende Erdöl ersetzt wird, ist dies tatsächlich eine Katastrophe für die ärmsten Menschen der Welt, weil diese die hohen Rohstoffpreise nicht bezahlen könnten. Um 100 Liter Bioethanol zu erzeugen, benötigt man 240 Kilogramm Mais, was dem jährlichen Bedarf eines Erwachsenen entspricht, rechnete die Presse vor: »Ein Jahr lang essen oder einmal volltanken«, dies seien die Alternativen.[22]

Ungeachtet dieser Probleme wollen die USA mit gentechnisch verändertem Mais die Abhängigkeit von Erdölimporten reduzieren; mehr als 25 Prozent der amerikanischen Maisernte fließt derzeit in die Produktion von Bioethanol. Weil für die Düngemittel und Pestizide wie auch für die Erntemaschinen und Lastwagen fossile Treibstoffe aufgewendet werden müssen und auch die Destillation Strom braucht, ist die Produktion von Alkohol aus Mais in den USA sehr ineffizient.

Zudem wollen die USA Biotreibstoffe der zweiten Generation anbauen. Zu diesen zählen unter anderem Gräser, schnell wachsende Hölzer und biogene Abfälle. Auch die EU will den Anteil von Biotreibstoffen am Gesamtverbrauch bis 2020 auf 10 Prozent steigern. Doch sowohl die USA wie die EU erkennen derzeit auch die Nachteile und Grenzen der Biomasse: Sie hat eine viel geringere Energiedichte als Erdöl, der Energiegehalt pro Volumen ist geringer, und die benötigten Anbauflächen und Wassermengen sind enorm.

Die Erdölindustrie investiert schon heute in Biotreibstoffe. Der brasilianische Zucker- und Ethanolkonzern Cosan, der weltweit größte Zuckerkonzern, fusionierte 2010 mit dem größten europäischen Erdölkonzern Shell und ist heute der größte Produzent von Biotreibstoffen. Shell und Cosan kontrollieren in Brasilien die gesamte Wertschöpfungskette von der Zuckerrohrplantage bis zu den eigenen Tankstellen. In Brasilien sind die meisten Fahrzeuge mit Flex-Fuel-Technik ausgerüstet: Brasilianer können Benzin oder Alkohol aus Zuckerrohr in beliebigen Mischverhältnissen tanken, je nachdem, welcher Treibstoff gerade billiger ist. Cosan kann das Zuckerrohr entweder zu Zucker für die Nahrungsmittelindustrie verarbeiten oder zu Ethanol für den Treibstoffmarkt. Shell plant, Ethanol aus Brasilien zu exportieren und in den Ländern anzubieten, die Beimischungen von Ethanol zum Benzin vorschreiben. Es ist absehbar, dass Ethanol in Brasilien knapp werden wird, weil immer mehr davon in den lukrativen Export gelangt. 2011 konnte sich Brasilien erstmals nicht mehr selber mit genügend Ethanol versorgen und musste Alkohol aus den USA importieren. Die USA sind heute vor Brasilien der größte Produzent und Exporteur von Ethanol.

Darf man Gaskondensate zum Erdöl zählen?

Die Internationale Energieagentur (IEA) in Paris gibt an, dass noch 1980 die Produktion von Gaskondensaten (Natural Gas Liquids, NGL) unter 4 Millionen Fass pro Tag lag. Seither ist die Produktion stark angestiegen und lag 2010 bei 11 Millionen Fass pro Tag. Das ist eine große Menge, die der gesamten Erdölförderung von Saudi-Arabien entspricht. Die IEA glaubt, dass bis 2020 die Produktion von Gaskondensaten auf über 15 Millionen Fass pro Tag ansteigen und 2035 den Wert von 18 Millionen Fass pro Tag erreichen wird.[23]

Gaskondensate werden daher gemäß der IEA eine ganz entscheidende Rolle in der Energieversorgung der Welt spielen, weit wichtiger als Ölsand und Ölschiefer. Aber es muss festgehalten werden, dass Gaskondensate kein Rohöl sind. Gaskondensate sind schwere Bestandteile des Erdgases, die bei verringertem Druck und tieferer Umgebungstemperatur an der Oberfläche aus dem Erdgas kondensieren und flüssig werden. Je stärker die globale Erdgasförderung ausgeweitet wird, umso mehr Gaskondensate fallen an. Weil davon ausgegangen werden kann, dass die globale Erdgasförderung ansteigen wird, ist es durchaus realistisch, dass auch die Menge an Gaskondensaten zunehmen wird.

Eine gefährliche Verwirrung entsteht erst dann, wenn die Gaskondensate in den Statistiken nicht separat ausgewiesen, sondern mit dem Rohöl vermischt werden. So weist die jährlich publizierte »BP Statistical Review of World Energy« beim Erdöl unter »Produktion« für das Jahr 2010 die Zahl 82 Millionen Fass pro Tag aus, doch neben Rohöl werden auch Gaskondensate und Ölsand eingerechnet. Die Vermischung ist unglücklich. Denn wenn das Rohöl stagniert oder gar zurückgeht, während der Anteil der Gaskondensate zunimmt, ist dies in der BP-Statistik nicht zu erkennen, weil die Summe stabil bleibt, wenn der Rückgang beim Rohöl dem Zuwachs bei den Gaskondensaten entspricht.

Eine weitere Unschärfe entsteht, weil Gaskondensate weniger Energie enthalten als Rohöl. Der schwedische Physikprofessor Kjell Aleklett von der Association for the Study of Peak Oil and Gas (ASPO) hat berechnet, dass ein Fass Gaskondensat deutlich weniger Energie enthält als ein Fass Erdöl. »Tatsächlich ist es so, dass ein Fass NGL nur so viel Energie enthält wie 0,7 Fass Erdöl.« Wenn die Prognosen der IEA zur zukünftigen Gasproduktion stimmen, so Aleklett, werden 2020 täglich rund 15 Millionen Fass Gaskondensate zur Verfügung stehen, was vom Energiegehalt her 12 Millionen Fass Rohöl entspricht.[24]

Noch größere Verwirrung entsteht, wenn Natural Gas Liquids (NGL) mit Liquified Natural Gas (LNG) verwechselt wird, was mitunter geschieht, weil die Begriffe sehr ähnlich klingen und beide mit Erdgas zu tun haben. Doch es besteht ein großer Unterschied. Gaskondensate (NGL) sind bei Umgebungstemperatur flüssig und dürfen zum Erdöl gerechnet werden, wenn man sie in Statistiken separat ausweist. Flüssigerdgas (LNG) hingegen darf man nie zum Erdöl zählen, denn es muss künstlich hergestellt werden, indem man das gasförmige Erdgas auf minus 160 Grad herunterkühlt. Flüssigerdgas hat nur etwa ein 600-stel des Volumens von Erdgas in Gasform und kann in der komprimierten Form einfacher mit Schiffen transportiert werden. An speziellen LNG-Terminals wird das Erdgas heruntergekühlt und verflüssigt, dann auf LNG-Spezialschiffe gepumpt, über das Meer zu einem Hafen mit LNG-Terminal gefahren und dort wieder in Gasform umgewandelt. Flüssigerdgas wird in allen Statistiken unter Erdgas und nicht unter Erdöl ausgewiesen.

Wann kommt das Fördermaximum beim unkonventionellen Erdöl?

Die in Millionen von Jahren gespeicherte und konzentrierte Sonnenenergie fossiler Brennstoffe wird derzeit in einer relativ kurzen Zeit von rund 300 Jahren aufgebraucht. Der Glaube, dass eine Verbesserung der Technik und ein hoher Erdölpreis die Ressourcen immer wieder vergrößern kann, stimmt nur für eine beschränkte Zeit. Natürlich ist es richtig, dass man wiederholt fossile Quellen erschließen konnte, die zuvor als völlig unzugänglich angesehen wurden, betont der Technikhistoriker Karl Metz. »Die Dampfmaschine ist hier das erste und für die Zeitgenossen überzeugendste Beispiel, ermöglichte sie doch als Pump- und Bohrantrieb die Erschließung vorher unzugänglicher Flöze«, bei gleichzeitiger und nachhaltiger Verbesserung des Wirkungsgrades der Dampfmaschine.[25] Bei der Erschließung unkonventioneller Erdölreserven spielt sich heute erneut dasselbe ab: Man hofft, durch bessere Technik und einen größeren Aufwand die Reserven zu vergrößern. Dies wird aber nur für eine gewisse Zeit gelingen.

Wie sich die Förderung von unkonventionellem Erdöl in Zukunft entwickeln wird und wann das unkonventionelle Erdöl das Fördermaximum erreicht, ist umstritten. Eine erste Gruppe von Erdölexperten glaubt, dass man noch für Jahre und Jahrzehnte viel unkonventionelles Erdöl fördern könne, um dadurch den Rückgang beim konventionellen Erdöl zu kompensieren. Eine zweite Gruppe lehnt diese These ab und vertritt die Auffassung, dass die Reserven beim unkonventionellen Erdöl zwar unbestritten groß, die Förderung aber nur sehr langsam und umweltbelastend sei, weshalb der Peak Oil mit unkonventionellem Erdöl nur unwesentlich verschoben werden könne. »Die Abbaumethoden sind viel stärker mit dem Erz- oder Mineralienabbau verwandt als mit der konventionellen Erdölförderung«, erklärt der deutsche Erdölexperte Werner Zittel die Probleme beim unkonventionellen Erdöl. »Somit kann die Produktion nicht so schnell erhöht werden wie bei zumindest der konventionellen Ölförderung.«[26]

Auch Colin Campbell und Jean Laherrère behandelten in ihrem Aufsatz das unkonventionelle Erdöl. Sie erklärten richtig, dass es neben dem konventionellen auch noch »sehr große« Mengen an unkonventionellem Erdöl gebe, darunter das Schweröl im Orinoco-Becken in Venezuela und der Teersand in Kanada. »Theoretisch könnte dieses unkonventionelle Erdöl den Durst der Welt nach flüssigem Treibstoff stillen, wenn das konventionelle zurückgeht«, so Campbell und Laherrère. »Aber für die Industrie wird es schwierig werden, das unkonventionelle Erdöl schnell genug und profitabel zu fördern«, die Produktion sei langsam und aufwendig. »Unsere skeptische Einschätzung geht dahin, dass nur etwa 700 Milliarden Fass in den nächsten 60 Jahren aus unkonventionellen Reserven produziert werden können«, so die Autoren, weshalb die Welt »einen sehr starken Anstieg des Erdölpreises erleben könnte«.[27] Wenn man bedenkt, dass die Autoren diesen Aufsatz 1998 bei einem Erdölpreis von 19 Dollar pro Fass publizierten, so kann man einräumen, dass zumindest die Entwicklung des Erdölpreises der vergangenen 15 Jahre ihnen recht gegeben hat.

Weil beim konventionellen Erdöl das Fördermaximum erreicht ist, wird es in Zukunft immer wichtiger, dass klar definiert wird, über welches Erdöl man spricht. Gerade die Vermischung mit Gaskondensaten hat einige Verwirrung gestiftet. Wer das Annual Statistical Bulletin der OPEC studiert, sieht, dass die Rohölproduktion der Welt seit 2006 bei 70 Millionen Fass pro Tag stagniert und auch 2010, trotz hohem Erdölpreis, nur bei 69,7 Millionen Fass pro Tag lag.[28] Die OPEC-Zahlen zeigen deutlich das Fördermaximum auf. In der jährlich publizierten »BP Statistical Review of World Energy« hingegen ist zu lesen, dass die globale Erdölproduktion 2005 bei 81 Millionen Fass pro Tag lag und seither stagniert, 2010 wurden gemäß BP 82 Millionen Fass pro Tag gefördert. 2011 waren es 83 Millionen Fass.[29] Zwischen den BP- und OPEC-Zahlen für das Jahr 2010 liegt eine Differenz von 12 Millionen Fass pro Tag, mehr als die gesamte Förderung von Saudi-Arabien! Die Daten passen auf den ersten Blick nicht zusammen. Erst wenn man das Kleingedruckte liest, erkennt man, dass in der BP-Statistik bei »Produktion« nicht nur das Rohöl, sondern »all liquids«, also auch unkonventionelles Erdöl wie Ölsand, Tight Oil, Tiefseeöl und zudem auch die umfangreichen Gaskondensate eingerechnet werden. Wie groß die Rohölproduktion alleine war, weist die BP-Statistik nicht aus. Erst der Vergleich mit den OPEC-Zahlen zeigt, dass 2010 die Produktion von unkonventionellem Erdöl inklusive Gaskondensate 12 Millionen Fass pro Tag betrug. In der Rubrik »Verbrauch« gibt die BP-Statistik für das Jahr 2011 sogar einen Wert von 88 Millionen Fass pro Tag an, also 18 Millionen Fass mehr als das in der OPEC-Statistik ausgewiesene Rohöl! Diese große Differenz erklärt sich erst, wenn man erneut das Kleingedruckte liest: BP rechnet beim »Verbrauch« auch die Biotreibstoffe und aus Kohle gewonnene Treibstoffe dazu, obschon beide kein Rohöl sind.

In großen Zeitungen wie der »Neuen Zürcher Zeitung« oder der »Frankfurter Allgemeinen Zeitung« wird oft der BP-Verbrauchswert 2011 von 88 Millionen Fass vereinfachend als »Erdöl« abgedruckt. Dadurch wird das Fördermaximum beim konventionellen Erdöl völlig verdeckt. Der Leser weiß nicht, dass in der Zahl auch Biotreibstoffe, Gaskondensate, Teersande, Tiefseeöl und Tight Oil enthalten sind. Um weitere Verwirrung in Zukunft zu vermeiden, wird es wichtig sein, die Rohölförderung separat auszuweisen, damit erkennbar ist, wie die Rohölproduktion stagniert oder gar einbricht. Auch die verschiedenen unkonventionellen Erdöle und die Biotreibstoffe, die im Jahr 2010 zusammen 17 Millionen Fass pro Tag zur Gesamtproduktion beisteuerten, sollten einzeln ausgewiesen werden.

ExxonMobil räumt in einer Energiestudie zur Entwicklung bis ins Jahre 2040 ein, dass das konventionelle Erdöl stagniert. ExxonMobil hofft aber, dass das Angebot von Tiefseeöl, Biotreibstoffen, Teersanden, Tight Oil und Gaskondensaten ausgeweitet werden kann.[30] Der schwedische Physikprofessor Kjell Aleklett von der ASPO hingegen glaubt, dass diese Annahmen von ExxonMobil zu optimistisch sind. Die Förderung von konventionellem Erdöl stagniere nicht, sondern breche ein: »Die Erdölförderung der produzierenden Felder geht jedes Jahr um 4 Millionen Fass pro Tag zurück«, so Aleklett. Unkonventionelles Erdöl und Gaskondensate könnten während einigen Jahren die Lücke füllen, aber danach werde der Peak Oil nicht nur beim Rohöl, sondern bei »all liquids«, inklusive Gaskondensate und Ölsande, eintreten.[31]

17

Wieder Krieg um Erdöl

Nach dem Ende des Kalten Krieges und dem Fall der Berliner Mauer 1989 hofften viele Menschen in Europa auf eine »Friedensdividende«, ein Ende der Rüstungsspirale und Entspannung in den internationalen Beziehungen. Doch dazu kam es leider nicht. Im Gegenteil, der Kampf um die Rohstoffe spitzte sich zu. Dabei spielte das Erdöl eine zentrale Rolle. »Es wird trotz aller technischen Verbesserungen immer schwieriger, neue Ölquellen aufzutun, die Förderung wird immer teurer und aufwendiger«, mahnte Alexander Jung vom Nachrichtenmagazin »Spiegel«. »Die Versorgungsängste wachsen, vor allem in der westlichen Welt. Dramatische Verteilungskämpfe zeichnen sich ab, getrieben von der Begrenztheit der Ressourcen.«[1]

Mit Erreichen des Fördermaximums beim konventionellen Erdöl 2006 wurde die Begrenztheit der Ressource Erdöl bestätigt. Wer die Erdölgeschichte studiert, ist nicht erstaunt, dass es mit zunehmender Knappheit beim konventionellen Erdöl auch zu einer Verschärfung der Verteilungskämpfe kam. Nach den Terroranschlägen vom 11. September 2001 folgte der Krieg in Afghanistan und der Aufbau von Truppen in Zentralasien, einem rohstoffreichen Gebiet, das traditionell auch von Russland und China als Einflusssphäre beansprucht wird. Im Jahr 2003 wurde das OPEC-Mitglied Irak von den USA und Großbritannien angegriffen und besetzt. Der Irak besitzt nach Saudi-Arabien und dem Iran die drittgrößten Reserven an konventionellem, einfach zu förderndem Erdöl. 2011 griffen Frankreich, Großbritannien und die USA das OPEC-Land Libyen an. Libyen besitzt die größten konventionellen Erdölreserven Afrikas.

In Europa und den USA will man bis heute nicht offen über Ressourcenkriege sprechen. Das Thema ist politisch delikat und wird gemieden. Niemand argumentiert öffentlich, man müsse Ressourcenkriege führen, um nach Erreichen des Peak Oil das immer knapper werdende Erdöl zu erbeuten. Denn für das Argument der Beutezüge gibt es kein moralisches Fundament. Die Regierungen ziehen es vor, die

Kriege gegenüber der europäischen und amerikanischen Bevölkerung als Projekte zur Förderung von Demokratie und Menschenrechten darzustellen.

Nur wenige Intellektuelle haben ihren Regierungen widersprochen und die Geschichten von Demokratieförderung zu Recht als Unsinn zurückgewiesen. »Die Doktrin, welche in den USA und Großbritannien dominiert, ist Folgende: Man will uns glauben machen, dass die USA den Irak auch sogenannt ›befreit‹ hätten, wenn seine Hauptexportprodukte Kopfsalat und Gurken gewesen wären und sich die größten Energieressourcen in Zentralafrika befänden«, kritisierte der MIT-Professor Noam Chomsky mit bissigem Witz. »Aber jeder, der ein funktionierendes Gehirn hat, weiß, dass das nicht stimmt, alle Iraker wissen es im Übrigen auch. Die USA haben den Irak angegriffen, weil seine wichtigste Ressource Erdöl ist. Und der Besitz dieses Erdöls gibt den USA, um Brzezinski zu zitieren, ›entscheidenden Einfluss‹ gegenüber den Konkurrenten Europa und Japan … das ist der Hauptgrund für den Krieg gegen den Irak, nichts anderes.«[2]

Weil in Europa das Thema Ressourcenkriege tabu ist, gibt es kaum Möglichkeiten, die These von Sicherheitsberater Zbigniew Brzezinski zu debattieren. Die Frage, ob die USA die Erdölressourcen unter falschen Vorwänden erbeuten, um dadurch auch gegenüber Europa ihre Macht auszubauen, darf scheinbar nicht gestellt werden. Dies ist erstaunlich, denn in der Nordsee bricht die Erdölförderung ein, Europa befindet sich in einer gefährlichen Importabhängigkeit. Doch die transatlantische Freundschaft verbietet es den Europäern, den Kampf ums Erdöl offen anzusprechen. In den USA gibt es keine derartige Zurückhaltung. Brzezinski hat in seinen Büchern offen dargelegt, dass die USA im Nahen Osten »gewichtige wirtschaftliche und strategische Interessen« verfolgen. »Die USA profitieren nicht nur wirtschaftlich vom relativ günstigen Erdöl aus dem Nahen Osten, sondern erlangen durch ihre Sicherheitspolitik in der Region indirekt kritischen politischen Einfluss über die europäischen und asiatischen Wirtschaften, die auch auf die Energieexporte der Region angewiesen sind.«[3] Wenn es den USA gelingen würde, das Erdöl des Nahen Ostens zu kontrollieren, könnten sie auch die Erdöllieferungen nach Europa und China und damit die Wirtschaft beider Regionen kontrollieren.

In Europa haben sich nur Künstler getraut, das Vorgehen der USA offen zu kritisieren, darunter der britische Dramatiker Harold Pinter. »Die Invasion des Irak war ein Banditenakt, ein Akt von unverhohlenem Staatsterrorismus», protestierte Pinter, als er 2005 den Nobelpreis für Literatur entgegennahm und mit seinen deutlichen Worten Publikum und Presse überraschte. Die USA würden »brutal, gleichgültig, verächtlich und skrupellos» ihre Interessen durchsetzen. Die politische Rhetorik in

Europa und den USA verdrehe die Tatsachen und verdumme die Menschen; die Wahrheit werde den Bürgern vorenthalten. »Die Invasion war ein willkürlicher Militäreinsatz, ausgelöst durch einen ganzen Berg von Lügen und die üble Manipulation der Medien und somit der Öffentlichkeit.«[4]

Die Administration von George Bush junior und das Erdöl

Die Administration von Präsident George Bush junior, die im Januar 2001 ins Weiße Haus einzog, war bis Ende 2008 im Amt und regierte damit das mächtigste Land der Welt in der Zeit, als das konventionelle Erdöl global das Fördermaximum erreichte. Gemäß dem republikanischen Kongressabgeordneten Roscoe Bartlett aus Maryland war Präsident Bush genau über das Fördermaximum beim konventionellen Erdöl informiert.[5] Auch Vizepräsident Dick Cheney kennt das Peak-Oil-Phänomen. Die vorliegenden Daten zeigen, dass die Bush-Administration auf ihre Weise auf die Herausforderung reagierte, nämlich mit militärischer Gewalt, dem Schüren von Angst und Hass, im Abbau von Bürgerrechten und der Täuschung der Öffentlichkeit.

Wie schon sein Vater war der Präsident selber im Erdölgeschäft aktiv gewesen. Bush junior hatte 1977 in Texas die Firma Arbusto Oil gegründet (»arbusto« ist das spanische Wort für »Busch«). Diese wurde später von Spectrum 7 Energy übernommen, geriet dann aber in den 1980er-Jahren mit Bush als CEO in größere Schwierigkeiten und wurde zahlungsunfähig. Bush war kein guter Geschäftsmann, verfügte aber über ausgezeichnete politische Kontakte. Die Firma Harken Energy, an der auch die saudische Königsfamilie beteiligt war, kaufte Spectrum 7 auf und berief Bush ins Direktorium. Im Juni 1990 verkaufte Bush seine Harken-Aktien – zwei Monate, bevor die Firma einen Millionenverlust veröffentlichte und der Kurs einbrach. Der vermutete Insiderhandel wurde ohne Erfolg von der amerikanischen US-Börsenaufsicht Securities and Exchange Commission (SEC) untersucht. Bush junior verließ die Erdölbranche, wechselte in die Politik, wurde Gouverneur von Texas und danach Präsident der USA.[6]

Auch Vizepräsident Dick Cheney kannte das Erdölgeschäft gut. In der Administration von George Bush senior hatte Cheney während des zweiten Golfkriegs als Kriegsminister den Kampf gegen Saddam Hussein um Kuwait geführt. Danach leitete er von 1995 bis 2000 als CEO den Konzern Halliburton, einen führenden Dienstleister der Erdölindustrie. Cheney wusste, dass im Erdölgeschäft »der Erfolg oder Misserfolg eines Projekts nicht nur von technischen, sondern von politischen Faktoren abhängig ist«, und pflegte die Beziehungen zur Politik. Als Bush Junior

Dick Cheney zum Vizepräsidenten ernannte, verhalf dieser Halliburton zu lukrativen Regierungsaufträgen in Millionenhöhe.[7]

Condoleezza Rice, die Nationale Sicherheitsberaterin und spätere Außenministerin in der Administration von George Bush junior, kam ebenfalls aus der Erdölindustrie. Rice hatte seit 1993 dem Direktorium von Chevron angehört, hinter ExxonMobil die zweitgrößte amerikanische Erdölfirma. Chevron hatte zu Ehren seines Vorstandsmitgliedes einen ihrer Supertanker sogar »Condoleezza Rice« getauft. Die lokale Zeitung aus San Francisco, dem Hauptsitz von Chevron, meinte, der Tanker »sei die offensichtlichste Erinnerung an die engen Verbindungen von großen Erdölkonzernen mit der Bush Administration«. Chuck Lewis vom amerikanischen Center for Public Integrity kritisierte, der Tanker zeige, »dass es in diesem Land nie eine Administration gab, die einer Industrie derart nahe stand, in diesem Falle der Erdöl und Erdgasindustrie.« Erst als Rice ins Weiße Haus einzog, änderte Chevron den Namen des Tankers auf »Altair Voyager«, »um die unnötige Aufmerksamkeit zu eliminieren, die der alte Name auf sich zog«, wie ein Chevron-Sprecher erklärte.[8]

Gemäß Zbigniew Brzezinski, der Präsident Carter als Sicherheitsberater gedient hatte, müssen die USA im 21. Jahrhundert versuchen, ihre führende Position als Weltmacht auszubauen oder aber mindestens zu halten. Konkurrenz erwachse den USA nicht aus Südamerika, Afrika oder Australien, sondern aus Europa und Asien. Diese sind auf Erdölimporte angewiesen. Europa braucht pro Tag rund 15 Millionen Fass Erdöl, die Eigenproduktion in der Nordsee bricht, wie oben dargelegt, ein. Auch China produziert selber Erdöl und war lange in der Lage, den Erdöldurst mit den eigenen Quellen zu decken. Doch der Erdölkonsum der Chinesen stieg durch die Industrialisierung derart stark an, dass China 1994 zum Nettoimporteur wurde. 2011 lag China mit einem Konsum von 9 Millionen Fass pro Tag in der Länderrangliste der größten Erdölkonsumenten auf Platz zwei hinter den USA.

Die USA wissen, dass nicht nur Europa und China auf die großen konventionellen Erdölreserven des Nahen Ostens angewiesen sind, sondern dass auch sie selbst im wahrsten Sinn des Wortes süchtig nach dem Stoff sind. »Wir haben hier ein ernsthaftes Problem«, erklärte Präsident Bush junior in offenen Worten in seiner State-of-the-Union Ansprache im April 2006. »Die USA sind erdölsüchtig. Und dieses Erdöl muss oft aus instabilen Regionen der Welt importiert werden.« Die USA sollten daher, so der Präsident, »ihre Wirtschaft vom Erdöl befreien, damit die amerikanische Abhängigkeit vom Erdöl aus dem Nahen Osten der Vergangenheit angehört«.[9]

Natürlich hätten die USA, wie alle Importländer, die Möglichkeit, ihren Erdölkonsum zu reduzieren, indem zum Beispiel der Durchschnittsverbrauch der Fahrzeugflotte im Inland durch strenge Gesetze von Jahr zu Jahr abgesenkt wird. Doch dies geschieht nicht. Beobachtbar ist vielmehr, dass die USA bereit sind, für Erdöl zu kämpfen und zu töten, auch in der Golfregion. John Bolton, der in der Bush-Administration als UNO-Botschafter diente und Senior Fellow im Project for the New American Century (PNAC) war, beschrieb den Nahen Osten auf »Fox News« 2011 offen als »die kritische Erdöl und Erdgas produzierende Region der Welt, in der wir so viele Kriege geführt haben, um unsere Wirtschaft vor den negativen Folgen zu schützen, den Erdölzufluss zu verlieren, oder ihn nur zu sehr hohen Preisen zu erhalten.« Wie Europa und China können auch die USA nicht auf das Erdöl des Nahen Ostens verzichten.

Dick Cheney interessierte sich sehr für das Thema Energiesicherheit. Als CEO von Halliburton hatte er im November 1999 im Savoy Hotel in London auf Einladung des International Petroleum Institute eine bemerkenswerte Rede gehalten, in der er explizit vor dem Peak Oil warnte und erklärte, dass das globale Erdölangebot die globale Erdölnachfrage demnächst nicht mehr decken könne. »Die Erdölförderung ist natürlich eine Aktivität, die sich selber erschöpft«, wusste Cheney. »Jedes Jahr müssen wir Reserven finden und entwickeln, die unserer Förderung entsprechen, nur um das Niveau zu halten.« Dies sei sehr schwierig, weil alte Felder einbrechen würden und die Suche nach neuen Feldern immer aufwendiger werde. »Gemäß einigen Schätzungen wird die globale Nachfrage nach Erdöl in den nächsten Jahren um 2 Prozent wachsen«, rechnete Cheney vor, »während gleichzeitig in den Erdölfeldern ein natürlicher Rückgang der Produktion von mindestens 3 Prozent erwartet werden muss.«

Seine rund 400 Zuhörer im Savoy waren führende Vertreter aus der Erdölindustrie. Cheney brachte sein eigenes Expertenteam mit. »Sie waren außerordentlich gut informiert über Erdöl und strategische Fragen«, erinnerte sich später einer der Teilnehmer an Cheney und sein Team, »und versuchten beim Lunch herauszufinden, was wir wussten.«[10] Das Ansteigen der Nachfrage einerseits und der Rückgang der Produktion in den alten Erdölfeldern andererseits stelle die Erdölindustrie vor größte Probleme, warnte Cheney. »Das bedeutet«, so Cheney, »dass wir im Jahr 2010 etwa zusätzliche 50 Millionen Fass pro Tag brauchen.« Doch »wo soll dieses Erdöl herkommen?« Die meisten Erdölexperten im Raum, auch Chris Moorhouse, Präsident des International Petroleum Institute, wussten natürlich, wo die größten Erdölreserven der Welt liegen. Und so schloss Cheney, wenige Jahre vor dem Angriff auf den Irak, mit den prophetischen Worten: »Obschon auch andere Regionen der Welt große Möglichkeiten für die Erdölförderung bieten, bleibt der Nahe Osten mit zwei Dritteln der Erdölreserven und tiefen Produktionskosten die Region, wo der Hauptpreis liegt. Erdölfirmen hätten gerne besseren Zugang zu dieser Region.«[11]

Die Terroranschläge vom 11. September 2001

Noch im Dezember 1998 wurde das Fass Erdöl billig für nur 10 Dollar verkauft, Ressourcenknappheit war kein Thema. Doch im September 2000 stieg der Preis auf 33 Dollar pro Fass, »so viel, wie seit zehn Jahren nicht mehr«, wie die Zeitungen klagten.[12] Neben dem Autofahren verteuerten sich auch das Wohnen, der Gütertransport und das Reisen. Der Schweizer Bundesrat Pascal Couchepin, Vorsteher des Volkswirtschaftsdepartementes, erklärte richtig, dass erst bei Erdölpreisen über 30 Dollar das Energiebewusstsein zunehme, daher seien hohe Preise nicht nur schlecht. »Seit Jahren plädieren alle für eine ökologisch begründete Erhöhung der Energiepreise, damit Ressourcen gespart werden und die Umwelt geschont wird«, so Couchepin. »Und jetzt, bei dieser Preiserhöhung, sind plötzlich alle empört.«[13] Dies sei scheinheilig. Auch die Schweiz sei angehalten ihren Energiekonsum zu überdenken und in Zukunft sorgsamer mit den Ressourcen umzugehen.

Auch in den USA sorgte man sich um die verfügbaren Ressourcen. Vizepräsident Dick Cheney kümmerte sich sehr systematisch um die Erdölfrage. Nur zehn Tage nach dem Einzug ins Weiße Haus gründete er im Januar 2001 eine Expertengruppe zu Erdöl- und Energiefragen, die National Energy Policy Development Group (NEPDG), welche bis im Mai 2001 hinter verschlossenen Türen die Energiezukunft der USA plante. Neben den Experten und Lobbyisten der größten Erdölkonzerne nahmen auch Außenminister Colin Powell, Energieminister Spencer Abraham und Finanzminister Paul O'Neill an den NEPDG-Sitzungen teil. Als die NEPDG ihre Studien abgeschlossen hatte, informierte sie den Präsidenten. Dieser war wenig erfreut und trat mit düsteren Prognosen vor die Presse: »Was die Leute laut und deutlich hören müssen, ist, dass uns hier in Amerika die Energie ausgeht«, so Präsident Bush im Mai 2001. »Wir müssen zusätzliche Energiequellen finden.«[14]

Welche Erdölfirmen an den NEPDG-Sitzungen teilgenommen hatten und ob auch der Peak Oil besprochen wurde, blieb unklar, da Cheney auf absolute Geheimhaltung pochte. Das amerikanische Parlament war indes nicht gewillt, diese Geheimhaltung der Exekutive zu tolerieren. Die demokratischen Kongressabgeordneten Henry Waxman und John Dingell forderten Transparenz und beauftragten das Government Accounting Office (GAO), ein unparteiisches Untersuchungsorgan des Kongresses, von Cheney alle Unterlagen der Energiegruppe NEPDG einzutreiben, darunter auch die Namen der Erdölfirmen, die an den geheimen Sitzungen teilgenommen hatten, die Protokolle der Sitzungen sowie Details zum Entscheidungsprozess. Doch Cheney weigerte sich, diese Daten zu veröffentlichen.

Nur der 169 Seiten lange Abschlussbericht der NEPDG wurde am 17. Mai 2001 publiziert. Er warnte in düsteren Worten vor einer Energiekrise. »Amerika sieht sich im Jahr 2001 mit dem schwersten Energieengpass seit dem Ölembargo der 1970er-Jahre konfrontiert«, so der Bericht. »Ein grundsätzliches Missverhältnis zwischen Angebot und Nachfrage kennzeichnet die Energiekrise unserer Nation ... Dieses Missverhältnis wird, wenn ihm erlaubt wird anzuhalten, unsere Wirtschaft, unseren Lebensstandard und unsere nationale Sicherheit untergraben.« Die US-Energienachfrage steige an, doch die Eigenproduktion breche ein. Die »48 Bundesstaaten erreichten 1970 den Peak bei 9,4 Millionen Fass pro Tag«, so der Bericht. »Die Ausweitung der Förderung in Alaska Ende der 1970er-Jahre half, den Niedergang der US-Produktion hinauszuzögern, doch Alaska erreichte das Fördermaximum 1988 bei 2 Millionen Fass pro Tag und fiel bis im Jahr 2000 auf 1 Million Fass pro Tag. Im gleichen Jahr lag die Gesamtförderung der USA nur noch bei 5,8 Millionen Fass pro Tag, 39 Prozent unter dem Fördermaximum.« Daher »werden wir immer abhängiger von ausländischen Lieferanten ... die nicht immer das Beste für die amerikanischen Interessen im Schilde führen«.[15]

Gleich wie Europa erwacht derzeit auch die USA unsanft aus ihrem Erdölrausch; die Probleme werden erkannt und offen angesprochen. Der Bericht hielt in klaren Worten fest, dass das Erdöl ungleich auf der Welt verteilt sei. »Fast zwei Drittel der bewiesenen Erdölreserven befinden sich im Nahen Osten«, so die NEPDG. »Die großen Erdölreserven und Förderkapazitäten der OPEC erlauben es dem Kartell von Zeit zu Zeit, die Preise zu beeinflussen, was zu Volatilität bei den Erdölpreisen führt.« Die Golfregion bleibe daher »äußerst wichtig für die amerikanischen Interessen«.[16] Die Stimmung im Sommer 2001 war angespannt, und mehrere Kommentatoren forderten eine öffentliche und ehrliche Energiedebatte. Doch dazu kam es nicht, denn das Thema Energie wurde plötzlich schlagartig aus den Medien verdrängt.

Am 11. September 2001 ereignete sich in den USA mit fast 3000 Toten der bisher größte Terroranschlag der Geschichte. Ein entführtes Passagierflugzeug, American Airlines 11, raste um 08.46 Uhr in New York in den Nordturm des World Trade Centers, eine Viertelstunde später flog United Airlines 195 in den Südturm des World Trade Centers. Noch während die Türme brannten, traf die Meldung ein, dass um 09.37 Uhr ein weiteres Passagierflugzeug, American Airlines 77, das Pentagon getroffen habe. Kurz vor 10 Uhr stürzte WTC2, der Südturm, ein, riesige Staubwolken drückten sich durch die Straßenschluchten von New York, Feuerwehrleute und Anwohner rannten um ihr Leben. Kurz nach 10 Uhr stürzte mit United Airlines 93 bei Shanksville ein viertes Passagierflugzeug ab. Um 10.28 Uhr folgte der dramatische Einsturz der Nordturms WTC1. Die meisten Menschen verfolgten den Terroranschlag live am Fernsehgerät. Nicht nur in den USA, auch in Europa saß der Schock tief.

Präsident Bush und Vizepräsident Cheney machten umgehend den Saudi Osama Bin Laden und das Terrornetzwerk Al Qaida für die Anschläge verantwortlich. Die Peak-Oil-Debatte und die Resultate der National Energy Policy Development Group gerieten völlig in den Hintergrund. Die Schlagzeilen wurden von Krieg und Terror dominiert. Trotz der angespannten Lage versuchte GAO-Direktor David Walker, die geheimen Erdölunterlagen von Vizepräsident Cheney zu bekommen und klagte im Februar 2002 an einem amerikanischen Gericht gegen die NEPDG. Doch Richter John Bates, der später von Bush befördert wurde, wies die Klage ab, worauf das GAO seine Untersuchungen einstellte.[17] In muslimischen Ländern und auch in Europa und Japan kursierte bald das Gerücht, die USA hätten die Terroranschläge manipuliert, um einen Grund für Ressourcenkriege zu haben und das Erdöl im Nahen Osten zu erbeuten. Präsident George Bush wies solche Behauptungen stets als haltlos zurück und insistierte, Bin Laden sei für die Anschläge verantwortlich. »Lasst uns niemals unglaubliche Verschwörungstheorien über die Anschläge vom 11. September tolerieren«, mahnte Bush in einer Rede vor der UNO-Generalversammlung am 10. November 2001. »Diese üblen Lügen versuchen die Schuld von den Terroristen zu nehmen, weg von den Schuldigen.«[18]

Die Politiker und Medien in den USA und Europa hinterfragten die Aussagen der Bush-Administration zu den Terroranschlägen nicht. Obschon der US-Präsident in Europa nicht beliebt war, übernahmen auch die Europäer seine Sprachregelung über Verschwörungstheorien. Wer die offizielle Erzählung zu den Terroranschlägen hinterfragte, wurde sowohl in den USA wie auch in Europa umgehend als Verschwörungstheoretiker diffamiert, genau so wie es der Präsident vor der UNO gefordert hatte. Dies hat mich verwundert. Denn die Menschheitsgeschichte ist voll von Lügen und geheimen Absprachen zwischen zwei oder mehr Personen, um gemeinsam ein Ziel zu erreichen, also regelrechten Verschwörungen. Der Mord an Julius Cäsar 44 v. Chr. in Rom war eine solche Verschwörung. Auch der Angriff der Franzosen, Briten und Israeli auf Ägypten während der Suezkrise 1956 und die Brutkastenlüge 1990, welche die Operation Desert Storm und den Krieg gegen den Irak legitimierte, waren Verschwörungen. Die Operation Gladio und die NATO-Geheimarmeen sind bewiesene historische Verschwörungen, wie ich in einem mehrjährigen Forschungsprojekt nachweisen konnte.[19] Auch die »Endlösung«, die von den Nationalsozialisten 1941 geplante Ermordung aller Juden in Europa, war eine Verschwörung, also eine geheime Absprache mit zentraler Planung. Es ist völlig unsinnig zu behaupten, dass es in der Geschichte keine Verschwörungen gebe.

Auch die These von Präsident Bush, dass Osama Bin Laden und 19 Muslime für die Terroranschläge vom 11. September verantwortlich sind, ist eine Verschwörung, also eine geheime Absprache von zwei oder mehr Menschen. Was der Präsident somit wirklich vor der UNO forderte, war dies: Ihr müsst meine Verschwörungstheorie glauben, andere Verschwörungstheorien, welche eine amerikanische Beteiligung an diesem Verbrechen postulieren, sind Unsinn. Damit erließ Bush persönlich ein Forschungsverbot zum 11. September. Doch dies kann nicht akzeptiert werden. Der historischen Forschung muss es immer erlaubt sein, Fragen zu stellen und alle möglichen Theorien zu untersuchen.

Meine Studentinnen und Studenten interessierten sich sehr für die verschiedenen Geschichten zu den Terroranschlägen vom 11. September 2001. Und so führte ich im Sommersemester 2005 am Historischen Seminar der Universität Zürich und im 2007 am Historischen Seminar der Universität Basel jeweils ein Seminar zu diesem Thema durch. Die Studenten mussten den im Juli 2004 publizierten Bericht von Thomas Kean studieren. Dieser 600 Seiten lange offizielle Bericht zu den Anschlägen bestätigte die Version der Bush-Regierung und erklärte, die Terroranschläge seien im Auftrag von Osama Bin Laden durch 19 muslimische Terroristen durchgeführt worden. Die USA seien durch die Anschläge völlig überrascht worden. Dies ist die offizielle Verschwörung, die Surprise-Theorie (»Surprise« heißt Überraschung).

Meine Studenten mussten aber auch andere amerikanische Bücher studieren, darunter solche des emeritierten Theologieprofessors David Ray Griffin und des Journalisten Michael Ruppert. Diese Texte behaupten, kriminelle Elemente in der Bush-Administration hätten die Anschläge bewusst zugelassen (LIHOP-Theorie: Let it Happen on Purpose) oder gar selber inszeniert (MIHOP-Theorie: Make it Happen on Purpose), um durch Kriege im Ausland Erdöl und Erdgas zu erbeuten und in den USA die Bürgerrechte einzuschränken und die Militärausgaben auszuweiten. Im Unterricht wurden alle drei Verschwörungstheorien zu den Terroranschlägen intensiv und kontrovers diskutiert. Wir kamen zu keinem Schluss, welche der drei Verschwörungstheorien stimmt, und bis heute ist für mich unklar, was am 11. September wirklich passiert ist. Aber es bildete sich ein Bewusstsein, dass viele Fragen offen sind und sich eine neue, unabhängige Untersuchung der Terroranschläge aufdrängt.

Unter den ungeklärten Fragen zu den Terroranschlägen sticht der Einsturz von World Trade Center 7 hervor. Das 170 Meter hohe Gebäude wäre mit Abstand das höchste Gebäude der Schweiz. In Manhattan fiel es unter den vielen Wolkenkratzern weniger auf. Es stürzte am 11. September um 17.21 Uhr zusammen. Aber im Unterschied zu WTC1 und WTC2 war es zuvor nicht durch ein Flugzeug getroffen worden. »Bis heute ist der Einsturz von WTC7 ein ungelöstes Rätsel der Anschläge«, notierte die »New York Times«, »weil vor diesem Tag in den USA noch nie ein Hochhaus aus Beton und Stahl wegen Feuer kollabierte.«[20] Erstaunlicherweise fehlt der Einsturz von WTC7 im offiziellen Untersuchungsbericht von Thomas Kean. »Die Kommission hat ein unangenehmes Problem – die Erklärung, wie WTC7 praktisch im freien Fall einstürzen konnte – so umgangen, indem sie den Einsturz des Gebäudes einfach nicht erwähnte«, protestierte der Amerikaner David Ray Griffin, der sich ausführlich mit den Anschlägen beschäftigte und mehrere Bücher zum Thema veröffentlichte.[21]

Noch heute wird unter Experten über den Einsturz von WTC7 gestritten. »Nach meiner Meinung ist das Gebäude WTC7 mit großer Wahrscheinlichkeit fachgerecht gesprengt worden«, erklärte mir Hugo Bachmann, emeritierter ETH-Professor für Baustatik und Konstruktion. Auch Jörg Schneider, ebenfalls emeritierter ETH-Professor für Baustatik und Konstruktion, deutet die vorhandenen Daten so, dass »das Gebäude WTC7 mit großer Wahrscheinlichkeit gesprengt wurde«.[22] Ich arbeitete damals an der Forschungsstelle für Sicherheitspolitik der ETH Zürich und versuchte intern, mit Kollegen über WTC7 zu debattieren, erkannte aber bald, das dies nicht einfach war. Es sei unsinnig oder für die Schweiz und Europa gar gefährlich, die offizielle amerikanische Version zu den Anschlägen zu hinterfragen, so der Tenor.

Die Bush-Administration äußerte sich nicht zum Einsturz des dritten Gebäudes. Für einige Verwirrung sorgte aber BBC-Reporterin Jane Stanley, die am Tag der Anschläge live aus New York über den Einsturz von WTC7 berichtete, während das Gebäude noch stand und hinter ihr klar zu sehen war. Stanley und BBC-Nachrichtenchef Richard Porter entschuldigten sich 2008 für das Versehen, dass BBC den Einsturz des Gebäudes zu früh vermeldet hatte, was in der Tat sehr ungewöhnlich ist und einer Erklärung bedarf. BBC argumentierte, man habe diese Nachricht von Reuters erhalten, einer der größten Nachrichtenagenturen der Welt. Aber warum wusste Reuters, dass WTC7 einstürzen würde?[23]

Während BBC den Einsturz zu früh meldete, ließ sich die zuständige amerikanische Regierungsbehörde National Institute of Standards and Technology (NIST) viel Zeit, um den Einsturz von WTC7 zu erklären. Erst kurz vor dem Ende der Amtszeit von Präsident Bush präsentierte NIST-Mitarbeiter Shyam Sunder am 21. August 2008 einen Bericht, gemäß dem das Gebäude WTC7 wegen eines Feuers einstürzte, welches den Stahlträger 79 des Gebäudes schwächte. In der Tat gab es im Gebäude ein Feuer. Doch dieses war gemäß Richard Gage, einem kalifornischen Architekten der Gruppe »Architects and Engineers for 9/11 Truth« nicht groß genug: »Es gab viel heißere und größere Feuer, die länger brannten in Wolkenkratzern, und trotzdem sind diese Gebäude nicht eingestürzt«, kritisierte Gage.[24] Das NIST könne nicht erklären, weshalb WTC7 in perfekter Symmetrie und die ersten Sekunden in völlig freiem Fall kollabierte. Feuer könne niemals alle 82 Stahlträger gleichzeitig schwächen. Nur Sprengung könne dies bewirken und den freien Fall auslösen; die Bush-Regierung und auch das NIST hätten die Welt angelogen.[25]

Die Zweifel an der offiziellen Version der Terroranschläge sind heute weitverbreitet, auch wenn oft nur hinter vorgehaltener Hand darüber gesprochen wird. Im japanischen Parlament zeigte der Politiker Yukihisa Fujita am 11. Januar 2008 Bilder des einstürzenden WTC7 und fragte die Abgeordneten, ob man von der Bush-Administration wirklich die Wahrheit über die Terroranschläge erfahren habe. Auch der Amerikaner Francis Boyle, Professor für internationales Recht, vertritt die These, die Bush-Administration habe die Welt angelogen. »Die USA umzingeln Zentralasien und den Persischen Golf unter dem Vorwand des Kampfes gegen den internationalen Terrorismus, dem Vorwand der Eliminierung von Massenvernichtungswaffen oder der Theorie, man wolle die Demokratie verbreiten, was alles absoluter Unsinn ist«, so Boyle. In Wahrheit gehe es um Energie: «Die USA wollten Zugang zum Erdöl und Erdgas von Zentralasien.» Die Kriege seien von langer Hand geplant gewesen. »Sie brauchten nur einen Vorwand, und der 11. September war dieser Vorwand.«[26]

Weil Europa selber stark abhängig von Erdölimporten ist und das konventionelle Erdöl weltweit den Peak Oil erreicht hat, bin ich der Ansicht, dass auch Europa ein Interesse daran haben muss, Ressourcenkriege und Terroranschläge ganz genau zu untersuchen. Ich habe daher die Fachliteratur dahingehend abgesucht, ob jemand den Peak Oil mit den 9/11-Terroranschlägen in Verbindung bringt. Ich wurde bei Michael Ruppert, einem ehemaligen Polizisten von Los Angeles und Buchautor, fündig. Ruppert vertritt die These, dass das Peak-Oil-Problem von der Bush-Administration erkannt wurde und den strategischen Hintergrund für die Terroranschläge vom 11. September bildet. »Es ist meine Überzeugung«, so Ruppert, »dass irgendwann zwischen Ende 1998 und Anfang 2000« die amerikanischen Eliten inklusive Dick Cheney »sich des Peak-Oil-Problems bewusst wurden«.[27] Nach dem Einzug ins

Weiße Haus habe Cheney im Rahmen der National Energy Policy Development Group die verfügbaren Erdöl und Erdgasdaten studiert. Damals habe man entschieden, die Terroranschläge zu manipulieren, glaubt Ruppert. »Ich denke, damals wurde das Motiv für 9/11 ausgesprochen, verstanden und akzeptiert.« Im Mai 2001 habe Präsident Bush Cheney die Verantwortung für Terrorismusfragen übergeben. Muslimische Terroristen hätten möglicherweise eine untergeordnete Rolle bei den Anschlägen gespielt, so Ruppert. »Aber ich habe keinerlei Zweifel, dass am Tag der Anschläge am 11. September Richard Cheney die totale Kontrolle hatte«, so Ruppert. »Ich glaube, sie hielten es für richtig, so vorzugehen, es waren ja nur einige Tausend Menschenleben.«[28]

Ob Ruppert mit seiner Analyse recht hat und Vizepräsident Dick Cheney tatsächlich direkt in die Terroranschläge vom 11. September 2001 involviert war, muss Gegenstand weiterer historischer Forschung sein. Was auffällt ist, dass in den USA viel offener über Geostrategie diskutiert wird als in Europa. Als Mitglied des Project for the New American Century (PNAC), einem neokonservativen Thinktank in Washington, hatte Dick Cheney schon im Januar 1998 zusammen mit Donald Rumsfeld und Paul Wolfowitz in einem Brief an Präsident Clinton erfolglos einen gewaltsamen Regimewechsel im Irak und eine offensivere Politik der USA in den Erdölländern des Nahen Ostens gefordert. Das PNAC erklärte explizit, dass die USA die Welt dominieren sollten, auch durch die Kontrolle von Erdöl.[29] Doch unter Clinton ließ sich diese Politik nicht umsetzen.[30]

Erst unter der Administration Bush erhielt Cheney entscheidenden Einfluss. Paul Wolfowitz wurde stellvertretender Verteidigungsminister. Als Wolfowitz in Singapur während einer Konferenz über Sicherheitspolitik 2003 gefragt wurde, warum eine Atommacht wie Nordkorea anders behandelt werde als der Irak, wo keine Massenvernichtungswaffen zu finden seien, und welche Rolle der Kampf um Energiereserven spiele, antwortete er ganz offen: »Der wichtigste Unterschied zwischen Nordkorea und Irak liegt darin, dass wir beim Irak aus wirtschaftlicher Sicht einfach keine Wahl hatten. Das Land schwimmt auf einem See aus Erdöl.«[31] Die Kontrolle der Erdölreserven am Golf sei zentral zur Absicherung der globalen Führungsposition der USA.

Gemäß dem pensionierten amerikanischen General Wesley Clark, der als Supreme Allied Commander Europe (SACEUR) die NATO-Streitkräfte im Kosovokrieg 1999 kommandierte, verfolgten Wolfowitz und andere PNAC-Mitglieder diese Pläne schon seit Langem. Im Pentagon habe ihm Wolfowitz 1991 erklärt: »Was wir aus dem Golfkrieg gelernt haben, ist, dass wir unser Militär in dieser Region – dem

Nahen Osten – einsetzen können, und die Sowjets stoppen uns nicht. Wir haben jetzt etwa fünf oder zehn Jahre, um diese alten Sowjetregime – Syrien, Iran und Irak – wegzuräumen, bevor die nächste große Supermacht kommt und uns herausfordert.« Clark erklärte später, die Aussagen von Wolfowitz, die einen imperialen Anspruch der USA und die Kontrolle der Erdölreserven unterstrichen, hätten ihn überrascht und schockiert.[32]

Der Krieg gegen Afghanistan 2001

Die Administration Bush machte nur wenige Stunden nach den Terroranschlägen Bin Laden und das Terrornetzwerk Al Qaida für die Tat verantwortlich. Da sich Bin Laden in Afghanistan aufhielt, erklärte Präsident Bush Afghanistan den Krieg. Ende September flogen Einheiten des CIA nach Afghanistan, um Kämpfer der afghanischen Nordallianz mit Geld für den Krieg gegen die Taliban anzuwerben. Ab dem 7. Oktober 2001, weniger als einen Monat nach den Anschlägen, wurde Afghanistan mit Marschflugkörpern, Kampfflugzeugen und B-2-Langstreckenbombern bombardiert. Die USA erklärten die Terroranschläge zum ersten Bündnisfall der NATO-Geschichte. Daher waren auch viele europäische Staaten gezwungen, am Afghanistankrieg teilzunehmen. Unter amerikanischem Kommando schickten NATO-Länder wie Deutschland, Italien, Frankreich und Großbritannien Soldaten nach Afghanistan.

Auch die Schweiz entsandte zwei Offiziere unter NATO-Kommando nach Afghanistan. Bei einigen Politikern stieß dies auf vehemente Ablehnung. »Dieses militärische Mitmachen der Schweiz ist falsch für Afghanistan, das die fremden Truppen immer mehr als Besetzer erlebt und versteht«, und nicht vereinbar mit der Schweizer Neutralität, kritisierte der grüne Nationalrat Jo Lang. Die Welt habe »genug von einem ›war on terror‹, bei dem es in Tat und Wahrheit um Rohstoffe und strategische Macht geht«, so Lang.[33] Die Bevölkerung, die nichts über die Schweizer Soldaten in Afghanistan wusste, reagierte irritiert. Bundesrat Samuel Schmid, Vorsteher des Eidgenössischen Departements für Verteidigung, Bevölkerungsschutz und Sport, informierte daraufhin den Gesamtbundesrat, dass die Schweiz ihre zwei Soldaten aus Afghanistan zurückziehen und ihr dortiges militärisches Engagement beenden werde.[34]

Meiner Ansicht nach ist der Angriff der USA auf Afghanistan nur indirekt mit dem globalen Kampf um Erdöl- und Erdgasreserven verknüpft. Denn in Afghanistan selber befinden sich keine großen Erdöl- oder Erdgasreserven. Solche sind jedoch im Kaspischen Meer und den umliegenden Ländern vorhanden. Gemäß Zbigniew Brzezinski ist es für die USA daher wichtig, im »eurasischen« Raum militärisch präsent zu sein, weil diese Region, die früher klar zum Einflussgebiet der Sowjetunion zählte, für die Energieversorgung von Asien und Europa in Zukunft eine zentrale Rolle spielen wird. Sogar die kleine Schweiz ist von dieser Entwicklung nicht ausgenommen: Im Jahre 2011 waren Kasachstan und Aserbaidschan die wichtigsten Erdöllieferanten der Schweiz. Die State Oil Company of Azerbaijan Republic (SOCAR) übernahm von Esso Switzerland 2012 gar das Tankstellennetz, um ihre SOCAR-Produkte direkt den Schweizer Endkunden zu verkaufen.

Im Kalten Krieg war Aserbaidschan Teil der Sowjetunion. Doch mit dem Zerfall der UdSSR 1991 eröffnete sich dem Westen die Möglichkeit, am Kaspischen Meer Erdöl und Erdgas zu fördern. »Ich kann mich an keine Zeit erinnern, in der eine Region so plötzlich strategisch so wichtig geworden ist wie jetzt die kaspische Region«, hatte Dick Cheney 1998 als Halliburton-CEO in einer Rede vor Ölindustriellen in Washington geschwärmt.[35] Im Westen des Kaspischen Meeres entstanden im Kaukasus die Staaten Georgien, Armenien und Aserbaidschan. Im Osten des Kaspischen Meeres wurden Turkmenistan, Usbekistan, Kasachstan, Kirgisistan und Tadschikistan unabhängig. Dadurch entstand für Washington erstmals die Möglichkeit, Pipelines zu bauen, die Erdöl und Erdgas aus dem Kaspischen Meer exportierten, aber nicht über iranisches oder russisches Territorium führten.

Amerikanische und britische Erdölfirmen verhandelten in den 1990er-Jahren intensiv mit den Ländern westlich und östlich des Kaspischen Meeres über Förder- und Pipelinerechte. In Aserbaidschan unterstützte Präsident Heydar Alijew, früher KGB-General und einflussreicher Kommunist im Sowjetreich, den Bau einer neuen Pipeline. In enger Kooperation mit den USA wurde eine 1760 Kilometer lange Pipeline von Baku in Aserbaidschan durch die georgische Hauptstadt Tiflis bis in die türkische Hafenstadt Ceyhan nahe der US-Luftwaffenbasis Incirlik am Mittelmeer gebaut. Beteiligt am Konsortium waren die staatliche SOCAR sowie die britische BP, die amerikanischen Erdölfirmen Unocal, Amerada Hess, ConocoPhillips, Statoil aus Norwegen, die türkische TPAO, die französische Total, sowie die japanischen Firmen Itochu und Inpex. Im Jahre 2005 war die Baku-Tiflis-Ceyhan-Pipeline (BTC-Pipeline), fertiggestellt, und schon im Juni 2006 stach in Ceyhan der erste Öltanker mit Rohöl aus der BTC-Pipeline ins Mittelmeer.

»Wir waren alle sehr aufgeregt«, erinnerte sich später Khoshbakht Jusifzadeh, Vizepräsident des staatlichen Erdölkonzerns SOCAR, der an den Verhandlungen zum Bau der BTC-Pipeline teilgenommen hatte. »Immerhin war es das erste Mal überhaupt, dass eine Delegation ohne russische Teilnehmer ins Ausland fuhr – das war vorher undenkbar«, so Jusifzadeh. Das Treffen mit den westlichen Ölkonzernen war für die SOCAR ideologisches Neuland, denn »die Menschen, die uns da auf einmal gegenübersaßen, waren kurz zuvor doch noch unsere kapitalistischen Feinde gewesen«.[36]

Auch die Georgier ließen sich für den Bau der Pipeline gewinnen. »Wir brauchen die große [BTC-] Ölpipeline, damit wir die USA weiter gegen Russland auf unserer Seite haben«, glaubte Alex Rondeli, Diplomat im georgischen Außenministerium. »Georgien hat doch der Welt sonst nichts zu bieten, da müssen wir eben unsere geografische Lage verkaufen«. Die Georgier würden zwar weder den Russen noch den Amerikanern trauen, aber als Transitland sei man besser geschützt, so die Hoffnung von Rondeli: »Mit der Pipeline kommen internationale Investoren, und dann können es sich die Amerikaner nicht mehr leisten, uns im Stich zu lassen.«[37]

Die USA setzten große Hoffnungen in die Reserven des Kaspischen Meeres und seiner Anrainerstaaten. »Die kaspische Region wird uns hoffentlich vor einer totalen Abhängigkeit vom Öl aus dem Mittleren Osten bewahren«, hoffte der amerikanische Energieminister Bill Richardson 1998. »Hier geht es um Amerikas Sicherheit der Energieversorgung, die davon abhängt, weltweit unsere Bezugsquellen für Öl und Gas zu diversifizieren.«[38] Auch östlich des Kaspischen Meeres wurde der Bau von Pipelines geplant, doch die verschiedenen Interessengruppen zerstritten sich und behinderten den Pipelinebau.

Schon 1992 war die kleine argentinische Erdölfirma Bridas als Erste in Turkmenistan vorstellig geworden und hatte von Präsident Saparmurat Niyazov das Recht erhalten, turkmenisches Erdgas zu fördern. Im armen Turkmenistan konnte der wertvolle Rohstoff jedoch nicht mit Gewinn verkauft werden, und es mussten Wege gefunden werden, um das Erdgas zu exportieren. Bridas-CEO Carlos Bulgheroni entschied sich für den Bau einer Pipeline durch Afghanistan an den Indischen Ozean und führte Gespräche mit den Taliban.

Auch der amerikanische Energiekonzern Unocal interessierte sich für das Erdgas in Turkmenistan und die Pipeline durch Afghanistan. Zusammen mit der saudischen Delta Oil und der Hilfe des früheren US-Außenministers Henry Kissinger gelang es der Unocal, den Autokraten Niyazov umzustimmen, worauf dieser am 21. Oktober 1995 in New York in Anwesenheit der erstaunten Bridas-Vertreter neu der Unocal das Recht gab, das turkmenische Erdgas auszubeuten. »Wir sind nur eine kleine Erdölfirma, die versucht, die Ressourcen eines Landes auf den Markt zu bringen«, erklärte Mario Lopez Olaciregul vom Bridas-Management enttäuscht. »Aber wir gerieten da in das ›große Spiel‹ von mächtigen Parteien.«[39]

Es ist belegt, dass die USA daran interessiert sind, durch die Erschließung des Kaspischen Meeres die amerikanische Abhängigkeit von den Golfstaaten zu reduzieren. »Es war die Politik der USA, die schnelle Entwicklung der kaspischen Energiereserven zu fördern«, so Sheila Heslin, Energieexpertin im amerikanischen National Security Council (NSC). »Wir taten dies … um in erster Linie das russische Monopol über die Kontrolle von Erdöl aus dieser Region zu brechen und, ehrlich gesagt, auch um die Sicherheit des westlichen Energieversorgung durch Diversifizierung zu erhöhen.«[40]

Im August 1996 wurde unter der Federführung der Unocal ein Konsortium gegründet, welches die Turkmenistan-Afghanistan-Pakistan-Indien-Pipeline (TAPI) bauen sollte, um Erdgas und Erdöl zu exportieren. »Es ist unklar, wann dieses Projekt beginnen kann«, erklärte Unocal-Vizepräsident Marty Miller im Dezember 1997. »Es hängt davon ab, ob in Afghanistan Frieden ist und ob wir mit der Regierung zusammenarbeiten können oder nicht.«[41] Doch die Taliban erwiesen sich als schwierige Verhandlungspartner. Bridas gab nicht auf und empfing die Taliban im Februar 1997 in Buenos Aires. Da zog auch Unocal nach und lud eine Delegation der Taliban im Dezember 1997 ins Unocal-Hauptquartier in Sugarland, Texas. Der ungewöhnliche Besuch erweckte unter amerikanischen Menschenrechtsgruppen Aufsehen, und es kam zu Protesten gegen die Unterdrückung der Frauen in Afghanistan. Doch die Taliban ließen sich keine verbindlichen Zusagen entlocken. Schließlich wurden sie durch den Angriff der USA 2001 gestürzt.[42]

Es wäre sicher übertrieben zu behaupten, dass der Afghanistankrieg nur geführt wurde, um die Taliban zu stürzen und der Unocal die Rechte für den Pipelinebau zu sichern. Glaubwürdiger scheint mir die These, dass der Afghanistankrieg den Zugriff auf die Ressourcen am Kaspischen Meer insgesamt ermöglichen sollte. Die Bekämpfung des Terrorismus scheint nur eine untergeordnete Rolle zu spielen, da gerade durch die Präsenz westlicher Soldaten auf muslimischem Boden und das Töten von Zivilisten die Terrorgefahr zunimmt.

Nach dem Sturz der Taliban wurde Hamid Karzai mit Unterstützung der USA Präsident in Afghanistan. Wenige Monate nach Amtsantritt unterschrieb Karzai mit Turkmenistan einen Vertrag, um die TAPI-Pipeline durch Afghanistan zu bauen. »Der Bau der Pipeline wurde seit einigen Jahren diskutiert, jedoch von der unstabilen politischen Situation in Afghanistan aufgehalten«, berichtete die BBC. »Der Bau der Pipeline ist die erste große ausländische Investition in Afghanistan seit vielen Jahren.»[43]

In den NATO-Mitgliedsländern wird bis heute nur wenig über die TAPI-Pipeline und deren Einfluss auf den Krieg in Afghanistan berichtet. Eine der wenigen

Ausnahmen war Kanada, wo John Foster vom Canadian Centre for Policy Alternatives (CCPA) im Sommer 2008 warnend auf den globalen Energiekampf hinwies. »Es könnte sein, dass wir Kanadier, ohne es zu merken, in ein neues ›Great Game‹ über die Kontrolle von Energie hineingezogen werden«, so Foster. »Es ist daher äußerst wichtig, dass wir Kanadier diese Themen bedenken, wenn wir unsere Rolle in Afghanistan und in der NATO festlegen.« Vor allem aber brauche es eine ehrliche Informationspolitik: »Die kanadische Regierung sollte das Parlament und die Bevölkerung mehr über die TAPI-Pipeline und deren Einfluss auf die kanadische Politik informieren«, forderte Foster.[44] Die TAPI-Pipeline konnte bis heute wegen den Kriegswirren nicht gebaut werden. Sicher ist derzeit nur, dass das kriegszerstörte Land Afghanistan inmitten einer delikaten und sensiblen Region liegt und an verschiedene, sehr wichtige Energieproduzenten angrenzt.

Der Angriff auf den Irak 2003

Während den Terroranschlägen vom 11. September befand sich US-Verteidigungsminister Donald Rumsfeld im Pentagon. Sofort nach den Anschlägen insistierte er, dass nicht nur Afghanistan, sondern auch der Irak angegriffen werden müsse. Seinen Mitarbeitern diktierte er: »Beurteilen Sie, ob [die Daten zu den Terroranschlägen] gut genug [sind], um auch S. H. [Saddam Hussein] gleichzeitig zu treffen. Nicht nur UBL [Usama Bin Laden]. Gehen Sie massiv rein. Sammeln Sie alles. Hinweise, die mit den Anschlägen in Zusammenhang sind, und solche, die es auch nicht sind.«[45]

Eine Verbindung des Irak zu den Terroranschlägen, die auch Vizepräsident Dick Cheney in der Öffentlichkeit wiederholt unterstellte, gab es indes nicht. Saddam Hussein hatte nichts mit den Terroranschlägen vom 11. September zu tun. Trotzdem drängten die USA auf einen Angriff auf den Irak. Paul O'Neill, Finanzminister in der Bush-Administration und Mitglied in der Cheney Energy Task Force, enthüllte, dass der Krieg gegen den Irak schon lange vor den Terroranschlägen geplant war. Schon in der ersten Sitzung des Nationalen Sicherheitsrates im Januar 2001 sei der Sturz von Hussein das zentrale Thema gewesen. »Schon im Februar ging es um die logistische Umsetzung« des Irakfeldzuges, so O'Neill, »nicht mehr um das warum, sondern um das wie und wie schnell.«[46]

In Berlin, Paris, Rom, Madrid, London und verschiedenen Städten der USA kam es zu großen, aber friedlichen Demonstrationen gegen den geplanten Krieg. In der vermutlich größten Demonstration der britischen Geschichte versammelten sich in

London über eine Million Menschen. Auch in Bern fand am 15. Februar 2003 eine große Friedensdemonstration gegen den geplanten Irakkrieg statt. Rund 40 000 Personen zogen durch die Berner Innenstadt zum Bundeshaus und trugen Transparente mit der Aufschrift »Kein Blut für Öl« mit sich. »Seit Jahren hat in der Schweiz keine ähnlich große Demonstration mehr stattgefunden«, notierte die Presse. »Der Bundesplatz hat die angereisten Menschen nicht zu fassen vermocht.«[47]

Die Friedensdemonstrationen zeigten, dass viele Menschen gegenüber den laufenden Ressourcenkriegen keineswegs gleichgültig sind. Doch Premier Blair und Präsident Bush blieben unbeeindruckt. »Geheimdienstdaten, die von dieser Regierung und anderen Regierungen zusammengetragen wurden, lassen keinen Zweifel daran«, so behauptete der amerikanische Präsident, »dass die Regierung von Irak einige der tödlichsten Waffen, die es gibt, besitzt und verbirgt.«[48] Daher sei es notwendig, dass die USA gegen den Irak Krieg führten. Die Behauptungen des US-Präsidenten erwiesen sich später als falsch.

Auch Außenminister Colin Powell betonte, man müsse den Irak angreifen, weil er über gefährliche Massenvernichtungswaffen verfüge: »Saddam Hussein hat Forschungen an Dutzenden biologischen Erregern betreiben lassen«, behauptete Powell am 5. Februar 2003 im UNO-Sicherheitsrat, »die Krankheiten wie Milzbrand, Pest, Typhus, Cholera, Pocken und Gelbfieber auslösen können.«[49] Auch das stimmte nicht. Zwei Jahre später erklärte Powell, er fühle sich »furchtbar«, dass er vor der UNO angebliche Beweise für Massenvernichtungswaffen vorgelegt habe, die sich danach als falsch erwiesen. Powell trat zurück und erklärte, seine Rede im Sicherheitsrat sei ein »Schandfleck« in seiner politischen Karriere.[50]

Die Iraker hatten keine Zweifel, dass die USA ihr Land wegen dem Erdöl besetzen wollten. »Unser Erdölbesitz ist der Hauptgrund, weshalb uns Amerika angreifen will«, klagte Ali al-Rawi, Wirtschaftsprofessor an der Universität Bagdad, vor Beginn des Krieges. »Sie wollen unser Erdöl kontrollieren, den Preis und die Fördermenge. Denn sie wissen, dass in Zukunft während vielen Jahren die Erdölversorgung der Welt aus dieser Region kommen wird.«[51]

Über Peak Oil beim konventionellen Erdöl oder die Wichtigkeit von Erdgasreserven war in Europa und den USA nicht die Rede. Vielmehr wurden andere Kriegsgründe vorgeschoben, um in der Bevölkerung Angst und Hass zu schüren, darunter prominent die Behauptung von den Massenvernichtungswaffen. Um diese angeblich vorhandenen Waffen zu vernichten, erließ Präsident Bush am 17. März 2003 gegenüber Saddam Hussein ein unannehmbares Ultimatum, innerhalb von 48 Stunden den Irak zu verlassen. Andernfalls käme es zu einem Angriff. Hussein ließ das

Ultimatum verstreichen, worauf die USA am 20. März 2003 mit der Bombardierung von Bagdad begannen, während amerikanische und britische Truppen von Kuwait aus in den Irak vorrückten.

Zu derselben Zeit startete in der Schweiz die Marketingkampagne »Heizen mit Öl. Entschieden richtig«, lanciert von der Erdöl-Vereinigung und Swissoil, dem Dachverband des Schweizerischen Brennstoffhandels. Das Timing war ungewöhnlich. Die Presse wollte daher von SVP-Nationalrat Caspar Baader, Präsident von Swissoil, wissen, ob der Werbeslogan im Kontext des Angriffs der USA auf den Irak passe, da mit dem Krieg der Erdölpreis ansteigen werde. »Entscheidend wird es sein, wie lange sich dieser Konflikt hinzieht«, beschwichtigte Baader. »Sicher sind die Heizölpreise inzwischen bereits auf ein sehr hohes Niveau geklettert«, und in der Tat sei es auch möglich, »dass die Preise bei einem länger andauernden Irak-Krieg noch einmal zulegen werden«. Der Slogan »Heizen mit Öl. Entschieden richtig« sei trotzdem richtig, glaubte zumindest Baader.[52]

In Deutschland hatte Bundeskanzler Gerhard Schröder den Einsatz der Bundeswehr in Afghanistan an der Seite der USA unterstützt. Doch eine Beteiligung am Irakkrieg lehnte Schröder ab. Am 1. August 2002 erklärte der Bundeskanzler, es gebe beunruhigende Nachrichten, die Kriegsgefahr im Nahen Osten sei virulent. Deutschland werde sich aber unter seiner Führung nicht am Irakkrieg beteiligen.[53] Diese Positionierung der deutschen Regierung erfolgte sieben Wochen vor der Bundestagswahl und wurde zum Wahlkampfthema Nummer 1. Die Administration Bush war über die Haltung der deutschen Regierung erzürnt. Doch die deutsche Bevölkerung unterstützte mehrheitlich die Haltung von Schröder, und die Koalition von SPD und Grünen gewann die Bundestagswahl.

Auch die Schweiz nahm aus Gründen der Neutralität nicht am Irakkrieg teil. »Ein Bündnis unter der Leitung der Vereinigten Staaten Amerikas hat den Irak angegriffen. Diese Operation ist vom Sicherheitsrat nicht bewilligt worden«, kritisierte Bundespräsident Pascal Couchepin die USA in seiner Rede vor der Bundesversammlung. Der illegale Angriffskrieg sei ein »gefährlicher Präzedenzfall«, sorgte sich Couchepin und forderte mehr Respekt vor der UNO-Charta. »Der Bundesrat bedauert, dass die Vereinigten Staaten und die anderen beteiligten Länder sich über die Charta hinweggesetzt haben.« Auch UNO-Generalsekretär Kofi Annan kritisierte, dass der Irakkrieg gemäß internationalem Völkerrecht illegal sei.[54] Bundesrat Couchepin versicherte, dass die Schweiz am Krieg nicht teilnehmen werde: »Die Schweiz wird sich weder direkt noch indirekt an den militärischen Operationen beteiligen.« Die Solidarität der Schweiz gelte dem Schicksal der irakischen »Zivilbevölkerung, die schon seit 1990 unter den internationalen Sanktionen außerordentlich schwer zu leiden hat«.[55]

Wie schon während des zweiten Golfkriegs hatten die USA ihren Angriff auf den Irak mit Saudi-Arabien abgesprochen, worauf Riad während des Bombardements von Bagdad die saudische Erdölproduktion erhöhte, während die irakische Produktion einbrach. Dadurch wurde ein markanter Anstieg des Erdölpreises verhindert, die Weltmärkte waren trotz Kriegsausbruch mit genügend Erdöl versorgt. »Macht euch keine Sorgen wegen des Krieges gegen den Irak. Wir werden uns dieses Problems annehmen«, hatte Saudi-Arabiens Ölminister Ali al-Naimi im Vorfeld des Krieges versprochen. Saudi-Arabien werde dafür sorgen, dass es »keinen Engpass geben wird«. [56] Einen leichten Anstieg des Preises konnten aber auch die Saudis nicht verhindern. Ein Jahr nach Kriegsbeginn, im Mai 2004, kostete Rohöl der Sorte Brent 35 Dollar, und damit deutlich mehr als in den 1990er-Jahren.[57]

Die Briten stellten nach den USA das größte Truppenkontingent für den Krieg. Wie die USA litten auch sie unter einer fallenden Erdölförderung. Premierminister Tony Blair betonte in der Öffentlichkeit wiederholt, es gehe im Irakkrieg nicht um Erdöl, sondern um Massenvernichtungswaffen. Doch diese Geschichte überzeugte nicht alle. »Ich kann keinen Krieg verteidigen, für den es weder ein internationales Mandat noch die Unterstützung im eigenen Lande gibt«, kritisierte Robin Cook, der frühere britische Außenminister und Fraktionsführer der Labour-Partei im britischen Unterhaus. Die Argumentation mit den Massenvernichtungswaffen verwarf Cook als lächerlich und trat nur Tage nach Kriegsausbruch aus Protest zurück. Wenn der Irak überhaupt noch solche Waffen habe, dann »bereits seit den 1980er-Jahren, als die Vereinigten Staaten Milzbranderreger und die britische Regierung Anlagen zur Herstellung von Chemiewaffen an den Irak verkauften«, erklärte Cook bissig. Ihm sei nicht klar, warum es »ausgerechnet jetzt so dringend« sei, militärische Gewalt einzusetzen, um im Irak vermutete Waffen zu vernichten, »die es dort bereits seit 20 Jahren gibt und zu deren Aufbau wir beigetragen haben?«[58]

Auch Umweltminister Michael Meacher widersprach Premierminister Blair vehement, worauf er im Juni 2003 aus der Regierung entlassen wurde. »Der Krieg gegen den Terrorismus ist ein Schwindel«, so die fundamentale Kritik von Meacher in der Zeitung »The Guardian«, »das Ziel der USA ist die Weltherrschaft … Dazu brauchen sie die Kontrolle über die Ölvorräte.« Fakt sei, dass »den USA und Großbritannien die sicheren fossilen Reserven ausgehen«. Auch Großbritannien sei »nicht uninteressiert an diesem Wettrennen; um die verbleibenden Vorräte an fossilen Energieträgern, was zum Teil erklärt, warum wir Briten in diesen Militäraktionen der USA mitmachen.«[59]

Die heute verfügbaren Quellen bestätigen, dass Meacher recht hatte, als er sagte, dass die Regierung von Premierminister Blair am Erdöl des Irak interessiert war. Im Oktober und November 2002, ein halbes Jahr vor der Invasion, trafen sich Vertreter der britischen Regierung mit Vertretern von großen Erdölkonzernen, um den Zugang zum irakischen Erdöl zu besprechen. Die Protokolle der Sitzungen, an denen Vertreter von BP und Shell sowie die britische Handelsministerin Baronin Elizabeth Symons teilgenommen hatten, wurden erst 2011 publik. Sie zeigen, dass der Zugriff auf Erdöl für die Briten zentral war. »Wir sehen in den Dokumenten bestätigt, dass Erdöl eine der wichtigsten strategischen Interessen der Regierung war«, erklärte Greg Muttitt, der über den Freedom of Information Act den Zugang zu den Protokollen erstritten hatte. Die britische Regierung habe »insgeheim mit den Erdölkonzernen zusammengearbeitet, um sich den Zugang zu diesem großen Schatz zu verschaffen«, so Muttitt.[60]

Auch die amerikanische Autorin Antonia Juhasz kommt zum Schluss, dass das Ziel des Irakkriegs darin bestand, das irakische Erdöl, das vor dem Krieg vollständig unter der Kontrolle der staatlichen irakischen Erdölgesellschaft Iraq National Oil Company (INOC) lag, zu privatisieren und den internationalen Erdölkonzernen zugänglich zu machen. »Die großen Erdölkonzerne drängen uns in eine immer stärker militarisierte und kriegszerstörte Zukunft«, kritisiert Juhasz, »denn nicht nur der Erde, sondern auch den großen Erdölkonzernen geht das konventionelle Erdöl aus.« Schon in 10 oder 15 Jahren hätten ExxonMobil, Shell, BP und Chevron ihre Reserven aufgebraucht, glaubt Juhasz, daher sei für die großen Konzerne der Zugang zu den Erdölreserven der OPEC-Länder überlebenswichtig.[61]

Nach dem Angriff der USA tauchte der irakische Präsident Saddam Hussein unter, wurde aber später gefunden und am 30. Dezember 2006 gehängt. Ende 2011 erklärten die USA den Irakkrieg für beendet und zogen die Mehrzahl ihrer Kampftruppen ab, ließen aber amerikanische Militärbasen im Erdölland zurück. Wie viele Zivilisten und Soldaten im Krieg ums Erdöl ihr Leben ließen, ist nicht genau bekannt. Gemäß dem Brookings Irak Index wurden mehr als 150 000 Iraker und 4487 Amerikaner getötet.[62] Auch die Kosten des Krieges sind umstritten. Die offiziellen Angaben der US-Regierung gehen von 800 Milliarden Dollar aus, der US-Ökonomen Joseph Stiglitz hingegen erklärte, der Irakkrieg habe inklusive der Folgekosten sagenhafte 3000 Milliarden Dollar gekostet.[63] Insgesamt waren sowohl die menschlichen als auch die finanziellen Kosten sehr hoch.

Wer länger über den Irakkrieg nachdenkt, kommt nicht darum herum, sich die Frage zu stellen, was mit dem Geld, das für den Krieg ausgegeben wurde und dem entsprechendem Arbeitseinsatz in anderen Bereichen möglich gewesen wäre. Das Peak-Oil-Problem wurde durch den Krieg ja nicht gelöst. Man kann sich zumindest vorstellen, dass mit dem Geld und dem Arbeitseinsatz der betroffenen Menschen die erneuerbaren Energien sehr stark hätten ausgebaut werden können, wodurch die Abhängigkeit vom Erdöl gesunken wäre. Doch das ist nicht geschehen. Man hat es versäumt, offen über Ressourcenkriege zu debattieren. »Ich finde es bedauerlich«, konstatierte auch Alan Greenspan, Chairman des Federal Reserve, »dass es politisch unangebracht ist zuzugeben, was alle schon wissen: Im Irakkrieg ging es vor allem um das Erdöl.«[64]

Die Terrorgefahr hat der Irakkrieg nicht reduziert, im Gegenteil. Es ist vor allem die Besetzung muslimischer Länder, welche den Fundamentalisten in die Hände spielt. Erdölbeutezüge erhöhen die Terrorgefahr. »Der Westen ließ sich von seiner Begierde nach Macht und Rohstoffen« leiten, kritisiert der algerische Intellektuelle Rachid Boudjedra. Dabei erhielt er »Schützenhilfe durch repressive und ignorante arabische Regime, die auch keine Hemmungen kannten, gegen ihre eigenen Bürger und Glaubensbrüder vorzugehen«. Dies schüre den Fanatismus junger Islamisten, gleich wie »die Unterdrückung der Palästinenser durch Israel – und in jüngerer Zeit nun auch die Verwüstung des Irak unter der Flagge einer als skrupellose Interessenspolitik wahrgenommenen ›Pax Americana‹«. Diese Wunden, und keineswegs die Religion des Islam an und für sich, würden dem radikalen Islam eine Legitimität verleihen, »die in der islamischen Welt weitherum anerkannt wird«, erklärte Boudjedra.[65]

Als die Administration Bush im Januar 2009 das Weiße Haus verließ, endete »eine Ära, die viele Amerikaner und Nichtamerikaner so bald wie möglich vergessen wollen«, kommentierte die Schweizer Presse. »George W. Bush, so lautet ein verbreitetes Urteil, sei einer der unfähigsten Präsidenten – wenn nicht der unfähigste überhaupt – aller Zeiten gewesen.« Ihr vernichtendes Urteil begründete die »Neue Zürcher Zeitung« mit Verweis auf den Irakkrieg: »Als sich die Annahmen über Saddams Waffenarsenale als Irrtum erwiesen, die Amerikaner mit einer unerwarteten Rebellenbewegung konfrontiert wurden und die Bilder von der Gefangenenmisshandlung in Abu Ghraib um die Welt gingen, geriet der Irak für Bush immer mehr zum Debakel.«[66]

Während Bush für seine Lügen weltweit Spott und Hohn erntete, ging vergessen, dass der Irakkrieg aus der Sicht der Erdölkonzerne keineswegs ein Debakel war. Im Gegenteil: Mit dem Krieg wurde den internationalen Konzernen der Zugang zum billigen konventionellen irakischen Erdöl eröffnet, während an vielen anderen Orten der Welt die konventionellen Felder einbrachen. «Das Problem mit der Diversifizierung außerhalb des Nahen Ostens besteht darin, dass es dort kein Erdöl hat«, hatte Sarah Emerson von der amerikanischen Firma Energy Security Analysis Inc. (ESAI) vor Ausbruch des Irakkrieges im September 2002 treffend bemerkt.[67] Mit dem Irakkrieg lösten die USA dieses Problem mit brachialer Gewalt und eroberten einen Teil der OPEC-Reserven.

Die 1966 gegründete staatliche Erdölgesellschaft Iraq National Oil Company (INOC) hatte westlichen Erdölfirmen vor dem Krieg nur eingeschränkt oder gar nicht Zugang zu den irakischen Erdölfeldern gewährt. Dies änderte sich mit dem Krieg. Der von den USA unterstützte neue irakische Premierminister Nouri al-Maliki unterzeichnete im Februar 2007 ein neues Ölgesetz, das den westlichen Erdölfirmen Zugang zum irakischen Erdöl verschaffte. Das irakische Ölministerium verhandelte »mit großen internationalen Ölkonzernen«, berichtete auch die Schweizer Presse. »Die Liste liest sich wie das ›Who's who‹ im internationalen Ölbusiness: BP, Shell, ExxonMobil, Chevron und Total. 30 Jahre nach der Verstaatlichung haben die Multis damit erstmals wieder einen Fuß in der Tür zum Irak.«[68]

Die Kritik von Venezuela

Weil das konventionelle Erdöl 2006 sein Fördermaximum erreicht hat und der Abbau des unkonventionellen Erdöls teuer und aufwendig ist, steigt die Gefahr für die Regierungen in den zwölf OPEC-Ländern. Denn ausländische Akteure, darunter die Staaten in Nordamerika und Europa, wissen, dass die größten Erdölreserven in den OPEC-Ländern liegen, weshalb es auch schon zum Angriff auf OPEC-Länder und zum Sturz von OPEC-Regierungen gekommen ist. Saddam Hussein, der gestürzt und gehängt wurde, ist das bekannteste Beispiel.

Das OPEC-Mitglied Venezuela, dessen staatlicher Erdölkonzern Petroleos de Venezuela SA (PDVSA) rund 3 Millionen Fass Erdöl pro Tag fördert, kritisierte die ausländischen Interventionen wiederholt. »Öl ist die Quelle aller Aggressionen«, klagte Venezuelas Präsident Hugo Chavez an der OPEC-Tagung in Riad 2007. Erdöl sei der »unterschwellige Grund« für den Angriff auf den Irak gewesen und die Ursache für die andauernden Drohungen gegen den Iran.[69] Durch die Erdölverknappung steige die Gefahr für die OPEC. »Meine Damen und Herren, wir sehen uns einer Energiekrise gegenüber, wie es sie auf der Welt noch nicht gegeben hat«, warnte Chavez am 16. September 2005 vor der UNO-Generalversammlung in New York. »Sie ist gekennzeichnet durch einen immer weiter ansteigenden Energieverbrauch, der gefährliche Rekordhöhen erreicht, durch die Unmöglichkeit, mehr Öl zu fördern, und durch die Aussicht auf einen Rückgang der nachgewiesenen Reserven fossiler Brennstoffe weltweit. Das Erdöl beginnt auszugehen.«[70]

Der Autokrat Chavez wusste, dass auch er schon in Gefahr gewesen war. Am 11. April 2002 wurde er durch einen Militärputsch gestürzt. Chavez wurde festgenommen, und für 47 Stunden übernahm der Unternehmer Pedro Carmona die Macht in Venezuela. Doch weil wichtige Einheiten aus dem Militär Chavez die Treue hielten und Teile der Anti-Chavez-Bewegung Carmona explizit ablehnten, gelang es dem schillernden Politiker, wieder an die Macht zurückzukehren. Schon am 13. April 2002 zog Chavez wieder in den Präsidentenpalast Miraflores ein. Chavez machte die Administration von Präsident Bush für den versuchten Regierungssturz verantwortlich: »Der Coup gegen Venezuela wurde in Washington geplant«, so Chavez. »Man hat befohlen, mich zu töten.«[71]

Der Krieg gegen Libyen 2011

Als 2011, kurz nach dem Unfall in Fukushima, das OPEC-Mitglied Libyen angegriffen wurde, kam umgehend die Vermutung auf, es handle sich erneut um einen Erdölbeutezug. Libyen produzierte vor dem Krieg 1,6 Millionen Fass Erdöl pro Tag und verfügt bekanntlich über die größten Erdölreserven Afrikas. Doch in der Öffentlichkeit wurde erneut wenig über Erdöl gesprochen. In Europa wie in den USA erklärten Politiker und die meisten Medien, dass es einzig darum gehe, dem libyschen Volk zu helfen.

Am 19. März 2011 begannen Frankreich, Großbritannien und die USA mit Luftangriffen auf Libyen. Zwei Tage zuvor hatten sie als Mitglieder des UNO-Sicherheitsrates in New York eine Resolution zur Errichtung einer libyschen Flugverbotszone verabschiedet. Deutschland beteiligte sich nicht am Krieg, der durch die NATO geführt wurde. »Wir werden uns mit der Bundeswehr an diesem Militäreinsatz in Libyen nicht beteiligen«, erklärte der deutsche Außenminister Guido Westerwelle. In der Abstimmung vom 17. März im UNO-Sicherheitsrat über die Resolution 1973 enthielt sich Deutschland zusammen mit China, Russland, Brasilien und Indien der Stimme. Ein Veto gegen den Einsatz gab es nicht.[72]

Der libysche Diktator Muammar Gaddafi hatte der NATO-Übermacht nichts entgegenzusetzen. Am 23. August 2011 fiel Tripolis, und schon am 20. Oktober 2011 endete der Krieg mit dem Tod von Gaddafi in Sirte. Fünf Tage nach dem Tod des Diktators verkündete ein Sprecher der siegreichen libyschen Rebellen, man habe Gaddafi zusammen mit der Leiche seines Sohnes Mutassim an einem geheimen Ort in der mehr als eine Million Quadratmeter großen libyschen Wüste vergraben. »Mit dem Wüstenbegräbnis wollen Libyens neue Führer verhindern, dass Gaddafis Anhänger dessen Grab als Wallfahrtsort nutzen«, berichtete die Presse.[73]

In Europa gab es sowohl Befürworter wie auch Gegner des Libyenkrieges. Reinhard Merkel, Professor für Strafrecht und Rechtsphilosophie an der Universität Hamburg, erklärte richtig, das Völkerrecht verbiete diesen Krieg, denn es enthalte »ein striktes Verbot des militärischen Eingreifens in Bürgerkriegen auf fremdem Territorium«. Gaddafi sei »ein Schurke, dessen Entfernung von der Macht ein Segen wäre«, räumte Merkel ein. »Aber die Annahme, die ihn bekämpfenden Rebellen seien eine Demokratiebewegung mit homogenen freiheitlichen Zielen, ist lebensblind.« Niemand durchschaue »das dunkle Gemisch politisch-ideologischer Orientierung« der Rebellen. »Der demokratische Interventionismus, propagiert 2003, als sich die irakischen Massenvernichtungswaffen als Lüge erwiesen, und jetzt in der euphemistischen Maske einer Pflicht zur kriegerischen Hilfe im Freiheitskampf wiedererstanden, ist politisch, ethisch und völkerrechtlich eine Missgeburt«, so die scharfe, aber völlig berechtigte Kritik des deutschen Strafrechtsprofessors.[74]

Der amerikanische Präsident Barack Obama, der französische Präsident Nicolas Sarkozy und der britische Premierminister David Cameron, die den Krieg anführten, vertraten eine ganz andere Haltung. Die USA hätten eine moralische Verpflichtung, argumentierte Obama, die »horrende Gewalt« in Libyen zu stoppen. Er habe den Krieg befohlen, »um Zivilisten zu schützen, eine Armee auf ihrem Vormarsch zu stoppen und ein Massaker zu verhindern«, beteuerte Obama die gänzlich uneigennützigen Motive der USA. Gaddafi habe »eine militärische Kampagne gegen das libysche Volk geführt. Unschuldige Menschen wurden umgebracht«, kritisierte der US-Präsident und Friedensnobelpreisträger. Gaddafi sei mit »Kampfjets und Militärhelikoptern gegen die eigene Bevölkerung vorgegangen, die sich gegen den Angriff aus der Luft nicht wehren konnte«. Seine Truppen seien auf dem Weg nach Benghazi gewesen. »Wir wussten, dass wenn wir einen weiteren Tag gewartet hätten, es in Benghazi zu einem Massaker hätte kommen können, mit Auswirkungen auf die ganze Region und zur Schande des Gewissens der Welt.«[75]

Der französische Journalist Julien Teil versuchte nach dem Krieg zu prüfen, ob die Behauptungen des amerikanischen Präsidenten Obama stimmten. Als im UNO-Sicherheitsrat am 17. März die Resolution verabschiedet wurde, waren die Anschuldigungen gegen Gaddafi, dass er seine eigene Bevölkerung bombardierte und Tausende getötet hatte. Julien Teil suchte Beweise für diese Anschuldigungen und fand heraus, dass die brisanten Anschuldigungen erstmals am 25. Februar 2011 in einer

Sitzung des UNO-Menschenrechtsrates in Genf aufgetaucht und dort vom Libyer Sliman Bouchuiguir geäußert worden waren, einem Gegner von Gaddafi.

Bouchuiguir, Generalsekretär der libyschen Menschenrechtsliga, hatte selber ein Interesse am Sturz von Gaddafi und wurde nach dem Sieg der Rebellen zum libyschen Botschafter in der Schweiz ernannt. Bevor die NATO mit dem Bombardement von Libyen begann, sprach Bouchuiguir in Genf vor dem Menschenrechtsrat von »6000 Toten, davon 3000 alleine in Tripolis«. Bouchuiguir war somit der Kronzeuge für den Kriegsgrund. Der hartnäckige französische Journalist Julien Teil traf deshalb den Libyer Bouchuiguir persönlich und wollte von ihm wissen, welche Beweise er für seine Zahl von 6000 Toten habe. Zum Erstaunen von Teil erklärte ihm Bouchuiguir vor laufender Kamera, er habe keine Beweise, diese Zahl habe er von Jibril Mahmoud vom Warfallah-Stamm erhalten, ebenfalls ein Gegner von Gaddafi. Jibril, der in den USA promoviert hatte, diente vor dem Krieg in Gaddafis Regierung, lief dann aber zu den Rebellen über und war während des Krieges Mitglied des Nationalen Übergangsrates, aus dem nach dem Tode von Gaddafi die neue Regierung von Libyen hervorging.[76]

Die Enthüllungen des französischen Journalisten waren brisant, denn sie zeigten, dass der Ausbruch des Libyenkrieges 2011, wie schon der Ausbruch der Irakkrieges 2003, auf Desinformation beruhte. »Es gibt keine Beweise, welche den humanitären Krieg gegen Libyen rechtfertigen«, so das Fazit von Teil.[77] Der kurze Krieg forderte 30 000 Menschenleben.[78] Doch die 6000 Toten, welche vor dem NATO-Einsatz als Grund für den Krieg zitiert worden waren, können nicht belegt werden. Die Zahlen stammen von den politischen Gegnern Gaddafis, Sliman Bouchuiguir und Jibril Mahmoud, die ihre eigene Agenda verfolgten.

Die Zusammensetzung der libyschen Rebellen und die internationale Unterstützung, welche sie vor und während des Krieges erhalten haben, bleiben Gegenstand historischer Forschung. Im März 2011 berichtete die »New York Times«, dass »Präsident Obama vor einigen Wochen einen geheimen Befehl unterschrieben hat, der es der CIA erlaubte, die Rebellen mit Waffen und anderem Material zu unterstützen.« Die »New York Times« enthüllte, dass »eine westliche Schattenarmee« aus CIA-Einheiten und britischen Spezialisten aus dem Geheimdienst MI6 und der militärischen Eliteeinheit Special Air Service die Rebellen in Libyen unterstützten, obschon Obama in der Öffentlichkeit »betonte, dass keine amerikanischen Bodentruppen« am Krieg teilnehmen würden. Auch das kleine Land Katar lieferte Waffen an die Rebellen, um Gaddafi zu stürzen. Ab wann genau Katar, London und Washington die libyschen

Rebellen insgeheim unterstützten, ließ die »New York Times« offen. Belegt ist damit aber, dass die Geheimdienste CIA und MI6 zum Sturz von Gaddafi beitrugen.[79]

»Das erste Opfer des Krieges ist die Wahrheit«, hatte US-Senator Hiram Johnson 1917 vor dem amerikanischen Kongress gewarnt.[80] Diese Beobachtung hat auch fast hundert Jahre später nichts von ihrer Aktualität verloren. »Wir haben hier einen Fall, den man als den ›Nebel des Krieges‹ bezeichnen kann«, kommentierte der ehemalige französische Geheimdienstmitarbeiter Claude Moniquet den Ausbruch des Libyenkrieges. »Es ist sehr gut möglich, dass einige Verbrechen, die man Gaddafi anhängte, falsch oder übertrieben waren.« Trotzdem sei der Krieg richtig gewesen, glaubte Moniquet und argumentierte historisch: »Wir haben die Aufzeichnungen über die 40 Jahre seiner Herrschaft, Gaddafi war ein Terrorist, ein Krimineller.«[81]

Es ist gefährlich, Angriffskriege mit Verweis auf den historischen Leistungsausweis einer Regierung zu begründen, denn Angriffskriege sind gemäß UNO-Charta verboten, und kriminelle Herrscher gibt es viele. Trotzdem habe ich in der Schweiz beobachtet, dass viele den Sturz und Tod von Gaddafi begrüßten, obschon die Schweiz nicht aktiv am Krieg teilnahm. Dies, weil Gaddafi die Schweiz wiederholt übel beschimpft und zwei Schweizer Geschäftsleute, den Aargauer Max Göldi und den Waadtländer Rachid Hamdani, willkürlich in Libyen als Geiseln festgehalten hatte.

Der Streit zwischen der Schweiz und Libyen begann drei Jahre vor dem NATO-Krieg. Er wurde durch den jüngsten Sohn von Gaddafi, Motassim Bilal Gaddafi, genannt Hannibal, entfacht, der im Sommer 2008 mit seiner Frau Aline und Bediensteten im teuren Genfer Hotel Président Wilson zehn Suiten mietete. Am 15. Juli 2008 wurde Hannibal von zwei seiner Hausangestellten beschuldigt, sie im Hotel verprügelt zu haben, worauf der Genfer Untersuchungsrichter Michel-Alexandre Graber die Festnahme der prominenten Gäste anordnete. Die Genfer Polizei fuhr ins Hotel, legte Hannibal Handschellen an und führte ihn ab. Obschon der Sohn von Gaddafi und seine Frau nach dem Verhör durch Untersuchungsrichter Graber gegen Kaution wieder auf freien Fuß gesetzt wurden und nach Libyen zurückreisen konnten, reagierte Tripolis erzürnt.

Libyen wusste, dass die Schweiz auf Erdölimporte angewiesen ist, und unterbrach daher am 8. Oktober 2008 die Lieferungen an die Schweiz. »Gaddafi dreht der Schweiz den Ölhahn zu«, titelten die Schweizer Medien alarmiert.[82] Um den Ausfall der Lieferungen aus Libyen zu kompensieren, importierten die Schweizer vermehrt Rohöl aus anderen Ländern. Die Statistik zeigt diese Entwicklung deutlich. Von 1991 bis 2008 war Libyen der wichtigste Rohöllieferant für die Schweiz. Im Jahre 1991 importierte die Schweiz 4,5 Millionen Tonnen Rohöl, wovon 41 Prozent aus Libyen stammten. Andere Länder lieferten deutlich weniger, darunter Großbritannien (31 Prozent), Norwegen (14 Prozent), Saudi-Arabien (8 Prozent) und Nigeria (5 Prozent). Die Schweiz importierte zudem Fertigprodukte aus Deutschland, Frankreich und anderen europäischen Ländern, die aber ihrerseits auf Rohölimporte angewiesen waren.[83] Obschon die Herkunft des Rohöls von Jahr zu Jahr variierte, blieb Libyen der wichtigste Lieferant für die Schweiz. Im Jahre 2006 deckte Gaddafi 48 Prozent des Schweizer Rohölbedarfs ab, gefolgt von Nigeria (30 Prozent), im Jahr 2008 kamen sogar 70 Prozent des Schweizer Rohöls aus Libyen. Nach dem Streit mit Hannibal reduzierte die Schweiz ihre Rohölimporte aus Libyen, im Jahre 2010 kamen nur noch 17 Prozent des Rohöls aus Libyen, während neu Kasachstan (33 Prozent) zum wichtigsten Rohöllieferanten aufgestiegen war, vor Aserbaidschan (31 Prozent) und Nigeria (9 Prozent).[84]

Vor Kriegsausbruch waren der italienische Erdölkonzern ENI, der französische Erdölkonzern Total und auch die amerikanischen Firmen Marathon, ConocoPhillips und Amerada Hess in Libyen aktiv gewesen. Verschiedene Erdölfirmen beklagten indes »das zunehmend unkalkulierbare Verhalten von Libyens staatlicher Erdölfirma«.[85] Kritiker des Krieges gegen Libyen, wie der Wirtschaftsprofessor Michel Chossudovsky von der Universität Ottawa in Kanada, erklärten, der Libyenkrieg sei wie der Irakkrieg ein Erdölbeutezug gewesen. »Das Ziel hinter dem Krieg gegen Libyen ist nicht, demokratische Verhältnisse zu schaffen«, so Chossudovsky, »sondern die Erdölreserven Libyens zu erbeuten, die staatseigene National Oil Corporation (NOC) zu destabilisieren und letztendlich die Erdölindustrie des Landes zu privatisieren.«[86]

18

Wirtschaftskrisen und hoher Erdölpreis

»Ein allzu hoher Ölpreis würgt die Wirtschaft ab«, ist in der Finanzpresse immer wieder zu lesen.[1] Korrekt ist, dass ein hoher Erdölpreis die Wirtschaft umstrukturiert und zwingt, den Verbrauch von Erdöl zu senken. Erst wenn der Erdölpreis hoch ist, werden Häuser von Erdölheizungen befreit und besser isoliert. Nur der hohe Erdölpreis bringt Immobilienbesitzer dazu, alternative Wärmesysteme einzubauen, wie beispielsweise Wärmepumpen, kombiniert mit Photovoltaik oder Solarthermie und Holz, wodurch neue Bereiche der Wirtschaft einen Aufschwung erleben. Wenn der Erdölpreis lange hoch bleibt, belasten die hohen Treibstoffkosten die Konsumenten derart, dass sie beim nächsten Autokauf ein Modell wählen, das einen Verbrauch von weniger als 3 Liter Benzin oder Diesel auf 100 Kilometer hat. Einige kaufen auch ein effizientes Hybridfahrzeug, das alternativ von einem Verbrennungs- und einem Elektromotor angetrieben wird, während einige wenige gar ein rein elektrisches Auto erwerben, dieses mit erneuerbarem Strom antreiben und sich somit auch in der Mobilität völlig vom Erdöl befreien. Der hohe Erdölpreis ist der Motor der Energiewende und daher etwas Gutes und Wertvolles, denn er zwingt die Gesellschaft zum Wandel.

Energiearmut, gibt es das?

Doch nicht alle Menschen haben die Möglichkeit, auf hohe Erdölpreise mit einem Umbau ihres Energiesystems zu reagieren. Wenn der Preis für Benzin, Diesel, Gas und Strom ansteigt, wird es für jene Konsumenten, die über wenig finanziellen Spielraum verfügen, schwierig, ihre Rechnungen zu bezahlen. Reiche Menschen werden durch hohe Energiepreise weniger direkt betroffen, aber auch sie erleiden Verluste, wenn zum Beispiel hohe Energiepreise die Aktienmärkte belasten. Für verschuldete Menschen können hohe Energiepreise zur Armutsfalle werden. Energiearmut gibt es, auch wenn sie in Europa und Nordamerika noch wenig verbreitet ist.

Arme Menschen haben nicht die Mittel und bekommen von den Banken auch nicht die Kredite, um ihre Mietwohnung zu isolieren und ein effizientes Heizungssystem, basierend auf erneuerbaren Energien, einzubauen. Ebenso fehlt ihnen das Geld, um ein effizientes Auto mit einem Verbrauch von weniger als 3 Litern Benzin auf 100 Kilometer zu kaufen. Vielleicht schränken sie bei steigenden Energiepreisen ihren Konsum ein oder ziehen um. Wenn dies aber nicht gelingt und die Strecke vom Wohnort zum Arbeitsort auch nicht mit dem öffentlichen Verkehr oder in Fahrgenossenschaften zurückgelegt werden kann, werden das Heizen und das Auto zur finanziellen Belastung, weil die an den Erdölpreis gebundenen hohen Treibstoffpreise das verfügbare Einkommen reduzieren. Die Konsumausgaben gehen zurück, und die Wirtschaft gerät ins Stocken.

Gerade in den USA, wo der öffentliche Verkehr schlecht ausgebaut ist und viele Menschen große Strecken zur Arbeit mit dem Auto zurücklegen, reduzieren steigende Treibstoffkosten den verfügbaren Lohn derart, dass für tiefe Einkommen der Zeitpunkt kommt, an dem es sich nicht mehr lohnt, zur Arbeit zu fahren.[2] Im Jahre 2011 musste ein typischer Haushalt in den USA wegen des hohen Erdölpreises schon 4200 Dollar für Tankfüllungen bezahlen, was gemessen am Einkommen einen Rekordanteil von über 8 Prozent bedeutete.[3] Im Vergleich zu Europa liegen die Treibstoffpreise in den USA zwar tief. Bei einem Fasspreis von 110 Dollar ist der Preis für die Gallone bereits auf 4,11 Dollar geklettert, umgerechnet sind das aber nur 0,72 Eurocent oder 0,92 Franken pro Liter. Doch weil der Durchschnittsarbeiter in den USA täglich rund eine Stunde mit dem Auto zur Arbeit fährt und oft einen Wagen benutzt, der zu groß und zu schwer ist und daher zu viel Treibstoff verbraucht, liegt die Angstschwelle für Treibstoffkosten in den USA bei 4 Dollar pro Gallone. »Unsere Sucht nach Öl zu durchbrechen, ist eine der größten Herausforderungen, der unsere Generation je gegenüberstehen wird«, erkannte auch der amerikanische Präsident Barack Obama.[4]

Auch in Europa drückt der hohe Erdölpreis, vor allem in der Eurozone, also in jenen 17 Ländern, in welchen der Euro als Zahlungsmittel gilt. Norwegen, Großbritannien und die Schweiz gehören nicht dazu. In der Eurozone wird praktisch gar kein Erdöl gefördert, sie ist vollständig auf Importe angewiesen. Dies wird auch in Zukunft so bleiben. Erdöl wird in Dollar gehandelt. Wenn der Euro gegenüber dem Dollar schwächer wird, verteuern sich die Erdölimporte in die Eurozone. In Euro gerechnet, kostete Rohöl der Sorte Brent im Februar 2012 so viel wie auf dem Rekordniveau von Mitte 2008. Die Internationale Energieagentur (IEA) hat berechnet, dass die EU im Jahre 2011 mehr als 470 Milliarden Dollar für Erdöl aufwenden musste, mehr als je zuvor.[5]

Menschen, die über wenig finanziellen Spielraum verfügen und zudem schlecht informiert sind, bleiben oft in einer ineffizienten Energiestruktur gefangen, auch wenn die Preise ansteigen. Irgendwann reicht das Geld nicht mehr, um die Energierechnungen zu bezahlen. Im schlimmsten Fall bleibt dann das Auto stehen und der Strom wird vom Energiekonzern gekappt. Energiekonzerne sind nicht verpflichtet, Energieprodukte zu liefern, wenn diese von den Kunden nicht mehr bezahlt werden können. Energiearmut gibt es, sie ist eine Realität. In Deutschland wurde im Jahr 2011 rund 600 000 Haushalten der Strom abgestellt, weil diese ihre Rechnungen nicht mehr bezahlen konnten.[6]

Der Anstieg des Erdölpreises

Der Anstieg des Erdölpreises seit dem Jahr 2000 ist eindrücklich. Noch im Januar 1999 kostete das Fass Erdöl der Sorte Brent 10 Dollar. Danach stieg der Preis in nur einer Dekade um mehr als das Zehnfache und erreichte im Sommer 2008 ein Maximum bei 148 Dollar, brach dann in der Finanzkrise ein, um schon zwei Jahre später wieder auf über 100 Dollar anzusteigen. Nie zuvor, auch nicht während des Zweiten Weltkriegs oder während des Kriegs zwischen Irak und Iran, hatte die Welt derart hohe Erdölpreise erlebt (vgl. Infografik »Erdölpreis historische Entwicklung« auf Seite 367).

Obschon der Preis anstieg, beteuerte die Erdölindustrie, er werde wieder fallen. »Über kurz oder lang werden die Preise wieder sinken«, beschwichtigte Rolf Hartl, Geschäftsführer der Erdöl-Vereinigung in der Schweiz, als der Erdölpreis im Mai 2005 mit 35 Dollar eine neue Höchstmarke erreicht hatte. »Ein Szenario mit anhaltend hohen Ölpreisen ist für mich nicht realistisch.«[7] Als im Juni 2005 das Erdöl die magische Schwelle von 60 Dollar überschritt, beteuerte Rolf Hartl, die Preise seien nur »kurzfristig hoch«, und würden bald wieder sinken, »eine Entspannung wird kommen«.[8]

Doch die Entspannung kam nicht, weil das konventionelle Erdöl 2006 das Fördermaximum erreichte. Für die Endkunden stiegen die Preise an, der Liter Benzin überschritt an Schweizer Tankstellen 2005 erstmals die Marke von 1.50 Franken. »Früher hieß es, die Schmerzgrenze der Autofahrer liege bei 1.50 Franken pro Liter Benzin«, notierte die Presse. Doch dies stimmte nicht, der Treibstoffverbrauch ging trotz erhöhten Preisen nicht zurück. »Die Schmerzgrenze liegt jetzt wohl bei rund 3 Franken«, lautete die neue Schätzung.[9] Auch Heizöl wurde teurer: Für 100 Liter mussten im Frühling 2005 in der Schweiz 64 Franken bezahlt werden. »Wer jetzt seinen Heizöltank auffüllen muss, wird zur Kasse gebeten«, klagte die Presse und verwies darauf, dass noch 1998 eine Menge von 100 Litern Heizöl für nur 28 Franken zu haben war.[10] Die Kosten für Mobilität und Wärme rückten vermehrt ins Bewusstsein, doch insgesamt ging der Erdölkonsum nicht zurück, das schwarze Gold sei eben »des Schweizers liebste Droge«, so die Presse.[11]

Während der Erdölpreis anstieg, ließ das Bundesamt für Energie (BFE) unter dem Titel »Energieperspektiven 2035« umfangreiche Modellrechnungen mit vier verschiedenen Szenarien zur Energiezukunft der Schweiz durchführen. Als die Autoren 2003 begannen, kostete das Fass zwischen 25 und 28 Dollar. Die Mehrheit der Experten glaubten, das Erdöl werde kaum weiter ansteigen, berechneten aber zur Sicherheit noch ein »Hochpreisszenario« mit einem Fasspreis von 50 Dollar. Doch als die Studie im September 2007 publiziert wurde, lag der Erdölpreis schon bei 80 Dollar. Trotzdem waren die Schlussfolgerungen der umfangreichen Studie korrekt: Die Schweiz müsse die Energieeffizienz steigern und die erneuerbaren Energien ausbauen, so das BFE.[12]

Auch die Zeitungskommentatoren waren über den starken Preisanstieg verblüfft. Als im April 2006 Rohöl der Sorte Brent erstmals 70 Dollar kostete, notierten sie: »Im Vergleich damit erscheinen die 10 Dollar je Fass, die im Jahr 1999 für Erdöl der Sorte Brent verlangt wurden, wie aus einer anderen Welt.«[13] Doch die Preise stiegen weiter. Im Oktober 2007 durchbrach der Erdölpreis erstmals die Marke von 90 Dollar pro Fass, und an der Tankstelle kostete der Liter Diesel mehr als 2 Franken, was es zuvor noch nie gegeben hatte.[14] Immer mehr Menschen begannen, sich für die Energieeffizienz zu interessieren. Einige isolierten ihre Häuser. Andere ersetzten ihre Erdölheizung mit Wärmepumpen, Holz oder Solarthermie. Bei Neubauten wurden Erdölheizungen von den Kunden nicht mehr gewünscht. »Ich habe in den letzten zwei Jahren keine Ölheizungen in Neubauten mehr eingebaut«, erklärte der Heizungsfachmann Bruno Schnetzler im November 2007 den Trend in der Branche.[15] »Der Preisanstieg beschleunigt die längst fällige Abkehr vom Öl als Hauptenergieträger«, freute sich Ökonomieprofessor Thomas Straubhaar vom Hamburgischen Weltwirtschaftsinstitut. Die Substitution durch alternative Energieträger werde forciert.[16]

Auch René Longet, Präsident der Schweizerischen Gesellschaft für Umweltschutz, sah im hohen Erdölpreis vor allem Vorteile. »Das Erdöl wird immer teurer? Ja prima! Damit wird es endlich auch finanziell interessant, das Wissen umzusetzen, das wir seit 30 Jahren angesammelt haben. Der Skandal besteht nicht darin, dass wir nicht wissen, wie wir vom Erdöl loskommen«, so Longet, »sondern ganz im Gegenteil, dass wir es genau wissen, es aber nicht tun.« Bauen könne man nach dem Plusenergie oder Minergie-Standard schon lange. Auch Autos könnten mit nur 3 Liter auf

100 Kilometer auskommen, wenn man nur wolle. Die Reduktion der gefährlichen Erdölabhängigkeit sei dringend, betonte Longet: »Umso schneller wir das Erdöl verlassen, umso besser.«[17]

Wenn ein Energieexperte Mitte der 1990er-Jahre erklärt hätte, das Fass Rohöl werde zu Beginn des 21. Jahrhunderts auf 100 Dollar ansteigen, weil das konventionelle Fördermaximum erreicht werde, hätte man ihn belächelt. Niemand konnte sich einen nominalen Preis von 100 Dollar vorstellen, weil es das in der Erdölgeschichte noch nie gegeben hatte. In den 1950er- und 1960er-Jahren hielt man 2 Dollar pro Fass für normal, die Häuser wurden damals in Europa kaum isoliert, Automotoren waren wenig effizient. Doch dann durchbrach am 2. Januar 2008 Rohöl der Sorte West Texas Intermediate (WTI) die magische Grenze von 100 Dollar. »Das neue Jahr ist erst wenige Tage alt und schon hat die Finanzwelt einen neuen Rekord«, staunte die Presse über die »imposante« Preisentwicklung.[18]

Weltweit diskutierten Politiker über den hohen Erdölpreis. »Dem Bundesrat bereiten die Preise im Ölbereich große Sorgen«, erklärte in der Schweiz Bundesrat Hans Rudolf Merz vor dem Parlament. Man sei von der rasanten Entwicklung überrascht, habe aber im Prinzip immer gewusst, dass die »Verknappung der Ressourcen im Ölbereich eines Tages zu höheren Preisen und zur Suche nach alternativen Energien führen musste«. Die Preisentwicklung bleibe unberechenbar, so Merz, eine Reduktion der Erdölabhängigkeit sei aber dringend. »Nutzen wir doch diese Situation auch als eine Chance! Alle reden von Energieeffizienz. Alle sagen, man solle auf günstige Energien umsteigen«, so Merz, »machen wir es!«[19] Auch Bundesrätin Doris Leuthard, Vorsteherin des Volkswirtschaftsdepartements, wollte die »enger werdende Spirale von knappem Angebot und steigender Nachfrage« positiv genutzt sehen und forderte, dass die Schweiz »zu einem eigentlichen Kompetenzzentrum für eine griffige Ressourcenpolitik« werde.[20]

Auch bei 100 Dollar stoppte der Erdölpreis nicht, sondern eilte weiter von Rekord zu Rekord. Im April 2008 kostete das Fass Brent 110 Dollar, im Mai 120 Dollar und im Juni 130 Dollar. »Die massive Verteuerung von Öl, Strom und Gas zeigt, dass die energetische Zukunft schwieriger wird, als es die Vergangenheit war«, erkannte die Presse und forderte die Energiewende. »Offroader, Ölheizungen und Glühbirnen sind out – die Zukunft besteht aus an der Steckdose aufladbaren Hybridfahrzeugen, Gebäuden, die mehr Strom produzieren, als sie fressen, und LED-Leuchten, welche halb so viel Strom brauchen wie Energiesparlampen.« Vor allem im Gebäudepark bestehe noch ein sehr großes Sparpotenzial: »Sind alle älteren Liegenschaften einmal saniert, kommen die Gebäude Helvetiens mit halb so viel Energie aus wie heute.«[21]

Doch nachdem der Erdölpreis im Juli 2008 mit 148 Dollar einen historischen Rekord erreicht hatte, brach er unerwartet abrupt ein. Es kam »zum schnellsten jemals beobachteten Preiszerfall«, notierten die Journalisten erstaunt. Im Dezember 2008 war das Fass Brent für 40 Dollar zu haben, ein Abschlag von 100 Dollar![22] Auslöser für den Sturz des Erdölpreises 2008 war die Finanzkrise. Oder war es umgekehrt? Hatte der hohe Erdölpreis die Finanzkrise ausgelöst?

Hat der hohe Erdölpreis die Finanzkrise ausgelöst?

Thomas Fricke, Chefökonom der »Financial Times Deutschland«, argumentierte im Dezember 2008, dass der Erdölpreis die Finanzkrise ausgelöst habe. »Die Chronologie spricht dagegen, dass die September-Pleite von Lehman Brothers den Crash der Realwirtschaft verursachte.« Denn schon im Juli 2008 gingen »alle wichtigen Konjunkturindikatoren … schockartig auf Talfahrt«, so Fricke. Zur selben Zeit lag der Erdölpreis auf Rekordhöhe. »Der Absturz vom Sommer 2008 fällt mit einem … weltweiten Phänomen zusammen«, beobachtete der deutsche Journalist, dem »Anstieg der Ölpreise«. Natürlich seien, wie immer in der Ökonomie, verschiedene Einflussfaktoren relevant, aber es sei »wahrscheinlich«, dass der Ölschock die Krise zum Debakel machte.[23]

Auch der amerikanische Ökonom James Hamilton, Professor an der University of California in San Diego, ging der interessanten Frage nach, ob der hohe Erdölpreis die Weltwirtschaftskrise mitverursacht hatte. Er kommt zum Schluss, dass in den Jahren 2007 und 2008 eine boomende Erdölnachfrage auf ein knappes Angebot traf, was den Erdölpreis in die Höhe trieb. »Ein Teil des signifikanten Anstiegs des Erdölpreises von 2007 bis 2008 war eine direkte Konsequenz der boomenden Nachfrage und der stagnierenden Produktion«, so Hamilton. »Es muss betont werden, dass es hierbei um ein langfristiges Problem geht«, weil ja nun das konventionelle und billige Erdölangebot stagniert und nicht mehr ausgeweitet werden kann. Durch den spektakulären Einbruch der Weltwirtschaft und damit auch der Nachfrage sei der Erdölpreis natürlich wieder gesunken, aber das Problem sei durch den Preiseinbruch nur kurzfristig gelöst worden. »Wenn die Emerging Markets wieder zu ihren Wachstumszahlen zurückkehren, wird es nicht zu viele Jahre dauern, bis wir uns wieder in der Situation befinden, welche das Problem ursprünglich ausgelöst hat«, glaubt Hamilton, nämlich einer exzessiven Energienachfrage, welche die Preise hoch treibt und das Wachstum belastet.[24]

Die Überlegungen von Hamilton sind konsistent mit der beobachtbaren Entwicklung des Erdölpreises. Die Industrialisierung der BRIC-Staaten, Brasilien, Russland, Indien und China, benötigt Erdöl. Doch das Angebot ist begrenzt, das konventionelle Erdöl stagniert, und das unkonventionelle Erdöl ist teuer in der Förderung. Daher verharrte der Erdölpreis nach seinem Absturz 2008 nicht lange bei 40 Dollar und stabilisierte sich auf diesem tiefen Niveau, sondern zog sofort wieder an, als das globale Wirtschaftswachstum wieder einsetzte.

Im April 2009 erreichte die Marke Brent erneut 50 Dollar, im August desselben Jahres lag der Preis bereits wieder bei 70 Dollar. Im Februar 2011 wurde zum zweiten Mal die Rekordmarke von 100 Dollar pro Fass überschritten, und während des ganzen Jahres stagnierte der Erdölpreis bei über 100 Dollar. Damit wiederholte sich ein Muster: Der Preis stieg in nur kurzer Zeit so stark an, wie man es in der Erdölgeschichte zuvor nur einmal erlebt hatte, nämlich 2008, als die 100er-Marke zum ersten Mal durchbrochen wurde. Dass der hohe Erdölpreis die Wirtschaft erneut belasten würde, war damit klar. »Ich glaube, der hohe Erdölpreis könnte die Erholung der Wirtschaft abwürgen«, sorgte sich Fatih Birol, Chefökonom der IEA, im November 2011.[25]

Auch Ben Bernanke, Chairman der amerikanischen Notenbank Federal Reserve (Fed), erkannte, dass der Erdölkonsum stärker ansteigt als das Erdölangebot. »Der globale Erdölkonsum nahm zwischen 2000 und 2010 um 14 Prozent zu«, so Bernanke im Sommer 2011, doch »die [konventionelle] Erdölproduktion ist seit 2004 um weniger als ein Prozent angestiegen. Wenn die Nachfrage nach Erdöl stark zunimmt, die Rohölproduktion aber stagniert, ist es nicht erstaunlich, dass die Erdölpreise ansteigen.«[26] Um die Wirtschaft zu beleben, fluteten, die Fed wie auch die europäische Zentralbank EZB und die Schweizer Zentralbank SNB die Märkte mit billigem Geld. Die Geldschwemme trug mit dazu bei, dass der Wert des Dollars gegenüber dem Gold abnahm und der Erdölpreis, in Dollar gerechnet, höher notierte. Das billige Geld, kombiniert mit tiefen Zinsen, belebte die Wirtschaft und verdeckte zumindest für einige Zeit das Problem der stagnierenden Erdölproduktion. Trotzdem sind die wirtschaftlichen Probleme nicht überwunden. Der deutsche Energieexperte Ernst Ulrich von Weizsäcker glaubt, »dass die Euro-Krise am härtesten dort eingeschlagen hat, wo die Abhängigkeit von Ölimporten besonders groß war«.[27]

Auch David King, Direktor der Smith School of Enterprise and the Environment an der Universität Oxford, führt die Wirtschaftskrise auf das Fördermaximum Peak Oil zurück. »Das Erdölangebot hat ein Plateau erreicht«, erkannte King mit Bezug auf das konventionelle Erdöl richtig. »Die globale Wirtschaft wird durch Erdölpreise von 100 Dollar pro Fass oder mehr stark belastet und in Rezessionen gestürzt, der hohe Erdölpreis behindert die wirtschaftliche Erholung.« King betont, dass in der

Vergangenheit ein höherer Erdölpreis zu einem Ausweiten der Erdölförderung geführt habe. Dies ist nun nicht mehr der Fall. Die Zahlen, die auch mir vorliegen, zeigen dies deutlich und sind in der Tat erstaunlich. Als zwischen März und Juni 2005 der Erdölpreis von 30 auf 60 Dollar anstieg, führte das nicht zu einer Ausweitung des Angebots von konventionellem Erdöl, sondern dieses stagnierte bei 74 Millionen Fass pro Tag. Auch als der Preis bei 80 oder 100 Dollar pro Fass lag, stieg das Angebot nicht an, sondern verharrte bei 74 Millionen Fass. Dies hatte es zuvor noch nie gegeben in der Erdölgeschichte. Auch die Preisspitzen 2008 und der Preiszerfall änderten nichts am Erdölangebot, das zwischen 72 und 74 Millionen Fass stagnierte. »Es hat weiterhin Erdöl, aber uns geht das billige und einfach zu fördernde Erdöl aus«, so das treffende Fazit von King. [28]

Es ist nicht zu erwarten, dass China in absehbarer Zeit vom Erdöl unabhängig wird und sich nur noch über erneuerbare Energien versorgt. Denn durch das rasante Wirtschaftswachstum ist der Erdölverbrauch in China nach dem Ende des Kalten Krieges stark angestiegen. Noch 1990 hatte China nur 2,4 Millionen Fass Erdöl pro Tag konsumiert. Doch schon 2006 war China mit einem Tagesverbrauch von 7 Millionen Fass nach den USA zum zweitgrößten Erdölverbraucher der Welt aufgestiegen. In derselben Zeit war indes die chinesische Erdölproduktion in großen Feldern wie Daqing eingebrochen, wodurch China 1994 zum Nettoimporteur von Erdöl wurde. Seither reisen chinesische Politiker und Wirtschaftsführer mehr als je zuvor in der chinesischen Geschichte ins Ausland, um mit Ländern wie Saudi-Arabien, Nigeria, Venezuela und Kasachstan Rohstoffverträge abzuschließen.[29] China steht mit den USA und Europa in einer »offenkundigen Rivalität um teurer und knapper werdende Energiequellen rund um den Erdball«; eine Entspannung kann nur kommen, wenn auch Europa und die USA ihren Erdölverbrauch reduzieren.[30]

Nie zuvor in der Erdölgeschichte hat man beim Erdölpreis eine derart starke Volatilität beobachtet wie zu Beginn des 21. Jahrhunderts. Wir leben in spannenden Zeiten des Umbruchs. Weil die Kadenz der Veränderungen derart hoch ist, kann man, zumindest was die Energie betrifft, gar von revolutionären Zeiten sprechen. Auf der Basis der mir zur Verfügung stehenden Daten bin ich der festen Überzeugung, dass die Zeit des billigen Erdöls – unter 30 Dollar pro Fass – heute vorbei ist und nicht mehr zurückkehren wird. Weil die Erdölfelder alt sind und vor allem die Förderung aus den größten Feldern (Giant Oilfields oder Elephants) zurückgeht, wird es nicht gelingen, das Plateau von 74 Millionen Fass pro Tag sehr lange zu halten. Dereinst wird das konventionelle Erdölangebot von Jahr zu Jahr zurückgehen, was den Erdölpreis noch stärker in die Höhe treiben wird. Die Weltwirtschaft wird gezwungen, den Erdölverbrauch zu reduzieren.

Warum wir das Erdöl verlassen müssen

Weil das Erdölangebot beschränkt ist und die konventionelle Förderung das Maximum erreicht hat, lastet der hohe Erdölpreis auf der Wirtschaft. Aus dieser Situation können Europa und die Welt insgesamt nur ausbrechen, indem sie das Erdöl verlassen. Dafür gibt es lediglich zwei Wege: Erstens den Weg der Substitution. Dabei wird Erdöl durch eine andere Primärenergie ersetzt, indem zum Beispiel ein Elektromobil mit Windstrom ein Benzinauto ersetzt oder indem ein Haus vom Heizöl befreit wird und Wärme und Strom mit erneuerbaren Energien erzeugt werden. Zweitens gibt es als Alternative zur Substitution den bekannten Weg des Sparens, wobei in jenen Segmenten, in denen Erdöl verbraucht wird, die Verschwendung und der Verbrauch reduziert werden müssen, während die Energieeffizienz erhöht wird. Andere Möglichkeiten gibt es nicht.

Es ist keinesfalls einfach, den Erdölkonsum zu reduzieren. In der Schweiz wird schon seit der ersten Erdölkrise 1973 viel darüber geredet, dass man die Abhängigkeit von Erdölimporten verringern sollte. Doch passiert ist wenig. Im Jahre 1970 betrug der Erdölverbrauch der Schweiz rund 12 Millionen Tonnen pro Jahr. Auch 1980 wurden 12 Millionen Tonnen konsumiert, ebenso 1990 und auch im Jahre 2000. Im Jahre 2006 waren es gar mehr, nämlich 13 Millionen Tonnen, 2010 dann mit 11,3 Millionen Tonnen etwas weniger.[31] Insgesamt betrachtet, kann man sagen, dass der Erdölkonsum in der Schweiz seit 40 Jahren auf sehr hohem Niveau stabil ist, und zwar bei einem Tageskonsum von 38 Millionen Litern; von einer Reduktion kann nicht die Rede sein. Weil in der besagten Zeitspanne der Import von Erdgas zugenommen hat, ist die fossile Abhängigkeit der Schweiz sogar gewachsen, zusammen mit der Bevölkerung, dem Motorwagenbestand, dem Wohnungsbestand, den Flugbewegungen und der Wirtschaft.

Wer glaubt, dieser Prozess lasse sich über die nächsten 40 Jahre problemlos fortsetzen, irrt. Denn obschon die importierte Erdölmenge stagniert, wird die Erdölrechnung aufgrund des ansteigenden Erdölpreises für die Schweiz immer teurer. Dasselbe Phänomen ist in praktisch allen Ländern Europas zu beobachten. Im Jahre 1990 betrugen die Endverbraucher-Ausgaben für Erdölprodukte in der Schweiz 9,5 Milliarden Franken. Doch dann stieg der Erdölpreis stark an, und 2008 mussten die Schweizer Erdölkonsumenten für ziemlich genau dieselbe Menge bereits 20,8 Milliarden

Franken ausgeben.[32] Die Erdölrechnung hatte sich in zwei Dekaden mehr als verdoppelt! Im Rückblick wird klar, dass es klüger gewesen wäre, einige Milliarden in die Förderung von Effizienz und erneuerbarer Energien zu investieren und damit die Erdölabhängigkeit zu reduzieren, statt das Geld über den hohen Erdölpreis aus dem Land abfließen zu lassen.

Wer die Erdölgeschichte und ihren globalen Einfluss während den letzten 160 Jahren gründlich studiert, muss zum Schluss kommen, dass das schwarze Gold ein sagenhaftes Wirtschaftswachstum und für viele den Aufbau von Wohlstand und Komfort ermöglichte. Dafür sollte man dankbar sein, denn zumindest in Europa haben wir alle davon profitiert. Der Erdölrausch war für Millionen eine sehr angenehme Erfahrung. Selbst Könige hatten vor 400 Jahren in Europa nicht ein annähernd so komfortables Energieangebot, wie es heute praktisch alle Europäer mit großer Selbstverständlichkeit genießen. Tagesreisen von 100 Kilometern oder mehr sind heute kein Problem. Und dass fließendes warmes Wasser in jedem Haushalt zur Verfügung steht, gilt als normal. Natürlich verfügten die Könige auch nicht über Strom und daher auch nicht über Kühlschränke, Waschmaschinen, Fernseher und Mobiltelefone, die heute überall in europäischen Haushalten zu finden sind.

Die Vorteile der billigen Energie sind offensichtlich. Schöne Autos, schnelle Motorräder und vergleichsweise günstige Flugreisen in ferne und spannende Länder sind Teil des Erdölrausches. Erdöl in Traktoren und Mähdreschern hat den Ertrag der Landwirtschaft enorm gesteigert. Erdölheizungen wärmen automatisch und ohne großen Aufwand viele Gebäude in Europa. Auch Plastik in allen Farben und Formen, von Nylonstrümpfen über Turnschuhe, Computer und PET-Flaschen bis hin zu Kosmetika und medizinischen Produkten, basieren auf Erdöl.

Produziert wurde das Erdöl nie. Denn es lag schon seit Millionen von Jahren fertig im Boden bereit; es ist sozusagen ein Geschenk der Erde, und kann daher nicht mit anderen Produkten wie Büchern oder Fahrrädern verglichen werden, die tatsächlich von Menschen hergestellt werden. Erdöl wurde nur gefördert und dann verkauft. Weil man es nicht produzieren muss und kann, ist der Handel damit sehr lukrativ. Jene Firmen, denen es wie ExxonMobil, Shell, BP und Chevron gelang, Förderung, Verarbeitung und Verkauf zu kontrollieren, sind zu den mächtigsten Konzernen der Welt aufgestiegen. ExxonMobil realisierte 2011 einen Gewinn von 41 Milliarden Dollar. Auch staatliche Erdölexporteure wie Saudi-Arabien haben mit Erdölexporten erstaunliche Gewinne realisiert, im Jahr 2010 rund 230 Milliarden Dollar.

Die Erdölgeschichte zeigt aber ebenso deutlich, dass das Erdöl auch eine sprichwörtlich dunkle Seite hat. In vielen Ländern, Norwegen vielleicht ausgenommen, haben die Erdöleinnahmen die herrschenden Regierungen korrumpiert. In einigen Erdölländern wie Angola oder Saudi-Arabien ist eine kleine Oberschicht von Milliardären und Prinzen entstanden, deren Reichtum sagenhaft ist, während die Mittel- und Unterschicht verarmt oder unterdrückt wird. Für Letztere ist Erdöl kein Segen, sondern ein Fluch. Die Gier nach den Gewinnen, welche durch den Verkauf von Erdöl realisiert werden können, hat Angriffskriege und den Sturz von Regierungen ausgelöst, begleitet von Lügen und Verschwörungen. Viele Zivilisten, darunter völlig unschuldige Kinder, Frauen und ältere Menschen, wurden in Erdölkriegen verstümmelt, traumatisiert oder getötet. Das ist bedrückend und kann einem als Erdölkonsument nicht gleichgültig sein. Der Kampf der Supermächte um das knapper werdende Erdöl ist gefährlich.

Havarierte Erdöltanker und explodierende Förderplattformen haben die Natur verschmutzt und Tiere qualvoll verenden lassen. Der Abbau von unkonventionellem Erdöl wie Ölsand belastet die Umwelt und die Frischwasserreserven stark. Autobahnen haben schöne Landschaften durchschnitten und die Zersiedelung vorangetrieben. Wo Erdöl in Motoren zum Einsatz kommt, nimmt der Lärm zu. Das Verbrennen von Erdöl hat den CO_2 -Gehalt der Atmosphäre erhöht und heizt dem Klima ein gleich wie das Abfackeln von Erdgas, das oft als Nebenprodukt der Erdölförderung anfällt und in Ländern wie Nigeria und Russland von den Erdölkonzernen einfach verbrannt wird. Hohe Erdölpreise lasten auf der Wirtschaft und treiben einkommensschwache Bevölkerungsschichten in die Energiearmut. Den bewiesenen positiven Eigenschaften des Erdöls stehen somit auch belegte negative Eigenschaften gegenüber.

Wie die positiven gegenüber den negativen Eigenschaften des Erdöls abgewogen werden, hängt stark davon ab, wo man sich auf der Welt befindet und welche Erfahrungen man mit dem schwarzen Gold gemacht hat. »Es gibt nur ein perspektivisches Sehen, nur ein perspektivisches Erkennen«, hat der deutsche Philosoph Friedrich Nietzsche einst treffend bemerkt. Wer in einem Erdölkrieg, im Irak oder Kuwait, ein Kind oder ein Bein verloren hat, durch ausgelaufenes Erdöl seine wirtschaftliche Existenz, zum Beispiel als Fischer in Nigeria, einbüßte, oder im Winter friert, weil er nicht mehr in der Lage ist, den Preis von Heizöl zu bezahlen und daher nicht mehr beliefert wird, ist gegenüber dem schwarzen Gold kritisch eingestellt.

Wer hingegen als wenig informierter Konsument den Erdölrausch genießt, denkt kaum an Nachteile. Auch wer als Herrscher eines Erdölexportlandes, als Mitglied der Geschäftsleitung eines Erdölkonzerns oder als Aktionär finanziell vom Erdölhandel profitiert, hat alles Interesse daran, dass der Erdölrausch andauert. Wenn es einem gelingt, das Erdöl durch diese »verschiedenen Augen« zu betrachten, wird die Pluralität der Interessen sofort deutlich. »Je mehr Affekte wir über eine Sache zu Wort kommen lassen«, so Nietzsche, »je mehr Augen, verschiedene Augen wir uns für dieselbe Sache einzusetzen wissen, umso vollständiger wird unser ›Begriff‹ dieser Sache, unsere ›Objektivität‹ sein.«[33]

Mit dem Einsetzen der Energiewende befinden wir uns heute an einem Wendepunkt, der jedem Einzelnen eine Entscheidung abverlangt. Welche Beziehung hat man zu seinem eigenen Erdölkonsum? Wie wichtig sind einem der Ausbau von Effizienz und erneuerbaren Energien? Durch welche Augen sieht man die Welt? Diese Fragen sind nicht einfach zu beantworten, da wir als Konsumenten in Europa die Vorteile des Erdöls genießen, aber über den Erdölpreis, Vorträge, Bücher, Zeitungsartikel und Fernsehberichte auch die problematischen Folgen des Erdölrausches kennen.

Es ist Zeit, den Erdölrausch zu beenden. Daher habe ich dieses Buch geschrieben und es meinen Kindern gewidmet, die zurzeit noch im Vorschulalter sind, damit sie dereinst verstehen, was der Erdölrausch war und wie stark er die Weltgeschichte beeinflusste. Heute, da der Rausch ausklingt, befinden wir uns in einer anspruchsvollen und spannenden Umbruchphase. Diese Situation ist historisch einzigartig. Noch nie haben 7 Milliarden Menschen gemeinsam auf der Erde täglich 44 Supertanker Erdöl konsumiert und dann erlebt, dass dieser Rohstoff ein Fördermaximum erreicht und knapp und teuer wird. Viele befinden sich noch im Erdölrausch, hoffen, dass reale Knappheiten noch 10 oder 20 Jahre aufgeschoben werden können, und haben keinerlei Verständnis für die Probleme, welche mit diesem Rausch in Verbindung stehen. Andere sind dabei, aus dem Erdölrausch aufzuwachen, und suchen neue Möglichkeiten und Wege im Bewusstsein, dass Krisen auch immer Chancen für Neues sind.

Natürlich kommt diese Krise nicht wirklich überraschend. Schon 1981 hatte der Schweizer Bundesrat in seiner Botschaft über die Energiepolitik erklärt, dass dereinst mit »einer abnehmenden Verfügbarkeit von Erdöl für die westlichen Industrieländer« zu rechnen sei. »Ob die zwangsläufig erforderliche Reduktion der Erdölabhängigkeit der westlichen Industrieländer stetig und ohne große Störungen oder aber abrupt und krisenhaft über Rezessionen und Arbeitslosigkeit mit gefährlichen gesellschaftlichen und strategischen Auswirkungen vor sich gehen wird, hängt wesentlich von der Energiepolitik dieser Länder ab. Für einen geordneten ›Rückzug vom Erdöl‹ bedarf es der gemeinsamen Anstrengungen aller Verbraucherländer.«[34]

Weil in den 1980er-Jahren Erdöl billig war und pro Fass weniger als 20 Dollar kostete, interessierten sich die Verbraucherländer nicht für einen »geordneten Rückzug«. Erst heute, bei Preisen um die 100 Dollar pro Fass, werden die Erdölsucht und mögliche Auswege thematisiert. In Europa verweist man gerne auf die Erdölsucht der Amerikaner und Chinesen und verdrängt, dass man sich in derselben Lage befindet. »The oiloholics« titelte das britische Magazin »The Economist« in Anspielung auf »alcoholics«, also Alkoholsüchtige, im August 2005. Auf dem Titelbild zeigte der »Economist« eine Karikatur mit einem übergewichtigen Uncle Sam mit amerikanischer Flagge und einen chinesischen Drachen, die inmitten von leeren Erdölfässern liegen und beide mit einem Strohhalm aus einem Erdölfass trinken. Das Bild drückt den Erdölrausch gut aus, da die USA 20 Millionen Fass Erdöl pro Tag brauchen und China 9 Millionen Fass. Doch die EU, die jeden Tag 15 Millionen Fass braucht, fehlt erstaunlicherweise völlig auf dem Titelbild des europäischen Magazins. Der Süchtige spricht nicht gerne über seine eigene Sucht.[35]

Um den globalen Kampf ums Erdöl, das Fördermaximum Peak Oil und den Ausbau von Energieeffizienz und erneuerbaren Energien genauer zu untersuchen und zu dokumentieren, habe ich in Basel 2011 das Swiss Institute for Peace and Energy Research (SIPER) gegründet. Ich bin fest davon überzeugt, dass wir die Themen Energie und Frieden nicht isoliert, sondern vernetzt behandeln müssen. Das SIPER setzt sich, wie viele andere Institute, weltweit für eine friedliche Konfliktlösung und den Ausbau von erneuerbaren Energien und Energieeffizienz ein. Die vor uns liegenden Aufgaben sind anspruchsvoll, denn just in dem Moment, in dem das konventionelle Erdöl das Fördermaximum erreicht hat, sind wir mehr Menschen auf dem blauen Planeten als je zuvor. Wie sollen Indien, China und Brasilien durch Industrialisierung den Wohlstand von Europa erreichen, wenn gerade jetzt Erdöl knapp und teuer wird? Die Lage ist angespannt, denn wir haben tödlichere Waffen entwickelt als irgendeine andere Gesellschaft vor uns. Wir können aus großer Distanz töten, besitzen chemische, biologische und atomare Kampfstoffe und sind in der Lage, mit starkem Sprengstoff Bahnhöfe und Einkaufshäuser innert Sekunden in Schutt und Asche zu legen. Unser Zerstörungspotenzial ist riesig.

Wenn wir den Weg der Zerstörung gehen, kann die Energiewende nicht gelingen. Wenn Angst, Hass, Gier und Stolz unsere dominanten Gefühle sind, reichen Solarzellen auf dem Dach nicht aus, um Ressourcenkriege zu verhindern. Gerade der Angriff auf den Irak 2003 hat gezeigt, dass Angst und Hass derzeit mit Lügen gezielt geschürt werden, um Ressourcenkriege zu legitimieren. Die Verteidigungsausgaben werden hochgefahren – und fehlen bei der Energiewende.

Die weltweiten Militärausgaben lagen im Jahr 2010 bei 1 630 000 000 000 Dollar. Die Zahl ist derart groß, dass die meisten Menschen sie schlicht nicht mehr lesen können. Aber für jeden ist offensichtlich, dass mit einem Budget von 1600 Milliarden

Dollar pro Jahr schon in wenigen Jahren eine fundamentale Energiewende eingeleitet werden könnte. Das Geld ist da, aber es ist am falschen Ort. Die mit Abstand größten Militärausgaben entfielen 2010 auf die zwei größten Erdölkonsumenten, mit 700 Milliarden Dollar auf die USA, gefolgt von China mit 119 Milliarden. China und die USA werden sich um das verbleibende Erdöl streiten. Das amerikanische Militär »wird langsam, aber sicher zu einem globalen Unternehmen für die Bewachung von Erdöl umgebaut«, so die berechtigte Kritik von Michael Klare, Professor für Frieden und Sicherheitspolitik am Hampshire College in Massachusetts.[36]

Auch einige Länder Europas beteiligen sich am Kampf ums Erdöl. Großbritannien hat zusammen mit den USA 2003 das OPEC-Mitglied Irak angegriffen, Frankreich hat 2011 den Krieg gegen das OPEC-Land Libyen angeführt. Europa investiert mehr in die Rüstung als in die Energiewende. Großbritannien (59 Milliarden), Frankreich (59 Milliarden), Deutschland (45 Milliarden) und Italien (37 Milliarden) haben im Jahr 2010 insgesamt ganze 200 Milliarden für Rüstung ausgegeben. Die Schweiz gab 4 Milliarden Dollar aus. Saudi-Arabien, mit den größten Erdölreserven der Welt, investierte 45 Milliarden ins Militär.[37]

Wer diese Zahlen betrachtet, kann zum Schluss kommen, dass der globale Kampf um Erdöl und Erdgas sich intensivieren wird. Auch die größte Militärallianz der Welt, die NATO, welche den Libyenkrieg koordiniert hat, kennt diese Probleme. Sie fokussiert aber nicht auf die friedliche Energiewende, sondern auf militärische Lösungen. »In der nächsten Dekade werden wir mit stetig ansteigenden Energiepreisen und einem Kampf um Energieressourcen konfrontiert sein«, warnte NATO-Generalsekretär Jaap de Hoop Scheffer im Sommer 2008; die NATO müsse sich um die Energiesicherheit ihrer Mitgliedsländer kümmern.[38] Aus der Sicht der Friedensforschung ist diese Entwicklung problematisch. Wenn tatsächlich die NATO in Zukunft zur Sicherung oder auch Erbeutung von Ressourcen eingesetzt wird, wäre dies eine fundamentale Neuausrichtung der Militärallianz, die 1949 zur Abwehr der Sowjetunion als rein defensives Bündnis gegründet wurde, seither aber wiederholt in Angriffskriegen zum Einsatz kam.

Wer auf Gewalt setzt und bereit ist, für das Erbeuten von Erdöl und Erdgas zu töten, kann sich strategische Vorteile verschaffen. Doch das Grundproblem, dass in verschiedenen Ländern die Erdölförderung einbricht, lässt sich mit Gewalt niemals lösen. Es gilt daher, Ressourcenkriege zu vermeiden, Konflikte, wo immer möglich, ohne Gewalt zu lösen und die verfügbaren Mittel für die Energiewende einzusetzen. Nur erneuerbare Energien können letztendlich aus der Knappheit führen, weil sie über Generationen zur Verfügung stehen.

19

Die Energiewende

Der Begriff Energiewende bedeutet, dass eine Gruppe von Menschen ihren Energieverbrauch in den Bereichen Strom, Wärme und Mobilität von den nicht erneuerbaren Energieträgern Erdöl, Erdgas, Kohle und Atom auf die erneuerbaren Energieträger Sonne, Wasser, Wind, Biomasse, Biogas und Erdwärme umstellt und den Umgang mit Energie bewusst und effizient gestaltet.

Wie groß die beteiligte Gruppe ist, wird vom Begriff »Energiewende« nicht definiert. Die Energiewende kann also von einer alleinstehenden Person oder einer vierköpfigen Familie vollzogen werden, indem diese Menschen ein Plusenergiehaus bauen, selber Strom und Wärme dezentral aus erneuerbaren Quellen erzeugen und ihre Mobilität mit solar betriebenen Elektrofahrzeugen abdecken. Oder die Energiewende kann in einer Firma stattfinden, welche sich explizit im Rahmen einer Cleantech-Strategie dahingehend positioniert, dass sie von der Energiewende profitieren will, indem sie erneuerbare Energien produziert und für interessierte Kunden passende Produkte und Dienstleistungen in den Bereichen Effizienz und nachhaltige Entwicklung anbietet.

Der Prozess der Energiewende, bei welchem der Anteil der erneuerbaren Energieträger stetig ausgebaut und der Verbrauch pro Kopf gesenkt wird, kann sich gleichzeitig auf der Ebene von Gemeinden, Bundesländern, Kantonen, Ländern oder auch der ganzen Welt abspielen. Die Energiewende wäre abgeschlossen, wenn alle derzeit 197 Nationen der Welt sich nur noch durch erneuerbare Energien versorgen und Erdöl, Erdgas, Kohle und Atom in der Energieversorgung keine Rolle mehr spielen würden. Von diesem Zustand sind wir natürlich weit entfernt, und viele zweifeln, ob wir ihn als Menschheit je erreichen werden. »Der Rückgang in der Verfügbarkeit von Öl erfolgt schneller als der Zubau erneuerbarer Energiesysteme und die Umstellung der Infrastruktur«, warnte ein Expertenteam um den deutschen Forscher Werner Zittel 2011.[1] Trotzdem gibt es keine Alternative zur Energiewende, denn das Festhalten an den alten Strukturen, also an den nicht erneuerbaren Energieträgern, führt zu Knappheiten, hohen Energiepreisen, Ressourcenkriegen und einer zunehmenden Belastung der Umwelt.

Kommt es zu einer Rückkehr von König Kohle?

Die vier nicht erneuerbaren Energiequellen Erdöl, Erdgas, Kohle und Uran decken derzeit mehr als 80 Prozent des globalen Energiebedarfs. Es wird immer Interessengruppen geben, die an diesen nicht erneuerbaren Energien festhalten und die Energiewende hin zu erneuerbaren Energien und Energieeffizienz nicht wollen. Weil das konventionelle Erdöl das Fördermaximum erreicht hat und teuer und umkämpft ist, werden auch in Europa Kohle und Uran als Alternativen angepriesen. Stehen wir nach dem Erdölrausch daher vor einem »Kohlerausch« oder einem »Atomrausch«?

Die Kohle hat, wie am Anfang dieses Buches dargelegt, das Fundament für die industrielle Revolution in Europa gelegt. Die Kohle ist auch heute noch wichtig, weil der Kontinent über Kohlevorkommen verfügt. Zusätzlich zu den Vorkommen im eigenen Boden ist Europa jedoch auch auf Kohleimporte angewiesen. Im Jahr 2008 hat die EU27 rund 40 Prozent ihres Kohlebedarfs durch Importe gedeckt, und zwar aus Russland, Südafrika, den USA, Kolumbien, Australien und Indonesien. Die Kohle wird in Kohlekraftwerken verbrannt, um Strom zu erzeugen. Der Anteil des Stroms aus Kohle betrug 2008 in der EU27 etwas mehr als 16 Prozent, was im globalen Vergleich ein tiefer Wert ist. In China und den USA ist die Stromproduktion viel stärker von der Kohle dominiert.[2]

In der Schweiz wird Kohle nicht zur Stromproduktion eingesetzt, in Deutschland hingegen schon. Der Anteil der Kohle am Strommix ist dort mit 44 Prozent deutlich höher als im Durchschnitt der EU27. Nachdem Deutschland den Atomausstieg beschlossen hatte, stieg im Jahr 2011 der Verbrauch von Braunkohle im Vergleich zum Vorjahr um 3 Prozent und deckte einen Viertel des deutschen Strombedarfs. Steinkohle trug 19 Prozent zur Stromproduktion bei. Der Ersatz von Atomenergie durch Kohle entspricht aber nicht den Zielen der Energiewende. Denn Kohlekraftwerke stoßen von allen fossilen Energiequellen am meisten Treibhausgase aus. Die Schwierigkeit der Energiewende liegt darin, nicht nur das Erdöl und die Atomenergie, sondern gleichzeitig auch die Kohle zu verlassen.[3]

Kohle kann nicht nur zur Stromerzeugung genutzt werden. Die technischen Möglichkeiten bestehen, um Kohle zu verflüssigen und als Ersatz von Erdöl in der Mobilität einzusetzen (Coal to Liquids, CTL). Doch dazu braucht es sehr viel Kohle, die Effizienz ist gering. Deutschland hat vor und während des Zweiten Weltkriegs, wie oben dargelegt, Kohle verflüssigt, ebenso wie Südafrika unter dem Apartheidregime, weil das Land unter Embargo stand und kaum Erdöl importieren durfte. Die südafrikanische South African Synthetic Oil Limited (Sasol) produziert noch heute geringe Mengen an Erdölprodukten aus Kohle, da sie von den niedrigen lokalen Kohleförderkosten profitieren kann.

In China, den USA und Indien spielt Kohle eine wichtige Rolle im Energiemix, und immer wieder tauchen Studien auf, die vom »Return of King Coal«, also der Rückkehr von König Kohle berichten.[4] Trotzdem glaube ich nicht, dass in Europa auf den Erdölrausch ein Kohlerausch folgen wird. Wegen des Klimawandels will die EU keinen Ausbau der Kohle; der Anteil der Kohle am europäischen Energiemix soll sogar gesenkt werden. Europa will eine »grüne Wirtschaft« aufbauen. In verschiedenen Ländern wurde der Abbau von Kohle teilweise eingestellt, einige Bergwerke wurden zu Museen umgebaut. Die EU wolle »weltweit führend im Bereich erneuerbarer Energien werden« und die fossilen Abgase reduzieren, heißt es im Eurostat Jahrbuch 2011. Bis 2020 sollen die Treibhausgase, darunter auch jene aus Kohlekraftwerken, um 20 Prozent reduziert werden, verglichen zu den Emissionen von 1990. Mit einem Kohlerausch wären diese Ziele nicht vereinbar.[5]

Wird Europa auf Atomstrom setzen?

Die Frage nach der Zukunft der Atomenergie in Europa spaltet die Bürger in überzeugte Befürworter und ebenso vehemente Gegner. Seit am 20. Dezember 1951 der Forschungsreaktor EBR-I im US-Bundesstaat Idaho erstmals elektrischen Strom aus Kernenergie erzeugte und vier Glühlampen zum Leuchten brachte, haben sich Atomkraftwerke weltweit ausgebreitet. Im Jahre 2007 standen in 44 Ländern insgesamt 440 Atomkraftwerke mit einer Gesamtkapazität von 370 GW. Spitzenreiter sind die USA mit 104 Atomkraftwerken. 150 Länder verzichten derzeit auf Atomenergie.[6]

Nach den USA begann Russland 1954 im Atomkraftwerk Obninsk bei Moskau mit der Produktion von Atomstrom. Ein Jahr später ging in England in Sellafield das Werk Calder Hall als erstes Atomkraftwerk auf dem Gebiet der heutigen EU27 ans Netz. Rund 50 Jahre später spielt die Atomenergie in Europa weiterhin eine wichtige Rolle und deckt 27 Prozent des Strombedarfs der EU27.[7] Doch das Misstrauen gegenüber der Atomenergie ist seit dem schweren Unfall im japanischen Atomkraftwerk Fukushima am 11. März 2011 stark angestiegen. Der Unfall wurde durch ein starkes Erdbeben vor der Ostküste Japans ausgelöst. Das von der Tokyo Electric Power Company (Tepco) betriebene Atomkraftwerk Fukushima schaltete automatisch ab; mit Erdöl betriebene Notstromdieselgeneratoren übernahmen während einer halben Stunde die Kühlung der vier aktiven Reaktoren. Doch dann traf am 10 Meter über dem Meeresspiegel gelegenen Atomkraftwerk ein Tsunami mit 15 Meter hohen Wellen ein. Dieselgeneratoren und Kühlung wurden zerstört. Ohne Erdöl konnte das Atomkraftwerk nicht mehr gekühlt werden – es überhitzte und explodierte. Die Kombination von Erdbeben, Tsunami und Atomkatastrophe brachte großes Leid über Japan und forderte 15 848 Tote.

Seit dem Unfall im Atomkraftwerk Fukushima sind Luft, Boden, Wasser und Nahrungsmittel in der Umgebung radioaktiv verstrahlt. In der japanischen Bevölkerung hat das Misstrauen gegenüber der Atomenergie stark zugenommen. »Ich war immer sicher, dass es kein schöneres, sichereres und besser funktionierendes Land gibt als Japan«, erzählte der Japaner Nobuyuki Abe ein Jahr nach dem Atomunfall. »Aber jetzt fühle ich mich, als ob man mir mein Land gestohlen hätte.« Im Radius von 20 Kilometern um das Atomkraftwerk besteht seit dem Unfall eine Sperrzone. Tepco wies 2011 einen Rekordverlust von 13 Milliarden Franken aus und hat wegen der eigenen großen Verschuldung Mühe, die Schadenersatzforderungen der Strahlenflüchtlinge zu befriedigen. »Dass ein Land, das die Atombombe erlebt hat, sein Volk einer solchen Gefahr aussetzen würde, macht mich sprachlos«, klagte der 82-jährige Bauer Sadami Namie, dessen Obstbäume verstrahlt wurden.[8]

Problematisch an der Atomkraft sind die verdeckten Kosten, die vom Verbraucher nicht bezahlt werden. Keine Versicherung ist derzeit bereit, einen Atomkraftwerkbetreiber umfassend gegen das Risiko eines Reaktorunfalls zu versichern, weil die Kosten unkalkulierbar hoch sind. Der Unfall von Tschernobyl 1986 führte zu Kosten in Milliardenhöhe. Die ukrainische Regierung beziffert die Kosten für ihr Land mit 130 Milliarden Dollar; die Regierung von Weißrussland behauptet, sie habe einen landesweiten Schaden von 230 Milliarden Dollar durch den Unfall erlitten. Die Kosten des Unfalls in Fukushima sind noch unklar. Weil Atomkraftwerke nicht umfassend versichert werden können und auch die Kosten für den Rückbau höher ausfallen können als geplant, werden diese auf die nationale Regierung und in letzter Instanz auf die Bevölkerung abgewälzt.[9]

Während China, Russland und Indien an der Atomenergie festhalten und weitere Anlagen bauen wollen, ist Europa in der Atomfrage gespalten. Finnland, Großbritannien, Bulgarien und die Slowakei setzen trotz Fukushima auf Atomenergie. Irland, Österreich und Italien haben schon nach dem Unfall von Tschernobyl 1986 auf den Bau eigener Atomkraftwerke verzichtet. Deutschland, Belgien und die Schweiz haben den Atomausstieg nach Fukushima beschlossen. »Wir haben jetzt den klaren Entscheid gefällt, auf neue Kernkraftwerke zu verzichten«, erklärte Bundesrätin Doris Leuthard, Vorsteherin des Eidgenössischen Departements für Umwelt, Verkehr, Energie und Kommunikation (UVEK). »Denn bei der Kernkraft werden die Kosten massiv ansteigen, während die erneuerbaren Energien immer günstiger werden.«[10]

In Deutschland, Österreich und der Schweiz wird es also nicht zu einem Atomrausch kommen. Die Schweiz will ihre fünf Atomkraftwerke nicht durch Neubauten ersetzen, sondern am Ende ihrer Laufzeit ersatzlos abschalten. Der genaue Zeitplan steht noch nicht fest. Die kleineren Atomkraftwerke Beznau I, Beznau II und Mühleberg sollen um das Jahr 2020 vom Netz gehen, die größeren Atomkraftwerke Gösgen und Leibstadt 2029 und 2034, damit genügend Zeit für die Energiewende bleibt. Deutschland schaltete nach Fukushima die acht ältesten Atomkraftwerke sofort ab und will bis 2022 auch die restlichen neun Atomkraftwerke im Land stilllegen.

Folgt auf den Erdölrausch ein Erdgasrausch?

Ich gehe davon aus, dass es in Europa und in anderen Ländern der Welt zu einem Erdgasrausch kommen wird. In der Stromproduktion nimmt Erdgas in der EU27 mit einem Anteil von 23 Prozent schon jetzt einen wichtigen Rang ein.[11] Auch in der Wärmeproduktion und der Mobilität wird Erdgas immer beliebter, da es beim Verbrennen weniger CO_2 ausstösst als Erdöl.

Die entscheidende Frage ist nicht, ob es zu einem Erdgasrausch kommen wird, sondern wie lange er andauern kann. Denn beim Erdgas ist es wie beim Erdöl: Nach einer gewissen Zeit erreicht die Förderung den Peak Gas und bricht danach ein. Großbritannien liefert hier erneut den besten Anschauungsunterricht: Dort wurde nicht nur Peak Oil, sondern im Jahr 2000 auch Peak Gas erreicht – seither hat sich die jährliche Fördermenge halbiert. Um die Lücke zu schließen, setzt Großbritannien auf Flüssiggas aus Katar, das mit Tankern aus dem Persischen Golf importiert wird.

Wenn Erdöl, Kohle und Atomenergie schnell ersetzt werden sollen, wird oft auf Erdgas gesetzt. Ein anschauliches Beispiel ist Japan, das nach dem schweren Unfall in Fukushima innerhalb eines Jahres schrittweise alle 54 Atomkraftwerke wegen Wartungsarbeiten abschaltete. Trotzdem kam es zu keinen schlimmen Engpässen in der Energieversorgung, was japanische Atomgegner als Beweis aufführten, dass es auch ohne Atomenergie gehe. Das stimmt, aber nur, weil Japan alle im Land verfügbaren Erdgas- und Erdölkraftwerke zuschaltete. Gaskraftwerke waren vor dem Unfall wegen den hohen Kosten kaum ausgelastet und produzierten nur zu Spitzenzeiten

Strom. Seit Fukushima fahren alle thermischen Kraftwerke volle Last. Doch die Geldbeträge, die Japan für den Import von Erdgas und Erdöl aufwenden muss, sind gigantisch. Japanische Energiekonzerne wie Kansai Electric mussten 2011 einen Verlust von über 2 Milliarden Franken ausweisen, und die Handelsbilanz Japans rutschte im selben Jahr erstmals seit der zweiten Erdölkrise 1980 wieder in tiefrote Zahlen.[12]

Wenn sich immer mehr Länder dem Erdgas zuwenden, wird der Erdgaspreis ansteigen. Die Erdgasindustrie hofft trotzdem, dass man mit Erdgas sowohl die Kohle als auch das Erdöl und die Atomenergie ersetzen kann. Doch das wird nicht gelingen. Denn gleich wie das Erdöl ist auch das Erdgas nur in beschränkten Mengen im Boden vorhanden, erreicht im Laufe der Förderung einen Peak, worauf die Produktion zurückgeht. Wann der Peak beim Erdgas kommt, ist derzeit unklar und hängt stark von der Entwicklung der Nachfrage ab. Das absehbare Einbrechen des Erdölangebotes könnte schon bald zu einem starken Anstieg der Erdgasnachfrage führen. Dies wiederum würde bedeuten, dass der Peak Gas früher kommt als bei konstantem Erdölangebot.

Die Erdölkonzerne wissen, das Erdgas schon heute eine wichtige Rolle spielt, und wandeln sich zu Erdgaskonzernen. Um den Erdgashandel unabhängig vom bestehenden Erdgaspipelinenetz zu betreiben, wird Erdgas heruntergekühlt und in verflüssigter Form (Liquified Natural Gas, LNG) mit Tankern dorthin transportiert, wo die Preise am höchsten sind. An Europas Küsten ist in den letzten Jahren eine Vielzahl von LNG-Terminals entstanden. Weil Erdöl teuer ist, gewinnt Erdgas an Attraktivität. Europas größter Energiekonzern Shell hat Mühe, den Rückgang des konventionellen Erdöls durch Neufunde zu kompensieren und wandelt sich daher derzeit zu einem Erdgaskonzern. Shell hat 2011 erstmals in der Firmengeschichte mehr Erdgas als Erdöl verkauft. Um den Handel mit Flüssiggas voranzutreiben, hat Shell in Oman, Katar, Brunei, Malaysia, Australien, Algerien, Russland und Nigeria Erdgasverflüssigungsanlagen gebaut. Shell investiert in Katar auch in die Herstellung von Diesel, Kerosin und Schmiermitteln aus Gas (Gas to Liquids, GTL). Einfach ist die Gasförderung trotzdem nicht. »Wir müssen immer tiefer bohren und Gas aus immer schwierigeren Felsformationen holen«, klagte Shell-CEO Peter Voser im Sommer 2010.[13]

Um zu verschleiern, dass die Förderung von konventionellem Erdöl zurückgeht, vermischen Energiekonzerne seit einigen Jahren die Förderzahlen von Erdgas und Erdöl und sprechen von »Öläquivalent«. Die Erdöl- und Erdgasförderung werden in verschiedenen Statistiken der Erdöl- und Erdgaskonzerne nicht mehr separat, sondern als Summe für die Aktionäre ausgewiesen. Der Erdgasrausch verdeckt dadurch den Einbruch beim Erdöl. »Viele haben damit begonnen, ihre Erdgasproduktion mit der konventionellen Erdölproduktion zu vermischen«, kritisiert der frühere CIA-Analytiker Tom Whipple zu Recht. »Das nennt man dann ›Fass Erdöläquivalent‹. Exxon macht das schon seit einigen Jahren, damit täuschen sie vor, dass ihre Produktion ansteigt.«[14] Nicht nur für Shell, auch für ExxonMobil wird Erdgas immer wichtiger.

Entscheidend ist, dass die Zahlen der Erdöl- und der Erdgasförderung separat analysiert werden. Zudem gilt es, beim Erdgas wie beim Erdöl zwischen konventionellen und unkonventionellen Vorkommen zu unterschieden. Konventionelles Erdgas, das in porösem Gestein gefangen ist, tritt von selbst aus, wenn es vertikal angebohrt wird. Beim unkonventionellen Erdgas, wie zum Beispiel Schiefergas, ist dies nicht der Fall. Die kleinen unterirdischen Vorkommen sind verstreut, das Gas ist im Gestein gefangen. Um es zu erschließen, muss die Schicht, in der das Gas liegt, flächendeckend aufgebrochen werden. Dazu werden Bohrungen senkrecht abgeteuft und dann horizontal durch die Ebene geführt, in der das Schiefergas liegt. Dann wird Wasser mit hohem Druck in die Bohrungen gepresst, um das Gestein aufzusprengen, gleich wie bei der Förderung von unkonventionellem Tight Oil. Je mehr Klüfte geschaffen werden, umso mehr Gas kann entweichen. Um das unkonventionelle Schiefergas nach oben zu leiten, müssen die Erdgaskonzerne den Druck von der Bohrung nehmen, dadurch schließen sich die Klüfte jedoch wieder. Deshalb wird zusammen mit Wasser auch Sand in die Bohrung gedrückt; die Sandkörner halten die Spalten offen.

Wie bei der Förderung von unkonventionellem Erdöl ist es auch beim Abbau von Schiefergas zu Umweltbedenken gekommen. »Der Sand allein reicht nicht«, um die Klüfte offen zu halten, erklärte der deutsche Energieexperte Werner Zittel. »Bakterien sorgen dafür, dass die Klüfte sich wieder schließen.« Um das zu verhindern, werden dem Wasser Chemikalien beigemischt, welche die Bakterien töten, »giftiges Zeug«, wie Zittel kritisiert. Dies sei problematisch, denn die Chemikalien können in das Grundwasser gelangen und dieses belasten.[15] »Die Chemikalien gefährden langfristig die Grundwasser-Kreisläufe« warnt auch der deutsche Biologieprofessor und Energieexperte Ernst Ulrich von Weizsäcker. »Im Gaspreis sind diese Schäden nicht drin.«[16] Trotz dieser Bedenken wird in den USA die Förderung von unkonventionellem Schiefergas stark vorangetrieben und in den Medien als »Energierevolution« gefeiert. Das Schiefergas im Marcellus Field und im Barnett Feld ist 360 Millionen Jahre alt und den Erdölgeologen schon lange bekannt. Doch erst seit Erdöl knapp wird und der Preis ansteigt, also seit dem Jahr 2000, hat die kommerzielle Förderung von Schiefergas in den USA eingesetzt. Die amerikanischen Schiefergasfelder liegen in einer Tiefe von 2000 Metern. Auch in Europa gibt es Schiefergas, zum Beispiel in

Polen, Frankreich, Schottland, Bulgarien und Rumänien. Ob und wann dieses Schiefergas abgebaut wird, ist noch unklar. In den USA spricht man schon von einem »Gas-Boom«, der den Preis für Erdgas merklich gesenkt hat. Wie lange der Erdgasrausch andauern wird, muss die Geschichte weisen.

Derzeit bezieht Europa das meiste Erdgas noch aus konventionellen Reserven. Die wichtigsten Erdgaslieferanten für die EU27 waren 2008 Russland, Norwegen und Algerien.[17] Auf Norwegen ist Verlass, solange die Produktion dort nicht einbricht. Ob die anderen Lieferanten verlässlich sind, ist umstritten. In einigen Gasfeldern von Russland wurde das Fördermaximum erreicht, so im Feld Juschno Russkoje in der Permafrostzone in Westsibirien mit einer Jahresproduktion von 25 Milliarden Kubikmeter Erdgas. In anderen Erdgasfeldern liegt noch viel Gas, doch das Muster ist aus der Peak-Oil-Forschung bekannt: Zuerst erreichen einzelne Erdgasfelder das Fördermaximum, dann ein ganzes Land und schließlich die Weltproduktion.[18]

Auch wenn die Produktion nicht einbricht, kann es zu Problemen kommen. Als der russische Gaskonzern Gazprom im Januar 2006 und erneut im Januar 2009 die Gaslieferungen an die Ukraine nach einem Preisstreit einstellte, kam es in verschiedenen europäischen Ländern zu einer Gaskrise und einem Abfall des Drucks in den Gaspipelines. Das deutsche Nachrichtenmagazin »Spiegel« sprach von einer »Schlacht ums Gas«, da viele Länder an einer Erhöhung der Erdgasimporte interessiert seien, Erdgas aber nur in beschränkten Mengen zur Verfügung stehe.[19]

Auch die Schweiz hat ihren Erdgaskonsum in den letzten 40 Jahren ausgeweitet. Nach der Erdölkrise 1973 beschloss der Bundesrat erstmals, Erdgas zu importieren, um die große Abhängigkeit vom Erdöl zu reduzieren. Die Schweiz wurde an die Gastransitleitung angeschlossen, die Erdgas von der Nordsee nach Italien führt und dabei von Wallbach im Kanton Aargau bis Obergesteln im Kanton Wallis die Schweiz durchquert. Dem 1971 gegründeten Branchenverband Swissgas gelang es, den Anteil des Erdgases am schweizerischen Gesamtenergiebedarf von 1,6 Prozent im Jahre 1973 auf über 13 Prozent im Jahre 2009 zu steigern. Der prozentuale Anteil von Erdöl am Schweizer Energiemix sank dank der Erdgasimporte von 80 Prozent auf 55 Prozent, nahm aber mengenmäßig nicht ab. Die Schweiz ist heute stark abhängig von Erdöl- und Erdgasimporten.[20]

Weil die Lagerung von Gas schwierig ist und der Gasdruck in einer Leitung innerhalb von wenigen Stunden einbrechen kann, ging während der Gaskrise auch in der Schweiz sofort die Angst vor Lieferunterbrüchen um. »Russlands knallharte Politik gegenüber der Ukraine führt auch den selbstzufriedensten Schweizern die Verstrickung in komplizierte politische Zusammenhänge vor Augen«, warnte die Presse.

Dem russischen Erdgas sei nicht zu trauen.[21] Ob dereinst in der Schweiz Erdgaskraftwerke in der Stromproduktion eingesetzt werden, um den Atomstrom zu ersetzen, ist zurzeit noch unklar. Beobachtbar ist aber, dass die USA immer mehr Strom aus Erdgas erzeugen.

Sicher ist, dass die europäische Abhängigkeit von russischen Erdgasimporten bestehen bleiben wird, weil die in Europa liegenden konventionellen Erdgasvorkommen zur Neige gehen. »In Holland wie auch in Großbritannien geht die Gasförderung inzwischen zurück, der Peak Gas ist in diesen Ländern bereits überschritten«, warnte Bernhard Piller von der Schweizerischen Energie Stiftung (SES) 2006.[22] Auch in Deutschland hat die bescheidene Gasförderung den Peak erreicht und geht zurück. »Manche existierenden Gasfelder – insbesondere in der Nordsee – haben den Förderzenit überschritten, ihre Ergiebigkeit nimmt ab«, meldete die Presse 2009.[23] Wann der Peak Gas in Norwegen, dem wichtigsten Gasproduzenten in Europa, eintritt, ist aber noch unklar. Die Association for the Study of Peak Oil and Peak Gas (ASPO) Deutschland glaubt, dass Norwegen möglicherweise schon 2011 bei 120 Milliarden Kubikmeter pro Jahr das Fördermaximum Peak Gas erreicht hat.[24]

Weil die Produktion von unkonventionellem Erdgas wie Schiefergas in den USA stark gesteigert wurde und Liquified Natural Gas (LNG) den Erdgashandel von den starren Pipelines befreit, mag derzeit kaum jemand über kommende Gasknappheiten reden. »Die Zukunft sieht für das Erdgas gut aus«, schwärmt die IEA und erklärte im Sommer 2011, dass der Schiefergasabbau in den USA und die Ausweitung des LNG-Handels möglicherweise den »Beginn eines goldenen Gaszeitalters« ankündigen könnten.[25] Neben dem größten Produzenten Russland verfügen auch Iran, Katar, Saudi-Arabien und Algerien über große Erdgasreserven. Damit rücken erneut die OPEC-Länder und der seit Jahren umkämpfte Nahe Osten ins Zentrum der Energiepolitik.

Der Konsum des unsichtbaren, aber explosiven Erdgases wird vor allem während Gaskrisen hinterfragt. Vertreter der erneuerbaren Energien betonen, Erdgas belaste das Klima, Gaskriege seien absehbar. Um zu verhindern, dass ein Streit mit Transitländern den Erdgasimport nach Deutschland unterbricht, wurde die 1224 Kilometer lange Nord-Stream-Pipeline gebaut. Diese liegt auf dem Boden der Ostsee, umgeht Transitländer wie Polen, Weißrussland und die Ukraine und bringt seit 2011 russisches Erdgas direkt nach Deutschland. Die Pipeline gehört zu 51 Prozent der russischen Gazprom, dem größten Erdgaskonzern der Welt. Kritiker bemängeln die Abhängigkeit von Russland. Die deutsche Bundeskanzlerin Angela Merkel erklärte indes anlässlich der Eröffnung am 8. November 2011 im deutschen Lubmin, Nord

Stream zeige, »dass wir auf eine sichere und belastbare Zusammenarbeit mit Russland in der Zukunft setzen«.[26]

Europa setzt auf Erdgas. Weitere Erdgaspipelines sind derzeit in Planung, darunter die Nabucco-Pipeline, die Erdgas aus Aserbaidschan über die Türkei, Bulgarien und Rumänien nach Österreich bringen soll, ohne dabei russisches Territorium zu berühren. Ob die Nabucco-Pipeline realisiert werden kann ist unklar, sicher ist nur, dass die Erdgasnachfrage in Europa steigt. «Faktum ist, dass Europa 2020 zusätzliches Gas brauchen wird, weil die heimische Produktion stark zurückgeht», betont Gerhard Roiss, Chef des österreichischen Energiekonzerns OMV, der in Österreich Erdgas fördert und am Nabucco-Projekt beteiligt ist.[27]

Die verfügbaren Zahlen deuten darauf hin, dass der Erdgasrausch noch einige Zeit andauern wird. Wenn es jedoch in Zukunft wieder zu Gaskrisen und hohen Gaspreisen kommt, kann die Stimmung schnell umschlagen. Dann werden Politiker und Konsumenten nicht nur den Abschied von Erdöl, Atom und Kohle, sondern auch den Abschied von Erdgas und den Ausbau von erneuerbaren Energien und Effizienz fordern.

Brauchen wir die 2000-Watt-Gesellschaft?

Die Probleme bei den nicht erneuerbaren Energieträgern erzwingen die Energiewende. Steigende Erdölpreise, explodierende Atomkraftwerke, Gaskrisen, sinkende Bohrplattformen und Kohlekraftwerke, die dem Klima einheizen, haben die Konsumenten und Politiker aufgeschreckt. »In der nun eingetretenen Krise bleibt gar nichts anderes übrig, als sich mit voller und gemeinsamer Kraft den riesigen Potenzialen von Sonne, Wind und Geothermie zuzuwenden«, so der ehemalige Schweizer Energieminister Moritz Leuenberger. »Wenn wir die Umwelt- und Klimapolitik zusätzlich zu den Risiken der Atomkraft berücksichtigen, wenn wir uns also von der Kernenergie lossagen und gleichzeitig die Ölabhängigkeit drosseln wollen, haben wir eine gewaltige Aufgabe vor uns. Der Ausstieg aus diesem fahrenden Zug, in dem wir alle sitzen, ist rascher proklamiert als vollzogen. Aber er ist unumgänglich, und er ist möglich.«[28]

Heute gibt es Tausende von Menschen, die weltweit an der Energiewende arbeiten. Die Einsicht hat sich durchgesetzt, dass diese nur gelingen kann, wenn die Energieeffizienz erhöht wird. Der Schweizer Primärenergieverbrauch lag 2010 bei rund 6300 Watt pro Person (entspricht rund 55 000 kWh pro Jahr), die Treibhausgasemissionen bei 9 Tonnen pro Kopf. Wenn die Effizienz erhöht wird, kann der Leistungsbedarf über die Jahre auf 2000 Watt und die CO_2 -Emissionen auf eine Tonne pro

Person und Jahr gesenkt werden. Dies entspricht rund 1700 Liter Benzin, welche jede Person für die Abdeckung all ihrer Energiebedürfnisse zur Verfügung hätte. Der Schritt von der 6000-Watt-Gesellschaft zur 2000-Watt-Gesellschaft kann nur durch Effizienzgewinne und erneuerbare Energieträger realisiert werden. Die Energiewende ist darauf angewiesen, dass der Primärenergieverbrauch gesenkt werden kann, denn nur dann können die erneuerbaren Energien den Restbedarf decken.

Dieter Imboden, Professor für Umweltphysik an der ETH Zürich, fordert seit Jahren den Umbau der Schweiz zu einer 2000-Watt-Gesellschaft. »Dieser Wert entspricht ungefähr dem heutigen durchschnittlichen Energieverbrauch der Weltbevölkerung«, so Imboden. Um 1960 war die Schweiz eine 2000-Watt-Gesellschaft. Im Rahmen des Erdölrausches, dem Zubau von Atomenergie und dem Import von günstigem Erdgas hat sich der Energiekonsum danach in nur 50 Jahren verdreifacht. Nun gilt es, den Verbrauch wieder zu senken, was schwierig ist. Die 2000-Watt-Gesellschaft bedeute aber »kein[en] Rückschritt zur ungeheizten Wohnung«, so Imboden. »Wir haben heute weitaus bessere Technologien zur Verfügung und mehr Wissen, um dank höherer Energieeffizienz den vertrauten Komfort zu bewahren.«[29]

In den letzten hundert Jahren galt sowohl für jede Erdgas- oder Erdölfirma wie für jeden Stromkonzern: Je mehr Kilowattstunden oder Fässer Erdöl oder Kubikmeter Erdgas das Unternehmen verkaufen konnte, umso größer der Gewinn. Es gab also keinerlei Anreiz, die Effizienz zu fördern, im Gegenteil, dadurch wäre der Gewinn reduziert worden, während Energieverschwendung gut fürs Geschäft war. Daran hat sich bis heute nichts geändert. »Unter der heutigen Regulierung haben Stromversorger einen grundlegenden Anreiz, möglichst viele Kilowattstunden zu verkaufen«, so Rolf Wüstenhagen, Professor für Management erneuerbarer Energien an der Universität St. Gallen.[30] Der Umstieg kann nur gelingen, wenn Energiekonzerne mit Energiesparen Geld verdienen; dafür braucht es einen Paradigmenwechsel, der noch nicht eingesetzt hat.

Die Vision der 2000-Watt-Gesellschaft wurde im Jahre 2001 vom Programm »Novatlantis – Nachhaltigkeit im ETH Bereich« von Roland Stulz als gesellschaftliches Modell lanciert. Immer mehr Menschen wird klar, dass es einen fundamentalen Wandel braucht. Der Kanton Basel-Stadt startete 2002 als »Pilotregion 2000-Watt-Gesellschaft«, in Zürich hat das Stimmvolk in einem Urnengang die 2000-Watt-Ziele in der Gemeindeordnung verankert. 2011 wurde die 2000-Watt-Gesellschaft als Zielsetzung in das Programm »Energiestadt« integriert. Als »Energiestadt« darf sich eine Schweizer Gemeinde bezeichnen, wenn sie eine vorbildliche kommunale Energiepolitik betreibt und gemäß einem Maßnahmenkatalog die Energiewende Schritt für Schritt umsetzt. Das Programm ist sehr beliebt, Ende 2011 zählte die Schweiz schon 285 Energiestädte.[31] Auch Unternehmen und Bauprojekte haben sich dem Ziel 2000-Watt-Gesellschaft verpflichtet.

Der Schweizerische Ingenieur- und Architektenverein (SIA) rechnet vor, dass bis 2050 der Energieverbrauch der Schweiz auf 3500 Watt und bis 2150 auf 2000 Watt pro Kopf gesenkt werden kann.[32] Das sind lange Zeiträume, und niemand weiß, mit welchen Energiekrisen die Menschen bis dann konfrontiert sein werden. »Die 2000-Watt-Gesellschaft steht erst am Anfang und vor der Herausforderung, eine komplett neue Richtung anzupeilen«, räumt auch Architekt Roland Stulz ein.[33] Denn seit der Lancierung der Vision ist der Energieverbrauch der Schweiz nicht gesunken, sondern weiter angestiegen. Trotzdem sei die Vision nicht unrealistisch, sondern machbar, betont Stulz: »Wer in einem energieeffizient ausgerüsteten Minergie-P- oder Passivhaus wohnt und arbeitet, sein Drei-Liter-Auto wenig oder gemeinsam mit anderen nutzt und Ferien überwiegend in der Schweiz macht, kommt unter die 3000-Watt-Marke«.[34]

Auch die Schweizerische Akademie der Technischen Wissenschaften (SATW) betont in verschiedenen Studien, an denen ich auch mitgewirkt habe, dass es wichtig sei, die erneuerbaren Energien mit der 2000-Watt-Gesellschaft zu verbinden. Die »Road Map Erneuerbare Energien Schweiz« rechnet vor, dass in der Schweiz »das Angebot an erneuerbaren Energieformen bis 2050 verdoppelt werden kann«. Bei gleichzeitiger Realisierung der 2000-Watt-Gesellschaft »würden drei Viertel der benötigten Energie aus erneuerbaren einheimischen Quellen zur Verfügung stehen«.[35] Eine langfristig stabile und damit nachhaltige Energieversorgung der Schweiz ist machbar. Der Wandel kann aber nur gelingen, wenn die Erdölabhängigkeit der Schweiz reduziert wird, wie die SATW in der »Denk-Schrift Energie« forderte: »Die Dringlichkeit einer Abkehr von fossilen Energieträgern und das Ausmaß der Aufgabe sind inzwischen so gewaltig, dass ein rasches Handeln aller Nationen und das notwendige Vorausgehen reicher Staaten wie der Schweiz erforderlich sind.«[36]

Gibt es Häuser ohne Erdölheizung?

Als in den 1950er- und 1960er-Jahren der Erdölpreis bei 2 Dollar pro Fass lag, wurden viele Gebäude in Europa gebaut, die heute noch stehen. Energieeffizienz war damals kein Thema. Die Häuser wurden kaum isoliert. Heute sind wir mit hohen Erdölpreisen konfrontiert und erkennen, dass im Gebäudebereich zu viel Energie verloren geht. In Zukunft müssen Wärme und Strom in Immobilien ohne Erdöl und Erdgas produziert werden. Dies ist möglich, bedingt aber, dass die Energieeffizienz der Gebäude erhöht wird. Auf diesen Markt spezialisieren sich immer mehr Bauunternehmer. Bei den Niedrigenergiehäusern haben sich in Deutschland, Österreich und der Schweiz »Plusenergiehaus«, »Klimahaus« oder »Minergiehaus« als Bezeichnung für energieoptimiertes Wohnen durchgesetzt. Die Anzahl der Niedrigenergiehäuser nimmt zu, weil der Wert dieser Gebäude in Zukunft ansteigen wird, während energetisch schlechte Gebäude mit steigendem Erdölpreis an Wert verlieren werden. Derzeit leben die meisten noch in ineffizienten Gebäuden, »das Zuhause gleicht einem Offroader«, kritisierte die Presse zu Recht. Das Energiesparpotenzial von Wohnungen und Häusern ist in Deutschland, Österreich und der Schweiz enorm.[37]

»Fährt jemand ein 20-Liter-Auto?«, fragte in diesem Kontext Franz Beyeler, Geschäftsführer des Schweizer Vereins Minergie, an einer Konferenz zum Thema »Gebäudesanierung«, worauf ein Lachen durch den Saal ging. »Und wie viel Heizöl verbraucht ihre Wohnung pro Quadratmeter Wohnfläche?«, lautete die zweite Frage, worauf im Saal Ruhe herrschte. »Diese Frage können viele Immobilienbesitzer und Mieter nicht beantworten«, erklärte Beyeler richtig. Denn anders als beim Auto kenne man den Erdölverbrauch des eigenen Hauses oder der Mietwohnung oft nicht; die Kosten fallen bei vielen noch nicht ins Gewicht. Viele seien überrascht zu hören, dass ihr Haus 20 Liter Heizöl pro Jahr und Quadratmeter verbrauche.[38]

Ein derart hoher Erdölverbrauch in Gebäuden ist unsinnig; eine Gebäudesanierung nach energiesparendem Standard kann den Verbrauch auf 6 Liter Heizöl pro Jahr und Quadratmeter senken. Ein Minergie-Neubau kommt gar mit weniger als 4 Liter Heizöl pro Jahr und Quadratmeter aus. Es ist auch absolut möglich, effiziente Immobilien ohne Erdöl und Erdgas mit alternativen Energien wie Sonnenkollektoren, Holzschnitzeln, Wärmepumpen und Photovoltaik dezentral und erneuerbar mit Wärme und Strom zu versorgen.

Die Schweizer Landesregierung weiß, dass sich die Energiewende auch in den 1,7 Millionen Gebäuden des Landes durchsetzen muss, und geht mit gutem Beispiel voran. »Mein Haus in Zürich ließ ich begutachten und umrüsten, damit es nun die maximale Energieeffizienz aufweist – so gut, wie das bei einem alten Haus halt geht«, erklärte der damalige Energieminister Moritz Leuenberger 2007. Bundesratskollege Samuel Schmid habe gar »eine Erdsonde einbauen lassen. Die hat ihn damals zwar etwas mehr gekostet, doch er hat mir erzählt, dass er heute viel weniger Erdöl braucht. Das hat sich für ihn längst gerechnet«.[39]

Ruedi Kriesi, der als Pionier 1990 die erste Null-Heizenergie-Siedlung in Wädenswil im Kanton Zürich realisierte und 1994 mithalf, den Minergie-Standard einzuführen, ist fest davon überzeugt, dass Europa das Erdöl verlassen muss. »Die fossile Option ist angesichts der abnehmenden Ressourcensicherheit bei weltweit steigendem Bedarf und wegen der geografisch ungünstigen Konzentration der Reserven unverantwortlich«, so Kriesi, der Abschied von der Ölheizung sei ein Gebot von Klugheit und Verantwortung.[40] Die Häuser der Zukunft müssen Kraftwerke sein, die unter dem Strich dank einer klugen Kombination von erneuerbaren Energien und Effizienz mehr Strom produzieren, als sie selber verbrauchen.

Können verbrauchsarme Autos den Klimawandel aufhalten?

Ob es auch im Bereich Mobilität gelingen wird, den Erdölverbrauch global zu senken, ist wegen der starken Zunahme der Weltbevölkerung und dem ungebremsten Streben nach materiellem Wohlstand eine umstrittene Frage. Bekannt ist, dass im Rahmen des Erdölrausches der globale Fahrzeugpark von Personenwagen, Motorrädern, Lastwagen, Flugzeugen und Schiffen über die letzten hundert Jahre massiv ausgebaut wurde. Im Jahr 2010 waren erstmals eine Milliarde Autos auf den Straßen der Welt unterwegs. Effizient sind die Autos nicht. Ein typisches Fahrzeug wiegt bis zu 20-mal so viel wie die Person, die es transportiert. Viele ältere Modelle brauchen 12 Liter pro 100 Kilometer, für Kleintransporter, Minivans und Geländefahrzeuge liegt der Verbrauch gar bei 18 Liter auf 100 Kilometer oder mehr. Das wertvolle Erdöl wurde während mehr als hundert Jahren bedenkenlos verbrannt, weil es sehr billig war.[41]

Erst seit der Erdölpreis die 100-Dollar-Marke pro Fass überschritten hat, bieten die bekannten Automarken der Welt auch Modelle mit geringerem Treibstoffverbrauch an. Als verbrauchsarme Autos können Modelle bezeichnet werden, die für 100 Kilometer weniger als 4 Liter Benzin benötigen. Toyota setzt seit Jahren mit dem Prius, Auris und Yaris auf den effizienten Hybridantrieb. Der Prius begnügt sich gemäß Herstellerangaben mit 3,9 Litern auf 100 Kilometer, der Yaris gar mit 3,5 Liter Benzin. Volkswagen bietet das elegante Modell CC mit einem Verbrauch von 4,7 Litern auf 100 Kilometer an, beim Polo Blue Motion liegt der Verbrauch gemäß VW nur noch bei 3,3 Litern. Dem Lexus CT200h reichen mit Hybridantrieb 3,8 Liter auf 100 Kilometer. Citroën verkauft das Modell C3 mit einem Verbrauch von 3,8 Liter auf 100 Kilometer. Dem Honda Insight Hybrid reichen 4,4 Liter auf 100 Kilometer. Audi deklariert, das Modell A1 1.6 TDI begnüge sich mit 3,8 Litern auf 100 Kilometer. BMW preist das Modell 320d Efficient Dynamics mit einem Verbrauch von 4,1 Litern auf 100 Kilometer an. Und Ford erklärt in der Werbung, das Modell Fiesta Econetic begnüge sich mit 3,7 Litern auf 100 Kilometer. Die Angaben der Hersteller sind möglicherweise etwas zu optimistisch und lassen sich im Alltag nicht erreichen. Das Auto der Zukunft wird aber auf jeden Fall leichter, kleiner und sparsamer sein, angesichts des Klimawandels und der Knappheit der fossilen Brennstoffe »bleibt uns gar nichts anderes übrig«, ist Lino Guzella, Professor an der ETH Zürich, überzeugt.[42]

Neben dem Peak Oil und den hohen Erdölpreisen erzwingt auch der Klimawandel den Abschied von den fossilen Energien. Verschiedene Studien zum Klimawandel haben in den letzten Jahren weltweit viel Beachtung erhalten, darunter vor allem 2007 der vierte Zustandsbericht des Intergovernmental Panel on Climate Change (IPCC).[43] Die im IPCC versammelten Klimaexperten warnten eindringlich, dass das Verbrennen der fossilen Energieträger Kohle, Erdöl und Erdgas den Klimawandel negativ beeinflusse. Diese Botschaft ging um die Welt. Überall wiederholten Nachrichtensprecher im Fernsehen die IPCC-Warnungen und mahnten, dass das Verbrennen fossiler Energien für die Menschen zu einer ernsthaften Gefahr werden könne. Das Eis in der Arktis werde abschmelzen, tropische Krankheiten würden sich ausbreiten, Gletscher würden zurückgehen, der Meeresspiegel werde ansteigen, und Inselgruppen wie die Malediven könnten bald von der Weltkarte verschwinden. Nur eine kleine Minderheit von Klimaexperten, deren Meinung ich nicht teile, glaubt, die zweifelsfrei erwiesene globale Erwärmung sei nicht vom Menschen verursacht.[44]

Um gegen den Erdölkonsum der Schweiz zu protestieren, blockierte die Umweltorganisation Greenpeace 1995 die Rheinschleuse bei Birsfelden und hinderte mit ihrem Schiff Beluga und mit Schlauchboten ein Öltankschiff an der Durchfahrt in den Baselbieter Ölhafen. Es war das erste Mal, dass es in der Schweiz zu einer Protestaktion gegen Erdöltanker kam. Greenpeace erklärte, Erdöl sei der »Klimakiller Nummer 1«, und forderte mit großen Transparenten »Klimaschutz jetzt«. Die Erdöl-Vereinigung, so Greenpeace, dürfe nicht weiterhin die wichtigen Klimaschutzziele sabotieren. »Wir verlangen von den Erdölfirmen, dass sie sich ihrer Verantwortung bewusst werden«, so David Stickelberger, Leiter der Greenpeace-Klimakampagne. »Die Branche muss sich für eine sparsame und vernünftige Verwendung ihres wertvollen, aber höchst gefährlichen Produktes einsetzen.« Das Klimaproblem sei sehr ernst. »Erdöl hat keine Zukunft. Innerhalb der nächsten paar Jahrzehnte müssen wir wegkommen von sämtlichen fossilen Energien. Und die Erdölindustrie muss mitmachen.« Die Erdöl-Vereinigung erklärte, sie werde nicht auf die Forderungen von Greenpeace eingehen, und bezeichnete diese als »Nötigung«.[45]

Obschon die Landesregierung die Aktion von Greenpeace nicht guthieß, erkannte auch der Bundesrat das grundsätzliche Problem. »Wir leben auf Kosten unserer Nachkommen«, brachte Bundesrat Adolf Ogi, der von 1988 bis 1995 dem Eidgenössischen Verkehrs- und Energiewirtschaftsdepartement vorstand, das Ressourcenproblem auf den Punkt. »Unsere Kinder werden unter den Folgen unserer Verschwendung zu leiden haben. Sie werden die Rechnung bezahlen müssen für die heute herrschende grenzenlose Mobilität von Menschen und Gütern.« Es sei dringend notwendig, die Energiewende einzuleiten. »Wir hinterlassen mehr Schadstoffe und weniger Ressourcen, als wir von unseren Vorfahren erhalten haben«, so Ogi.[46]

Der Bundesrat hatte schon 1990 das Programm »Energie 2000« lanciert mit dem Ziel, den Verbrauch aller fossilen Energien zu stabilisieren. Es war ein ambitioniertes Ziel, und es wurde nicht erreicht. Der Erdölverbrauch blieb zwischen 1990 und 2000 zwar stabil, aber der Erdgasverbrauch nahm stark zu. Auch dem Nachfolgeprogramm »Energie Schweiz« gelang es zwischen 2000 und 2010 nicht, den fossilen Verbrauch in der Schweiz signifikant abzusenken. Weil der Konsum fossiler Energien nicht zurückging, konnte auch beim Ausstoß der Klimagase weder in der Schweiz noch weltweit eine Trendwende erreicht werden. Mit 33 Milliarden Tonnen wurde 2010 mehr CO_2 ausgestoßen als je zuvor.[47]

Persönlich bin ich der Meinung, dass der Peak Oil über hohe Preise eine Verhaltensänderung erzwingen wird, was beim Klimawandel nicht der Fall sein dürfte. Solange die fossilen Energien günstig sind, werden sie verbrannt, das Klima interessiert dabei kaum. Wir seien alle »Schwätzer im Treibhaus«, kritisierte der Schweizer Journalist Marcel Hänggi. Geredet und geschrieben werde zwar viel, doch der Verbrauch von Erdöl, Kohle und Erdgas gehe weder in der Schweiz noch global zurück, weil keine wirkliche Verhaltensänderung stattfinde.[48] Auch Bundesrat Ogi räumte 1995 ein, dass es schwierig sei, die Abhängigkeit von nicht erneuerbaren Energien wie Erdöl zu reduzieren. »Vom Wissen zum Handeln ist es gerade auf dem Gebiet der Energie ein weiter Weg«, so Ogi. »Die Abnahme der Energievorräte, die Umweltzerstörung und der Treibhauseffekt entwickeln sich schleichend. Kein Termin drängt uns zu Beschlüssen. Keine Alarmglocke ruft uns zur Tat auf.«[49]

Trotzdem sei ein »Kurswechsel« für »das Überleben der Menschheit eine Notwendigkeit«. Um das Energiesparen öffentlich zu kommunizieren, zeigte Energieminister Ogi 1990 am Fernsehen zum Erstaunen der Zuschauer, wie man sparsam ein Ei kochen kann, mit nur einem Fingerbreit Wasser in der zugedeckten Pfanne. Diese etwas spezielle Darbietung zum Thema Energiesparen habe Mut gebraucht, so Ogi später: »Da haben doch zuerst alle gelacht.«[50] Ogis Nachfolger, Energieminister Moritz Leuenberger, glaubt nicht mehr an die Freiwilligkeit bei der Energiewende. »Seit 15 Jahren gibt es Wagen mit einem Verbrauch von 3 Litern pro 100 Kilometer – doch den Markt beherrschen immer noch die großen Schlucker«, so Leuenberger.[51] Eine Vereinbarung zur Senkung des Treibstoffverbrauchs neuer Personenwagen, die der Bundesrat mit »auto-schweiz«, der Vereinigung der Schweizer Autoimporteure, 1998 unterzeichnet hatte, wurde nicht eingehalten. Der durchschnittliche Treibstoffverbrauch der Neuwagenflotte sollte von 8,4 Liter pro 100 Kilometer im Jahr 2000 auf 6,4 Liter pro 100 Kilometer im Jahre 2008 gesenkt werden. Doch bis 2008 konnte nur eine Senkung auf 7,4 Liter erreicht werden.[52] Erst 2011 lag der Verbrauch von Neuwagen in der Schweiz bei durchschnittlich 6,4 Liter auf 100 Kilometer; von den verbrauchsarmen 4 Litern ist die Schweiz noch weit entfernt.

Die Europäische Union setzte auf strengere Gesetze und erklärte 2008, dass ab 2012 die Neuwagen im Schnitt nicht mehr als 130 Gramm CO_2 pro Kilometer ausstoßen dürfen, was 5,5 Liter Benzin oder 4,9 Liter Diesel auf 100 Kilometer entspricht. Auch die Schweiz wollte im Gleichschritt mit der EU eine stufenweise Absenkung der Neuwagenemissionen auf 130 Gramm CO_2 pro Kilometer erreichen. Ohne strengere Gesetze und Vorschriften gelinge es nicht, den Erdölkonsum in der Mobilität zu senken. »In vielen Bereichen hat die Freiwilligkeit nicht gebracht, was wir uns erhofft haben«, so Energieminister Leuenberger. Freundliches Zureden und Appelle zum Energiesparen hätten seit der ersten Erdölkrise nichts bewirkt. »Wir brauchen heute sehr viel mehr Treibstoff statt weniger. Die ganz große Masse der Konsumenten verhält sich hier nicht energiebewusst.«[53]

Um die Erderwärmung abzubremsen, führte das Schweizer Parlament am 1. Mai 2000 das CO_2 -Gesetz ein, das die Schweiz verpflichtet, ihren Kohlendioxidausstoß bis 2010 gesamthaft um 10 Prozent unter das Niveau von 1990 zu senken, was einer Reduktion um rund 4,3 Millionen Tonnen CO_2 entspricht. Das CO_2-Gesetz erlaubt es dem Bund, sowohl im Brennstoffbereich als auch im Treibstoffbereich CO_2-Abgaben einzuführen, um damit den Erdölverbrauch finanziell zu belasten. Es war das erste Mal in der Geschichte der Schweiz, dass mit einem Gesetz und Abgaben explizit das Ziel angestrebt wurde, den Verbrauch von Erdölprodukten zu senken.

Die Kritik der Erdölbranche ließ nicht lange auf sich warten. »Selbstverständlich wehrt sich die Erdöl-Wirtschaft gegen die CO_2-Abgabe«, erklärte Rolf Hartl von der Erdöl-Vereinigung.[54] Auch Swissoil, der Dachverband des Schweizerischen Brennstoffhandels, sprach sich gegen eine Belastung von Heizöl aus. »Der Brennstoffhandel ist grundsätzlich gegen eine CO_2 -Abgabe eingestellt«, so Caspar Baader, SVP-Nationalrat und Präsident von Swissoil. Die Heizölbranche werde sich »mit allen Mitteln gegen die mögliche Einführung wehren«.[55]

Doch die Abwehrbemühungen von Swissoil blieben ohne Erfolg. Am 1. Januar 2008 führte Bundesrat Leuenberger die CO_2 -Abgabe auf fossile Brennstoffe wie Heizöl und Erdgas ein. Pro Tonne CO_2 werden seither dem Verbraucher 12 Franken verrechnet, was 3 Rappen pro Liter Heizöl und 2 Rappen pro Kubikmeter Gas ergibt. Sollten die Klimaziele nicht erreicht werden, warnte der Bundesrat, werde die Lenkungsabgabe erhöht. Da es sich um eine Lenkungsabgabe handelt, wird damit nicht die Kasse des Staates gefüllt. Das eingenommene Geld fließt über eine Verbilligung der obligatorischen Krankenkasse zurück an die Bevölkerung.[56]

Bei der Belastung der Treibstoffe traf Energieminister Leuenberger auf große Widerstände. Die Erdöl-Vereinigung kämpfte gegen die CO_2 -Abgabe auf Treibstoffe und schlug stattdessen die Einführung eines »Klimarappens« vor. Dieser könne im Umfang von 1 bis 2 Rappen je Liter Benzin und Diesel an der Tankstelle den Konsumenten belastet werden. Mit diesem Vorschlag setzte sich die Erdöl-Vereinigung durch; auf die Einführung einer CO_2 -Abgabe auf Treibstoffe wurde vorerst verzichtet, und der Bund ermächtigte die neu gegründete Stiftung Klimarappen, ab Oktober 2005 pro importiertem Liter Benzin und Diesel eine Importsteuer im Umfang von 1,5 Rappen zu erheben, wodurch der Stiftung rund 100 Millionen Franken pro Jahr zuflossen. Mit diesem Geld unterstützte die Stiftung Klimarappen Maßnahmen zur Reduktion von Treibhausgasen im In- und Ausland. Umweltschutzverbände wie der WWF Schweiz kritisierten den Klimarappen als »Kniefall vor der Erdöl-Lobby«.[57]

Obwohl das Fördermaximum beim konventionellen Erdöl erreicht ist, bleibt die Nachfrage nach mit Erdöl betriebenen Autos groß. Die Peak-Oil-Nachricht ist beim Endkunden noch nicht angekommen. Jeder Chinese, der von der Unterschicht in die Mittelschicht aufsteigt, kauft als Zeichen seines neuen Wohlstandes ein Auto. Allein in China kamen 2010 pro Monat eine Million neue Autos auf die Straßen, im ganzen Jahr waren es 12 Millionen Autos. China ist derzeit der wichtigste Automarkt der Welt. Für den Aufbau einer Autoflotte in der Größe der Schweiz brauchte China daher nur vier Monate. Die Zahlen zeigen, dass die Welt im Bereich Mobilität schlecht auf den Peak Oil vorbereitet ist.

Auch die Flugindustrie macht sich Sorgen wegen des Peak Oil und der kommenden Erdölknappheit. »Innerhalb der nächsten fünf Jahre wird uns die Erdölknappheit treffen«, warnte Richard Branson, Besitzer der Virgin Airlines, im Februar 2010. »Diesmal haben wir die Chance, uns vorzubereiten. Die Herausforderung besteht darin, diese Zeit zu nutzen.«[58] Doch Alternativen sind gerade im Segment der Flugindustrie schwer zu finden. Einige Konzerne, darunter Lufthansa, experimentieren mit Biotreibstoffen. Am 20. Juni 2011 überquerte erstmals ein Passagierflugzeug mit pflanzlichem Treibstoff den Atlantik und wurde an der Paris Air Show, dem größten Treffen der Branche, als echte Alternative angepriesen. Doch die Kritik von Umweltschutzverbänden wie Greenpeace ließ nicht lange auf sich warten. Lufthansa beziehe den Biosprit vom finnischen Konzern Neste Oil. Dieser produziere den Biosprit aus Palmöl in Malaysia mit illegalem Holzschlag, Brandrodungen, der Bestechung der lokalen Bevölkerung und der Vernichtung von Orang-Utan-Gebieten.[59]

Wolfgang Blendinger, der am Institut für Geologie und Paläontologie der TU Clausthal Erdölgeologie lehrt und sich intensiv mit dem Peak Oil beschäftigt, glaubt nicht daran, dass es gelingen wird, den Erdölkonsum im Segment Mobilität bald zu senken. »Die Leute fahren 200 Meter bis zum Bäcker mit dem Auto, auf den Autobahnen wird gerast wie eh und je«, so Blendinger, ein Tempolimit auf deutschen Autobahnen »sei völlig tabu«, von der Energieeffizienz im Verkehr sei man weit entfernt. »Es gibt keinerlei Bewusstsein für die Schwierigkeiten, in denen wir stecken.«[60]

Ingenieure wie der Schweizer Automobilexperte Daniel Ryhiner glauben, dass die Befreiung vom Erdöl im Segment Mobilität nur dann gelingen kann, wenn mit erneuerbaren Energien angetriebene Elektromobile den Markt dominieren. »Wenn unsere Autos wie der Toyota Prius 5 statt 7 Liter Benzin brauchen, werden wir unsere Hauptprobleme, den Klimawandel und das ausgehende Erdöl, nicht lösen«, ist Ryhiner überzeugt. »Höchstens können wir ein paar Jährchen länger damit herumfahren.« Die Autos seien zu schwer und ineffizient. Es brauche einen fundamentalen Wandel hin zu Elektroantrieb, kombiniert mit Leichtbau.[61]

Wer den globalen Automobilmarkt beobachtet, erkennt klar die Zeichen des Umbruchs. Neben reinen Elektrofahrzeugen, Hybridfahrzeugen mit Elektro- und Benzinmotor, sparsamen Diesel- und Benzinfahrzeugen steigt auch die Zahl der verkauften Erdgasfahrzeuge an. Erdgastankstellen breiten sich aus. Welche Modelle sich durchsetzen, muss die Zukunft weisen. »Der Elektroantrieb dürfte – nebst den Anstrengungen zur Effizienzsteigerung bei den Verbrennungsmotoren – der Megatrend der nächsten Jahre sein«, ist Kurt Egli vom Verkehrs-Club der Schweiz (VCS) überzeugt.[62]

Elektromobile könnten das Erdöl verdrängen. Noch vor einer Dekade waren die leisen Elektrofahrzeuge kaum auf den Straßen anzutreffen. Das zweiplätzige Elektromobil Twike, das seit 1996 auf den Schweizer Straßen zugelassen ist, war für viele zu exotisch. 1996 brachte General Motors mit dem Electric Vehicle 1 (EV 1) in Kalifornien das erste Serien-Elektroauto der Welt auf den Markt. Doch die Kunden konnten es nicht kaufen, sondern nur mieten. Die Begeisterung der Benutzer war groß, doch GM entschied 1999, alle EV 1 zu verschrotten, sehr zum Ärger der Kunden, welche die Fahrzeuge gerne gekauft hätten.

Im Jahr 2008 ging mit dem Tesla Roadster der erste rein elektrische Sportwagen in Serie. 2011 wurde das Angebot an Elektrofahrzeugen für die interessierte Kundschaft deutlich ausgeweitet. Tesla produzierte das elegante Model S, GM brachte den Chevrolet Volt, Mitsubishi den i-MiEV, Opel den Ampera, Nissan das Modell Leaf, Volvo den C 30 und Renault den Fluence ZE. Im selben Jahr waren in der Schweiz erstmals mehr als 1000 reine Elektroautos unterwegs, bei 4,3 Millionen Personenwagen insgesamt. Es muss davon ausgegangen werden, dass der Anteil der Elektrofahrzeuge im Kontext von Peak Oil ansteigen wird. Dies bedeutet aber auch, dass der Stromverbrauch in Zukunft zunimmt. Je nach verwendetem Strommix können Elektroautos aber umweltschädlicher sein als Erdölautos mit sparsamen Motoren. Nur wenn der Strom aus erneuerbaren Quellen kommt, kann Elektromobilität überzeugen.

20

Der Ausbau der erneuerbaren Energien

Von den nicht erneuerbaren Primärenergiequellen gibt es nur vier, nämlich Erdöl, Erdgas, Kohle und Uran. Von den erneuerbaren Energien hingegen gibt es sechs, nämlich Sonne, Wasser, Wind, Biomasse, Biogas und Erdwärme. Rein zahlenmäßig sind die erneuerbaren Energien den nicht erneuerbaren Energien somit überlegen. Umweltverbände wie der WWF sind daher optimistisch. »Die Weltenergieversorgung kann bis 2050 auf 100 Prozent erneuerbar umgestellt werden«, glaubt Patrick Hofstetter, Energieexperte beim WWF Schweiz.[1]

Andere Beobachter glauben, dass dies nicht gelingen wird, und sehen große Probleme. Ted Trainer von der University of New South Wales in Australien ist Befürworter der Energiewende, beklagt aber, dass die Vertreter der erneuerbaren Energien das Potenzial ihrer Lieblingstechniken »übertreiben und ihre Schwächen und Limiten ignorieren«.[2] Es werde noch sehr lange dauern, um den Anteil der erneuerbaren Energien signifikant auszubauen.

Bekannt ist, dass der Anteil der erneuerbaren Energien am globalen Energiemix derzeit bescheiden ist und noch unter 20 Prozent liegt. Wie schnell es gelingen wird, Effizienz und erneuerbare Energien im Rahmen der Energiewende auszubauen, ist eine der zentralen strategischen Frage unserer Zeit. Tausende Menschen arbeiten weltweit intensiv an der Energiewende. Einige versuchen, die Effizienz zu erhöhen und senken den Energieverbrauch in ausgewählten Bereichen. Andere engagieren sich in der erneuerbaren Energieproduktion, wobei von Jahr zu Jahr gemessen werden kann, wo die erneuerbaren Energien sich ausbreiten und stärker werden. Weil in Europa die Erdölförderung einbricht, muss die Produktion von erneuerbarem Strom ausgebaut werden. Wie stark und wie schnell das Angebot an erneuerbarem Strom ansteigt, ist von Land zu Land unterschiedlich. Gemessen wird die Stromproduktion in Kilowattstunden (kWh), oder Megawattstunden (MWh, Million Watt, entspricht 1000 kWh), Gigawattstunden (GWh, Milliarde Watt, entspricht 1000 MWh) und

Terawattstunden (TWh, Billion Watt entspricht 1000 GWh). Das sind abstrakte Zahlen, die wenig greifbar sind. Einprägsamer sind die einzelnen erneuerbaren Energiequellen, also Wasser, Sonne, Wind, Biogas, Biomasse und Erdwärme, und ihr prozentualer Anteil am Energiemix eines Landes.

Wasserkraft

Wasserkraftwerke funktionieren durch das Aufstauen eines Flusses, dessen Wasser danach mithilfe von Turbinen einen Generator antreibt, in welchem grüner erneuerbarer elektrischer Strom erzeugt wird. Auch Wellenkraftwerke nutzen die Wasserkraft, aber nicht die von Flüssen, sondern die Energie der Ozeane. Wasserkraft ist ein wichtiger erneuerbarer Energieträger, da er weitgehend CO2-neutral Strom liefert. Im Gegensatz zu Windenergie und Sonnenenergie erlaubt die Wasserkraft zudem das Speichern von Strom in Stauseen, die bei Spitzenbedarf geleert werden. Jährlich werden weltweit um die 3100 TWh Strom aus Wasserkraft erzeugt. Ich bin ein Befürworter der Wasserkraft, die viel zu unserem Wohlstand beiträgt.[3]

In den europäischen Alpen wird seit langer Zeit Strom aus Wasserkraft gewonnen. Österreich hat die Produktion seit den 1960er-Jahren vervierfacht und produziert aufgrund der günstigen topografischen Situation heute rund 38 TWh erneuerbaren Strom pro Jahr aus Wasserkraft, knapp 60 Prozent des österreichischen Strombedarfs.[4] Auch die Schweiz verfügt seit langer Zeit über einen hohen Anteil an erneuerbarer Wasserkraft. Im Jahre 1970 wurden 31 TWh oder fast 90 Prozent des Schweizer Stroms mit Wasserkraft produziert. Nur 5 Prozent des Stroms kamen aus Atomkraftwerken, und 5 Prozent wurden in thermischen Kraftwerken mit Schweröl produziert. Windkraft, Photovoltaik, Geothermie und Biogasanlagen gab es damals noch nicht. Im Jahre 2010 hatte sich die Schweizer Stromproduktion gegenüber 1970 verdoppelt, doch der Anteil der erneuerbaren Energien beim Strommix liegt heute tiefer als noch in den 1970er-Jahren. Wasserkraft deckt mit 37 TWh noch 56 Prozent und bleibt damit weiterhin die mit Abstand wichtigste erneuerbare Energiequelle der Schweiz, während Atomenergie mit 25 TWh 38 Prozent des Strombedarfs abdeckt.[5]

Großkraftwerke mit einer Leistung über 10 MW dominieren bei der Wasserkraft die Schweizer Stromproduktion. 82 Speicherkraftwerke mit hohen Staumauern in den Bergen und 99 Laufkraftwerke an Flüssen liefern pro Jahr 33 TWh. Weitere 1000 Kleinwasserkraftwerke mit einer Leistung unter 10 MW produzieren jährlich rund 4 TWh. Die Agentur für Erneuerbare Energien (AEE) glaubt, dass Kleinwasserkraftwerke in der Schweiz auf 6 TWh im Jahr ausgebaut werden können.[6]

Energiekonzerne, die wie die Industriellen Werke Basel (IWB) auf die Energiewende setzen, produzieren einen Großteil ihres Stroms aus Wasserkraft, ergänzt durch Windenergie und Sonnenenergie. »Die IWB setzen traditionell auf erneuerbare Energien und verzichten auf Atomstrom«, erklärte David Thiel, CEO der IWB schon vor dem Unfall in Fukushima. »Schon heute liefern wir 100 Prozent erneuerbaren Strom, primär aus Wasserkraft.« Die Energiewende bringe für die Wirtschaft interessante Möglichkeiten; es gebe immer mehr Kunden, die bereit seien, für grünen Strom einen geringen Mehrbetrag zu bezahlen und dadurch die Energiewende voranzutreiben, betont Thiel. »Unsere langfristige Vision ist eine kostengünstige und sichere Vollversorgung auf Basis erneuerbarer Energien.«[7]

Erdwärme

Große Hoffnungen setzten die Befürworter der Energiewende neben der Wasserkraft auf die Erdwärme, auch Geothermie genannt, also die Nutzung der Wärme aus dem Erdinneren, die sich nicht erschöpft. Die Erde ist ein Feuerball mit einer harten Kruste, der Erdoberfläche. Die Temperatur des Erdinneren nimmt mit der Tiefe kontinuierlich zu, im Durchschnitt etwa 30 Grad pro Kilometer. Wenn es uns gelingt, die Energie des Feuerballs zu nutzen, auf dem wir leben, können wir die Abhängigkeit von den nicht erneuerbaren Energien stark reduzieren.

Die bei Weitem gängigste Methode, um die Erdwärme zu nutzen, ist die Erdwärmesonde, die in Kombination mit Wärmepumpen für die Heizung von Einfamilienhäusern und großen Gebäuden immer beliebter wird. Erdwärmesonden gehen in Tiefen von 50 bis 400 Metern und erlauben Privatpersonen die Nutzung der Wärme aus dem Erdinneren. Bei Luftwärmepumpen ist dies nicht der Fall. Sie werden an Außenwänden von Gebäuden montiert und entziehen der Außenluft Energie für die Heizung. Luftwärmepumpen kommen ohne die teure Erdsondenbohrung aus, doch wenn im Winter die Außentemperatur sinkt, benötigen Luftwärmepumpen viel Strom und sind dann deutlich weniger effizient als Erdwärmesonden. Wärmepumpen können indes das Heizöl ersetzen. Im Jahr 2010 waren in der Schweiz rund 170 000 Wärmepumpen in Betrieb, in Neubauten werden fast nur noch Wärmepumpen installiert, welche die Erdölheizungen verdrängen. Weil Wärmepumpen Strom brauchen, ist es im Rahmen der Energiewende wichtig, dass dieser aus erneuerbaren Quellen stammt.

Während die Produktion von Wärme mit einer Wärmepumpe relativ günstig und daher für viele Privathaushalte möglich ist, braucht es für die Stromproduktion aus

Erdwärme Investitionen in Millionenhöhe. Denn für die Stromproduktion aus Erdwärme muss man in der Schweiz in Tiefen von 2000 bis 5000 Metern vorstoßen, um die notwendigen Temperaturen von über 100 Grad zu finden. Die Stadt Basel versuchte als Erste in der Schweiz, die tiefe Geothermie zu nutzen. Doch das Projekt »Deep Heat Mining« führte am 8. Dezember 2006 zu einer Erderschütterung und wurde danach eingestellt. Im November 2009 ließ das Elektrizitätswerk der Stadt Zürich (EWZ) im Triemliquartier eine Erkundungsbohrung auf 2708 Meter abtiefen, um das Potenzial der Geothermie zu prüfen. Die Zürcher stießen auf 97 Grad heißes Gestein, aber auf zu wenig Wasser, um ein Geothermiekraftwerk zu betreiben. Derzeit versucht die Stadt St. Gallen, die Geothermie auf einer Tiefe von 4000 Metern zu erschließen, weil Erdwärmeenergie sauber, saisonal unabhängig, unerschöpflich und bedarfsgerecht verfügbar ist.

Weltweit gibt es bereits in verschiedenen Ländern funktionierende Geothermiekraftwerke, welche die Hitze in der Tiefe nutzen. Der Vorteil solcher Kraftwerke liegt in ihrer Grundlastfähigkeit, da sie, anders als Sonne und Wind, rund um die Uhr Strom erzeugen können. In Bayern steht in Unteraching bei München ein Geothermiekraftwerk, das aus 3500 Metern Tiefe 120 Grad heißes Wasser gewinnt und damit rund um die Uhr Strom und Wärme produziert. In den USA produziert das Geothermiekraftwerk The Geysers nördlich von San Francisco seit Jahren Energie aus Erdwärme. Auf der Vulkaninsel Island wird Geothermie in fünf Kraftwerken zur Stromproduktion genutzt, Island verfügt über erneuerbare Energie im Überfluss. In Italien wird im Kraftwerk Lardarello in der Toscana 245 Grad heißer Dampf aus 1000 Metern Tiefe gefördert, um Strom und Wärme zu produzieren. In Frankreich befindet sich im Elsass nördlich von Straßbourg das Geothermiekraftwerk Soultz, in welchem das Potenzial der tiefen Geothermie mit Bohrungen in bis zu 5000 Metern Tiefe untersucht wird. Die Technologie ist erprobt und funktioniert, und ich befürworte den Ausbau der erneuerbaren Erdwärme. Weltweit waren im Jahre 2010 aber erst in 24 Ländern geothermische Kraftwerke mit einer Gesamtkapazität von 11 GW für die Stromproduktion im Einsatz. Der Anteil der Geothermie am globalen Strommix beträgt weniger als 1 Prozent, ist also noch sehr klein.[8]

Biomasse und Biogas

Neben der Erdwärme zählt auch die Biomasse, also nachwachsendes pflanzliches Material, zu den erneuerbaren Energien. Die bekannteste Biomasse ist Holz. Das Verbrennen von Holz ist seit Jahrtausenden die einfachste Art, um Wärme zu produzieren. Auch heute wird Holz als Pellets oder Stückholz gerne zur Wärmeproduktion in effizienten erneuerbaren Heizsystemen in Europa eingesetzt. Biomasse deckt 13 Prozent des Weltenergieverbrauchs, vor allem in ärmeren Ländern, in welchen Holz zum Kochen und Heizen genutzt wird.[9]

Auch Hofdünger wie Gülle und Mist, Ernterückstände, Rasenschnitt, Abfälle aus der Lebensmittelindustrie, der Gastronomie und Grüngut zählen zur Biomasse. Wenn Biomasse gasförmig wird, spricht man von Biogas. In Deutschland gibt es über 7000 Biogasanlagen, welche Gülle in Biogas umwandeln. In der Schweiz produzierten 2011 rund 70 Bauern aus der Vergärung von organischem Material Biogas zur Stromgewinnung. Biogas ist erneuerbar und kann dem nicht erneuerbaren Erdgas beigemischt werden. Im Rahmen der Energiewende halte ich es für sinnvoll und wichtig, Holz und Biogas vermehrt zu nutzen.

Biomasse in Form von Raps, Zuckerrohr oder Mais kann auch als Treibstoff verwendet werden, was aber mitunter problematisch ist. In Brasilien wird aus Zuckerrohr Ethanol produziert, mit dem Alkohol werden Autos angetrieben. Die USA produzieren Ethanol aus gentechnisch verändertem Mais und setzen diesen als Treibstoff ein. Seither besteht eine intensive Diskussion, ob die Biomasse in den Tank oder auf den Teller soll. Für mich ist klar, dass Biomasse primär als Nahrungsquelle genutzt werden muss: Kilokalorien sind unsere wichtigste Energiequelle, der Teller hat Vorrang. Beim Ausbau der erneuerbaren Energieproduktion aus Biomasse muss daher dringend darauf geachtet werden, ob der Tank den Teller oder das Trinkwasser konkurrenziert.

Auch im Schweizer Parlament wurde 2008 intensiv darüber debattiert, welche nachwachsenden Rohstoffe als Treibstoffe verwendet werden dürfen. Jacques Bourgeois, Freiburger FDP Nationalrat und Direktor des Schweizerischen Bauernverbands, erklärte, die Agrarflächen der Welt seien für die Versorgung der Weltbevölkerung mit Nahrung zu nutzen; zur Mobilität der Zukunft könnten Biotreibstoffe nur wenig beitragen. »Lebensmittel gehören nicht in den Tank«, meinte auch der sozialdemokratische Nationalrat Rudolf Rechsteiner aus Basel. Man dürfe auf keinen Fall Weizen oder Mais zu Treibstoffen umwandeln, während Tausende von Menschen pro Tag an Hunger sterben. »Die Agrotreibstoffe fressen den Regenwald«, protestierte die grüne Baselbieter Nationalrätin und Biobäuerin Maya Graf. Monokulturen in Brasilien würden den Verteilkampf um das Wasser vergrößern. Viele Agrotreibstoffe seien gentechnisch veränderte Energiepflanzen, so Graf; es seien vor allem große Agrochemiekonzerne wie Syngenta und Monsanto, welche den Ausbau von Gentechnik und Agrotreibstoffen fördern, der Begriff »Biotreibstoffe« sei daher irreführend, weil er beim Endkunden völlig zu Unrecht mit dem naturnahen und umweltfreundlichen Biolandbau in Verbindung gebracht werde.[10]

Das Schweizer Parlament folgte diesen Argumenten und befreit Biotreibstoffe seit Inkraftsetzung des revidierten Mineralölsteuergesetzes am 1. Juli 2008, nur dann von der Importsteuer, wenn diese eine ausgewogene Umwelt- und Sozialbilanz aufweisen. Auch die Eidgenössische Materialprüfungsanstalt (EMPA) war in einer Studie zum Schluss gekommen, dass Biotreibstoffe nicht zwingend umweltfreundlicher seien als fossile Treibstoffe. Wichtig sei, dass bei der Bemessung der Gesamtumweltbelastung auch die Überdüngung und Versauerung des Bodens, die Brandrodung von Regenwäldern und die Konkurrenz zu den Nahrungsmitteln berücksichtigt werde, so Studienleiter Rainer Zah.

Gemäß der EMPA sind Bioethanol aus Mais aus den USA, Bioethanol aus Zuckerrohr aus Brasilien, Biodiesel aus Palmöl aus Malaysia und Biodiesel aus Schweizer Raps ökologisch nicht sinnvoll, da ihre Gesamtumweltbelastung höher als die von Benzin und Diesel ist. Hingegen, so die EMPA, seien Biogas aus Klärschlamm, Gülle und Abfällen sowie Bioethanol aus Holz ökologisch wertvolle Treibstoffe. Da aber auch hier die Rohstoffe nur in beschränkter Menge zur Verfügung stünden und alternativ auch zur Verstromung und Nutzung mit höherem Wirkungsrad in Elektromotoren eingesetzt werden könnten, führe in der Mobilität kein Weg an einem sparsameren und effizienteren Umgang mit Energie vorbei.[11]

Windenergie

Neben der Wasserkraft, der Erdwärme und der Biomasse gehört auch der Wind zu den erneuerbaren Energien. Windkraft diente vor der industriellen Revolution zum Heraufpumpen von Grundwasser und zum Mahlen von Korn. Heute erzeugt Windkraft Strom. Die Technik ist einfach: Der Wind bringt ein Flügelrad der Windkraftanlage zum Drehen und produziert über einen Generator, welcher sich im Zentrum des Flügelrades befindet, Strom.

Da Wind gratis und endlos vorhanden ist und die Technologie in der letzten Dekade enorme Fortschritte erzielt hat, wird die Produktion von Windenergie immer billiger und spielt daher in der laufenden Energiewende eine sehr wichtige Rolle. Geeignete Standorte sind umworben, weil immer mehr Energiekonzerne ihre Stromproduktion aus Windkraft ausbauen. Insbesondere Großanlagen können Strom zu vergleichsweise günstigen Kosten produzieren. Große Windturbinen sind mächtige Installationen und wiegen mehrere hundert Tonnen. Das derzeit häufig verwendete

Modell Vestas V90 zum Beispiel hat einen 80 bis 125 Meter hohen Turm, an welchem sich der Rotor mit einem Durchmesser von 90 Meter befindet; der Generator ist in der Triebwerksgondel an der Spitze des Turms untergebracht. Ein V90-Windrad hat eine Leistung von 2 bis 3 MW. Noch größere Windräder bieten heute bis zu 5 MW Spitzenleistung.

Der Nachteil der Windkraft besteht darin, dass sie nur dann Strom liefert, wenn der Wind bläst, genau gleich wie die Photovoltaik, die nur bei Sonnenschein Strom produziert. Das Jahr zählt 8760 Stunden, doch bei einem Windkraftwerk rechnet man mit nur 2000 Stunden Betriebszeit bei voller Leistung. Die Windturbine Vestas V90 mit 3 MW Leistung liefert daher pro Jahr nicht 26 280 MWh (theoretischer Vollbetrieb rund um die Uhr an jedem Tag des Jahres), sondern nur etwa 6000 MWh (realer Betrieb). Denn wenn der Wind zu schwach bläst (mit weniger als 3 Metern pro Sekunde), läuft die Anlage gar nicht. Bei leichtem Wind produziert sie zwar Strom, aber weniger als die installierte Spitzenleistung. Bei Sturm schalten Windkraftanlagen automatisch ab, da sie sonst beschädigt werden.

Atomkraftwerke oder Kohlekraftwerke hingegen sind während rund 8000 Stunden pro Jahr in Betrieb, also praktisch rund um die Uhr, weshalb aus der installierten Leistung (in MW) eine viel höhere Jahresproduktion (in MWh) resultiert. Als Vergleich: Das Schweizer Atomkraftwerk Leibstadt produzierte mit 1250 MW installierter Leistung im Jahr 2010 rund 8700 GWh Strom, was einer Jahresbetriebszeit von 6960 Stunden entspricht. Um Leibstadt zu ersetzen, bräuchte es 1450 Windturbinen mit 3 MW Leistung.

Die Schweiz besitzt geeignete Standorte für Windparks; die stärksten Winde wehen auf den Höhen des Jura, in den Alpentälern, auf Alpenpässen und im Rhonetal. Im Jahre 1986 wurde bei Langenbruck im Kanton Basel-Land die erste kleine netzgekoppelte Windturbine mit einer Leistung von 28 kW montiert. 1996 wurde der erste schweizerische Windpark auf dem Mont Crosin eröffnet, der heute 16 Turbinen umfasst, 40 GWh pro Jahr produziert und jedes Jahr rund 40 000 Besucher anzieht. Oberhalb von Andermatt im Kanton Uri steht am Standort Gütsch auf 2332 Metern über Meer der europaweit höchstgelegene Windpark.

Im Jahr 2011 standen insgesamt 30 große Windturbinen in der Schweiz mit einer installierten Gesamtleistung von 45 MW und einer Jahresproduktion von 77 GWh. Der Anteil des Windes am Schweizer Strommix ist mit weniger als 1 Prozent noch sehr klein. Wie stark die Windenergie in der Schweiz in Zukunft ausgebaut werden kann, ist unklar, denn Windenergie hat in der dicht besiedelten Schweiz nicht nur Freunde, da die Rotoren Lärm verursachen, einen Schlagschatten werfen und in der

Landschaft gut sichtbar sind. Unter Berücksichtigung der Anliegen von Landschafts- und Umweltschutz wird das realisierbare Potenzial der Windenergie in der Schweiz auf 2000 bis 4000 GWh geschätzt.[12]

In Deutschland wurde die Produktion von Strom aus Windkraftanlagen auf dem Land wie auf dem Meer viel stärker ausgebaut als in der Schweiz. Die Entwicklung der Windkraft in Deutschland ist eine Erfolgsgeschichte der Energiewende. 1990 waren in Deutschland nur 55 MW Windenergie installiert. Schon zehn Jahre später lag die installierte Leistung bei 6000 MW, stieg von Jahr zu Jahr an und erreichte 2011 beeindruckende 29 000 MW (29 GW), was eine Jahresproduktion von 46 TWh ergab. Dies ist sehr beachtlich; noch vor 20 Jahren hätte dies kaum jemand für möglich gehalten. Deutschland produzierte mehr Strom aus grüner Windkraft als die Schweiz aus grüner Wasserkraft. Deutschland gehört zu den Vorreitern der Windenergie und exportiert seine Technik und sein Wissen auf dem internationalen Markt. Der Windanteil an der deutschen Stromproduktion konnte stetig ausgebaut worden: 2001 lag er noch bei unter 2 Prozent, stieg 2003 auf 3 Prozent, lag 2006 dann bei 5 Prozent, 2010 bei 6 und 2011 bei über 7 Prozent.[13]

Auch weltweit ist die Entwicklung der Windenergie eine Erfolgsgeschichte. 1980 waren weltweit erst 10 GW Windkraft installiert, inzwischen hat sich dieser Wert verzwanzigfacht. Neben Deutschland investiert auch China stark in die Windenergie, Dänemark deckt 20 Prozent seines Energiebedarfs mit Wind, am EU27-Strommix hat Windkraft schon einen Anteil von 6 Prozent. Windkraftanlagen auf dem offenen Meer sind von der Küste her nicht mehr sichtbar und geraten kaum mehr in Konflikt mit den Interessen der Bevölkerung. Die Windturbinen werden immer stärker und größer. Weltweit wurde 2011 neue Windkraft im Umfang von 40 GW errichtet, die global installierte Leistung lag im selben Jahr bei 238 GW. Die größten Kapazitäten hat derzeit China mit 62 GW vor den USA mit 47 GW und Deutschland mit 29 GW. Wenn die Preise für die Windkraft weiter sinken, kann die Windenergie in vielen Ländern der Welt stärker ausgebaut werden, vor allem in wenig besiedelten Zonen. Ich bin ein Befürworter der Windenergie; die Technik ist erprobt und der Wind gratis.[14]

Sonnenenergie

Die Sonne steht seit Jahrtausenden im Zentrum unseres Energiesystems. Ohne sie gäbe es kein Wachstum der Pflanzen, damit keine Biomasse und auch kein Erdöl, das nichts anderes als gespeichertes Sonnenlicht ist. Gemäß den Erkenntnissen der modernen Physik ist die Sonne ein riesiger Fusionsreaktor, der pro Sekunde 650 Millionen Tonnen Wasserstoff zu 646 Millionen Tonnen Helium umwandelt. Die Massendifferenz von 4 Millionen Tonnen, die nach der berühmten Formel von Albert Einstein ($E = mc^2$) in Energie umgewandelt wird, erreicht als intensiver Energiestrom in Form elektromagnetischer Strahlung, also Licht, die Erde.

Wer länger über die Sonne, den Wasserstoff und das Helium nachdenkt, kommt zu überraschenden Einsichten, welche den alltäglichen Erfahrungen und auch der Alltagssprache widersprechen. Materie und Energie sind keineswegs zwei völlig verschiedene Dinge, sondern zwei Seiten derselben Münze: Materie kann in Energie umgewandelt werden und umgekehrt. Gemäß dem Energieerhaltungssatz kann zudem Energie nicht erzeugt und auch nicht zerstört werden, obschon wir umgangssprachlich immer von »Energieproduktion« sprechen. Energie kann gemäß dem Energieerhaltungssatz der Thermodynamik nur in verschiedene Energieformen umgewandelt werden, also zum Beispiel Bewegungsenergie des Wassers in Strom. In einem geschlossenen System bleibt die Energie aber konstant, es geht nichts weg und kommt nichts dazu. Wenn wir also umgangssprachlich von »Energieverlust« sprechen, meinen wir den Verlust von technisch und biologisch leicht nutzbaren Energieformen für den Menschen gemäß seinem jetzigen Bewusstseinszustand. Wenn sich das Bewusstsein des Menschen wandelt, kann er neue Energieströme erschließen. Die Photovoltaik ist hierfür ein gutes Beispiel; lange war sie den Menschen völlig unzugänglich, heute ist sie erschlossen.[15]

Im Kontext der laufenden Energiewende ruhen heute sehr große Hoffnungen auf der Sonnenenergie, da sie in vielerlei Hinsicht die perfekte Lösung für die Welt ist. Im Unterschied zu Erdöl, Erdgas, Kohle und Uran kostet die Energiequelle nichts, sie ist sauber und unbegrenzt auf der ganzen Welt vorhanden. Sonnenenergie ist die ursprüngliche Energiequelle schlechthin: Nur weil die Sonne scheint, konnten Biomasse, Erdöl, Erdgas und Kohle entstehen. Der Nachteil der Sonnenenergie ist derzeit, dass zumindest die Photovoltaik noch auf Subventionen angewiesen ist. Zudem scheint die Sonne in der Nacht nicht, weshalb die Energie gespeichert werden muss, was weder einfach noch billig ist. Der Anteil der Sonne an der globalen Stromproduktion ist derzeit daher noch sehr klein, aber die Zuwachsraten sind sehr hoch: Allein im Bereich Photovoltaik waren weltweit im Jahr 2010 rund 40 GW installiert, siebenmal mehr als im Jahr 2005.[16]

Die Kraft der Sonne kann auf unterschiedliche Arten genutzt werden: direkt in einem Gewächshaus oder einem Wohnhaus, das mit großen Fenstern das Sonnenlicht einfängt, oder indirekt in der Produktion von Strom und Wärme. Grundsätzlich unterscheidet man bei der Sonnenenergie zwischen der Photovoltaik, die Sonnenlicht in Strom umwandelt, und der Solarthermie, durch die Wärme erzeugt wird. Die Dächer Europas eignen sich sowohl für die Photovoltaik als auch für die Solarthermie, und nicht selten sieht man Gebäude, die beide Techniken nutzen und sowohl heißes Wasser wie auch Strom lokal mit Sonnenenergie erzeugen.

Sonnenkraftwerke, also große Anlagen, welche mithilfe von Sonnenstrahlen eine Flüssigkeit erhitzen und daraus Strom produzieren, gibt es noch wenige auf der Welt. Ein großes Sonnenkraftwerk befindet sich in der Mojave-Wüste bei Kramer Junction in Kalifornien in den USA. In Nevada ist das Solar-One-Kraftwerk mit einer Leistung von 64 MW bekannt. In Europa ging in der spanischen Provinz Granada 2008 mit Andasol 1 das erste europäische solarthermische Kraftwerk ans Netz. Ende 2009 waren weltweit solarthermische Kraftwerke mit rund 900 MW Leistung in Betrieb, davon 430 MW in den USA und 360 MW in Spanien.[17]

Mit der Photovoltaik kann direkt Strom erzeugt werden. Der photoelektrische Effekt tritt dann auf, wenn Sonnenlicht auf leitfähige Stoffe wie Silizium trifft und die Elektronen genug Energie aufnehmen können, um Atomen zu entfliehen. Durch die Kombination von zwei Halbleitern können die freiwerdenden Elektronen von einem Material auf das andere überfließen, wodurch es zu einem Stromfluss kommt. Die ersten Solarzellen, preislich noch unerschwinglich, wurden 1954 von Bell Laboratories für die amerikanische Weltraumfahrt für den Betrieb von Satelliten entwickelt. Danach entwickelte sich die Technik weiter, doch lange blieben die Preise für die Solarzellen vergleichsweise hoch, das Erdöl war billig, niemand interessierte sich für Photovoltaik. Erst seit dem Einsetzen der Energiewende ist die Photovoltaik zum Symbol der Energiewende schlechthin geworden. Der Schweizer Solarpionier und Arzt Martin Vosseler überquerte 2007 erstmals mit einem Solarboot den Atlantik, der Schweizer Raphael Domjan umrundete 2012 mit seinem Solarboot »PlanetSolar« die Welt. Der Schweizer Solarpionier und Psychiater Bertrand Piccard strebt mit seinem Solarflugzeug Solar Impulse die Weltumrundung an. Diese Beispiele zeigen: In der Solarzelle steckt großes Potenzial. »Die Photovoltaik-Technologie ist genial«, schwärmt Rainer Isenrich, Chef des Solarstromproduzenten Edisun Power Europe. »Die Ressource Sonne ist unerschöpflich und gratis. Silizium, das für die Solarpanels gebraucht wird, ist reichlich vorhanden, es entsteht kaum Abfall, und es gibt keine Umweltrisiken.«[18] Kritiker der Photovoltaik sehen die Situation weniger positiv und bemängeln, dass bei Dünnschicht-Solarzellen das giftige Schwermetall Kadmium verwendet wird und dass auch Kupfer und das seltene Element Indium, die beim Bau der Solarzellen zum Einsatz kommen, dereinst knapp werden könnten.

Die Sonnenenergie kann, wenn man die ganze Welt betrachtet, während 24 Stunden genutzt werden. Doch wie bei der Windkraft besteht der Nachteil der Sonnenenergie darin, dass eine einzelne Anlage nicht rund um die Uhr betrieben werden kann. Von den 8760 Stunden des Jahres rechnet man bei der Windkraft mit 2000 Stunden Betriebszeit bei voller Leistung, bei der Sonnenenergie in der Schweiz und Deutschland mit 1000 Stunden, an anderen Standorten ist es mehr. Über Mittag liefern die Solarzellen am meisten Strom. Doch die Netzbetreiber können Atomkraftwerke und Kohlekraftwerke dann nicht einfach abschalten. Beim Eindunkeln fällt die Stromproduktion aus Photovoltaik wieder auf null. Das Ausbalancieren der Stromflüsse stellt die Energieexperten vor große Herausforderungen.

Der Beginn der Photovoltaik verlief in der Schweiz zaghaft. 1982 installierte der Kanton Tessin auf der Fachhochschule der italienischen Schweiz die erste netzgekoppelte Photovoltaikanlage des Landes mit einer Leistung von 10 kW, die auch 30 Jahre später noch in Betrieb ist. Zu den Pionieranlagen in der Schweiz gehören auch die Photovoltaikanlage auf dem Dach des Bundesamtes für Metrologie, die seit 1989 Strom produziert, und das Sonnenkraftwerk auf dem Mont Soleil, das 1992 ans Netz ging. Die produzierte Strommenge war aber derart klein, dass sie das Schweizer Stromnetz problemlos bewältigen konnte.

Dem Siegeszug der Sonnenenergie scheint auf den ersten Blick nichts mehr im Wege zu stehen, und persönlich hoffe ich sehr, dass die solare Revolution gelingt. Heute sind Solarzellen und Sonnenkollektoren besser und viel billiger und für fast jedermann erschwinglich. Für den Solarpionier Josef Jenni, der Europas erstes, vollständig mit Sonnenkollektoren beheiztes Mehrfamilienhaus in Oberburg im Kanton Bern baute, ist es klar, dass wir das Heizöl verlassen und mit Sonnenkollektoren ersetzen sollten. Seine Firma baut Warmwasserspeicher, die das durch die Sonne auf dem Dach erhitzte Wasser wie eine Thermosflasche über mehrere Tage warm halten. »Die Nachfrage reagiert sofort auf die Entwicklung des Heizölpreises«, weiß Jenni. »Für unsere Geschäftsentwicklung sind also hohe Ölpreise das Beste.« Die Solarthermie wird kaum subventioniert. Auch Subventionen für die Photovoltaik lehnt Jenni ab, denn wenn diese durch die Politiker gestrichen würden, könne die Sonnenenergiebranche einbrechen, warnt Jenni, das sei für die Energiewende nicht gut.[19]

Auch Wolfgang Gründinger, Sprecher der Stiftung für die Rechte zukünftiger Generationen mit Sitz in Stuttgart, hofft auf eine solare Revolution und glaubt, dass dereinst die ganze Welt nur durch erneuerbare Energien versorgt werden kann. »Jeden Tag schickt die Sonne 16 000-mal mehr Energie zur Erde, als die Menschheit weltweit verbraucht; Wellen-, Meeres- und Wasserenergien bieten uns 80-mal mehr

Energie, die Winde enthalten 32-mal mehr Energie, und es wächst 16-mal mehr Biomasse, als wir weltweit für unseren Energiebedarf benötigen«, gibt sich Gründinger optimistisch. »Wir brauchen uns nur einen winzigen Bruchteil der solaren Energieströme zunutze zu machen, und all unsere Energieprobleme sind gelöst.«[20]

Ob es gelingen wird, genügend Energie aus Sonnenkraft und anderen erneuerbaren Energien zu ernten und dadurch die nicht erneuerbaren Energieträger zu verlassen, ist derzeit noch offen. In Deutschland ist die erneuerbare Stromproduktion aus Photovoltaik, die in der Schweiz noch bescheiden ist, in nur zwei Dekaden stark angewachsen. Von einer Vollversorgung mit erneuerbaren Energien, wie sie Gründinger vorschwebt, ist man aber noch weit entfernt. 1990 lag die installierte Photovoltaikleistung in Deutschland bei 1 MW, stieg bis 1995 auf 5 MW und betrug im Jahr 2000 dann 76 MW. Zu einem regelrechten Boom kam es in der ersten Dekade des 21. Jahrhunderts, als die installierte Photovoltaikleistung 2005 auf 2000 MW kletterte, 2009 dann 10 000 MW erreichte und 2011 beim Wert von 24 000 MW ankam. Nach der Windkraft, die 2011 mehr als 7 Prozent der Stromproduktion in Deutschland abdeckte, der erneuerbaren Biomasse mit einem Anteil von 6 Prozent ist die Photovoltaik mit 4 Prozent die drittwichtigste Quelle von erneuerbarem Strom in Deutschland, wichtiger als Wasserkraft oder Geothermie.[21]

In der Schweiz wird viel weniger Strom aus Sonnenenergie produziert als in Deutschland. Wenn man die Wasserkraft weglässt, betrug in der Schweiz 2010 die erneuerbare Stromproduktion aus Photovoltaik, Wind, Biogas und Holz insgesamt nur 0,7 Prozent. Der Anteil dieser »neuen erneuerbaren Energien« ist also noch sehr klein. Die Photovoltaik alleine lieferte mit rund 8000 installierten Anlagen 83 GWh Strom, damit konnte 2010 aber nur 0,15 Prozent des Strombedarfs der Schweiz gedeckt werden. Interessant sind die Zuwachsraten: 2011 verdoppelte sich die Anzahl der installierten Anlagen auf 15 000, die 170 GWh (0,17 TWh) produzierten, rund 0,27 Prozent des Strombedarfs. Der Branchenverband Swissolar glaubt, dass dieser Wert bis 2025 auf 12 TWh gesteigert werden kann. Mehr erneuerbare Energie als die Photovoltaik lieferten 2011 mit 1,4 Prozent die Kehrichtverbrennungsanlagen. Obschon von der Öffentlichkeit wenig beachtet, entsteht bei der Verbrennung von Müll in Kehrichtverbrennungsanlagen Abwärme. Diese wird als Energiequelle für die Produktion von erneuerbarem Strom oder erneuerbarer Fernwärme genutzt.[22]

Wie bei der Windkraft besteht auch bei der Sonnenenergie das Problem, dass sie keine Bandenergie während 24 Stunden an 365 Tagen im Jahr liefert, sondern eben nur dann, wenn die Sonne scheint, nicht aber in der Nacht. Die Spitzenproduktion der Photovoltaik in Deutschland ist schon heute beeindruckend: Im Mai 2012 lieferten die

Solaranlagen in Deutschland unter wolkenlosem Himmel erstmals eine Gesamtleistung von mehr als 20 000 MW. »Das entspricht der Leistung von mehr als 20 Atomkraftwerken«, freute sich Norbert Allnoch, Direktor des Internationalen Wirtschaftsforums Regenerative Energien (IWR) in Münster. Genau ein Jahr früher lagen die Spitzen bei 14 000 Megawatt. »Das ist ein Rekord. Es gibt kein anderes Land auf der Erde, in dem Solaranlagen mit einer Leistung von 20 000 Megawatt Strom produzieren«, so Allnoch.[23] Das hätte noch eine Dekade früher niemand für möglich gehalten.

Mit der Zunahme der Produktion aus erneuerbaren Quellen wird das Speichern und Verteilen des Stroms über die Stromnetze zum Endkunden anspruchsvoller. Daher braucht es in Zukunft eine lokale Produktion nahe beim Endkunden und »intelligente Stromnetze« (smart grids), welche die Stromproduktion und Stromspeicherung automatisch mit dem Stromverbrauch abstimmen. »Je mehr man auf dezentral setzt, umso mehr entschärft sich die Frage des Netzausbaus, denn dann ist man schon nahe beim Verbraucher«, erklärt Rolf Wüstenhagen, Energiespezialist am Institut für Wirtschaft und Ökologie der Universität St. Gallen. »Längere, effizientere Gleichstromleitungen braucht es erst, wenn ein hoher Anteil des Stroms von Windkraftanlagen in der Nordsee in den Süden transportiert werden muss oder Solarstrom von Nordafrika in den Norden.«[24]

Energiesubventionen und der Streit ums Geld

Seit die erneuerbaren Energien zunehmen, hat auch ein Streit ums Geld eingesetzt. Die Subventionen, welche die erneuerbaren Energien erhalten, werden von verschiedenen Interessengruppen scharf kritisiert. In Deutschland wird seit der Einführung des Erneuerbare-Energien-Gesetzes (EEG) im Jahr 2000 der Ökostrom finanziell gefördert. Wer eine Ökostrom-Anlage baut, erhält während bis zu 20 Jahren eine feste Einspeisevergütung, wobei die Fördersätze über die Zeit gesenkt werden. Zu Beginn des EEG betrug die Vergütung für Solarstrom rund 50 Cent pro kWh, 2011 sank dieser Wert auf etwa 20 Cent ab. Gefördert wird neben dem Solarstrom auch Strom aus Wind, Wasser und Biomasse. Die Kosten für die Förderung, die sich in Deutschland auf mehrere Milliarden pro Jahr belaufen, bezahlen alle Bürger über einen Zuschlag auf ihrer Stromrechnung. Nur dank der Förderung ist es in Deutschland im Rahmen der Energiewende gelungen, die Wind- und Sonnenenergie stark auszubauen. Als die Politik die Einspeisevergütung kürzte und Chinesen mit billigen Solarmodulen auf den europäischen Markt drängten, mussten verschiedene europäische und amerikanische Solarfirmen Konkurs anmelden.

Die Energiewende ist heute ein globaler Trend. In 119 von 197 Ländern existierten 2010 spezifische Ziele und Förderprogramme, um erneuerbare Energien zu fördern, 2005 hatten erst 55 Länder solche Programme.[25] Auch in der Schweiz wurde am 1. Januar 2009 durch den Gesetzgeber eine kostendeckende Einspeisevergütung (KEV) eingeführt, um die erneuerbare inländische Stromproduktion aus Windenergie, Biomasse, Photovoltaik, Geothermie und Kleinwasserkraft zu fördern. Das Fördersystem erstattet den Produzenten von erneuerbarem Strom während 20 Jahren die Differenz zwischen dem aktuellen Strompreis und den höheren Gestehungskosten für Ökostrom, damit die erneuerbare dezentrale Stromproduktion wirtschaftlich wird und die Energiewende voranschreitet. Ökostrom aus Windkraft und Photovoltaik wird immer billiger. »Die Photovoltaik hat über die vergangenen zehn Jahre die steilste Kostensenkungsrate aller erneuerbaren Energien erreicht«, fand eine Studie der Bank Sarasin.[26] Die Kosten für Solarmodule gingen seit 2002 um fast 90 Prozent zurück, fand auch das Frauenhofer-Institut für Solarenergie. Kostete eine fertiginstallierte Photovoltaik-Anlage 2002 noch 12 Euro pro Watt, zahlt man heute dafür nur noch 1,60 Euro.[27]

Trotzdem braucht die Photovoltaik noch immer staatliche Unterstützung. Finanziert wird die kostendeckende Einspeisevergütung in der Schweiz durch die Stromkonsumenten über einen Zuschlag auf dem normalen Strom. Die meisten Bürger lesen ihre Stromrechnung nicht genau und wissen daher nicht, dass sie über die KEV die Energiewende fördern. Die Förderabgabe lag bei der Einführung der Einspeisevergütung bei 0,45 Rappen pro kWh, was für 2009 einen bescheidenen Betrag von 250 Millionen Franken ergab, der verteilt werden konnte. Die Photovoltaik erhielt im ersten KEV-Jahr nur 5 Prozent der Mittel, rund 12 Millionen, weshalb viele Anmeldungen nicht bedient werden konnten. Ende 2010 produzierten nur 1600 Photovoltaikanlagen mit KEV-Unterstützung Solarstrom.[28] Doch weil immer mehr Menschen in der Schweiz eigenen Strom aus Photovoltaik produzieren wollen, wird über eine Ausweitung der KEV-Mittel debattiert. Im Frühling 2012 befanden sich gemäß Swissolar schon 13 500 geplante Solarstromanlagen auf der KEV-Warteliste. Das ist ein deutliches Signal: Tausende Schweizerinnen und Schweizern wollen Sonnenstrom produzieren! Wer nicht selber erneuerbaren Strom produzieren kann oder will, hat zudem die Möglichkeit bei den Energiekonzernen gegen einen Aufpreis Ökostrom zu bestellen und dadurch die Energiewende zu unterstützen.

In der Schweiz fordern vor allem die Sozialdemokraten mehr Subventionen. Der Präsident von Swissolar, SP-Nationalrat Roger Nordmann, glaubt, der Solarstrom müsste in der Schweiz viel stärker gefördert werden. »Die Schweiz soll sich ausschließlich mit erneuerbaren Energien versorgen«, so Nordmann. Die KEV müsse schrittweise ausgebaut werden.[29] Auch der frühere SP-Nationalrat Rudolf Rechsteiner glaubt, dass die Wende zu 100 Prozent erneuerbarer Energie möglich sei, und fordert eine Ausweitung der Subventionen, damit die Schweiz in Zukunft ihren Strombedarf alleine aus Wind und Sonnenkraft decken könne. »Wind und Sonne schicken uns keine Rechnung, sie explodieren nicht und erzeugen weder CO_2 noch radioaktive Abfälle«, so die Argumentation von Rechsteiner.[30]

Der Schweizer Bundesrat will die Subvention für die erneuerbaren Energien ausbauen, aber nicht so stark, wie dies in Deutschland geschah. Im Rahmen der Energiestrategie 2050, welche derzeit debattiert wird, plant die Landesregierung die KEV (derzeit 0,45 Rappen pro kWh) 2013 auf 0,9 Rappen anzuheben, 2035 soll die KEV-Abgabe möglicherweise 1,8 Rappen pro kWh betragen. Gemäß der Energiestrategie 2050 will der Bundesrat den Gesamtenergieverbrauch gegenüber dem Jahr 2000 um 28 Prozent absenken, was richtig wäre, aber schwierig wird, da in den letzten 60 Jahren der Energiekonsum immer nur angestiegen ist. Zudem will die Regierung das Gebäudesanierungsprogramm von 300 auf 600 Millionen Franken pro Jahr aufstocken und die CO_2-Abgabe von 36 auf 60 Franken pro Tonne anheben. Insgesamt erhofft sich die Schweizer Regierung dadurch eine Beschleunigung der Energiewende.

Weil mit dem Anstieg des Erdölpreises die Energiekosten viel stärker ins Bewusstsein der Bürger und Politiker gerückt sind, wird nun in fast allen Ländern berechnet, welche Energiequellen teuer und welche billig sind und wie man über die Preise die Energiewende steuern kann. In Deutschland und in der Schweiz wird man noch während Jahren über die Kosten der erneuerbaren Stromproduktion und die Förderinstrumente EEG und KEV debattieren. In Frankreich, das wie kein anderes Land in Europa auf Atomkraft gesetzt hat, stehen die Kosten der Atomenergie im Fokus. Der angesehene französische Rechnungshof in Paris hat kalkuliert, dass bei einer Vollkostenrechnung Atomstrom nicht günstiger ist als Windenergie. Frankreich habe seit dem Ende des Zweiten Weltkrieges über 200 Milliarden Euro in die Atomenergie investiert, davon 96 Milliarden für den Bau der 58 Atomkraftwerke und 55 Milliarden für Atomforschung. Für den Rückbau schätzt der Rechnungshof 35 Milliarden, für die Entsorgung 22 Milliarden, wobei die Aufwendungen auch höher sein könnten.[31] Der Atomstrom wird in Frankreich zu billig an die Konsumenten abgegeben, weil die Kosten eines Unfalls in der Größenordnung von Fukushima nicht im Preis enthalten sind. Der sozialistische Präsident François Hollande, der 2012 in den Elysée-Palast einzog, kündigte an, er wolle die französische Abhängigkeit von Atomstrom reduzieren und unter anderem Fessenheim, das älteste Atomkraftwerk Frankreichs an der Grenze zu Deutschland, nördlich von Basel, abschalten.

Doch die Energiesubventionen beschränken sich nicht auf den Atomstrom in Frankreich, den Windstrom in Deutschland oder den Sonnenstrom in der Schweiz. Auch Erdöl wird subventioniert, wenn auch nicht in Deutschland oder der Schweiz. Die Internationale Energieagentur (IEA) kritisiert, dass in Erdöl produzierenden Ländern wie Iran, Saudi-Arabien, Russland, Venezuela, Mexiko und Kuwait Erdölprodukte wie Benzin und Diesel deutlich unter dem Weltmarktpreis an die eigenen Bürger abgegeben werden. »Die Subventionen für den Konsum fossiler Energieträger beliefen sich im Jahr 2010 auf 409 Milliarden Dollar«, die Hälfte davon, also 200 Milliarden Dollar für Erdölprodukte, berechnete die IEA. Die weltweiten Subventionen für erneuerbare Energien seien im selben Jahr deutlich kleiner gewesen, gemäß der IEA rund 66 Milliarden Dollar.[32]

Die meisten Menschen wissen nicht, dass Erdöl mit rund 200 Milliarden pro Jahr deutlich mehr subventioniert wird als die erneuerbaren Energien. Für die Zukunft ist es meiner Ansicht nach wichtig, dass die erneuerbaren Energien stärker und die fossilen und atomaren Energien weniger subventioniert werden, denn nur dann kann die Energiewende gelingen. »Mit jedem Jahr, das ohne klare Signale für Investitionen in saubere Energien vergeht, wird es schwerer und teurer, unsere Ziele bei Energiesicherheit und Klimaschutz zu erreichen«, mahnte auch IEA-Chefökonom Fatih Birol.[33] Denn letztendlich entscheiden die Geldflüsse, welche Energieprodukte sich am Markt durchsetzen, und diese Geldflüsse werden bei allen Energieträgern durch Interessengruppen gesteuert. »Die einzigen wirklichen Lösungen sind intensive Investitionen in erneuerbare Energien und Energieeinsparungen«, fordert in Deutschland Hans-Josef Fell, der als Abgeordneter für die Grünen im Bundestag sitzt. »Anders wird man den Umbau nicht mehr in einer angemessenen Zeit hinbekommen.» Die Abkehr von den fossilen Energieträgern sei dringend. »Mit erneuerbaren Energien gibt es keine Verknappung. Wenn wir die Techniken schnell entwickeln und ökonomisch ausbauen, bekommen wir den Klimaschutz gratis dazu.»[34]

Ob und wie die Energiewende gelingt, wird die Geschichte weisen. Eine Vielzahl von Ideen und Initiativen wird derzeit geprüft und umgesetzt, so dass es nicht mehr möglich ist, den Gesamtüberblick zu behalten. In Großbritannien hat Rob Hopkins als Antwort auf die Probleme Peak Oil und Klimawandel sogenannte »Transition Towns« gegründet. Diese setzen nicht auf Subventionen, die große Politik und »Lösungen von oben«, sondern auf Selbstverantwortung und reduzieren auf Gemeindeebene die Erdölabhängigkeit Schritt für Schritt von Jahr zu Jahr unter Einbezug möglichst aller Menschen in der Gemeinde, welche jeweils über sehr unterschiedliche Erfahrungen verfügen. Indem die Erdölabhängigkeit reduziert und die soziale Kooperation gefestigt wird, steigt die »Resilienz« oder »Widerstandsfähigkeit« des Systems, so dass es Schocks, Störungen von außen oder Katastrophen besser überstehen kann, wie Hopkins betont. Auch in Deutschland und der Schweiz interessieren sich einige Gemeinden für das Konzept »Transition Town«.[35]

Die Energiewende kann in jedem Land genau gemessen werden. Dazu muss erstens untersucht werden, wie groß der Energieverbrauch pro Kopf der Bevölkerung ist. Ein hoher Wert zeigt Verschwendung, ein tiefer Wert hohe Energieeffizienz. Wenn ein Land mehrheitlich Niedrigenergiehäuser zählt und die Fahrzeugflotte im Durchschnitt weniger als 3 Liter Benzin auf 100 Kilometer benötigt, was heute nirgends der Fall ist, wäre die Effizienz sehr hoch, der Schock durch einen Peak Oil klein. Zweitens muss untersucht werden, wie groß der Anteil der erneuerbaren Energien ist, und zwar bei der Stromproduktion wie auch im Gesamtenergiemix, also Strom, Wärme und Mobilität summiert. Wenn der Energieverbrauch pro Kopf tief ist und die Energie zu 100 Prozent aus erneuerbaren Quellen erzeugt wird, ist die Energiewende vollzogen. Derzeit gibt es kein Land auf der Welt, das sich zu 100 Prozent mit erneuerbaren Energien versorgt.

In der Schweiz liegt der Anteil der erneuerbaren Energien am gesamten Energiemix bei nur 19 Prozent. Erdöl war im Jahre 2010 weiterhin mit Abstand der wichtigste Energieträger der Schweiz und deckte als Benzin, Diesel, Flugtreibstoff und Heizöl 55 Prozent des Endverbrauchs. Im Rahmen der Energiewende ist es unabdingbar, dass auch in der Schweiz die Erdölabhängigkeit reduziert wird. Der Anteil von Erdgas lag bei knapp 13 Prozent, womit der fossile Anteil am Schweizer Energiemix 68 Prozent betrug. Atomenergie deckte 11 Prozent. Der Kohleanteil ist in der Schweiz traditionell tief, da das Land keinen Kohlestrom produziert, und lag unter einem Prozent. Aus erneuerbarer Wasserkraft stammten 12 Prozent des Endenergieverbrauchs, 4 Prozent aus erneuerbarem Holz, 1 Prozent aus der Umweltwärmenutzung, während die erneuerbare Sonnenenergie-, Biomasse-, Biogas-, Wind- und Abfallnutzung summiert nur 2 Prozent der Endenergie abdeckten. Die Landesregierung will den Anteil der erneuerbaren Energien erhöhen – die Energiewende hat begonnen, wird aber noch Jahrzehnte andauern.[36]

Wer sich wenig mit der laufenden Energiewende beschäftigt, verliert bald den Überblick, wie schnell welche Primärenergie in welchem Land anwächst und wie groß ihr Anteil am Energieangebot ist, weil es schlicht zu viele Zahlen sind und die Zahlen sich jedes Jahr ändern. Erdölfässer und Megawatt bleiben für die meisten

Menschen abstrakte Angaben, zu denen sie keinen Bezug haben. Einprägsamer sind solche Vergleiche: »In Deutschland wird mehr Strom aus Wind, Wasser und Sonne erzeugt als in Atomkraftwerken«, so das Nachrichtenmagazin »Spiegel« im Januar 2012.[37] Daran lässt sich erkennen, dass die Energiewende nicht etwas ist, das irgendwann in der Zukunft beginnen wird. Die Energiewende hat bereits begonnen und läuft, sie ist aber noch in ihrem Anfangsstadium. Im Jahr 2011 deckten die erneuerbaren Energien 20 Prozent der Stromerzeugung in Deutschland, deutlich weniger als in Österreich oder der Schweiz. Der Anteil der erneuerbaren Energien am Endenergieverbrauch lag in Deutschland 2011 bei 12 Prozent, womit auch klar ist, dass die Energiewende Zeit brauchen wird.

Auch Österreich investiert in die Energiewende und verfolgt das Ziel »einer Stabilisierung des Bruttoendenergieverbrauchs auf dem Niveau des Jahres 2005« und »einer Erhöhung des Anteils erneuerbarer Energieträger bis 2020 auf 34 Prozent sowie deutlich geringeren CO_2 -Emissionen«, wie Reinhold Mitterlehner, Bundesminister für Wirtschaft betont. Wie Deutschland nutzt auch Österreich die Sonnenenergie als Photovoltaik und Solarthermie sowie die erneuerbare Wasserkraft, Holzabfälle, Wärmepumpen, Biogas, Geothermie und Windkraft. Unter den Ländern Europas hat sich ein gesunder Wettbewerb entwickelt, wer den höchsten Anteil erneuerbarer Energien ausweisen kann. Österreich lag im Jahre 2008 mit einem Anteil von 27 Prozent deutlich vor der Schweiz (19 Prozent) und Deutschland (12 Prozent), aber hinter Norwegen (43 Prozent), Schweden (32 Prozent) und Lettland (32 Prozent). Weil Norwegen nicht zur EU gehört, lag Österreich innerhalb der EU auf dem drittbesten Platz.[38]

Schluss

»Es gibt keinen Grund zu verzweifeln, nur weil uns das Öl ausgeht«, betont der deutsche Energieexperte Jörg Schindler. »Die Zukunft kann angenehmer, sicherer und gesünder sein.«[1] Eine solch positive Vision ist durchaus realistisch. Es ist möglich, dass die Energiewende gelingt, die Wirtschaft blüht und sich zukünftige Generationen aus erneuerbaren Energien versorgen und ihre Konflikte friedlich lösen. Dafür braucht es aber nichts weniger als ein neues Bewusstsein: Der Wandel muss in uns selbst beginnen, wie Mahatma Gandhi betonte: »Sei Du selbst die Veränderung, die Du Dir wünschst für diese Welt.«[2]

Die Befürworter der Energiewende in Europa organisieren und vernetzen sich immer besser und versuchen den Wandel umzusetzen. Beispiele gibt es viele, darunter in der Schweiz den neuen Wirtschaftsverband Swisscleantech, der von Nick Beglinger geführt wird. »Wir geben Geld aus für Öl oder Gas, das wir dann verbrennen – mit wenig Wertschöpfung«, kritisiert Beglinger. Klüger sei es, die Energiewende einzuleiten und eine Cleantech-Branche aufzubauen. Ich bin Mitglied des wissenschaftlichen Beirats von Swisscleantech. Der Verband verfolgt fünf klare Ziele: 1. Die Versorgungssicherheit zu erhöhen und die Ressourcen- und Energieeffizienz zu verbessern; 2. Attraktive Stellen zu schaffen; 3. Den hohen Lebensstandard zu sichern; 4. Kurz- und langfristig von den stark wachsenden globalen Cleantech-Märkten zu profitieren; 5. Einen Beitrag zur nachhaltigen Entwicklung auf globaler Ebene zu leisten. Es ist durchaus möglich, dass in dieser Form die Energiewende auf verschiedenen Ebenen der Gesellschaft mehrheitsfähig wird.[3]

Denkbar ist aber auch, dass die Energiewende nicht gelingt und sich Ressourcenkriege ausbreiten und die Menschen sich mit modernsten Waffen gegenseitig umbringen. Klimawandel, Nahrungsmittelknappheit, Arbeitslosigkeit, Dürren und Kampf ums Wasser würden eine solche dunkle Zukunft charakterisieren, in welcher die Weltbevölkerung reduziert wird, kombiniert mit hohen Erdölpreisen, die das Wirtschaftswachstum abwürgen.

Der österreichische Umweltminister Niki Berlakovich will nicht an eine solch düstere Vision glauben. Er strebt wie viele Tausende andere Europäer die Energiewende an und fordert gar die Energieautarkie für Österreich, dass also per saldo in Österreich in Zukunft so viel Energie aus heimischen erneuerbaren Quellen wie Wind, Wasser, Sonnenkraft, Geothermie und Biomasse erzeugt wird, wie die Bevölkerung verbraucht. »Das macht uns unabhängig von teuren, fossilen Energieimporten wie Öl und Gas und sorgt für Aufschwung in der Wirtschaft sowie positive Arbeitsmarkteffekte mit neuen green jobs«, ist Berlakovich überzeugt. Österreich wolle »mehr Sicherheit für die Energieversorgung und Lebensqualität für uns und unsere Kinder«, so der Umweltminister.[4]

Nachdem ich während Jahren die Entwicklung der Ölförderung, Rüstungsausgaben und verschiedene Lügen und Täuschungsmanöver im Umfeld von Ressourcenkriegen studiert habe, hoffe ich heute sehr, dass die Energiewende gelingen wird, und ich setze mich mit dem Swiss Institute for Peace and Energy Research (SIPER) für eine Unterstützung dieser Transformation ein. Ich bin mir aber auch bewusst, dass der Weg noch weit und die Gefahr des Scheiterns groß ist. Gelingt die Energiewende? Ich weiß es nicht, aber ich hoffe es. Oder erwarten uns, unsere Kinder und unsere Enkel Ressourcenkriege, Rezessionen, Klimawandel und Wasserknappheiten? Die Zukunft muss es weisen und unsere Wandlungsfähigkeit dokumentieren.

Chronologie

1712 In England baut Thomas Newcomen die erste Dampfmaschine, indem er mit Kohle Wasser erhitzt und die erzeugte Dampfkraft in mechanische Kraft umwandelt. Das fossile Zeitalter beginnt.

1804 Die Weltbevölkerung erreicht erstmals die Marke von 1 Milliarde und steigt in den folgenden 200 Jahren auf 7 Milliarden an.

1825 In England findet der erste Passagiertransport mittels einer mit Kohle angetriebenen Dampflokomotive statt. Das fossile Zeitalter revolutioniert die Mobilität. 1835 fährt in Deutschland erstmals eine Eisenbahn, 1847 in der Schweiz.

1859 In den USA bohrt Edwin Drake in Titusville, Pennsylvania, erfolgreich nach Erdöl. Das Erdölzeitalter beginnt. Auch in Europa wird zur selben Zeit Erdöl gefördert.

1870 In den USA gründet John D. Rockefeller die Standard Oil Company. Ihre Nachfolgefirma ExxonMobil realisierte 2008 einen Gewinn von 42 Milliarden Dollar.

1886 In Deutschland baut der Ingenieur Gottlieb Daimler einen mit Benzin betriebenen Motor und treibt damit eine Kutsche mit vier Rädern an – das erste Auto ist erfunden.

1907 In den Niederlanden kommt es zur Gründung der Royal Dutch Shell. Shell ist heute der größte Energiekonzern Europas vor BP und Total.

1908 Die Briten entdecken im Iran als Erste Erdöl im Nahen Osten. Sie gründen BP und stellen den Antrieb der Kriegsmarine von heimischer Kohle auf importiertes Erdöl um.

1914 Im Ersten Weltkrieg werden erstmals mit Erdöl angetriebene Flugzeuge und Panzer eingesetzt. Erdöl revolutioniert die Kriegstechnik, die Opferzahlen steigen stark an.

1923 In der Schweiz erreicht der erste Erdöltanker aus Rotterdam über den Rhein den Hafen von Basel. Erdölprodukte werden auch mit Kesselwagen auf der Schiene importiert.

1925 In der Schweiz gilt im Kanton Graubünden bis 1925 ein prinzipielles Fahrverbot für alle Automobile.

1939 Deutschland startet Blitzkriege und besetzt mit durch Erdöl angetriebene Panzer, Lastwagen und Flugzeuge Westeuropa. Deutschland greift 1941 auch Russland an, kann aber die Erdölfelder von Baku nicht erobern und kapituliert 1945.

1941 Die USA, damals größte Erdölmacht der Welt, stoppen die Erdölexporte nach Japan, worauf Japan den US-Stützpunkt Pearl Harbor im Pazifik angreift.

1948 In der Schweiz wird in Kloten bei Zürich der Flughafen eröffnet. Die Bevölkerung kommt dank billigen Erdöls erstmals in den Genuss von Flugreisen in ferne Länder.

1951 Im Iran verstaatlicht die Regierung Mossadegh das Erdöl von BP und wird zwei Jahre später vom amerikanischen und britischen Geheimdienst gestürzt.

1955 In der Schweiz wird die erste innerkantonale Autobahn zwischen Luzern und Horw eröffnet, 1964 folgt die erste interkantonale Autobahn zwischen Genf und Lausanne.

1956 Frankreich, Großbritannien und Israel greifen Ägypten an, das daraufhin den Suezkanal sperrt. Europa befürchtet, dass Erdöl knapp wird. Die Schweiz führt autofreie Sonntage durch.

1959 In der Schweiz wird die Swisspetrol gegründet, um die Erdölsuche im Land zu kontrollieren und ausländische Erdölkonzerne fernzuhalten. Doch die Suche verläuft erfolglos.

1963 Die Schweiz importiert erstmals Rohöl durch Pipelines. In Collombey im Wallis nimmt die erste Erdölraffinerie den Betrieb auf, drei Jahre später wird die Raffinerie Cressier im Kanton Neuenburg eröffnet.

1970 Die USA erreichen das Fördermaximum Peak Oil beim konventionellen Erdöl. Ein Jahr später entscheidet der amerikanische Präsident Nixon, die Golddeckung des Dollars aufzuheben, was den USA erlaubt, Dollars in unbeschränkten Mengen zu drucken und damit Erdöl zu kaufen.

1973 Syrien und Ägypten greifen am 6. Oktober Israel an. Während der Jom-Kippur-Krieg andauert, erhöht die OPEC den Rohölpreis am 16. Oktober von 2 auf 5 Dollar und verhängt gegenüber den USA und den Niederlanden ein Erdölembargo.

1973 Die Niederlande führen während der ersten Erdölkrise am 4. November als erstes Land in Europa einen fahrzeugfreien Sonntag durch, obwohl Erdöl nicht knapp ist. Am 25. November, 2. und 9. Dezember gilt auch in der Schweiz und Deutschland ein Fahrverbot.

1979 Im Iran wird der Schah Reza Pahlavi gestürzt, Ajatollah Khomeini übernimmt die Macht. Der Machtwechsel führt zur zweiten Erdölkrise und einem Anstieg des Erdölpreises.

1980 Der Irak unter Saddam Hussein greift den Iran an. Der erste Golfkrieg zwischen Iran und Irak dauert acht Jahre und fordert mehr als 400 000 Tote. Die USA unterstützen den Irak.

1990 Der Irak greift am 2. August Kuwait an und besetzt das Land. Die USA kämpfen gegen den Irak, vertreiben 1991 zusammen mit den Alliierten die irakischen Besetzer aus Kuwait und bauen vor Ort Militärlager auf. Der Krieg fordert mehr als 30 000 Tote.

2000 Norwegen und Großbritannien, die wichtigsten europäischen Erdölförderländer, erreichen das Fördermaximum Peak Oil; seither geht die Förderung zurück.

2001 In den USA warnt die National Energy Policy Development Group (NEPDG) unter Vizepräsident Dick Cheney vor kommenden Erdölknappheiten. Nach den Terroranschlägen vom 11. September beginnen die USA mit den NATO-Partnern am 7. Oktober einen Krieg gegen Afghanistan.

2003 Die USA und Großbritannien greifen am 20. März ohne UNO-Mandat den Irak an. Die konventionelle Erdölproduktion in den USA und Großbritannien fällt seit Jahren, der Irak besitzt die drittgrößten konventionellen Erdölreserven der Welt.

2006 Weltweit erreicht das konventionelle, leicht und billig zu fördernde Erdöl das Fördermaximum Peak Oil bei einer Tagesproduktion von 70 Millionen Fass. Die Angst vor hohen Erdölpreisen und Erdölknappheit nimmt zu.

2008 Der Erdölpreis durchbricht erstmals die Grenze von 100 Dollar pro Fass. Noch im Januar 1999 wurde die Sorte Brent für 11 Dollar gehandelt.

2010 Erdölkonzerne bohren immer tiefer, um den Rückgang der Produktion in weniger tiefen Feldern auszugleichen. In den USA explodiert im Golf von Mexiko die von BP betriebene Ölplattform Deepwater Horizon, die aus 5500 Metern Tiefe Erdöl förderte.

2010 Der Erdölkonzern BP gibt in der jährlich erscheinenden »Statistical Review of World Energy« für 2010 den Erdölkonsum mit 87 Millionen Fass pro Tag an. Davon sind aber gemäß der OPEC nur 70 Millionen Fass Rohöl. 17 Millionen Fass stammen aus Gaskondensaten, Biotreibstoffen, Teersand und Tiefseeöl.

2011 Frankreich, Großbritannien und die USA beginnen am 19. März mit Luftangriffen auf Libyen, das die größten Erdölreserven Afrikas besitzt. Muammar Gaddafi wird getötet. Der Krieg fordert 30 000 Tote.

2011 In Japan explodiert das Atomkraftwerk Fukushima. Deutschland und die Schweiz entscheiden, aus der Atomenergie auszusteigen und die erneuerbaren Energien Sonne, Wind, Wasser, Erdwärme, Biomasse und Biogas auszubauen.

Infografiken

Alle Infografiken können auf www.siper.ch heruntergeladen werden.

// Entdeckungen von konventionellem Erdöl, globale Übersicht

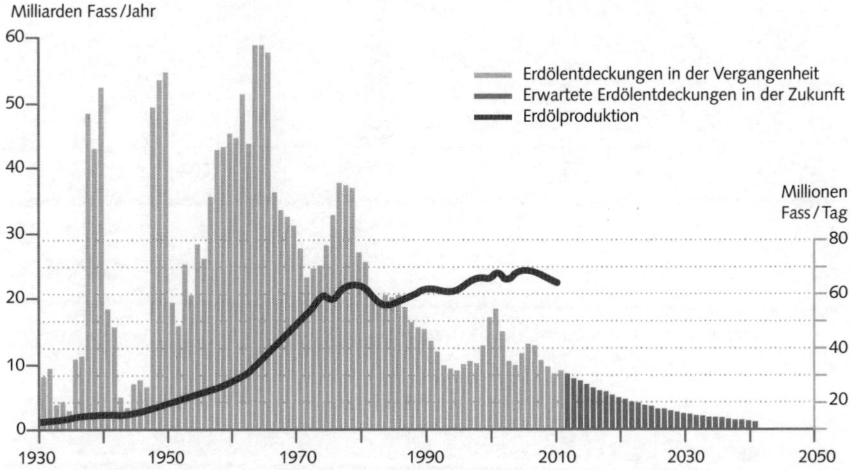

Datenquelle: Dr. Colin Campbell, ASPO, 2011

Swiss Institute for Peace and Energy Research

SIPER

Die Entdeckungen von konventionellem Erdöl gehen zurück.

// Erdölpreis, historische Entwicklung

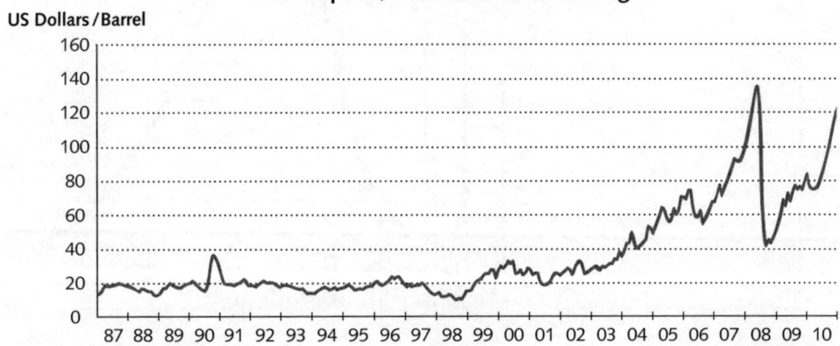

Datenquelle: Erdölsorte Brent, Tageskurse nicht inflationsbereinigt

Swiss Institute for Peace and Energy Research

SIPER

Der Erdölpreis ist auf hohem Niveau volatil und treibt die Energiewende an.

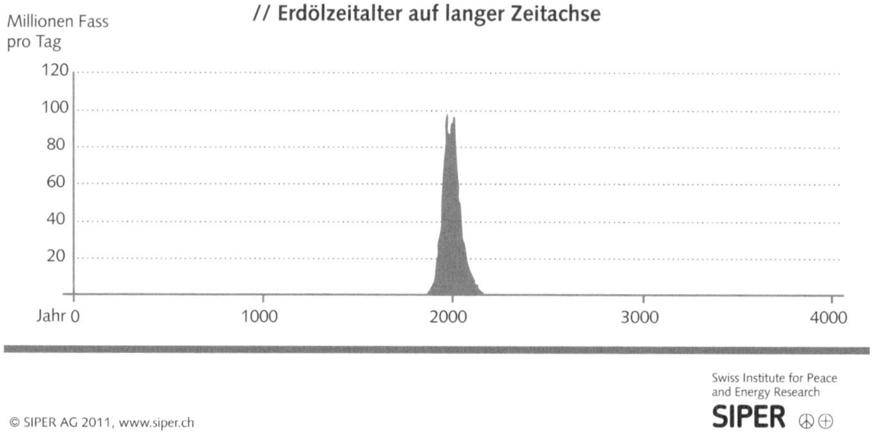

Das Erdölzeitalter ist nur ein kurzer Abschnitt der Menschheitsgeschichte.

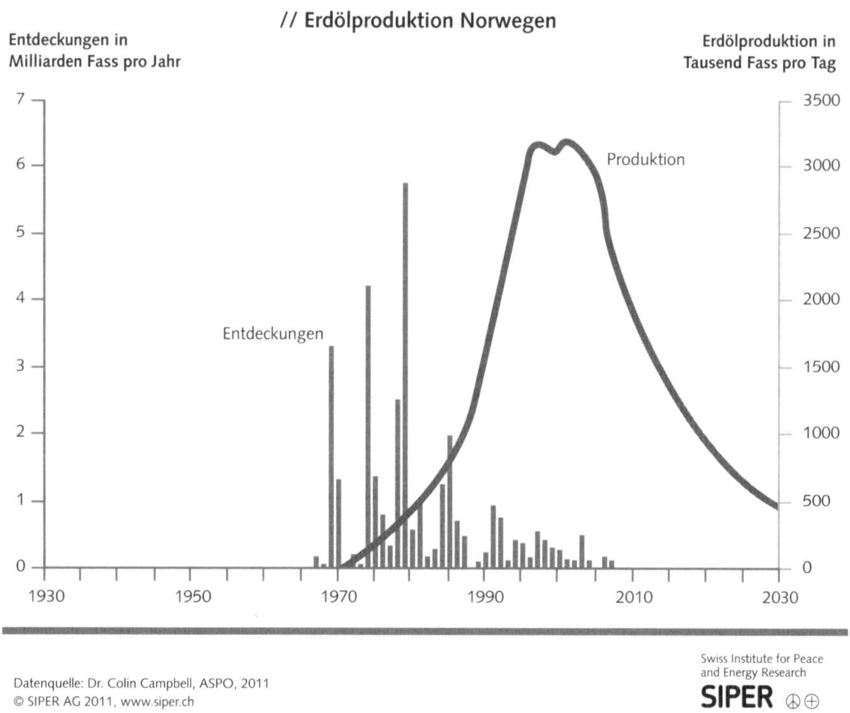

Die Erdölproduktion in Norwegen hat im Jahr 2000 den Peak Oil erreicht und geht seither zurück.

// Erdölproduktion Großbritannien

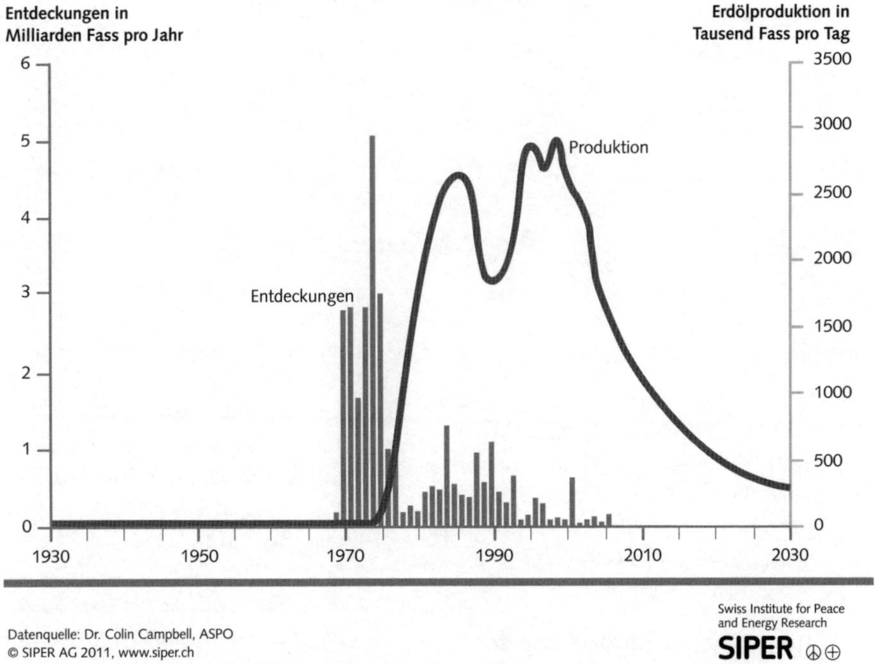

Auch in Großbritannien wurde das Fördermaximum Peak Oil erreicht. Die Erdölproduktion von Europa fällt, die Abhängigkeit von Importen steigt.

// Wachstum der Weltbevölkerung

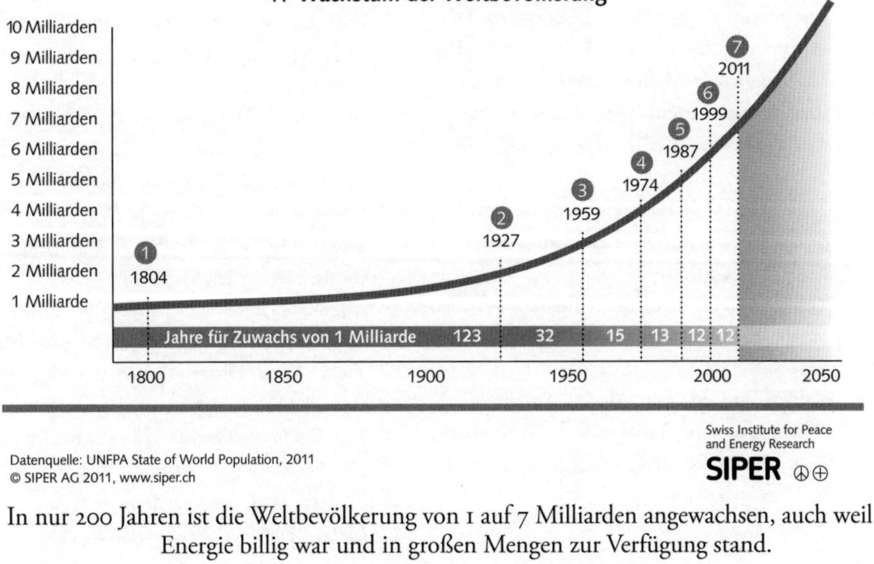

In nur 200 Jahren ist die Weltbevölkerung von 1 auf 7 Milliarden angewachsen, auch weil Energie billig war und in großen Mengen zur Verfügung stand.

Anmerkungen

Einführung

1 Nobuo Tanaka zitiert in: *Energieagentur warnt vor Öl-Verknappung. In: Spiegel Online,* 1. Juli 2008.

2 Nobuo Tanaka zitiert in: *Spiegel Interview with IEA Head Nobuo Tanaka. In: Spiegel* Online, 12. August 2008.

1 Europa vor der Entdeckung des Erdöls

1 Zahlen aus: Esser, Hartmut: *Soziologie: allgemeine Grundlagen* (Frankfurt am Main: Campus, 1999), S. 277.

2 Zahlen aus: Rogall, Holger: *Ökologische Ökonomie: eine Einführung* (Wiesbaden: Verlag für Sozialwissenschaften, 2008), S. 24

3 Zahlen aus: Leuenberger, Theodor: *Europa weiter denken* (Berlin: Lit Verlag, 2007) S. 106.

4 Zahlen aus: Gall, Lothar: *Europa auf dem Weg in die Moderne, 1850–1890* (München: Oldenburg, 2004), S. 4.

5 Zahlen aus: Leuenberger, Theodor: *Europa weiter denken* (Berlin: Lit Verlag, 2007) S. 107.

6 Zahlen aus: Hauser, Albert: *Schweizerische Wirtschafts- und Sozialgeschichte* (Erlenbach: Eugen Rentsch Verlag, 1961) S. 177.

7 Zitat aus: Hardegger, Joseph (Hrsg.): *Das Werden der modernen Schweiz: Band 1* (Basel: Lehrmittelverlag, 1986), S. 47.

8 Zollikofer, Ruprecht: *Der Osten meines Vaterlandes, oder die Kantone St. Gallen und Appenzell im Hungerjahre 1817: Band 1* (St. Gallen: Eigenverlag, 1818), S. 152.

9 Scheitlin, Peter: *Meine Armenreisen in den Kanton Glarus und in die Umgebungen der Stadt St. Gallen 1816 und 1817, nebst einer Darstellung wie es den Armen 1817 erging* (St. Gallen: Huber, 1820), S. 98.

10 Roberts, Paul: *The end of oil. The decline of the petroleum economy and the rise of a new energy order* (London: Bloomsbury, 2005), S. 23.

11 Zahlen aus: Mager, Johannes: *Mühlenflügel und Wasserrad* (Leipzig: Fachbuchverlag, 1990), S. 22.

12 Metz, Karl: *Ursprünge der Zukunft. Die Geschichte der Technik in der westlichen Zivilisation* (Zürich: NZZ Verlag, 2006), S. 70.

13 Pfister, Christian (Hrsg.): *Das 1950er Syndrom. Der Weg in die Konsumgesellschaft* (Bern: Haupt, 1995), S. 60.

14 Marek, Daniel: *Die Industrialisierung der Schweiz aus der Energieperspektive 1850–1900* (Bern: Dissertationen der Universität Bern, 1992).

15 *Die Eröffnungsfeier der Eisenbahn.* In: *Neue Zürcher Zeitung,* 9. August 1847.

16 Pfister: *Das 1950er Syndrom,* S. 63.

17 Metz: *Ursprünge der Zukunft,* S. 455.

18 Vergleiche: Ehrensvärd, Gösta: *Nach uns die Steinzeit. Das Ende des technischen Zeitalters* (Bern: Hallwag, 1972).

19 Umbach, Frank: *Globale Energiesicherheit. Strategische Herausforderungen für die europäische und deutsche Außenpolitik* (München: Oldenbourg, 2003), S. 99 und S. 103.

20 Metz: *Ursprünge der Zukunft,* S. 456.

21 Sieferle, Rolf Peter: *Der unterirdische Wald. Energiekrise und Industrielle Revolution* (München: Verlag C. H. Beck, 1982), S. 63.

2 Der Beginn des Erdölzeitalters

1 Eine Minderheit von Erdölexperten, deren Meinung ich nicht teile, geht davon aus, dass Erdöl nicht organischen Ursprungs sei, sondern zu den ursprünglichen Bestandteilen der Erde gehöre und aus dem Erdinneren aufsteige. Zu dieser »anorganischen Theorie« vergleiche: Gold, Thomas: *Biosphäre der heißen Tiefe* (Wiesbaden: edition steinherz, 2000).

2 Zitiert in: Forbes, Robert: *Bitumen and Petroleum in Antiquity* (Leiden: Brill, 1936), S. 57.

3 Zitiert in: Forbes, Robert: *More Studies in early Petroleum History 1860–1880* (Leiden: Brill, 1959), S. 71.

4 Zitiert in: Swoboda, Julius: *Die Entwicklung der Petroleum Industrie in Volkswirtschaftlicher Beleuchtung* (Tübingen: Verlag der H. Laupp'schen Buchhandlung, 1895), S. 8.

5 Zitiert in: Hohensee, Jens: *Der erste Ölpreisschock 1973/74. Die politischen und gesellschaftlichen Auswirkungen der arabischen Erdölpolitik auf die Bundesrepublik Deutschland und Westeuropa* (Stuttgart: Verlag Franz Steiner, 1996), S. 9.

6 Zitiert in: Yergin, Daniel: *Der Preis. Die Jagd nach Öl, Geld und Macht* (Frankfurt am Main: Fischer, 1991), S. 30.

7 Zitiert in: Giddens, Paul Henry: *The Birth of the Oil Industry* (New York: Macmillan, 1938), S. 125.

8 Vergleiche: Rockefeller, David: *Erinnerungen eines Weltbankiers* (München: Finanzbuch-Verlag, 2008).

9 Zitiert in: Yergin: *Preis,* S. 70.

10 Vergleiche: Standard Oil Company. *Die Standard Oil Company. Eine Einführung in die Geschichte und die Entwicklung der Gesellschaft* (Wien: Esso Standard Austria, 1951), S. 5 und 31.

11 Zitiert in: Yergin: *Preis,* S. 135.

12 Tarbell, Ida: *The History of the Standard Oil Company.* (New York: Phillips, 1904).

13 Tarbell: *Standard Oil Company,* 288.

14 Zitiert in: Yergin: *Preis,* S. 137.

15 Bringhurst, Bruce: *Antitrust and the Oil Monopoly. The Standard Oil Cases 1890–1911* (Westport: Greenwood Press, 1979), S. 126 und S. 140.

16 Karlsch, Rainer; Stokes, Raymond: *Faktor Öl. Die Mineralölwirtschaft in Deutschland 1859–1974* (München: Beck, 2003), S. 28.

17 Zahlen aus: Yergin: *Preis,* S. 27.

18 Swoboda, Julius: *Die Entwicklung der Petroleum Industrie in Volkswirtschaftlicher Beleuchtung* (Tübingen: Verlag der H. Laupp'schen Buchhandlung, 1895), S. 102.

19 Williamson, Harold Francis; Daum, Arnold: *The American Petroleum Industry. The Age of Illumination, 1859–1899* (Evanston: Northwestern University Press 1959), S. 320.

20 Frank, Alison: *The Petroleum War of 1910. Standard Oil, Austria, and the Limits of the Multinational Corporation.* In: American Historical Review, February 2009, S. 20.

21 Zahlen aus: Yergin: *Preis,* S. 64.

22 J. Poley: *Eroica. The quest for oil in Indonesia* (1850–1898) (Dordrecht: Kluver Academic Publishers, 2000), S. 82.

23 Zitiert in: Henriques, R: *Marcus Samuel: First Viscount Bearsted and Founder of the Shell Transport and Trading Company, 1853–*

1927 (London: Barrie And Rockliff, 1960), S. 272.

24 Zitiert in: Hidy, Ralph: *History of Standard Oil Company* (New York: Harper & Row, 1955), S. 261–267.

25 Zitiert in Yergin: *Preis,* S. 99.

26 Zitiert in: Henriques, R: *Marcus Samuel: First Viscount Bearsted and Founder of the Shell Transport and Trading Company, 1853–1927* (London: Barrie And Rockliff, 1960), S. 403.

27 *Der Transport flüssiger Treib- und Brennstoffe auf dem Rhein.* In: *National-Zeitung,* Basel, 13. Oktober 1954.

28 Vergleiche: Markus, Ursula: *Augusto Gansser – aus dem Leben eines Welterkunders* (Zürich: AS Verlag, 2008).

29 Peter Lehner zitiert in: *Bohrinsel Schweiz.* In: *NZZ Folio,* September 2004.

30 Zahlen aus: *Shell erfreut Aktionäre mit Dividendenerhöhung.* In: *Finanz und Wirtschaft,* 4. Februar 2012.

31 Karlsch und Stokes: *Faktor Öl,* S. 57.

32 Büchi, Willy: *Entwicklung und Aufbau des schweizerischen Benzinmarktes und die wirtschaftspolitische Bedeutung seiner Organisationsformen* (Immensee: Calendaria, 1938), S. 82.

33 Zahlen aus: Esso Standard Switzerland: *Pico und Petroleum – um die Jahrhundertwende* (Zürich: Esso Standard, 1954).

34 BP Benzin und Petroleum AG: *BP in der Schweiz: ein Querschnitt im Bilde: 50 Jahre 1909–1959* (Zürich: BP Benzin und Petroleum AG, 1959), S. 1.

35 Esso Standard Switzerland: *Das Esso-Buch. Über ein halbes Jahrhundert in der Schweiz* (Zürich: Esso Standard, 1951), S. 7 und 10.

36 Esso Standard Switzerland: *Pico und Petroleum.*

37 Esso Standard Switzerland: *Esso-Buch,* S. 16.

38 Esso Standard Switzerland: *Pico und Petroleum.*

39 Calice, Jakob: *Öldorado in Zistersdorf.* In: Melchiar, Peter: *Niederösterreich im 20. Jahrhundert. Band 2: Wirtschaft* (Wien: Böhlau Verlag, 2008), S. 449.

40 R. Streihammer: *Studien zur Geschichte der Stadt Zistersdorf* (Wien 1970, Dissertation, nicht publiziert), S. 105 und 109.

41 Zahlen aus: Campbell, Colin; Heapes, Siobhan: *An Atlas of Oil and Gas Depletion* (Huddersfield: Jeremy Mills Publishing, 2008), S. 167.

42 Gerhard Roiss zitiert in: *OMV-Chef Gerhard Roiss im Interview.* In: *Format. Österreichs Wochenmagazin für Wirtschaft und Geld.* 22. September 2011.

3 Der Kampf ums Erdöl im Ersten Weltkrieg

1 Vergleiche zum Beispiel: Michalka, Wolfgang: *Der Erste Weltkrieg. Wirkung, Wahrnehmung, Analyse* (München: Piper, 1994), in dem das Stichwort »Erdöl« nur in einer Fußnote auf Seite 389 auftaucht.

2 Zahlen aus: Yergin: *Preis,* S. 177.

3 Zitiert in Yergin: *Preis,* S. 195.

4 Quigley, Caroll: *Katastrophe und Hoffnung. Eine Geschichte der Welt in unserer Zeit* (Basel: Perseus, 2007), S. 89.

5 Zitiert in Yergin: *Preis,* S. 202.

6 Zitiert in Yergin: *Preis,* S. 206.

7 Zitiert in Yergin: *Preis,* S. 208.

8 Zitiert in Yergin: *Preis,* S. 208.

9 Zitiert in Yergin: *Preis,* S. 210.

10 Zitiert in Yergin: *Preis,* S. 211.

11 Quigley: *Katastrophe und Hoffnung,* S. 89.

12 Quigley: *Katastrophe und Hoffnung,* S. 118.

13 Helfferich, Karl: *Der Weltkrieg. Vorgeschichte des Weltkrieges* (Berlin: Ullstein, 1919), S. 120–165.

14 Eichholtz, Dietrich: *Die Bagdadbahn, Mesopotamien und die deutsche Ölpolitik bis 1918. Aufhaltsamer Übergang ins Erdölzeitalter* (Leipzig: Leipziger Universitätsverlag, 2007), S. 8.

15 Engdahl, William: *Mit der Ölwaffe zur Weltmacht. Der Weg zur neuen Weltordnung* (Rottenburg: Kopp Verlag, 2006), S. 47.
16 Zitiert in Laffan, Robert: *The Serbs. The Guardians of the Gate* (New York: Dorset Press, 1989), S. 163–164.
17 Engdahl: *Ölwaffe,* S. 60.
18 Yergin: *Preis,* S. 220.
19 Vergleiche: Khan, Mansur: *Die geheime Geschichte der amerikanischen Kriege. Verschwörung und Krieg in der US-Außenpolitik* (Tübingen: Grabert Verlag, 2003), S. 126.
20 Yergin: *Preis,* S. 222.
21 Zahlen aus: Yergin: *Preis,* S. 222.
22 Zitiert in: Ochsenbein, Heinz: *Die verlorene Wirtschaftsfreiheit 1914 bis 1918. Methoden ausländischer Wirtschaftskontrollen über die Schweiz* (Bern: Stämpfli, 1971), S. 313.
23 Ochsenbein: *Verlorene Wirtschaftsfreiheit,* S. 147.
24 Ochsenbein: *Verlorene Wirtschaftsfreiheit,* S. 315.
25 Zahlen aus: Ochsenbein: *Verlorene Wirtschaftsfreiheit,* S. 98.
26 Zahlen aus: Ochsenbein: *Verlorene Wirtschaftsfreiheit* S. 95 und 96.
27 Ochsenbein: *Verlorene Wirtschaftsfreiheit*, S. 98.
28 Zitiert in: Ochsenbein: *Verlorene Wirtschaftsfreiheit* S. 28.
29 Zimmermann, Horst: *Die Schweiz und Großdeutschland. Das Verhältnis zwischen der Eidgenossenschaft, Österreich und Deutschland 1933–1945* (München: Wilhelm Fink, 1980), S. 417.
30 Ochsenbein: *Die verlorene Wirtschaftsfreiheit*, S. 331.
31 Zitiert in: Ochsenbein: *Die verlorene Ï,* S. 21.
32 Ochsenbein: *Verlorene Wirtschaftsfreiheit,* S. 100.
33 Heim, Arnold; Hartmann, Adolf: *Untersuchungen über die petrolführende Molasse der Schweiz* (Zürich: Buchdruckerei Aschmann und Scheller, 1919).
34 Zitiert in Yergin: *Preis,* S. 228.
35 Zitiert in Yergin: *Preis,* S. 229.
36 Zahlen aus Yergin: *Preis,* S. 229.
37 Zitiert in Yergin: *Preis,* S. 237.
38 Zitiert in Hanighen, Frank: *The Secret War* (New York 1934. John Day, 1934), S. 82–83.

4 Der Kampf ums Erdöl im Zweiten Weltkrieg

1 Goralski, Robert; Freeburg, Russell: *Oil & War. How the Deadly Struggle for Fuel in WWII Meant Victory or Defeat* (New York: William Morrow and Company, 1987), S. 28.
2 Zitiert in Goralski und Freeburg: *Oil & War,* S. 24.
3 Berechnungen von Karlsch und Stokes: *Faktor Öl,* S. 137.
4 Zitiert in Goralski und Freeburg: *Oil & War,* S. 25.
5 Zitiert in Goralski und Freeburg: *Oil & War,* S. 21.
6 Karlsch und Stokes: *Faktor Öl,* S. 171.
7 Zitiert in: Karlsch und Stokes: *Faktor Öl,* S. 172.
8 Karlsch und Stokes: *Faktor Öl,* S. 174.
9 Zahlen aus: Goralski und Freeburg: *Oil & War,* S. 26.
10 Zahlen aus: Goralski und Freeburg: *Oil & War,* S. 26.
11 Vergleiche: Westwell, Ian: *Condor Legion. The Wehrmacht's Training Ground* (Hersham: Ian Allan, 2004).
12 Zahlen aus: Goralski und Freeburg: *Oil & War,* S. 31.
13 Zitiert in Luder, Ulrich: *Hermann Obrecht. Zu seinem 25. Todestag am 21. August 1965* (Solothurn: Verlag Vogt-Schild, 1965), S. 8.
14 Zahlen aus: Eidgenössisches Volkswirtschafts-Departement (Hrsg.): *Die Schweizerische Kriegswirtschaft: 1939–1948* (Bern: Eidgenössische Zentralstelle für Kriegswirtschaft, 1950), S. 717.

15 Böschenstein, Hermann: *Bundesrat Obrecht 1882–1940* (Solothurn: Vogt-Schild, 1981), S. 241.

16 Obermüller, Klara: *Klara Obermüller im Gespräch mit Jean Rudolf von Salis. Dem Leben recht geben* (Zürich: Weltwoche Verlag, 1993), S. 151.

17 Volkswirtschafts-Departement: *Kriegswirtschaft,* S. XV.

18 Volkswirtschafts-Departement: *Kriegswirtschaft,* S. 9. Vergleiche auch: Hafner, Georg: *Bundesrat Walther Stampfli (1884–1965). Leiter der Kriegswirtschaft im Zweiten Weltkrieg. Bundesrätlicher Vater der AHV* (Olten: Dietschi, 1986).

19 Volkswirtschafts-Departement: *Kriegswirtschaft,* S. 711.

20 Volkswirtschafts-Departement: *Kriegswirtschaft,* S. 714–715.

21 Volkswirtschafts-Departement: *Kriegswirtschaft,* S. 715.

22 Hochuli, Hans: *Die Entwicklung des schweizerischen Benzinmarktes 1936–1948* (Baden: Meierhofdruckerei, 1952), S. 18.

23 Hochuli: *Benzinmarkt,* S. 19.

24 Zahlen aus: Volkswirtschafts-Departement: *Kriegswirtschaft,* S. 717.

25 Volkswirtschafts-Departement: *Kriegswirtschaft,* S. 720.

26 Volkswirtschafts-Departement: *Kriegswirtschaft,* S. 716.

27 Volkswirtschafts-Departement: *Kriegswirtschaft,* S. 722.

28 Bundesarchiv: Broschüre des Kriegs-Industrie und Arbeitsamtes: *Warum – Wie – Wo muss im Winter in den Haushaltungen Elektrizität gespart werden?* Herausgegeben vom Werbedienst der Eidg. Zentralstelle für Kriegswirtschaft, September 1942.

29 Volkswirtschafts-Departement: *Kriegswirtschaft,* S. 726.

30 Hans Rentsch: *Werner Oswald. Bürge der Treibstoffversorgung der Schweiz im Zweiten Weltkrieg* (Glarus: Tschudi Druck, 1985), S. 30.

31 Volkswirtschafts-Departement: *Kriegswirtschaft,* S. 724.

32 Volkswirtschafts-Departement: *Kriegswirtschaft,* S. 725.

33 Volkswirtschafts-Departement: *Kriegswirtschaft,* S. 730.

34 Volkswirtschafts-Departement: *Kriegswirtschaft,* S. 735 und 737.

35 Volkswirtschafts-Departement: *Kriegswirtschaft,* S. 732.

36 Volkswirtschafts-Departement: *Kriegswirtschaft,* S. XVI.

37 Volkswirtschafts-Departement: *Kriegswirtschaft,* S. 708.

38 Zitiert in Yergin: *Preis,* S. 409.

39 Zitiert in Yergin: *Preis,* S. 412.

40 Zitiert in Yergin: *Preis,* S. 413.

41 Yergin: *Preis,* S. 420.

42 George Morgenstern (1906–1988) war Mitherausgeber der *Chicago Tribune*, der seinerzeit führenden isolationistischen Tageszeitung der USA, und diente während des Krieges im Marine Corps als Presseoffizier. Sein Buch erschien 1947 unter dem Titel: *Pearl Harbor. The Story of the Secret War.* Es wurde 1998 auch auf Deutsch publiziert: *Pearl Harbor 1941. Eine amerikanische Katastrophe* (München: Herbig, 1998).

43 Stinnet, Robert: *Pearl Harbor. Wie die amerikanische Regierung den Angriff provozierte und 2476 ihrer Bürger sterben ließ* (Frankfurt: Zweitausendeins, 2003), S. 11. Das Original erschien im Jahre 2000 bei Simon & Schuster unter dem Titel: *Day of Deceit. The Truth about FDR and Pearl Harbor.*

44 Zitiert in Goralski und Freeburg: *Oil & War,* S. 53.

45 Zahlen aus: Wilson, Andrew: *Das Abrüstungshandbuch: Analysen, Zusammenhänge, Hintergründe* (Hamburg: Hoffmann und Campe, 1984), S. 38.

46 Yergin: *Der Preis,* S. 433.

47 Zitiert in: Barudio, Günter: *Tränen des Teufels. Eine Weltgeschichte des Erdöls* (Stuttgart: Klett-Cotta, 2001), S. 315.
48 Zitiert in: Yergin: *Preis,* S. 445.
49 Zahlen aus: Goralski und Freeburg: *Oil & War,* S. 166.
50 Zitiert in Yergin: *Der Preis,* S. 487.

5 Die Erdölförderung im Nahen Osten unterstützt den Wiederaufbau von Europa

1 Vergleiche: Hogan, Michael: *The Marshall Plan. America, Britain, and the Reconstruction of Western Europe, 1947–1952* (Cambridge: Cambridge University Press 1987).
2 Zitiert in: Little, Douglas: *American Orientalism. The United States and the Middle East since 1945* (Chapel Hill: University of North Carolina Press, 2008), S. 53.
3 Zitiert in: Yergin: *Preis,* S. 500.
4 British Petroleum Company: *Fifty years in pictures. A story of the development of the British Petroleum Group 1909–1959* (London: British Petroleum Company, 1959), S. 70.
5 Zitiert in: Yergin: *Preis,* S. 502.
6 Zitiert in: Yergin: *Preis,* S. 502.
7 Zitiert in: Yergin: *Preis,* S. 503.
8 Zitiert in Yergin: *Preis,* S. 503
9 Zitiert in: Yergin: *Preis,* S. 508.
10 Zitiert in Yergin: *Preis,* S. 508.
11 Zitiert in: Simmons, Mathew: *Twilight in the Desert. The Coming Saudi Oil Schock and the World Economy* (Hoboken: John Wiley & Sons, 2005), S. 11.
12 Baer, Robert: *Die Saudi-Connection. Wie Amerika seine Seele verkaufte* (München: Goldmann Verlag, 2005), S. 126.
13 Yergin: *Preis,* S. 512.
14 Zahlen aus: Yergin: *Preis,* S. 554.
15 Zahlen aus: *OPEC Annual Statistical Bulletin 2010/2011.* Publiziert: 20. Juli 2011.
16 Anglo-Iranian Oil Company: *The Anglo-Iranian Oil Company and Iran. A description of the company's contribution to Iran's revenue and national economy and of its welfare activities for employees in Iran* (London: Anglo Iranian Oil Company, 1951), S. 3 und 19.
17 Keddie, Nikki: *Roots of Revolution. An Interpretive History of Modern Iran* (New Haven: Yale University Press, 1981), S. 133.
18 British Petroleum Company: *Fifty years in pictures: a story of the development of the British Petroleum Group 1909–1959* (London: British Petroleum Company, 1959), S. 91.
19 Das Zitat stammt aus der geheimen CIA-Geschichte zum Coup. Diese wurde im März 1954 von Donald Wilber innerhalb der CIA verfasst und blieb klassifiziert, bis die *New York Times* im Jahr 2000 Auszüge aus der CIA-Geschichte veröffentlichte. Vergleiche: Risen, James: *Secrets of History. The CIA in Iran – A Special Report. How a Plot Convulsed Iran in '53 (and in '79).* In: *New York Times,* 16. April 2000.
20 Roosevelt, Kermit: *Countercoup. The Struggle for the Control of Iran* (New York: McGraw-Hill, 1979).
21 »Ein Bombenanschlag wurde von CIA-Agenten, welche sich als Kommunisten ausgaben, auf das Haus von mindestens einem prominenten Muslim verübt.« Das Zitat stammt aus der geheimen CIA-Geschichte zum Coup von Donald Wilber. Vergleiche: Risen: *CIA in Iran.*
22 Risen: *CIA in Iran.*
23 Katouzian, Homa: *Musaddiq's Memoirs. The end of the British Empire in Iran. Dr. Mohammad Musaddiq Champion of the Popular Movement of Iran and Former Prime Minister* (London: National Movement of Iran, 1988), S. 465.
24 Keddie: *Revolution,* S. 142.
25 Zitiert in: Risen: *CIA in Iran.*
26 *In gegenseitigem Misstrauen eng verbunden.* In: *Tages-Anzeiger,* 3. Februar 2005. Sowie: *Amerikas Ursünde im Mittleren Osten.* In: *Tages-Anzeiger,* 16. Juni 2004.

27 Mohssen Massarrat, zitiert in: *Preis der Freiheit.* In: *Die Zeit,* 31. März 2005.

28 Bundesarchiv: Wortprotokolle: Ständerat: Sitzung vom 16. Dezember 1952, S. 27: Postulat Klöti *Erdölkonzessionen* vom 3. Dezember 1952.

29 Bundesarchiv: Wortprotokolle: Nationalrat: Sitzung vom 12. März 1953: Postulat Kunz vom 3. Dezember 1952, S. 1–8.

30 Werner Niederer zitiert in: *Erdölforschung in der Schweiz.* In: *St. Galler Tagblatt,* 18. November 1957.

31 Max Schmidheiny zitiert in: *Schweizerische Erdölforschung.* In: *Neue Zürcher Zeitung,* 6. Januar 1958.

32 Simon Frick zitiert in: Frick, Simon; Büchi, Ulrich: *Die schweizerische Erdgas- und Erdölforschung* (Bern: Energieforum Schweiz, 1981), S. 4.

33 F. Rutsch, zitiert in: *Erdöl in der Schweiz?* In: *Der Bund,* 16. September 1952.

34 Everette Lee DeGolyer zitiert in: *Schweizerische Erdölpolitik – offiziell und vertraulich.* In: *Die Tat,* 29. November 1952.

35 Everette Lee DeGolyer zitiert in: *Das Goldfieber ist im Lande.* In: *Volksrecht,* 13. Dezember 1952.

36 Shell Switzerland: *Im Banne des Erdöls* (Zürich: Shell Switzerland, 1956), S. 10.

37 Bundesarchiv: *Kreisschreiben des Bundesrates an die Kantonsregierungen betreffend die Erdölschürfung und -ausbeutung in der Schweiz vom 28. November 1952.* In: *Bundesblatt,* 1952, Band 3, Heft 50, S. 673–679.

38 Bundesarchiv: Wortprotokolle: Nationalrat: Sitzung vom 30. September 1959, S. 316–319.

39 Bundesarchiv: Wortprotokolle: Nationalrat: Sitzung vom 30. September 1959, S. 316–319.

40 Bundesarchiv: Wortprotokolle: Nationalrat: Sitzung vom 30. September 1959, S. 303 und 304.

41 Max Schmidheiny, Swisspetrol, Referat an der Delegiertenversammlung des Schweizerischen Handels- und Industrievereins Vorort, zitiert in: *Die schweizerische Erdölforschung, eine Aufgabe der einheimischen Wirtschaft.* In: *Chemische Rundschau* (Solothurn), 15. Oktober 1960.

42 Max Schmidheiny zitiert in: *Schweizer Erdölforschung in vollem Gange.* In: *Schweizerische Handels-Zeitung,* 29. Mai 1958.

43 Schweizerisches Konsortium für Erdölforschung, zitiert in: *Probleme des schweizerischen Erdöls.* In: *St. Galler Tagblatt,* 17. Januar 1958.

44 Vergleiche zur Firmengeschichte: Swisspetrol: *Dossier Swisspetrol* (Zug: Swisspetrol, 1974).

45 Max Schmidheiny zitiert in: *Echte Partnerschaft.* In: *Schweizerische Handelszeitung,* 9. Juni 1960.

46 *Lotterie um Schweizer Erdöl.* In: *Genossenschaft,* 18. Juni 1960.

6 Die Suezkrise und die Angst vor Lieferunterbrüchen

1 Zitiert in: Yergin, *Preis,* S. 608.

2 Zitiert in: Yergin: *Preis,* S. 605.

3 Zitiert in: Yergin: *Preis,* S. 609.

4 Arnold Hottinger zitiert in: *Ägypten ist frei! Erinnerungen an Stimmungen in Kairo während der Suezkrise vor fünfzig Jahren.* In: *Neue Zürcher Zeitung,* 28. Oktober 2006.

5 Nasser, Gamal: *The Philosophy of the Revolution* (Buffalo: Economica Books, 1959), S. 67.

6 Schweizerischer Bankverein: *Erdöl – ein Unsicherheitsfaktor in der schweizerischen Energieversorgung* (Basel: Schweizerischer Bankverein, 1957), S. 14.

7 Zitiert in: Yergin: *Preis,* S. 615.

8 *Der Suezkonflikt und die schweizerische Erdölversorgung.* In: *Neue Zürcher Zeitung,* 6. November 1956.

9 Karlsch und Stokes: *Faktor Öl,* S. 299.

10 *Der Suezkonflikt und die schweizerische Erdölversorgung*. In: *Neue Zürcher Zeitung*, 6. November 1956.

11 Bundesarchiv: *Bundesratsbeschluss betreffend Sonntagsverbot und andere Sparmaßnahmen im Verbrauch flüssiger Treibstoffe vom 16. November 1956*.

12 *Suezkrise*. In: *Schweizerische Depeschenagentur*, 18. November 1956.

13 Bundesarchiv: Eidgenössisches Volkswirtschaftsdepartement: *Suez-Konflikt / Versorgung mit flüssigen Treib- und Brennstoffen*. Vertraulicher Bericht von 12 Seiten an den Bundesrat, Bern 17. September 1956.

14 Bundesarchiv: *Suez-Konflikt*, Bern 17. September 1956.

15 Fritz Hummler zitiert in: *Die Lagerhaltung an festen und flüssigen Brennstoffen*. In: *Neue Zürcher Zeitung*, 28. August 1959.

16 *Vorsorgliche Lagerhaltung an Brennstoffen*. In: *National-Zeitung*, 17. September 1959.

17 *Die belgischen Petroleumlieferungen nach der Schweiz*. In: *Neue Zürcher Zeitung*, 3. Dezember 1956.

18 *Die belgischen Petroleumlieferungen nach der Schweiz*. In: *Neue Zürcher Zeitung*, 3. Dezember 1956.

19 *Petroleumquellen in der Schweiz?* In: *Berner Tagwacht*, 9. August 1952.

20 Swisspetrol: *Dossier Swisspetrol* (Zug: Swisspetrol, 1974), S. 14.

21 Schmidheiny, Max: *Die schweizerische Erdölforschung. Eine Aufgabe unserer Wirtschaft*. Referat gehalten in Zürich am 19. September 1959 (Zürich: Handels- und Industrie-Verein, 1959).

22 Wirtschaftsdienst: *Dürfen wir die Erdölforschung einfach dem Ausland überlassen? Ein Gespräch mit Herrn Prof. Niederer, Verwaltungsratspräsident der SEAG, Aktiengesellschaft für schweizerisches Erdöl* (Zürich: Wirtschaftsdienst, 1958), S. 4.

23 Swisspetrol: *Dossier Swisspetrol*, S. 18.

24 *Keine Bohrtürme ins Mendrisiotto!* In: *Die Tat*, 25. Oktober 1955.

25 Swisspetrol: *Dossier Swisspetrol*, S. 37.

26 Schweizerisches Konsortium für Erdölforschung: *Erdöl in der Schweiz*, S 43.

27 *Die Erdölbohrungen bei Altishofen auf 1800 m Tiefe angelangt*. In: *Die Tat*, 27. Dezember 1952.

28 *Zur schweizerischen Erdölfrage*. In: *Neue Bündner Zeitung*, 5. April 1956.

29 Schweizerisches Konsortium für Erdölforschung: *Erdöl in der Schweiz*, S. 37.

30 Swisspetrol: *Dossier Swisspetrol*, S. 24.

31 Alois Wespi, zitiert in: *Aus der Erde schoss das Feuer*. In: *St. Galler Tagblatt*, 12. November 1964.

32 1964 bohrte die Swisspetrol in Lindau (ZH) auf 2377 Meter, ohne Erfolg. 1964 wurde in Berlingen (TG) eine Bohrung auf 2310 Meter abgeteuft, ohne Erfolg. 1965 versuchte es die SEAG in Hünenberg (ZG) mit einer Bohrung auf 3288 Meter, doch ohne Erfolg. 1965 wurde in Boswil (AG) auf 1836 Meter Tiefe gebohrt, ohne Erfolg. 1972 bohrte die Swisspetrol Tochter Bernische Erdöl AG (BEAG) bei Linden 5447 Meter tief, ohne Erfolg. Bei Romanens (FR) bohrte die Swisspetrol 1977 für 12 Millionen Franken auf 4000 Meter, ohne Erfolg. In Treycovagnes (VD) in der Nähe von Yverdon bohrte die Swisspetrol 1978 auf 3000 Meter, fand aber kein Erdöl. Bei Thun versuchte es die Swisspetrol 1989 nochmals und bohrte 5945 Meter tief, so tief wie nie zuvor, ohne Erfolg.

33 Werner Bühlmann zitiert in: *In Finsterwald dreht sich der Bohrmeissel*. In: *Luzerner Neuste Nachrichten*, 29. September 1979.

34 Zahlen aus: *Bohrinsel Schweiz*. In: NZZ Folio *Erdöl*, September 2004.

35 Zahlen aus: *Bohrinsel Schweiz*. In: NZZ Folio *Erdöl*, September 2004.

36 Patrick Lahusen zitiert in: *Ölsuche im Thurgau*. In: *St. Galler Tagblatt*, 31. Oktober 2003.

7 Der Erdölrausch erfasst Europa von 1950 bis 2000

1 Vergleiche: Köhler, Thomas: *Rauschdrogen. Geschichte, Substanzen, Wirkung* (München: Beck, 2008).

2 Bundesarchiv: Amtliches Bulletin. Die Wortprotokolle von National- und Ständerat. Interpellation Müller (Ständerat Luzern): *Entwicklung der Energiewirtschaft.* 4. Oktober 1962.

3 Yergin: *Der Preis,* S. 679.

4 Sieferle, Rolf Peter: *Der unterirdische Wald. Energiekrise und Industrielle Revolution* (München: Verlag C. H. Beck, 1982), S. 62.

5 Kaelble, Hartmut (Hrsg.): *Der Boom 1948–1973. Gesellschaftliche und wirtschaftliche Folgen in der Bundesrepublik Deutschland und in Europa* (Opladen: Westdeutscher Verlag, 1992), S. 8.

6 Bürgi, Michael; Gehr, Baptist: *Erdöl* (Ringordner; Zürich: Orell Füssli, 1997), S. 119.

7 Leimgruber, Walter (Hrsg.): *»Goldene Jahre«. Zur Geschichte der Schweiz seit 1945* (Zürich: Chronos, 1999), S. 9.

8 Pfister: *1950er Syndrom,* S. 23.

9 Hobsbawm, Eric: *Das Zeitalter der Extreme. Weltgeschichte des 20. Jahrhunderts* (München, Hanser, 1995), S. 25.

10 Zahlen aus: Kiener, Edouard (Hg.): *Die schweizerische Energiewirtschaft: 1930 bis 1980* (Bern: Bundesamt für Energie, 1981), S. 80.

11 Tanner, Jakob: *Lebensstandard, Konsumkultur und American Way of Life seit 1945.* In: Leimgruber, Walter (Hrsg.): *»Goldene Jahre«. Zur Geschichte der Schweiz seit 1945* (Zürich: Chronos, 1999), S. 102 und S. 103.

12 Zahlen aus Pfister: *1950er Syndrom,* S. 84.

13 Massarrat, Mohssen: *Erschöpfbare Ressourcen zu Dumpingpreisen. Wohlstand auf Kosten des Südens und künftiger Generationen.* In: Pfister, Christian (Hrsg.): *Das 1950er Syndrom. Der Weg in die Konsumgesellschaft* (Bern: Haupt, 1995), S. 168.

14 Pfister: *1950er Syndrom,* S. 32.

15 Pfister: *1950er Syndrom,* S. 46.

16 Shell Switzerland: 1 000 000 Tonnen (Zürich: Shell Switzerland, 1963), S. 2 und 4.

17 Shell Switzerland: 1 000 000 Tonnen (Zürich: Shell Switzerland, 1963), S. 2 und 4.

18 *Erdöl und Volkswirtschaft.* In: *Der Bund,* 16. März 1955.

19 *Die Versorgung der Schweiz mit Erdölprodukten.* In: *Schaffhauser Nachrichten,* 16. Juni 1962.

20 Meadows, Dennis: *Die Grenzen des Wachstums. Bericht des Club of Rome zur Lage der Menschheit* (Stuttgart: Deutsche Verlags-Anstalt, 1972), S. 56 und S. 69.

21 Bronschier, Volker: *Die westliche Gesellschaft im Wandel. Abfolge und Karriere von Gesellschaftsmodellen.* In: Pfister, Christian (Hrsg.): *Das 1950er Syndrom. Der Weg in die Konsumgesellschaft* (Bern: Haupt, 1995), S. 120.

22 Pfister: *1950er Syndrom,* S. 36.

23 Bürgi, Michael; Gehr, Baptist: *Erdöl* (Ringordner; Zürich: Orell Füssli, 1997), S. 131.

24 Yergin: *Der Preis,* S. 661.

25 Elmar Altvater, zitiert in: *Das Ende des Kapitalismus?* In: *Wochenzeitung,* 20. April 2006.

26 Zur Lebensgeschichte von Benz vergleiche: Seidel, Winfried: *Carl Benz. Eine badische Geschichte. Die Vision vom »Pferdelosen Wagen« verändert die Welt* (Weinheim: Edition Diesbach, 2005).

27 Zahlen aus: *Versorgungssicherheit hat Priorität.* In: *Schweizerische Handels-Zeitung,* 29. Juni 1967.

28 König, Wolfgang: *Bahnen und Berge: Verkehrstechnik, Tourismus und Naturschutz in den Schweizer Alpen 1870–1939* (Frankfurt: Campus Verlag, 2000), S. 205.

29 Vergleiche: Merki, Christoph Maria: *Der holprige Siegeszug des Automobils, 1895–1930. Zur Motorisierung des Straßenverkehrs*

in Frankreich, Deutschland und der Schweiz (Wien: Böhlau, 2002).

30 Zahlen aus: *Versorgungssicherheit hat Priorität.* In: *Schweizerische Handels-Zeitung,* 29. Juni 1967.

31 Zahlen aus Yergin: *Der Preis,* S. 662.

32 Zahlen aus Yergin: *Der Preis,* S. 662.

33 Zahlen aus: Statistisches Lexikon der Schweiz: *Motorfahrzeugbestand 1950–2000.*

34 Vergleiche: Andreas Busch: *Die Geschichte des Autobahnbaus in Deutschland bis 1945* (Bad Langensalza: Verlag Rockstuhl, 2002).

35 Zitiert in Yergin: *Der Preis,* S. 673.

36 ESSO Jahresbericht 1955.

37 Merki, Christoph Maria: *Der Treibstoffzoll aus historischer Sicht. Von der Finanzquelle des Bundes zum Motor des Strassenbaus.* In: Pfister, Christian (Hrsg.): *Das 1950er Syndrom. Der Weg in die Konsumgesellschaft* (Bern: Haupt, 1995), S. 326.

38 Linder, Wolf: *Die fünfziger Jahre: Die Verarbeitung ökonomischer Modernisierung durch die politischen Institutionen in der Schweiz.* In: Pfister, Christian (Hrsg.): *Das 1950er Syndrom. Der Weg in die Konsumgesellschaft* (Bern: Haupt, 1995), S. 300.

39 Zahlen aus: Merki: *Treibstoffzoll,* S. 314.

40 Zahlen aus: *Erdölpreise sind ›politische Preise‹.* In: *Schweizerische Handels-Zeitung,* 31. August 1967.

41 Merki: *Treibstoffzoll,* S. 315.

42 Zahlen aus: *Von der Kohle zum Erdöl.* In: *Basler Nachrichten,* 13. August 1971.

43 Zahlen aus: *Erdöl – der führende Energieträger.* In: *St. Galler Tagblatt,* 25. Juni 1977.

44 *Die Erdölmultis wachsen unterschiedlich.* In: *Finanz und Wirtschaft,* 12. August 1978.

45 Zahlen aus: Erdöl-Vereinigung. *Jahresbericht 2010. Wege in die* Energiezukunft. S. 56.

46 Zahlen aus: Erdöl-Vereinigung. *Jahresbericht 2010. Wege in die Energiezukunft.* S. 56.

47 Merki: *Treibstoffzoll,* S. 311.

48 Merki: *Treibstoffzoll,* S. 326.

8 Wie das Erdöl zum Endkunden kommt

1 *Alles will uns Treibstoff liefern.* In: *Weltwoche,* 11. Mai 1962.

2 Vergleiche: Maugeri, Leonardo: *L'arma del petrolio. Questione petrolifera globale, guerra fredda e politica italiana nella vicenda di Enrico Mattei* (Firenze: Loggia dei Lanzi, 1994).

3 *Das Dschungelgesetz der Öl-Monopole in der Schweiz. Wie ein Aussenseiter niederkonkurrenziert wird.* In: *Vorwärts,* 4. Juni 1964.

4 Renzo Lardelli zitiert in: *Die Ostschweizer Pipeline, Herr Mattei und das Sowjetöl.* In: *Vaterland,* 19. Januar 1962.

5 Bundesarchiv: *Procès-verbal des entretiens du 8 mars 1960 sur les projets de pipe-lines Italie – Suisse – Allemagne. Séance tenue dès 15 heures dans le bureau de M. Spühler, Conseiller fédéral, chef du département fédéral des postes et des chemins de fer.*

6 *Pipeline Debatte im Großen Rat des Kantons Basel-Stadt.* In: *Basler Nachrichten,* 15. März 1959.

7 *Fos-sur-Mer nach Cressier: Ölnerv der Schweiz.* In: *Finanz und Wirtschaft,* 9. Oktober 1991.

8 Werner Flachs zitiert in: *Die Bedeutung der Seewege für die schweizerische Ölversorgung.* In: *Neue Zürcher Zeitung,* 1. Juli 1984.

9 Zahlen aus: Erdöl-Vereinigung: *Jahresbericht 2010,* S. 50.

9 Die Verarbeitung von Erdöl zu Fertigprodukten in den Raffinerien

1 Karlsch und Stokes: *Faktor Öl,* S. 163.

2 Zahlen aus: *Neues Pipeline- und Raffinerieprojekt.* In: *National-Zeitung,* 6. April 1962.

3 *Giftzufuhr fürs Wallis.* In: *Weltwoche,* 25. August 1961.

4 Kiener, Edouard (Hg.): *Die schweizerische Energiewirtschaft: 1930 bis 1980* (Bern: Bundesamt für Energie, 1981), S. 88 und 89.

5 Kiener: *Schweizerische Energiewirtschaft*, S. 89.
6 *Schweizer Erdölpolitik – wohin?* In: *Finanz und Wirtschaft*, 7. August 1965.
7 Brief zitiert in: *Stolzes Aigle kniet vor Bern*. In: *National-Zeitung*, 28. Mai 1964.
8 *Sowjetöl und der Konsument*. In: *Neue Zürcher Zeitung*, 22. Oktober 1965.
9 Walter Kunz zitiert in: *Gefahren des östlichen Oels für die Schweiz*. In: *National-Zeitung*, 16. April 1962.
10 *Interessenkampf um das Pipelinegesetz*. In: *Vorwärts*, 21. Dezember 1962.
11 Bundesarchiv: Wortprotokolle. Nationalrat. Postulat Kämpfen *Auswirkungen der Raffinerie Aigle* vom 22. März 1961, S. 525–527.
12 Bundesarchiv: Wortprotokolle Nationalrat. Antwort Bundesrat Spühler auf Postulat Kämpfen *Auswirkungen der Raffinerie Aigle* vom 22. März 1961, S. 539.
13 *Schweizer Ölkrieg auf dem Höhepunkt*. In: *Vorwärts*, 9. Dezember 1965.
14 Jean Arnet zitiert in: *Schwarzpeter-Spiel in der Mineralölwirtschaft*. In: *Die Tat*, 22. August 1965.
15 Vergleiche die Aussagen von Gottlieb Duttweiler im Dokumentarfilm *Dutti der Riese* von Martin Witz (Regie und Drehbuch). Filmlänge 94 Minuten. Kinoerstaufführung: September 2007.
16 Duttweiler im Dokumentarfilm *Dutti der Riese* von Martin Witz, 2007.
17 *Für den Konsumenten… Die Migrol-Genossenschaft*. In: *Schweizerische Finanz-Zeitung*, 21. Dezember 1967.
18 Eduard Kiener zitiert in: *Raffinerien modernisieren*. In: *Basler Zeitung*, 17. Februar 1981.
19 Kiener: *Schweizerische Energiewirtschaft*, S. 90.
20 Shell Switzerland: *25 Jahre Shell Raffinerie Cressier* (Cressier: Shell Switzerland, 1991), S. 6.
21 Hermann Maurer zitiert in: *Schweizerische Energiewirtschaft braucht neue Inland-Raffinerien*. In: *Finanz und Wirtschaft*, 11. März 1964.
22 Hermann Maurer zitiert in: Mötteli, Carlo: *Die schweizerische Pipeline-Politik in einer Sackgasse*. In: *Stimmen zur Staats- und Wirtschaftspolitik*, Heft 35 (1966), S. 3–12.
23 Bundesrat Spühler zitiert in: *Schwarzpeter-Spiel in der Mineralölwirtschaft*. In: *Die Tat*, 22. August 1965.
24 Bundesarchiv: Wortprotokolle. Rede von Bundesrat Spühler *Erdölversorgung des Landes* gehalten im Ständerat am 13. Dezember 1965, S. 230.
25 *Die Jura-Pipeline im Bau*. In: *Vaterland*, 29. November 1965.
26 Zahlen aus: Erdöl-Vereinigung: *Geschäftsbericht 1961; Geschäftsbericht 1962; Geschäftsbericht 1963; Geschäftsbericht 1967; Geschäftsbericht 1970*.

10 Die Macht der Kartelle

1 Hohensee: *Ölpreisschock*, S. 17.
2 Erdmann, Georg: *Energieökonomik: Theorie und Anwendungen* (Berlin: Springer Verlag, 2008), S. 190.
3 Yergin: *Preis*, S. 345.
4 Witte, Jan Martin; Goldthau, Andreas: *Die OPEC: Macht und Ohnmacht des Öl-Kartells* (München: Carl Hanser Verlag, 2009), S. 56.
5 *Exxon Mobil sets profit record*. In: *CNN Money*, 30. Januar 2006.
6 *Exxon, BP und Co. sind Zwerge im Reich der Riesen*. In: *Neue Zürcher Zeitung*, 7. Februar 2007.
7 Zahlen aus: *Exxon in Not*. In: *Spiegel Online*, 2. Mai. 2008.
8 Zahlen aus: *Exxon Mobil setzt eine neue Bestmarke*. In: *Finanz und Wirtschaft*, 31. Januar 2009.
9 Zahlen aus: *Benzin-Preis explodiert*. In: *Blick*, 24. Mai 2007.

10 Zahlen aus: *BP mit gutem Jahr und schlechtem Quartal.* In: *Neue Zürcher Zeitung,* 4. Februar 2009.

11 Zahlen aus: *Ölkatastrophe reißt Milliardenloch in die BP-Kasse.* In: *Neue Zürcher Zeitung,* 1. Februar 2011

12 Zahlen aus: *BP schließt 2011 mit Milliardengewinn ab.* In: *Handelsblatt,* 7. Februar 2012.

13 Zahlen aus: *Royal Dutch Shell erhöht die Dividende.* In: *Finanz und Wirtschaft,* 31. Januar 2009.

14 Zahlen aus: *Shell mit kräftigem Gewinn.* In: *Neue Zürcher Zeitung,* 3. Februar 2011.

15 Zahlen aus: *Shell erfreut Aktionäre mit Dividendenerhöhung.* In: *Finanz und Wirtschaft,* 4. Februar 2012.

16 Hermann Maurer zitiert in: *Die Versorgung der Schweiz mit flüssigen Brenn- und Treibstoffen in der Sicht des Bundesrates und der Erdölindustrie.* In: *Der Bund,* 20. März 1966.

17 *Veröffentlichungen der Schweizerischen Kartellkommission.* 3. Jahrgang, Heft 1, 1968. Orell Füssli AG, Zürich.

18 Gisler, Monika: *Erdöl in der Schweiz: Eine kleine Kulturgeschichte. Erdöl-Vereinigung Jubiläumspublikation zum 50. jährigen Bestehen* (Zürich: Verein für wirtschaftshistorische Studien, 2011), S. 47 und 58.

19 *Ferngelenkte Wirtschaft.* In: *Die Tat,* 14. März 1965; sowie: *Ferngelenkte Kriegswirtschaft.* In: *Die Tat,* 11. Mai 1965.

20 Hermann Maurer zitiert in: *Wie sichern wir unsere Erdölversorgung?* In: *National-Zeitung,* 31. März 1966.

21 *Die Erpressung mit dem Erdöl.* In: *Vorwärts,* 21. Juni 1979.

22 S. Tapernoux zitiert in: *Unbeliebte Erdölwirtschaft?* In: *Schweizerische Handels-Zeitung,* 8. Juni 1967.

23 *Ferngelenkte Kriegswirtschaft.* In: *Die Tat,* 11. Mai 1965.

24 Walter Biel zitiert in: *Im Moment gnädig gestimmte Marktmächtige.* In: *Die Tat,* 1. Juli 1968.

25 Alfred Peter zitiert in: *Wettbewerb erhalten!* In: *National-Zeitung,* 8. Juli 1968.

26 Werner Flachs zitiert in: *Die Rolle der multinationalen Ölgesellschaften heute.* In: *Schweizerische Handels-Zeitung,* 24. Januar 1974.

27 Konsumentenbund zitiert in: *Unschuld der Erdölgesellschaften schwer zu glauben.* In: *Basler Volksblatt,* 24. Januar 1974.

28 Walter Biel zitiert in: *Durchleuchtung des Treib- und Brennstoffmarktes.* In: *Neue Zürcher Zeitung,* 2. Juli 1975.

29 Walter Schluep zitiert in: *Kartellkommission analysiert Verhalten der Erdölgesellschaften.* In: *Basler Nachrichten,* 2. Juli 1975.

30 *Gute Zensuren für Erdölmultis.* In: *Neue Zürcher Zeitung,* 4. Juli 1975.

31 Brönnimann, Willi: *Der internationale Erdölmarkt und die Versorgung der Schweiz mit Erdöl und Erdölprodukten. Forderungen an eine schweizerische Energiepolitik* (Zürich: Studenten Schreib Service, 1978), S. 229.

32 *Multis ließen Zahlen sprechen.* In: *Schweizerische Handels-Zeitung,* 10. Juli 1975.

33 Beat Kappeler zitiert in: *Kartellkommission zu nachsichtig mit »Öltöchtern«?* In: *Luzerner Neuste Nachrichten,* 5. Juli 1975.

34 Monika Weber zitiert in: *BP, Shell und Esso: Reineinkommen gleich Null.* In: *Tages-Anzeiger,* 20. März 1979.

35 Raymond Zinggeler zitiert in: *Die Meinung der Ölmultis: Kein Gewinn auf dem Überschussmarkt.* In: *Tages-Anzeiger,* 20. März 1979.

36 *Lücken im Zürcher Steuerrecht schamlos ausgenützt. Die ›armen‹ Ölmultis ohne Einkommen.* In: *Berner Tagwacht,* 21. März 1979.

37 Zahlen aus: *Jahresumsätze und Gewinne einiger Erdölmultis, die auch auf dem CH-Markt operieren.* In: *Schweizerische Handels-Zeitung,* 29. März 1979.

38 *Lücken im Zürcher Steuerrecht schamlos ausgenützt. Die ›armen‹ Ölmultis ohne Einkommen.* In: *Berner Tagwacht,* 21. März 1979.

39 *Fauler Erdölmarkt.* In: *Bündner Zeitung,* 23. März 1979.
40 Schwald, Gusti: *AVIA. Ein Herz für eine Marke – ein Leben für eine Gemeinschaft* (Kronbühl: Avia und Ostschweiz Druck AG, 2006), S. 54.
41 Ernst Holzer zitiert in: *Benzin und Heizölpreise in der Schweiz.* In: *Neue Zürcher Zeitung,* 25. April 1982.
42 Bundesarchiv: Amtliches Bulletin der Bundesversammlung: Motion Nationalrat Leo Schürmann *Landesversorgung mit Ölderivaten* vom 20. Juni 1972, S. 1078.
43 Otto Bretscher zitiert in: *Eine nationale Erdölgesellschaft.* In: *Tages-Anzeiger,* 9. Februar 1974.
44 Bundesarchiv: Amtliches Bulletin der Bundesversammlung: Nationalrat. Motion Oehler *Gemischtwirtschaftliche Firma für Oelbeschaffung,* 24. September 1974, S. 1286.
45 *Schweizer Regierung auf der Suche nach einer krisenfesten Ölversorgung.* In: *National-Zeitung,* 20. Februar 1974.
46 *Interview mit Dr. W. Flachs, dem neuen Präsidenten der Erdöl-Vereinigung.* In: *Finanz und Wirtschaft,* 15. Juni 1974.
47 Werner Flachs zitiert in: *Eine nationale Erdöl-Importgesellschaft?* In: *Neue Zürcher Zeitung,* 15. März 1979.
48 Bundesarchiv: Amtliches Bulletin der Bundesversammlung: Ständerat. Rede von Bundesrat Brugger zur Aussenwirtschaftspolitik, 4. März 1974, S. 21–23.
49 Bundesarchiv: Amtliches Bulletin der Bundesversammlung: Nationalrat: Bundesrat Willy Ritschard zur *Energiepolitik*, 24. September 1974, S. 1291.
50 Skeet, Ian: *OPEC. Twenty-Five years of Prices and Politics* (Cambridge: Cambridge University Press, 1988), S. 1.
51 Abdulrahman Salim Al-Ateeqy zitiert in: *Exklusivinterview mit dem Finanzminister von Kuwait.* In: *Touring,* 1. November 1979.
52 Abdulrahman Salim Al-Ateeqy zitiert in: *Exklusivinterview mit dem Finanzminister von Kuwait.* In: *Touring,* 1. November 1979.
53 *Westliche Ölmultis fühlen sich mehr und mehr bedrängt.* In: *Basler Zeitung,* 6. August 2005.
54 Zahlen aus: *Staatliche Unternehmen voran.* In: *Finanz und Wirtschaft,* 19. Januar 2011.
55 Zahlen aus: *OPEC Annual Statistical Bulletin 2010/2011.* Publiziert: 20. Juli 2011, S. 16–17.
56 Zahlen aus: British Petroleum: *BP Statistical Review of World Energy 2011* (London: BP, Juni 2011).
57 Tom Whipple zitiert in: *Oil. In perpetuity no more.* In: *Aljazeera,* 21. Februar 2012.
58 Zittel, Werner; Schindler, Jörg; Campbell, Colin; Liesenborghs, Frauke: *Ölwechsel! Das Ende des Erdölzeitalters und die Weichenstellung für die Zukunft* (München: dtv, 2002), S. 176.
59 Zittel: *Ölwechsel!,* S. 177.
60 Vergleiche: Simmons: *Twilight in the Desert,* S. 273
61 David Hughes zitiert in: *Oil. In perpetuity no more.* In: *Aljazeera,* 21. Februar 2012.
62 Matthew Simmons zitiert in: *Droht uns bald die letzte Ölung?* In: *Cash,* 1. September 2005.
63 *Saudi PM Says No Shortage of Oil Resources.* In: *United Press International,* 18. Mai 2005.
64 Ibrahim al-Muhanna zitiert in: *Tages-Anzeiger-Magazin,* Nr. 38, 2005.
65 Schweizerische Energie Stiftung (SES): *Erdöl – Der Streit um die Reserve-Prognosen* (Zürich: SES, 2004), S. 86.
66 Faith Birol zitiert in: *Erdölförderung. Die Zukunft nach dem 100-Dollar-Rekord.* In: *Der Bund,* 18. Januar 2008.
67 Nobuo Tanaka zitiert in: *Spiegel Interview with IEA Head Nobuo Tanaka.* In: *Spiegel Online,* 12. August 2008.

11 Die erste Erdölkrise 1973

1 Vergleiche: Krämer, Hans: *Die Europäische Gemeinschaft und die Ölkrise* (Baden Baden: Nomos, 1974); Vernon, Raymond: *The Oil Crisis* (New York: Norton, 1976); Mendershausen, Horst: *Coping with the Oil Crisis. French and German Experiences* (Baltimore: John Hopkins University Press, 1976); Voggler, Oskar: *Herausforderung Ölkrise: Risiken – Vorsorge – Alternativen* (München: Bernard&Graefe, 1981).

2 Im Hof, Ulrich (Hrsg): *Geschichte der Schweiz und der Schweizer* (Basel: Schwabe Verlag, 2006), S. 845.

3 Willy Brandt zitiert in: *Wie der Optimismus in Bonn sich in Katastrophenstimmung verwandelte*. In: *Die Welt*, 29. November 1973.

4 Zahlen aus: *Kostbares Öl. Leidet die deutsche Wirtschaft?* In: *Frankfurter Allgemeine Zeitung*, 3. Januar 2008.

5 Kissinger, Henry: *Years of Upheaval* (Boston: Little Brown, 1982), S. 854.

6 *Auch die Schweiz muss Erdöl und Benzin sparen*. In: *Tages-Anzeiger*, 10. November 1973.

7 Zitate aus: James, Harold: *The Roman Predicament. How the rules of international order create the politics of empire* (Princeton: Princeton University Press, 2008), S. 68.

8 Schöllgen, Gregor: *Die Außenpolitik der Bundesrepublik Deutschland* (München: Beck, 2004), S. 111.

9 Zitat aus Yergin: *Preis*, S. 718.

10 Governor Ben Bernanke: *Deflation. Making Sure »It« Doesn't Happen Here*. Speech before the National Economists Club, Washington D.C., 21. November, 2002.

11 Walter Wittmann zitiert in: *Auch die freie Marktwirtschaft hat Regeln*. In: *Basellandschaftliche Zeitung*, 30. September 2008.

12 Zahlen aus: *Lässt das Goldfieber nach?* In: *Finanz und Wirtschaft*, 7. Januar 2012.

13 Deffeyes, Kenneth: *Hubbert's Peak. The Impending World Oil Shortage* (Princeton: Princeton University Press, 2001), S. 2.

14 Zahlen aus: US Department of Energy: Energy Information Administration (EIA): *Annual Energy Outlook (AEO) 2012*, publiziert 27. Januar 2012. Der Bericht geht davon aus, dass die USA die Erdölförderung bis 2020 auf 6,7 Millionen Fass pro Tag steigern können, danach werde die Förderung bis 2035 wieder auf 6,1 Millionen Fass zurückgehen.

15 Zahlen aus: *BP Statistical Review of World Energy*. Publiziert durch BP im Juni 2011.

16 Abderrhaman Khene zitiert in: *In eine Öl-Katastrophe hinein? Versorgungssicherheit stellt neue und heikle Probleme*. In: *St. Galler Tagblatt*, 6. Oktober 1973.

17 Zitiert in Yergin: *Preis*, S. 715.

18 Paul Eisenring zitiert in: *Werden die Pflichtlager für Öl erhöht?* In: *Vaterland*, 12. Oktober 1973.

19 Hohensee, Jens: *Der erste Ölpreisschock 1973/74. Die politischen und gesellschaftlichen Auswirkungen der arabischen Erdölpolitik auf die Bundesrepublik Deutschland und Westeuropa* (Stuttgart: Verlag Franz Steiner, 1996), S. 92.

20 Engdahl, William: *Mit der Ölwaffe zur Weltmacht. Der Weg zur neuen Weltordnung* (Rottenburg: Kopp Verlag, 2006). Das Yamani-Zitat findet sich auf der ersten Seite unter »Stimmen zum Buch«. Ich habe William Engdahl schriftlich angefragt, wann und in welchem Kontext Yamani diese Äußerung gemacht habe; worauf Engdahl mit Schreiben vom 19. Januar 2007 erklärte, dies sei im September 2000 gewesen, als Engdahl in der Nähe von London in Yamanis angesehenem Center for Global Energy Studies (CGES) einen Vortrag hielt.

21 Engdahl: *Ölwaffe*, S. 181. Gemäß seiner eigenen Erklärung in Fußnote 2 verfügt Engdahl über die privaten Unterlagen der Rede von Levy in Fotokopie.

22 Engdahl: *Ölwaffe*, S. 181 und 182.

23 Yergin: *Preis*, S. 721.

24 Zitiert in Yergin: *Preis,* S. 735.

25 *Benzin und Heizöl werden knapp.* In: *Basler Nachrichten,* 27. Oktober 1973.

26 *Massive Preiserhöhungen vor der Tür.* In: *Schweizerische Handels-Zeitung,* 25. Oktober 1973.

27 Vergleiche: *Die Welt,* 19. Oktober 1973; *Die Zeit,* 9. November 1973 und *Süddeutsche Zeitung* vom 6. November 1973.

28 Zitiert in Yergin: *Preis,* S. 762.

29 Yergin: *Preis,* S. 762.

30 Ahmad Zaki Yamani zitiert in: *Saudi dove in the oil slick.* In: *Observer,* 14. Januar 2001.

31 Vergleiche: Kienzl, Heinz: *Das Ende des Wirtschaftswunders.* In: *Die Zukunft,* Heft 1/2-1974, S. 19–23.

32 Angabe aus Yergin: *Preis,* S. 746.

33 Zahlen aus: *The oil weapon, with regrets.* In: *The Economist,* 20. Oktober 1973. S. 36.

34 Zahlen aus: *The oil weapon, with regrets.* In: *The Economist,* 20. Oktober 1973. S. 36.

35 Vergleiche vor allem: Wiebes, Cees; Hellema, Duco; Witte, Toby: *The Netherlands and the Oil Crisis. Business as Usual* (Amsterdam: Amsterdam University Press, 2004), S. 262.

36 Hohensee: *Ölpreisschock,* S. 120 und 256.

37 Hohensee: *Ölpreisschock,* S. 103.

38 Hohensee: *Ölpreisschock,* S. 250.

39 Presse- und Informationsamt der Bundesregierung vom 27 November 1973. Zitiert in Hohensee: *Ölpreisschock,* S. 147.

40 Helmut Schmidt zitiert in: *Der Nervenkrieg ums Öl darf uns nicht wie eine Lawine überrollen.* In: *Neue Rhein Zeitung,* 23. November 1973.

41 Bundeswirtschaftsministerium zitiert in: *Keine Öl-Diskriminierung der Schweiz durch die BRD. Quotierungen werden jedoch weitergegeben.* In: *Der Bund,* 13. November 1973.

42 Swisspetrol: *Dossier Swisspetrol* (Zug: Swisspetrol, 1974), S.15.

43 Mitteilung der Vereinigung Deutscher Elektrizitätswerke, zitiert in: *Strom ist lebenswichtig. Strom darf nicht knapp werden.* In: *Handelsblatt,* 28. November 1973.

44 *Das Sonntagsfahrverbot hat auch seine Vorteile. Erste Erfahrungen in Holland.* In: *Tages-Anzeiger,* 10. November 1973.

45 Zitiert in Yergin: *Preis,* S. 753.

46 Pressemitteilung des Bundesrates, zitiert in: *Bundesrat mahnt zum Maßhalten.* In: *Basler Nachrichten,* 9. November 1973.

47 Pressemitteilung des Bundesrates, zitiert in: *Bundesrat mahnt zum Maßhalten.* In: *Basler Nachrichten,* 9. November 1973.

48 *Auch die Schweiz muss Erdöl und Benzin sparen.* In: *Tages-Anzeiger,* 10. November 1973.

49 *Auch die Schweiz muss Erdöl und Benzin sparen.* In: *Tages-Anzeiger,* 10. November 1973.

50 Bundesarchiv: Amtliches Bulletin der Bundesversammlung: Nationalrat: Rede von Bundesrat Ernst Brugger zur *Oelversorgung,* 12. Dezember 1973, S. 1782.

51 Ernst Brugger zitiert in: *Warum der Bundesrat auf das Sonntags-Fahrverbot verzichtet.* In: *Weltwoche,* 14. November 1973.

52 Albin Heinmann zitiert in: *Kein Grund für Alarmstimmung.* In: *Schweizerische Handels-Zeitung,* 15. November 1973.

53 Georg Stucky zitiert in: *Massive Preiserhöhungen vor der Tür.* In: *Schweizerische Handels-Zeitung,* 25. Oktober 1973.

54 Otto Niederhauser zitiert in: *Die Heizölpreise steigen weiter.* In: *Finanz und Wirtschaft,* 20. Oktober 1973.

55 Ernst Brugger zitiert in: *Am Sonntag ohne Auto ins Grüne!* In: *Vaterland,* 22. November 1973.

56 Mitteilung des Bundesrates, zitiert in: *Sonntagsfahrverbot ab 25. November. Bundesrat beschließt Kontingentierung von Treib- und Brennstoffen.* In: *Neue Zürcher Zeitung,* 22. November 1973.

57 Bundesarchiv: Amtliches Bulletin der Bundesversammlung: Nationalrat: Rede von Bundesrat Ernst Brugger zur *Oelversorgung,* 12. Dezember 1973, S. 1783.

58 *Die Auswirkungen der Erdölknappheit.* In: *Neue Zürcher Zeitung,* 14. Dezember 1973.

59 Ernst Brugger zitiert in: *Am Sonntag ohne Auto ins Grüne!* In: *Vaterland,* 22. November 1973.

60 Beim Benzin lag der Wert im November 1971 bei 214 000 Tonnen, ein Jahr später bei 215 000 Tonnen und im November 1973 schließlich bei 227 000 Tonnen. Beim Heizöl waren im November 1971 rund 615 000 Tonnen importiert worden, ein Jahr später 622 000 Tonnen, worauf im November 1973 die Importmenge auf 833 000 Tonnen nochmals deutlich erhöht werden konnte. Im Dezember 1973, dem angeblichen Höhepunkt der Versorgungskrise, gingen aufgrund der Hamsterkäufe und der vollen Lager die Importe zwar leicht zurück, hielten sich aber gemäß Monatsstatistik der Oberzolldirektion weiterhin auf hohem Niveau sowohl bei Benzin (154 000 Tonnen) als auch bei Diesel (62 000 Tonnen) und Heizöl (666 000 Tonnen). Zahlen der Oberzolldirektion. Zitiert in: *National-Zeitung,* 11. Dezember 1973. Sowie: *Zahlenmystik im Erdölsektor.* In: *Neue Zürcher Zeitung,* 1. Februar 1974.

61 Mit 571 200 Tonnen wurde im Dezember 1973 mehr Rohöl importiert als im November 1973 und deutlich mehr als in den Vergleichsmonaten November 1972 und Dezember 1972. Zahlen aus: *Zahlenmystik im Erdölsektor.* In: *Neue Zürcher Zeitung,* 1. Februar 1974.

62 Erdöl-Vereinigung: *Geschäftsbericht 1973.* Erstattet der Mitgliederversammlung vom 12. Juni 1974.

63 *Es gilt ernst.* In: *St. Galler Tagblatt,* 13. Dezember 1973.

64 *Die Schweiz hamstert mit.* In: *Weltwoche,* 5. Dezember 1973.

65 *Die Schweiz verstärkt gegenwärtig ihre Vorratshaltung.* In: *Finanz und Wirtschaft,* 8. Dezember 1973.

66 Ernst Brugger zitiert in: *Geheimniskrämerei um Ölversorgung.* In: *National-Zeitung,* 8. Dezember 1973.

67 *Ted's big gamble.* In: *The Economist,* 3. November 1973. S. 87.

68 *The oil is still coming into Rotterdam as if nothing had happened.* In: *The Economist,* 1. Dezember 1973. S. 100.

69 *The great petrol panic.* In: *The Economist,* 8. Dezember 1973, S. 77.

70 *Das ›Loch‹.* In: *Weltwoche,* 12. Dezember 1973. Und: *Stumpfe Waffen.* In: *Weltwoche,* 9. Juli 1975.

71 *Öl-Egoismus gefährdet Landesversorgung.* In: *Schweizerische Finanz-Zeitung,* 12. Dezember 1973.

72 Werner Flachs zitiert in: *Interview mit Dr. W. Flachs, dem neuen Präsidenten der Erdöl-Vereinigung.* In: *Finanz und Wirtschaft,* 15. Juni 1974.

73 Jean Vincent zitiert in: *Willy Ritschard sagt, wie's ist.* In: *National-Zeitung,* 25. September 1974.

74 Bundesarchiv: Amtliches Bulletin der Bundesversammlung: Nationalrat: Interpellation Edgar Oehler *Heizölpreise,* 12. Dezember 1973, S. 1777.

75 Bundesarchiv: Amtliches Bulletin der Bundesversammlung: Nationalrat: Interpellation Otto Nauer *Heizöl,* 12. Dezember 1973, S. 1780.

76 Bundesarchiv: Amtliches Bulletin der Bundesversammlung: Nationalrat: Rede von Bundesrat Ernst Brugger zur *Oelversorgung,* 12. Dezember 1973, S. 1783.

77 Bundesarchiv: Amtliches Bulletin der Bundesversammlung: Nationalrat: Rede von Bundesrat Ernst Brugger zur *Oelversorgung,* 12. Dezember 1973, S. 1784.

78 Swisspetrol: *Dossier Swisspetrol* (Zug: Swisspetrol, 1974), S. 15.

79 Zahlen aus: Bundesamt für Statistik: *Statistisches Lexikon der Schweiz. Energie: Endverbraucher-Ausgaben 2008.*

12 Die Grenzen des Wachstums

1 Eidgenössisches Verkehrs- und Energiewirtschaftsdepartement (Hrsg.): *Das schweizerische Energiekonzept. Bericht der Eidgenössischen Kommission für die Gesamtenergiekonzeption. Zusammenfassung* (Bern: Eidgenössische Drucksachen- und Materialzentrale, 1978), S. 6.

2 Eidgenössisches Verkehrs- und Energiewirtschaftsdepartement (Hrsg.): *Das schweizerische Energiekonzept. Bericht der Eidgenössischen Kommission für die Gesamtenergiekonzeption. Beilage 1 Versorgungssicherheit* (Bern: Eidgenössische Drucksachen- und Materialzentrale, 1978), S. 42.

3 Beattie, Donald: *History and Overview of Solar Heat Technologies* (Cambridge: MIT Press, 1997), S. 99.

4 Vergleiche: Christina Hemauer, Christina; Keller, Roman: *A Road Not Taken* (Dokumentarfilm Schweiz 2010). Der Film zeigt die Geschichte der Solarzelle auf dem Weißen Haus und wurde an den 45. Solothurner Filmtagen im Januar 2010 gezeigt.

5 Nachwort des Club of Rome, in: Meadows, Dennis: *Die Grenzen des Wachstums. Bericht des Club of Rome zur Lage der Menschheit* (Stuttgart: Deutsche Verlags-Anstalt, 1972), S. 165.

6 Meadows, Dennis: *Die Grenzen des Wachstums. Bericht des Club of Rome zur Lage der Menschheit* (Stuttgart: Deutsche Verlags-Anstalt, 1972), S. 164, 172 und 175.

7 *Unangenehm, aber heilsam.* In: *Neue Zürcher Zeitung,* 22. November 1973.

8 *Energiekrise, Knick im Wachstum unserer Wirtschaft.* In: *Luzerner Neuste Nachrichten,* 1. Dezember 1973.

9 Mann, Charles: *Getting Over Oil.* In: *Technology Review,* Januar 2002, S. 34.

10 Myers Jaffe, Amy; Manning, Robert: *The Shocks of a World of Cheap Oil.* In: *Foreign Affairs,* Januar 2000.

11 Vergleiche: Meadows: *Grenzen des Wachstums,* Tabelle auf S. 48 über nichtregenerierbare Rohstoffe. Die Tabelle listet neben Chrom, Nickel, Zink und anderen Rohstoffen auch »Petroleum« auf und gibt für jeden Rohstoff die bekannten Reserven und die Verfügbarkeit in der Zukunft in Jahren an.

12 Meadows: *Grenzen des Wachstums,* S. 54.

13 Meadows: *Grenzen des Wachstums,* S. 17.

14 Klurfeld, Marc; Zahn, Uwe: *Alternativkatalog Band 1: Hausbau, Gemeinschaften, Kommunikation, Transport, Recycling. Alternativkatalog Band 2: Landbau, Energie, Körper, Bewusstsein, Gemeinschaften. Alternativkatalog Band 3: Freiheit, Wirtschaft und Organisation, andere Kulturen und Entwicklung* (Köniz: Dezentrale Verlag, 1976).

15 Meadows, Dennis: *Limits to Growth. The 30-Year Update* (White River Junction: Chelsea Green Publishing Company, 2004), S. 89.

16 Dennis Meadows zitiert in: »*Wir haben 30 Jahre verloren«. Mehr Schulen, weniger Autos: Der Forscher Dennis L. Meadows sagt ja zu Wachstum – aber ohne die Erde auszubeuten.* In: *Die Zeit,* 31. Dezember 2003.

17 Erdöl-Vereinigung: *Geschäftsbericht 1974.* Erstattet der Mitgliederversammlung vom 20. Juni 1975.

18 Bundesamt für Energie: *Schweizerische Gesamtenergiestatistik* für die Jahre 1997 bis 2006.

19 Bundesarchiv: Bericht des Bundesrates an die Bundesversammlung über die Sicherheitspolitik der Schweiz (Konzeption der Gesamtverteidigung) vom 27. Juni 1973. In: Bundesblatt, 1973, Band 2, Heft 34, S. 137.

20 Swisspetrol: *Dossier Swisspetrol* (Zug: Swisspetrol, 1974), S. 15.

21 *Ende oder Neubeginn?* In: *Neue Zürcher Zeitung,* 31. Dezember 1974.

22 Bundesarchiv: Amtliches Bulletin der Bundesversammlung: Nationalrat: Bundesrat

Willy Ritschard zur *Energiepolitik,* 24. September 1974, S. 1291.

23 Bundesarchiv: Amtliches Bulletin der Bundesversammlung. Schriftliche Antwort des Bundesrates auf die Interpellation von Nationalrat Hofer aus Bern zum Thema *Ölkrise,* 19. September 1974, S. 1254.

24 *Das älteste Atomkraftwerk der Welt steht schon bald im Aargau.* In: *Aargauer Zeitung,* 23. Februar 2012.

25 Zitat aus: Bianchi, Regina: *AKW Zwentendorf – Der Konflikt* (München: Grin Verlag, 2006), S. 20.

26 *Schweiz: Im Fahrwasser der fremden Krise.* In: *Schweizerische Handels-Zeitung,* 3. Januar 1974.

27 Zur Geschichte der Atomenergie in der Schweiz vergleiche: Wildi, Tobias: *Der Traum vom eigenen Reaktor. Die schweizerische Atomtechnologieentwicklung 1945–1969* (Zürich: Chronos, 2003), sowie: Kupper, Patrick: *Atomenergie und gespaltene Gesellschaft. Die Geschichte des gescheiterten Projekts Kernkraftwerk Kaiseraugst* (Zürich: Chronos, 2003).

28 Verband Schweizerischer Elektrizitätswerke: *Substitution von Erdöl – ein lösbares Problem* (Zürich: Verband Schweizerischer Elektrizitätswerke, 1978), S. 1 und 10.

29 Bundesarchiv: *Botschaft des Bundesrates über einen Energieartikel in der Bundesverfassung vom 7. Dezember 1987.* In: Bundesblatt, 1988, Band 1, Heft 7, S. 347.

30 Willy Ritschard zitiert in: Tschäni, Hans: *Wer regiert die Schweiz?* (München: Piper, 1986), S. 143.

31 Jegen, Maya: *Energiepolitische Vernetzung in der Schweiz* (Basel: Helbing & Lichtenhahn, 2003), S. 67.

32 Georg Stucky zitiert in: *Wege zur Substitution des Erdöls.* In. *Neue Zürcher Zeitung,* 1. September 1976.

33 Erdöl-Vereinigung, zitiert in: *Die Privatwirtschaft kann es besser.* In: *Die Tat,* 2. Juli 1976.

34 Motor Columbus Ingenieurunternehmung AG: *Energie Risiko Analyse. Die ökonomischen Konsequenzen einer Störung in der Erdölversorgung der Schweiz* (Motor Columbus: Baden, 1978), S. 9 und 97.

35 Eidgenössisches Verkehrs- und Energiewirtschaftsdepartement (EVED.): *Das schweizerische Energiekonzept. Bericht der Eidgenössischen Kommission für die Gesamtenergiekonzeption. Zusammenfassung* (Bern: Eidgenössische Drucksachen- und Materialzentrale, 1978), S. 16.

36 EVED: *Das schweizerische Energiekonzept. Beilage 1 Versorgungssicherheit* (Bern, 1978), S. 42.

37 EVED: *Das schweizerische Energiekonzept. Beilage 2: Denkbare energiepolitische Maßnahmen* (Bern, 1978), S. 194.

38 EVED: *Das schweizerische Energiekonzept. Beilage 1: Versorgungssicherheit* (Bern, 1978), S. 218.

39 Michael Kohn zitiert in: *Haben wir eine Energiepolitik?* In: *NZZ Fokus*: *Energielandschaft Schweiz.* März 2005, S. 10–12.

40 Der Bundesbeschluss wurde vom Volk mit 649 485 Ja gegen 626047 Nein angenommen, aber von den Ständen mit 11 Ja gegen 12 Nein verworfen. Vergleiche: Bundesblatt, 1983, Band 2, Heft 18, S. 294.

41 Bundesarchiv: *Botschaft des Bundesrates über die Volksinitiative »Für eine sichere, sparsame und umweltgerechte Energieversorgung« vom 1. Juni 1983.* In: Bundesblatt, 1983, Band 2, Heft 31, S. 1416.

42 Die Volksinitiative »Für eine sichere, sparsame und umweltgerechte Energieversorgung« wurde mit 773767 Ja gegen 916916 Nein und von den Ständen mit 7 Ja gegen 16 Nein verworfen. Vergleiche: Bundesblatt, 1983, Band 2, Heft 31, Seiten 1414.

43 Der Energieartikel wurde von allen Ständen und mit 1214925 Ja gegen 493841 Nein deutlich angenommen.

44 Bundesverfassung der Schweizerischen Eidgenossenschaft: Artikel 89 zur Energiepolitik.

13 Die zweite Erdölkrise

1 Gholam, Afkham: *The Life and Times of the Shah* (Berkley: University of California Press, 2009), S. 276.

2 Ayatollah Ruhollah Khomeini zitiert in: *Ayatollah Khomeinys Kampf gegen den Schah.* In: *Neue Zürcher Zeitung,* 23. November 1978.

3 Carter, Jimmy: *Keeping Faith. Memoirs of a President (New York: Bantam Books, 1982),* S. 439–443.

4 Zitiert in: Engdahl, William: *Mit der Ölwaffe zur Weltmacht. Der Weg zur neuen Weltordnung* (Rottenburg: Kopp Verlag, 2006), S. 261.

5 Yergin: *Der Preis,* S. 837.

6 Siehe: Khan, Mansur: Die geheime Geschichte der amerikanischen Kriege (Tübingen: Grabert, 2003), S. 335.

7 Zitate aus Khomeinis Schlüsselwerk aus dem Jahre 1970, zitiert in: Jan Oswald: *Einheit der Muslime? Die Einheitsidee von Ayatollah Khomeini vor dem Hintergrund der Sunna-Shia-Differenzen und die Folgen für die Außenpolitik des Iran* (München: Grin Verlag, 2005), S. 13.

8 Vergleiche: Sick, Gary: *October Surprise: America s Hostages and the Election of Ronald Reagan* (New York: Random House, 1991).

9 Zitat aus Hubbard-Brown, Janet: *Shirin Ebadi, Champion for Human Rights in Iran* (New York: Chelsea House, 2007), S. 43.

10 Zitat aus Cummins, Joseph: *Anything for a vote: dirty tricks, cheap shots, and October surprises in U.S. presidential campaigns* (San Francisco: Chronicle Books, 2007), S. 253

11 Georg Stucki zitiert in: *Verhangen wie bei der »Lismete«.* In: *Schweizerische Handels-Zeitung,* 14. Dezember 1978.

12 *Erdöl-Vereinigung: Kein Versorgungsproblem für Heizöl und Benzin.* In: *Luzerner Neuste Nachrichten,* 13. Februar 1979.

13 *Aber nicht mit solchen Argumenten!* In: *Touring,* 17. Mai 1979.

14 *Ölkrise als Spar-Schock?* In: *Tages-Anzeiger,* 24. Februar 1979.

15 Abdulrahman Salim Al-Ateeqy zitiert in: *Exklusivinterview mit dem Finanzminister von Kuwait.* In: *Touring,* 1. November 1979.

16 Yergin: *Preis,* S. 843.

17 James Schlesinger zitiert in: *Erdöl-Vereinigung: Kein Versorgungsproblem für Heizöl und Benzin.* In: *Luzerner Neuste Nachrichten,* 13. Februar 1979.

18 Zitiert in Yergin: *Preis,* S. 860.

19 Carter: *Keeping Faith,* S. 110

20 Fritz Honegger zitiert in: *Erdöl reicht vorläufig.* In: *Basler Zeitung,* 15. Februar 1979.

21 *Bundesrat appelliert zum Erdölsparen.* In: *St. Galler Tagblatt,* 29. März 1979.

22 Walter Räz zitiert in: *Was beeinflusst Benzin- und Heizölpreise?* In: *Weltwoche,* 10. Oktober 1979.

23 Zitat aus: *Lieber freiwillig Benzin sparen.* In: *St. Galler Tagblatt,* 29. März 1979.

24 Zahlen aus: *Ölwirtschaft kein Preistreiber.* In: *Schweizerische Finanz-Zeitung,* 16. Mai 1979.

25 Bundesarchiv: Amtliches Bulletin der Bundesversammlung: Nationalrat Franz Jaeger *Preispolitik der multinationalen Gesellschaften,* 22. März 1979, S. 418.

26 Werner Flachs zitiert in: *Scheffeln die Ölmultis überrissene Profite?* In: *Basler Zeitung,* 10. Mai 1979.

27 Bundesarchiv: Amtliches Bulletin der Bundesversammlung: Nationalrat Edgar Oehler *Erdölmultis,* 22. März 1979, S. 421.

28 Bundesarchiv: Amtliches Bulletin der Bundesversammlung: Nationalrat Jean Vincent *Preisspekulationen,* 22. März 1979, S. 417.

29 Bundesarchiv: Amtliches Bulletin der Bundesversammlung: Nationalrat: Bundesrat

Fritz Honegger *Energiepolitik*, 22. März 1979, S. 424–426.

30 Zahlen aus: Erdöl-Vereinigung: *Geschäftsbericht 1979 und 1992.*

14 Die Golfkriege

1 Baer, Robert: *Die Saudi-Connection. Wie Amerika seine Seele verkaufte* (München: Goldmann Verlag, 2005), S. 182.

2 Vergleiche: Gates, Robert: *From the Shadows* (New York: Simon & Schuster 1997).

3 Zbigniew Brzezinski im Interview mit Vincent Javert, zitiert in: *The CIA's Intervention in Afghanistan.* In: *Le Nouvel Observateur,* Paris, 15. Januar 1998.

4 Zitat aus Stahel, Albert: *Afghanistan, ein Land am Scheideweg* (Zürich: vdf, 2002), S. 19.

5 Vergleiche: Adkin, Makr und Yousaf, Mohammad: *Afghanistan – The Bear Trap: The Defeat of a Superpower* (Havertown: Casemate 2001).

6 Becker, Johannes: *Zerstörter Irak – Zukunft des Irak?* (Berlin: LIT Verlag, 2008), S. 59.

7 Khan: *Amerikanische Kriege,* S. 345.

8 Smith, Jean Edward: *George Bush's War* (New York: Henry Holt and Company, 1991), S. 43.

9 Zitiert in: Clark, Ramsey: *The Fire this Time. US War Crimes in the Gulf* (New York: Thunder's Mouth Press, 1992), S. 6.

10 United Nations Security Council: *Twenty-fifth quarterly report on the activities of the United Nations Monitoring, Verification and Inspection Commission in accordance with paragraph 12 of Security Council resolution 1284* (1999). 30 May 2006, S. 7.

11 Riyahi, Fariborz: *Ayatollah Khomeini* (Frankfurt: Ullstein, 1986), S. 128.

12 Zahlen aus Yergin: *Preis,* S. 878.

13 Zahlen aus: Fürtig, Henner: *Kleine Geschichte des Irak* (München: Beck, 2003).

14 Vergleiche: Huchthausen, Peter: *America's Splendid Little Wars* (New York: Penguin, 2004).

15 *Encyclopedia Britannica, Macropedia. Knowledge in Depth,* Vol. 21, S. 994.

16 Vergleiche: *Sea of Lies.* In: *Newsweek,* 13. Juli 1992.

17 Zitiert in: Yergin: *Preis,* S. 941.

18 Vergleiche: *Sea of Lies.* In: *Newsweek,* 13. Juli 1992.

19 Vergleiche: Kornbluh, Peter und Byrne, Malcolm: *The Iran-Contra Scandal* (New York: The New Press, 1993).

20 Bundesarchiv: Amtliches Bulletin der Bundesversammlung: Nationalrat: Bundesrat Fritz Honegger, *Landesversorgung,* 29. September 1980, S. 997.

21 Werner Flachs zitiert in: *Erdölwirtschaft rechnet weiterhin mit hohem Verbrauch.* In: *Bündner Zeitung,* 16. Juni 1984.

22 Werner Flachs zitiert in: *Die Bedeutung der Seewege für die schweizerische Ölversorgung.* In: *Neue Zürcher Zeitung,* 1. Juli 1984.

23 Bundesarchiv: *Botschaft des Bundesrates über Grundsatzfragen der Energiepolitik (Energieartikel in der Bundesverfassung) vom 25. März 1981.* In: Bundesblatt, 1981, Band 2, Heft 21, S. 322.

24 Yergin: *Preis,* S. 848.

25 Yergin: *Preis,* S. 849.

26 Zahlen aus Nötzold, Antje: *Die Energiepolitik der EU und der VR China* (Wiesbaden: Springer, 2011), S. 74.

27 *Billig-Öl: Droht jetzt die große Verschwendung?* In: *Basler Zeitung,* 28. Februar 1986.

28 Hall, Charles; Day, John: *Revisiting the Limits to Growth After Peak Oil.* In: American Scientist, Volume 97, May 2009, S. 234.

29 Christian Gaegauf zitiert in: *Billig-Öl: Droht jetzt die große Verschwendung?* In: *Basler Zeitung,* 28. Februar 1986.

30 Zitate aus: *Zweite Ölflut ertränkt einheimische Energien.* In: *Basler Volksblatt,* 13. Oktober 1988.

31 Verkehrs-Club der Schweiz (VCS): *Der Ökobonus* (Herzogenbuchsee: VCS, 1989), S. 4 und 35.

32 Leon Schlumpf zitiert in: *Bundesrat Leon Schlumpf zur Energiesituation.* In: *Basler Volksblatt,* 24. März 1986.

33 Vergleiche: Ninck, Mathias; Keller, Roman: *Zauberwort Nachhaltigkeit* (Zürich: vdf Hochschulverlag, 1997), S. 24.

34 Erdöl-Vereinigung: *Handeln ist besser als anklagen!* (Zürich: Erdöl-Vereinigung, 1987).

35 Walter Räz zitiert in: *Die Versorgung läuft wie geschmiert.* In: *Schweizerische Handels-Zeitung,* 30. März 1989.

36 Zitiert in: Everest, Larry: *Oil, Power and Empire. Iraq and the US Global Agenda* (Maine: Common Courage Press, 2004), S. 125.

37 Clark, Ramsey: *The Fire this Time. US War Crimes in the Gulf* (New York: Thunder's Mouth Press, 1992), S. 3.

38 Bush, George und Scowcroft, Brent: *A World Transformed* (New York: Vintage Books, 1998), S. 307.

39 Clark: *US War Crimes in the Gulf,* S. 32.

40 Cull, Nicholas; Clubert, David; Welch, David: *Propaganda and Mass Persuasion. A Historical Encyclopedia, 1500 to the Present* (Santa Barbara: ABC-CLIO, 2003), S. 158.

41 *Krieg um Kuwait.* In: *Neue Zürcher Zeitung,* 11. August 1990.

42 Morse, Edward: *A new political economy of oil?* In: *Journal of International Affairs,* Vol. 53, No. 1 (Herbst 1999), S. 16.

43 George Bush zitiert in: Randal, Jonathan: *Osama. The Making of a Terrorist* (London: Tauris 2012), S. 105.

44 Fürtig, Henner: *Kleine Geschichte des Irak* (München: Verlag C. H. Beck, 2003), S. 132.

45 Zinn, Howard: *A People's History of the United States: 1492-present* (New York: Pearson Education, 2003). S. 659.

46 Madeleine Albright am 12. Mai 1996 in der TV-Sendung *60 Minutes* des Senders CBS.

47 Vergleiche die Untersuchung von Paul Volcker: Independent Inquiry Committee (IIC): *The United Nations Oil for Food Programme* (New York, September 2005). www.iic-offp.org

48 Mark Pieth im Dokumentarfilm von Denis Poncet und Remy Burkel: *Pain, pétrole et corruption. Arte,* 10. März 2009. 90 Minuten.

49 Vergleiche den Dokumentarfilm von Denis Poncet und Remy Burkel: *Pain, pétrole et corruption. Arte,* 10. März 2009. 90 Minuten.

50 Henry Waxman und Paul Bremer zitiert in: *House Panel Questions Monitoring of Cash Shipped to Iraq.* In: *New York Times,* 7. Februar 2007.

51 Osama Bin Laden zitiert in: Robert Fisk: *A close encounter with the man who shook the world.* In: *The Independent,* 3 Mai 2011.

52 Cordesman, Anthony: *Saudi Arabia. National Security in a Troubled Region* (Washington: Center for Strategic and International Studies, 2009), S. 41.

53 Zahlen aus: British Petroleum: *BP Statistical Review of World Energy* (London: BP, Juni 1992).

15 Peak Oil und das Ende des Erdölrausches

1 Zitiert in: Yergin: *Der Preis,* S. 66.

2 Swoboda, Julius: *Die Entwicklung der Petroleum Industrie in Volkswirtschaftlicher Beleuchtung* (Tübingen: Verlag der H. Laupp'schen Buchhandlung, 1895), S. 160.

3 Pachtner, Fritz: *Weltmacht Erdöl* (Stuttgart: Dieck Verlag der Technischen Bücher für Alle, 1929), S. 74.

4 Barney, Gerald (Hrsg.): *Global 2000. Der Bericht an den Präsidenten* (Frankfurt: Zweitausendeins, 1980), S. 72 und 103.

5 Hauff, Volker: *Unsere gemeinsame Zukunft. Der Brundtland-Bericht der Weltkommission für Umwelt und Entwicklung* (Greven: Eggenkamp Verlag, 1987), S. XIX und XXIV.

6 Hauff: *Brundtland-Bericht,* S. 175.
7 Zahlen aus: *Norwegischer Ölfonds diversifiziert.* In: *Finanz und Wirtschaft,* 17. November 2010.
8 Zahlen aus: *Kopf des Tages: Hamid Bin Sajid Al Nahja – Großkaliber.* In: *Financial Times Deutschland,* 14. April 2010.
9 Zahlen aus: Campbell, Colin; Heapes, Siobhan: *An Atlas of Oil and Gas Depletion* (Huddersfield: Jeremy Mills Publishing, 2008), S. 190. Und: *BP Statistical Review of World Energy,* Juni 2011.
10 Zahlen aus: Campbell: *An Atlas of Oil and Gas Depletion,* S. 169–175.
11 Zahlen aus: Campbell: *An Atlas of Oil and Gas Depletion,* S. 185.
12 *Peak Oil. Großbritanniens Ölförderung 2011 um fast einen Sechstel gesunken.* In: *Telepolis,* 17. April 2012.
13 Zahlen aus: *BP Statistical Review June 2011.*
14 Zitat aus: *Brown meets North Sea oil chiefs.* In: *Financial Times,* 29. Mai 2008.
15 Vergleiche: Scott, Richard: *The history of the International Energy Agency: 1974–1994. Volume 1: Origins and Structure* (Paris: OECD, 1994).
16 *Spiegel-Interview with IEA Head Nobuo Tanaka.* In: *Spiegel Online,* 12. August 2008.
17 Bundesarchiv: *Botschaft des Bundesrates an die Bundesversammlung über die Beteiligung der Schweiz am Übereinkommen über ein Internationales Energieprogramm vom 5. Februar 1975.* Publiziert in: Bundesblatt, 1975, Band 1, Heft 9, S. 750 und 769.
18 Zahlen aus: *Rückkehr der Angst.* In: *NZZ am Sonntag,* 26. Juni 2011.
19 Abdullah al-Badri zitiert in: *Streit um strategische Ölreserven.* In: *Handelsblatt,* 27. Juni 2011.
20 Christophe de Margerie zitiert in: *World cannot meet oil demand.* In: *Times of London,* April 8, 2006.
21 Zitiert in: *Oil Prices: It Gets Worse.* In: *Time,* 7. November, 2007.
22 Terry Macalister: *Key oil figures were distorted by US pressure, says whistleblower.* In: *Guardian,* 9. November 2009.
23 Zitat aus: IEA: *WEO 2010.* Publiziert am 11. November 2010.
24 Fatih Birol im Interview mit Dr. Jonica Newby im australischen ABC-Fernsehen im Programm »Catalyst«: The Oil Crunch. 28. April 2011.
25 IEA: *World Energy Outlook 2008. Zusammenfassung,* 17. November 2008, S. 3–18.
26 Zahlen aus: *Glencore mit drittgrößtem Börsengang Europas.* In: *Neue Zürcher Zeitung,* 19. Mai 2011.
27 Zahlen aus: *Die 300 Reichsten.* In: *Bilanz,* Nr. 22, 2011.
28 Zahlen aus: *Der Staat geht leer aus. Der Volksentscheid, steuerfreie Dividenden zu erlauben, kostet den Fiskus Milliarden.* In: *NZZ am Sonntag,* 11. März 2012.
29 Zitat von Oliver Classen aus: *Rohstoffhandel. Ein dreckiges Geschäft.* In: *Surprise,* 22. Dezember 2011. Siehe auch: Erklärung von Bern: *Rohstoff. Das gefährlichste Geschäft der Schweiz* (Zürich: Salis Verlag, 2011).
30 Ivan Glasberg zitiert in: *Werden nicht mehr an der SIX kotiert sein.* In: *Finanz und Wirtschaft,* 7. März 2012.
31 Zahlen aus: *Genfer Ölgigant Vitol will nicht an die Börse.* In: *NZZ am Sonntag,* 1. April 2012.
32 Zitat von Ian Taylor aus: *Das Leben für Ölhändler ist härter geworden.* In: *Finanz und Wirtschaft,* 7. August 2010.
33 Zur Biografie von Harry Wassall vergleiche: Campbell, Colin: *The Coming Oil Crisis* (Bentwood: Multi-Science Publishing Company & Petroconsultants S. A., 1997), S. 3.
34 Campbell, Colin: *The Coming Oil Crisis* (Bentwood: Multi-Science Publishing Company & Petroconsultants S. A., 1997), S. 1 und 173.
35 *Weltweit in einer dominanten Position.* In: *Handelszeitung,* 16. November 1995.

36 Campbell, Colin und Laherrère, Jean: *The End of Cheap Oil.* In: *Scientific American,* März 1998, S. 78–83.

37 BP Schweiz: *BP 1909–1984: 75 Jahre BP in der Schweiz* (Zürich: BP Schweiz, 1984), S. 2, 18 und 58.

38 Paul Appleby zitiert in: *Die Reserven steigen.* In: *Neue Luzerner Zeitung,* 2. August 1996.

39 Erdöl-Vereinigung: *Die langfristige Verfügbarkeit von Erdöl* (Zürich: Erdöl-Vereinigung, 2008), S. 4 und S. 29.

40 Terry Lynn Karl im Dokumentarfilm *The Oil Crash* von Basil Gelpke. Zitiert in: *Erdölförderung: Die Zukunft nach dem 100-Dollar-Rekord.* In: *Der Bund,* 18. Januar 2008.

41 Campbell: *Atlas of Oil and Gas Depletion,* S. 174.

42 Campbell: *Atlas of Oil and Gas Depletion,* S. 178.

43 Campbell: *Atlas of Oil and Gas Depletion,* S. 182.

44 Campbell: *Atlas of Oil and Gas Depletion,* S. 82.

45 Deffeyes, Kenneth: *Hubbert's Peak. The Impending World Oil Shortage* (Princeton: Princeton University Press, 2001), S. 1 und 186.

46 Kenneth Deffeyes zitiert in: *Schon in diesem Herbst gibt es weniger Öl.* In: *Tages-Anzeiger,* 29. Juni 2005.

47 Rolf Hartl zitiert in: *Sicherung des Öl Transits durch Nachbarländer als wichtiges Anliegen.* In: *Neue Zürcher Zeitung,* 28. August 2008.

48 Bundesarchiv: *Einfache Anfrage Rudolf Rechsteiner Ölvorräte.* In: Amtliches Bulletin, Nationalrat, 4. Oktober 2001. Siehe auch: Rechsteiner, Rudolf: *Grün gewinnt. Die letzte Ölkrise und danach* (Zürich: Orell Füssli, 2003).

49 Bundesarchiv: *Antwort des Bundesrates auf Anfrage Rechsteiner.* In: Amtliches Bulletin. Nationalrat. 7. Dezember 2001.

50 Vergleiche: IEA: *World Energy Outlook 2001,* S. 36.

51 Schweizerische-Energie-Stiftung (SES): *Erdöl – Der Streit um die Reserve-Prognosen* (Zürich: SES, 2004), S. 5.

52 Caspar Baader zitiert in: *Heizöl bleibt weiterhin ein wichtiger Energieträger.* In: *Handelszeitung,* 9. April 2003.

53 Bundesarchiv: *Interpellation von Nationalrat Geri Müller: Aussenpolitik in Abhängigkeit der Energiepolitik.* In: Amtliches Bulletin. Nationalrat, 17. Juni 2005.

54 Bundesarchiv: Interpellation von Nationalrat Ruedi Aeschbacher: *Erdölimporte.* In: Amtliches Bulletin, Nationalrat, 17. Juni 2005.

55 Bundesarchiv: *Interpellation von Nationalrat Geri Müller: Aussenpolitik in Abhängigkeit der Energiepolitik.* In: Amtliches Bulletin. Nationalrat, 17. Juni 2005.

56 Bundesarchiv: Interpellation von Nationalrat Ruedi Aeschbacher. In: Amtliches Bulletin. Nationalrat, 26. Oktober 2005.

57 Sadad al-Husseini zitiert in: *Le Monde,* 1. Oktober 2005.

58 *Energieverbraucher, wir haben ein Problem. Parlamentarische Gruppe macht auf den Öl-Peak aufmerksam.* In: *Neue Zürcher Zeitung,* 22. März 2006.

59 Vergleiche die Vereinswebsite: www.peakoil.ch.

60 Vergleiche: www.siper.ch

61 Zahlen aus: Bundesamt für Statistik (BFS): *Endverbraucher-Ausgaben für Energie 1990 und 2008.*

62 Altvater, Elmar: *Das Ende des Kapitalismus, wie wir ihn kennen. Eine radikale Kapitalismuskritik* (Münster: Verlag Westfälisches Dampfboot, 2005).

63 Manfred Kriener: Peak Oil ist jetzt. TAZ, 6. Februar 2012

64 Christophe de Margerie zitiert in: *Ölindustrie warnt vor neuem Preis-Schock.* In: *Spiegel Online,* 1. November 2007.

65 Michel Mallet zitiert in: *In 20 Jahren könnte der Welt das Öl ausgehen.* In: *Spiegel Online,* 12. April 2009.

66 Zittel: *Ölwechsel,* S. 77 und 81.

67 Werner Zittel zitiert in: *Ab 2010 nimmt die Erdölmenge ab.* In: *Basler Zeitung,* 9. Dezember 2005.

68 Heinberg, Richard: *The Party is Over. Oil, War and the Fate of Industrial Societies* (Gabriola Island: New Society Publishers, 2003), S. 119.

69 Goodstein, David: *Out of Gas. The End of the Age of Oil* (New York: Norton & Company, 2004), S. 28.

70 Paul Roberts: *The End of Oil. The Decline of the Petroleum Economy and the Rise of a New Energy Order* (London: Bloomsbury, 2004), S. 16.

71 Roscoe Bartlett zitiert in: *Can oil production satisfy rising demand?* In: *USA Today,* 25. November 2005.

72 Roscoe Bartlett, US Politiker, zitiert in: *The Peak Oil Crisis: Mid Year 2005.* In: *Falls Church News,* 13. Juli 2005.

73 Zentrum für Transformation der Bundeswehr: *Peak Oil – Sicherheitspolitische Implikationen knapper Ressourcen.* Eigenpublikation, Juli 2010, S. 60.

74 *Peak Oil – Sicherheitspolitische Implikationen knapper Ressourcen,* S. 38.

75 *Peak Oil – Sicherheitspolitische Implikationen knapper Ressourcen,* S. 78.

16 Kann das unkonventionelle Erdöl die Lücke füllen?

1 Jeroen van der Veer zitiert in: *Vision for meeting energy needs beyond oil.* In: *Financial Times,* 23. Januar 2006.

2 Zitat aus: Lorenz, John: *The Energy Ratio Limit.* In: *Explorer, Bulletin of the American Association of Petroleum Geologists* (AAPG), Vol. 31, Nor 3, March 2010.

3 Campbell: *Atlas of Oil and Gas Depletion,* S. 321

4 Zahlen aus: *Canada's tar sands.* In: *The Economist,* 20. Januar 2011.

5 Wolfgang Blendinger zitiert in: *Peak Oil. Wir haben ein Problem.* In: *n-tv,* 4. April 2008.

6 *Wachsende Kritik am Abbau von Ölsanden.* In: *Neue Zürcher Zeitung,* 13. Juni 2008.

7 Zahlen aus: *Syncrude pays $3.2 million penalty over duck deaths.* In: *Postmedia News,* 22. Oktober 2010.

8 Zitat aus: King, David: *Has Petroleum Production Peaked, ending the era of easy oil?* In: *Scientific American,* 25. Januar 2012.

9 *Ein Schlag für das Kyoto-Protokoll. Kanada zieht sich vorzeitig aus dem Klimaschutz-Abkommen zurück.* In: *Neue Zürcher Zeitung,* 13. Dezember 2011.

10 Rolf Hartl zitiert in: *Für die Branche ist die Party noch nicht vorbei.* In: *Handelszeitung,* 31. Mai 2006.

11 Rudolf Rechsteiner zitiert in: *Energiefachmann und SP-Politiker Rudolf Rechsteiner hält jüngste Prognosen für Mogelpackungen.* In: *Basler Zeitung,* 15. Juli 2006.

12 Zahlen aus: *Das Öl gibt uns nun noch den Rest.* In: *Schaffhauser Nachrichten,* 21. April 2011.

13 Zahlen aus: *Ölkatastrophe reißt Milliardenloch in die BP-Kasse.* In: *Neue Zürcher Zeitung,* 1. Februar 2011.

14 *Die Ölpest im Golf von Mexiko.* In: Schweizer Fernsehen. Sendung *Der Club,* 1. Juni 2010.

15 Wolfgang Blendinger zitiert in: *Die theoretische Ölreserve.* In: *Deutsche Welle,* 9. September 2005.

16 Zahlen aus: *Ölschiefer: Das Hoffen auf den »brennenden Stein«.* In: *Die Presse,* 11. September 2011.

17 Lynn Helms zitiert in: *Neuer Ölboom in der Prärie.* In: *Manager Magazin,* 22. August 2011.

18 Werner Zittel, zitiert in: *Große Hoffnung Shale Gas. »Ein totaler Humbug«.* In: *n-tv,* 20. Mai 2010.

19 Richard Heinberg zitiert in: Hughes, David: *Will Natural Gas Fuel America in the 21st*

Century? Post Carbon Institute May 2011, S. 4.

20 IEA: *World Energy Outlook 2011. Oil production and supply by source and scenario.* November 2011, S. 122.

21 Jean Ziegler zitiert in: *Dossier Biotreibstoffe.* Amnesty International, September 2008.

22 *Ernte in den Tank.* In: *NZZ am Sonntag,* 17. April 2011.

23 IEA: *World Energy Outlook 2011. Oil production and supply by source and scenario.* November 2011, S. 122.

24 Aleklett, Kjell: *Peeking at Peak Oil* (New York: Springer, 2012), S. 117.

25 Metz, Karl: *Ursprünge der Zukunft. Die Geschichte der Technik in der westlichen Zivilisation* (Zürich: Verlag Neue Zürcher Zeitung, 2006), S. 455–456.

26 Zittel, Werner und Schindler, Jörg und Campbell, Colin und Liesenborghs, Frauke: *Ölwechsel! Das Ende des Erdölzeitalters und die Weichenstellung für die Zukunft* (München: dtv, 2002), S. 89.

27 Campbell, Colin und Laherrère, Jean: *The End of Cheap Oil.* In: *Scientific American,* März 1998, S. 78–83.

28 *OPEC Annual Statistical Bulletin,* publiziert November 2011, S. 30.

29 *BP Statistical Review of World Energy,* Juni 2011, S. 9.

30 ExxonMobil: *2012 The Outlook for Energy: A View to 2040.* Publiziert Dezember 2011.

31 Aleklett, Kjell: *Peeking at Peak Oil* (New York: Springer, 2012), S. 118.

17 Wieder Krieg um Erdöl

1 Jung, Alexander; Follath, Erich (Hrsg.): *Der neue Kalte Krieg. Kampf um die Rohstoffe* (München: Goldmann Verlag, 2008), S. 10.

2 Noam Chomsky interviewed by Michael Hastings, *Newsweek Magazine,* 4. Januar 2006.

3 Brzezinski, Zbigniew: *The Choice. Global Domination or Global Leadership* (New York: Basic Books, 2005), S. 63.

4 Harold Pinter zitiert in: *Eklat bei Nobelpreisrede.* In: *Spiegel,* 7. Dezember 2005.

5 *The Peak Oil Crisis: Mid Year 2005.* In: *Falls Church News,* 13. Juli 2005.

6 Rutledge, Ian: *Addicted to Oil: America's Relentless Drive for Energy Security* (London: I.B.Tauris, 2006), S. 54. Zur Harken-Transaktion und Untersuchung der SEC vergleiche: Frankfurter, George: *Theory and Reality in Financial Economics: Essays Toward a New Political Finance* (Hackensack: World Scientific, 2007), S. 144.

7 Briody, Dan: *The Halliburton Agenda.* (Hoboken: John Wiley and Sons, 2004), S. VII.

8 *Chevron Redubs Ship named for Bush Aide.* In: *San Francisco Chronicle.* 5 Mai 2001.

9 President Bush: *State of the Union Address.* The White House, 25. April 2006.

10 Zitat aus: Strahan, David: *The Last Oil Schock. A Survival Guide to the Imminent Extinction of Petroleum Man* (London: John Murray, 2008), S.2.

11 Dick Chenery zitiert in: Clark, William: *Petrodollar Warfare* (Gabriola: New Society Publishers, 2005), S. 50.

12 *Öl heizt den Lebenskosten ein.* In: *Neue Luzerner Zeitung,* 6. September 2000.

13 *Pflichtlager für den Markt öffnen.* In: *Aargauer Zeitung,* 14. September 2000.

14 *Remarks by the President, Secretary of Energy Abraham and Deputy Secretary of Defense Wolfowitz After Energy Advisors Meeting.* The White House, 3. Mai 2001.

15 *National Energy Policy. Report of the National Energy Policy Development Group.* Publiziert im Mai 2001, S. viii und 13. Abrufbar unter: www.wtrg.com/EnergyReport/National-Energy-Policy.pdf

16 *National Energy Policy. Report of the National Energy Policy Development Group.* Publiziert im Mai 2001, S. 12 und 130.

17 Standlea, David: *Oil, globalization, and the war for the Arctic refuge* (Albany: State University of New York Press, 2006), S. 159.

18 *President Bush speaks to the United Nations.* White House Press Release, 10. November 2001.

19 Vergleiche: Daniele Ganser: *NATO-Geheimarmeen in Europa. Inszenierter Terror und verdeckte Kriegsführung* (Zürich: Orell Füssli, 2005).

20 *Burning Diesel Is Cited in Fall Of 3rd Tower.* In: *New York Times,* 2. März 2002.

21 Griffin, David Ray: *The 9/11 Commission Report. Omissions and Distortions.* Northhampton. (Northampton: Olive Branch Press, 2005), S. 28.

22 Jörg Schneider und Hugo Bachmann zitiert in: Daniele Ganser: *Der erbitterte Streit um den 11. September.* In: *Tages-Anzeiger,* 9. September 2006.

23 The Conspiracy Files: 9/11 – The Third Tower. BBC News, 6 Juli 2008.

24 *Report Says Fire, Not Explosion, Felled 7 W.T.C.* In: *New York Times,* 22. August 2008.

25 Architects and Engineers for 9/11 Truth: »9/11 Explosive Evidence, Experts Speak Out« 2011. www.ae911truth.org

26 Rede von Francis A. Boyle: Global Peace Forum. Kuala Lumpur, Malaysia, 22. Juni 2006.

27 Michael C., Ruppert: *Crossing the Rubicon: The Decline of the American Empire at the End of the Age of Oil.* (Gabriola Island: New Society Publishers, 2004), S. 572.

28 Ruppert: *Rubicon,* S. 574 und 591.

29 Vergleiche: *Rebuilding America's Defenses. Strategy, Forces and Resources For a New Century. A Report of The Project for the New American Century,* Washington, September 2000.

30 Vergleiche: Johnson, Chalmers: *The Sorrows of Empire* (New York: Owl Books, 2005), S. 228.

31 Paul Wolfowitz zitiert in: *Iraq War Was About Oil.* In: *Guardian,* 4. Juni 2003.

32 Rede von Wesley Clark vom 3. Oktober 2007 beim Commonwealth Club in San Francisco. Zitiert in: *Wes Clark and the neocon dream.* In: *Salon News,* 26. November 2011.

33 Bundesarchiv: Protokolle des Nationalrates: Josef Lang: Afghanistan. Ziviles Engagement statt militärisches Mitmachen. 20. Juni 2007.

34 VBS-Medienmittteilung vom 21. November 2007.

35 Zitiert in: Kleveman, Lutz: *Der Kampf um das heilige Feuer. Wettlauf der Weltmächte am Kaspischen Meer* (Berlin: Rowohlt, 2003), S. 13.

36 Zitiert in: Kleveman: *Der Kampf um das heilige Feuer,* S. 39.

37 Zitiert in: Kleveman: *Der Kampf um das heilige Feuer,* S. 50.

38 Zitiert in: Kleveman: *Der Kampf um das heilige Feuer,* S. 17.

39 Zitiert in: Rashid, Ahmed: *Taliban. Islam, Oil and the New Great Game in Central Asia* (London: I.B. Tauris, 2002) S. 160.

40 Zitiert in: Rashid: *New Great Game,* S. 174.

41 Zitiert in: Rashid: *New Great Game,* S. 172.

42 *Taleban in Texas for talks on gas pipeline.* In: *BBC News,* 4. Dezember 1997.

43 *Central Asia pipeline deal signed.* In: *BBC News,* 27. Dezember, 2002.

44 John Foster: *A pipeline through a troubled land: Afghanistan, Canada, and the new great energy game.* In: Canadian Centre for Policy Alternatives. Foreign Policy Series, Volume 3, Nr. 1, June 19, 2008, S. 2.

45 Donald Rumsfeld zitiert in: Combs, Jerald: *The History of American Foreign Policy* (New York: Sharpe, 2008), S. 373.

46 Paul O'Neill zitiert in: Suskind, Ron: *The Price of Loyalty* (New York: Simon & Schuster, 2004), S. 96.

47 *Millionen demonstrieren gegen drohenden Irak-Krieg.* In: *NZZ am Sonntag,* 16. Februar 2003.

48 *President Says Saddam Hussein Must Leave Iraq Within 48 Hours.* The White House, 17. März 2003.

49 Colin Powell zitiert in: *Zwei Jahre danach. Bush's endloser Krieg gegen den Terror.* In: *Spiegel,* 18. September 2003.

50 Zitiert in: *Powell bedauert Irak-Rede.* In: *Spiegel,* 9. September 2005.

51 Ali al-Rawi zitiert in: *A matter of life, death – and oil.* In: *The Guardian,* 23. Januar 2003.

52 *Heizöl bleibt weiterhin ein wichtiger Energieträger.* In: *Handelszeitung,* 9. April 2003.

53 *Schröder warnt vor Angriff auf Irak.* In: *Frankfurter Rundschau,* 5. August 2002.

54 *Iraq war illegal, says Annan.* In: *BBC News,* 16. September 2004.

55 Rede von Bundespräsident Pascal Couchepin am 20. März 2003 in Bern vor der Bundesversammlung.

56 *Kein Notplan für den Krieg.* In: *Handelszeitung,* 9. April 2003.

57 Zahlen aus: *Ölpreis steigt auf höchsten Stand seit 15 Jahren.* In: *Basler Zeitung,* 5. Mai 2004.

58 *Warum ich das Kabinett verlassen musste. Der britische Parlamentsminister Robin Cook begründet seinen Rücktritt.* In: *Freitag,* 28. März 2003.

59 Michael Meacher zitiert in: *This war on terrorism is bogus.* In: *The Guardian,* 6. September 2003.

60 Greg Muttitt zitiert in: *Secret memos expose link between oil firms and invasion of Iraq. The Independent,* 19. April 2011. Vergleiche auch das Buch von Greg Muttitt: *Fuel on Fire. Oil and Politics in Occupied Iraq* (London: Bodley Head, 2011).

61 Juhasz, Antonia: *The Tyranny of Oil. The World's Most Powerful Industry – and what we must do to stop it* (New York: William Morrow, 2008), S. 320.

62 *Brookings: IRAQ INDEX. Tracking Reconstruction and Security in Post-Saddam Iraq.* The Brookings Instiution, Saban Centre for Middle East Study. Available at: http://www.brookings.edu/saban/iraq-index.aspx

63 Zahlen aus: *Irak – Bilanz eines Krieges.* In: *NZZ am Sonntag,* 18. Dezember 2011. Vergleiche auch: Joseph Stiglitz: *The Three Trillion Dollar War: The True Cost of the Iraq Conflict.* (New York: Norton & Company 2008).

64 Alan Greenspan zitiert in: *Greenspan admits Iraq was about oil.* In: *The Guardian,* 16. September 2007.

65 *Eine Religion wie alle anderen. Perspektiven auf den radikalen Islamismus.* In: *Neue Zürcher Zeitung,* 14. Juli 2008.

66 *Im Zeichen von Kriegen und Enttäuschungen. Rückblick auf die Präsidentschaft von George W. Bush.* In: *Neue Zürcher Zeitung,* 20. Januar 2009.

67 Rutledge, Ian: *Addicted to Oil: America's Relentless Drive for Energy Security* (London: I.B.Tauris, 2006), S. 119.

68 *Endlich eine gute Nachricht aus dem Irak.* In: *NZZ am Sonntag,* 22. Juni 2008.

69 Hugo Chavez zitiert in: *Opec streitet über politische Rolle des Ölkartells.* In: *Neue Zürcher Zeitung,* 18. November 2007.

70 Hugo Chavez zitiert in: Ali, Tariq: *Piraten der Karibik. Die Achse der Hoffnung. Castro, Chavez, Morales* (München: Diederichs 2007), S. 268.

71 Hugo Chavez zitiert in: Nikolas Kozloff: *Hugo Chávez: Oil, Politics, and the Challenge to the U.S.* (New York: Palgrave, 2006), S. 2.

72 Guido Westerwelle zitiert in: *Westerwelle auf heikler Mission.* In: *Neue Zürcher Zeitung,* 9. Januar 2012.

73 *Ghadhafi bleibt ein Grab in der Wüste.* In: *Schaffhauser Nachrichten,* 26. Oktober 2011.

74 Reinhard Merkel zitiert in: *Die Militärintervention gegen Gaddafi ist illegitim.* In: *Frankfurter Allgemeine Zeitung,* 22. März 2011.

75 Barack Obama zitiert in: *President Obama on Libya.* In: *New York Times,* 29. March 2011.

76 *Libyan in(ter)vention: False facts fatal for Gaddafi.* In: *Russia Today,* 2. Dezember 2011.

77 *Libyan in(ter)vention: False facts fatal for Gaddafi.* In: *Russia Today,* 2. Dezember 2011.

78 Zahlen aus: *Bürgerkrieg in Libyen fordert 30 000 Menschenleben.* In: *Neue Zürcher Zeitung,* 8. September 2011.

79 *CIA Agents in Libya Aid Airstrikes and Meet Rebels.* In: *New York Times,* 30. März 2011.

80 Zitat aus: Goldstein, Tom: *Journalism and truth: strange bedfellows* (Evanston: Northwestern University Press, 2007), S. 87.

81 Claude Moniquet zitiert in: *Libyan in(ter) vention: False facts fatal for Gaddafi.* In: *Russia Today,* 2. Dezember 2011.

82 *Gaddafi dreht der Schweiz den Ölhahn zu.* In: *20 Minuten,* 8. Oktober 2008.

83 Zahlen aus: *Weitere Zunahme der Schweizer Erdölimporte.* In: *Neue Zürcher Zeitung,* 27. Februar 1992.

84 Erdöl-Vereinigung: *Jahresberichte 2006,* 2008 und 2010.

85 *Oil groups draw up plans for swift Libya exit.* In: *Financial Times,* 21. Februar 2011.

86 Michel Chossudovsky zitiert in: *Insurrection and Military Intervention.* In: *Global Research,* 7. März 2011.

18 Wirtschaftskrisen und hoher Erdölpreis

1 Zahlen aus: *Wenn das Schmiermittel die Konjunktur blockiert.* In: *Finanz und Wirtschaft,* 3. März 2012.

2 Vergleiche den Dokumentarfilm von Barrie Zwicker: *The End of Suburbia* (Toronto: Electric Wallpaper Company, 2004). 78 Minuten.

3 Zahlen aus: *Wenn das Schmiermittel die Konjunktur blockiert.* In: *Finanz und Wirtschaft,* 3. März 2012.

4 Barack Obama zitiert in: *Obama will strategische Ölreserven anzapfen.* In: *Neue Zürcher Zeitung,* 5. August 2008.

5 Zahlen aus: *World oil import bill heading for record 1,25 trillion pounds.* In: *Reuters,* 27. März 2012

6 Zahlen aus: *Strom, Gas, Benzin immer teurer – Energiewende auf unsere Kosten?* In: Fernsehsendung *hart aber fair,* ARD, 12. März 2012.

7 *Wie teuer wird das Benzin noch?* In: *Neue Luzerner Zeitung,* 5. Mai 2004.

8 *Die Preise bleiben kurzfristig hoch.* In: *Handelszeitung,* 22. Juni 2005.

9 *Benzinpreise schrecken nicht ab.* In: *Basellandschaftliche Zeitung,* 1. Oktober 2005.

10 *Diese Tankfüllung wird sehr teuer.* In: *Cash,* 14. April 2005.

11 *Des Schweizers liebste Droge.* In: *Der Bund,* 12. September 2005.

12 Vergleiche: Bundesamt für Energie: *Die Energieperspektiven 2035. Band 1: Synthese* (Bern: BFE, 2007).

13 *Hohe Erdölpreise bremsen Nachfrage kaum.* In: *Neue Zürcher Zeitung,* 20. April 2006.

14 *Der Dieselpreis überschritt die 2-Franken-Grenze.* In: *Die Südostschweiz,* 27. November 2007.

15 *Ölheizungen raus, Erdgasheizungen rein.* In: *Schaffhauser Nachrichten,* 2. November 2007.

16 *Schweiz profitiert vom Ölpreis.* In: *Neue Luzerner Zeitung,* 1. Dezember 2007.

17 *Sortir du pétrole sans attendre que soit extrait le dernier baril.* In: *L'Agéfi,* 18. Mai 2005.

18 *Schmierstoff mit Bremswirkung.* In: *Der Bund,* 4. Januar 2008.

19 Amtliches Bulletin der Bundesversammlung: Nationalrat: Rede von Bundesrat Hans Rudolf Merz *Energiepolitik,* 12. Juni 2008.

20 Doris Leuthard zitiert in: *Ressourcenknappheit.* In: *Die Volkswirtschaft: Das Magazin für Wirtschaftspolitik,* September 2008.

21 *Energie sparen, CO_2 senken und trotzdem wachsen.* In: *Neue Zürcher Zeitung,* 14. September 2008.

22 *Der Erdölmarkt kommt nicht zur Ruhe.* In: *Neue Zürcher Zeitung,* 6. Januar 2009.

23 Thomas Fricke zitiert in: *Es war der Ölpreis, Harry.* In: *Financial Times Deutschland,* 18. Dezember 2008.
24 Hamilton, James: *Causes and Consequences of the Oil Shock of 2007–08,* Department of Economics, UC San Diego, 23. März 2009, S. 43.
25 Fatih Birol zitiert in: *Oil price could strangle economic recovery hopes.* In: *Reuters,* 24. November 2011.
26 Ben Bernanke: *The U.S. Economic Outlook.* Speech at the International Monetary Conference, Atlanta, Georgia, 7. Juni 2011.
27 Ernst Ulrich von Weizsäcker, zitiert in: *Gaskraft wird zur Fehlinvestition.* In: *NZZ am Sonntag,* 20. Mai 2012.
28 David King zitiert in: *Has Petroleum Production Peaked, ending the era of easy oil?* In: *Scientific American,* 25. Januar 2012.
29 Vergleiche: Sandschneider, Eberhard: *Globale Rivalen: Chinas unheimlicher Aufstieg und die Ohnmacht des Westens* (München: Hanser Verlag, 2007).
30 *Chinas Energiehunger beunruhigt die Welt.* In: *Neue Zürcher Zeitung,* 3. Mai 2006.
31 Zahlen aus dem Jahresbericht der Erdöl-Vereinigung der entsprechenden Jahre.
32 Zahlen aus: Bundesamt für Statistik: Statistisches Lexikon der Schweiz: *Energie: Finanzierung: Endverbraucher-Ausgaben.*
33 Zitat aus: Schönherr-Mann, Hans-Martin: *Friedrich Nietzsche* (Paderborn: Wilhelm Fink Verlag, 2008), S. 38.
34 Bundesarchiv: *Botschaft des Bundesrates über Grundsatzfragen der Energiepolitik vom 25. März 1981.* In: *Bundesblatt,* 1981, Band 2, Heft 21, S. 324.
35 Vergleiche: Titelblatt des Economist vom 27. August 2005.
36 Michael Klare, zitiert in: Stokes, Doug: *Global Energy Security and American Hegemony* (Baltimore: John Hopkins University Press, 2010), S. 48.
37 Zahlen aus: Stockholm International Peace Research Institute (SIPRI): *Yearbook 2011.*
38 Jaap de Hoop Scheffer zitiert in: *Climate change and energy crsisis threaten global security, NATO secretary general warns.* In: *The Telegraph,* 3. Juni 2008.

19 Die Energiewende

1 Zittel, Werner; Schindler, Jörg; Zerta, Martin; Yanagihara, Hiromichi: *Aufbruch. Unser Energiesystem im Wandel. Der veränderte Rahmen für die kommenden Jahrzehnte* (München: Finanz Buch Verlag, 2011), S. 22.
2 European Union: *Europe in figures. Eurostat Yearbook 2011* (Luxembourg: Publications Office of the European Union, 2011), S. 544 und 554. Sowie: *Towards a low carbon future: European Strategic Energy Technology Plan.* 22 November 2007.
3 Zahlen aus: *Braunkohle füllt die Stromlücke.* In: *NZZ am Sonntag,* 11. März 2012.
4 Vergleiche: *King Coal makes a return as dirty man of Europe goes green.* In: *The Independent,* 19. April 2006.
5 European Union: *Europe in figures. Eurostat Yearbook 2011* (Luxembourg: Publications Office of the European Union, 2011), S. 535.
6 Zahlen aus: Pilny, Karl; Reid, Gerard: *Asiens Energiehunger. Rohstoffe am Limit* (München: Finanzbuch Verlag, 2011), S. 159.
7 Zahlen aus: European Union: *Europe in figures. Eurostat Yearbook 2011* (Luxembourg: Publications Office of the European Union, 2011), S. 554.
8 Zitate aus: *Strahlende Zukunft. Ein Jahr nach Fukushima.* In: *NZZ am Sonntag,* 11. März 2012.
9 Zahlen aus: Pilny: *Asiens Energiehunger,* S. 161.
10 Doris Leuthard, zitiert in: *Im Import wird immer Atomstrom dabei sein.* In: *NZZ am Sonntag,* 29. Mai 2011.

11 Zahlen aus: European Union: *Europe in figures. Eurostat Yearbook 2011* (Luxembourg: Publications Office of the European Union, 2011), S. 554.

12 Zahlen aus: *Japan fast ohne Atomstrom. Erdöl- und Gaskraftwerke füllen die Energielücke.* In: *Neue Zürcher Zeitung,* 10. März 2012.

13 Peter Voser, zitiert in: *Eine Beschränkung der Bohrtiefe würde nichts bringen.* In: *Handelszeitung,* 12. Mai 2010.

14 Tom Whipple zitiert in: *Oil. In perpetuity no more.* In: *Al Jazeera,* 21. Februar 2012.

15 Werner Zittel zitiert in: *Große Hoffnung Shale Gas. »Ein totaler Humbug«.* In: *n-tv,* 20. Mai 2010.

16 Ernst Ulrich von Weizsäcker, zitiert in: *Gaskraft wird zur Fehlinvestition.* In: *NZZ am Sonntag,* 20. Mai 2012.

17 European Union: *Europe in figures. Eurostat Yearbook 2011* (Luxembourg: Publications Office of the European Union, 2011), S. 554.

18 Zahlen aus: *An der russischen Erdgasquelle.* In: *Neue Zürcher Zeitung,* 20. März 2012.

19 *Die Schlacht ums Gas.* In: *Der Spiegel,* 26. Januar 2009.

20 Vergleiche: Verband der Schweizerischen Gasindustrie (VSG): *Erdgas in Zahlen 2011/12.*

21 *Gasstreit mit der Ukraine.* In: *Neue Zürcher Zeitung,* 3. Januar 2006.

22 SES-Positionspapier Gaskraftwerke. Dezember 2006.

23 Zitat aus: *Europas neue Wege zu mehr Gas.* In: *Finanz und Wirtschaft,* 29. August 2009.

24 *Hat Norwegen das Gasfördermaximum erreicht?* In: ASPO Deutschland März 2012: http://aspo-deutschland.blogspotcom/2012/03/norwegen-hat-peak-gas-erreicht.html

25 IEA: *World Energy Outlook 2011. Special Report. Are we entering a golden age of gas?* 6. Juni 2011.

26 Angela Merkel zitiert in: *Nord-Stream-Pipeline eröffnet.* In: *Zeit-Fragen,* 15. November 2011.

27 Gerhard Roiss zitiert in: *OMV-Chef Gerhard Roiss im Interview.* In: *Format. Österreichs Wochenmagazin für Wirtschaft und Geld.* 22. September 2011.

28 Moritz Leuenberger zitiert in: *NZZ Folio* 4/2011, S. 22.

29 Dieter Imobden zitiert in: *Energiezukunft: Freiwilligkeit hat die Grenze erreicht.* In: *Zeitpunkt.* Ausgabe 92, November/Dezember 2007.

30 Rolf Wüstenhagen zitiert in: *Mit Energiesparen verdienen.* In: *NZZ am Sonntag,* 25. März 2012.

31 Liste der Energiestädte: http://www.energiestadt.ch/d/gemeinden.php

32 SIA: Konzept 2000-Watt-Gesellschaft. EnergieSchweiz für Gemeinden, Stadt Zürich, 2012.

33 Roland Stulz zitiert in: *»Eine Familie kann mit 2000 Watt pro Kopf schon heute gut leben.»* In: *Wohnen,* Nr. 10, 2011.

34 Roland Stulz zitiert in: *Mit 2000 Watt einen Ausgleich ermöglichen.* In: *Neue Zürcher Zeitung,* 5. November 2008.

35 Schweizerische Akademie der Technischen Wissenschaften (SATW): *Road Map Erneuerbare Energien Schweiz. Eine Analyse zur Erschließung der Potentiale bis 2050* (Zürich: SATW Eigenverlag, 2007), S. 5.

36 Schweizerische Akademie der Technischen Wissenschaften (SATW): *Denk-Schrift Energie. Energie effizient nutzen und wandeln. Beitrag zur nachhaltigen Entwicklung der Schweiz* (Zürich: SATW Eigenverlag, 2007), S. 6. Vergleiche auch: Ganser, Daniele und Reinhardt, Ernst sowie Schweizerische Akademie der Technischen Wissenschaften: *Erdölknappheit und Mobilität in der Schweiz* (Zürich: SATW Eigenverlag, 2008).

37 Franz Beyeler zitiert in: *Das Zuhause gleicht einem Offroader.* In: *NZZ am Sonntag,* 10. August 2008.

38 Franz Beyeler zitiert in: *Das Zuhause gleicht einem Offroader.* In: *NZZ am Sonntag,* 10. August 2008.

39 Moritz Leuenberger zitiert in: »*Nur ein Appell an das moralische Verhalten geht mir zu wenig weit.*« In: *Schweizer Illustrierte,* 10. September 2007.

40 Ruedi Kriesi zitiert in: *Eine kurze Geschichte der «Minergie«.* In: *Neue Zürcher Zeitung,* 5. März 2008.

41 Zahlen aus: *Nachhaltige Mobilität. Zwei Milliarden Autos.* In: *Spektrum der Wissenschaft Magazin,* 24. September 2010.

42 Lino Guzella zitiert in: *Man müsste mehr Gas geben.* In: *Der Bund,* 29. August 2009.

43 Vergleiche: Müller, Michael; Fuentes, Ursula: *Der UN-Weltklimareport: Bericht über eine aufhaltsame Katastrophe* (Köln: Kiepenheuer und Witsch Verlag, 2007).

44 Zu dieser Minderheit zählt der deutsche Umweltjournalist Dirk Maxeiner, der argumentierte, es sei zwar bewiesen, dass das Klima wärmer werde und dass der vom Menschen verursachte CO_2-Ausstoß zunehme. Trotzdem sei nicht klar, ob der Mensch für den Klimawandel die Verantwortung trage, weil nicht bewiesen sei, dass die CO_2-Erhöhung einen dominanten Einfluss auf die Klimaerwärmung der letzten 50 Jahre habe. Vergleiche: Maxeiner, Dirk: *Hurra, wir retten die Welt! Wie Politik und Medien mit der Klimaforschung umspringen* (Berlin: WJS Verlag, 2007).

45 David Stickelberger zitiert in: *Greenpeace blockiert Öltanker auf dem Rhein.* In: *Basler Zeitung,* 23. März 1995.

46 Ogi, Adolf: *Genügend Fakten liegen auf dem Tisch – jetzt muss gehandelt werden.* Vorwort zu: Pfister, Christian (Hrsg.): *Das 1950er Syndrom. Der Weg in die Konsumgesellschaft* (Bern: Haupt, 1995), S. 17–19.

47 Zahlen aus: *Das Klima verdüstert sich.* In: *NZZ am Sonntag,* 27. November 2011.

48 Vergleiche: Hänggi, Marcel: *Wir Schwätzer im Treibhaus: Warum die Klimapolitik versagt* (Zürich: Rotpunktverlag, 2008).

49 Adolf Ogi: *Genügend Fakten liegen auf dem Tisch – jetzt muss gehandelt werden.* Vorwort zu: Christian Pfister*: Das 1950er Syndrom (Bern: Haupt, 1995),* S. 17–19.

50 Adolf Ogi, zitiert in: *Das Eierkochen brauchte Mut.* In: *Der Beobachter,* 13. September 2006.

51 Moritz Leuenberger, zitiert in: »*Nur ein Appell an das moralische Verhalten geht mir zu wenig weit.*« In: *Schweizer Illustrierte,* 10. September 2007.

52 Vergleiche: Ganser, Daniele und Reinhardt, Ernst: *Erdölknappheit und Mobilität in der Schweiz* (Zürich: Schweizerische Akademie der Technischen Wissenschaften, 2008), S. 16.

53 Moritz Leuenberger zitiert in: »*Nur ein Appell an das moralische Verhalten geht mir zu wenig weit.*« In: *Schweizer Illustrierte,* 10. September 2007.

54 Rolf Hartl zitiert in: *Das Erdöl spielt eine wichtige Rolle.* In: *Handelszeitung,* 9. April 2003.

55 Caspar Baader zitiert in: *Heizöl bleibt weiterhin ein wichtiger Energieträger.* In: *Handelszeitung,* 9. April 2003.

56 *Energiesparer werden profitieren.* In: *Neue Zürcher Zeitung,* 19. November 2007.

57 *1,5 Rappen sind zuwenig.* In: *WWF Magazin,* Nr. 2, 2008.

58 Richard Branson zitiert in: *Branson warns that oil crunch is coming within five years.* In: Guardian 7. Februar 2010.

59 *Hochfliegende Pläne, Absturz der Nachhaltigkeit.* In: *Magazin Greenpeace* Nr. 3, 2011.

60 Wolfgang Blendinger zitiert in: *Ein Tropfen auf den heißen Stein.* In: *n-tv,* 3. April 2008.

61 Daniel Ryhiner zitiert in: *Wenn nichts ändert, fahren wir in die Wand.* In: *Greepeace Magazin* 1/2008.

62 Kurt Egli zitiert in: *Auto-Umweltliste 2012.* In: *VCS Magazin,* 1. März 2012.

20 Der Ausbau der erneuerbaren Energien

1 Patrick Hofstetter zitiert in: *Wir alle tragen Verantwortung für unseren Stromverbrauch.* In: Energie & Wasser, das Magazin für die Kundinnen und Kunden der Industriellen Werke Basel, Ausgabe 1, 2012.

2 Trainer, Ted: *Renewable Energy Cannot Sustain A Consumer Society* (Dordrecht: Springer, 2007), S. 3.

3 Zahlen aus: Pilny: *Asiens Energiehunger,* S. 142.

4 Zahlen aus: *Energiestatus Österreich 2010.* Publikation des Bundesministeriums für Wirtschaft, Familie und Jugend, S. 31.

5 Zahlen aus: Bundesamt für Energie (BFE): *Schweizerische Gesamtenergiestatistik 2010: Elektrizitätserzeugung.* Publiziert 1. August 2011.

6 Agentur für Erneuerbare Energien: *Kleinwasserkraftwerke.* Informationsblatt 2006.

7 David Thiel zitiert in: *IWB Geschäftsbericht 2010: Schon heute das Morgen leben,* S. 4.

8 Zahlen aus: Renewable Energy Policy Network for the 21st Century (REN21): *Renewables 2011. Global Status Report.* Juli 2011, S. 13.

9 Zahlen aus: IEA: *World Energy Outlook 2006.*

10 *Bannstrahl gegen Agrotreibstoffe.* In: *Neue Zürcher Zeitung,* 14. Oktober 2008.

11 Zah, Rainer: *Ökobilanz von Energieprodukten. Ökologische Bewertung von Biotreibstoffen* (St. Gallen: Eidgenössischen Materialprüfungs- und Forschungsanstalt (Empa), April 2007.

12 Zahlen aus: Eidgenössisches Departement für Umwelt, Verkehr, Energie und Kommunikation: *Umwelt Schweiz 2009* (Bern: BFS und BAFU, 2008), S. 23.

13 Zahlen aus: Bundesministerium für Umwelt, Naturschutz und Reaktorsicherheit: *Entwicklung der erneuerbaren Energien in Deutschland 2011.* Grafiken und Tabellen. März 2012

14 Zahlen aus: Renewable Energy Policy Network for the 21st Century (REN21): *Renewables 2011. Global Status Report.* Juli 2011, S. 12.

15 Kaltschmitt, Martin: *Erneuerbare Energien: Systemtechnik, Wirtschaftlichkeit, Umweltaspekte* (Berlin: Springer, 2006), S. 37.

16 Zahlen aus: Renewable Energy Policy Network for the 21st Century (REN21): *Renewables 2011. Global Status Report.* Juli 2011, S. 12.

17 Zahlen aus: Pilny: *Asiens Energiehunger,* S. 183.

18 Rainer Isenrich zitiert in: *Die solare Revolution.* In: *NZZ am Sonntag,* 29. April 2012.

19 Josef Jenni zitiert in: *Heizen und Duschen mit Sonnenenergie.* In: *Aargauer Zeitung,* 1. Februar 2011.

20 Gründinger, Wolfgang: *Die Energiefalle: Rückblick auf das Erdölzeitalter* (München: Verlag C. H. Beck, 2006), S. 241–243.

21 Zahlen aus: Bundesministerium für Umwelt, Naturschutz und Reaktorsicherheit. *Entwicklung der erneuerbaren Energien in Deutschland 2011. Grafiken und Tabellen.* März 2012.

22 Zahlen aus: Swissolar Zahlen für 2011, sowie Bundesamt für Energie (BFE): *Schweizerische Gesamtenergiestatistik 2010: Elektrizitätserzeugung.* Publiziert 1. August 2011.

23 Norbert Allnoch zitiert in: *Sonne liefert soviel Strom wie fast 20 AKW.* In: *Zeit Online,* 26. Mai 2012.

24 Rolf Wüstenhagen zitiert in: *»Jetzt zählen nur noch erneuerbare Energien«.* In: *Tages-Anzeiger,* 23. März 2011.

25 Zahlen aus: Renewable Energy Policy Network for the 21st Century (REN21): *Renewables 2011. Global Status Report,* Juli 2011.

26 Fawer, Matthias: *Solarwirtschaft: Hartes Marktumfeld – Kampf um die Spitzenplätze.* Studie der Bank Sarasin, Basel. Publiziert am 21. November 2011.

27 Zahlen aus: *Die solare Revolution.* In: *NZZ am Sonntag,* 29. April 2012.

28 Zahlen aus: Bundesamt für Energie (BFE): *Kostendeckende Einspeisevergütung: Vergütung für Solarstrom sinkt – »Deckel« steigt.* 10. Dezember 2010.

29 Nordmann, Roger: *Atom- und Erdölfrei in die Zukunft. Konkrete Projekte für die Energiepolitische Wende* (Zürich: Orell Füssli, 2011), S. 16.

30 Rechsteiner, Rudolf: *100 Prozent erneuerbar. So gelingt der Umstieg auf saubere, erschwingliche Energien* (Orell Füssli: Zürich, 2012). Zitat aus: *Wir brauchen keine Gaskraftwerke.* In: *BZ Basel,* 18. April 2012.

31 Zahlen aus: *Harte Zahlen zum Atomstrom. Französischer Rechnungshof zieht Bilanz der Nuklearanlagen.* In: *Neue Zürcher Zeitung,* 1. Februar 2012.

32 Zahlen aus: IEA: *World Energy Outlook 2011,* S. 508.

33 Fatih Birol zitiert in: *Internationale Energieagentur warnt: Energie-Zukunft der Welt nicht nachhaltig.* In: *OECD Pressemitteilungen,* 11. November 2011.

34 Hans-Josef Fell zitiert in: *Peak Oil. Wir haben ein Problem.* In: *n-tv,* 4. April 2008.

35 Hopkins, Rob: *The Transition Handbook. From Oil Dependency to local Resilience* (Dartington: Green Books, 2008).

36 Zahlen aus: Bundesamt für Umwelt (BAFU): *Umwelt Schweiz 2011.*

37 Energiewende: *Ökostrom überholt Atomstrom.* In: *Spiegel Online,* 11. Januar 2012.

38 Zitat und Zahlen aus: *Energiestatus Österreich 2011.* Publikation des Bundesministeriums für Wirtschaft, Familie und Jugend, S. 1 und 61.

Schluss

1 Jörg Schindler, zitiert in: *Wir werden an eine ganz harte Grenze stoßen.* In: *Süddeutsche Zeitung,* 6. März 2012.

2 Das Gandhi-Zitat lautet: »Be the change you want to see in the world«. Zitiert in: Strong, Michael: *Be the Solution: How Entrepreneurs and Conscious Capitalists Can Solve All the worlds Problems* (Hoboken: John Wiley, 2009).

3 Nick Beglinger zitiert in: *Von Cleantech profitieren alle.* In: *Neue Zürcher Zeitung,* 12. September 2011.

4 Zitat aus: Lebensministerium: *Erneuerbare Energie in Zahlen. Die Entwicklung erneuerbarer Energie in Österreich im Jahr 2010,* Vorwort.

Verzeichnis ausgewählter Bücher

Anmerkung: Diese Forschungsarbeit stützt sich auf Broschüren, Darstellungen, Firmengeschichten und Zeitungsausschnitte aus dem Schweizerischen Wirtschaftsarchiv (SWA) in Basel und auf Dokumente aus dem Schweizerischen Bundesarchiv (BAR) in Bern sowie auf internationale Fachliteratur aus Aufsätzen und Monografien. Die umfangreichen Quellen, die in diesem Buch verwendet wurden, sind in den Endnoten angegeben. Das folgende Verzeichnis führt nur ausgewählte Bücher zum Thema »Erdöl« auf, die sich für eine weitere Vertiefung eignen.

Ahmed Rashid: *Taliban. Islam, Oil and the New Great Game in Central Asia* (London: I.B. Tauris, 2002).

Aleklett, Kjell: *Peeking at Peak Oil* (New York: Springer, 2012).

Alt, Franz: *Krieg um Öl oder Frieden durch die Sonne* (München: Goldmann, 2004).

Ammann, Daniel: *King of Oil. Marc Rich – vom mächtigsten Rohstoffhändler der Welt zum Gejagten der USA* (Zürich: Orell Füssli, 2010).

Baer, Robert: *Die Saudi-Connection. Wie Amerika seine Seele verkaufte* (München: Goldmann, 2005).

Barudio, Günter: *Tränen des Teufels. Eine Weltgeschichte des Erdöls* (Stuttgart: Klett-Cotta, 2001).

Briody, Dan: *The Halliburton Agenda. The Politics of Oil and Money* (Hoboken: John Wiley and Sons, 2004).

Campbell, Colin und Laherrère, Jean: *The End of Cheap Oil.* In: Scientific American, March 1998, S. 78–83.

Campbell, Colin: *The Coming Oil Crisis* (Brentwood: Multi-Science Publishing Company & Petroconsultants S. A., 1997).

Clark, William: *Petrodollar Warfare. Oil, Iraq and the future of the Dollar* (Gabriola: New Society Publishers, 2005).

Deffeyes, Kenneth: *Hubbert's Peak. The Impending World Oil Shortage* (Princeton: Princeton University Press, 2001).

Engdahl, William: *Mit der Ölwaffe zur Weltmacht. Der Weg zur neuen Weltordnung* (Rottenburg: Kopp, 2006).

Everest, Larry: *Oil, Power and Empire. Iraq and the US Global Agenda* (Maine: Common Courage Press, 2004).

Gisler, Monika: *Erdöl in der Schweiz: Eine kleine Kulturgeschichte. Erdöl-Vereinigung Jubiläumspublikation zum 50. jährigen Bestehen* (Zürich: Verein für wirtschaftshistorische Studien, 2011).

Goodstein, David: *The End of the Age of Oil* (New York: Norton, 2004).

Gründinger, Wolfgang: *Die Energiefalle: Rückblick auf das Erdölzeitalter* (München: C.H.Beck, 2006).

Hänggi, Marcel: *Ausgepowert. Das Ende des Ölzeitalters als Chance* (Zürich: Rotpunktverlag, 2011).

Heinberg, Richard: *The Party is Over. Oil, War and the Fate of Industrial Societies* (Gabriola Island: New Society Publishers, 2003).

Hopkins, Rob: *The Transition Handbook. From Oil Dependency to local Resilience* (Dartington: Green Books, 2008).

Jonker, Jost (et. al.): *A History of Royal Dutch Shell* (Oxford: Oxford University Press, 2007).

Juhasz, Antonia: *The Tyranny of Oil. The World's Most Powerful Industry – and what we must do to stop it* (New York: William Morrow, 2008).

Jung, Alexander; Follath, Erich (Hrsg.): *Der neue Kalte Krieg. Kampf um die Rohstoffe* (München: Goldmann, 2008).

Karlsch, Rainer; Stokes, Raymond: *Faktor Öl. Die Mineralölwirtschaft in Deutschland 1859–1974* (München: C. H. Beck, 2003).

Klare, Michael: *Resource Wars. The New Landscape of Global Conflict* (New York: Henry Holt, 2002).

Kleveman, Lutz: *Der Kampf um das heilige Feuer. Wettlauf der Weltmächte am Kaspischen Meer* (Berlin: Rowohlt, 2003).

Meadows, Dennis: *Limits to Growth. The 30-Year Update* (White River Junction: Chelsea Green Publishing Company, 2004).

Nirumand, Bahman: *Der unerklärte Weltkrieg. Akteure und Interessen in Nah- und Mittelost* (Berlin: Booklett, 2008).

Nordmann, Roger: *Atom- und Erdölfrei in die Zukunft. Konkrete Projekte für die Energiepolitische Wende* (Zürich: Orell Füssli, 2011).

Pfister, Christian (Hrsg.): *Das 1950er Syndrom. Der Weg in die Konsumgesellschaft* (Bern: Haupt, 1995).

Pilny, Karl; Reid, Gerard: *Asiens Energie Hunger. Rohstoffe am Limit* (München: Finanz Buch Verlag, 2011).

Rechsteiner, Rudolf: *Grün gewinnt. Die letzte Ölkrise und danach* (Zürich: Orell Füssli, 2003)

Roberts, Paul: *The End of Oil. The Decline of the Petroleum Economy and the Rise of a New Energy Order* (London: Bloomsbury, 2004).

Rutledge, Ian: *Addicted to Oil: America's Relentless Drive for Energy Security* (London: I.B.Tauris, 2006).

Seifert, Thomas; Werner, Klaus: *Schwarzbuch Öl. Eine Geschichte von Gier, Krieg, Macht und Geld* (Wien: Deuticke, 2005).

Simmons, Matthew: *Twilight in the Desert. The Coming Saudi Oil Schock and the World Economy* (Hoboken: John Wiley & Sons, 2005).

Strahan, David: *The last Oil Schock. A Survival Guide to the Imminent Extinction of Petroleum Man* (London: John Murray, 2008).

Umbach, Frank: *Globale Energiesicherheit: Strategische Herausforderungen für die Europäische und deutsche Aussenpolitik* (München: Oldenbourg, 2003).

Yergin, Daniel: *Der Preis. Die Jagd nach Öl, Geld und Macht* (Frankfurt am Main: Fischer, 1991).

Zittel, Werner; Schindler, Jörg, Campbell, Colin; Liesenborghs, Frauke: *Ölwechsel! Das Ende des Erdölzeitalters und die Weichenstellung für die Zukunft (München: dtv, 2002).*

Zittel, Werner; Schindler, Jörg; Zerta, Martin; Yanagihara, Hiromichi: *Aufbruch. Unser Energiesystem im Wandel. Der veränderte Rahmen für die kommenden Jahrzehnte* (München: Finanz Buch Verlag, 2011).

Index

C

Q

R

S

T

U

V

W

Y

Z